R軟體 第二版
應用統計方法

陳景祥 著

東華書局

國家圖書館出版品預行編目資料

R 軟體:應用統計方法 / 陳景祥著. -- 2 版. -- 臺北市:臺灣東華, 2018.09

688 面; 19x26 公分

含參考書目及索引

ISBN 978-957-483-958-2 (平裝附光碟片)

1. 統計套裝軟體 2. 統計分析

512.4　　　　　　　　　　107015471

R 軟體:應用統計方法

著　　　者	陳景祥
發 行 人	陳錦煌
出 版 者	臺灣東華書局股份有限公司
地　　　址	臺北市重慶南路一段一四七號三樓
電　　　話	(02) 2311-4027
傳　　　眞	(02) 2311-6615
劃撥帳號	00064813
網　　　址	www.tunghua.com.tw
讀者服務	service@tunghua.com.tw
門　　　市	臺北市重慶南路一段一四七號一樓
電　　　話	(02) 2371-9320

2025 24 23 22 21　BH　9 8 7 6 5 4 3

ISBN　　978-957-483-958-2

版權所有 ・ 翻印必究

二版序

　　本次修訂版本距離上一次的修訂版已經五年了。在這五年之中，R 軟體版本從上次的 2.10.1 版演進到目前的 3.5.1 版，已經有許多的改進。例如，從 R 3.4.0 開始，使用者自訂函數的 JIT (Just in Time) byte-code 自動編譯與迴圈的加速，讓 R 程式的執行速度加快很多。

　　這次的新版包含不少舊版勘誤、部分舊套件無法使用的替代方案、新範例的加入、新工具函數如 mgsub、grepl 的介紹、F 檢定逐步迴歸的程式、dplyr + pipe 資料分析簡介、以及 ggplot2 套件極好用的分組繪圖功能介紹等等。

　　這五年之間，尤其是最近幾年人工智慧 (AI) 的再一次竄紅，也讓某些程式語言或軟體成為不少人常用的資料分析工具。因此，這幾年間，在網路上經常看到「R 軟體是否已經落伍？」、「某語言是否比 R 適合資料分析？」等問題。

　　我個人的看法是，儘管有許多人幫忙吹噓，但是這一波 AI 到目前為止目前仍然沒有「智慧」可言。某些程式語言雖然因為 AI 而竄紅，但多數人是用來作為 AI 深層學習建模的工具，這樣的角色也可能因為越來越普遍化的「AI 自動建模軟體」出現而逐漸淡化。另一個逐漸浮出的疑慮是，這一波的 AI 是否因為再次吹噓過度又將泡沫化？如果是這樣，也可能讓攀附在 AI 浪潮的某些程式語言工具前途未定。

　　純就資料分析的角度來看，我個人仍然偏好 R 軟體。R 不僅擁有各領域資料分析超過 1 萬 2 千多個套件，從資料分析、數學公式與程式之間的直覺轉換、與演算法程式化的角度來看，R 語言的特性讓我們很容易地將理論演算法轉為程式，也讓許許多多的人們能夠寫出更多的套件與我們分享，讓我們不需要自己辛苦從頭打造各類應用程式。

　　蛋塔的熱潮是一時的，肉燥飯與魚丸湯的美味是永久的。

陳景祥　敬上

淡江大學統計學系

目錄

前言 iii

第 1 章　R 軟體簡介 1

1.1　R 軟體與 R 程式架構 2
1.2　一個簡單的 R 程式：5 分鐘快速入門 3
1.3　R 軟體的特色 6
1.4　R 程式的特性與撰寫規則 8
1.5　為何要學程式語言 11
1.6　程式語言的五個基本功能 12
1.7　兩個簡單的 R 程式 13
1.8　功能架構完整的範例 R 程式 16

第 2 章　R 軟體操作方式 19

2.1　R-GUI：圖形使用者界面 20
2.2　文字互動模式 24
2.3　批次執行模式 25
2.4　source 函數：執行外部程式檔 28
2.5　sink 函數：記錄程式執行結果 29
2.6　help 與 demo 功能 30
2.7　R 軟體的套件 31
　　　2.7.1　使用套件內的函數 32
　　　2.7.2　安裝套件 33
2.8　data 函數：使用內建資料檔 35
2.9　R 軟體的升級與更新 38
2.10　R 軟體環境設定 38

第 3 章　R 軟體基本運算 … 41

- 3.1　簡單的數字與字串運算 … 42
- 3.2　有序數列：規則性的數字集合 … 44
- 3.3　基本向量運算 … 46
- 3.4　向量的指標用法 … 48
- 3.5　基本統計計算範例 … 49

第 4 章　R 的變數與資料 … 53

- 4.1　統計資料 vs. R 變數 … 54
- 4.2　R 軟體的變數種類 … 56
  - 4.2.1　R 軟體的資料屬性 … 57
  - 4.2.2　一般變數 … 58
  - 4.2.3　向量變數（Vector） … 58
  - 4.2.4　陣列變數 … 62
  - 4.2.5　矩陣變數（Matrix） … 69
  - 4.2.6　因子變數（factor） … 77
  - 4.2.7　串列變數（list） … 80
  - 4.2.8　資料框架變數 … 85
  - 4.2.9　時間數列變數（ts） … 89
- 4.3　指標系統：找出物件的元素 … 91
- 4.4　與變數有關的工具函數 … 94
  - 4.4.1　is 與 as 系列的工具函數 … 94
  - 4.4.2　查詢或設定類別與屬性 … 99
  - 4.4.3　查詢或設定行列名稱 … 102
  - 4.4.4　which 系列指標工具函數 … 104
- 4.5　表格型態的彙整資料 … 107

第 5 章　R 資料的輸入與輸出 … 113

- 5.1　外部檔案路徑 vs. file.choose 函數 … 114
- 5.2　單一變數的資料輸入與輸出 … 116
  - 5.2.1　scan 函數：資料輸入 … 116
  - 5.2.2　write 函數：簡單輸出到外部文字檔 … 120
- 5.3　多變數的資料輸入與簡單輸出 … 123
  - 5.3.1　多變數資料的輸入 (Input) … 123
  - 5.3.2　多變數資料的輸出 (Output) … 126
- 5.4　存取 R 軟體的資料格式：rda 檔 … 128

5.5 存取其他軟體的資料檔 ··· 129
　　5.5.1 Excel 資料檔 ··· 129
　　5.5.2 S-Plus、SAS、SPSS 等商業統計軟體 ··························· 132

第 6 章　資料轉換與處理 ·· 135

6.1 重新編碼 ·· 136
　　6.1.1 使用邏輯判斷式 ·· 136
　　6.1.2 使用 cut( ) 函數 ·· 139
　　6.1.3 使用 car 套件的 recode 函數 ····································· 141
6.2 排序：sort、rank、order、rev ·· 143
6.3 資料變形 ·· 146
　　6.3.1 變數型態轉換 ··· 146
　　6.3.2 進階的資料變形方法 ··· 148
6.4 資料的合併 ·· 157
　　6.4.1 c、union、cbind 或 rbind 函數 ································ 157
　　6.4.2 合併 data.frame 變數 (Merge) ································· 158
6.5 切　割 ·· 162
　　6.5.1 使用 split 函數來切割資料 ·· 162
　　6.5.2 使用指標來切割資料 ··· 164
　　6.5.3 使用邏輯值來切割資料 ··· 165
　　6.5.4 使用 subset 函數來切割資料 ···································· 170
6.6 dplyr 資料處理套件簡介 ·· 172
　　6.6.1 pipe（管線）運算子 %>% ······································· 172
　　6.6.2 dplyr 主要運算函數簡介 ·· 173
　　6.6.3 select 函數：variables/columns 篩選 ······················ 175
　　6.6.4 filter 函數：objects/rows 篩選 ······························· 176
　　6.6.5 arrange 函數：針對特定變數排序 ····························· 176
　　6.6.6 mutate 函數：變數轉換 ··· 177
　　6.6.7 summarise 函數：資料彙整 ····································· 178
　　6.6.8 group_by 函數：分組計算預處理 ····························· 178
　　6.6.9 dplyr 函數綜合應用 ··· 180
　　6.6.10 tibble 變數與 data frame 的差異 ··························· 180

第 7 章　R 程式流程控制 ·· 183

7.1 expression 與 statement ·· 184
　　7.1.1 邏輯判斷式的寫法 ·· 185
7.2 條件執行 ·· 188

		7.2.1	ifelse 函數	188
		7.2.2	if、else if 與 else	190
		7.2.3	if + else 可能的錯誤寫法	193
		7.2.4	switch	195
	7.3	迴圈結構		197
		7.3.1	for 迴圈	197
		7.3.2	while 與 repeat 迴圈	199
		7.3.3	break 與 next：改變迴圈狀態	202

第 8 章 R 的自訂函數 203

	8.1	R 的自訂函數語法	204
	8.2	簡單的 R 函數	205
	8.3	函數的參數預設值	206
	8.4	函數內變數的有效範圍	207
	8.5	特殊的函數用法	209
	8.6	R 函數的其他特性	211

第 9 章 R 軟體的繪圖功能 213

	9.1	par 圖形設定函數		214
		9.1.1	mai 與 mar 選項	214
		9.1.2	mfcol 與 mfrow 參數	215
		9.1.3	多張圖形放在同一頁	216
	9.2	圖形基本設定參數		220
	9.3	高階繪圖函數		222
		9.3.1	plot 函數	222
		9.3.2	curve 函數曲線	225
		9.3.3	pairs 矩陣圖	226
		9.3.4	coplot: conditioning plot	227
		9.3.5	qqnorm、qqline 與 qqplot	228
		9.3.6	hist 直方圖 (histogram)	229
		9.3.7	dotplot 點狀圖	230
		9.3.8	barplot 長條圖	231
		9.3.9	boxplot 盒鬚圖	233
	9.4	高階繪圖函數共用的輔助參數		237
	9.5	附加圖形：低階繪圖函數		239
		9.5.1	points、lines 與 text	239

	9.5.2	abline 函數	242
	9.5.3	polygon 多邊形	244
	9.5.4	legend：圖形的說明方塊	245
	9.5.5	title 與 axis	246
9.6	互動式圖形與數學符號展示		247
9.7	繪圖設備		253
9.8	使用 ggplot2 套件畫出分組圖形		254
	9.8.1	使用 ggplot2 畫出不分組的單一圖形	255
	9.8.2	ggplot2 分組繪圖	257

第 10 章　常用函數與程式技巧　271

10.1	數學、統計與彙整函數	272
10.2	常用的工具函數	274
10.3	文字與字串處理	303
10.4	常見的 R 程式技巧	317

第 11 章　機率分配與統計模型　323

11.1	R 軟體的機率分配函數	324
11.2	R 軟體的統計模型寫法	328

第 12 章　機率計算　343

12.1	排列與組合	344
12.2	機率分配查表功能	345
12.3	亂數產生器與隨機抽樣	348
12.4	機率分配 pdf 與 cdf 計算與圖形	351
12.5	機率收斂與中央極限定理	354
12.6	機率值的逼近	361
12.7	判定資料的機率分配	363
12.8	判定資料的常態性	368

第 13 章　基本敘述統計　373

13.1	次數計算	374
13.2	一般敘述統計量	384

第 14 章 統計推論 ... 395
- 14.1 單樣本推論 ... 396
- 14.2 雙樣本推論 ... 404
- 14.3 信賴區間的意義 ... 419
- 14.4 卡方檢定 ... 421
- 14.5 其他檢定 ... 427

第 15 章 迴歸分析 ... 431
- 15.1 迴歸分析常用函數 ... 432
- 15.2 簡單線性迴歸 ... 436
- 15.3 解釋變數選取 ... 444
- 15.4 複迴歸模型分析 ... 455
- 15.5 殘差分析及其他檢驗 ... 464
- 15.6 羅吉斯迴歸 ... 474

第 16 章 實驗設計 ... 501
- 16.1 ANOVA 模型與線性模式的差異 ... 502
- 16.2 實驗設計函數彙整 ... 503
- 16.3 一因子設計 ... 504
- 16.4 多重比較 ... 516
- 16.5 隨機集區設計 ... 522
- 16.6 拉丁方格設計 ... 531
- 16.7 二因子設計 ... 538
- 16.8 兩水準因子設計 ... 545

第 17 章 品質管制 ... 553
- 17.1 R 軟體的品質管制函數 ... 554
- 17.2 魚骨圖與柏拉圖 ... 555
- 17.3 計量值管制圖 ... 557
- 17.4 計數值管制圖 ... 566
- 17.5 單一觀察值管制圖 ... 574
- 17.6 累積和與 EWMA 管制圖 ... 577

第 18 章 時間數列 579
- 18.1 R 軟體的時間數列函數 580
- 18.2 ARIMA 模型 587
- 18.3 時間數列 + 迴歸分析 602
- 18.4 轉換函數模式 606
- 18.5 介入事件模式 611
- 18.6 離群值模式 618
- 18.7 ARCH 與 GARCH 628

第 19 章 資料探勘：決策樹 637
- 19.1 CART 決策樹 638
- 19.2 CHAID 決策樹 645
- 19.3 Random Forest 決策樹 648

附 錄 653
- 附錄 A 工具函數章節彙整 654
- 附錄 B 數學常數與特殊函數 655
- 附錄 C plotmath 數學符號 658

參考文獻 663

英文索引 665

CHAPTER 1

R 軟體簡介

1.1　R 軟體與 R 程式架構
1.2　一個簡單的 R 程式：5 分鐘快速入門
1.3　R 軟體的特色
1.4　R 程式的特性與撰寫規則
1.5　為何要學程式語言
1.6　程式語言的五個基本功能
1.7　兩個簡單的 R 程式
1.8　功能架構完整的範例 R 程式

R 軟體是基於 AT&T 貝爾實驗室在 1970 年代所發展的 S 程式語言建構而成的免費科學與統計軟體。知名商業統計軟體 S-Plus 的核心也是基於 S 程式語言，但需要付費購買。

R 軟體包含資料處理、統計分析、模擬、科學運算與圖形功能的完整功能，是在 1995 年由 Auckland 大學統計系的 Robert Gentleman 與 Ross Ihaka 兩位學者開始發展建立，隨後受到科學界與統計領域的好評，吸引更多的熱心志工加入 R 軟體的開發與維護行列。目前的 R 軟體為開放原始碼的自由軟體（Open-Source Softwares），任何人都可以取得 R 軟體所有的原始程式碼加以修改或擴充其功能。

R 軟體的主要網站網址是 http://www.r-project.org/，在世界各國也有 CRAN 鏡射網站可以下載 R 軟體與各類套件。R 軟體目前提供 Windows、MacOS 與 Linux 作業系統的可執行檔，也提供完整的原始程式碼，讓其他 Unix 作業系統（如 FreeBSD、Sun Solaris 等等）的使用者也可以編譯並安裝在 Unix 主機中。

1.1　R 軟體與 R 程式架構

R 軟體的主要組成元素為：

(1) R 軟體核心：已經編譯好的核心程式與基本套件。

(2) R 程式**直譯器**（interpretor）：負責解析與執行 R 程式。

(3) 由熱心網友所寫的眾多**套件**（package）與**函數**（function）。

(4) GUI：除了預設的圖形使用界面，也有多種其他 GUI 可選。

R 程式的基本計算單元是**函數**（functions），使用者在程式中提供各類函數所需的資訊與資料來源，函數則傳回計算結果。一個複雜的 R 函數通常相當於 SAS 軟體的 PROC 模組。R 程式的撰寫過程，如圖 1-1 流程圖所示，依序為確定目標、資料輸入、資料或變數轉換、尋找與選擇適當的套件與函數、瞭解函數的用法、實際計算、最後彙整出計算結果。因此，只要能善用套件，使用者自己寫的程式不會佔太大比例，通常是集中在「資料或變數轉換」步驟。

R 軟體初學者花最多時間的步驟，通常是「**尋找適當的套件與函數**」。這部分可以藉由 R 軟體 CRAN 鏡射網站的「Task Views」網頁連結或是在 R 軟體網站上

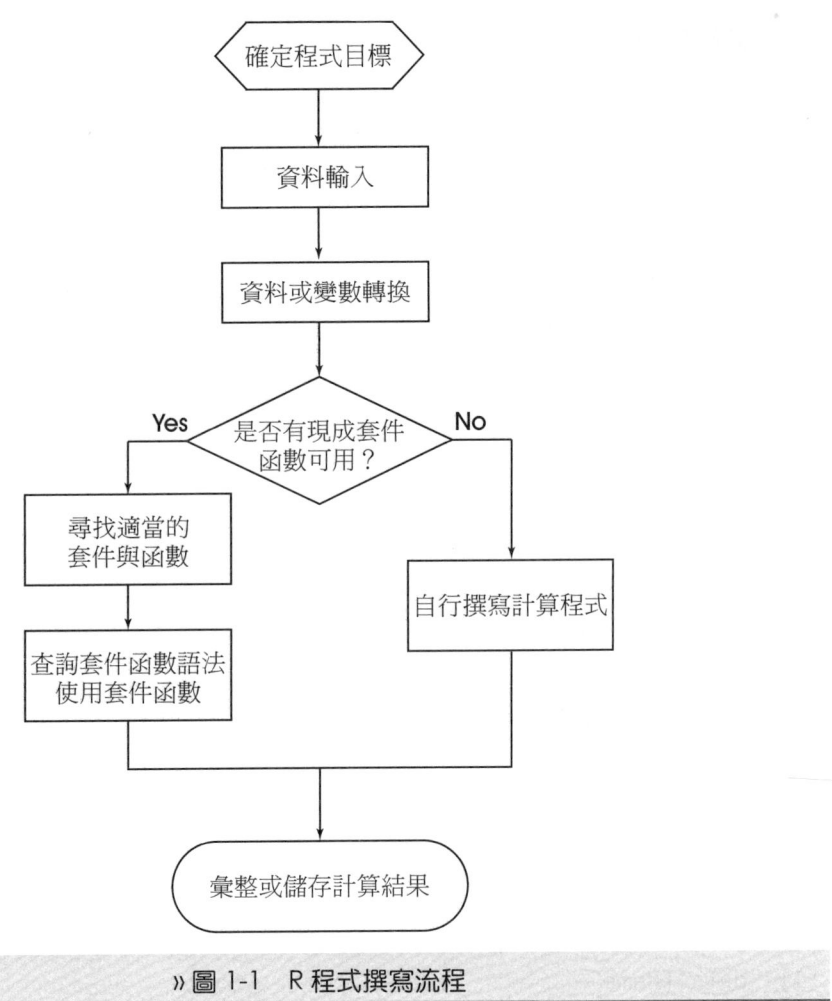

» 圖 1-1　R 程式撰寫流程

使用鎖定該站內容的 Google「Search」功能來找尋可用的套件。此外，在 R 軟體中使用「?? 關鍵字」也可以搜尋可用的函數。

1.2　一個簡單的 R 程式：5 分鐘快速入門

在我們正式介紹 R 軟體的特色之前，讓我們先看看一個簡單的 R 程式長什麼樣子。以下程式將簡單處理新北市 2018 年 6 月的房地產實價登錄資料（住屋部分）。程式中以「#」開頭的文字為程式說明：

▼ 程式範例 1-1

```
# R 軟體可以當作簡單的計算機使用
1+2
[1] 3
cos(2)
[1] -0.4161468
# R 軟體直覺的語法，跟簡單的國中數學代數一模一樣
> x=5
> y=10
> z = x+y
> z
[1] 15
# 儲存並算出 5 個學生的平均成績
> score = c(65,72,33,91,66)    # c = combine
> mean(score)    # 平均成績
[1] 65.4
> sd(score)    # 5 個成績值的標準差
[1] 20.91172
# 讀入新北市 2018 年 6 月的房地產實價登錄資料（住宅資料）
> house = read.csv("c:/data/house.csv")
> dim(house)          # 1546 筆紀錄、12 個變數，dim = dimension = 資料檔維度
[1] 1546    12
> class(house)    # 查看 house 變數的種類
[1] "data.frame"
> names(house)    # 查看資料檔中的變數名稱
 [1] "district"    "area"       "floor"      "totalFloor" "type"
 [6] "use"         "room"       "hall"       "bath"       "management"
[11] "price"       "unitPrice"
> head(house,2)    # 顯示資料最前面 2 筆紀錄
  district area floor totalFloor type                          use
2 土城區    34.1   1       5     公寓 (5 樓含以下無電梯)    見其他登記事項
4 板橋區    52.2   6      22     住宅大樓 (11 層含以上有電梯) 其他登記事項
  room hall bath management price unitPrice
2   3    2    2     無        1260   36.95
4   3    2    2     有        1560   29.89
> mean(house$price)    # house$price 指資料中的 price 變數
```

```
[1] 1097.434
> mean(house$unitPrice)     # 平均每坪單價（萬）
[1] 26.89754
# 多數人購買的住屋平均在第幾樓?
> mean(house$floor,na.rm=TRUE)
[1] 8.848706
# 多數人購買住屋的大樓平均最高幾層樓?
> mean(house$totalFloor,na.rm=TRUE)
[1] 16.81234
# 畫出房屋總價的直方圖 (histogram)
> hist(house$price,col=rainbow(20))
# 查看新北市各行政區住屋銷售數量
> table(house$district)
```

八里區	三芝區	三重區	三峽區	土城區	中和區	五股區	平溪區	永和區	石門區
14	4	70	23	48	92	32	0	39	1
石碇區	汐止區	坪林區	板橋區	林口區	金山區	泰山區	貢寮區	淡水區	深坑區
2	90	0	711	48	6	13	0	115	2
新店區	新莊區	瑞芳區	萬里區	樹林區	雙溪區	蘆洲區	鶯歌區		
81	75	0	2	23	0	31	24		

```
# 畫出新北市各行政區銷售數量的長條圖 (bar plot)
> barplot(table(house$district),las=2,col=rainbow(20))
```

圖 1-2 顯示程式畫出的兩個圖形。

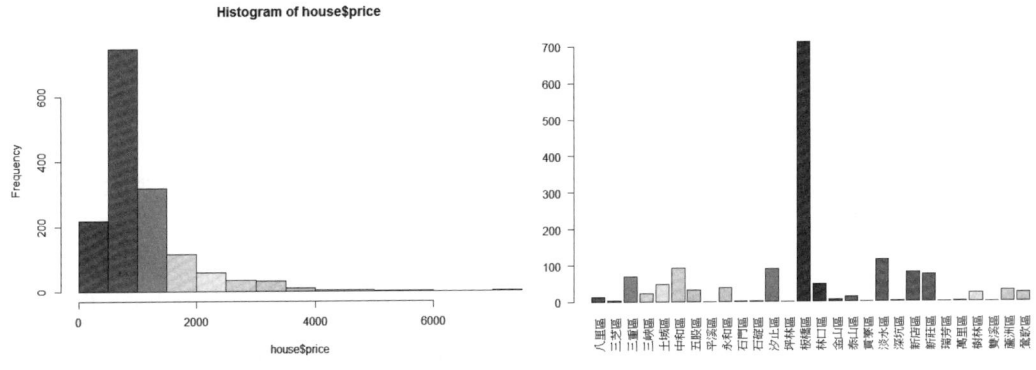

》圖 1-2 範例 1-1 圖形

[程式說明]

　　這個程式只是簡單示範一下 R 軟體的基本功能。讀者在目前階段或許看不懂程式，但是沒有關係，我們會在本書其他章節中慢慢學到這些技巧。從上述程式可以知道，使用者主要的工作是「資料的準備」，提供各個計算函數所需的輸入參數，最後的結果則由各類計算函數來負責。在這個例子中，**mean( )**、**sd( )**、**hist( )**、**barplot( )** 等都是 R 軟體核心或附加套件（packages）所提供的計算函數。

- **c( )** 聯結函數（combine）可以用來結合小物件（object）成為大物件，例如程式中的 **c( )** 函數將 5 個成績數字結合成一個向量變數 score。

- **read.csv** 函數用來讀入以英文逗點 "," 分隔的 CSV（comma seperated values）資料檔。需注意的是，路徑需用斜線（slash, /），不能使用反斜線 (backslash, \)。

- 在 **mean** 函數中的 na.rm = TRUE，可將資料中的遺失值（NA，代表 Not Available）先刪除後再作運算。

- **table** 函數可計算出分類型態資料在各分類的個數（count/frequency）。

- **hist** 與 **barplot** 函數分別畫出直方圖（histogram）與長條圖。兩函數中的 col 參數代表 color 設定，在此例中是用 rainbow 函數將彩虹顏色切成 20 等分。

1.3　R 軟體的特色

- **R 軟體與 S-Plus 統計軟體相容性極高**：R 軟體跟商業性質的統計科學運算軟體 S-Plus 都是根基於 S 程式語言的統計軟體。多數在 S-Plus 上可以執行的程式，也都可以在 R 軟體正常運算，反之亦然。換句話說，學會了 R 軟體與 R 程式，也差不多等於學會使用 S-Plus 軟體。

- **Vector 與 Array 運算導向**：R 軟體變數的基本核心是**向量**（vector）**與陣列**（array）。因此，在其他程式語言中需要使用數個迴圈才能完成的向量或矩陣運算，在 R 軟體中通常只需少數幾行程式碼就可以解決。

- **以函數（functions）為主的計算模組**：R 軟體主要的計算模組是**函數**（functions），包含 R 軟體核心所提供的基本函數、熱心使用者貢獻的**套件**（packages）所提供的函數，以及使用者自己寫的自訂函數。

- **強大的繪圖功能**：R 軟體擁有強大的繪圖功能，不僅包含一般的 2D 與 3D 繪圖，若我們要完成有規則性的多張圖形，也可使用少數幾行 R 程式迅速完成我們所要的結果。

- **活躍的套件（Packages）發展與更新**：很多熱心的 R 軟體支持者會經常更新或增加新的套件來擴充 R 軟體的功能，這些新套件擴充與更新速度，是諸多商業統計軟體所遠遠不及的。

- **支援其他程式語言**：R 軟體不是封閉的環境。R 程式可以呼叫 C 程式、Fortran 程式、Python，甚至是 Java 程式所寫成的外部程式庫（library）來輔助運算，隨時補助 R 本身不足的功能。

- **特殊的變數型態**：R 軟體是專為統計與科學運算而發展的軟體。因此 R 軟體中有不少其他程式語言所缺乏的內建變數型態，例如**串列**（list）、**因子**（factor）、**有序因子**（ordered factor）、**資料框架**（data frame）、**時間數列**（ts）等等。另外，R 軟體更可以建立自己的資料型態。

- **豐富且方便的教學文件**：R 軟體的主要網站上提供了許多熱心人士所寫的英文教學文件。 安裝 R 軟體之後，在安裝目錄之下與 R 軟體使用界面中，也有完整的協助資訊可以查詢。

R 軟體強大的圖形功能

R 軟體的繪圖功能非常完備，不僅可以搭配程式迴圈在極快的時間繪製許多圖形，也有許多套件模組可以讓 R 程式搭配各類其他外部的**繪圖函數程式庫**（graphical function library）來作圖。以下展示圖形（圖 1-3、1-4），部分摘錄自 R 軟體網站 http://www.r-project.org/：

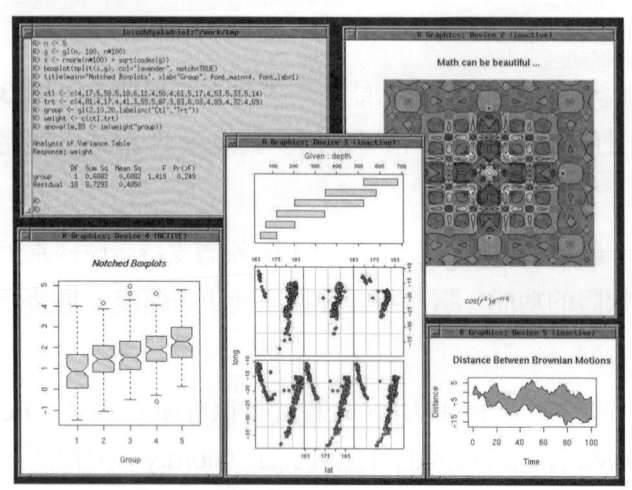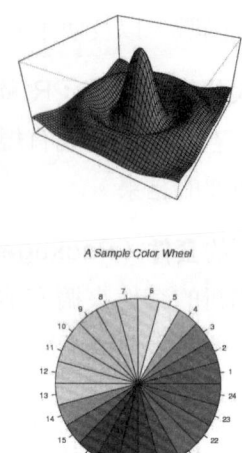

» 圖 1-3　R 軟體範例圖形

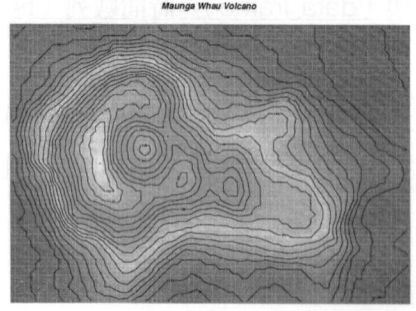

» 圖 1-4　R 軟體 3D 圖形：夏威夷火山

1.4　R 程式的特性與撰寫規則

當我們使用 R 軟體的交談模式或執行整個程式檔時，有些程式撰寫規則需要知道，好讓 R 軟體能夠順利解析我們的程式命令，完成計算任務：

- **命名規則**：變數或函數名稱皆須是英文，並且有大小寫的差異，所以 x 跟 X 是兩個不同的變數。變數名稱可以包含底線「_」或英文句點符號「.」，但不能包含怪異的特殊符號、「-」（dash）或空格。變數名稱第一個字母需為英文字母或句點「.」，但不能以數字開頭。若以「.」開頭，其後接著的第一個字元也不能是數字，例如 .2yz 是錯的。

- **=、<- 與 <<-**：R 軟體預設的**分派**（assign）符號是 "<-"，例如 x <- 3 表示 x 等於 3。較新的 R 軟體版本也可以直接寫成 x = 3。此外，"x <<- 3" 跟 " x <- 3"、"x = 3" 基本上相同，但如果是在函數中使用 "x = 3" 或 "x <- 3"，R 軟體僅會在函數範圍內搜尋 x 變數是否存在；若使用 "x <<- 3"，則 R 軟體除了函數範圍之外，還會往函數之外的更大範圍去尋找。

- **NA、NaN 與 NULL**：R 軟體的**遺失值**（missing value）以 NA 表示（表示 Not Available），NaN 代表 Not a Number，通常用於無法算出的數目，例如 -1 開根號，或是正負無窮大。NULL 則是**空物件**（empty object），常用來清空某個變數的內容，例如 x = NULL。

- **雙倍精確度實數**：所有的實數在內部儲存時都具有**雙倍精確度**（double precision），所以 1/2、1.0/2 或 1/2.0 的計算結果都是一樣的。

- **一行多個運算式**：若想將兩列或多列簡短的 R 程式放在同一列，可以使用英文分號「;」加以間隔。例如 x = 3 ; y = 2.5 ; z = 3.3。

- **一個運算式分成多行**：較長的運算式可以分開成兩行或多行來寫，但是 R 程式行不像其他程式語言一樣有運算式終結符號（例如 C 語言使用分號「;」來表示一個完整運算式的結束），雖然 R 軟體也會自動判定一個運算式是否已經完成，以決定該列程式是否延續到下一列，但未必能考慮到所有的可能性。因此建議在分行時，盡量從英文逗點「,」發生處、或是 +、-、*、/（加減乘除）等運算符號之後來分行。例如：

```
x  = some_function( y1,  y2,
y3, y4 )
1 + 1 +                       # 1 + 1 + 3
3
```

- **向量的第一個指標是 1**：許多程式語言的向量變數或陣列變數第一個元素的數字指標是 0，例如 C 語言。但是 R 語言預設第一個元素的數字指標是 1，這樣的安排比較符合數學公式與人類的直覺。

- **使用套件中的函數，需先載入套件**：安裝好 R 軟體後，多數的函數可以直接使用，但有些函數是附屬於特定的**套件**（package）之內，如果要使用這類函數，

需要先在程式中以

```
library(套件名稱)
```

載入套件後，才能使用該套件的函數。

- **Windows 的檔案路徑需使用斜線「/」**：由於 R 軟體是以使用 Unix 作業系統的大型主機為發展依據，因此在 Windows 作業系統中寫 R 程式的時候，若需使用到檔案或資料夾的位置，必須使用斜線「/」或重複兩次反斜線「\\」。例如：

```
x1 = scan("c:/mydir/myfile1.txt")
x2 = scan("c:\\mydir\\myfile2.txt")
```

[註] 若檔案或目錄名稱中有包含空格，通常 R 軟體也可以順利接觸外部檔案，但若在某些狀況下因為空格發生問題時，我們可以在空格前加一個 backslash「\」。

- **指令的自動完成功能**：在使用 R 軟體時，有些函數名稱或選項不需要輸入完整的英文名稱，軟體會搜尋對應的物件來使用。例如，**coefficients** 通常可寫成 **coef**，R 軟體會自動搜尋符合的變數、函數或物件來完成任務。

- **即時顯現計算結果**：在交談模式下，所有不儲存到任何物件的計算結果均直接顯現。但是，如果我們使用 **source( )** 函數開啟並執行外部 R 程式檔、或是在自訂函數（function）中，這個功能會被關閉。這時候，可以在外部程式檔或自訂函數中使用適當的列印函數（如 **cat** 或 **print**），才能將預期的計算結果在螢幕上顯現出來。

- **(...) 圓括弧可以強迫顯示計算結果**：當計算結果儲存到一個變數時，除非接著輸入變數名稱再按 <ENTER> 鍵（或斷行），否則 R 軟體不會顯示計算值。但我們可以使用一組圓括弧（...）來強迫顯現計算結果。例如：

```
> x = 1 + 1     # 這一列指令按 <ENTER> 後沒有 output
> x    # 需輸入 x 變數名稱按 <ENTER> 才看到
[1] 2
```

使用（...）強迫顯示 1 + 1 的計算結果，同時 x 的值也變成 2

```
>(x = 1 + 1)
[1] 2
```

- **物件的自動循環重複特性**：在作向量或矩陣運算時，除了某些不符運算規則的錯誤計算外，R 軟體會對長度較短的數字或向量作自動重複循環的動作。例如下例中，R 軟體會把 2 自動重複成 c(2, 2, 2, 2, 2)，再跟具有 5 個元素的 x 向量相加：

```
> x = c(1, 2, 3, 11, 12, 13)
> x + 2          # 相當於 c(1,2,3,11,12,13) + c(2,2,2,2,2,2)
[1]  3  4  5 13 14 15
```

- **機率計算預設為左尾機率**：不同的統計教科書在談到機率分配查表值時，往往採用不同的左尾或右尾機率為準則，例如某些教科書中的 $t_{0.025}$ 其實等於另一本書中的 $t_{0.975}$。在 R 軟體中，機率分配查表或累積機率值計算都預設是從左尾算起，因此某些書中的 $t_{0.025}$ = Pr(t < 0.975) = qt(0.975, t 分配自由度)。不過，R 軟體機率分配函數也提供了 lower.tail = FALSE 的選項，可以視狀況調整使用。例如以下兩個 N(0,1) 查表值相同：

```
> qnorm(0.975,0,1)
[1] 1.959964
> qnorm(0.025,0,1,lower.tail=F)
[1] 1.959964
```

- **RSS 即 SSE**：R 軟體在計算迴歸分析或 ANOVA 模型的輸出結果中，RSS = Residual Sum of Squares = SSE = Error Sum of Squares。

1.5 為何要學程式語言

R 軟體不僅是統計分析工具，它本身更具備完整的程式語言功能，可以讓使用者自行創造自己的應用模組、或是完成各類特殊的統計方法分析。有些商業統計軟體則限制使用者的程式功能，僅能在他們提供的框架之下作有限度的應用。

有些讀者可能會問，現在許多統計軟體只要使用滑鼠點選幾下，就可以產生計算結果，為何我們還需要學習程式語言呢？作者認為有以下幾個理由：

- **資料的複雜度**：以商業統計軟體 SAS 為例，SAS 雖然提供了各式各樣的統計計算**模組**（procedures），但是 SAS 也包含了簡略的程式語言功能讓我們處理資料，以及 SAS **巨集功能**（SAS Macro）。主要的原因是，不同的使用者會遇到各類奇怪特質的資料檔，或是需要特殊的資料轉換。如果沒有提供程式語言的功能，光是使用 SAS 本身所提供的各類模組，無法應付各種領域中的特殊資料結構。

- **新統計方法的應用**：雖然商業統計軟體提供了方便的**圖形使用者界面**（GUI），但是統計領域或各類科學領域一直都在推出新的計算方法，商業統計軟體在其模組更新的速度上，多數追不上科技與論文的發展更新速度。某些商業統計軟體公司態度極為謹慎，通常需經數年的考量評估之後，才會把期刊中新發表的新統計方法寫成模組。如果我們想應用這些新的統計方法，有時候需要自己動手寫程式。

- **特殊的統計計算需求**：商業統計軟體提供各類簡單的統計模組，但往往一個執行流程只能完成單一分析任務。如果我們在作統計分析時，需要使用多個不同的統計方法分析同一組資料、需要迴圈結構來完成統計**模擬**（simulation）或是在分析過程的不同階段各有特殊的處理方式，這時候商業統計軟體的簡易圖形界面往往無法幫我們完成這些複雜的分析工作。

- **自由**：R 軟體提供的是一套完整的分析「工具」，除了魚之外還有釣竿，學會這套工具之後，我們所能夠應用的領域將不會受到商業軟體廠商的限制。只要學會 R 程式，就可以自行動手解決複雜的統計問題，不必苦苦等待軟體廠商的更新或花錢購買軟體公司提供的昂貴模組。

另外，多數商業統計軟體是封閉的，也就是所有的分析都需要使用它們提供的模組來完成，不能藉助外部的其他程式語言、軟體來協助運算。在這個部分，R 軟體的擴充性與彈性就明顯比許多商業統計軟體擁有更多的優點。

一個複雜的 R 程式分析工作，可以包含呼叫或引用外部的 C、Fortran、Python、Java 等程式語言的動態程式庫、各類科學計算軟體的功能，也可以包含多台主機上面 R 軟體的多機**平行運算**（Parallel Computing），這是其他商業統計軟體無法達成的。

1.6 程式語言的五個基本功能

R、C、Fortran、Java、Pascal 或 Virtual Basic 等**程式語言**（programming languages），雖然擁有各自的語法與功能，但是它們也有共通的功能結構。當我

們學習一個新的程式語言時，可以先觀察這個程式語言是否包含一般程式語言共通的五個基本功能：

(1) 變數與常數：可以表達**常數**（constant）、**一般變數**（variable）或**陣列變數**（array）。

(2) 輸入與輸出：外部資料的輸入與輸出，有時候也包含遠端網站資料的存取。

(3) 條件執行或邏輯判斷：Conditional execuaiton、logical decision。例如 if-else、while 等語法。

(4) 迴圈：例如 for、while、until 等語法。

(5) 獨立模組：函數或副程式（function、subroutine、pro-cedure 或 module），允許使用者發展自己的獨立應用模組，以供多個不同程式或使用者呼叫使用。

不管學習哪一種程式語言，只要能夠找出幾個包含上述五個基本功能的簡單範例，則我們在學習該程式語言時，若能檢視這樣的簡易範例檔，將能夠很快掌握其重點與特色，達到事半功倍的效果。本章 1.8 節將介紹一個架構完整的簡單範例程式。

1.7 兩個簡單的 R 程式

我們再來看看兩個簡單的 R 程式。第一個 R 程式計算一組資料的基本敘述統計量，第二個程式則示範自訂 function、迴圈與條件執行功能。

▼ 程式範例 1-2

```
# 從 N(5,10) 機率分配產生 100 個隨機亂數，存到 y 向量
y = rnorm(100,5,10)
# Q1 = 第 25 百分位數，Q3 = 第 75 百分位數
Q1 = quantile(y, 0.25)
Q3 = quantile(y, 0.75)

stat.names = c("最小值","Q1","平均數","中位數","Q3","最大值")
s = c(min(y), Q1, mean(y), median(y), Q3, max(y))
names(s) = stat.names
print(s)
```

```
# 畫出 y 的直方圖，縱軸採用機率值而非次數
hist(y,prob=TRUE)
# 畫出資料的經驗機率密度曲線 (empirical density)，使用虛線
lines(density(y), lty=2)
# 畫出 Normal(5,10) 的理論機率密度曲線
curve(dnorm(x,5,10), min(y), max(y), n=100, add=TRUE)
```

這個程式將產生以下的計算結果與圖形（圖 1-5）：

最小值	Q1	平均數	中位數	Q3	最大值
-20.5698443	0.5832142	6.3215915	5.2096116	12.2840094	28.4481667

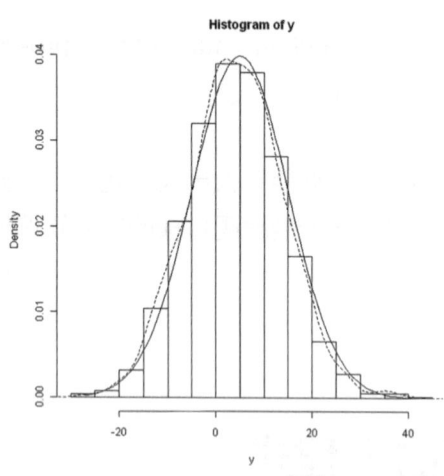

》圖 1-5　100 個 N (5,10) 亂數直方圖

▼ 程式範例 1-3

第二個程式包含自訂**函數**（function）、迴圈結構與邏輯決策，將一組學生分數資料標示為及格或不及格：

```
# 建立一個自訂函數來比較兩個數字的大小。若前者大於後者，
# 傳回「及格」兩字，否則傳回「不及格」
mycompare = function(a, b)
{
    if(a > b)
        c = "及格"
    else
```

```
        c = "不及格"
    return(c)              # 自訂函數最後傳回字串變數 c 的內容
}                          # 結束自訂函數

# 產生隨機亂數之前，先設定隨機起始點
set.seed(123454321)
# 從 N(60,5) 模擬出 10 個 Normal 隨機亂數，當作分數
scores = rnorm(10, 60, 5)

# 迴圈變數 i 從 1,2,..., 到 10
for(i in 1:10)
{
    # 將 scores 向量的第 i 個元素存到 x，並四捨五入到小數點後 1 位數
    x = round(scores[i], 1)

    # 在螢幕上顯示最後的及格與否資訊
    cat(i, "分數：", x, " ", mycompare(x,60), "\n")
}  # 結束迴圈
```

這個程式執行之後的結果如下：

1 分數： 50.3   不及格

2 分數： 67.1   及格

3 分數： 55.5   不及格

4 分數： 56.8   不及格

5 分數： 68.7   及格

6 分數： 49.7   不及格

7 分數： 65.6   及格

8 分數： 68.9   及格

9 分數： 57.8   不及格

10 分數： 54.1   不及格

[程式說明]

　　cat(...) 函數用來在螢幕上或外部檔案印出某些文字或計算結果，不同的字串或變數之間，以逗點「,」分隔，「\n」符號則表示需換行符號。若程式中沒有「\n」，則以上 output 的結果將會統統擠成很長的一行。

1.8　功能架構完整的範例 R 程式

　　這個小節裡面的 R 程式包含了 1.6 節提到的程式語言五個基本功能：一般變數與向量變數、外部資料的輸入與輸出、條件執行、迴圈與獨立模組（function）。

▼ 程式範例 1-4

　　假設我們已經準備好一份資料檔儲存在 c:\r\babies.txt，資料檔裡面各數字或文字之間以一個多個空格隔開，不需排列整齊（NA 代表遺失值）：

```
bwt gestation parity age height weight smoke
120 284 0 27 62 100 0
113 282 0 33 64 135 0
128 279 0 28 64 115 1
123  NA  0 36 69 190 0
..............................
```

　　以下 R 程式將會讀入這組資料檔，使用迴圈跟 if-else 條件執行機制來建立一個新的變數 weight2。若初生嬰兒體重落在前面 25%，則 weight2 = "Low"，否則 weight2 = "OK"：

```r
# 讀入 babies.txt 資料檔，並存在 data-frame(資料框架) 變數 x
# 一個 data-frame 變數相當於 SAS 的一個 data set
#  "header = TRUE" 表示資料檔的第一列包含各變數的名稱
x = read.table("c:/r/babies.txt", header=TRUE)

# 簡單的自訂函數 weight.diff：算出兩個輸入數目 weight
# 與 standard 的差異值，以判斷初生嬰兒體重是否在前 25% 以下
weight.diff = function(weight, standard)
{
  difference = weight - standard
  return(difference)
```

```
}

# 令新變數 bwt2 = x 變數裡面 bwt 那一直行 (column) 所有的資料
bwt2 = x$bwt

# 算出初生嬰兒體重的敘述統計量
summary(bwt2)

# 算出 Q1 = first quartile = 25% percentile
Q1 = quantile(bwt2, 0.25)

# 計算 bwt2 向量中所有元素的個數
n = length(bwt2)

# 先宣告一個空的文字向量變數 weight2 ，預留 n 個元素的位置
# 若要宣告成數值向量，則用 weight2 = numeric(n)
weight2 = character(n)

# 使用迴圈──計算每個初生嬰兒體重是否過輕
for(i in 1:n)
{
# 使用自訂函數 weight.diff 判斷嬰兒體重是否小於 Q1
    if(weight.diff(bwt2[i], Q1)<= 0){
        weight2[i] = "Low"
    } else {
        weight2[i] = "OK"
    }
}
# 將新產生的 weight2 向量變數加入原本的 data-frame 變數 x 中
x$weight2 = weight2

# 將新的資料寫到外部檔案。輸出時，變數名稱不加引號，
# 所有橫列最左邊不印出 1, 2, 3,... 等序號
write.table(x, "c:/r/new_babies.txt", quote=FALSE,
                    row.names=FALSE)
```

這個程式執行後，將會顯示以下計算結果，並且將新的資料寫到 c:\r\new_babies.txt 文字檔：

```
Min.  1st Qu.  Median  Mean   3rd Qu.   Max.
55.0  108.8    120.0   119.6  131.0     176.0
```

新的資料檔 c:\r\new_babies.txt 內容如下，跟原先的資料檔比較，每個橫列最後多了一個 weight2 變數值：

```
bwt gestation parity age height weight smoke weight2
120 284 0 27 62 100 0 OK
113 282 0 33 64 135 0 OK
........................
108 282 0 23 67 125 1 Low
........................
```

進階閱讀：範例 1-4 的簡化寫法

等到讀者們學到 R 軟體的向量計算特色與 6.1 節的「重新編碼」後，將會發現以上範例程式的自訂函數與迴圈部分將可完全省略，簡化到只需 3 行程式碼即可求出 weight2 向量，甚至只需要 1 行即可：

```
> Q1 = quantile(bwt2, 0.25)
> Y = c("OK", "Low")
> weight2 = Y[ 1*(bwt2 < Q1)+ 1 ]
```

或

```
> weight2 = c("OK", "Low")[ 1*(bwt2 < quantile(bwt2, 0.25)+ 1]
```

[程式說明]

若 bwt2 向量中的某個元素值 < Q1，則 bwt2 < Q1 運算會產生一個 TRUE 邏輯值，所以 1 * (bwt2 < Q1) + 1 = 1 * TRUE + 1 = 1 + 1 = 2，右側運算式 Y[1 * (bwt2 < Q1) +1] 相當於 Y = c ("OK", "Low") 的第 2 個元素 Y[2]，即 "Low"。

若 bwt2 某個元素值 ≥ Q1，則 bwt2 < Q1 運算會產生 FALSE，所以 1 * (bwt2 < Q1) + 1 = 1 * FALSE + 1= 0 + 1 = 1，運算式 Y[1 * (bwt2 < Q1) + 1] 等於 Y = c("OK", "Low") 向量的第 1 個元素 Y[1]，即 "OK"：

```
> weight2
   [1] "OK"  "OK"  "OK"  "OK"  "Low" "OK"  "OK"  "OK"  "OK"  "OK"  "OK"
  [12] "OK"  "OK"  "OK"  "OK"  "OK"  "Low" "OK"  "OK"  "OK"  "Low" "OK"
   ........................
[1222] "OK"  "OK"  "OK"  "OK"  "OK"  "OK"  "Low" "OK"  "OK"  "OK"  "OK"
[1233] "OK"  "OK"  "OK"
```

CHAPTER 2

R 軟體操作方式

- **2.1** R-GUI：圖形使用者界面
- **2.2** 文字互動模式
- **2.3** 批次執行模式
- **2.4** source 函數：執行外部程式檔
- **2.5** sink 函數：記錄程式執行結果
- **2.6** help 與 demo 功能
- **2.7** R 軟體的套件
- **2.8** data 函數：使用內建資料檔
- **2.9** R 軟體的升級與更新
- **2.10** R 軟體環境設定

執行 R 軟體的方式有三種：(1) 圖形使用者界面（GUI）、(2) 文字畫面交談互動模式或 (3) **批次執行**（batch mode）。R 軟體有 Unix、麥金塔以及 Windows 版本。

安裝 R 軟體

讀者們可以到 R 軟體網站 http://www.r-project.org/，點選左側選單的「Download ➔ CRAN」，再從 CRAN 網站中選擇「Software ➔ R Binaries ➔ windows」下載最新版的 R 軟體。

在安裝過程中，建議選擇一併安裝 pdf 說明文件。在 Windows 作業系統中，R 軟體預設的安裝目錄是 C:\Program Files\R\R-3.5.1，但由於這個目錄名稱包含空格，而且目錄名稱過長，可能在往後操作產生不必要的困擾，因此作者建議改成安裝在「C:\R\R-3.5.1」目錄下。

2.1　R-GUI：圖形使用者界面

安裝 R 軟體 Windows 版後，我們可以執行 Rgui.exe 程式，或是經由「開始」➔「程式集」➔ R ➔ R-3.5.1 進入 R 的 Windows 圖形界面模式（圖 2-1）：

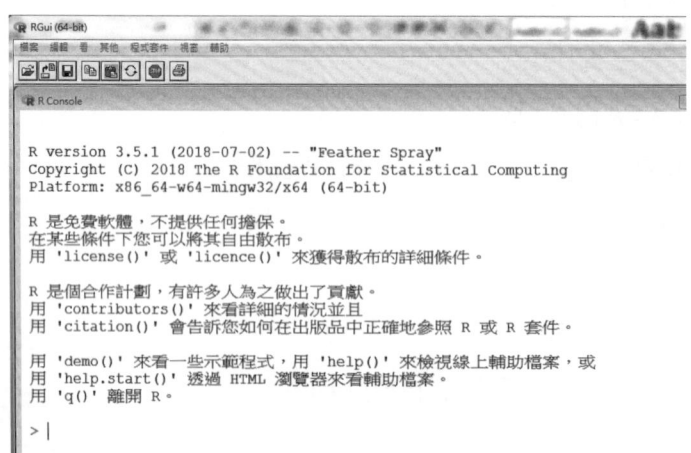

》圖 2-1　R 軟體歡迎畫面

在 GUI 界面上方的選單中，最常用到的是**「檔案」選單**。

在**「檔案」選單**（圖 2-2）中，我們可以開啟並執行預先寫好的 R 程式檔（「輸入 R 程式碼」選項）、使用 R 的簡易程式編輯器直接撰寫新程式（「建立新的命令稿」選項）、開啟外部的 R 程式檔並放入 R 的簡易程式編輯器（「開啟命令稿」）、顯示外部檔案內容、載入之前儲存的工作空間（過去的變數或函數的儲存檔）、儲存或載入過去交談模式過程的歷史紀錄（「載入、儲存命令歷程」）、變更目前工作目錄（「變更現行目錄」）、列印，以及將各視窗的內容儲存到外部檔案等等。

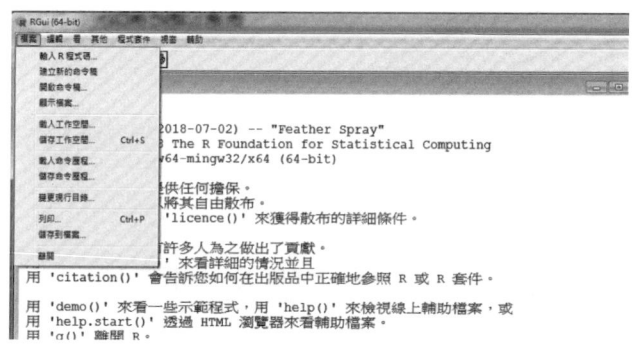

》圖 2-2 「檔案」選單

「編輯」選單：典型的 COPY/ PASTE 動作，另外也可直接使用資料編輯器或設定 R 軟體 GUI 使用偏好（圖 2-3）：

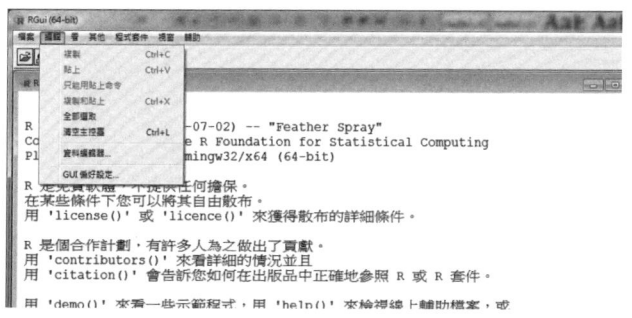

》圖 2-3 「編輯」選單

> **提醒** 如果我們使用 R 軟體的簡易程式編輯器（R Editor），則「編輯」選單之下會出現「執行程式列或選擇項 Ctrl+R」以及「執行全部」兩個新選項（圖 2-4）。這時候可以選取 R Editor 裡面幾行程式直接執行，或是選擇執行 R Editor 中全部程式碼（圖 2-5）。

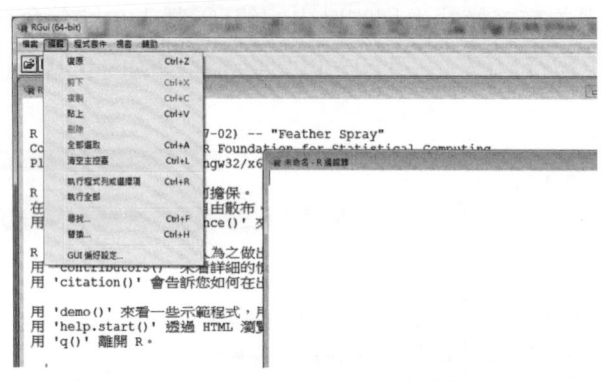

» 圖 2-4　使用 R Editor 時的「編輯」選單

» 圖 2-5　R Editor 程式編輯視窗

「看（檢視）」選單：可以選擇是否顯現工具列與狀態列（圖 2-6）：

» 圖 2-6 「看（檢視）」選單

「其他」選單：可以停止目前的計算、停止所有計算（Stop all computations）、列出目前所有的 R 物件（例如變數、函數等等）、刪除物件或列出物件搜尋的路徑（List search path）（圖 2-7）：

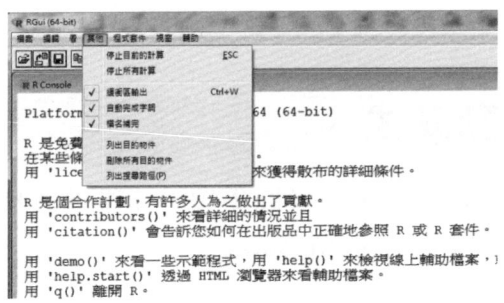

» 圖 2-7 「其他」選單

「程式套件」選單：在此選單之下，可以在目前交談模式中載入使用某個程式套件、設定遠端儲存套件的 CRAN 鏡射網站的來源、選擇下載之後的套件檔存放目錄、安裝套件、更新套件。若我們已經自行從 CRAN 網站下載了 zip 壓縮格式的套件檔，也可以使用本機的 zip 套件檔直接安裝（圖 2-8）：

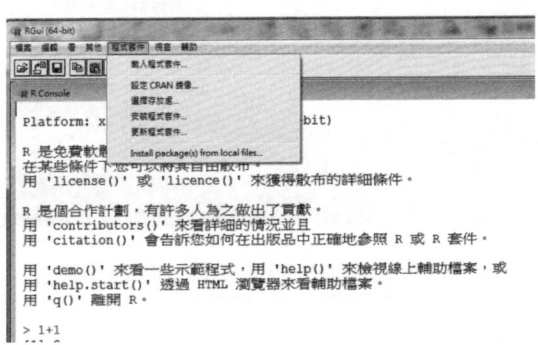

» 圖 2-8 「程式套件」選單

「輔助」選單：在輔助選單之下，可以查詢 R 軟體指令的相關 Help 資訊（圖 2-9）：

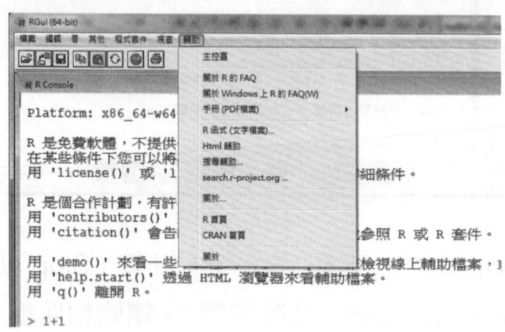

》圖 2-9 「輔助」選單

2.2 文字互動模式

在 UNIX 系統的文字操作界面中（圖 2-10），若要進入 R 的互動模式，通常都是直接輸入 R 這個英文字母。在 Windows 系統中，通常是直接執行 **Rgui.exe** 圖形界面程式。

》圖 2-10 R 軟體 UNIX 系統文字界面模式

Unix 作業系統

直接在任何目錄輸入 "R" 指令：

```
/home/john> R
```

Windows 作業系統

打開 DOS 視窗，移動到 R 軟體的安裝目錄，執行 R 指令：

```
C:\WINDOWS\system32> cd \R\R-3.5.1\bin\x64
C:\R\R-3.5.1\bin\x64> R
```

進入文字互動模式後，我們會看到以下歡迎畫面，以及一個指令符號等待我們輸入進一步的指令：

```
R version 3.5.1 (2018-07-02)
Copyright (C) 2018 The R Foundation for Statistical Computing
Platform: x86_64-w64-mingw32/x64 (64-bit)

R 是免費軟體，不提供任何擔保。
..............................................................[略]
用 'help.start()' 透過 HTML 瀏覽器來看輔助檔案。
用 'q()' 離開 R。

>
```

> **提醒** 我們要先記得 **q()**（代表 quit）是離開 R 軟體的指令。

2.3 批次執行模式

在 R 軟體的圖形界面中，我們通常是以交談互動模式執行程式，每輸入一行完整的指令，就會馬上得到一個運算結果。如果我們將 R 指令統統寫在一個文字檔，假設檔名為 **D:\R\test.R**，檔案內容如下：

```
x = 1:10
mean(x)
median(x)
var(x)
```

我們可以不用進入交談模式，直接用**批次執行模式**（Batch Mode）來執行我們的程式。

Windows 系統 Batch mode

若 R 軟體安裝在 C:\R\R-3.5.1 目錄下，則以下兩種方法皆可批次執行：

```
C:\R\R-3.5.1\bin\x64\Rcmd.exe BATCH --no-restore --no-save
                                    d:\R\test.R d:\R\test1.out
```

test1.out 檔內容如下：

```
R version 3.5.1 (2018-07-02)
Copyright(C) 2018 The R Foundation for Statistical Computing
Platform: x86_64-w64-mingw32/x64 (64-bit)

R 是免費軟體，不提供任何擔保。
在某些條件下您可以將其自由散布。
用 'license()' 或 'licence()' 來獲得散布的詳細條件。
...............................[ 略 ]
用 'q()' 離開 R。

> x = 1:10
> mean(x)
[1] 5.5
> median(x)
[1] 5.5
> var(x)
[1] 9.166667
>
> proc.time()
   user  system elapsed
   0.65    0.03    0.65
```

或

```
C:\R\R-3.5.1\bin\x64\Rterm.exe --no-restore     （請寫成一列）
    --no-save < test.R > test2.Rout
```

這個指令輸出結果與上一個指令相同，只是少了最後的 **proc.time( )** 部分。

我們也可以將以上這一行全部寫在一個 DOS batch 檔案中 runR.bat，然後執行或點擊這個 bat 檔兩次，即可執行。例如，將以下內容儲存成 runR.bat 文字檔，並 copy 到 Windows 作業系統安裝目錄（一般為 C:\windows）底下：

```
C:\R\R-3.5.1\bin\x64\Rterm.exe --no-restore --no-save < %1.R > %1.Rout
```

這樣，我們就能在任何有 R 程式檔的目錄下執行 R 的批次模式。假設我們在 c:\myfile 目錄下有一個 myprog.R 的程式檔：

```
c:
cd \myfile
runR.bat  myprog
```

runR.bat 被實際執行時，batch 檔裡面的「%1.R」與「%1.Rout」會被分別取代成「myprog.R」、「myprog.Rout」。

UNIX 系統 Batch mode

假設 R 指令所在目錄位於系統的可執行檔目錄 PATH 中，我們可用以下兩種方法執行 batch mode：

```
R CMD BATCH --slave --vanilla  test.R  test1.Rout
```

test1.Rout 檔內容如下：

```
> x = 1:10
> mean(x)
[1] 5.5
> median(x)
[1] 5.5
> var(x)
[1] 9.166667
> proc.time()
[1] 1.80 0.12 1.90 0.00 0.00
```

或

```
R --slave --vanilla < test.R > test2.Rout
```

test2.Rout 檔內容如下：

```
[1] 5.5
[1] 5.5
[1] 9.166667
```

或

```
R --vanilla < test.R > test3.Rout
```

test3.Rout 檔內容如下：

```
> x = 1:10
> mean(x)
[1] 5.5
> median(x)
[1] 5.5
> var(x)
[1] 9.166667
```

在 R 軟體交談模式以 source( ) 執行外部的 R 程式檔

source 函數可以載入外部 R 程式檔，並立即執行。例如：

```
> source("C:\\mydir\\myprogram.R")
```

或

```
> source("C:/mydir/myprogram.R")
```

2.4 source 函數：執行外部程式檔

我們可以用一般的文字編輯器將部分程式寫成外部文字程式檔，再於主要程式或交談模式用 source 函數載入這些外部程式。例如，將以下幾行計算樣本標準差的自訂函數程式存入一個外部文字檔案，存為 myfunction.R 檔：

```
my.sd <- function(y)
{
  n = length(y)
  result = sqrt((sum(y^2) - n * mean(y)^2)/(n - 1))
  return(result)
}
```

假設 myfunction.R 檔案存放在 C:\mydir 目錄中，則我們可以在 R 軟體交談模式或 R 程式裡面使用 source 函數呼叫進來使用：

```
> source("c:/mydir/myfunction.R")    # 檔案路徑使用反斜線 /
```

```
> x <- c(1, 2, 3, 4, 5)
> my.sd(x)
[1] 1.581139
```

```
> z <- c(1.4, 2.3, 11.8, 12.5, 99)
> my.sd(z)
[1] 41.46667
```

```
> my.sd(3*z)
[1] 124.4000
```

另外，存成外部檔案的 R 程式檔也可以使用 R 軟體 GUI「編輯」選單 ➔「輸入 R 程式碼 ...」選項來直接載入執行。

在 R 軟體中，我們也可以使用 **source** 函數來執行遠端網站上的 R 程式檔。例如：

```
source("http://test.somewhere.com/myprogram.R")
```

[註] 如果電腦裝有防火牆軟體，必須開放 R 軟體對外的連線權限。

2.5　sink 函數：記錄程式執行結果

如果我們想記錄 R 軟體運算的執行結果，可以使用 **sink** 函數。**sink** 函數的基本用法是：**sink**（"外部檔名"）。**sink( )** 則結束記錄動作。例如：

```
> sink("c:/R/sink.txt")
> x=1:10
> mean(x)
> sink()
```

執行完畢後，我們可以看到 c:\R\sink.txt 文字檔的內容：

```
[1]  1  2  3  4  5  6  7  8  9 10
[1] 5.5
```

另外，我們也可以使用 **capture.output** 函數達成相似的功能，但一次只能捕捉一個執行指令的結果：

```
> capture.output(mean(x), file="c:/R/capture.txt")
```

2.6 help 與 demo 功能

- 想知道某個函數的定義或範例，可在交談模式中使用 **help** 或「**?**」。「**??**」則是可能指令的全面搜尋：

```
> help(log)
> ?log
```

- 搜尋含有 **log** 的所有可能資訊：

```
> ??log
```

- 若想查詢某個套件的內容，可以用「**? 套件名稱**」及「**? 套件::函數名稱**」來查詢。在輸出畫面中，我們可以在 **Index** 這一行後面看到這個套件裡面有哪些函數或 **data sets** 可以使用。例如 **car** 套件：

```
> ?car
```

```
car-package {car}    R Documentation
Companion to Applied Regression
Description
This package accompanies J. Fox, An R and S-PLUS Companion to Applied
Regression, Sage, 2002. The package contains
..........................................
Index:
Adler            Experimenter Expectations
Angell           Moral Integration of American Cities
Anova            Anova Tables for Various Statistical Models
..........................................
```

- 查詢 **car** 套件裡面的 **Anova** 函數用法：

```
> ?car::Anova
```

```
Anova {car}                      R Documentation
Anova Tables for Various Statistical Models
Description
..........................................
```

- 我們也可以使用：

```
> library(help = car)
```

其效果跟 **?car** 指令一樣，只是 **help** 內容是顯示在 R 軟體中跳出的一個小視窗中。

apropos 函數

想知道 R 軟體中有哪些函數包含 norm 這個字串，可用 **apropos**（中文意思是「適當的」）函數查詢：

```
> apropos("norm")
[1] "dlnorm"  "dnorm"   "plnorm"  "pnorm"   "qlnorm"
[6] "qnorm"   "qqnorm"  "qqnorm.default" "rlnorm" "rnorm"
```

[註] 上述指令中，也可以使用兩個單引號 ('norm')。

demo 與 example 示範功能

R 軟體本身就有 **demo( )** 可以展示 R 軟體或某個套件的示範功能，用法為 **demo(套件名稱)**。另外，有些函數的說明文件中就有範例程式，可用 **example(函數名稱)** 來執行這些範例程式。例如：

```
> demo( )              # 顯示可用的 demo 選項
> demo(graphics)       # 執行 R 軟體圖形功能示範
> example(glm)         # 執行 glm 說明文件中的範例程式
```

R 網站文件遠端搜尋

RSiteSearch 指令可以讓使用者在自己電腦搜尋遠端 R 網站的文件：

```
> RSiteSearch("anova")                      # 任何含有 anova 的文件
> RSiteSearch("{logistic regression}")      # 精確關鍵字搜尋
```

2.7　R 軟體的套件

安裝 R 軟體後，安裝目錄中會有以下基本套件（Packages）。使用這些基本套件中的函數時，不需要事先使用「**library(套件名稱)**」指令來載入套件：

- base　　　　基本 R 函數

- datasets　　基本範例資料檔
- grDevices　　圖形裝置套件
- graphics　　基本圖形套件
- grid　　grid 圖形版面設定套件
- methods　　methods and classes for R objects
- stats　　統計函數套件
- stats4　　使用 S4 class 物件導向方式所寫的統計套件
- tcltk　　與 Tcl/Tk 圖形界面語言溝通的工具套件
- tools　　套件、管理與程式開發有關的工具套件
- utils　　其他常用工具函數

若想查詢自己已經安裝了哪些套件，可以使用 **library( )** 指令查看。

2.7.1　使用套件內的函數

與套件有關的工具函數：library、require、help、detach

欲使用某個套件中的函數，我們需要在程式中先使用 library 函數來載入套件，用法是 `library(套件名稱)`。

例如，以下程式載入 **nortest** 套件，並使用其 **ad.test** 函數（Anderson-Darling 常態性檢定）來檢查資料是否服從常態分配：

```
> library(nortest)
> ad.test(x)
```

有時候，當我們同時載入好幾個套件時，某兩個套件裡面的函數名稱可能一樣而導致衝突。這時候可以使用「**套件名稱::函數名稱**」來指定我們所用的函數是屬於哪一個套件。例如 **car::reshape(……)**。

如果我們自己有寫出自訂函數（user function），且需在自己的函數中載入其他套件的函數來運算，則必須在自訂函數中使用 **require(套件名稱)** 來載入套件。

> **提醒**　如果我們所用的函數是屬於安裝 R 軟體時就已經存在的基本套件，則我們不需要作任何載入動作，即可執行這些基本函數。

如果我們想看看某些套件裡面有哪些內容，可以使用

help(package = 套件名稱**)**

然後再搭配「?」符號或 **help(**函數名稱**)** 來查詢特定函數的用法。

在一個 R 程式中，一個套件只需使用一次 **library** 指令來載入即可。套件被載入之後，通常不需要被卸載（unload），但若我們的程式需要使用相當多的套件，為避免記憶體吃緊或是避免不同套件的同名函數彼此衝突，則我們可以使用：

detach(package: 套件名稱)

來將已經載入的套件作卸載的動作。基本上，一般中小型程式不太需要用到 detach 指令。

2.7.2　安裝套件

R 軟體安裝套件的方法可分圖形界面方式與文字互動方式兩種：

Windows 圖形界面

在 Windows GUI 圖形界面中，我們可以從選單中的「程式套件」=>「安裝程式套件 ...」選單開始執行套件的安裝。一開始，R 軟體會要求我們選擇儲存 R 軟體的 CRAN 鏡射網站位置（圖 2-11）：

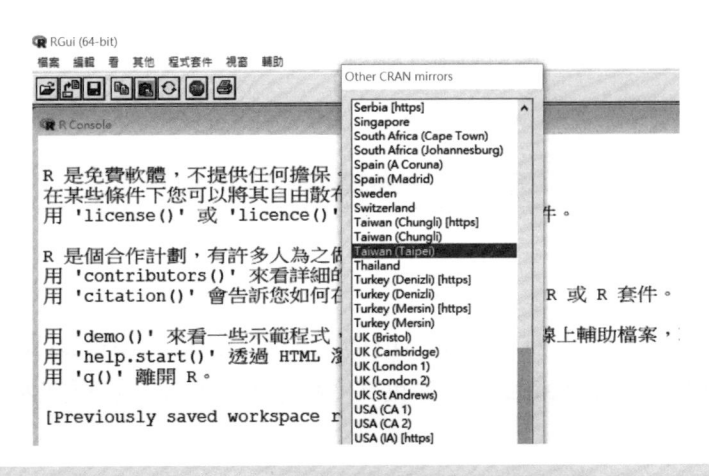

》圖 2-11　選擇安裝套件的來源鏡射網站

接下來，我們需要選擇自己要安裝的套件名稱（此例中為 **ada** 套件）（圖 2-12）：

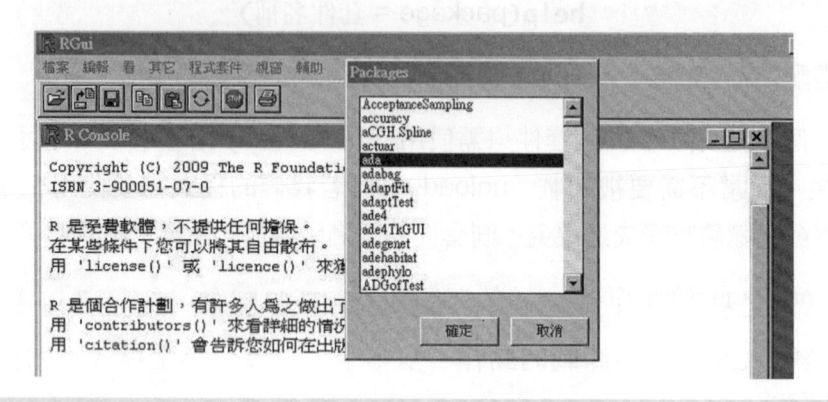

》圖 2-12　選擇欲安裝的套件名稱

選擇套件名稱之後，R 軟體即會從 CRAN 鏡射網站抓取相關的套件，安裝在我們的電腦之中（圖 2-13）：

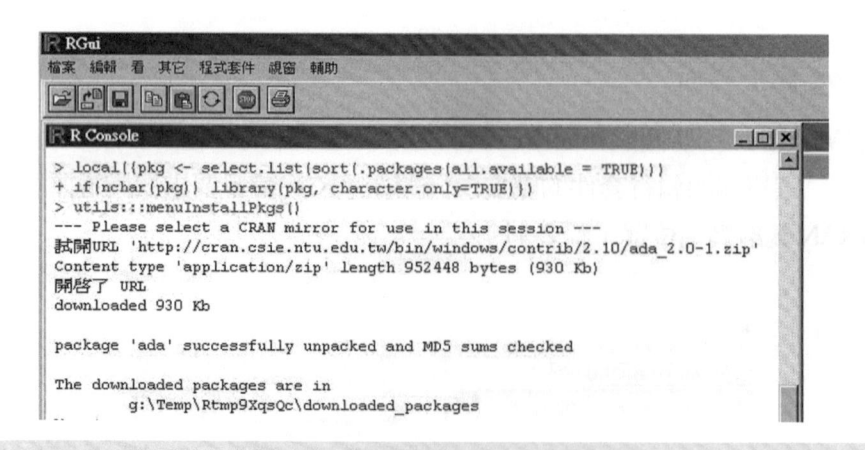

》圖 2-13　安裝套件時的過程畫面

文字交談界面

我們也可以在 DOS window 或 UNIX 作業系統中以文字模式安裝套件，使用的指令是 `install.packages("套件英文名稱")`，這裡要注意英文大小寫有區別。例如：

```
install.packages("ada")
```

從 Github 或 R-forge 網站安裝套件

如果是位於 github.com 上的 R 套件，可用以下方式安裝：

```
library(devtools)
install_github("tidyverse/tibble")
# "tidyverse/tibble" 是套件的 github 路徑
```

如果套件是位於 http://r-forge.r-project.org 網站，可用以下指令：

```
install.packages("CHAID", repos="http://r-forge.r-project.org")
```

》圖 2-14　在文字互動界面安裝套件

2.8　data 函數：使用內建資料檔

　　R 軟體基本套件與其他額外套件中，擁有相當多的內建資料檔可供使用。這些資料檔通常是以資料框架變數的形式儲存。欲使用這些資料檔，我們可以用 **data( )** 列出目前所有可用的資料檔參考資訊，或是使用 **data(資料檔名稱)** 指令來載入資料檔，並使用「資料檔名稱 $ 變數名稱」方式來使用資料檔中的變數。

與 data( ) 有關的工具函數：`data`、`head`、`tail`、`attach`、`with`

　　如果資料檔是附屬於某個套件之下，則使用 **data** 之前，必須先用 `library` 函數來載入該套件，或是使用

　　data(package= 套件名稱**)**

列出該套件所有的資料檔，然後用 **data(資料檔名稱,package="套件名稱")** 來載入資料檔。例如，基本套件中的 **iris** 鳶尾花資料檔，與 **car** 套件中的加拿大女性勞力資料 **Bfox**：

```
> data(iris)                                          # 載入 iris 資料檔
```

使用 **head**（頂端）與 **tail**（尾端）函數查看資料檔最前面與最後面 3 列資料：

```
> head(iris,3)
    Sepal.Length  Sepal.Width  Petal.Length  Petal.Width  Species
1       5.1           3.5          1.4           0.2      setosa
2       4.9           3.0          1.4           0.2      setosa
3       4.7           3.2          1.3           0.2      setosa
```

```
> tail(iris,3)
     Sepal.Length  Sepal.Width  Petal.Length  Petal.Width  Species
148      6.5           3.0          5.2           2.0      virginica
149      6.2           3.4          5.4           2.3      virginica
150      5.9           3.0          5.1           1.8      virginica
```

```
> mean(iris$Sepal.Length)
[1] 5.843333
```

```
> library(car)
> data(Bfox)
> head(Bfox,3)
     partic  tfr   menwage  womwage  debt   parttime
1946  25.3  3748   25.35    14.05   18.18   10.28
1947  24.4  3996   26.14    14.61   28.33    9.28
1948  24.2  3725   25.11    14.23   30.55    9.51
```

```
> mean(Bfox$tfr)
[1] 3464.867
```

由於某些資料檔名稱或變數名稱很長，像 **iris$Sepal.Length** 這樣的寫法有點麻煩，這時候我們可以使用 **attach(資料檔名稱)**，就可以直接使用變數名稱來操作，不需要在前面搭配資料檔名稱與 **$**：

```
> attach(iris)
> mean(Sepal.Length)
[1] 5.843333
```

　　如果不使用 **attach**，許多 R 函數也允許使用「**data** = 資料檔名稱」選項來避免使用 **$** 符號，例如在 **iris** 資料檔中，如果我們要使用花瓣長度（**Petal.Length**）對花萼長度（**Sepal.Length**）作迴歸分析，則 **lm** 函數可允許 **data** = **iris** 的選項：

```
> lm(Sepal.Length ~ Petal.Length, data = iris)
> lm(parttime ~ tfr, data = Bfox)
```

with 函數：暫時簡化資料檔變數的使用

　　使用 **attach** 函數雖然可以簡化資料檔裡面的變數寫法，但這種方式有個缺點，就是資料檔被 **attach** 之後，資料檔中的某些變數名稱可能會跟其他套件的變數或自己程式的變數產生同名的困擾。

　　如果我們只是在程式中某幾行需要用到特定資料檔的變數，隨後不再使用，這時候可以使用 **with** 函數。**with** 函數跟 **attach** 的功能差不多，都可以簡化資料檔中變數的寫法，但使用的效力被限制在 **with** 函數的特定範圍之內，不會產生後續可能的同名衝突。**with** 函數的語法是

>　　　　**with**(資料檔名稱 , {
>　　　　　　程式一
>　　　　　　程式二
>　　　　　　..........
>　　　　　　}
>　　　　)

在兩個弧形括號 { ... } 之中的程式用到資料檔的變數名稱時，不需要再加上資料檔名稱與 **$** 符號。例如 **iris** 資料包含 **Sepal.Length**、**Petal.Length** 等變數：

```
with( iris, {
        mean(Sepal.Length)
        mean(Petal.Length)
        lm(Sepal.Length ~ Petal.Length)
      }
)
```

2.9 R 軟體的升級與更新

由於有許多熱心志工與網友一起合作偵錯、或加入新的套件，R 軟體的更新速度很快，因此每隔一陣子我們可能就得更新或升級 R 軟體。以下是常見的更新步驟：

(1) 將舊版的 R 軟體解除安裝（uninstall），但是保留舊版的安裝目錄，先**不要**刪除。

(2) 安裝新版的 R 軟體。

(3) 到舊版目錄底下的 library 子目錄，將自己安裝的所有套件目錄 copy 到新版安裝目錄下的 library 子目錄裡面。

(4) 進入新版 R 軟體 GUI 界面，輸入以下指令，即可完成套件在新版 R 軟體的更新：

```
update.packages(checkBuilt=TRUE, ask=FALSE)
```

(5) 刪除舊版安裝目錄。

2.10 R 軟體環境設定

設定工作目錄位置

R 軟體在運作時，會預設一個工作目錄（working directory）位置。當我們要載入外部 R 程式檔或資料檔，或是要將資料儲存到外部時，都是先以目前的工作目錄為預設目錄。我們可以用 **getwd( )** 函數查詢目前工作目錄，或用 **setwd("目錄名稱")** 來改變工作目錄：

```
> getwd()
[1] "C:/Documents and Settings/user/My Documents"
```

```
> setwd("c:/r")
```

電腦記憶體考量

在 R 軟體交談模式中，或是以批次模式執行較大的程式時，如果累積的物件與變數太多，可能會導致記憶體不足。此時可以使用：

```
rm(list=ls())
```

來清除所有既存的物件。或者使用 **rm(**物件名稱**)** 刪除較大的物件，例如龐大的矩陣變數。

我們可以使用 **memory.size( )** 來查詢 R 軟體目前所使用的記憶體大小（單位為 MB）：

```
> memory.size()
[1] 8.91
```

使用 **memory.limit( )** 查詢作業系統容許 R 軟體的最大記憶體使用量：

```
> memory.limit()                                              # 單位：MB
[1] 1535
```

memory.limit( ) 函數也可以用來設定 R 軟體新的可用記憶體上限，但只能增加，不能減少：

```
> memory.limit(4095)                              # 設定最多可以使用 4GB 記憶體
```

.First 啟動函數與 .Last 終止函數

使用者可以藉由 **.First** 與 **.Last** 兩個函數來打造自己的 R 軟體使用環境。**.First** 會在 R 軟體啟動時自動執行，**.Last** 則在 R 軟體結束前自動執行。

例如，以下程式可以儲存在 Rprofile.site 檔案（通常位於 R 軟體安裝目錄下 etc 子目錄中，例如 C:\R\R-2.10.1\etc\Rprofile.site）或是任何工作目錄下的 .Rprofile 檔案：

```
.First = function()
{
    # 設定交談模式指令列的起始符號為 $,
    # 連續輸入指令的接續符號為 + 號加上 <TAB> 空格
    options(prompt = "$ ", continue="+\t")
    # 使用 par() 設定自己的圖形環境參數
    par(pch = "+")
    # 啟動 R 時，順便呼叫引用 my.package 模組
    library(my.package)
    cat("\n 歡迎！Welcome! ", date(),"\n")
    setwd("c:/r")                                 # 設定工作目錄
}
```

```
.Last <- function(){
 cat("\n下次再見. 目前時間 ", date(), "\n")
}
```

CHAPTER 3

R 軟體基本運算

3.1　簡單的數字與字串運算
3.2　有序數列：規則性的數字集合
3.3　基本向量運算
3.4　向量的指標用法
3.5　基本統計計算範例

在這一章裡面，我們將介紹一些簡單的 R 軟體基本數字運算、向量運算與統計運算，讓讀者們對 R 軟體的基本計算功能先有一個初步的大概印象。

3.1 簡單的數字與字串運算

R 軟體的簡單運算是以程式語言通用的下列運算子符號來完成：

- 加「**+**」、減「**-**」、乘「*****」、除「**/**」。
- 整除「**%/%**」、餘數計算「**%%**」(mod)。
- 冪次運算（「******」或「**^**」）、平方根 **sqrt( )**。
- 正負號 **sign( )**、絕對值 **abs( )**。
- **log( )**、**log10( )**、**log2( )**、**exp( )**。
- **sin( )**、**cos( )**、**tan( )**、**asin( )**、**acos( )**、**atan( )**、**sinh( )**、**cosh( )**、**tanh( )**、**asinh( )**、**acosh( )**、**atanh( )**。
- 文字字串 (strings) 的連接可以使用 **paste( )** 函數。
  例如 **x=paste("Jan", "Lee", sep=" ")**，則 **x="Jan Lee"**。**sep** 選項是連接時的分隔符號（separator），此例設定為一個空格。
- 邏輯運算：**&** 與 **&&**(AND)、**|** 與 **||** (OR)、**!** (NOT)、**==**（等於）、**!=**（不等於）、**>**、**<**、**<=**、**>=**（**&** 與 **|** 可用於向量的邏輯運算）。

遇到不熟的函數時，使用者可以隨時使用 **help( )** 函數或「**?** 函數名稱」來查詢這些函數的詳細定義與使用方法。

以下是一些簡單的互動交談模式操作結果：

▼ 程式範例 3-1

```
> 1+1
[1] 2
```

```
> 1*3.4
[1] 3.4
```

不管是使用 1/2、1/2.0 或 1.0/2.0，結果均相同：

```
> 1/2
[1] 0.5
```

整除：

```
> 1 %/% 2
[1] 0
```

餘數（modulus）：

```
> 5 %% 2
[1] 1
```

三角函數運算：

```
> cos(1.0)
[1] 0.5403023
```

冪次計算。冪次 0.5=1/2 相當於開根號：

```
> 2^0.5                          # 也可使用 sqrt(2)
[1] 1.414214
```

使用科學符號 $x = 1.2e^{-5} = 1.2 * 0.00001 = 1.2 * 10^{-5}$：

```
> x = 1.2e-5
> 10000*x
[1] 0.12
```

邏輯運算會產生邏輯向量：

```
> x = c(1,2,3,4,5)
> x > 3
[1] FALSE FALSE FALSE  TRUE  TRUE
```

```
> x[x > 3]                       # 相當於 x[c(F,F,F,T,T)]
[1] 4 5
```

3.2 有序數列：規則性的數字集合

在 R 軟體中，如果想要建構有規則性的數字或向量，可以使用以下函數：

- 「**:**」**sequence(有序數列) 運算子**：用法為「**start:end**」。例如，1:5 會產生一個內含五個規則數字的向量 (1, 2, 3, 4, 5)。若改用 **concatenation** 聯結函數 **c** 寫成 **c(1:5)** 也可以，產生的運算結果相同。

- **seq(起始值, 結束值, by= 遞增值)：sequence 函數**。例如 **seq(1,5)** 效果跟 **1:5** 一樣，都會產生 (1, 2, 3, 4, 5)，但是 **seq(1, 5, 0.5)** 則會產生 (1, 1.5, 2, 2.5, 3, 3.5, 4, 4.5, 5) 向量，函數中的第三個參數 0.5 設定了每次遞增的間隔值。若沒有給定遞增值，則預設為 1.0。如果只給 seq 函數一個參數，則此參數視為結束值。例如，seq(5) 會產生 (1, 2, 3, 4, 5)。若加上 **length = k**，則會產生 **k** 個等距數字。

- **rep(x, times = 重複次數, each = x 內的元素重複次數)：rep** 代表 repeat（重複）。例如 **rep(10, 5)** 會將 10 重複 5 次，產生 (10, 10, 10, 10, 10) 向量。若加上 **length = k**，則總共產生 **k** 個物件。

▼ 程式範例 3-2

```
> 1:9
[1] 1 2 3 4 5 6 7 8 9
```

```
> x = 1:9                        # 也可以寫成 x = c(1:9)
> x
[1] 1 2 3 4 5 6 7 8 9
```

```
> 1.5:10                         # 每次增加 1.0
[1] 1.5 2.5 3.5 4.5 5.5 6.5 7.5 8.5 9.5
```

結合 **1.5:10** 與 **11**

```
> c(1.5:10, 11)
[1] 1.5 2.5 3.5 4.5 5.5 6.5 7.5 8.5 9.5 11.0
```

1, 2, 3, …, 8 相乘，等於階乘函數 **factorial(8)**：

```
> prod(1:8)
```

```
[1] 40320
```

```
> seq(1,5)  # 與 1:5 相同
[1] 1 2 3 4 5
```

從 1 到 5，每次增加 0.5：

```
> seq(1,5, by = .5)
[1] 1.0 1.5 2.0 2.5 3.0 3.5 4.0 4.5 5.0
```

1～5 之間建立 7 個距離相等的數字：間隔為 (5.0-1.0) / 6 = 0.66667

```
> seq(1,5, length = 7)
[1] 1.00000 1.66667 2.33333 3.00000 3.66667 4.33333 5.00000
```

rep 函數可讓某些數字或文字重複多次：**rep(**數字, 重複次數**)**：

```
> rep(10,5)    # 10 重複 5 次         # 相當於 rep(10, times = 5)
[1] 10 10 10 10 10
```

A、B、C、D 四個字重複 2 次：

```
> rep(c("A","B","C","D"),2)
[1] "A" "B" "C" "D" "A" "B" "C" "D"
```

1～4 每個數字重複 2 次，總共循環 3 次：

```
> rep(1:4, times = 3, each = 2)
[1] 1 1 2 2 3 3 4 4 1 1 2 2 3 3 4 4 1 1 2 2 3 3 4 4
```

1～4 每個數字重複 2 次，總共產生 12 個數字：

```
> rep(1:4, each = 2, length = 12)
[1] 1 1 2 2 3 3 4 4 1 1 2 2
```

0 重複 16 次，並搭配 matrix 函數建立一個 4 x 4 的矩陣（matrix）：

```
> matrix(rep(0,16), nrow = 4)
     [,1] [,2] [,3] [,4]
[1,]    0    0    0    0
[2,]    0    0    0    0
[3,]    0    0    0    0
[4,]    0    0    0    0
```

我們也可以不使用 **rep** 函數，直接利用 R 軟體的自動物件循環重複特性來建立上個矩陣。以下程式中，R 軟體會自動依照我們所指定的矩陣大小 (4×4)，將 0 重複 16 次：

```
> matrix(0, nrow = 4, ncol = 4)
```

3.3 基本向量運算

向量（vector）變數或其他更高次方的陣列變數等等，經常使用 **c( )** 函數（concatenation function，聯結函數）來聯結不同的小物件，形成一個較大的物件。例如，將數個數字透過 **c( )** 函數聯結在一起，就形成一個較大的集合體：向量變數。以下計算函數可用於 **vector** 變數：

- `length`　　　　　算出向量中的元素個數
- `sum`　　　　　　將向量的所有元素加總值
- `prod`　　　　　　將向量的所有元素相乘值
- `cumsum, cumprod`　累積相加與累積相乘
- `sort`　　　　　　將元素從小到大排序，並產生排序後的向量
- `rank`　　　　　　顯示各元素在排序之後的「排序順位」（rank），傳回值為向量

▼ 程式範例 3-3

```
> x = c(1, 2.0, 3) ;  x
[1] 1 2 3
```

```
> (x = c(1.0, 2.3, 3))            # 使用（…）自動顯現 x 的內容
[1] 1.0 2.3 3.0
```

```
> x + 1                           # (1+1, 2+1, 3+1)
[1] 2 3 4
```

```
> x - 1.2                         # (1-1.2, 2-1.2, 3-1.2)
[1] -0.2  0.8  1.8
```

```
> x * 2                              # (1*2, 2*2, 3*2)
[1] 2 4 6

> x * x                              # (1*1, 2*2, 3*3)
[1] 1 4 9
```

➢ x 向量有 3 個元素，但 y 向量有 4 個元素，R 軟體仍會將 x 的 3 個元素跟 y 的前 3 個元素對乘，但是會顯示警告訊息：

```
> y = c(4, 5, 6, 7)                  # x = c(1, 2, 3)
> x * y
[1]  4 10 18  7
Warning message:
longer object length
    is not a multiple of shorter object length in: x * y

> x = c(1, 2, 3, 4) ; y = c(5, 6, 7, 8)
> y/x                                # (5/1, 6/2, 7/3, 8/4)
[1] 5.000000 3.000000 2.333333 2.000000

> y - x                              # (5-1, 6-2, 7-3, 8-4)
[1] 4 4 4 4

> x ^ y                              # (1^5, 2^6, 3^7, 4^8)
[1]     1    64  2187 65536

> cos(x*pi) + cos(y*pi)              # pi 為內建圓周率常數
[1] -2  2 -2  2

> s = c(1, 2, 3, 4, 5, 6)
> length(s)
[1] 6

> sum(s)                             # 1+2+3+4+5+6
[1] 21

> prod(s)                            # 1*2*3*4*5*6
[1] 720
```

```
> cumsum(s)                              # 1, 1+2, 1+2+3,..., 1+2+3+4+5+6
[1]  1  3  6 10 15 21
```

➤ 若任一元素為文字字串,則向量變數 x 自動轉為字串(string)向量:

```
> x = c(1,"123",3)
> x
[1] "1"   "123" "3"
```

```
> x + 1
Error in x + 1 : non-numeric argument to binary operator
```

➤ 連接以上兩個向量:

```
> x = c(1,2,3,4) ; y = c(5,6,7)
> (z = c(x,y))
> z
[1] 1 2 3 4 5 6 7
```

[註] R 中的字串(string)以雙引號「"」或單引號「'」包夾而成。

3.4 向量的指標用法

一個向量變數 x 的第 i 個元素值可以用 **x[i]** 表示。**x[c(2,3,10)]** 表示一次傳回 **x[2]**、**x[3]** 與 **x[10]** 三個元素值。例如:

建立 x 向量 =(11, 12, 13)。x 向量的第 2 個元素值:

```
> x = c(11,12,13)
> x[2]
[1] 12
```

```
> x[4]                                   # 第 4 個元素不存在
[1] NA
```

```
> x[c(1,3)]                              # 取出第 1 個跟第 3 個元素值
[1] 11 13
```

x[c(3)] 與 **x[3]** 效果相同：

```
> x[c(3)]
[1] 13

> x[c(1,2,3)]
[1] 11 12 13

> x[1:3]                    # 也可以使用 x[c(1:3)]
[1] 11 12 13

> y = x[1:2]                # 傳回的結果是一個向量變數
> y
[1] 11 12
```

　　從以上程式可知，我們可以用 **x[1:3]**（「:」代表從 1 到 3）跟 **x[c(1,2,3)]** 取出相同的元素。同樣的，我們也可以用 **x[1]** 跟 **x[c(1)]** 取出 x 向量的第 1 個元素，但後者是畫蛇添足，因為 **c** 函數通常是用在 2 個或 2 個以上的元素運算。

3.5　基本統計計算範例

　　以下程式中，**var** 代表樣本變異數，**sd** 代表樣本標準差：

▼ **程式範例 3-4**

```
> x = c(11, 12, 13)
> mean(x)
[1] 12

> max(x)
[1] 13

> min(x)
[1] 11

> var(x)
[1] 1
```

```
> median(x)
[1] 12

> sum(x)
[1] 36

> sd(x)
[1] 1
```

> 若不使用 **sd** 函數，自己也可以使用簡化公式算出樣本標準差。先算出 x 向量中的元素個數 n，再使用公式計算 $\sqrt{(\sum X_i^2 - n(\bar{X})^2)/(n-1)}$：

```
> n = length(x)
> x.sd = sqrt((sum(x^2) - n*mean(x)^2)/(n-1))
> x.sd
 [1] 1
```

> 可以寫一個自訂函數來計算標準差。以下幾行程式碼最前面的 **+** 號，是我們在文字互動模式中一列一列輸入程式時，R 軟體自動加上去的：

```
> my.sd <- function(y)
+ {
+   n = length(y)
+   s = sqrt((sum(y^2) - n * mean(y)^2)/(n - 1))
+   return(s)
+ }
> my.sd(x)                          # x = c(11,12,13)
 [1] 1
```

> 使用 N(55, 5) 分配模擬 100 個人的體重資料（公斤），用 N(165, 5) 模擬 100 個人的身高資料（公分）：

```
> weight = rnorm(100,55,5)
> height = rnorm(100,165,5)
```

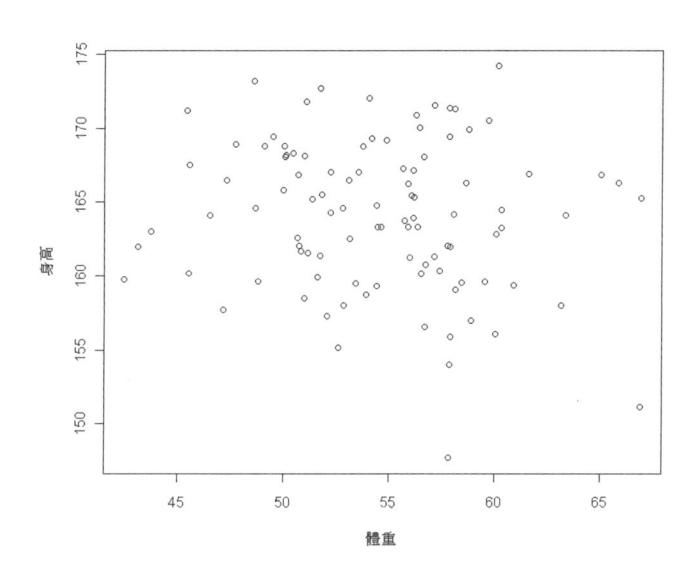

》圖 3-1　X-Y 散佈圖

> 畫出身高與體重的 X-Y 散佈圖（圖 3-1）：

```
> plot(weight,height,xlab="體重",ylab="身高")
```

> 把 **height** 當作被解釋變數、**weight** 當解釋變數，用 **lm** 函數（Linear Model）作簡單線性迴歸分析：

```
> summary(lm(height ~ weight))

Call:
lm(formula = height ~ weight)
Residuals:
     Min      1Q  Median      3Q     Max
-15.9301 -3.6479  0.1584  3.6624 10.8744
Coefficients:
            Estimate Std. Error t value Pr(>|t|)
(Intercept) 171.46238    5.45344  31.441   <2e-16 ***
weight       -0.13500    0.09959  -1.356    0.178
---
Signif. codes:  0 '***' 0.001 '**' 0.01 '*' 0.05 '.' 0.1 ' ' 1
Residual standard error: 5.023 on 98 degrees of freedom
Multiple R-squared: 0.01841,	Adjusted R-squared: 0.00839
F-statistic: 1.838 on 1 and 98 DF,  p-value: 0.1783
```

從計算結果可以知道 β_0 與 β_1 估計值分別為 171.46238 與 -0.135，$\sqrt{MSE}$ = 5.023，R^2 = 0.01841 = 1.84%，F 檢定統計量 = 1.838，迴歸分析 F 檢定的 P-value = 0.1783，模型的解釋能力很低。

CHAPTER 4

R 的變數與資料

4.1　統計資料 vs. R 變數
4.2　R 軟體的變數種類
4.3　指標系統：找出物件的元素
4.4　與變數有關的工具函數
4.5　表格型態的彙整資料

在這一章裡面，我們將學會 R 軟體內建的變數型態，以及變數的個別運算與應用方式。R 軟體的基本變數型態是向量變數（vector）與陣列（array），這對於經常需要矩陣與向量運算的統計分析而言，提供了很大的彈性。

4.1 統計資料 vs. R 變數

統計資料檔的準備，以及該用哪一種 R 的變數型態來儲存資料，跟我們的統計分析有關。一般而言，統計資料檔可分成：只含單一變數的隨機樣本、多變數資料與表格資料三類。

(1) 只含單一變數的隨機樣本：向量變數（vector）

在作基本統計分析時，所謂的「隨機樣本」資料，一般是由單一變數的多個測量值所組成的一組觀察值的集合，例如全班的成績、某個家庭所有成員的血壓值等等。

在 R 軟體中，一組單一變數的樣本觀察值通常是以「向量」變數（vector）的型態儲存。例如以下指令可以定義一組全班任選 5 個學生的身高值所成的隨機樣本：

```
> x = c(162.5,   154.7,   178.2,   171.4,   169.8)
> mean(x)                           # 求出樣本平均數，即平均身高
 [1] 167.32
```

單一變數隨機樣本可以在程式中直接寫入資料或使用 **scan** 函數從鍵盤或外部資料檔讀入。我們會在 4.2.3 節介紹向量變數，在 5.2.1 節介紹 **scan** 函數的用法。

(2) 完整的多變數資料檔：資料框架變數（data-frame）

一般的資料檔由 "(橫)列"（row）跟 "(直)行"（column）構成。一個橫列通常是包含一個「個體」或「物件」（case 或 object，通常為人或物品）的所有測量值資料。一個直行通常是指一個變數（variable）。例如，以下資料是美國某大學學生的腦容量與 IQ 資料：

```
Gender FSIQ VIQ PIQ Weight Height BrainSizeGender FSIQ VIQ PIQ Weight Height BrainSize
0      133  132 124 118    64.5   816932
1      139  123 150 143    73.3   1038437
......................................
```

在這個資料檔中，每一個橫列代表某個學生的所有測量值，每一個直行代表某個變數的所有資料。在 R 軟體中，我們經常使用「資料框架變數」（data-frame）來儲存這類資料檔的所有內容。一個資料框架變數可以包含上例所有的內容。

多變數的資料可以直接在 R 軟體中輸入、或是經由 `read.table`、`read.csv` 等函數從外部資料檔輸入，並儲存為「**資料框架**」變數。一個資料框架變數包含資料檔所有直行變數，以及所有個體（object）的橫列觀察值。

一個資料框架變數相當於 SAS 軟體的一個 data set，或是 SQL 資料庫查詢語言中的一個 table。我們將在 4.2.8 節與 5.3.2 節介紹這些技巧。

(3) 表格（table）型態的資料：視狀況選擇不同的變數型態

表格資料經常出現於資料彙整、卡方檢定或實驗設計分析。例如：

教育＼收入	高	中	低
研究所	8	10	2
大專	7	17	6
高中	5	15	30

在 R 軟體中，表格資料可以視個別應用狀況儲存為矩陣變數、陣列變數、資料框架變數或經過 table 等函數轉換儲存成 table 類型的變數（表 4-1）。我們將在本章 4.5 節、13.1 節與 14.4 節（卡方檢定）介紹實際的範例與應用方式。

表 4-1

R 軟體變數種類	在統計計算的用途
向量 (vector)	儲存單一變數的觀察值
矩陣 (matrix)	用於矩陣運算，例如設計矩陣
陣列 (array)	多維矩陣計算或儲存表格 (table) 內容
因子 (factor)	儲存分類變數 (categorical variable) 的內容
data-frame	儲存整個資料檔的內容
串列 (list)	資料庫或用於函數的傳回值
ts	儲存時間數列資料

4.2　R 軟體的變數種類

　　R 軟體是基於 S 程式語言建構的統計軟體，S 語言將所有程式中出現的個體都視為「物件」（object）。不管是變數、函數或運算子都是物件的特例。R 軟體常用的變數有一般變數、向量變數（vector）、陣列變數（array）、矩陣變數（matrix）、串列變數（list）與資料框架變數（data-frame），其他還有時間數列變數（ts）等等。另外，使用者還可以利用 class（類別）的物件特質，建立自己的 class 變數型態。

[FAQ] 使用變數前，是否需要先宣告變數？

　　R 軟體的變數在多數狀況下可以直接給定變數值，然後開始計算，不需要事先宣告變數的存在。例如：

```
> w = c(12, 13, 14, 15)
> w[1] = 22                          # 將第 1 個元素值從 12 改成 22
```

不過，在某些狀況下，我們需要先宣告向量變數或陣列變數的存在。例如，如果程式前半部都一直沒有提到 w 這個變數，中間卻突然跑出一行 **w[2] = 3** 直接將 w 向量的第 2 個元素值設定為 3，這時候 R 軟體會發出錯誤警告：

```
> w[2] = 3
錯誤在 w[2] = 3 : 找不到目的物件 'w'
```

這個錯誤是因為 R 軟體此時並不知道 w 這個物件到底是什麼，所以無法去設定 w 的第 2 個元素值。這時候，最好先把 w 宣告一下：

```
> w = numeric(10)                    # 宣告 w 為包含 10 個元素的數值向量
> w[2] = 3
```

如果是矩陣或陣列變數，則可以先產生一個元素皆為 0 或 NA（遺失值）的空變數：

```
> w = matrix(0, nrow=10, ncol=3)
> w[2, 3] = 55
```

或

```
> w = array(0, dim=c(3, 3, 3))
> w[1, 2, 3] = 55
```

或

```
> w = array(NA, dim=c(3, 3, 3))
> w[1, 2, 3] = 55
```

4.2.1　R 軟體的資料屬性

R 軟體中的數值或文字等資料，可以分為以下幾類屬性：

- logical　　邏輯真假值。TRUE（或寫成 T）、FALSE（或 F）
- integer　　整數
- double　　雙倍精確度數字，也稱為 real 或 numeric 屬性
- complex　　複數
- character　　文字字串（character 或 string）
- raw　　二進位資料

R 軟體在計算實數（real numbers），預設是以雙倍精確度（double precision）來計算與儲存。因此檢查資料屬性的函數 **is.numeric**、**is.real** 跟 **is.double** 三者功能相同。

複數屬性的資料比較特別，由實數（real）與虛數（imaginary）兩個部分所構成。複數變數可以用 **complex( )** 函數來建立，或是直接使用 **i** 這個複數運算子，例如：

```
> 3 + 2i
[1] 3+2i

> x = complex(real = c(1, 2), imaginary = c(3, 4)) ; x
[1] 1+3i 2+4i

> x = c(1, 2) + 1.0i*c(3, 4) ; x
[1] 1+3i 2+4i
```

以下即將介紹的變數種類，不管是哪一種類型，其內容可以是上述任何一種屬性。

4.2.2 一般變數

R 軟體的一般變數是用來作簡單的數學計算、文字或邏輯運算之用，其內容只有單一物件，可以是數值、字串或邏輯真假值。例如：

```
> x = 3.0                          # 雙倍精確度變數
> y = 2
> some.name = "John"
> decision = TRUE                  # 也可寫成 decision = T
> if (decision)  x = 3             # decision 變數可跟 if 搭配
> c1 = 15 + 22.3i                  # 複數
```

4.2.3 向量變數（Vector）

Vector 變數可視為一個容器或一個集合（set），裡面包含屬性相同的元素。Vector 變數中的元素是依照指標順序 1, 2, ... 排列，可視為一個有序物件（ordered object）。向量變數具有以下特色：

- **元素屬性需相同**：Vector 變數裡面所有的元素必須都是數字、或都是文字、或皆為 TRUE、FALSE 邏輯值，不同屬性的元素不能混在一起。

- **從 1 開始的指標系統**：Vector 變數使用數字指標 (1, 2, 3, ...) 來查詢個別元素的值。例如 x[2] 指向 x 向量的第 2 個元素值。

- **向量聯集**：兩個或多個向量變數可以用 c( ) 函數聯結成一個較長的向量變數。

- **刪除元素**：如果要刪除向量中的某個元素，可以使用**負整數指標**。例如，x = x[-c(1, 5)] 可以刪除 x 向量第 1 個與第 5 個元素，x = x[-5] 可以刪除第 5 個元素。

- **向量不含維度資訊**：Vector 變數並沒有包含維度（dimension）的資訊，因此無法視同為一度空間的陣列變數（Array），但可以藉由 **cbind**、**rbind** 或 **as.matrix** 等函數將向量轉成 Array 變數。

vector 變數常用的工具函數

- c( )　　　　　　建立向量，或聯結不同的向量
- length　　　　　算出元素個數
- matrix (x, r, c)　　將向量 x 轉為 r 列 c 行的矩陣變數
- dim　　　　　　查詢維度資訊
- names　　　　　查詢或建立向量的元素名稱

▼ **程式範例 4-1**

```
> y = c("John", "Mary", "Joe")         # 文字向量
> y[2]
[1] "Mary"

> y[c(1, 3)]                            # 第 1 個與第 3 個元素
[1] "John" "Joe"

> y[1:2]
[1] "John" "Mary"

> x = c(11, 12, 13, 14, 15, 16)
> length(x)                             # x 有 6 個元素
[1] 6
```

➢ 變數的邏輯運算會產生邏輯值向量：

```
> L = x < 14
> L                                     # L 是邏輯向量
[1]  TRUE  TRUE  TRUE FALSE FALSE FALSE

> x[L]                                  # 找出 x 向量中小於 14 的元素
[1] 11 12 13
```

➢ 在尾端新增第 7 個元素：

```
> x[7]                              # 第 7 個元素不存在，顯示 NA
[1] NA
```

```
> x[7] = 100   ; x
[1]  11  12  13  14  15  16 100
```

➢ 刪除第 7 個元素：

```
> x = x[-7]
[1]  11  12  13  14  15  16
```

➢ 用 **dim** 函數查詢 **x** 向量變數的維度屬性（dimension）：

```
> dim(x)                            # NULL 表示沒有維度資訊
NULL
```

➢ 使用 **matrix** 函數將 **x** 轉成 1 列 7 行的矩陣變數 **x2**：

```
> x2 = matrix(x, nrow=1, ncol=7)
> x2
     [,1] [,2] [,3] [,4] [,5] [,6] [,7]
[1,]  11   12   13   14   15   16  100
```

我們可以發現 **x2** 已經是矩陣，而且含有維度資訊（1 列、7 行）：

```
> dim(x2)
[1] 1  7
```

➢ 用 **c( )** 函數結合兩個或多個向量：

```
> y1 = c(1, 2, 3); y2 = c(11, 12, 13) ; y3 = c(21, 22, 23)
> y  = c(y1, y2, y3)
> y
[1]  1  2  3 11 12 13 21 22 23
```

➢ 刪除第 2、3、5 個元素：

```
> y = y[-c(2,3,5)]
> y
[1]  1 11 13 21 22 23
```

➤ 一次修改 3 個元素 **y[2]**、**y[3]**、**y[4]** 的內容：

```
> y[c(2, 3, 4)]=c(100, 101, 102)
> y
[1]    1 100 101 102  22  23
```

➤ 在 z 向量的第 5 個元素與第 6 個元素之間插入一個新元素 100：

```
> (z = 1:10)
[1]  1  2  3  4  5  6  7  8  9 10
```

```
> z = c(z[1:5], 100, z[6:10])
> z
[1]   1   2   3   4   5 100   6   7   8   9  10
```

向量的元素名稱

一個向量的元素也可以擁有元素名稱，並且以元素名稱當作指標來尋找元素。

[基本語法]　向量名稱 = c(元素名稱 1= 元素值 1，元素名稱 2= 元素值 2，…)

▼ 程式範例 4-2

```
> x = c(first=3, second=4, third=5)
> x[1]
first
    3
```

```
> x["first"]
first
    3
```

```
> x[c("first", "third")]
first third
    3     5
```

```
> x[c(1, 3)]
first third
    3     5
```

➤ 元素名稱也可以是中文：

```
> (x2 = c(第一=3, 第二=4, 第三=5))
第一 第二 第三
 3   4   5
> x2["第二"]
第二
 4
```

➤ **names( )** 函數可以查看或改變元素的名稱：

```
> names(x)
[1] "first"  "second" "third"
```

```
> names(x) = c("A", "B", "C") ; x
A B C
3 4 5
```

4.2.4 陣列變數

陣列變數（Array）可視為多維度版本的向量變數，但是多了 `dim`（dimension）屬性。一些能夠用於向量變數的計算原則，通常也適用於陣列變數。

- **多維指標**：陣列變數可以有多個維度，例如，一個 4 維度的陣列變數 **X** 可以用 `X[i,j,k,l]` 來指向特定元素。

- **所有元素屬性相同**：陣列變數跟向量變數有同樣的限制，所有元素的屬性必須相同，例如都是數字或都是文字，不能夾雜不同屬性的元素。

- **指標的省略用法**：當某一個維度指標被省略時，代表該維度所屬的各行或各列元素都必須被計算在內。例如，`X[2, ]` 代表第 2 列（row）所有各行的元素，相當於把第二列整個抽離出來。`X[ ,5]` 代表第 5 行（column）所有各列的元素，等於將第 5 行所有元素 copy 出來。

array 變數常用的工具函數

- rbind、cbind、array   建立 array 變數
- length   算出 array 所有元素的個數

第 4 章　R 的變數與資料

- ncol、nrow　　　　　　直行數目、橫列數目
- row、column　　　　　　傳回元素所在的列指標或行指標值
- rownames、colnames　　查詢或更改橫列名稱、直行名稱
- dim　　　　　　　　　　查詢維度資訊
- dimnames　　　　　　　查詢或設定各維度的行列名稱
- aperm　　　　　　　　　陣列轉置（transpostion）

我們通常使用 **rbind**、**cbind** 及 **array** 等函數來建立新的陣列變數。其中 **rbind** 代表 row-bind，是將多個向量變數視為 **array** 的「橫列」黏在一起組成 array。**cbind** 代表 column-bind，是將多個向量變數視為 **array** 的「直行」黏在一起。**rbind** 與 **cbind** 也可以用來結合多個陣列，成為更大的陣列變數。

另外，如果是二維陣列變數，我們可以用 **rownames** 與 **colnames** 函數來設定陣列變數的列名（row names）與行名（column names）。如果是三維或三維以上的陣列，則需用 **dimnames[X][[1]]**、**dimnames[X][[2]]**、**dimnames[[3]]**、… 的方式來為各個維度的行或列命名。

▼ 程式範例 4-3

> 使用 rbind 及 cbind 來建立 array 變數：

```
> v1 = c(1, 2, 3)
> v2 = c(4, 5, 6)
> A1 = rbind(v1, v2)
> A1
   [,1] [,2] [,3]
v1   1    2    3
v2   4    5    6
```

```
> A2 = cbind(v1, v2)
> A2
     v1 v2
[1,]  1  4
[2,]  2  5
[3,]  3  6
```

```
> is.array(A2)                    # A2 是否為陣列變數？
[1] TRUE

> is.matrix(A2)                   # A2 是否為矩陣變數？
[1] TRUE
```

> 使用 **array** 函數從 1, 2, ..., 20 共 20 個數字建立一個二維的 **4x5** array 變數（= matrix 變數）。參數 **dim** 指 array 的維度（dimensions），**c(4,5)** 表示有 4 列 5 行。這裡要注意的是，**array** 函數是以「逐行」（column-by-column）的方式將這 20 個數字填入陣列變數中：

```
> x = array(1:20,dim=c(4,5))
> x
     [,1] [,2] [,3] [,4] [,5]
[1,]    1    5    9   13   17
[2,]    2    6   10   14   18
[3,]    3    7   11   15   19
[4,]    4    8   12   16   20
```

> 用 **dim** 函數查詢維度資訊：**x** 有兩個維度，各為 4 列、5 行。

```
> dim(x)
[1] 4 5
```

> **length**、**nrow**、**ncol** 函數可以分別求出陣列的元素數目、列數、行數：

```
> length(x)
[1] 20

> nrow(x)
[1] 4

> ncol(x)
[1] 5
```

> 擷取部分元素：

```
> x[1,]                           # 第 1 橫列 (row)
[1]  1  5  9 13 17
```

```
> x[,2]                      # 第 2 直行（column）
[1] 5 6 7 8
```

```
> x[1,2]                     # 某個特定元素（第 1 列，第 2 行）
[1] 5
```

```
> y = x[1, c(2, 3)]          # 取出第一列裡面第 2、3 行的元素
> y
[1] 5 9
```

> 取出位於第 2、3 列及第 2、3 行的所有元素：

```
> y = x[2:3, c(2, 3)]
> y
     [,1] [,2]
[1,]   6   10
[2,]   7   11
```

```
> y[,1][2]                   # 第一行裡面位於第二列的元素
[1] 7
```

```
> y[2, 1]                    # 與上式相同結果
[1] 7
```

> 設定橫列名稱（row names）：

```
> rownames(y) = c("case 1", "case 2")
> y
       [,1] [,2]
case 1   6   10
case 2   7   11
```

> 可以使用中文當作行或列的名稱：

```
> colnames(y) = c("汽車", "機車")
> y
       汽車 機車
case 1   6   10
case 2   7   11
```

➢ 使用 1, 2, ..., 8 共八個數字來建立 3 維 array 變數：

```
> x = array(1:8, dim=c(2, 2, 2))
> x
, , 1

     [,1] [,2]
[1,]    1    3
[2,]    2    4

, , 2

     [,1] [,2]
[1,]    5    7
[2,]    6    8
```

新增的維度，其下標是第 3 個：

```
> x[1, 2, 2]
[1] 7
```

```
> x[2, 1, 1]
[1] 2
```

➢ 更改行、列名稱：

```
> rownames(x) = c("r1", "r2")
> x
, , 1

   [,1] [,2]
r1    1    3
r2    2    4

, , 2

   [,1] [,2]
r1    5    7
r2    6    8
```

➢ 使用 **dimnames** 函數查看目前各維度的名稱設定：

```
> dimnames(x)
[[1]]
```

```
[1] "r1" "r2"

[[2]]
NULL

[[3]]
NULL
```

只有第一個維度各列有名稱（r1 與 r2）：

```
> dimnames(x)[[1]]
[1] "r1" "r2"
```

```
> dimnames(x)[[3]]
NULL
```

- 使用 **dimnames** 函數設定第 2、3 維度各行列的名稱：

```
> dimnames(x)[[2]] = c("c1", "c2")      # 也可使用 colnames(x)
> dimnames(x)[[3]] = c("k1", "k2")
> x
, , k1

   c1 c2
r1  1  3
r2  2  4

, , k2

   c1 c2
r1  5  7
r2  6  8
```

- A 陣列的維度為三維：**c(2, 3, 4)**。使用 **aperm** 函數將 A 矩陣作轉置（transposition）：第 2 維度變成第 1 維度，第 1 維度變成第 2 維度，第 3 維度維持不變。新陣列的維度資訊將是 c(3, 2, 4)：

```
> A = array(1:24, dim = c(2, 3, 4))    ;  A
, , 1

     [,1] [,2] [,3]
[1,]   1    3    5
[2,]   2    4    6
```

```
, , 2
     [,1] [,2] [,3]
[1,]   7    9   11
[2,]   8   10   12
, , 3
     [,1] [,2] [,3]
[1,]  13   15   17
[2,]  14   16   18
, , 4
     [,1] [,2] [,3]
[1,]  19   21   23
[2,]  20   22   24
```

```
> At = aperm(A, perm = c(2, 1, 3))  ;   At
, , 1
     [,1] [,2]
[1,]   1    2
[2,]   3    4
[3,]   5    6
, , 2
     [,1] [,2]
[1,]   7    8
[2,]   9   10
[3,]  11   12
, , 3
     [,1] [,2]
[1,]  13   14
[2,]  15   16
[3,]  17   18
, , 4
     [,1] [,2]
[1,]  19   20
[2,]  21   22
[3,]  23   24
```

4.2.5 矩陣變數（Matrix）

Matrix（矩陣）變數是 **array**（陣列）變數的 2 維特例，使用矩陣名稱 **[i, j]** 指標系統來指向第 i 列第 j 行的元素。

常用的矩陣運算函數

t(X)：轉置矩陣

傳回向量或矩陣變數 **X** 的轉置矩陣（transposition matrix）。這裡要注意的是，向量變數經過 **t( )** 函數轉換後，會變成矩陣變數型態：

```
> x1 = c(3, 3)     ;    x1
[1] 3 3
```

```
> x2 = t(x1)       ;    x2
     [,1] [,2]
[1,]    3    3
```

以下的 **x3** 等於 **t(t(x1))**，但性質是矩陣變數，跟原先 **x1** 的向量變數特質已經不同：

```
> x3 = t(x2)                          #   x3 等於 t(t(x1))
> x3
     [,1]
[1,]    3
[2,]    3
```

dim(X)：傳回矩陣或陣列變數 X 的維度（dimensions）

前例中的 **x1** 是向量，沒有 dimension（維度）的資訊，但 **x3 = t(t(x1))** 已經變成陣列，所以包含維度資訊 **c(2, 1)**，代表 2 列 1 行的陣列：

```
> dim(x1)                             # x1 = c(3,3)
NULL
```

```
> dim(x3)                             # x3 = t(t(x1))
[1] 2 1
```

```
> A = matrix(1:6, nrow=2, ncol=3)
     [,1] [,2] [,3]
[1,]   1    3    5
[2,]   2    4    6
```

```
> dim(A)
[1] 2 3
```

as.matrix(X)：將資料框架變數 X 轉成矩陣資料型態

　　例如，iris 資料檔（鳶尾花資料）是 R 軟體內建的資料檔，所有資訊儲存於 iris 這個資料框架變數裡面：

```
> as.matrix(iris)
     Sepal.Length Sepal.Width Petal.Length Petal.Width Species
[1,] "5.1"        "3.5"       "1.4"        "0.2"       "setosa"
[2,] "4.9"        "3.0"       "1.4"        "0.2"       "setosa"
[3,] "4.7"        "3.2"       "1.3"        "0.2"       "setosa"
[4,] "4.6"        "3.1"       "1.5"        "0.2"       "setosa"
............................................................
```

由於矩陣所有元素必須同一屬性，所以都被轉成字串元素。

%*%：矩陣與向量相乘，或矩陣與矩陣相乘

　　兩矩陣相乘或向量與矩陣相乘。這裡要提醒一下：若是向量與矩陣相乘，R 軟體會自動轉換 **vector** 變數為適當的列向量或行向量，所以不需要擔心 **vecotr** 變數是行向量或列向量，**x %*% A** 跟 **t(x) % * % A** 結果相同。例如：

```
> A                          # A 矩陣的維度是 2 x 3
     [,1] [,2] [,3]
[1,]   1    1    1
[2,]   2    2    2
```

```
> y = c(3, 3)
> y %*% A                    # 在運算中，y 被自動轉為 1 x 2
     [,1] [,2] [,3]
[1,]   9    9    9
```

```
> t(y)                    # 使用 t(y) 將 y 向量作轉置，結果是 1 x 2 矩陣
     [,1] [,2]
[1,]    3    3
```

```
> t(y) %*% A              # 相乘結果是一樣的
     [,1] [,2] [,3]
[1,]    9    9    9
```

如果換個方向來相乘，因為 **A** 矩陣為 2 x 3，第二個維度為 3，**y** 為 2 x 1，因此 **y** 不管轉成列向量 (1x2) 或行向量 (2x1)，都無法跟 **A** 作矩陣相乘，所以產生錯誤：

```
> A %*% y
```
錯誤在 A %*% y ：非調和引數

diag(x)：對角線函數

(1) 若 **x** 為向量變數，則 **diag(x)** 傳回一個對稱矩陣，其對角線元素為 **x** 向量的各元素，其他元素皆為 0。例如：

```
> diag(c(1, 2, 3))
     [,1] [,2] [,3]
[1,]    1    0    0
[2,]    0    2    0
[3,]    0    0    3
```

(2) 若 **x** 為矩陣變數，則 **diag(x)** 的傳回值是一個向量，裡面是 **x** 矩陣的所有對角線元素。例如：

```
> A
     [,1] [,2]
[1,]    1    3
[2,]    2    4
```

```
> diag(A)
[1] 1 4
```

det( )：計算矩陣的行列式值（determinant）

```
> A
     [,1] [,2]
[1,]   1    3
[2,]   2    4
```

```
> det(A)
[1] -2
```

solve( )：傳回反矩陣（inverse matrix），也可用來解聯立線性方程式

```
> A
     [,1] [,2]
[1,]   1    3
[2,]   2    4
```

A 的反矩陣：

```
> solve(A)
     [,1] [,2]
[1,]  -2  1.5
[2,]   1 -0.5
```

解線性聯立方程式：Ax = b，求出 x 向量：

```
> b = c(2, 2)
> solve(A, b)
[1] -1  1
```

eigen( )：計算矩陣的特徵值與特徵向量（eigenvalues 與 eigenvectors）

```
> A = matrix(1:16, nrow=4, ncol=4)
> A
     [,1] [,2] [,3] [,4]
[1,]   1    5    9   13
[2,]   2    6   10   14
[3,]   3    7   11   15
[4,]   4    8   12   16
```

```
> (A.eigen = eigen(A))
eigen() decomposition
$'values'
[1]   3.620937e+01  -2.209373e+00   1.599839e-15   7.166935e-16
$vectors
           [,1]        [,2]         [,3]         [,4]
[1,]  0.4140028  0.82289268  -0.5477226   0.1125155
[2,]  0.4688206  0.42193991   0.7302967   0.2495210
[3,]  0.5236384  0.02098714   0.1825742  -0.8365883
[4,]  0.5784562 -0.37996563  -0.3651484   0.4745519
```

第 2 個特徵值與特徵向量：

```
> A.eigen$values[2]
[1] -2.209373
```

```
> A.eigen$vectors[,2]
[1] 0.82289268  0.42193991  0.02098714 -0.37996563
```

▼ 程式範例 4-4

> 利用 **matrix** 函數來建構 **matrix**：

```
> A = matrix(1:20, nrow=5, ncol=4)
> A
     [,1] [,2] [,3] [,4]
[1,]    1    6   11   16
[2,]    2    7   12   17
[3,]    3    8   13   18
[4,]    4    9   14   19
[5,]    5   10   15   20
```

> 利用一個較長的向量來建立 **matrix** 變數，順序是以 "逐行" 填入：

```
> y = c(1, 4, 5, 7, 9, 8)
> A1 = matrix(y, nrow=2, ncol=3)
> A1
```

```
     [,1] [,2] [,3]
[1,]   1    5    9
[2,]   4    7    8
```

> 若 **matrix** 函數加上 **byrow = TRUE** 參數，則依照橫列順序填滿矩陣：

```
> A2 = matrix(y,nrow=2,ncol=3,byrow=TRUE)
> A2
     [,1] [,2] [,3]
[1,]   1    4    5
[2,]   7    9    8
```

> 利用 **rbind**（row-bind）函數來建立矩陣：

```
> x1 = c(1, 2, 3)
> x2 = c(2, 4, 6)           # x1 與 x2 是普通 vector(向量)
> A1 = rbind(x1, x2)
> A1
   [,1] [,2] [,3]
x1   1    2    3
x2   2    4    6
```

> 利用 **cbind**（column-bind）建立矩陣：

```
> A2 = cbind(x1, x2)
> A2
     x1 x2
[1,]  1  2
[2,]  2  4
[3,]  3  6
```

> 向量也可以跟常數（例如 1）**bind** 在一起，這時候常數 1 會被自動循環擴充為 **c(1, 1, 1)**：

```
> A3 = cbind(1, x1, x2)
> A3
       x1 x2
[1,] 1  1  2
[2,] 1  2  4
[3,] 1  3  6
```

> 設定行或列的名稱：

```
> colnames(A3)
[1] ""   "x1" "x2"
```

```
> rownames(A3)
NULL
```

```
> colnames(A3) = c("第一行", "第二行", "第三行")
> A3
```

	第一行	第二行	第三行
[1,]	1	1	2
[2,]	1	2	4
[3,]	1	3	6

```
> rownames(A3) = c("Block1", "Block2", "Block3")
> A3
```

	第一行	第二行	第三行
Block1	1	1	2
Block2	1	2	4
Block3	1	3	6

> 利用 **paste** 字串黏貼函數來設定列名（row names）。**paste** 函數的詳細用法請參考 10.3.4 節：

```
> rownames(A3) = paste("Factor", 1:3, sep="_")
> A3
```

	第一行	第二行	第三行
Factor_1	1	1	2
Factor_2	1	2	4
Factor_3	1	3	6

```
> rownames(A3) = c("第一列", "第二列", "第三列")
> A3
```

	第一行	第二行	第三行
第一列	1	1	2
第二列	1	2	4
第三列	1	3	6

➢ 擷取部分元素或子矩陣：

```
> A3[3,]                                          # 第 3 列
  第一行   第二行   第三行
     1       3       6

> A3[,2]                                          # 第 2 行
  第一列   第二列   第三列
     1       2       3

> A3[1:2,2:3]
          第二行   第三行
  第一列     1       2
  第二列     2       4
```

▼ 程式範例 4-5：矩陣相關運算示範

假設我們想將 iris 資料檔的花瓣寬度（Petal.Width）當作應變數，花萼長度（Sepal.Length）當作解釋變數作線性迴歸分析，則我們可以使用 $\hat{\beta}=(X^tX)^{-1}X^tY$ 矩陣計算公式算出迴歸參數的估計值：

```
> Y = iris$Petal.Width
> X = cbind(1, iris$Sepal.Length)                 # X 是設計矩陣
> X
        [,1]  [,2]
  [1,]    1   5.1
  [2,]    1   4.9
  ............
  [149,]  1   6.2
  [150,]  1   5.9

> (XX = t(X) %*% X)                               # XX 相當於 X^tX
        [,1]     [,2]
  [1,] 150.0   876.50
  [2,] 876.5  5223.85
```

```
> beta.hat = solve(XX) %*% t(X) %*% Y
> beta.hat
          [,1]
[1,] -3.2002150
[2,]  0.7529176
```

用矩陣公式算出來的參數估計值與 **lm( )** 函數直接作迴歸分析的結果相同：

```
> x = iris$Sepal.Length
> lm(Y ~ x)
............
Coefficients:
(Intercept)           x
    -3.2002      0.7529
```

4.2.6　因子變數（factor）

factor 變數可用來儲存迴歸分析、實驗設計所需的分類變數（categorical variable）資料。factor 變數很像文字向量，但多出額外的分類名稱彙整資訊。如果一個 factor 變數各分類之間有特定的順序關係，稱為 **ordered factor**（有序因子變數）。有序因子變數的元素之間可以比較大小。

> **提醒**　不管是文字向量或數值向量，皆可轉成 factor 變數。

factor 常用的工具函數

- factor、as.factor　　　　建立 factor 變數
- ordered、as.ordered　　建立 ordered factor 變數
- levels　　　　　　　　　查詢或設定分類資料

factor 變數通常用來儲存迴歸分析與 ANOVA 所用的分類解釋變數，或是諸如 Logistic 迴歸模型中的分類應變數。例如：

```
> x = c("Yes", "No", "No", "Yes", "Yes")
> x                                          # x 是文字向量變數
[1] "Yes" "No"  "No"  "Yes" "Yes"
```

```
> (x = as.factor(x))      # x 轉成 factor 變數，也可用 factor(x)
[1] Yes No No Yes Yes
Levels: No Yes
```

- 一個 factor 變數的分類被彙整為 levels 時，通常是依照英文字母順序排列。如果我們想要打破這個原則，可以使用 factor( ) 函數裡面的 levels 參數強迫儲存為我們想要的分類順序。例如上例中，x 的 levels 依序是 No、Yes，因為英文字母 N 排在 Y 之前。如果我們想改成先 Yes 後 No：

```
> x = factor(x, levels = c("Yes", "No"))
> x
[1] Yes No  No  Yes Yes
Levels: Yes No
```

- 中文分類的順序有時候也需要使用 levels 參數來調整：

```
> areas
[1] "北" "中" "中" "北" "中" "北" "中" "北" "北" "北" "中" "中" "中"
 "中"
[15] "南" "北" "中" "南" "北" "南"

> factor(areas)
[1] 北 中 中 北 中 北 中 北 北 北 中 中 中 中 南 北 中 南 北 南
Levels: 中 北 南

> factor(areas, levels = c("北", "中", "南"))
[1] 北 中 中 北 中 北 中 北 北 北 中 中 中 中 南 北 中 南 北 南
Levels: 北 中 南
```

- levels( ) 函數可以顯示一個因子變數的分類名稱：

```
> levels(x)
[1] "Yes" "No"

> levels(x)[2]
[1] "No"
```

- **levels** 函數也可以用來更改因子變數的分類名稱：

```
> x2 = x ;  levels(x2) = c("是", "否") ;  x2
[1] 是 否 否 是 是
Levels: 是 否
```

- 用 **table** 函數彙整次數資訊，產生的 **output** 帶有分類名稱：

```
> table(x)
x
Yes No
 3   2

> counts2 = table(x)
> counts2[2]
No
 2
```

- 數值向量也可以轉為 **factor**：

```
> x = c(1, 2, 2, 1, 3, 3, 3)
> factor(x)
[1] 1 2 2 1 3 3 3
Levels: 1 2 3

> as.factor(x)
[1] 1 2 2 1 3 3 3
Levels: 1 2 3
```

有序因子變數（ordered factor）

　　一個普通的 factor 變數或向量變數可以經由 **ordered( )** 函數轉換成為有序因子變數。經過轉換後，有序因子變數內的字串元素可使用 ==、!=、<、>、<= 及 >= 等邏輯比較運算子來比較大小。例如：

```
> x                          # x 是文字向量變數
[1] "B" "F" "A" "C" "A" "C" "B" "A" "F" "D"
```

x1 是一般 **factor** 變數：

```
> x1 = as.factor(x)
> x1
[1] B F A C A C B A F D
Levels: A B C D F
```

以下的 **x2** 是 ordered factor。在此假設 A~F 為國外常見的成績評分系統，A 為最高分，F 為最低分，可以使用 **ordered()** 函數的 **levels** 參數來指定分類順序，由小排到大：

```
> x2 = ordered(x, levels = c("F", "E", "D", "C", "B", "A"))  ; x2
[1] B F A C A C B A F D
Levels: F < E < D < C < B < A
```

> 看看這 10 個人當中，分數在 B 等級以上的有哪幾個：

```
> x2 >= "B"
[1]  TRUE FALSE  TRUE FALSE  TRUE FALSE  TRUE  TRUE FALSE FALSE

> x2[x2 >= "B"]
[1] B A A B A
Levels: F < E < D < C < B < A
```

> 使用 **which** 函數（請參考 4.4.4 節）找出合乎條件者在 **x2** 的位置指標：

```
> which(x2 >= "B")
[1] 1 3 5 7 8

> x2[which(x2 >= "B")]              # 等於 x2[c(1,3,5,7,8)]
[1] B A A B A
Levels: F < E < D < C < B < A
```

4.2.7 串列變數（list）

list 變數可以包含不同屬性、不同長度的數值、文字、向量，甚至矩陣，可以算是所有變數種類之中最具有彈性的變數型態，因此許多有用的統計分析函數的傳回值都是 list 變數。list 變數的基本特性跟 Vector 一樣是排序物件，但擁有以下特性：

- 元素可有不同屬性：`list` 變數可以包含不同屬性的物件，例如文字元素跟數字元素可以共存於一個 `list` 變數之內。

- 元素可以是不同變數種類：`list` 變數的元素可以是數值、文字、向量、矩陣、陣列、因子、資料框架、甚至是另一個 `list` 變數，都可以被包含在同一個 list 變數之中。

- 名稱指標系統與「$」符號：list 變數除了可使用向量變數的 **x[k]** 或 **x[[k]]** 數字指標系統之外，還可以使用 "**$名稱指標**" 的機制來找尋個別元素，例如 **friend1$lastname**。名稱指標可以使用**中文**。**attributes** 或 **names** 函數（屬性）可用來查看一個 `list` 變數的所有名稱指標。

- 雙重方括弧數字指標：如果 `list` 變數內各元素沒有相對的名稱，此時必須使用雙重方括弧的數字指標系統，例如 **x[[1]], x[[2]], …**。在這種狀況下，不能使用 **x[1], x[2]…** 的寫法。

- list 變數的用途：list 變數在 R 軟體主要用於各類計算函數的傳回值，另外可用於簡單的資料庫結構。

`list( )` 函數是建構 `list` 變數的主要工具。

[基本語法]　　list(元素名稱 1= 元素值 1，元素名稱 2= 元素值 2，...)

▼ 程式範例 4-6

> 許多 R 函數的計算傳回結果是 `list` 變數，例如 `lm` 函數：

```
> x = rnorm(20); y = rnorm(20);
> lm.result = lm(y ~ x)                    # 簡單線性迴歸
> names(lm.result)
[1] "coefficients"   "residuals"     "effects"      "rank"
[5] "fitted.values"  "assign"        "qr"           "df.residual"
[9] "xlevels"        "call"          "terms"        "model"

> lm.result$coefficients
(Intercept)           x
  0.1695294   0.1877058
```

- list 變數可以將不同長度的向量組合在一起，矩陣跟向量則無法作到：

```
> x1 = 11:15 ;  x2 = 1:10 ;  x3 = 1:3
> (L = list(x1, x2, x3))
[[1]]
[1] 11 12 13 14 15

[[2]]
 [1]  1  2  3  4  5  6  7  8  9 10

[[3]]
[1] 1 2 3
```

由於剛剛建立 L 變數時沒有指定各元素的名稱，所以只能用雙重方括弧 L[[k]] 的寫法來擷取 L 變數的第 k 個元素：

```
> L[[1]]
[1] 11 12 13 14 15
```

L 變數的第一個元素是長度為 5 的向量，所以可以用以下方式找出 L 的第 1 個元素 c(11, 12, 13, 14, 15) 的第 4 個元素：

```
> L[[1]][4]
[1] 14
```

- 建立一個名為 myFriend 的 list 變數，裡面有 4 個元素，元素名稱分別為 nickname、wife、n.children、child.ages，各元素的屬性分別是字串（"Fred"）、字串（"Mary"）、數值（3）與向量（c(4, 7, 9)），代表這個朋友的暱稱、太太的名字、小孩數目及 3 個小孩的年齡：

```
> myFriend = list(nickname="Fred", wife="Mary",
+                 n.children=3, child.ages= c(4, 7, 9))
> myFriend
$nickname
[1] "Fred"

$wife
[1] "Mary"

$n.children
[1] 3
```

```
$child.ages
[1] 4 7 9
```

> 使用 **attributes**（屬性）或 **names** 函數可以查看各元素的名稱指標：

```
> attributes(myFriend)
$names
[1] "nickname"   "wife"    "n.children"    "child.ages"

> names(myFriend)
[1] "nickname"   "wife"         "n.children" "child.ages"
```

> 使用 **$** 符號搭配「元素名稱」來擷取 **myFriend** 的元素：

```
> myFriend[1]                    # list 也可以使用數字指標
$nickname
[1] "Fred"

> myFriend[[1]]                  # 若用雙重方括弧，則不傳回元素名稱
[1] "Fred"

> myFriend$nickname
[1] "Fred"

> myFriend$[["nickname"]]
[1] "Fred"

> myFriend$wife                  # 也可使用 myFriend[[2]]
[1] "Mary"
```

> 第 4 個元素 **"child.ages"** 的屬性是向量，所以可使用向量的數字指標系統找出某一個孩子的年齡：

```
> myFriend$child.ages
[1] 4 7 9

> myFriend$child.ages[2]                     # 第 2 個孩子的年齡
[1] 7
```

```
> myFriend$child.ages[2:3]              # 第 2 個、第 3 個孩子的年齡
[1] 7  9
```

➤ `list` 變數的指標用法中，[...] 與 [[...]] 傳回的結果不同：

[...] 會傳回一個 `list`，[[...]] 只會傳回一個 `vector`：

```
> (y1 = myFriend[1])                    # y1 是 list 變數
$name
[1] "Fred"
```

```
> (y2 = myFriend[[1]])                  # y2 是向量變數
[1] "Fred"
```

➤ `List` 結構也可以跟 `rbind` 結合使用。例如，以下範例可以用來儲存好幾個朋友的個別資訊：

```
> L1 = list(nickname="John", age=22)    # 第 1 個朋友的資料
> L2 = list(nickname="Mary", age=18)    # 第 2 個朋友的資料
```

使用 `rbind` 函數結合兩個朋友的資料。`Friends` 是矩陣變數，各元素是 `list`：

```
> Friends = rbind(L1,L2)
> Friends
    nickname   age
L1  "John"     22
L2  "Mary"     18
```

顯示第 1 個朋友的所有資訊：

```
> Friends[1,]
$nickname
[1] "John"
$age
[1] 22
```

```
> Friends[1,]$nickname                  # 第 1 個朋友的名字
[1] "John"
```

```
> Friends[1,]$age                       # 第 1 個朋友的年齡
[1] 22
```

第 2 個朋友的名字：

```
> Friends[2,]$nickname
[1] "Mary"
```

4.2.8　資料框架變數

資料框架變數（Data-Frame）的主要用途是用來儲存一個資料檔所有的變數與觀察值。資料框架變數可視為由數個行向量（column vectors）當作元素所組成的 **List** 變數，各個行向量的長度必須相等。資料框架變數也可視為矩陣變數（matrix）的擴充版本、或是 **Matrix** 與 **List** 的混合型態。

向量、矩陣或陣列的元素必須皆為相同屬性，但 data frame 變數則跟 List 變數一樣，不同行向量的屬性可以不一樣，但同一個行向量裡面的元素需為相同屬性。

data-frame 變數可以使用矩陣的數字指標系統，但是 data-frame 變數的內容，除了矩陣變數所包含的所有元素值之外，另外還可以包含：

- 每個直行（column）的名稱：相當於統計資料檔中的變數名稱。如果輸入資料時沒有指定，R 軟體預設為 V1、V2、V3、…。**names** 與 **colnames** 函數可用來查詢或設定 data-frame 變數的直行名稱。

- 每個橫列（row）的名稱：相當於資料檔中個別觀察值的辨識名稱，例如姓名或身分證字號等。**rownames** 與 **row.names** 函數可用來查詢或設定橫列名稱。

- 「$」符號搭配直行名稱：若 X 為資料框架變數，則跟矩陣一樣，X[2,] 傳回第 2 列，X[,3] 傳回第 3 行（column）的資料。跟矩陣不同的是，資料框架變數可以與 list 變數一樣搭配 $ 符號使用各直行的名稱指標，例如 X$age 代表名為 age 那個 column，同時也可以表達成 X[,"age"]。

- 若 X 為資料框架變數，X[k] 跟 X[,k] 一樣會傳回第 k 直行，但傳回值是一個資料框架變數，而非向量。因此，若第 2 行名稱是 age，則：

(1) X$age、X[,2]、X[,"age"] 都傳回第 2 行，傳回值是向量。

(2) X[2] 與 X["age"] 同樣傳回第 2 行，但傳回值是資料框架變數。

data.frame( )、**as.data.frame( )**、**expand.grid( )**、**read.table** 函數或是

使用 **edit** 函數直接輸入，皆可建立資料框架變數。例如 X = read.table("data.txt")，可直接讀入外部資料檔，則 X 會是一個 data-frame 變數。我們將在 5.3.1 節詳細介紹 read.table 函數。

data-frame 常用的工具函數

- data.frame( )、edit　　　建立資料框架變數
- edit、fix　　　　　　　以試算表界面編輯資料框架變數
- read.table　　　　　　讀入外部資料檔並建立資料框架變數
- names、colnames　　　查詢或設定直行名稱（column names）
- row.names、rownames　查詢或設定橫列名稱（row names）
- expand.grid　　　　　建立實驗設計所需的資料框架變數

▼ 程式範例 4-7

> 使用 read.table 讀入外部資料，並儲存成資料框架變數 mydata。資料檔第一列是變數名稱（需用 header = TRUE），數字之間以一個或一個以上空格分開：

```
> mydata = read.table("c:/r/data.txt", header=TRUE)
```

外部文字檔範例如下：

```
name  age  score
John  18   69
Mary  21   77
```

```
> mydata
  name age score
1 John  18    69
2 Mary  21    77
```

mydata[2] 與 **mydata["age"]** 傳回的物件皆是資料框架變數：

```
> mydata[2]
  age
1  18
2  21
```

```
> mydata["age"]
  age
1  18
2  21
```

mydata$age、mydata[,2]、mydata[,"age"] 傳回的物件是向量：

```
> mydata$age
[1] 18 21
```

```
> mydata[,2]
[1] 18 21
```

```
> mydata[,"age"]
[1] 18 21
```

read.table 讀入資料時，預設將文字變數轉為 factor 變數：

```
> mydata$name
[1] John Mary
Levels: John Mary
```

➢ 使用數個向量變數來建立資料框架變數：

```
> weight = c(150, 135, 210, 140)
> height = c(65, 61, 70, 65)
> gender = c("F", "F", "M", "F")
> (study = data.frame(weight, height, gender))
  weight height gender
1    150     65      F
2    135     61      F
3    210     70      M
4    140     65      F
```

➢ 以下程式與上例相似，但是使用新的變數名稱 w、h、g：

```
> data.frame(w = weight, h = height, g = gender)
    w   h g
1 150  65 F
2 135  61 F
```

```
3  210  70  M
4  140  65  F
```

> 使用 R 軟體內建的編輯器（與 Excel 界面相似）來建立或修改（圖 4-1）：

》圖 4-1　edit 函數：編輯資料框架變數

```
> x = data.frame()
> x = edit(x)                # 或 x = edit(data.frame())
> x
   身高  體重  成績
1  172   61    54
2  168   64    82
3  156   43    90
```

欲修改或編輯已經存在的資料框架變數 x，也可用 **fix** 函數：

```
> fix(x)
```

> 在分析實驗設計資料時，我們可以使用 **expand.grid( )** 函數，將數個分類變數交叉相乘，建構所需要的資料框架變數：

```
>expand.grid(height = seq(60, 80, 10),weight = seq(100, 300, 100),
+         sex = c("Male", "Female"))
  height weight  sex
1   60    100   Male
2   70    100   Male
3   80    100   Male
4   60    200   Male
5   70    200   Male
6   80    200   Male
```

```
............................
15   80    200    Female
16   60    300    Female
17   70    300    Female
18   80    300    Female
```

4.2.9 時間數列變數（ts）

R 軟體裡面主要處理時間數列資料的變數類型是 ts 變數。一般數值向量可以用 **ts( )** 函數轉為 ts 變數。

[基本語法] **ts(x, start, end, frequency)**

其中 x 可以是向量、陣列或矩陣：

- **start** 表示第一個觀察值的時間設定，通常寫成 **start=c(t1, t2)**，**t1** 為第一個時間單位的起點，**t2** 為第 2 個時間單位起點，例如 **start=c(2008, 2)** 搭配 **freq = 12** 表示第一筆資料是從 2008 年 2 月開始。
- **end** 是最後一個觀察值的時間設定，格式與 **start** 相同（可省略）。
- **frequency** 是相對於 **start** 第一個時間單位的頻率。

當某個變數 x 的資料轉換為 ts 變數之後，可以直接使用 **plot(x)** 畫出時間數列圖，圖形的橫座標會出現對應的年月時間點。不過，轉成 ts 變數後，在使用 acf 或 pacf 函數畫出樣本 ACF 與 PACF 圖形時，橫座標的標示單位會變成小數，反而跟一般時間數列教科書的圖形不同。這時候建議使用 **acf(ts(x, freq = 1))** 或 **pacf(ts(x, freq = 1)** 來畫 ACF 與 PACF 圖。

另一方面，如果我們不將時間數列資料轉為 ts 變數，直接以數值向量變數去分析時間數列模型，R 軟體許多時間數列相關的函數一樣可以得到相同的計算結果，也可以用 ts.plot 函數畫出時間數列圖（橫軸座標值為 1, 2, 3, ...）。兩者的差別只在於一般向量資料無法畫出具有真實時間橫座標的時間數列圖而已。

因此，分析時間數列資料時，未必需要將資料變數轉換為 ts 變數。本書第 18 章將有更多關於時間數列變數的實際應用。

▼ 程式範例 4-8

> 將 1, 2, ..., 9, 10 轉為以「季」為單位的 ts 變數，第一筆資料從 1959 年第 1 季開始：

```
> z = ts(1:10, start = c(1959, 2) , frequency = 4)
> z
```

```
     Qtr1 Qtr2 Qtr3 Qtr4
1959        1    2    3
1960   4    5    6    7
1961   8    9   10
```

> 將一個 100×3 的矩陣轉為 1961 年 1 月開始的時間數列資料。frequency = 12 表示每個觀察值間隔的單位是「月」（一年有 12 個月）：

```
> z = ts(matrix(rnorm(300), 100, 3), start = c(1961, 1),
+        frequency = 12)
> z
```

```
          Series 1     Series 2     Series 3
Jan 1961  1.59702782   0.605433686 -0.40470402
Feb 1961  1.08289751  -1.415405867 -0.08549020
................................
Mar 1969  0.71376534  -0.375103923  0.22777475
Apr 1969 -1.05937708   0.170835767  1.23289747
```

> 將 300 個 N(0,1) 亂數轉換為從 2009 第 40 天開始的 ts 變數：

```
> t = ts(rnorm(300), start = c(2009, 40), freq = 365)
> t
Time Series:
Start = c(2009, 40)
End = c(2009, 339)
Frequency = 365
    [1]  0.9949708710  0.6186756607  1.0970781663  0.8619752691  1.8394129018
    [6] -0.8558058791 -0.8007932549 -0.4648048001  2.2967969087 -0.0258070888
................................
```

4.3 指標系統：找出物件的元素

不管變數型態是向量或是多維度的其他變數，我們都可以使用數字指標來找出特定元素。另外，R 軟體也有名稱指標的功能。這些指標用法可以分成以下三類：

(1) 單層方括弧 [...]：包含原有屬性

例如 x[i] 或 x[i, j]。除了傳回元素值之外，也傳回 names 跟 dimnames 等屬性：

x[i] 取出第 i 個元素，包含 names 跟 dimnames 等屬性。

x[i, j] 取出第 (i, j) 元素，包含 names 跟 dimnames 等屬性。

(2) 雙層方括弧 [[...]]：不包含原有屬性

例如 x[[i]] 與 x[[i, j]]。只傳回元素值，「不含」額外屬性資訊：

x[[i]] 取出第 i 個元素，不包含 names 跟 dimnames 等屬性。

x[[i, j]] 取出第 (i, j) 個元素，不包含 names 跟 dimnames 等屬性。

(3) 使用名稱指標

- list 變數與 data-frame 變數可搭配名稱指標與 $ 符號來擷取特定元素值，可以不需在名稱兩旁加雙引號，例如 x$age、x$"age"。

- 包含向量、陣列、矩陣、factor、list 與資料框架等變數，若列名、行名或元素名稱有被給定，可以使用 x["age"]、x["列名",] 或 x[,"行名"] 等方式來指向特定元素值、特定橫列或直行。名稱兩旁需加上引號。

- 如果指標名稱是**中文**，例如「年齡」，則可以使用「x$ 年齡」的寫法，但若用於方括弧內，則必須加上引號，例如 x["年齡"] 或 x[["年齡"]]。

若依照變數的型態來區分

- vectors、factor、array、matrices：可使用 x[i]、x[[i]]、x[i, j]、x[[i, j]] 指標。另外，若個別元素、行、或列有給定名稱，也可以使用 x["元素名稱"]、x[, "行名"] 或 x["列名",] 的名稱指標方式，但不能與 $ 符號搭配使用名稱指標。只有 list 跟 data-frame 可以搭配 $ 符號使用名稱指標。這些變數使用名稱指標時需加引號。

- list：可使用 x[i]、x[[i]]、名稱指標、$ 名稱指標。
  mylist[3] 取出第 3 個元素，傳回值是一個 list。
  mylist[[3]] 取出第 3 個元素，傳回值是一個 vector。
  mylist$address 使用元素的名稱指標來取出元素。

[註] 若 list 變數的元素沒有名稱，只能使用 [[...]] 指標。

- **data-frame**：可使用 x[i]、x[[i]]、x[i, j]、x[[i, j]]、名稱指標、$ 名稱指標。

指標使用的建議

從一般統計計算的角度來看，如果我們的程式並不複雜，則不管我們使用的是 [...] 或 [[...]] 指標系統，由於兩者都會傳回元素值，因此差異不會很大。但如果我們的程式比較複雜，除了元素的數值之外，還需要擷取元素原有的名稱時，這時候通常會使用 [...] 單層方括弧寫法，將名稱屬性與其他屬性一起傳回，以作後續利用。

▼ 程式範例 4-9

➤ 一般向量也可以有元素名稱：

```
> x = c(age=3, height = 170, score = 82)        # x 是普通向量
> x
   age height  score
     3    170     82
```

➤ 使用 names 函數查看 x 的元素名稱：

```
> names(x)
[1] "age"    "height" "score"
```

```
> x[age]
錯誤：找不到目的物件 'age'
```

```
> x["age"]              # 向量使用名稱指標需加引號
age
  3
```

```
> x[1]                  # 單層括弧：傳回值包含 names 屬性
age
  3
```

```
> x[[1]]                # 雙層括弧：傳回值不含 names 屬性
[1] 3
```

> 資料框架變數與指標：

```
> x                              # x 是 data-frame 變數
  Age Weight Height Gender
1  18    150     65      F
2  21    160     68      M
3  45    180     65      M
4  54    205     69      M
```

資料框架變數可用 names 與 col.names 函數查看「行名」，用 rownames 與 row.names 函數查看「列名」：

```
> names(x)
[1] "Age"    "Weight" "Height" "Gender"

> colnames(x)
[1] "Age"    "Weight" "Height" "Gender"

> rownames(x)
[1] "1" "2" "3" "4"

> row.names(x)
[1] "1" "2" "3" "4"

> x$Age ; x[,"Age"] ; x[,1] ; x[[1]]        # 答案都一樣
[1] 18 21 45 54

> x[[1]]                                    # x[[1]] 是向量
[1] 18 21 45 54

> is.vector(x[[1]])
[1] TRUE

> x[1]                                      # x[1] 是資料框架
  Age
1  18
2  21
3  45
4  54
```

```
> is.data.frame(x[1])
[1] TRUE
```

➢ list 變數在方括弧中使用中文需加引號：

```
> L2 = list(姓名 = "john", age = 23)
> L2[姓名]
```
錯誤： 找不到目的物件 '姓名'

```
> L2["姓名"]
```
$姓名
[1] "john"

```
> L2[1]                                    # 單層方括弧：傳回 list 變數
```
$姓名
[1] "john"

```
> L2[[1]]                                  # 雙層方括弧：傳回向量
```
[1] "john"

```
> L2$姓名                                   # 傳回向量
```
[1] "john"

4.4 與變數有關的工具函數

這一節裡面，我們將介紹一些跟變數處理有關的工具函數。這些函數可以幫助我們釐清變數的屬性、名稱、維度等資訊，協助變數轉換、搜尋特定元素或建立新的變數。表 4-2 是這些工具函數的分類彙整，其中的排序系列函數將於 6.2 節介紹，apply 系列函數將於 10.2.3 節介紹。

4.4.1 is 與 as 系列的工具函數

R 軟體有一系列以「is.」與「as.」開頭、或是直接使用變數型態名稱（如 factor( )、matrix( )）的函數，可以用來檢查某個特定物件是否屬於某類變數型態、或是作變數轉換（表 4-2）：

表 4-2　與變數有關的工具函數

函數類別	函數名稱	用途簡介
性質查詢或設定	names( )	查詢物件的名稱資訊
	dim	物件的維度資訊（dimensions）
	attributes	物件的屬性（attributes）
	attr	查詢物件的特定屬性值
	class	物件的類別（class）
	str	物件的結構（structure）
建構或轉換	rbind	各物件視為橫列聯結在一起
	cbind	各物件視為直行聯結在一起
	merge	合併（merge）2 個 data-frame variables
	t( )	轉置矩陣（transpose）
	aperm	將 array 的 dimensions 重新排列互換
	table	建構表格或計算發生次數
	ftable	建構高維度 table
	cut	將數字向量轉為分類變數
	split	資料切割
整批運算	apply	將某運算整批套用在各列或各行
	tapply	依照元素所屬的分類作整批運算
	lapply、sapply	對向量或 list 每個元素作整批運算
	aggregate	依照兩個 facotr 的分類組合作分群運算

表 4-2 與變數有關的工具函數（續）

函數類別	函數名稱	用途簡介
排序	sort	將向量元素排序
	order	傳回排序後元素在原來向量的指標值
	rev	將向量元素倒過來排
	rank	傳回元素排序後的秩數（rank）
元素搜尋	which	傳回向量中滿足條件的元素之數字指標
	which.min、which.max	傳回向量最大值或最小值元素的指標；若有多個極值，只會傳回第一個
	which.names	傳回向量中某個元素名稱的數字指標，或資料框架中某個橫列名稱的數字指標 (car 套件)
	match	傳回第二個參數向量中的元素在第一個參數向量中出現的位置指標

- **is 系列函數**：檢查某個物件是否具有查詢的屬性或是否為某類變數，傳回 TRUE 或 FALSE。這些函數包含 is.vector、is.array、is.matrix、is.factor、is.ordered（是否為有序因子變數）、is.list、is.data.frame、is.ts、is.function、is.primitive（是否為核心基本函數）、is.character（是否為字串）、is.integer。另外，is.numeric、is.double、is.real 三者功能完全相同。

- **as 系列函數**：變數強迫轉換，包含 as.vector、as.array、as.matrix、as.factor、as.ordered、as.list、as.data.frame、as.ts、as.integer、as.character、as.numeric、as.double、as.real。

- **以變數類別為名的函數**：這系列函數主要用來建立新變數，但其中有些函數也跟 as 系列一樣，可以用來強迫轉換其他類型的函數。這些函數包含 vector( )、matrix( )、array( )、factor( )、ordered( )、list( )、data.frame( )、ts( )、character( )、integer( )。另外 numeric( )、real( ) 與 double( ) 的功能完全相同。

▼ 程式範例 4-10

> **is 系列函數：**

```
> myList = list(x1 = 3, x2 = c(3,3))
> is.vector(myList)
[1] TRUE

> is.factor(myList)
[1] FALSE

> is.list(myList)
[1] TRUE
```

list 變數本身不是 numeric，但其元素是 numeric (數值)：

```
> is.numeric(myList)
[1] FALSE

> is.numeric(myList$x1)
[1] TRUE

> is.numeric(myList$x2)
[1] TRUE
```

mean( ) 是函數，但不是核心基本函數。sin( ) 是核心基本函數：

```
> is.function(mean)
[1] TRUE

> is.primitive(mean)
[1] FALSE

> is.primitive(sin)
[1] TRUE
```

> **as 系列變數轉換函數：**

```
> x = c("M", "M", "F", "M", "F", "F", "F")
> (x2 = as.factor(x))
[1] M M F M F F F
Levels: F M
```

as.matrix 函數通常是用來將 data-frame 變數轉成一般矩陣。要注意的是，若 data-frame 變數裡面有不同屬性的資料，例如數值與字串，在轉換後會被強制都轉為文字字串：

```
> X                                    # X 是一個已存在的資料框架變數
  Age Weight Height Gender
1  18    150     65      F
2  21    160     68      M
3  45    180     65      M
4  54    205     69      M

> as.matrix(X)                         # 所有元素都轉成字串，成為字串矩陣
     Age  Weight Height Gender
[1,] "18" "150"  "65"   "F"
[2,] "21" "160"  "68"   "M"
[3,] "45" "180"  "65"   "M"
[4,] "54" "205"  "69"   "M"

> (X2 = X[,c(1, 2, 3)])                # 取出 X 的前三個直行（皆為數值）
  Age Weight Height
1  18    150     65
2  21    160     68
3  45    180     65
4  54    205     69

> as.matrix(X2)                        # as.matrix 順利轉成數值矩陣
     Age Weight Height
[1,]  18    150     65
[2,]  21    160     68
[3,]  45    180     65
[4,]  54    205     69
```

as.matrix( ) 跟 **matrix( )** 函數不一樣。as.matrix 無法將向量轉為矩陣。想達到這樣的目標，必須改用 matrix( ) 函數：

```
> as.matrix(1:6, nrow=2, ncol=3)       # 轉換錯誤
     [,1]
```

```
          [1,]    1
          [2,]    2
          ..........
          [6,]    6

> matrix(1:6, nrow=2, ncol=3)                    # 轉換順利
          [,1] [,2] [,3]
     [1,]   1    3    5
     [2,]   2    4    6
```

➢ 其他範例：

```
> x = c("all", "abd", "bat", "cat", "bat")
> x2 = as.factor(x)
> x2
[1] all abd bat cat bat
Levels: abd all bat cat
```

```
> x3 = as.integer(x2)
> x3
[1] 2 1 3 4 3
```

```
> x = c(1, 1, 3, 5, 3, 4)
> x2 = as.factor(x)    ;   x2
[1] 1 1 3 5 3 4
Levels: 1 3 4 5
```

```
> x3 = as.integer(x2)
> x3
[1] 1 1 2 4 2 3
```

4.4.2　查詢或設定類別與屬性

dim 函數：查詢或設定物件的維度

　　dim 函數可以查詢或設定一個變數的維度資訊。例如，矩陣是與資料框架變數是 2 維，陣列（array）則可擁有更高的維度。

▼ 程式範例 4-11

一般向量變數沒有維度資訊：

```
> x = 1:12
> dim(x)
NULL
```

將 x 的維度設定為 2 維，並且設定每個維度的行數：3 列、4 行，此時 x 變成一個矩陣變數：

```
> dim(x) = c(3,4)
> x
     [,1] [,2] [,3] [,4]
[1,]    1    4    7   10
[2,]    2    5    8   11
[3,]    3    6    9   12
```

此時 x 有 2 個維度，各為 3 列、4 行：

```
> dim(x)
[1] 3 4
```

iris 是一個資料框架變數，具有 2 維結構：150 列，5 行：

```
> dim(iris)
[1] 150   5
```

attributes、attr 與 class 函數

- attributes 函數　　　　列出某個物件的屬性與屬性內容
- attr(物件 ,"屬性名稱")　用來查詢個別的屬性內容
- class(物件)　　　　　可查詢物件的類別（class）

此處的「類別」（class）指的是部分程式語言所提供的功能，一個 class 裡面包含物件的資料內容，以及處理物件的方法。class 功能屬於比較進階的用法，並不是所有的程式語言都有 class 的機制，但像 R 程式或 Java 語言都有 class 的架構。例如，plot 函數會自動判斷變數的不同類別，以畫出不同的圖形。其他像 summary 與 print 函數也會根據變數的類別顯示不同的預設結果。

程式範例 4-12

> x1 向量為一般向量,沒有特別的屬性:

```
> x1 = c(3,4,5)
> attributes(x1)
NULL
```

x2 向量有元素名稱,因此擁有 names 屬性:

```
> x2 = c(A=3, B=4, C=5)
> attributes(x2)
$names
[1] "A" "B" "C"

> class(x2)
[1] "numeric"
```

> iris 資料是一組資料框架變數,擁有變數名稱 names 屬性、橫列名稱 row.names 屬性以及 class(類別)屬性,其內容為 data.frame:

```
> attributes(iris)
$names
[1] "Sepal.Length" "Sepal.Width"  "Petal.Length" "Petal.Width"
[5] "Species"
$row.names
  [1]   1   2   3   4   5   6   7   8   9  10  11  12  13  14  15  16
 17  18
    ..........................
[145] 145 146 147 148 149 150
$class
[1] "data.frame"

> attr(iris, "class")
[1] "data.frame"

> attr(iris, "names")
[1] "Sepal.Length" "Sepal.Width"  "Petal.Length" "Petal.Width"
[5] "Species"
```

```
> class(iris)
[1] "data.frame"
```

str 函數：查詢物件的結構（structure）

str 函數可以查詢包含函數、變數等物件的結構，例如：

```
> str(mean)
function(x, ...)
```

```
> str(sin)
function(x)
```

```
> x1 = c(3, 4, 5)
> str(x1)
num [1:3] 3 4 5
```

```
> x2 = c(A=3, B=4, C=5)
> str(x2)
Named num [1:3] 3 4 5
 - attr(*, "names")= chr [1:3] "A" "B" "C"
```

從 x2 的結構可以看到 x2 比 x1 多出 names 屬性（attr(*, "names")）

```
> str(iris)
'data.frame':   150 obs. of  5 variables:
 $ Sepal.Length : num  5.1 4.9 4.7 4.6 5 5.4 4.6 5 4.4 4.9 ...
 $ Sepal.Width  : num  3.5 3 3.2 3.1 3.6 3.9 3.4 3.4 2.9 3.1 ...
 $ Petal.Length : num  1.4 1.4 1.3 1.5 1.4 1.7 1.4 1.5 1.4 1.5 ...
 $ Petal.Width  : num  0.2 0.2 0.2 0.2 0.2 0.4 0.3 0.2 0.2 0.1 ...
 $ Species      : Factor w/ 3 levels "setosa","versicolor",..: 1 1 1 1 1
                  1 1 1 1 ...
```

4.4.3 查詢或設定行列名稱

names、colnames、rownames、row.names、dimnames 等幾個函數可以查詢或設定某個變數的元素名稱、列名或行名：

- 向量變數　　　　　　**元素名稱**：可用 names 函數為每個元素命名，或查詢元素名稱。
- 二維陣列或矩陣變數　**列名**：可用 rownames 為每個橫列命名或查詢橫列名稱。
　　　　　　　　　　　行名：可用 colnames 函數為每個直行命名，或查詢直行名稱。
- data-frame 變數　　　**列名**：可用 row.names 或 rownames 函數為每個橫列命名或查詢名稱。
　　　　　　　　　　　行名（或變數名稱）：用 names 或 colnames 函數為每個變數（即每個直行）命名或查詢名稱。
- 所有陣列與矩陣變數　若陣列變數名稱為 x，可用 dimnames(x)[[1]]、dimnames(x)[[2]]、dimnames(x)[[3]]、... 的寫法查詢每個維度的列名或行名，或為每個維度的各行或各列命名。

abbreviate 函數（縮寫）：abbreviate 函數可以將比較長的變數名稱、列名、行名或元素名稱簡化成比較短的縮寫。其用法是：

abbreviate(名稱向量, minlength = 4)

其中 minlength 指定縮寫後新名稱的最小長度。例如以下程式求出 iris 資料檔比較長的變數名稱之縮寫：

```
> (ab = abbreviate(names(iris)))
Sepal.Length  Sepal.Width Petal.Length  Petal.Width      Species
     "Sp.L"       "Sp.W"       "Pt.L"       "Pt.W"       "Spcs"
```

```
> ab["Sepal.Length"]
Sepal.Length
     "Sp.L"
```

```
> ab[1]
Sepal.Length
     "Sp.L"
```

4.4.4　which 系列指標工具函數

which、which.min、which.max 是用來找出向量或陣列中哪些元素符合我們指定的條件，並將這些元素、列或行的數字指標或名稱指標傳回。這裡要注意的是，which.max 與 which.min 都只會傳回第 1 個找到的最大值或最小值的指標位置，因此若變數中有多個最大值或最小值，最好使用 which(x == max(x)) 或 which(x == min(x))。

car 套件中的 which.names 可以傳回向量中符合指定元素名稱之元素的數字指標，或是用來查詢一個資料框架變數中某些「橫列」名稱到底是在第幾列（傳回橫列數字指標）。

match 的用法是 match(x1, x2, nomatch = NA)，其中 x1 為向量，x2 為數值或向量。match 會計算 x2 的每個元素是否出現在 x1 之中，並傳回跟 x1 長度一樣的向量。若一個 x1 中的元素沒有出現在 x2 中，則該元素位置在傳回向量的值是預設的 nomatch 值，否則該元素在傳回向量的相對位置會是它在 x2 的數字指標值（請見範例 4-16）。

[基本語法]　which(邏輯判斷式 , arr.ind = FALSE)

其中 x 為向量或矩陣。若 x 為二維或二維以上的陣列，則 arr.ind = TRUE 則傳回符合條件元素的行、列指標：

　　which.min(x)、which.max(x)：向量 x 的最小值或最大值的數字指標

▼ 程式範例 4-13

```
> m                                          # m 為矩陣
     [,1] [,2] [,3] [,4]
[1,]    1    4    7   10
[2,]    2    5    8   11
[3,]    3    6    9   12

> which(m %% 3 == 0)                         # 哪些元素除以 3 之餘數等於 0？
[1]  3  6  9 12
```

使用 arr.ind 參數指定要傳回符合條件的元素在陣列的行列指標值：

```
> which(m %% 3 == 0, arr.ind = TRUE)
     row col
[1,]   3   1
[2,]   3   2
[3,]   3   3
[4,]   3   4
```

> 找出最小值與最大值元素的數字指標：

```
> x
 [1] 95 80 85 44  1 94 69 46 81 55  95

> which.min(x)                  # x 的第 5 個元素是最小值
[1] 5

> x[which.min(x)]               # 等於 min(x)
[1] 1

> which.max(x)                  # x 的第 1 個元素是最大值
[1] 1

> x[which.max(x)]               # 等於 max(x)
[1] 95
```

> which.max 與 which.min 都只會傳回第一個符合條件的元素，因此有時候需要改用 which 函數：

```
> which(x == max(x))            # 第 1 個元素值跟第 11 個元素值都是最大值
[1]  1 11

> x[which(x == max(x))]
[1] 95 95
```

> 使用 car 套件的 which.names，查看 bloodtype 向量中，出現 "A" 或出現 "A"、"O" 的元素在 bloodtype 向量中的數字指標：

```
> library(car)
> bloodtype
 [1] "O"  "A"  "A"  "A"  "B"  "AB" "O"  "AB" "AB" "B"
```

```
> which.names("A", bloodtype)
[1] 2 3 4
```

```
> which.names(c("A", "O"), bloodtype)
[1] 1 2 3 4 7
```

➢ which.names 也可以查詢資料框架變數中某些「橫列名稱」（row names）到底在第幾列（傳回橫列的數字指標）：

```
> X
    age score
U15 12  62
U16 17  68
U17 14  55
U18 18  53
U19 17  57
U20 15  51
U21 15  60
U22 19  58
U23 16  66
U24 16  65
```

```
> which.names("U22", X)              # 名為 "U22" 的橫列是第 8 列
[1] 8
```

```
> which.names(c("U22", "U24"), X)
[1] 8 10
```

➢ match 函數：查看 2 與 4 在 1:10 = c(1, 2, ...,10) 這個向量出現的狀況。其中 2 有在 1:10 之中出現，且 2 在第二個參數 c(2, 4) 中是第 1 個元素。4 也有在 1:10 中出現，且其在 c(2, 4) 中是第 2 個元素：

```
> match(1:10, c(2, 4))
[1] NA  1 NA  2 NA NA NA NA NA NA
```

1 也有出現在向量 1:10 之中，且 1 在 c(2, 4, 1) 中是第 3 個元素：

```
> match(1:10, c(2, 4, 1))
[1]  3  1 NA  2 NA NA NA NA NA NA
```

```
> match(1:10, c(2, 4, 1), nomatch = FALSE)
 [1] 3 1 0 2 0 0 0 0 0 0
```

4.5 表格型態的彙整資料

在製作統計表格或卡方檢定的應用中，表格 (table) 是統計上常用的重要彙整工具，例如：

	高雄市	台中市	台北市
抽菸	32 人	55 人	76 人
不抽菸	156 人	208 人	324 人

在統計計算中，由於我們經常需要將原始資料轉為表格型態，因此 R 軟體中幾個跟 table 有關的函數就非常有用，例如 table( )、tabulate( )、xtabs( )、ftable( ) 等函數。這些函數的詳細語法與範例，請讀者參考 10.2.4 節。

一維向量型態的表格

tabulate 與 table 函數都可以產生一維向量型態的表格。這類表格通常是用來彙整單一變數的次數資訊。以 tabulate 函數所產生的彙整表格，其結構跟向量相同，因此我們可以用向量指標方式擷取適當的彙整值。另一方面，table 函數所產生的物件，其類別（class）雖然是 "table"，但其實是以陣列（array）為基礎而擴充的變數型態，因此可以用陣列指標規則來擷取 table 變數的元素值。

▼ **程式範例 4-14**

```
> scores
 [1] 64 65 61 63 60 70 61 63 62 69 68 68 66 69 69
```

▸ 使用 tabulate 函數來彙整次數值，並產生一維表格：

```
> factor(scores)
 [1] 64 65 61 63 60 70 61 63 62 69 68 68 66 69 69
Levels: 60 61 62 63 64 65 66 68 69 70
```

```
> (scores.tabulate = tabulate(factor(scores)))
[1] 1 2 1 2 1 1 1 2 3 1
```

tabulate 所產生的物件具有向量的性質,因此可以使用向量指標:

```
> is.vector(scores.tabulate)
[1] TRUE
```

```
> scores.tabulate[9]
[1] 3
```

➢ 使用 table 函數來產生一維表格:

```
> (scores.table = table(scores))
scores
60 61 62 63 64 65 66 68 69 70
 1  2  1  2  1  1  1  2  3  1
```

table 函數所產生的物件不是向量,但具有陣列的特質:

```
> is.vector(scores.table)
[1] FALSE
```

```
> is.array(scores.table)
[1] TRUE
```

既然具有 array 的特性,則我們可以使用數字指標或名稱指標來擷取元素:

```
> scores.table[3]
62
 1
```

```
> scores.table["62"]
62
 1
```

➢ 用 attributes 函數查詢的結果發現,scores.table 的類別是「table」:

```
> attributes(scores.table)
$dim
[1] 10
```

```
$dimnames
$dimnames$scores
 [1] "60" "61" "62" "63" "64" "65" "66" "68" "69" "70"
$class
[1] "table"
```

- xtabs 函數（10.2.4 節）可以針對資料框架變數來彙整一維表格，產生的物件跟 table 一樣，具有 array 性質，因此也可以使用陣列指標方式來擷取個別彙整結果：

```
> head(iris, 3)                          # iris 是 R 軟體內建資料檔
  Sepal.Length Sepal.Width Petal.Length Petal.Width Species
1          5.1         3.5          1.4         0.2  setosa
2          4.9         3.0          1.4         0.2  setosa
3          4.7         3.2          1.3         0.2  setosa
```

```
> xtabs(~ Species, data=iris)
Species
    setosa versicolor  virginica
        50         50         50
```

```
> iris.xtabs = xtabs(~ Species, data = iris)
> is.vector(iris.xtabs)
[1] FALSE
```

```
> is.array(iris.xtabs)
[1] TRUE
```

```
> iris.xtabs[2]
versicolor
        50
```

```
> iris.xtabs["versicolor"]
versicolor
        50
```

二維矩陣型態的表格

table 與 xtabs 函數都可以用來產生二維矩陣彙整資料。這些函數所產生的表格物件都具有陣列性質，因此可以使用陣列的數字指標與名稱指標方式來擷取特定的彙整資訊。

▼ 程式範例 4-15

brain 資料檔是 37 個學生的性別、IQ 測量值、身高、體重與腦容量資料：

```
> brain = read.csv("c:/r/brain.csv", header=T)
> brain
  Gender FSIQ VIQ PIQ Weight Height BrainSize
1      0  133 132 124    118   64.5    816932
2      1  139 123 150    143   73.3   1038437
3      1  133 129 128    172   68.8    965353
..........................................
```

使用腦容量（BrainSize）平均數重新編碼分成兩群，Gender 變數也重新編碼成文字類別（男，女）：

```
> Brain.index = 1+ (brain$BrainSize > mean(brain$BrainSize))
> newcodes = c("腦容量較大", "腦容量較小")
> BrainSize2 = newcodes[Brain.index]
> BrainSize2
 [1] "腦容量較大" "腦容量較小" "腦容量較小" "腦容量較小" "腦容量較小"
..........................................
[36] "腦容量較大" "腦容量較小"
```

```
> newcodes = c("女", "男")
> Gender2 = newcodes[brain$Gender + 1]
```

➢ 使用 table 函數彙整出二維次數表格：

```
> (brain.table = table(Gender2, BrainSize2))
         BrainSize2
Gender2   腦容量較大  腦容量較小
    女           16          4
    男            4         13
```

table 函數產生的物件具有二維陣列或矩陣的性質，因此可以套用矩陣與陣列的指標用法：

```
> is.matrix(brain.table)
 [1] TRUE

> is.array(brain.table)
 [1] TRUE

> brain.table[2, 2]
 [1] 13

> brain.table["男", "腦容量較小"]
 [1] 13
```

> 使用 xtabs 函數產生二維矩陣表格，產生的物件性質與 table 函數相同：

```
> brain$BrainSize2 = BrainSize2
> brain$Gender2 = Gender2
> brain.xtabs = xtabs(~Gender2 + BrainSize2, data = brain)
         BrainSize2
Gender2   腦容量較大    腦容量較小
     女          16            4
     男           4           13

> is.matrix(brain.xtabs)
 [1] TRUE

> is.array(brain.xtabs)
 [1] TRUE

> brain.xtabs[2, 1]
 [1] 4

> brain.xtabs["男", "腦容量較大"]
 [1] 4
```

三維或三維以上的型態的表格

table 函數與 xtabs 函數皆可用來產生三維或三維以上的表格，產生的物件性質具有陣列的特性，因此之前我們所用的數字指標、名稱指標用法皆可用於高於二維的表格。

例如，沿用範例 4-15 的腦容量資料，將體重變數（Weight）重新編碼為較瘦、較胖，然後使用 table 函數作出性別、體重與腦容量的三維彙整表格：

```
> Weight2 = 1 + (brain$Weight > mean(brain$Weight))
> Weight2 = c("較瘦", "較胖")[Weight2]
> (table.3d = table(Gender2, Weight2, BrainSize2))
, , BrainSize2 = 腦容量較大

        Weight2
Gender2  較胖  較瘦
    女     3   13
    男     3    1

, , BrainSize2 = 腦容量較小

        Weight2
Gender2  較胖  較瘦
    女     1    3
    男     9    4
```

```
> table.3d["女", "較瘦", "腦容量較大"]          # 相當於 table.3d[1, 2, 1]
[1] 13
```

若使用 xtabs 函數，產生的結果跟 table 相同：

```
> brain$Weight2 = Weight2
> xtabs( ~ Gender2 + Weight2 + BrainSize2, data = brain)
................................................[略]
```

CHAPTER 5

R 資料的輸入與輸出

5.1　外部檔案路徑 vs. file.choose 函數
5.2　單一變數的資料輸入與輸出
5.3　多變數的資料輸入與簡單輸出
5.4　存取 R 軟體的資料格式：rda 檔
5.5　存取其他軟體的資料檔

R軟體最簡單的資料輸入與輸出檔案格式是文字資料檔，包含以一個或多個空格分開、以逗點「,」或分號「;」分隔的 CSV 格式，或是以 <TAB> 鍵分隔的文字檔。這些文字資料檔當中，CSV 格式檔（Comma Separated Values）是最常見的資料檔格式。本章將介紹單一變數資料與多變數資料的讀入與輸出，並且介紹如何讀入其他軟體輸出的檔案。

CSV 檔案格式

以逗點「,」分隔的資料檔通常稱為 CSV 檔。這種檔案格式在目前算是滿通用的格式，Microsoft Excel 軟體就可以讀入或輸出（另存新檔）這樣的 CSV 檔案。

在 CSV 格式中，如果碰到 "內含逗點或空白" 的字串（string），慣例上是在字串前後以雙引號 " " 包圍起來。當然，我們也可以將沒有內含空格或逗點的字串用雙引號包圍起來。例如："category 1",123,"cat2",345.3。

CSV2 格式是使用英文分號「;」作為資料分隔符號的檔案格式。

5.1 外部檔案路徑 vs. file.choose 函數

scan、write、read.table、read.csv、write.table 以及其他幾個負責輸入與輸出的函數多有共同的一個主要參數：「file = "外部檔案路徑"」。外部檔案路徑的寫法有三種：

(1) **只有檔名、沒有目錄／資料夾部分**：例如 scan("data.txt")。這種寫法是表示檔案目前位在 R 軟體的工作目錄當中。如果檔案是在其他目錄底下，我們可以使用「檔案」=>「變更現行目錄」選單來轉換工作目錄。

(2) **路徑包含目錄與檔名**：由於 R 軟體原始碼沿用 UNIX 作業系統的檔案目錄格式，因此路徑採用斜線「/」（slash），不是 Windows 或 DOS 作業系統的反斜線 \（backslash）。如果是在 Windows 作業系統底下執行 R 軟體，我們必須將檔案路徑中的反斜線 \ 改成斜線 /，或是將反斜線重複兩次。例如：scan("c:/dir2/file.txt") 或 scan("c:\\dir2\\file.txt")。

(3) **在 GUI 模式下使用 file.choose 函數**：file.choose 函數會跑出一個挑選檔案的小視窗讓我們選擇檔案，例如：

```
> scan(file.choose())
> read.table(file.choose(), header = T)
```

list.files 函數

如果是在批次執行模式（batch mode），我們無法使用 file.choose 互動函數，但是可以使用 **list.files** 函數將某個目錄底下的所有檔案與子目錄名稱（包含前面的目錄名稱）儲存成一個文字向量變數，再用適當的文字字串處理函數篩選出我們需要輸入的檔案路徑。

例如，以下程式先使用 list.files 函數傳回 c:\r 目錄下的所有檔案名稱，然後用 **grep** 函數（請參考 10.3.9 節）挑出所有包含 ".csv" 的檔案一一載入，並畫出每組資料最前面兩個變數的直方圖：

```
> dir.list = list.files("c:/r", full.name=TRUE)
 [1] "c:/r/a1.txt"
 [2] "c:/r/b1.dat"
 [3] "c:/r/babies.txt"
 ....................
```

list.files 函數若使用 full.name = TRUE 參數選項，可以列出每個檔案前面的目錄路徑，並將所有結果存為一個文字向量：

```
> dir.list[3]
[1] "c:/r/babies.txt"
```

grep 函數傳回 dir.list 文字向量裡面所有包含 ".csv" 的元素之數字指標：

```
> grep(".csv", dir.list)
 [1]   3  7 12 20 21
```

使用 grep 傳回的數字指標即可抓出所有符合條件的字串：

```
> (infiles = dir.list[grep(".csv", dir.list)])
> # 相當於 infiles = dir.list[c(3, 7, 12, 20, 21)]
 [1] "c:/r/babies.csv"      "c:/r/beer_csv.txt"    "c:/r/bloodtw.csv"
 [4] "c:/r/boston.csv"      "c:/r/boston2.csv"
```

使用迴圈，每次讀入一個外部 CSV 檔，儲存成資料框架變數 X，並畫出 X 的第 1 個與第 2 個變數 (X[,1], X[,2]) 之間的 X-Y 散佈圖：

```
for (i in 1:length(infiles))
{
    file0 = infiles[i]
    X = read.csv(file = file0, header = T)
    plot(X[,1], X[,2])
}
```

5.2 單一變數的資料輸入與輸出

在多數的狀況下，我們會將僅有單變數的統計樣本資料儲存在一個向量變數之中，例如全班學生的體重。這類資料主要由 scan 函數負責讀入，由 write 函數負責輸出。

5.2.1 scan 函數：資料輸入

scan 函數可用來輸入向量變數所需的資料，資料來源可以是外部文字檔案，或是直接從鍵盤輸入。

[基本語法]　　scan(file = "", what = double(0), nmax = -1, n = -1, sep = "",

　　　　　　　　　skip = 0, nlines = 0, na.strings = "NA",

　　　　　　　　　encoding = "unknown")

其中

- **file** 為外部檔案路徑，若 file = ""，則預設從鍵盤輸入。

- **what** 參數設定輸入的資料型態，其值預設為雙倍精確度實數，但也可以是 character(0)（也可用 what = ""）、logical(0)（邏輯真假值）、integer(0) 或 complex(0)（複數）。這裡的 (0) 表示所讀入的是一個元素值而非向量。what 也可以等於一個簡易的範例 list 變數，則 scan 將會依照範例 list 變數的內容來讀入 list 資料。

- **nmax** 設定「最多」讀入多少個數值，若為 −1，則無限制。

- **n** 設定總共要讀入多少個數值，若為 −1，則無限制。
- **sep** 設定數值之間的分隔符號，預設為空格或換行符號。
- **skip** = k 設定先跳過檔案最前端 k 列再開始讀入資料。
- **nlines** = k 設定最多讀入 k 列資料。
- **na.strings** 可以指定資料中代表遺失值的字串符號，預設為 NA。
- **encoding** 可指定文字編碼，例如 encoding = "UTF-8"。

直接從鍵盤輸入

我們可以在 R 程式中，直接使用 c( ) 函數來建構新的向量變數，或是搭配 scan( ) 函數逐步輸入資料：

```
> (x1 = c(123, 345, 0.02, 2.3, 3.3))
[1] 123.00 345.00   0.02   2.30   3.30

> x2 = scan()
1: 123            # 每一列輸入完後按 <ENTER> 鍵
2: 345
3: 0.02
4: 2.3 3.3
6:                # 不輸入資料，直接按 <ENTER> 鍵結束輸入
Read 5 items

> x2
[1] 123.00 345.00   0.02   2.30   3.30
```

> 從鍵盤直接輸入文字向量：

```
> y = scan(what = character(0))      # 或 y=scan(what="")
1: A B C D# 此處按 <ENTER> 鍵
5:   # 此處按 <ENTER> 鍵
Read 4 items

> y
[1] "A" "B" "C" "D"
```

➤ 從鍵盤直接輸入邏輯值向量：

```
> L = scan(what=logical(0))
1: T T F
4: F F T T
8:
Read 7 items
```

```
> L
[1]  TRUE  TRUE FALSE FALSE FALSE  TRUE  TRUE
```

➤ 使用範例 list 資料來讀入 list 變數。程式中的 name = ""、age = 0、score = 0 只是提供一個範例，讓 R 軟體知道各元素的屬性是什麼，以利分辨：

```
> listx = scan(what = list(name = "",age = 0,score= 0))
1: John   18   56
2: Mary   22   82
3: Joe    21   72
4:
Read 3 records
```

```
> listx
$name
[1] "John" "Mary" "Joe"
$age
[1] 18 22 21
$score
[1] 56 82 72
```

從外部文字檔讀入資料

假設我們有以下 4 個資料檔 t1.txt、t2.txt、t3.txt、t4.csv（都放在 d:\test 目錄下）：

t1.txt 檔：內容只有 1 列

```
123 345  0.02  2.3  3.3
```

t2.txt 檔：內容分成 5 列

```
123
345
0.02
2.3
3.3
```

t3.txt 檔：內容分成 3 列，每列的數字個數不同

```
123 345 0.02
2.3
3.3
```

t4.txt 檔：內容只有 1 列，但是以逗點分隔

```
123, 345, 0.02, 2.3, 3.3
```

以下程式讀入這 4 個不同的檔案：

```
> x = scan("d:/test/t1.txt")
Read 5 items

> x
[1] 123.00   345.00    0.02    2.30    3.30

> x = scan("d:/test/t2.txt")
Read 5 items

> x = scan("d:/test/t3.txt")
Read 5 items

> x = scan("d:/test/t4.csv",sep = ",")
Read 5 items
```

　　大家將會發現這 4 個檔案讀入的結果都一樣。其中，t4.csv 檔裡面的資料是用逗點相隔，所以我們在 scan 函數中加入 sep = "," 選項來指定分隔符號是逗點。如果資料檔中的數字是以 <TAB> 鍵分隔，則我們可以使用 sep = "\t" 選項來讀入：

```
x = scan("example.dat", sep = "\t")
```

特別的讀取動作

scan 函數可以搭配其 skip 與 nlines 參數來作一些特別讀取動作。在上一個例子中，**t2.txt** 檔案共有 5 列（rows），跳過前 2 列不讀：

```
> x = scan("t3.txt", skip = 2)
Read 3 items
```

```
> x
[1] 0.02 2.30 3.30
```

➤ 跳過第 1 列不讀，並且只讀取 3 列進來：

```
> x = scan("t3.txt", skip = 1, nlines = 3)
Read 3 items
```

```
> x
[1] 345.00   0.02   2.30
```

5.2.2　write 函數：簡單輸出到外部文字檔

write 函數可以將一般向量或矩陣輸出到外部檔案。

[基本語法]　　write(x, file = "data", ncolumns = k,

append = FALSE, sep = " ")

其中

- **x** 為向量或矩陣變數。
- **file** 為外部檔案名稱（預設為 data）。
- **ncolumns** 設定輸出時排成幾個直行（columns）。若為文字向量或矩陣，預設排成 1 個直行，若為數字向量或矩陣，預設排成 5 個直行。
- **append** 設定是否要附加到已經存在的檔案尾端（預設為覆蓋已存在檔案）。
- **sep** 是設定各直行的分隔符號（預設為空格）。

如果使用 file = ""（兩個雙引號直接相連），表示輸出到螢幕，不寫到外部文字檔，可以用來作為正式輸出前的檢查動作。

▼ 程式範例 5-1

> 將 x 向量輸出到「螢幕」，預設排列成 5 個直行（columns）：

```
> x = 1:10
> write(x, "")
1 2 3 4 5
6 7 8 9 10
```

同上，但是排成 10 個直行，亦即資料排列在同一橫列：

```
> write(x, "", 10)
1 2 3 4 5 6 7 8 9 10
```

同上，但使用逗點分隔：

```
> write(x, "", 10, sep = ",")
1,2,3,4,5,6,7,8,9,10
```

同上，但使用 <TAB> 鍵分隔。length(x) = 10：

```
> write(x, "", length(x), sep = "\t")
1	2	3	4	5	6	7	8	9	10
```

資料排成一個直行：

```
> write(x, "", 1)
1
2
...
10
```

> 寫到外部文字檔，所有數字排成一個橫列，並以逗點分隔：

```
> write(x, file = "c:/r/x.txt", length(x), sep = ",")
```

> 以下程式是將「矩陣」的內容輸出到外部檔案的作法。這裡要注意的是，write 函數在輸出矩陣時是逐行（column-by-column）輸出，因此必須先使用矩陣轉置函數 t( ) 將矩陣變數先作轉置，再交由 write 輸出：

```
> A = matrix(1:10, ncol = 5)
> A
```

```
     [,1] [,2] [,3] [,4] [,5] [,6]
[1,]   1    3    5    7    9   11
[2,]   2    4    6    8   10   12
```

若不作轉置動作，輸出的結果跟原來的矩陣不一樣：

```
> write(A, "")
1 2 3 4 5
6 7 8 9 10
11 12
```

先對 A 矩陣作轉置，再搭配 write 的逐行輸出格式，即可正常輸出：

```
> t(A)
     [,1] [,2]
[1,]   1    2
[2,]   3    4
[3,]   5    6
[4,]   7    8
[5,]   9   10

> write(t(A), "", ncolumns = ncol(A))
1 3 5 7 9 11
2 4 6 8 10 12
```

ncolumns 參數可以簡寫成 ncol：

```
> write(t(A), "c:/r/matrix_A.txt", ncol = ncol(A),
+             sep = "\t")
```

> **提醒**
> (1) 矩陣變數也可以使用 write.table 函數輸出，請參考 5.3.2 節。
> (2) cat 函數也可作簡單的外部檔案文字輸出，請參考 10.3.1 節。

5.3 多變數的資料輸入與簡單輸出

在 R 軟體中，我們通常使用 matrix 或 data-frame 變數來儲存傳統的多變數資料。這個小節將介紹多變數資料的輸入與輸出指令。

5.3.1 多變數資料的輸入 (Input)

可以用來輸入多變數資料檔的工具函數有 scan + matrix、read.table、read.csv、read.csv2、read.delim 與 read.fwf 函數，其中以 read.table 函數使用頻率最高。

使用 scan 搭配 matrix

這種讀入方式會將將資料儲存為矩陣。例如：

```
> A = matrix(scan("c:/r/matrix.dat", n = 10*20),
+            nrow = 10, ncol = 20, byrow = TRUE)
```

使用 read.table 函數

[基本語法]　x = read.table(file, header = F, sep = " ", quote = "\"", dec = ".",

　　　　　　row.names, col.names, stringsAsFactors, as.is,

　　　　　　na.strings = "NA", skip = 0, blank.lines.skip = T)

其中

- **x** 將為資料框架變數。
- **file** 指定外部文字檔案路徑。
- **header = TRUE** 指定檔案第一列是變數名稱，不是資料內容。
- **sep** 指定檔案內的分隔符號。
- **quote** 指定文字兩旁的引號（預設為雙引號「" "」）。
- **dec** 指定小數點的格式，預設為句點。有些國家習慣在數字之間加上逗點「,」，例如 1,234,567 代表 1234567，此時可用 dec = ","。

- **row.names**、**col.names**：使用 read.table 輸入資料時，可以順便設定各列或各行的名稱。例如：

  ```
  col.names = c("name", "age", "height", "score")
  ```

- **stringsAsFactors = FALSE**：read.table 在讀入一個文字屬性的行向量時，預設將文字向量轉換為 factor 屬性。若不想自動作這個轉換，可以使用 stringsAsFactors = FALSE 參數。

- **as.is** = 指標向量 as.is 的作用跟 stringsAsFactors 參數相似，但用來指定哪幾個文字行向量「不需要」自動轉為 factor 屬性。例如：as.is = c(1, 4, 5) 指定第 1、4、5 個行向量不要自動轉成 factor 屬性，直接儲存為文字向量屬性。

- **na.strings**：指定資料中使用哪一個文字字串用來標示遺失值。預設為 "NA"，但也可以指定其他文字。例如，在 SAS 軟體的資料檔常用句點當作遺失值，此時可以使用 na.strings = "."。

- **skip = k**：資料檔開頭先跳過 k 列，再開始讀取資料。預設為 0。

- **blank.lines.skip**：遇到完全空白的資料列是否跳過？預設為 TRUE。

▼ 程式範例 5-2

假設 c:\r\data1.txt 是以空格相隔的外部文字檔（不需排列整齊）：

```
Age Weight Height Gender
18 150 65   F
21 160  68 M
45   180 65 M
54 205  69    M
```

> 將第 1 橫列的變數名稱一起讀進來，x 為資料框架變數：

```
> x = read.table(file = "c:/r/data1.txt", header =T)
> x
  Age Weight Height Gender
1  18    150     65      F
2  21    160     68      M
3  45    180     65      M
4  54    205     69      M
```

檔案路徑也可以使用兩次反斜線「\\」：

```
> x = read.table(file = "c:\\r\\data1.txt", header = T)
```

➢ 若資料檔本身沒有變數名稱，可使用 col.names 參數來設定：

```
> x =read.table(file = "c:\\r\\data2.txt",
+        col.names = c("name", "age", "height", "score"))
```

若原來檔案中並沒有各個行向量的變數名稱，使用者在輸入資料時也沒有使用 col.names 設定變數名稱，則 read.table 函數將預設各直行名稱為 V1, V2, V3,...，並且可用以下指標格式來取出各行的資料：

mydata[1], mydata[2], ...

mydata["V1"], mydata["V2"], ...

mydata$V1, mydata$V2, ...

mydata[,1], mydata[,2], ...

mydata[,"V1"], mydata[,"V2"], ...

前兩種指標使用方式把第 2 直行當作資料框架變數傳回，後三種則會傳回向量。

read.csv：輸入逗點分隔的 CSV 格式檔案

read.csv 函數預設讀取以逗點「,」分隔的 CSV 格式檔案，而且預設接受文字字串兩旁都加上雙引號的格式。不過，就算文字兩旁沒有引號，也可讀入：

```
mydata = read.csv("c:/r/data3.csv", header = T)
```

或

```
mydata = read.table("c:/r/data3.csv", header = TRUE,
          sep = ",", quote = "\"?)
```

read.csv2：輸入分號分隔的 CSV2 格式檔案

read.csv2 函數預設讀取以分號「;」相隔的 CSV2 格式檔案，而且預設接受字串兩旁都加上雙引號的格式。另外，read.csv2 函數也預設資料檔中的數字可以使用逗點「,」當作 10 進位符號，例如 1,234,567（常用於金額數字）。

```
mydata <- read.csv2("c:/r/data4.csv2", header = TRUE)
```

或

```
mydata <- read.table("c:/r/data4.csv2", header = TRUE,
        sep = ";", dec = ",")
```

read.delim：以 <TAB> 鍵分隔的檔案

```
mydata <- read.delim("c:/r/data5.txt", header = TRUE)
```

或

```
mydata <- read.table("c:/r/data5.txt", header = TRUE,
        sep = "\t")
```

read.fwf：輸入固定寬度格式檔案

　　read.fwf 函數可讀入固定寬度格式檔案（fixed-width-formated），主要是靠 widths 參數來設定每個變數（即每一直行）所佔的格數。

　　假設 c:\students 檔案內各直行變數的排列為：id 變數佔 10 格、name 變數佔 6 格、class（班別）變數佔 1 格、score 變數佔 3 格，則我們可用以下程式將這個資料檔讀入成為資料框架變數 x：

```
U123456789 john A 66
U000000001 mary B 89
U000000002 joe  A100
..................
```

```
x = read.fwf(file = "c:/student.txt", widths = c(10, 6, 1, 3),
    col.names = c("id", "name", "class", "score"))
```

5.3.2 多變數資料的輸出 (Output)

　　write.table、write.csv、write.csv2 函數可將矩陣變數或資料框架變數的內容輸出到外部文字資料檔。

［基本語法］　　write.table(x, file = "", quote = TRUE, sep = " ",

　　　　　　　　　eol = "\n", na = "NA", append = FALSE ,

　　　　　　　　　row.names = TRUE, col.names = TRUE)

其中

- **x** 為矩陣或資料框架變數。

- **file** 為外部檔案名稱，預設為 file = ""（兩個連續的雙引號），表示輸出在螢幕上，不寫到外部檔案。

- **quote = TRUE** 表示輸出時，文字字串兩旁要加上引號。

- **sep** 可用來設定分隔符號，例如 sep = ","。

- **row.names** 與 **col.names** 設定輸出時是否加上各列或各行的名稱。

- **eol** 代表 end of line 特別符號，預設為 Unix 作業系統的 "\n"。若為 Windows 作業系統，可用 eol = "\r\n"；若為 Mac 作業系統，可用 eol = "\r"。

- **na** 設定輸出時該如何表達遺失值，預設為 "NA"。若是想改寫為 SAS 慣用的句點 "."，可用 na = "."。

- **append = FALSE** 代表覆寫已經存在的外部檔案，若為 TRUE，則接續在原先存在檔案的尾端。

▼ 程式範例 5-3

將某個 data-frame 變數 hiv 寫到外部檔案：

```
> # 以逗點分隔（CSV 格式）
> write.table(hiv, "c:/r/hiv.csv", row.names = F,
+                                  col.names = F, sep = ",")
```

或以空格相隔：

```
write.table(hiv, "c:/r/hiv2.txt", row.names = F)
```

hiv2.txt 內容：

```
"hiv" "factor" "year" "age" "py" "deaths"
1 1 78 1 0.32 0
1 1 78 2 11.02 0
1 1 78 3 16.93 0
```

5.4 存取 R 軟體的資料格式：rda 檔

R 軟體本身提供二進位 Rdata（或 rda）資料檔格式，方便使用者隨時儲存交談模式或批次模式操作過程中所產生的物件（包含自訂函數、變數等）。儲存 rda 檔所需的函數為 **save** 與 **save.image**，回復 rda 檔的函數為 **load**。

[基本語法]

(1) save(以逗點分隔的物件列表 , file = "外部資料檔路徑", compress = TRUE, compression_level = k, acsii = FALSE)

(2) save.image(file = "外部檔案路徑", ascii = FALSE, compress = TRUE)

(3) load(" 外部 rda 資料檔名 ")

　　save 函數預設將物件儲存為二進位資料檔（binrary file），但也可以指定 ascii = TRUE，將資料儲存為文字檔，不過只有二進位資料檔可以壓縮。若 compress = TRUE，則資料將被壓縮成 UNIX 系統常用的 gzip 格式，但也可以令 compress = "gzip"、"bzip2" 或 "xz" 其中一種格式。compression_level = k 指定壓縮程度，當使用 gzip 格式時，k 預設為 6，另兩種壓縮格式則預設為 9（最大壓縮程度）。

　　save.image 函數將使用者儲存時的整個工作空間（work space）內所有物件都儲存下來，通常是直接使用 save.image( )，不加任何參數，R 軟體會在目前工作目錄下產生一個 .Rdata 檔案。

▼ 程式範例 5-4

將 x、y、z、A 四個變數與自訂函數 myfunc 儲存成 rda 檔：

```
> save(x, y, z, A, myfunc, file = "c:/r/mydata.rda")
```

將目前工作空間中的所有物件都儲存成 rda 檔：

```
> save.image("c:/r/myimage.rda")
```

以後就可以將先前儲存的 rda 檔載入，直接使用裡面的 4 個變數或函數：

```
> load("c:/r/mydata.rda")
> x ; y ; A
> load("c:/r/myimage.rda")
```

5.5 存取其他軟體的資料檔

R 軟體除了外部文字資料檔外，也可以讀取其他軟體所輸出的特殊格式資料檔。這個小節將簡介 Excel、SAS、SPSS、Minitab 等軟體資料檔的輸入函數。

5.5.1 Excel 資料檔

這個小節將探討如何在 R 軟體中讀入或寫出 Excel 的 xls（Excel2003 格式）或 xlsx（Excel2007 格式）資料檔。

讀入 Excel xls 或 xlsx 檔案

R 軟體目前有三個套件可以直接讀取 Excel 資料檔：前兩個是 **xlsReadWrite** 與 **gdata** 套件，兩者的讀取函數都稱為 **read.xls( )**。另一個套件是與通用的 SQL 資料庫語法搭配的 **RODBC** 套件。

xlsReadWrite 套件需要額外使用套件中 xls.getshlib( ) 函數去國外某網站抓取一個程式庫檔案（library file），該檔案內容為商業性質的封閉軟體，並非自由軟體，外界無法知道程式庫裡面的原始碼結構，因此 R 軟體發展小組不是很鼓勵使用這個套件。此外，作者也曾經測試過這個套件，發現其 read.xls 函數雖然可以順利讀取 Excel 檔，但資料中的 NA（即 R 軟體的遺失值代碼）在 R 軟體讀入時，被誤轉成 NaN（Not a Number），需要使用者自己再花時間處理這些轉換錯誤的部分。基於上述理由，作者並不建議使用 xlsReadWrite 套件來 輸入 Excel 資料檔。

(1) gdata 套件：read.xls 函數

gdata 套件是使用 Perl 程式語言在 R 軟體環境外先將 Excel 的 xls 檔轉成 CSV 檔或 <TAB> 鍵分隔的檔案，再讀入 R 軟體中。使用 gdata 套件時需要注意一點：如果使用者的電腦中已經自己安裝了 Perl 軟體，則 gdata 套件的 read.xls 函數在執行時將會出錯，這是因為 Perl 搜尋路徑的搜尋問題所致。解決方法之一，就是暫時先將自己安裝的 Perl 軟體目錄改個名稱，再執行 read.xls 函數。gdata 套件並沒有 xlsReadWrite 套件錯誤處理 NA 值的問題。

【基本語法】　　x = read.xls(xls = "外部 Excel 檔路徑", sheet = k)

其中

- **sheet = k** 代表讀入第 k 張 xls 檔的試算表，預設 k = 1。

例如：

```
> library(gdata)
> babies = read.xls("c:/r/babies.xls")
```

(2) **RODBC 套件：odbcConnectExcel 函數**

　　ODBC 是 Open DataBase Connectivity（開放資料聯結介面），許多資料庫軟體都可以使用 ODBC 介面來存取資料。RODBC 是 R 軟體提供的 ODBC 資料存取套件，可以跟不少資料庫軟體互相溝通，例如：微軟 -SQL、Access、Oracle、MySQL、PostgreSQL 以及 Excel 軟體。使用 RODBC 套件讀取 Excel 資料時，大致分成以下 4 個步驟：

(A) 連接 ODBC 端：使用 **odbcConnectExcel** 函數或 **odbcConnect2007** 函數（適用於 Excel2007 版本）

(B) 查詢試算表編號：使用 **sqlTables** 函數

(C) 取回資料：使用 **sqlFetch** 函數

(D) 關閉 ODBC 聯結：使用 **odbcClose** 函數

我們以輸入 babies.xls 資料檔為例：

```
> library(RODBC)
> conn.xls = odbcConnectExcel("c:/r/babies.xls")
```

若是 Excel2007 的 xlsx 檔，需改用 odbcConnectExcel2007。

➢ 從以下 sqlTables 函數的查詢結果中，我們看到 TABLE_NAME 是 babies$，代表試算表的代號，在下一個步驟的 sqlFetch 函數中必須使用 babies 當作資料表的名稱。在一般狀況下，TABL_NAME 可能是 Sheet1$、Sheet2$ 等代號，這時候在 sqlFetch 時就必須指定為 Sheet1 或 Sheet2：

```
> sqlTables(conn.xls)
       TABLE_CAT TABLE_SCHEM   TABLE_NAME   TABLE_TYPE   REMARKS
1     c:/r/babies        <NA>      babies$   YSTEM TABLE      <NA>
```

```
> x = sqlFetch(conn.xls,"babies")   ; x
    bwt gestation parity age height weight smoke
1   120    284       0    27    62     100    0
2   113    282       0    33    64     135    0
3   128    279       0    28    64     115    1
..........................................................
> closeOdbc(conn.xls)                    # 關閉 ODBC 聯結
```

(3) **xlsx** 套件：**read.xlsx for Excel2007**

xlsx 套件可以讀入 Excel2007 xlsx 檔案格式資料。

[基本語法]

> x = **read.xlsx**(file = "外部 Excel 檔路徑", sheetIndex, header = TRUE)

其中

- **sheetIndex** 指定要讀入第幾張試算表。
- **header = TRUE** 代表第一列資料是變數名稱。

以 xlsx 套件附帶的 test_import.xlsx 檔案為例：

```
> library(xlsx)
> x = read.xlsx("c:/r/test_import.xlsx", sheetIndex = 1)
> x
   NA. Population Income Illiteracy Life.Exp Murder HS.Grad Frost
1  Alabama     3615    3624     2.1     69.05   15.1    41.3    20
2  Alaska       365    6315     1.5     69.31   11.3    66.7   152
..........................................................
```

[註] xlsx 套件需用到 Java 虛擬機器環境。如果在 R 軟體中發現無法使用 library(xlsx) 順利載入套件，可能是其他使用 Java 的套件干擾所致，使用者可以先退出 R 軟體，再重新進入 R 軟體載入 xlsx 套件。

(4) 其他讀入 **Excel** 資料的方法：**CSV** 檔

R 軟體的說明手冊 R Data Import/Export（R-data.pdf）裡面提到其他讀入 Excel 檔的方法，其中最省事的方法是從 Excel 軟體將資料「另存新檔」，儲存為使用逗點分隔的 CSV 文字檔，然後再從 R 軟體中使用 read.csv 函數讀入資料。

將資料儲存為 Excel xls 或 xlsx 檔案

R 軟體提供以下幾個方法，可將資料儲存到外部的 Excel 格式資料檔：

(1) xlsReadWrite 套件：`write.xls` 函數

範例：x 為資料框架變數

```
> library(xlsReadWrite)
> write.xls(x, "c:/r/test1.xls", sheet = 1)
```

(2) xlsx 套件：`write.xlsx` 函數 (Excel2007)

範例：x 為資料框架變數

```
> library(xlsx)
> write.xlsx(x, "c:/r/test2.xlsx", sheetName = "Sheet 1")
```

(3) WriteXLS 套件：`WriteXLS` 函數

這個套件使用 Perl 程式語言軟體來達成 Excel 檔的輸出任務，但需要額外注意是否有安裝額外的 Perl 模組，對於一般使用者而言並非簡單任務，因此作者不建議使用這個套件來輸出 Excel 檔。

(4) 間接輸出資料給 Excel 軟體的方法

R 軟體的 write.csv 函數可以將矩陣變數或資料框架變數輸出成以逗點分隔的 CSV 文字檔。儲存成 CSV 檔之後，Excel 軟體即可直接讀入。讀者可以參考 5.2.2 節的詳細語法與範例。

5.5.2 S-Plus、SAS、SPSS 等商業統計軟體

R 軟體的 foreign 套件裡面有多個函數可以讀入統計軟體資料檔，其中包含 SAS、SPSS、Minitab、Stata、Systat 軟體。foreign 套件的 `write.foreign` 函數則可以輸出資料給 SAS、SPSS 與 Stata。

write.foreign 函數的作法是將資料輸出成一個 SAS 程式檔或 SPSS、Stata 程式檔，再於 SAS 等軟體中執行這個程式檔將資料讀入。

S-Plus 統計軟體

- data.restore("檔名")：讀入 S-Plus 以 data.dump 輸出的檔案。
- read.S("檔名")：讀入 S-Plus 二進位資料檔。

SAS 統計軟體

- read.xport("檔名")：讀入 SAS Transport (EXPORT) 資料檔。
- read.ssd("檔名")：讀入 SAS .ssd 與 .sas7bdat 資料檔（SAS 軟體必須已安裝）。
- 使用免費的 SAS Viewer 軟體將 SAS 資料檔輸出為 CSV 格式，在 R 軟體中使用 read.csv 函數讀入。
- 輸出給 SAS：例如以下程式

```
write.foreign(x, "c:/r/data_sas.txt",
              "c:/r/get_data.sas", package = "SAS")
```

再於 SAS 軟體中執行 get_data.sas 程式。

SPSS 統計軟體

- read.spss("檔名")：讀入 SPSS 以 save 或 export 輸出的資料檔。
- 輸出給 SPSS：例如以下程式

```
write.foreign(x, "c:/r/data_sas.txt",
              "c:/r/get_data.sps", package = "SPSS")
```

再於 SPSS 軟體中執行 get_data.sps 程式。

Minitab 統計軟體

read.mtp("檔名")：讀入 Minitab Portable 格式檔 (.mtp)，函數傳回值是一個 List 變數。

CHAPTER 6

資料轉換與處理

- **6.1** 重新編碼
- **6.2** 排序：sort、rank、order、rev
- **6.3** 資料變形
- **6.4** 資料的合併
- **6.5** 切　割
- **6.6** dplyr 資料處理套件簡介

在統計分析過程中，往往隨著分析模型的不同與軟體的要求有異，我們常常需要重新整理資料，或者將資料轉換為適合分析的格式。本章將介紹資料的重新編碼（recode）、資料變形（reshape）資料合併與資料切割相關的函數使用與作法。

6.1 重新編碼

重新編碼（recode）是指將原本的變數值轉換成其他值，常見的應用狀況是將連續型變數轉成分類變數，例如，月收入變數原本是 0 ~ 100 萬，可以依照 0 ~ 5、5 ~ 15、15 以上分成三個分類，轉換成一個新的分類變數。另外，分類變數也可以重新編碼，將代表分類的名稱或數字轉成新值。R 軟體中常用的重新編碼方法有以下三種：

(1) 使用邏輯判斷式編碼。

(2) 使用 cut 函數。

(3) 使用 car 套件的 recode 函數。

6.1.1 使用邏輯判斷式

假設我們想將連續型變數 x 依照 10 與 20 區分成三個分類，新的分類名稱為 1、2、3：

```
> x
 [1]  4 12 50 18 50 22 23 46  8 46 36 18 10 14 35 48 23 17 29 30
```

```
> x2 = 1*(x <= 10) + 2*(x > 10 & x <= 20) + 3*(x > 20)
> x2
 [1] 1 2 3 2 3 3 3 3 1 3 3 2 1 2 3 3 3 2 3 3
```

➤ 將上述變數的數字編碼改為文字編碼：

```
> labels = c("A", "B", "C")
> x3 = labels[x2]
> x3
 [1] "A" "B" "C" "B" "C" "C" "C" "C" "A" "C" "C" "B" "A" "B" "C" "C" "C" "B" "C" "C"
[19] "C" "C"
```

> 將年齡資料轉換為年齡群組 1~20、21~40、41~60、61 以上，並編碼為 1、2、3、4：

```
> age
 [1] 36 53 13  3  6 36 48  6 22  1  7 18  9 41 68

> age2 = 1 + (age >= 21) + (age >= 41) + (age >= 61)
> age2
 [1] 2 3 1 1 1 2 3 1 2 1 1 1 1 3 4
```

> 若數值資料只有少數幾個值，或想轉成文字值，可以使用 %in% 運算子（代表「在某個集合之內」）。

> 以下的運算，是將 x 每一個元素轉成 animals 向量的第 1 或第 2 個元素。例如，若 x 的元素值為 '貓'，則 " '貓' %in% c ('貓', '狗')" 判斷句為真，因此 '貓' = animals[1] = '家庭寵物'：

```
> x = c('貓', '狗', '狼')
> animals = c('家庭寵物', '野生動物')
> x.index = 1*(x %in% c('貓', '狗')) + 2*(x == '狼')
> (x = animals[x.index])
[1] "家庭寵物" "家庭寵物" "野生動物"
```

> 應用相同的作法，以下範例將一組月收入資料轉成 "低收入"、"中等收入" 與 "高收入" 三個分類：

```
> income
[1] 130065   82961  133076  123028  108945  173466   17477

> newcodes = c("低收入", "中等收入", "高收入")
> index = 1*(income < 20000) +
    2*(income >= 20000 & income < 60000) + 3*(income >= 60000)
> income = newcodes[index]
> income
[1] "高收入" "高收入" "高收入" "高收入" "高收入" "高收入" "低收入"
```

上述程式的 index 變數也可以寫成更簡單的形式：

```
> income = 1 + 1*(income >= 20000) + 1*(income >= 60000)
```

使用 ifelse 函數

前面的例子也可以改用 ifelse 函數來達成相同的效果。

[基本語法]　　ifelse(邏輯判斷式 , TRUE - 完整運算式 , FALSE - 完整運算式)

讀者可以參考 7.2.1 節裡面更多的 ifelse 範例。

➤ 編碼成兩個分類：

```
> x
 [1]  4 12 50 18 50 22 23 46  8 46 36 18 10 14 35 48 23 17 29 30

> (x2 = ifelse(x <= 30, 1, 2))
 [1] 1 1 2 1 2 1 1 2 1 2 2 1 1 1 2 2 1 1 1 1

> (x3 = ifelse(x <= 30, "A", "B"))
 [1] "A" "A" "B" "A" "B" "A" "A" "B" "A" "B" "B" "A" "A" "A" "B" "B" "A" "A"
[19] "A" "A"
```

➤ 搭配 %in% 運算子，將 "A"、"C" 重編碼為 "Group1"，"B"、"D" 編碼為 "Group2"：

```
> y
 [1] "B" "A" "C" "C" "B" "A" "D" "B" "D" "C"

> (y2 = ifelse(y %in% c("A", "C"), "Group1", "Group2"))
 [1] "Group2" "Group1" "Group1" "Group1" "Group2" "Group1" "Group2" "Group2"
 [9] "Group2" "Group1"
```

➤ 編碼成三個或三個以上的分類：使用多次 ifelse

將 x 依照 10 與 20 兩個切割點分成 1、2、3 三群：

```
> x
 [1]  4 12 50 18 50 22 23 46  8 46 36 18 10 14 35 48 23 17 29 30

> (x2 = ifelse(x <= 10, 1, ifelse(x <= 20,2,3)))
 [1] 1 2 3 2 3 3 3 3 1 3 3 2 1 2 3 3 3 2 3 3
```

➤ 將 "A" 與 "E" 編碼為 1，"C" 編碼為 2，"B" 與 "D" 編碼為 3：

```
> y
```

```
[1] "D" "A" "B" "D" "A" "E" "B" "E" "D" "A" "D" "D" "D" "B" "A" "C" "E" "C"
[19] "D" "E"
```

```
> y2 = ifelse(y %in% c("A", "E"), 1, ifelse(y == "C", 2, 3))
> y2
[1] 3 1 3 3 1 1 3 1 3 1 3 3 3 3 1 2 1 2 3 1
```

6.1.2 使用 cut( ) 函數

　　cut 函數可以根據我們所提供的切割點（breaks）將資料重新編碼，將一個數值向量變數轉換為分類型態的 factor 變數。

[基本語法]　cut(x, breaks, labels, include.lowest = F, right = T)

其中

- **x** 為數值向量。
- **breaks** 為切割點資訊。若 breaks 為向量，則根據向量中的數字進行切割。若 breaks 為大於 1 的正整數 k，則將 x 切割成均等的 k 組。
- **labels** 為切割後各組的名稱，若為 NULL，則傳回數字向量，否則傳回 factor 變數。
- **include.lowest** = FALSE 表示切割時不含各區間的最小值。
- **right** = T 表示各區間為左端 open，右端 closed 的區間。

▼ 程式範例 6-1

➢ 使用 cut 函數將 x 向量依照 0、10、20，max(x) 切為 3 份：

```
> x
[1]  4 12 50 18 50 22 23 46  8 46 36 18 10 14 35 48 23 17 29 30
```

```
> x2 = cut(x, breaks = c(0, 10, 20, max(x)) ,
            labels = c(1, 2, 3))
> x2
[1] 1 2 3 2 3 3 3 3 1 3 3 2 1 2 3 3 3 2 3 3
Levels: 1 2 3
```

```
> as.vector(x2)
[1] 1 2 3 2 3 3 3 3 1 3 3 2 1 2 3 3 3 2 3 3
```

➤ 若沒有給定 labels 參數，cut 函數自動依照分割點產生分類名稱：

```
> x3 = cut(x, breaks = c(0, 10, 20, max(x)))
> x3
 [1] (0,10]  (10,20] (20,50] (10,20] (20,50] (20,50] (20,50] (20,50] (0,10]
[10] (20,50] (20,50] (10,20] (0,10]  (10,20] (20,50] (20,50] (20,50] (10,20]
[19] (20,50] (20,50]
Levels: (0,10] (10,20] (20,50]
```

➤ 若想將三個分類名稱改為文字，例如 "A"、"B"、"C"，可用 labels 選項：

```
> x5 = cut(x, breaks = c(0, 10, 20, max(x)) ,
+                                  labels = c("A", "B", "C"))
> x5
 [1] A B C B C C C C A C C B A B C C C B C C
Levels: A B C
```

```
> as.vector(x3)
 [1] "A" "B" "C" "B" "C" "C" "C" "C" "A" "C" "C" "B" "A" "B" "C" "C" "C" "B"
[19] "C" "C"
```

➤ 模擬 10 個 N(60, 10) 的隨機成績，並使用 cut 函數的 breaks 選項分成 5 個分類：

```
> score = round(rnorm(10, 60, 10))
> score
 [1] 75 64 57 55 58 57 63 63 60 69
```

```
> score.cut = cut(score, breaks = 5)
> score.cut
 [1] (70.8,74.9] (62.8,66.8] (54.7,58.8] (54.7,58.8] (54.7,58.8] (54.7,58.8]
 [7] (58.8,62.8] (62.8,66.8] (58.8,62.8] (66.8,70.8]
Levels: (54.7,58.8] (58.8,62.8] (62.8,66.8] (66.8,70.8] (70.8,74.9]
```

由結果可知，cut( ) 函數預設傳回一個 factor 變數，而且自動將五個分類名稱設為 "(54.7, 58.8]", ... , "(70.8, 74.9]"。如果 cut( ) 的選項 labels = FALSE，則傳回的結果是數字編碼的一般向量變數：

```
> score.cut = cut(score, breaks = 5, labels = F)
> score.cut
 [1] 5 3 1 1 1 1 2 3 2 4
```

```
> score.cut = as.factor(score.cut)
> score.cut
 [1] 5 3 1 1 1 1 3 3 2 4
Levels: 1 2 3 4 5
```

6.1.3 使用 car 套件的 recode 函數

car 套件的 recode 函數可以將數字或文字向量、factor 變數重新編碼。

[基本語法]　　recode(x, recodes, as.factor.result, levels)

其中

- **x** 數值向量、文字向量或 factor 變數。
- **recodes** 設定重新編碼規則的字串。
- **as.factor.result** 是否傳回 fator 變數。若 x 是 factor，則為 TRUE。預設值為 FALSE。
- **levels** 排序向量。指定新的編碼分類的順序（預設是依照分類名稱排序）。

recodes 參數編碼規則的寫法

recodes 參數的值是一個字串，字串裡面是以分號；分隔的編碼規則：

recodes = "規則 1；規則 2；…."

每一個編碼規則的格式為**舊碼列表 = 新碼**，「舊碼列表」部分可用 **lo** 代表舊碼的最小值（low）、**hi** 代表舊碼的最大值（high）。撰寫規定如下：

(1) 舊碼 = 新碼　　舊碼只有單一數值。
　　　　　　　　　例如：「0 = NA」表示將 0 改碼為 NA。
(2) 舊碼向量 = 新碼　多個舊碼改為一個新碼。
　　　　　　　　　例如：「c(7,8,9) = 'high'」表示將 7, 8, 9 改碼為 "high"。
(3) start:end = 新碼　有序數字改碼。
　　　　　　　　　例如：「7:9 = 'C'」或「lo:10 = 1」。
(4) else= 新碼　　所有其他狀況。
　　　　　　　　　例如：「else = NA」。

▼ 程式範例 6-2

```
> library(car)
> x
[1] 1 2 3 1 2 3 1 2 3
```

➢ 將 1、2 編碼為 "A"，3 編碼為 "B"。以下兩種寫法均可：

```
> recode(x, "c(1,2) = 'A'; else = 'B'")
> recode(x, "1:2 = 'A'; 3 = 'B'")
 [1] "A" "A" "B" "A" "A" "B" "A" "A" "B"
```

➢ 將成績不及格者改碼為 0，及格者改碼為 1：

```
> score
 [1]  61  85  79  62  29 100  71  25  40  54

> recode(score, "lo:59 = 0; 60:100 = 1")
                    # 使用 else（其他狀況），效果相同
> recode(score, "lo:59 = 0 ; else = 1")
 [1] 1 1 1 1 0 1 1 0 0 0
```

➢ 上例改用文字編碼：

```
> recode(score, "lo:59 = '不及格';60:100 = '及格'")
 [1] "及格"   "及格"   "及格"   "及格"   "不及格" "及格"   "及格"   "不及格"
 [9] "不及格" "不及格"
```

> 將 0~40 分之間的分數編碼為 1、41~60 分編碼為 2、61~80 分編碼為 3、81 分以上編碼為 4，其他狀況編碼為 NA（遺失值）：

```
> recode(score,"lo:40 = 1; 41:60 = 2; 61:80 = 3; 81:hi = 4; else = NA")
[1] 3 4 3 3 1 4 3 1 1 2
```

> 上例改用 'A'、'B'、'C'、'D' 與 NA（遺失值）：

```
> recode(score,"0:40 = 'A'; 40:60 = 'B'; 60:80 = 'C';
+              80:100 = 'D'; else = NA")
[1] "C" "D" "C" "C" "A" "D" "C" "A" "A" "B"
```

> 也可以使用 lo 代表資料最小值，hi 代表最大值：

```
> recode(score, "lo:40 = 'A'; 40:60 = 'B'; 60:80 = 'C';80:hi = 'D';
>                 else = NA")
[1] "C" "D" "C" "C" "A" "D" "C" "A" "A" "B"
```

6.2 排序：sort、rank、order、rev

資料的排序以 order( )、sort( )、rank( ) 與 rev( ) 四個函數為主要工具。

sort 函數

將向量元素依照由小而大的順序排好。

[基本語法]　sort(X, decreasing = FALSE)

將 X 變數的元素從小排到大。若 decreasing = TRUE，則從大排到小：

```
> x = rbinom(5, 10, 0.2) ; x
[1] 3 2 4 0 1

> sort(x)
[1] 0 1 2 3 4

> sort(x, dec = T)
[1] 4 3 2 1 0
```

rank 函數

rank(X) 傳回 X 變數各元素的排序順序（ranks）：

```
> x
[1] 3 2 4 0 1

> rank(x)
[1] 4 3 5 1 2
```

order 函數

order 函數先將向量的元素依照由小而大的順序排好，再將排好之後的元素在**原來向量**的數字指標傳回：

$$\text{order}(..., \text{na.last} = \text{TRUE}, \text{decreasing} = \text{FALSE})$$

rev 函數

rev 函數的排序方式不是依照元素的大小來排序，而是將整個向量倒過來排：

```
> x = c(55, 11, 44, 22, 33)
> rev(x)
[1] 33 22 44 11 55
```

▼ 程式範例 6-3

```
> x = ceiling(runif(5, 1, 100))     # ceiling(x) 是大於等於 x 的最小整數
> x
[1] 17 37 40 22 14
```

將元素值從小排到大：

```
> sort(x)
[1] 14 17 22 37 40
```

求出目前各元素的排序值（rank）：

```
> rank(x)
[1] 2 4 5 3 1
```

求出排序之後的元素在原來向量的數字指標：排序後的 X[1] 是原來向量的第 5 個元素、排序之後的 x[2] 是原來向量的第 1 個元素……：

```
> order(x)
[1] 5 1 4 2 3
```

```
> x[order(x)]                          # 等於 sort(x)
[1] 14 17 22 37 40
```

```
> x = 10:1 ; y = 30:21 ; z = 50:41
> ( x.oders = order(x) )
[1] 10 9 8 7 6 5 4 3 2 1
```

```
> (XX = rbind(x, y, z))
  [,1] [,2] [,3] [,4] [,5] [,6] [,7] [,8] [,9] [,10]
x   10    9    8    7    6    5    4    3    2     1
y   30   29   28   27   26   25   24   23   22    21
z   50   49   48   47   46   45   44   43   42    41
```

> 將 XX 矩陣依照第一列 x 橫向量排序後，第二、三列 y 與 z 的元素也跟著重排：

```
> XX[, x.orders]                 # XX[, c(10,9,8,7,6,5,4,3,2,1)]
  [,1] [,2] [,3] [,4] [,5] [,6] [,7] [,8] [,9] [,10]
x    1    2    3    4    5    6    7    8    9    10
y   21   22   23   24   25   26   27   28   29    30
z   41   42   43   44   45   46   47   48   49    50
```

將矩陣轉置後，仍然可以排序：

```
> (XX2 = t(XX))
       x  y  z
 [1,] 10 30 50
 [2,]  9 29 49
 [3,]  8 28 48
 ............
 [8,]  3 23 43
 [9,]  2 22 42
[10,]  1 21 41
```

```
> oo2 = order(XX2[,1])
> oo2
 [1] 10  9  8  7  6  5  4  3  2  1

> XX2[oo2,]
       x  y  z
 [1,]  1 21 41
 [2,]  2 22 42
 [3,]  3 23 43
 . . . . . . . . . . . .
 [8,]  8 28 48
 [9,]  9 29 49
[10,] 10 30 50
```

6.3 資料變形

資料變形（reshape）包含 6.3.1 節的變數型態轉換，以及 6.3.2 節所介紹的其他進階方法。

6.3.1 變數型態轉換

R 軟體幾種變數型態可以藉由 as.vector、as.array、as.matrix、as.list、as.factor、as.ordered、as.data.frame、as.ts 等函數作相互轉換。另外也可使用 array( )、matrix( )、list( )、factor( )、ordered( )、data.frame( ) 或 ts( ) 等函數作轉換，不過沒有 as 開頭的這組函數通常是用來建立新的變數。

as 開頭的函數：將「比較複雜的物件」轉換為較簡單的物件；

沒有 as 開頭的系列函數：將「比較簡單的物件」組合成較複雜的物件。

另外，如果不改變變數型態，只想改變所有元素的屬性，可以使用 as.numeric（等於 as.real、as.double）、as.integer、as.character（轉為字串）等函數作轉換。

▼ 程式範例 6-4

- matrix( ) 函數可將結構較簡單的向量 (1, 2, 3, 4, 5, 6) 組合成矩陣：

```
> matrix(c(1, 2, 3, 4, 5, 6), nrow = 2, ncol = 3)
     [,1] [,2] [,3]
[1,]   1    3    5
[2,]   2    4    6
```

- as.matrix 則可以將結構比較複雜的資料框架變數轉成矩陣型態：

```
> c1 = c(1, 2, 3, 4)
> c2 = c(5, 6, 7, 8)
> X = data.frame(c1, c2)
> X
  c1 c2
1  1  5
2  2  6
3  3  7
4  4  8
```

- 變數內所有元素屬性的轉換：

```
> w = c("100", "0200", "0030.52")        # w 為文字向量
> as.integer(w)
[1] 100 200  30
```

```
> as.numeric(w)
[1] 100.00 200.00  30.52
```

> **提醒**　若資料框架變數中同時包含文字行向量與數值行向量，則使用 as.matrix 轉換後，所有資料都會變成文字字串屬性，因為陣列或矩陣的元素皆須為相同屬性。

6.3.2 進階的資料變形方法

以下我們將介紹 stack、unstack、reshape 以及 reshape 套件中的 melt 與 cast 函數用於資料變形的方法。

stack 與 unstack 函數：堆疊與反堆疊

stack 函數可以將資料框架變數各直行堆疊成一個直行，unstack 則作相反的還原動作。

> 提醒　stack 的參數需為 data.frame 變數。

```
> chicken
    Ration1 Ration2 Ration3
1         4       3       6
2         4       4       7
3         7       5       7
.......................
11        6       5       7
12        4       5       5
13        5       5       6
```

➤ 使用 stack 函數將 chicken 各行（column）堆疊起來。stack 函數預設堆疊後的數值變數名稱為 **values**、分類變數名稱為 **ind**：

```
> chicken2 = stack(chicken)
> chicken2
   values    ind
1       4 Ration1
2       4 Ration1
3       7 Ration1
............
13      5 Ration1
14      3 Ration2
15      4 Ration2
```

```
...............
39      6 Ration3
```

➢ 我們可以更改成自己偏好的變數名稱：

```
> names(chicken2) = c("weight", "feed")
> chicken2
   weight    feed
1       4   Ration1
2       4   Ration1
3       7   Ration1
4       3   Ration1
...............
```

➢ **unstack** 函數可以還原成先前的變數型態：

```
> chicken = unstack(chicken2)
   Ration1 Ration2 Ration3
1        4       3       6
2        4       4       7
3        7       5       7
....................
13       5       5       6
```

reshape 函數：縱向資料格式轉換

　　包含相同個體重複測量值的縱向資料式（longitudinal data）通常有兩種紀錄的格式：長型資料（long format）或寬型資料（wide format）。reshape 函數可以提供這兩種資料之間的互相轉換。reshape 的語法相當複雜，較難直接從語法了解如何使用。請讀者對照以下的範例來學習 reshape 的用法：

[基本語法]　reshape(x, direction, varying = NULL,

　　　　　　　　v.names = NULL, timevar = "time", sep = "." ,

　　　　　　　　idvar = "id", drop = NULL)

其中

- **x** 為資料框架變數。

- **direction** = "wide" 或 "long"，轉為寬型或長型資料。
- **varying** = 寬型資料中代表不同時間測量值的變數名稱所成的 list 變數或文字向量。若有兩類或兩類以上的測量變數，則 varying 參數的值使用 list，否則寫成文字向量。
- **v.names** = 長型資料中的測量變數名稱所組成的向量。
- **idvar** = 用來分辨個體的辨識變數名稱，例如姓名、身分證號碼等。
- **timevar** = 長型資料（long format）中用來區別相同個體在不同時間測量值的變數名稱。預設為 time。
- **sep** 參數讓 reshape 函數知道寬型資料中各次測量變數是用 sep 分隔符號來作區分，預設值為句點「.」。例如 score.1, score.2, ...。sep 參數只有在測量變數名稱比較複雜時需要設定，例如 score1, score2, ... 時，可用 sep = "" 代表沒有分隔符號。
- **drop** 參數可以指定哪些變數在轉換後「不要」加入新的資料。例如，drop = c("x1", "x3") 指定 x1 與 x3 兩個變數將不包含在轉換後的資料中。

▼ 程式範例 6-5

> 以下 Scores 資料為 3 個學生的成績資料，變數中的 stid 為學生證號碼，english.1 ~ english.3 代表三次英文小考成績，math.1 ~ math.3 代表三次數學小考成績。Scores 是典型的寬型資料格式（wide format）：

```
> Scores
   stid  class english.1 english.2 english.3 math.1 math.2 math.3
1  U001  A 班       50        56        48      90     85     88
2  U002  B 班       78        92        67      82     73     64
3  U003  A 班       43        62        55      50     62     57
```

> 使用 reshape 函數將 Scores 資料轉為 long 格式。程式中使用 **varying** 參數指定 english.1 ~ english.3 與 math.1 ~ math.3 為原來的 wide 資料中各次測量值相對的變數名稱，**v.names** 參數則指定轉換後的 long 資料將使用 english 與 math 作為新的測量變數名稱，**timevar** 則設定轉換後的 long 資料將使用 time 變數名稱來區分各次測量值的不同時間點：

```
> Scores.long = reshape(Scores, direction = "long",
+       varying = list(c("english.1", "english.2", "english.3"),
+                     c("math.1", "math.2", "math.3")),
+       v.names = c("english", "math"),
+       timevar = "time",
+       idvar = "stid")

> Scores.long
        stid  class  time  english  math
U001.1  U001  A 班    1     50       90
U002.1  U002  B 班    1     78       82
U003.1  U003  A 班    1     43       50
U001.2  U001  A 班    2     56       85
U002.2  U002  B 班    2     92       73
U003.2  U003  A 班    2     62       62
U001.3  U001  A 班    3     48       88
U002.3  U002  B 班    3     67       64
U003.3  U003  A 班    3     55       57
```

> 同樣使用 reshape 函數，但這次將 Scores.long 轉回 wide 格式。Scores.wide 除了橫列名稱有所改變之外，資料跟原來的 Scores 完全相同。從 long 格式轉到 wide 格式時，不需使用 varying 參數與 sep 參數：

```
> Scores.wide = reshape(Scores.long, direction = "wide",
+       v.names = c("english", "math"),
+       timevar = "time",
+       idvar = "stid")

> Scores.wide
        stid class  english.1 math.1 english.2 math.2 english.3 math.3
U001.1  U001  A 班    50        90     56        85     48        88
U002.1  U002  B 班    78        82     92        73     67        64
U003.1  U003  A 班    43        50     62        62     55        57
```

使用 reshape 套件：melt 與 cast

　　reshape 是一套完整繁複的套件，主要用來處理各類資料的彙整運算，但也可以用來作資料轉換。reshape 套件的 `melt` 與 `cast` 函數可以將寬型資料（wide format）轉為長型資料（long format），或是作各種複雜的轉換與彙整計算。要使用 cast 函數之前，資料需先經由 melt 函數轉換成 melt 物件。

reshape 套件提供相當完整的轉換與彙整計算功能，但使用者需要參考範例才能了解實際使用的語法。讀者可以前往 http://had.co.nz/reshape/ 網站獲取更多相關資訊。reshape 網站上甚至提供教學影片可供參考。

(1) `melt` 函數基本語法

x 為資料框架變數：`melt(x, id.vars, measure.vars, variable_name)`

x 為陣列變數：`melt(x, varnames)`

x 為串列變數 (list)：`melt(x)`

其中

- `x` 為資料框架、array 或 list 變數。
- `id.vars` 為身分識別變數名稱所組成的文字向量。識別變數通常是分類變數。
- `measure.vars` 為測量變數名稱所組成的文字向量。
- `variable_name` 為字串，指定轉換後用來儲存所有測量變數名稱文字的新變數名稱。
- `varnames` 跟 measure.vars 一樣，指定哪些變數要被轉換。

經過 melt 函數處理後的物件可以用 cast 函數轉成各類資料。cast 在此是「轉換」的意思。

(2) `cast` 函數基本語法

cast(x.melt, formula, fun.aggregate, subset)

其中

- `x.melt` 為已經經過 melt 函數處理的變數。
- `fun.aggregate` 可指定彙整計算函數名稱，預設為 length 函數。
- `subset` = 邏輯運算式，可篩選轉換的變數或橫列。
- `formula` 為轉換公式 =「識別變數列表 ~ 測量變數列表」，其寫法與 lm 函數

的公式相似。「~」符號的左側是識別變數（id variables）列表，以「+」號連接。右側是測量變數列表，同樣以「+」號連接，但可以放入識別變數作不同變化。若「~」符號右側寫成「測量變數1 + 測量變數2 + ... | 識別分類變數」，則輸出時會依照條件運算子「|」之後的識別變數分類作分組計算或顯示。

▼ 程式範例 6-6

在以下程式中，x 是記載 4 個學生的資料框架變數，其中 stid 與 gender 為識別變數（id variables），score2002 ~ score2004 為測量變數。x 是屬於之前所提到的寬型資料格式（wide format）：

```
> x
  stid gender score2002 score2003 score2004
1 U001    男        45        43        56
2 U002    女        47        86        53
3 U003    女        75        63        33
4 U004    男        64        57        61
```

› 使用 melt 函數先將原始資料轉為 melt 物件。轉換後的 melt 物件已經將原本的寬型格式轉成長型格式（long format）。若不加其他參數，melt 函數會自動挑選適當的分類變數當作辨識個體的識別變數，並且將其他所有變數名稱轉成新的「variable」變數底下的字串值，原來測量變數的內容則儲存在新變數「value」裡面：

```
> x.melt = melt(x, id.vars = c("stid", "gender"))
> x.melt
  stid gender  variable value
1 U001    男  score2002    45
2 U002    女  score2002    47
3 U003    女  score2002    75
4 U004    男  score2002    64
5 U001    男  score2003    43
6 U002    女  score2003    86
7 U003    女  score2003    63
8 U004    男  score2003    57
```

9	U001	男	score2004	56
10	U002	女	score2004	53
11	U003	女	score2004	33
12	U004	男	score2004	61

➤ 我們可以使用 **names** 函數將預設的 variable 與 value 兩個變數名稱改成我們所要的新名稱：

```
> names(x.melt)[3:4] = c("examTime", "score")
> x.melt
```

	stid	gender	examTime	score
1	U001	男	score2002	45
2	U002	女	score2002	47
3	U003	女	score2002	75
...				
10	U002	女	score2004	53
11	U003	女	score2004	33
12	U004	男	score2004	61

➤ 如果我們想將原來資料的 score2002 ~ score2004 轉成數值屬性的 2002 ~ 2004，以便用於後續的計算，可用 **sub** 函數將最前面的 "score" 去除。**sub ("舊字串", "新字串", x)** 可以將 x 字串中第一個舊字串取換成指定的新字串。sub 函數的用法，請參考 10.3.9 節。

```
> x2 = x.melt
> x2$examTime = as.numeric(sub("score", "", x2$examTime))
> x2
```

	stid	area	examTime	score
1	U001	男	2002	45
2	U002	女	2002	47
3	U003	女	2002	75
...				
10	U002	女	2004	53
11	U003	女	2004	33
12	U004	男	2004	61

> 用 **cast** 轉換成以 gender 為主要識別變數的彙整資料。cast 函數在分類彙整時，fun.aggregate 參數預設使用 length 函數來計算個數（frequency）：

```
> cast(x.melt, gender ~ examTime)
  gender score2002 score2003 score2004
1    女         2         2         2
2    男         2         2         2
```

> 同上，但改用 **mean** 函數算出 gender 兩個分類下的分數平均值：

```
> cast(x.melt, gender ~ examTime, fun.aggregate = mean)
  gender score2002 score2003 score2004
1    女      61.0      74.5      43.0
2    男      54.5      50.0      58.5
```

> 用 **cast** 函數轉成以 stid 為識別變數的資料：

```
> cast(x.melt, stid ~ examTime)
  stid score2002 score2003 score2004
1 U001       45        43        56
2 U002       47        86        53
3 U003       75        63        33
4 U004       64        57        61
```

> 同上，但使用 **subset** 參數指定只輸出 examTime = "score2003"：

```
> cast(x.melt, stid ~ examTime, subset = examTime == "score2003")
  stid score2003
1 U001       43
2 U002       86
3 U003       63
4 U004       57
```

> 以 stid 為識別變數，「~」右側則為考試時間（examTime）搭配另一個識別變數 gender 各分類所組成的新變數名稱：

```
> cast(x.melt, stid ~ examTime + gender)
  stid score2002_女 score2002_男 score2003_女 score2003_男 score2004_女
1 U001           NA           45           NA           43           NA
2 U002           47           NA           86           NA           53
3 U003           75           NA           63           NA           33
4 U004           NA           64           NA           57           NA
  score2004_男
1          56
2          NA
3          NA
4          61
```

> 以 stid 為識別變數，顯示歷年的考試成績，但依照「|」條件符號後的 gender 識別變數分成男、女兩群輸出：

```
> x.cast1 = cast(x.melt, stid ~ examTime | gender)
> x.cast1
$女
  stid score2002 score2003 score2004
1 U002       47       86       53
2 U003       75       63       33

$男
  stid score2002 score2003 score2004
1 U001       45       43       56
2 U004       64       57       61
```

```
> x.cast1$"女"
  stid score2002 score2003 score2004
1 U002       47       86       53
2 U003       75       63       33
```

6.4 資料的合併

6.4.1 c、union、cbind 或 rbind 函數

```
> c1 = c(1, 2, 3)
> c2 = c(11, 12, 13)
> c3 = c(31, 32, 33)
> c123 = c(c1, c2, c3)
> c123                              # c123 仍是向量
[1]  1  2  3 11 12 13 31 32 33
```

> union 函數（聯集）一次只能處理兩個變數：

```
> union(c1, c2)
[1]  1  2  3 11 12 13
```

> 使用 rbind、cbind 等函數：

```
> c123.rows = rbind(c1, c2, c3)
> c123.rows                         # c123.rows 是陣列
   [,1] [,2] [,3]
c1    1    2    3
c2   11   12   13
c3   31   32   33

> c123.columns = cbind(c1, c2, c3)  # c123.columns 是陣列
     c1 c2 c3
[1,]  1 11 31
[2,]  2 12 32
[3,]  3 13 33

> c(c123.rows, c123.columns)        # 向量
 [1]  1 11 31  2 12 32  3 13 33  1  2  3 11 12 13 31 32 33
```

```
> rbind(c123.rows, c123.columns)                    # 陣列
   c1 c2 c3
c1  1  2  3
c2 11 12 13
c3 31 32 33
    1 11 31
    2 12 32
    3 13 33
```

```
> c4 = cbind(c123.rows, c123.columns)
> c4                                                # c4 為陣列
      c1 c2 c3
c1  1  2  3  1 11 31
c2 11 12 13  2 12 32
c3 31 32 33  3 13 33
```

> 去除 c4 陣列變數中 c1、c2、c3 等列名與行名：

```
> colnames(c4) = NULL
> rownames(c4) = NULL
> c4
     [,1] [,2] [,3] [,4] [,5] [,6]
[1,]    1    2    3    1   11   31
[2,]   11   12   13    2   12   32
[3,]   31   32   33    3   13   33
```

6.4.2　合併 data.frame 變數 (Merge)

兩個資料框架變數不含相同的橫列資料：rbind 函數

　　例如兩個班級的學生資料，每個學生只能在其中一班。這種狀況下可用 rbind 函數作「縱向合併」。如果其中一個資料框架變數多出一兩個變數，可先在另一個資料框架變數建立這些原先沒有的變數（令為 NA 值），讓兩個資料框架變數直行結構相同，再用 rbind 合併。

▼ 程式範例 6-7

```
> brain1
  Gender FSIQ VIQ PIQ Weight Height BrainSize
1      0  133 132 124    118   64.5    816932
2      1  139 123 150    143   73.3   1038437
3      1  133 129 128    172   68.8    965353
4      0  137 132 134    147   65.0    951545
5      0   99  90 110    146   69.0    928799

> brain2
  Gender FSIQ VIQ PIQ Weight Height BrainSize
1      0  138 136 131    138   64.5    991305
2      0   92  90  98    175   66.0    854258
3      1   89  93  84    134   66.3    904858
4      1  133 114 147    172   68.8    955466
5      0  132 129 124    118   64.5    833868

> rbind(brain1, brain2)
   Gender FSIQ VIQ PIQ Weight Height BrainSize
1       0  133 132 124    118   64.5    816932
2       1  139 123 150    143   73.3   1038437
3       1  133 129 128    172   68.8    965353
........................................
9       1  133 114 147    172   68.8    955466
10      0  132 129 124    118   64.5    833868
```

兩個資料框架變數擁有一列以上相同的橫列：merge 函數

例如，英文課跟統計課的學生資料，可能有學生同時修兩科。merge 函數可以完成這種條件下的橫向合併。

[基本語法] merge(x, y, by, by.x, by.y, all, all.x, all.y)

其中

- **x 與 y** 為資料框架變數。

- **by** = "識別變數名稱"，**by.x** 與 **by.y** 可指定 x 或 y 裡面的識別變數名稱。
- **all = FALSE** 表示只顯示交集部分，all = TRUE 顯示兩者的聯集。**all.x** 與 **all.y** 則設定是否加入 x 的所有紀錄或 y 的所有紀錄，其值皆為 TRUE 或 FALSE。

▼ 程式範例 6-8

```
> X1
   mid age
1 M001  23
2 M002  42
3 M003  19
4 M004  36
```

```
> X2
   mid   type    activity
1 M001  普通會員    12
2 M003  年費會員     5
3 M004  年費會員    27
4 M005  普通會員    20
```

使用 mid 當作合併所依據的識別變數：

```
> merge(X1, X2, by = "mid")
   mid age   type    activity
1 M001  23  普通會員    12
2 M003  19  年費會員     5
3 M004  36  年費會員    27
```

顯示所有 x 與 y 的各筆資料：

```
> merge(X1, X2, all = T)
   mid age   type    activity
1 M001  23  普通會員    12
2 M002  42   <NA>      NA
3 M003  19  年費會員     5
```

```
4 M004  36   年費會員      27
5 M005  NA   普通會員      20
```

只顯示 x 的所有各筆資料：

```
> merge(X1, X2, all.x = T)
  mid   age   type    activity
1 M001  23   普通會員      12
2 M002  42    <NA>        NA
3 M003  19   年費會員       5
4 M004  36   年費會員      27
```

只顯示 y 的所有各筆資料：

```
> merge(X1, X2, all.y = T)
  mid   age   type    activity
1 M001  23   普通會員      12
2 M003  19   年費會員       5
3 M004  36   年費會員      27
4 M005  NA   普通會員      20
```

> 如果兩個資料框架變數沒有相同的識別變數名稱，可以使用 by.x 與 by.y 來指定各自的識別變數名稱。例如，以下的 X3 資料框架變數裡面沒有 mid 這個變數名稱：

```
> X3
  member_id   type    activity
1    M001   普通會員      12
2    M003   年費會員       5
3    M004   年費會員      27
4    M005   普通會員      20
```

以 by.x 指定 X1 的識別變數為 mid，以 by.y 指定 X3 的識別變數為 member_id 進行合併：

```
> merge(X1, X3, by.x = "mid", by.y = "member_id")
    mid age    type  activity
1  M001  23  普通會員    12
2  M003  19  年費會員     5
3  M004  36  年費會員    27
```

6.5　切　割

我們所收集的資料檔往往是原始未經整理的資料，需視狀況的不同，使用以下幾個方法來切割（subsetting）資料：

(1) 使用 split 函數。

(2) 使用指標。

(3) 使用邏輯值。

(4) 使用 subset 函數。

6.5.1　使用 split 函數來切割資料

split( ) 函數可以將一組資料依據某個 factor 分類變數分割成數組資料。

[基本語法]　split(x, f, drop = FALSE)

其中

- **x** 為將被切割的向量或資料框架變數。
- **f** 為 factor 分類變數，作為切割分組的依據。f 的長度需跟 x 相同。如果 f 不是 factor 變數，將會被轉為 factor。
- **drop = FALSE** 表示切割時不刪除 f 變數中沒有相對 x 值的分類。

▼ **程式範例 6-9**

若 x 是一個 data-frame 變數，裡面有一個直行是 gender（性別），其值是 1（男）或 0（女），則以下指令可以將 x 分割成 male 跟 femals 兩組資料（皆為 data-frame 變數）：

```
> scores
 [1] 58 51 71 63 28 80 64 59 69 29 51 24 62 52 42 54 68 57 55 67 86 61 36 61
[25] 70 57 37 34 50 29 57 64 58 33 46 79 15 44 47 66 41 47 44 56 30 85 45 45
[49] 44 47
```

```
> gender
 [1] "男" "男" "男" "男" "女" "男" "男" "男" "男" "男" "男" "女" "男" "男"
[15] "女" "男" "女" "男" "男" "女" "女" "女" "女" "男" "女" "男" "男" "男"
[29] "女" "女" "男" "男" "女" "男" "男" "男" "女" "男" "女" "男" "男" "男"
[43] "男" "男" "女" "女" "男" "女" "女" "男"
```

```
> y = split(scores, gender)
> (male = y$"男")
 [1] 58 51 71 63 80 64 59 69 29 51 62 52 54 57 55 61 57 37 34 57 64 33 46 15
[25] 66 41 47 44 56 45 47
```

```
> (female = y$"女")
 [1] 28 24 42 68 67 86 61 36 70 50 29 58 79 44 47 30 85 45 44
```

> 依照 smoke(1 = 有抽菸，0 = 沒抽菸) 將 gender 向量作切割。雖然 smoke 向量的值為 0 或 1，但切割後必須在 0 與 1 兩旁加上雙引號：

```
> smoke
 [1] 1 1 1 0 0 1 1 0 1 1 1 0 0 1 1 0 1 1 0 1 1 0 0 0 1 1 1 0 0 0 1 1 0 1 1
[37] 0 1 0 1 1 0 1 1 0 1 1 0 0 1
```

```
> y2 = split(gender, smoke)
> y2$"1"
 [1] "男" "男" "男" "男" "男" "男" "男" "男" "男" "女" "女" "男" "女" "女"
[15] "女" "男" "男" "男" "男" "女" "男" "女" "女" "男" "男" "男" "男" "女"
[29] "男" "男"
```

```
> y2$"0"
 [1] "男" "女" "男" "女" "男" "男" "男" "女" "女" "男" "女" "女" "男"
"男"
[15] "男" "女" "男" "女" "女" "女"
```

6.5.2 使用指標來切割資料

我們在第 4 章已經學到如何數字指標或名稱指標的用法，這些指標也可以幫助我們作資料切割。

▼ 程式範例 6-10

```
> (A = matrix(1:20, nrow = 4, ncol = 5))
     [,1] [,2] [,3] [,4] [,5]
[1,]    1    5    9   13   17
[2,]    2    6   10   14   18
[3,]    3    7   11   15   19
[4,]    4    8   12   16   20
```

➢ 使用數字指標切割出子矩陣：

```
> A1 = A[, c(2, 4, 5)]
     [,1] [,2] [,3]
[1,]    5   13   17
[2,]    6   14   18
[3,]    7   15   19
[4,]    8   16   20
```

```
> A2 = A[1:3, c(2, 4, 5)]
     [,1] [,2] [,3]
[1,]    5   13   17
[2,]    6   14   18
[3,]    7   15   19
```

> 使用名稱指標作切割：

```
> colnames(A) = c("C1", "C2", "C3", "C4", "C5")
> rownames(A) = c("R1", "R2", "R3", "R4")
> A
   C1 C2 C3 C4 C5
R1  1  5  9 13 17
R2  2  6 10 14 18
R3  3  7 11 15 19
R4  4  8 12 16 20

> (A3 = A[c("R1", "R3"), c("C2", "C5")])
   C2 C5
R1  5 17
R3  7 19
```

搭配 sample 函數隨機切割資料

　　sample 函數可以從一個向量或矩陣中隨機抽出指定數目的亂數。例如，從 iris 資料隨機抽出 10 筆紀錄。**sample(1:nrow(iris), 10, replace = F)** 表示從 1, 2, ... 橫列數目之中隨機抽出 10 個數字，且抽出不放回：

```
> iris[sample(1:nrow(iris), 10, replace = F), ]
    Sepal.Length Sepal.Width Petal.Length Petal.Width    Species
1            5.1         3.5          1.4         0.2     setosa
134          6.3         2.8          5.1         1.5  virginica
65           5.6         2.9          3.6         1.3 versicolor
............................................................
119          7.7         2.6          6.9         2.3  virginica
99           5.1         2.5          3.0         1.1 versicolor
141          6.7         3.1          5.6         2.4  virginica
```

6.5.3　使用邏輯值來切割資料

　　R 程式中的邏輯運算都會產生單一邏輯真假值或邏輯值向量。這些邏輯物件可以幫助我們對資料作切割：

```
> X
     [,1] [,2] [,3] [,4]
[1,]   17    5    1   18
[2,]   16    8   19    3
[3,]    2    9   13   20

> X < 5
      [,1]  [,2]  [,3]  [,4]
[1,] FALSE FALSE  TRUE FALSE
[2,] FALSE FALSE FALSE  TRUE
[3,]  TRUE FALSE FALSE FALSE

> X[ X < 5 ]
[1] 2 1 3
```

> 也可以利用矩陣的一般元素對乘方式求出答案：

```
> X2 = X < 5
> X2[X2 == FALSE] = NA            # 將 FALSE 替換成 NA
> X2
      [,1] [,2] [,3] [,4]
[1,]   NA   NA TRUE   NA
[2,]   NA   NA   NA TRUE
[3,] TRUE   NA   NA   NA

> X * X2
     [,1] [,2] [,3] [,4]
[1,]   NA   NA    1   NA
[2,]   NA   NA   NA    3
[3,]    2   NA   NA   NA
```

> 以下我們將使用 6.5.1 節範例 6-8 的 scores 與 gender 資料來作示範：

挑選出不及格者的成績：

```
> scores < 60
 [1]  TRUE  TRUE FALSE FALSE  TRUE FALSE FALSE  TRUE FALSE  TRUE  TRUE  TRUE
[13] FALSE  TRUE  TRUE  TRUE FALSE  TRUE  TRUE FALSE FALSE FALSE  TRUE FALSE
```

```
[25] FALSE  TRUE  TRUE  TRUE  TRUE  TRUE  TRUE FALSE  TRUE  TRUE  TRUE FALSE
[37]  TRUE  TRUE  TRUE FALSE  TRUE  TRUE  TRUE  TRUE  TRUE FALSE  TRUE  TRUE
[49]  TRUE  TRUE
```

```
> scores[scores < 60]
 [1] 58 51 28 59 29 51 24 52 42 54 57 55 36 57 37 34 50 29 57 58 33 46 15 44
[25] 47 41 47 44 56 30 45 45 44 47
```

上述不及格者的性別資料：

```
> gender[scores < 60]
 [1] "男" "男" "女" "男" "男" "男" "女" "男" "女" "男" "男" "男" "女" "男"
[15] "男" "男" "女" "女" "男" "女" "男" "男" "男" "女" "女" "男" "男" "男"
[29] "男" "女" "男" "女" "女" "男"
```

▸ 以下程式運算前，先將兩個變數組合成資料框架變數：

```
> data = data.frame(scores, gender)
> data
   scores gender
1      58     男
2      51     男
3      71     男
...............
```

▸ 依照不同性別切割出兩組資料：

```
> data$gender == "男"
 [1]  TRUE  TRUE  TRUE  TRUE FALSE  TRUE  TRUE  TRUE  TRUE  TRUE  TRUE FALSE
...........................................................................
[49] FALSE  TRUE
```

```
> (male = data[data$gender == "男", ])
   scores gender
1      58     男
2      51     男
...............
```

```
         47      45     男
         50      47     男
```

```
> male[,1]                              # 或使用 male[,"scores"]
 [1] 58 51 71 63 80 64 59 69 29 51 62 52 54 57 55 61 57 37 34 57 64 33 46 15
[25] 66 41 47 44 56 45 47

> (female = data[data$gender == "女", ])
    scores gender
5       28     女
12      24     女
.............
48      45     女
49      44     女
```

> 將成績及格者另存到 pass 變數，不及格者存到 failed 變數：

```
> pass = data[data$scores >= 60, ]
> pass
    scores gender
3       71     男
4       63     男
.............
40      66     男
46      85     女

> failed = data[data$scores < 60, ]
> failed
    scores gender
1       58     男
2       51     男
.............
```

> 結合不同邏輯條件，依照性別不同區分及格或不及格者：

```
> boys.failed = data[data$gender == "男" & data$scores < 60, ]
> boys.failed
```

```
    scores gender
1     58     男
2     51     男
8     59     男
...............
```

```
> girls.pass = data[data$gender == "女" & data$scores >= 60,]
> girls.pass
```

```
    scores gender
17    68     女
20    67     女
21    86     女
...............
```

> **提醒** 在設定邏輯條件時，可以善用 **%in%** 運算子（在集合之內）。

例如：

```
> bloodtype
 [1] "B"  "A"  "B"  "O"  "AB" "B"  "A"  "B"  "A"  "O"  "A"  "B"  "AB" "AB"
[15] "O"  "O"  "B"  "B"  "O"  "AB"

> group1 = bloodtype[bloodtype %in% c("A", "O")]
> group1
 [1] "A" "O" "A" "A" "O" "A" "O" "O" "O"
```

> 我們也可以定義自己的 **NOT-IN** 運算子（不在某集合之內）：

```
> "%not.in%" <- function(x, y) !x %in% y

> group1 = bloodtype[bloodtype %not.in% c("AB", "B")]
> group1
 [1] "A" "O" "A" "A" "O" "A" "O" "O" "O"
```

使用橫列名稱作為切割條件

　　如果橫列名稱不是預設的 1, 2, 3, ...，一樣可以用邏輯值來分割。例如以下的 U0101, U0102, ..., U0150：

```
> data
       scores  gender
U0101    58     男
U0102    51     男
............
U0149    44     女
U0150    47     男
```

> 切割出橫列名稱為 U120 或之後的所有觀察值。**substr(字串, k1, k2)** 擷取字串從第 k1 格到第 k2 格的子字串（請參考 10.3 節字串的處理）：

```
> data[as.integer(substr(rownames(data), 2, 5)) > 120, ]
       scores  gender
U0121    86     女
U0122    61     女
............
U0149    44     女
U0150    47     男
```

> 切割出橫列名稱是 10 的倍數的觀察值：

```
> data[as.integer(substr(rownames(data), 2, 5)) %% 10 == 0, ]
       scores  gender
U0110    29     男
U0120    67     女
U0130    29     女
U0140    66     男
U0150    47     男
```

6.5.4 使用 subset 函數來切割資料

subset 函數可以搭配邏輯真假值作切割，並且順便篩選所需的變數。

[基本語法]　subset(x, subset, select)

其中

- x 為將被切割的物件。

- **subset** 為條件判斷式。
- **select** 為變數名稱所組成的向量，用於直行或 data-frame 中的變數挑選。若 select 值最前面為負號，代表「不」挑選某些變數。

▼ 程式範例 6-11

```
> subset(iris, Sepal.Length > 7.5)
    Sepal.Length Sepal.Width Petal.Length Petal.Width   Species
106          7.6         3.0          6.6         2.1 virginica
118          7.7         3.8          6.7         2.2 virginica
119          7.7         2.6          6.9         2.3 virginica
123          7.7         2.8          6.7         2.0 virginica
132          7.9         3.8          6.4         2.0 virginica
136          7.7         3.0          6.1         2.3 virginica
```

➢「select = - Species」表示不包含 Species 變數：

```
> subset(iris, Sepal.Length > 7.5, select = -Species)
    Sepal.Length Sepal.Width Petal.Length Petal.Width
106          7.6         3.0          6.6         2.1
118          7.7         3.8          6.7         2.2
119          7.7         2.6          6.9         2.3
123          7.7         2.8          6.7         2.0
132          7.9         3.8          6.4         2.0
136          7.7         3.0          6.1         2.3
```

➢ 可以使用「:」冒號來挑出連續排列的變數或直行：

```
> subset(iris, Sepal.Length > 7.5,
          select = Sepal.Width:Petal.Width)
    Sepal.Width Petal.Length Petal.Width
106         3.0          6.6         2.1
118         3.8          6.7         2.2
119         2.6          6.9         2.3
123         2.8          6.7         2.0
132         3.8          6.4         2.0
136         3.0          6.1         2.3
```

```
> subset(iris, Sepal.Length > 7.5,
              select = c("Petal.Length", "Species"))
    Petal.Length    Species
106          6.6  virginica
118          6.7  virginica
119          6.9  virginica
123          6.7  virginica
132          6.4  virginica
136          6.1  virginica
```

6.6 dplyr 資料處理套件簡介

dplyr 套件屬於近年來興起的 tidyverse 套件群一部分。這個套件以 magrittr 套件的 pipe（管線）運算為基礎，提供一套頗完整的資料整理語法，在資料探索時頗為好用。這個小節將簡介 dplyr 在資料處理上的常用語法。

6.6.1 pipe（管線）運算子 %>%

pipe 是管線的意思，就像一個濾水管，水從左邊流入、從右邊流出，水質變得更清澈。我們也可以把 pipe 想像成工廠的生產線，原料從生產線的左端輸入，經過中間的加工過程，右端產生有用的產品。

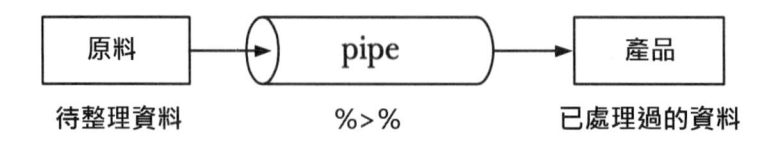

```
  原料   ──▶  ( pipe )  ──▶   產品
待整理資料       %>%        已處理過的資料
```

在資料處理的領域中，原始粗糙資料從 pipe 的左邊送入，經過管線內部各種過濾與整理，從右方送出的資料就可以更容易被分析。

我們可以先從底下這個簡單的例子來理解 pipe 運算的意義：

```
> x = 2.0
# 運算方法 1: 傳統的複合函數（composite function）寫法
```

```
> y1 = sin(log(sqrt(x)))
> y1
[1] 0.3396771
```

```
# 運算方法 2: 使用 pipe（即 %>%）
> library(magrittr)      # 或直接使用 library(dplyr)
> y2 = x %>%  sqrt %>% log %>%  sin    # 0.3396771
> identical(y1,y2)
[1] TRUE
```

　　pipe 運算子預設它處理完的資料當作管線右端函數的第一個參數。若右端函數需要改變其他參數的預設值，則需明確寫出。例如：

```
> iris %>% head      #head 函數第一個參數為 x（即資料檔），第二個參數 n 預設 6 列
# 若用一般 R 的語法，則為 head(iris)
  Sepal.Length Sepal.Width Petal.Length Petal.Width Species
1          5.1         3.5          1.4         0.2  setosa
2          4.9         3.0          1.4         0.2  setosa
3          4.7         3.2          1.3         0.2  setosa
4          4.6         3.1          1.5         0.2  setosa
5          5.0         3.6          1.4         0.2  setosa
6          5.4         3.9          1.7         0.4  setosa
```

```
> iris %>% head(n=2)
# 若用一般 R 語法，則為 head(iris,n=2)
  Sepal.Length Sepal.Width Petal.Length Petal.Width Species
1          5.1         3.5          1.4         0.2  setosa
2          4.9         3.0          1.4         0.2  setosa
```

　　從上例可知，傳統的寫法是從外而內，pipe 的寫法是從內到外，都能算出一樣的結果。

6.6.2　dplyr 主要運算函數簡介

　　dplyr 套件中的函數很多，但最常被使用的是以下六個函數：

- select：從 data frame 中篩選 / 過濾出特定的變數（columns）
- filter：使用邏輯運算、篩選出符合條件的物件（rows）

- arrange：依據指定的排序關鍵變數，將資料排序
- mutate：舊變數的轉換或新變數的建立
- summarise：資料彙整運算、統計
- group_by：分組彙整運算之前的「預處理」。需注意的是，group_by 函數單獨運作時產生的資料檔不會直接顯示分組的排列效果，通常需跟 summarise 搭配。此外，使用 group_by 函數後，通常會產生 tibble 變數。tibble 是進階的 data frame 變數，宣稱比原本的 data frame 更好用，但因為沒有跟 data frame 完全相容，所以可能會產生一些意料之外的問題。

學習 dplyr 最好的方法，就是藉由實例來查看各類函數運算的語法與結果。以下各小節程式將使用本書所附的 students 資料檔：

載入本書的 students 範例資料檔：150 個學生的虛擬資料

```
> students = read.table("d:/data/students.txt",header=TRUE)
> head(students,3)
   stid gender age bloodtype  IQ   score1 score2
1 U0001      F  21         O 110 74.39823     41
2 U0002      F  20        AB 109 70.91939     57
3 U0003      F  24         B 128 81.58678     33

> tail(students,3)
     stid gender age bloodtype  IQ   score1 score2
148 U0148      M  21         O 119 71.75879     43
149 U0149      M  21        AB 102 62.92859     31
150 U0150      F  24         O 136 86.09301     32

> dim(students)
[1] 150   7

> class(students)
[1] "data.frame"
```

6.6.3 select 函數：variables/columns 篩選

以下 tmp1, tmp2, tmp3, tmp4 都得到相同結果：

```
# 只選擇 age,IQ,score2 三個變數
> tmp1 = students[,c("age", "IQ", "score2")]
> tmp2 = subset(students,select=c(age,IQ,score2))
> tmp3 = select(students,age,IQ,score2)
> head(tmp3, 3)
  age  IQ score2
1  21 110     41
2  20 109     57
3  24 128     33

# 使用 pipe 語法
> tmp4 = students %>% select(age,IQ,score2)

# 刪除 IQ 與 score2 變數
> tmp5 = students %>% select(-IQ,-score1) %>% head(n=3)
# 或 students %>% select(-c(IQ,score1)) %>% head(n=3)
   stid gender age bloodtype score2
1 U0001      F  21         O     41
2 U0002      F  20        AB     57
3 U0003      F  24         B     33
```

select 函數還可以搭配 starts_with, ends_with, contains, one_of 等函數做輔助篩選變數

```
> students %>% select(starts_with("scor")) %>% head(n=2)
    score1 score2
1 74.39823     41
2 70.91939     57

> students %>% select(ends_with("2")) %>% head(n=2)
  score2
1     41
2     57
```

```
> students %>% select(contains("sco")) %>% head(n=2)
    score1 score2
1 74.39823     41
2 70.91939     57

> students %>% select(one_of(c("score1", "score2"))) %>% head(n=2)
    score1 score2
1 74.39823     41
2 70.91939     57
```

6.6.4　filter 函數：objects/rows 篩選

以下 tmp1 至 tmp4 運算都得到相同結果：

```
> tmp1 = students[students$age > 20 & students$score1>60,]
> head(tmp1,3)
   stid gender age bloodtype  IQ   score1 score2
1 U0001      F  21         O 110 74.39823     41
3 U0003      F  24         B 128 81.58678     33
4 U0004      F  24         A 121 74.59022     42

> tmp2 = subset(students, age > 20 & score1 > 60)
> tmp3 = filter(students, age > 20 & score1 > 60)
# 或 tmp3=filter(students,age>20,score1>60)
> tmp4 = students %>% filter(age > 20 & score1 > 60)
# 搭配 OR 邏輯運算 ("|")
> students %>% filter(age > 20 | score1 > 60)
```

6.6.5　arrange 函數：針對特定變數排序

以下三種運算的計算結果，並沒有完全相同。

```
# 因為 bloodtype 是字串，反向排序時必須使用 xtfrm 函數
> tmp1 = students[order(-xtfrm(students$bloodtype),
students$score1),]
> head(tmp1,3)
    stid gender age bloodtype  IQ   score1 score2
16 U0016      M  22         O 102 60.60707     61
```

```
99  U0099       F  22         O 110 65.82204       28
106 U0106       F  20         O 108 66.01549       41
```

```
# desc(.....) 表示 descending，從大到小排序
> tmp2 = arrange(students,desc(bloodtype),score1)
> head(tmp2,3)
    stid gender age bloodtype  IQ    score1 score2
1 U0016       M  22         O 102 60.60707       61
2 U0099       F  22         O 110 65.82204       28
3 U0106       F  20         O 108 66.01549       41
```

```
> tmp3 = students %>% arrange(desc(bloodtype),score1)
> identical(tmp2,tmp3)
[1] TRUE
```

```
> identical(tmp1,tmp2)
[1] FALSE
```

```
> identical(tmp1,tmp3)
[1] FALSE
```

tmp1 與 tmp2、tmp3 之所以不同，是因為 R 基本的 order 函數對 data frame 排序時，仍舊保留原來資料的列名（row names 或 row numbers，上例中 head(tmp1, 3) 顯示結果各列最左邊的 16,99,106,...），但 arrange 則捨棄舊列名。

6.6.6　mutate 函數：變數轉換

使用 mutate 做變數轉換時，需注意執行的順序。以下兩種不同的寫法中，score3 的內容不一樣

```
> students %>% mutate(score3=score1+score2,score2=log(score2))%>%
+              head(n=3)
   stid gender age bloodtype  IQ    score1   score2    score3
1 U0001       F  21         O 110 74.39823 3.713572 115.39823
2 U0002       F  20        AB 109 70.91939 4.043051 127.91939
3 U0003       F  24         B 128 81.58678 3.496508 114.58678
```

```
> students %>% mutate(score2=log(score2),score3=score1+score2)%>%
+           head(n=3)
   stid gender age bloodtype  IQ   score1   score2   score3
1 U0001     F   21         O 110 74.39823 3.713572 78.11181
2 U0002     F   20        AB 109 70.91939 4.043051 74.96244
3 U0003     F   24         B 128 81.58678 3.496508 85.08329
```

6.6.7　summarise 函數：資料彙整

summarise 可使用的彙整函數如 mean,median,sd,min,max,sum,sd,n(), n_distince(),first(),last()。其中 n() 傳回長度或個數，n_distinct() 傳回不重複值的個數。summarise 也允許使用我們的自訂彙整函數。

```
> f9 = function(x) mean(x)+10
>
> students %>% summarise(s1_Mean=mean(score1),s2_Mean=mean(score2),
          s1_n=n(),s1_first=first(score1),s1_last=last(score1),
                                              other=f9(score1))
   s1_Mean  s2_Mean s1_n s1_first  s1_last    other
1 79.99059 48.81333  150 74.39823 86.09301 89.99059
```

6.6.8　group_by 函數：分組計算預處理

單獨使用 group_by 並不會造成分組排列的效果：

```
> head(group_by(students,bloodtype))
# A tibble: 6 x 7
# Groups:   bloodtype [4]
   stid  gender   age bloodtype    IQ score1 score2
  <fct>  <fct>  <int> <fct>     <int>  <dbl>  <int>
1 U0001  F         21 O           110   74.4     41
2 U0002  F         20 AB          109   70.9     57
3 U0003  F         24 B           128   81.6     33
4 U0004  F         24 A           121   74.6     42
5 U0005  M         20 A           139   82.2     14
6 U0006  M         23 AB          125   79.1     90
```

```
> students %>% group_by(bloodtype)
+     %>% summarise(s1mean=mean(score1),s2mean=mean(score2))
# A tibble: 4 x 3
  bloodtype s1mean s2mean
  <fct>      <dbl>  <dbl>
1 A           81.4   50.9
2 AB          79.4   51.9
3 B           80.5   47.2
4 O           78.9   46.6

> students %>% group_by(gender,bloodtype) %>%
+             summarise(s1mean=mean(score1), s2mean=mean(score2))
# A tibble: 8 x 4
# Groups:   gender [?]
  gender bloodtype s1mean s2mean
  <fct>  <fct>      <dbl>  <dbl>
1 F      A           85.6   48.1
2 F      AB          77.8   49.2
3 F      B           77.4   45.3
4 F      O           78.8   39.3
5 M      A           77.3   53.8
6 M      AB          81.1   54.8
7 M      B           83.0   48.7
8 M      O           79.1   58.2
```

group_by 除了可以跟 summarise 搭配之外，也可以跟自訂函數搭配，此時必須跟 do 函數搭配，而且自訂函數傳回值必須是 data frame。以下程式擷取出各血型中的最低成績（score1）與最高成績（score2）。

```
> students %>% group_by(bloodtype) %>%
+       do((function(x) data.frame(xmin=min(x$score1),
+                                  xmax=max(x$score2)
+                                  ))(.))
# A tibble: 4 x 3
# Groups:   bloodtype [4]
```

```
  bloodtype  xmin  xmax
  <fct>      <dbl> <int>
1 A           61.6    99
2 AB          62.9    98
3 B           65.6   100
4 O           60.6    98
```

6.6.9 dplyr 函數綜合應用

```
> tmp4 = students %>% select(bloodtype,score1,score2) %>%
filter(score1<80) %>%
+   group_by(bloodtype) %>% summarise(mean1=mean(score1),mean2=mean
    (score2))
> tmp4
```
```
# A tibble: 4 x 3
  bloodtype mean1 mean2
  <fct>     <dbl> <dbl>
1 A          73.0  54.6
2 AB         74.3  59.8
3 B          72.5  43.7
4 O          71.6  37.3
```

```
> as.data.frame(tmp4)
  bloodtype    mean1    mean2
1         A 73.02481 54.57143
2        AB 74.26510 59.83333
3         B 72.52178 43.72222
4         O 71.62607 37.28000
```

6.6.10 tibble 變數與 data frame 的差異

　　dplyr 套件的函數中，group_by 函數計算經常會產生 tibble 變數。tibble 變數型態是 tibble 套件所引入的新變數型態，宣稱是 data frame 的擴充、也相容於 data frame。若一個變數是 tibble，則使用 class 函數判定時，會顯現 "tbl_df"、"tbl"、與 "data.frame" 三種類別。

雖然 tibble 宣稱與 data frame 相容，但 tibble 仍然跟 data frame 有一些明顯的差異：

- tibble 可以允許任何行名 (column names)
- tibble 可以儲存任何類型的資料，包含 list
- tibble 不會保留原始資料的列名 (row names)
- tiblle 在使用單一行指標 (column index) 時，傳回值跟 data frame 不同

R 軟體有非常多的套件是寫於 tibble/dplyr 套件之前。由於後兩點的差異，經常導致 tibble 變數跟許多 R 的現有套件衝突、以至於出現程式錯誤。因此作者並不建議荒廢原本 data frame 變數的處理方式而全面改用 dplyr 與 tibble 變數的搭配。不過，如果只是用於初步資料分組檢視或繪圖，dplyr 的 pipe 語法仍然相當簡潔快速。

以下程式範例顯示 data frame 變數與 tibble 變數的最主要差異：

```
> DF = data.frame(a=1:5,b=letters[1:5])
> row.names(DF)=sample(1:100,5)         #隨機抽出 5 個數字當作列名
> DF
   a b
80 1 a
64 2 b
4  3 c
92 4 d
81 5 e

> (TibDF = as.tbl(DF))                   #轉成 tibble 變數
# A tibble: 5 x 2
      a b
  <int> <fct>
1     1 a
2     2 b
3     3 c
4     4 d
5     5 e
```

```
> DF[,1]     # data frame 傳回向量
[1] 1 2 3 4 5

> TibDF[,1]    # tibble 傳回矩陣結構
# A tibble: 5 x 1
      a
  <int>
1     1
2     2
3     3
4     4
5     5

> dim(TibDF[,1])              #5×1 矩陣結構
[1] 5 1

> DFsort = DF[order(DF$a),]    #資料依據 a 變數作排序
> DFsort
   a b
80 1 a
64 2 b
4  3 c
92 4 d
81 5 e

> DFsortTib = as.data.frame(TibDF %>% arrange(a))
> DFsortTib                    #tibble 排序後再轉回資料框架變數
  a b
1 1 a
2 2 b
3 3 c
4 4 d
5 5 e

> identical(DFsort,DFsortTib)   #DFsortTib 已經遺失了原始資料的 row names
[1] FALSE
```

CHAPTER 7

R 程式流程控制

7.1 expression 與 statement
7.2 條件執行
7.3 迴圈結構

程式語言的流程控制包含條件執行（conditional execution，也可視為邏輯決策）與迴圈結構（repetitive execution 或 Loops）兩個部分。條件執行功能可以讓程式針對不同的狀況作不同的處理，迴圈功能則可以大量簡化重複、相似的計算程式碼。

7.1 expression 與 statement

在正式提到流程控制功能之前，我們先認識一下流程控制語法所需要的運算式（expression）與程式敘述句（statement）。這兩者在各類不同的程式語言中往往有不同程度的差異。在 R 軟體中，兩者的差異其實並不明顯，甚至可以互調通用。

讓我們先看一個簡單的程式：如果 x < 3，則執行 { ... } 中的程式：

```
x = 1
if (x < 3)
{
    y = 1
    z = "Low"
}
```

這個程式的語法可寫成

```
if (expression)
{
    statements
}
```

- if (...) 圓括弧中的「x < 3」通常被稱為一個 **expression**（運算式，或譯為表達式）。
- { ... } 中的「y = 1」、「z = "Low"」通常視為兩個 **statement**（敘述句，或譯為陳述句、陳述式）。

不管是運算式、表達式，或是敘述句、陳述句、陳述式，都是從英文直譯而來，其中大概只有「運算式」這個翻譯比較能精確轉達英文的原意，其餘的中文翻譯反而讓初學者摸不著頭緒。

讓我們使用比較直覺、簡單的方式來定義 R 程式中的 expression 與 statement。

expression：「邏輯判斷式」

其運算結果會產生：

- TRUE 或 FALSE 真假值，或
- 數值。如果運算結果是數值且為 0，則相當於 FALSE 邏輯值；若不為 0，例如 -3.5 或 120，則等於 TRUE 邏輯值。

如果運算結果是一個向量，則以向量第 1 個元素當作判斷真假值的依據。在 R 軟體中，一個 expression 通常是當作 if 或 while 之後的條件判斷依據。

statement：可以單獨執行的「完整運算式」

例如 x = 3、1+1、y = mean(age)、mean(age) 或是 x > 3（因為 x > 3 會產生 TRUE/FALSE 運算值）。最常見的完整運算式是：

「變數名稱 = 變數值」

的型態，例如 x = 3 或 x = log(y)。我們可以用一個簡單的方法來判斷一行程式碼是否為 statement：凡是能在 R 軟體互動交談模式中輸入成為一行，並可以馬上得到計算結果，或將結果儲存在某個物件的程式碼，都可以視為是一個 statement。

有些 statement 可以當作 if 或 while 之後的 expression 使用，例如 x > 3，但並不是所有的 statement 都能當作邏輯判斷式來使用。國外有些 R 軟體文件的作者其實也不太分得清楚這兩者在 R 軟體的差異，例如在 R 軟體所安裝的文件中，關於 if 的語法就出現了兩種版本：

「if (expression1) expression 2」及「if (statement1) statement 2」

7.1.1 邏輯判斷式的寫法

在幾種條件執行寫法中，if (...) 與 else if (...) 括弧中的表達式（expression）是一個會產生真假值的邏輯判斷式（logical expression），判斷式中使用以下運算子來產生真假值：

      > , <   「大於」,「小於」

      >= , <= 「大於等於」,「小於等於」

==	「等於」
!=	「不等於」
A %in% B	A 是否在 B 之中，例如 3 %in% c(1, 3, 5)

透過以下邏輯運算子的組合，一個邏輯判斷式也可以是多個邏輯判斷式：

&&, &	代表 AND 或交集
||, |	代表 OR 或聯集
!	代表 NOT，否定其後的判斷句
(...)	若判斷條件比較複雜，可使用適量的 (...) 來限制某個判斷式的範圍

邏輯判斷式範例

0	相當於 FALSE，例如 if(0) 永遠為假
-3 或 100	不等於 0 的數字在邏輯判斷式中視為 TRUE 例如「x = 3; if (x) y = 10」程式中，if(x) = if(3) 永遠為 TRUE，y 一定等於 10
x == 3	判斷 x 值是否等於 3（不能使用 x = 3）
x != 3	判斷 x 值是否不等於 3
!(x >= 3)	NOT(x >= 3)，相當於判斷 x 是否小於 3
x > 0 && x <= 10	判斷 x 值是否「大於 0 且小於等於 10」
x %in% c(1, 3, 5)	判斷 x 值是否為 1, 3, 5 其中之一
!(x %in% c(1, 3, 5))	判斷 x 值是否「不是」1, 3, 5 其中之一
(x > 1) || (x < 10)	判斷 x 值是否「x 大於 1 或 x 小於 10」
((x > 1 && x < 10) || (x >21 && x < 30))	判斷 x 值是否落在 (1, 10) 或 (21, 30) 開放集合

> **提醒**
>
> **&&、|| 與 &、| 運算子的差別：**
> if(...) 或 while(...) 圓括弧中所使用的 **&&** 與 **||** 兩個運算子跟 **&** 與 **|** 運算子是有區別的。**&** 與 **|** 同樣代表 AND 與 OR，但適用於「**向量式的真假值運算**」，**&&** 與 **||** 則適用於單一真假值的判斷。**&** 與 **|** 通常用來挑選向量、陣列或資料框架變數的元素或子集合。

➤ 如果運算對象只是一個普通數字或數字變數，則兩組運算子沒有差異：

```
> x = 3
> x > 0
[1] TRUE

> x < 10
[1] TRUE

> x > 0 & x < 10
[1] TRUE

> x > 0 && x < 10
[1] TRUE

> if (x > 0 & x < 10) y = 1 else y = 2
> y
[1] 1

> if (x > 0 && x < 10) y = 1 else y = 2
> y
[1] 1
```

➤ 如果運算的對象是向量或多維度的陣列、資料框架等，就有明顯的區別：

```
> x = c(-1,3,11)
> x > 0      # 產生真假值向量
[1] FALSE  TRUE  TRUE

> x < 10     # 產生真假值向量
[1]  TRUE  TRUE FALSE
```

> 使用 & 結合兩個條件，產生真假值向量 c(FALSE, TRUE, FALSE)：

```
> x > 0 & x < 10
[1] FALSE  TRUE FALSE
```

> 使用 && 結合兩個條件，只傳回 (FALSE, TRUE, FALSE) 向量的第 1 個真假值元素 FALSE：

```
> x > 0 && x < 10
[1] FALSE
```

```
> if (x > 0 & x < 10) y = 1 else y = 2      # 會有警告訊息
Warning message:
In if (x > 0 & x < 10) y = 1 else y = 2 :
條件的長度 > 1，因此只能用其第一元素
```

```
> y
[1] 2
```

```
> if (x > 0 && x < 10) y = 1 else y = 2     # 沒有警告訊息
> y
[1] 2
```

作者的建議

& 與 |　　通常用於挑選變數的元素或子集合，用於 [ ] 中。

&& 與 ||　　通常用於 if(...) 或 while(...) 等條件執行句。

7.2　條件執行

R 的條件執行（conditional execution）或邏輯判斷語法，依照判斷條件的複雜性，依序可以分成：(1) ifelse 函數、(2) if、else if、else 與 (3) switch 類。

7.2.1　ifelse 函數

ifelse 函數可用於最簡單的二分類邏輯判斷狀況，通常用於簡單的變數值計算。

[基本語法]　　ifelse (邏輯判斷式 , TRUE - 完整運算式 , FALSE - 完整運算式)

若測試條件為 TRUE，則 ifelse 傳回 TRUE - 完整運算式；若測試條件為 FALSE，則 ifelse 函數傳回 FALSE - 完整運算式。

▼ 程式範例 7-1

➢ 若「x > 10」為 TRUE，則 y = 1。若 x <= 10（即 x > 10 為 FALSE），則 y = 2：

```
> x = 3
> y = ifelse(x > 10, 1, 2)        # 測試條件為 x > 10
> y # x = 3 不大於 10, 所以 y = 2
[1] 2
```

➢ x = c(1, 2, 3, 4, 5)。若 x 的元素小於 3，則 z = x*y，否則 z = x*log(y)：

```
> x = 1:5
> y = 100
> z = ifelse(x < 3, x*y, x*log(y))
> z
[1] 100.00000 200.00000  13.81551  18.42068  23.02585
```

➢ 以下例子中，NaN 代表「Not a Number」，通常代表無法算出的數目：

```
> x = c(3:-3)
> sqrt(x)                          # 負數不能開根號，會有警告訊息
[1] 1.732051 1.414214 1.000000 0.000000      NaN      NaN      NaN
Warning message:
In sqrt(x) : 產生了 NaNs
```

```
> ifelse(x >= 0, sqrt(x), NA)      # 這個用法應該正確，但仍有警告
[1] 1.732051 1.414214 1.000000 0.000000       NA       NA       NA
Warning message:
In sqrt(x) : 產生了 NaNs
```

```
> sqrt(ifelse(x >= 0, x, NA))      # 沒有警告訊息
[1] 1.732051 1.414214 1.000000 0.000000       NA       NA       NA
```

7.2.2 if、else if 與 else

if、else if 與 else 結構是許多程式語言都有的條件執行語法，R 軟體在這個部分與其他程式語言的寫法相似。這三組關鍵字後面都可以加上 { ... } 群組括弧來包含一個或多行執行運算式。

(1) 只有 if：相當於其他程式語言的 if ... then ... 結構

[基本語法]　if (邏輯判斷式) 完整運算式

如果測試條件為真，則執行括弧後面的運算。

▼ 程式範例 7-2

```
x = 3
if (x < 3) y = 4
```

多於一個執行狀況時，使用 { ... }：

```
if (x >= -3)
{
    y = 2
    z = 5
}
```

以下自訂函數 myplot 中，使用 missing 函數來判斷函數的第 2 個參數 y 是否在函數被呼叫時未被輸入。如果 missing(y) = TRUE，則函數只有一個參數 x 可用，執行 plot(1:length(x), x) 畫出 x 的時間數列圖。如果 missing(y) = FALSE，則兩個參數都存在，則執行 plot(x, y) 畫出 x 與 y 的 X-Y 散佈圖：

```
myplot = function(x,y) {
            if(missing(y)) {
                y = x
                x = 1:length(y)
            }
            plot(x, y)
        }
```

> **提醒** if (...) 圓括弧裡面的邏輯判斷式可以是一個 TRUE/FALSE 真假值，也可以是由多個 TRUE/FALSE 元素所組成的邏輯向量。只要這個邏輯值向量的第 1 個元素是 TRUE，則邏輯判斷式就算為真。以下程式中的 x > 3 產生一個邏輯值向量，第 1 個元素為 TRUE，所以 y = 2，但會產生輕微的警告訊息。

```
> x = c(5, 1, 1)
> x > 3
[1]  TRUE FALSE FALSE

> if (x > 3)  y = 2 else y = 3
Warning message:
In if (x > 3) y = 2 else y = 3 : 條件的長度 > 1，因此只能用其第一元素

> y
[1] 2
```

如果不想在計算結果中看到上述的警告訊息，可以使用 options 函數，令其 warn 參數為一個負數，即可取消警告：

```
> old.options = options()              # 將目前設定儲存起來
> options(warn = -10)
> if (x > 3)  y = 2 else y = 3
> y
[1] 2

> options(old.options)                 # 恢復之前的設定
```

(2) **if + else 或 if + else if + else**

[基本語法 1] if (邏輯判斷式) TRUE - 運算式 else FALSE - 運算式

[基本語法 2] if (邏輯判斷式 1) {

    一個或多個運算式

  } else if (邏輯判斷式 2) {

    一個或多個運算式

```
             ..............
        } else if ( 邏輯判斷式 k ) {
                一個或多個運算式
        } else {
                一個或多個運算式
        }
```

▼ 程式範例 7-3

```
> x = 3
> if (x < 5)  y = 1  else  y = 2
> y
 [1] 1
```

以下程式中的 if 那一行程式碼請不要分行，否則可能會產生錯誤：

```
> x = 20
> if (x < 5)  y = 1  else if (x > 100) y = 3  else  y = 2
> y
 [1] 2
```

```
> x = 20
> if (x < 5)  {
+         y = 1
+         z = 10
+  } else if (x > 100) {
+         y = 3
+         z = 30
+ } else  {
+         y = 2
+         z = 20
+ }
> c(y, z)                                   # 同時檢視 y 與 z 的值
 [1] 2 20
```

7.2.3　if + else 可能的錯誤寫法

某些程式語言需要在每個完整運算式（statement）後加分號；或其他符號當作結尾，但是 R 程式並沒有這樣的規定。因此，當 R 軟體程式直譯器遇到 if 加 else 的狀況時，由於 if 不需搭配 else 就可以單獨使用，若程式碼分散於兩行以上，我們必須特別注意，以免軟體判讀錯誤。

不會產生錯誤的寫法

if 跟 else 寫在同一列：

```
if (x < 3) y = 1 else y = 2                              # 正確執行
```

R 軟體看到第一列最後的 else，知道第二列還有未完成的部分：

```
if (x < 5) y = 1 else                                    # 正確執行
y = 2
```

會導致誤判的寫法

R 軟體認為以下程式第一列已經是一個完整且已經結束的「單獨 if 運算式」，第二列的 else 被認為缺乏 if 的部分，所以產生錯誤：

```
if (x < 3) y = 1
else y = 2                                               # 發生錯誤
```

R 軟體認為第二列已經結束完整的 if 運算式，所以第三列錯誤：

```
if (x < 3)
{ y = 1 }
else { y = 2 }
```

例外狀況

如果 if + else if + else 或是 if + else 是出現在一對群組括弧 { ... } 之中，則上面歸類於「容易導致誤判的寫法」程式碼反而不會出錯。

這是因為 { ... } 內的所有運算必須先執行完畢後，再執行括弧之外的運算，R 軟體知道 { ... } 裡面所有運算式到最後一個括弧 "}" 就結束了。因此，R 軟體在這種狀況下通常可以正確判斷 if-else 敘述句想要表達的意思。

需要用到 { ... } 的狀況，通常是在迴圈、條件執行句或自訂函數之中。例如，以下寫法都會被正確執行：

(1) 強迫在 if-else 之外加上一對 { ... } 群組符號，不過這類寫法不太符合一般程式撰寫的慣例，他人也不易看懂程式內容，建議盡量避免：

```
x = 3
{
  if (x < 5)
      y = 1
  else
      y = 2
}
```

(2) 在自訂函數、條件執行或迴圈之中的 **if-else** 不需要擔心寫錯：

```
f1 = function(y)
{
  x = y + 2
  if (x < 5)        z = 1
  else if (x >= 5 && x < 10)
          z = 2
  else  z = 3

  return(z)
}
```

```
for (x in 1:10)
{
  if (x < 5)
      y = 1
  else
      y = 2
}
```

```
if (x > 0)
{
  if (x < 5)
      y = 1
  else
      y = 2
}
```

建議的寫法

為了保險起見，作者建議在 if、else if 及 else 之後都加上 { ... } 弧形括號，並且依照以下格式來寫，才能避免困擾。以下幾種寫法都不會出錯：

```
if (x < 3) {
    y = 1
} else {  y = 2 }
```

```
if (x < 3) {
    y = 1
} else {
   y = 2
}
```

```
if (x < 3)
{
    y = 1
} else {
   y = 2
}
```

```
if (x < 3) {
    y = 1
} else if (x >= 3 && x < 10) {
   y = 2
} else {
   y = 3
}
```

7.2.4　switch

[基本語法]　switch (會產生正整數或文字的完整運算式 , 完整運算式列表)

switch 根據第一個完整運算式的計算值（可為正整數或文字）來執行第二個參數所表列的執行運算式。完整運算式列表是以逗點「,」來分開多個完整運算式。

▼ 程式範例 7-4

- x = 3，所以執行第 3 個表列計算 rnorm(5)：

```
> x = 3
> switch(x, 2 + 2, mean(1:10), rnorm(5))
[1]  2.2903605  2.3271663 -0.7060073  1.3622045 -0.2892720
```

- 第一個參數是 2，故執行第 2 個計算式 mean(1:10)：

```
> switch(2, 2 + 2, mean(1:10), rnorm(5))
[1] 5.5
```

- 第一個參數是 6，但第 6 個完整運算式不存在，所以傳回 NULL：

```
> switch(6, 2 + 2, mean(1:10), rnorm(5))
NULL
```

- switch 也可以使用文字來對應運算式：

```
> y = "fruit"
> switch(y, fruit = "banana", vegetable = "broccoli",
+         meat = "beef")
[1] "banana"
```

- switch 函數也可以使用中文：

```
> y = "水果"
> switch(y, 水果 = "蘋果", 蔬菜 = "白菜", 肉類 = "牛肉")
[1] "蘋果"
```

```
> switch("肉類", 水果 = "蘋果", 蔬菜 = "白菜", 肉類 = "牛肉")
[1] "牛肉"
```

- 以下自訂函數 centre 根據參數 type 的內容來決定應該採取的行動：

```
> center = function(x, type)
+ {
+         switch(type, mean = mean(x),
+                     median = median(x),
+                     trimmed = mean(x, trim = .1))
+ }
```

```
> x = rcauchy(10)                    # 隨機產生 10 個 Caucy 分配亂數
> center(x, "mean")
[1] -9.486878

> center(x, "median")
[1] -5.047995

> center(x, "trimmed")
[1] -6.661546
```

7.3 迴圈結構

R 的迴圈（loop）語法主要由 **for**、**while** 與 **repeat** 所構成。迴圈範圍 { ... } 中，可以使用 **break** 跳出迴圈，或是使用 **next** 跳過剩下的敘述句，直接進入下一個迴圈。

這裡要提醒讀者：R 軟體擁有許多便利的向量或矩陣運算函數，在其他程式語言需要用迴圈解決的計算，在 R 軟體中通常使用向量或矩陣運算即可達成相同任務。

7.3.1 for 迴圈

[基本語法 1]　　for (迴圈變數 in 範圍) 單一完整運算式

[基本語法 2]　　for (迴圈變數 in 範圍) {
　　　　　　　　　　　一個或多個完整運算式
　　　　　　　　}

迴圈變數通常使用 i、j、k、l、m 等英文字母表達,「範圍」通常是一個數值向量，例如 for (i in 1:10)、for (i in c(1, 17, 35, 86))，也可以使用文字向量，例如 if (i in c("A", "AB", "B", "O"))。迴圈變數的值會在每一次新迴圈中，依序變更成「範圍」向量中的一個元素值，例如 for (blood in c("A", "AB", "B", "O") 會執行四次迴圈，迴圈變數 blood 的值在這四次迴圈中，依序為 "A"、"AB"、"B"、"O"。

▼ 程式範例 7-5

> 計算 1 + 2 + … + 9 + 10。迴圈變數 i 的值從一路從 1, 2, …, 一直到 10：

```
total = 0
for (i in 1:10 ) total = total + i
```

提醒 可用 sum(1:10) 達成相同運算。

> 從 t(2)、t(5)、t(10)、t(25) 四個機率分配各模擬 100 個亂數，並畫出 4 個直方圖。迴圈變數 df 的值依序為 2、5、10、25：

```
for ( df in c(2, 5, 10, 25)) hist(rt(100, df ))
```

> 產生一個 30 個元素的向量 x，x[1] = 1, x[2] = 4, x[3] = 9, … ：

```
x = numeric(30)                    # 先宣告 x 有 30 個數值元素
for (i in 1:length(x))
{
    x[i] = i^2                      # x[i] = i 的平方
}
```

提醒 這個程式純屬示範，未必簡潔。請多利用 R 軟體的向量運算特色。以上程式可以改用向量運算方式，一行程式即可完成相同的計算：
x = 1:30; x = x^2

> 讓一個元素都是 0 的矩陣 X 第 i 列第 j 行元素值 = i + j。外部迴圈 (i) 3 次，內部迴圈 (j) 5 次。nrow 與 ncol 求出列數與行數：

```
> X = matrix(0, nrow = 3, ncol = 5)
> for (i in 1:nrow(X)) for(j in 1:ncol(X))  X[i, j] = i + j
> X
     [,1] [,2] [,3] [,4] [,5]
[1,]   2    3    4    5    6
[2,]   3    4    5    6    7
[3,]   4    5    6    7    8
```

> 以下程式使用 read.table 函數依序讀入 3 個外部檔案,將每個檔案的第 1 行與第 2 行向量(V1 與 V2)畫出 X-Y 散佈圖,並使用 main 變數來變更三張圖形的主標題:

```
for(i in 1:3)
{
   if (i == 1) { file="c:/classA.dat"; main = "A班" }
   else if (i == 2) { file="d:/classB.dat"; main = "B班" }
   else { file="e:/classB.dat"; main = "C班" }

   X <- read.table(file)
   plot(X$V1, X$V2); title(main)
}
```

7.3.2　while 與 repeat 迴圈

while 迴圈

[基本語法]　while (可繼續留在迴圈的邏輯判斷式)
　　　　　　　{
　　　　　　　　　　一個或多個完整運算式
　　　　　　　}

▼ **程式範例 7-6**

> 計算 1 + 2 + 3 + ... + 100。最後 i = 101,但 total = 1 + 2 + ... + 100:

```
i = 1
total = 0
while (i <= 100)
{
  total = total + i
  i = i + 1
}
```

> 泰勒展開式範例:$1/x = 1 - (x - 1) + (x - 1)^2 - (x - 1)^3 + ...$,若 x = 0.3,我們可以看看 1/0.3 的泰勒展開式 $1 - (0.3 - 1) + (0.3 - 1)^2 + ...$ 要加總到第幾項,才會跟實際值 1/0.3 = 3.333333... 差距在 0.00001 之內。在程式中,我們使用 (-1)^(i %% 2) 來控制每一項的交錯正負號。%% 是餘數除法(modulus),例

如，當 i = 3 時，(−1)^(3 %% 2) = (−1)1 = −1；當 i = 2 時，(−1)^(2 %% 2) = (−1)^0 = (−1)⁰ 則等於 1：

```
> fx.real = 1/0.3
> fx.real
[1] 3.333333
```

```
> fx.taylor = 1.0
> i = 1
> acc = 1.0
> while(acc > 0.00001)
+ {
+    fx.taylor = fx.taylor + (-1)^(i %% 2)*(0.3 - 1)^i
+    acc = abs(fx.taylor - fx.real)
+    i = i+1
+ }
> fx.taylor
[1] 3.333324
```

```
> acc                                           # 誤差值
[1] 8.839103e-06
```

```
> i - 1                                         # 需加總到第 35 項 (0.3-1)³⁵
[1] 35
```

repeat 迴圈

　　repeat 的用法與 while 相似，但是是否要繼續迴圈下去的決策，是在 repeat 的群組括弧 { ... } 中使用 if 或 switch 等條件執行式 + **break** 來判斷。break 的功能是立即離開迴圈。

[基本語法]　　repeat
　　　　　　　　　　{
　　　　　　　　　　　　一個或多個完整運算式
　　　　　　　　　　　　if (離開迴圈的條件) **break**
　　　　　　　　　　　　其他可能的完整運算式
　　　　　　　　　　}

▼ 程式範例 7-7

> 計算 1 + 2 + 3 + ... + 100。最後 i = 101，但 total = 1 + 2 + ... + 100：

```
i = 1
total = 0
repeat
{
  if (i > 100) break

  total = total + i
  i = i + 1
}
```

> 泰勒展開式範例：$(1 - x)^{-1} = 1 + x + x^2 + x^3 + ...$，若 x = 0.3，我們可以看看 $(1 - 0.3)^{-1}$ 的泰勒展開式 $1 + 0.3 + (0.3)^2 + ...$ 要加總到第幾項，才會跟實際值 $(1 - 0.3)^{-1} = 1.428571...$ 差距在 0.00001 之內：

```
> fx.real = 1/(1 - 0.3)
> fx.real
[1] 1.428571
```

```
> fx.taylor = 1.0
> i = 1
> repeat
+ {
+   fx.taylor = x.taylor + 0.3^i
+   if (abs(fx.taylor - fx.real) < 0.00001) break
+   i = i + 1
+ }
> fx.taylor
[1] 1.428563
```

```
> abs(fx.real - fx.taylor)
[1] 8.435571e-06
```

```
> i                          # 加到第 9 項 ( 0.3^9 ) 才達到精確度
[1] 9
```

7.3.3　break 與 next：改變迴圈狀態

R 軟體的迴圈結構不管是使用 for、while 或 repeat，都可以藉由 break 與 next 兩個關鍵字來改變迴圈的狀態。

break：終止並跳離迴圈，通常是接在某個條件執行式之後。例如：列印會員姓名，但是遇到姓名為 John Doe 者即跳離迴圈：

```
for (i in 1:length(member.names))
{
    if (member.names[i] != "John Doe")
        cat("會員姓名：", member.names[i], "\n")
    else
        break
}
```

next：不終止整個迴圈結構的執行，但是 next 會忽略跳過目前「這一次」迴圈剩下的其他運算式，直接跳到下一次迴圈。next 跟 break 一樣是加在條件執行式之後。

▼ 程式範例 7-8

只加總 1, 2, 3, ..., 99, 100 之中的單數：

```
total = 0
for (i in 1:100)
{
        # 若 i 是複數，直接跳到下一次迴圈，不執行剩下的加總動作。%% 是求餘數
    if (i %% 2 == 0) next
    total = total + i
}
```

以上這個程式僅是示範 next 的功能，未必簡潔。我們可以改用 R 軟體的向量功能，一列程式即可算出結果：

```
x = 1:100 ; sum(x[x %% 2 == 1])
```

CHAPTER 8

R 的自訂函數

- **8.1** R 的自訂函數語法
- **8.2** 簡單的 R 函數
- **8.3** 函數的參數預設值
- **8.4** 函數內變數的有效範圍
- **8.5** 特殊的函數用法
- **8.6** R 函數的其他特性

R 的函數（function）是將一部分經常重複使用的程式片段，或是可供其他程式使用的程式部分加以模組化獨立出來。R 函數是 R 軟體非常重要的元素，一個複雜的 R 函數相當於 SAS 軟體的 PROC 模組功能。

8.1　R 的自訂函數語法

R function 的定義語法如下：

```
自訂 function 名稱 = function(參數 1, 參數 2, …)
{
        完整運算式 1
        完整運算式 2
        ……………………


}
```

其中自訂函數名稱的命名規則與變數名稱相同。自訂函數可以不需要傳回任何函數值，但 R 軟體預設將函數內的最後一個運算式當作傳回值。如果我們不想採用這個預設規則，可以使用 **return( )** 函數將計算值回傳。

return 函數傳回的值可以包含 R 軟體的各種變數種類，例如向量、矩陣、資料框架等等，但是多數常用的 R 函數都採用 list 變數當作傳回值，主要的考量是因為 list 變數可以包含不同長度、不同變數種類的元素，非常適合回傳多個不同屬性的函數計算結果。

此外，R 軟體的自訂函數允許彈性的參數數目傳遞，讓函數的用途更加廣泛。例如，mean 函數如果只有一個參數：mean(x)，則傳回 x 的樣本平均數，但若加上其他參數，例如 mean(x , trim = 0.95)，則函數傳回 x 的 90% 截斷平均數（trimmed mean）。若是使用 mean(x, trim = 0.95, na.rm = TRUE)，則計算平均數前會先將 NA 遺失值刪除。

要學好 R 函數的方法之一，就是參考別人寫的函數。我們可以在 R 軟體中直接鍵入函數名稱，後面不要加圓括號，通常可以直接看見函數的原始碼，例如鍵入 plot，即可看見 plot 函數的 R 程式碼。

8.2 簡單的 R 函數

我們可以從以下例子來看 R function 的基本用法。

➢ 最簡單的 R function：

```
> std = function(x) sqrt(var(x))
> std(c(11, 12, 13, 15))
[1] 1.707825

> my.func = function(x, y) x + y
> my.func(3, 2)
[1] 5
```

➢ R 函數預設傳回函數裡面最後一個運算值，但也可以使用 return( ) 將特定值傳回：

```
# 定義一個簡單的加法函數
> my.add1 = function(a, b)
+ {
+    c = a + b
+    c                            # my.add1 函數會傳回最後運算值 c
+ }
```

➢ 使用 return 傳回函數計算值：

```
> my.add2 = function(a, b)
+ {
+    return(a + b)
+ }
```

➢ 使用剛剛建立的 my.add 函數：

```
> x = 3
> y = 5
> my.add2(x, y)
[1] 8

> my.add2(3, 5)
[1] 8
```

```
> x = c(1, 2, 3)
> y = c(4, 5, 6)
> my.add2(x, y)                                          # 兩個 vector 相加
[1] 5 7 9
```

➢ Function 也可以不傳回任何值，例如：

```
my.hello = function()
{
                            # 在螢幕上印出 Hello World!，\n 代表換行符號
    cat("Hello World! \n")
}
my.hello()
```

使用 function 的時候，如果依照參數順序給定參數值，則我們不需要寫入參數名稱。但如果呼叫函數時，使用者給定參數的順序與函數定義不同，此時就要指定參數名稱。例如：

```
my.add2(b = 3, a = 5)
```

這裡的參數名稱 a、b 需與 function 定義中所用的參數名稱相同。

8.3 函數的參數預設值

為了讓 function 更有彈性，R 軟體允許 function 參數具有預設值。如果我們在使用函數時，沒有傳入含有預設值的參數，則該參數將會自動引用預設值來計算。若我們有傳入自己的數值，則預設值將會被我們傳入的數值所覆蓋：

```
> my.add3 = function(a = 10, b = 20) {
+     c = a + b
+     return( c )
+     }
```

使用預設值 a = 10、b = 20，因此 10 + 20 = 30：

```
> my.add3()
[1] 30
```

給定第一個參數 a = 15，覆蓋掉 a 的預設值，第二個參數 b 沒有給定，所以使用預設值 20，最後傳回 c = 15 + 20 = 35：

```
> my.add3(15)
[1] 35
```

a, b 的預設值都被 User 給定的值強制覆蓋掉，c = 15 + 35 = 50：

```
> my.add3(15, 35)
[1] 50
```

使用參數名稱給定 b 的參數值，a 的值沒有給定，採用預設值，c = a + b = 10 + 2 = 12：

```
> my.add3(b = 2)
[1] 12
```

以下程式中，因為沒有使用參數名稱，a = 2，b 採用預設值 20，所以結果是 c = 2 + 20 = 22：

```
> my.add3(2)
[1] 22
```

8.4 函數內變數的有效範圍

function 裡面總共允許三種型態的變數，其有效範圍都在 function 之內：

(1) **參數**（parameter）：參數是外部呼叫函數時傳遞的中間人角色，扮演「資訊輸入」的任務。

(2) **區域性變數**（local variable）：除了參數之外，在 function 定義中有被分派到數值或文字內容的變數，稱為區域性變數。function 中的區域性變數可以跟 function 外面的變數名稱相同，但不會互相影響，因為其有效範圍僅在該 function 內部。

(3) **自由變數**（free variable）：凡是不屬於參數、不是區域性變數的其他變數，稱為自由變數。自由變數一樣是區域性變數，不會影響到 function 外部。

此外，若函數中用到函數之外的變數，且函數裡面沒有相同的變數名稱，則 R 軟體會直接擷取函數之外的變數值來使用。不在函數中的變數稱為**全域變數**（global variable）。在函數中，只有使用「<<-」符號才能更改外部全域變數的值。

▼ 程式範例 8-1

➢ x 是參數，y 是區域性變數，z 是自由變數（因為其值沒有被給定）：

```
f = function(x)
{
    y = 2*x
    print(x); print(y); print(z)
}
```

➢ 以下程式中，對於 sq 函數而言，n 是一個自由變數，這時候因為 sq 需要用到 n 的值來計算 n*n，R 軟體會從 sq 之外更大範圍的函數去尋找，因此會找到 cube 函數經由參數傳入方式傳進來的 n 值。對於 cube 函數而言，n 是參數，不是自由變數：

```
cube = function(n)
{
                      # function 裡面還可以再定義自己的 function
    sq = function() n*n
    n*sq
}
```

➢ 以下程式中，x、y 是全域變數，在函數內也可以使用：

```
> x = 20 ; y = 50
> f1 = function(a, b) {
+   a + b + x   }
> f2 = function(a, b) {
+   x = 100         # 函數內的 x 跟外面的 x 名稱相同，此時函數內的 x 值優先
+   y <<- 300       # 使用 <<- 分派符號（assign）可以更改外部全域變數的值
+   a + b + x
+ }
> f1(1, 2)
 [1] 23
```

```
> f2(1, 2)
 [1] 103
```

```
> x               # 函數外的 x 變數不會受到函數內 x 變數的影響
 [1] 20
```

```
> y                           # 函數外的 y 變數已經被更改
[1] 300
```

8.5 特殊的函數用法

R 軟體的函數有一些特殊的用法跟其他程式語言不同，例如「...」參數的使用、使用者自己可以建立特殊運算子等性質。

特殊的參數「...」（三個英文句點）

「...」參數的目的，是將 function 裡面所用到的其他 function 需要的參數傳入。

▼ **程式範例 8-2**

➢ 以下自訂函數 f1 裡面用到 mean 函數。這時候我們可以使用「...」參數將 mean 函數所需的參數傳入：

```
> f1 = function(x, ...) {
+       y = mean(...) + x
+       return(y)
+    }
> z = rnorm(100)
> f1(5, z)                    # 此時 ... = z，傳回 mean(z) + 5
[1] 5.144361
```

➢ 以下的 myplot 自訂函數裡面用到 plot 函數。我們知道 plot 函數可以有多個不同的參數。因此，myplot 的第三個參數「...」可以彈性地將 plot 函數所需的多個參數傳入：

```
myplot = function(x, y, ...) {
   plot(x, y, ...)                              # 畫出 x 與 y 的散佈圖
}

zx = rnorm(50)  ;  zy = rnorm(50)
                                                #「...」=「main = "Plot1"」
myplot(zx, zy, main = "Plot1")
            # 此時 ... =「main="Plot1",lty=2,xlab="x",ylab="Y"」
myplot(zx, zy, main = "Plot2", lty = 2, xlab = "X", ylab = "Y")
```

函數的參數可以是其他函數名稱

R 的 function 中可以使用其他已經被定義好的 functions 當作參數。

▼ 程式範例 8-3

```
> f1 = function(x, f0) f0(x)
> x = 1:5
> f1(x, abs)                         # f0 = abs，傳回 1~5 的絕對值
[1] 1 2 3 4 5

> f1(x, sqrt)                        # f0 = sqrt，傳回 1~5 的平方根
[1] 1.000000  1.414214  1.732051  2.000000  2.236068

> f2 = function(x) x^2
> f1(x, f2)                          # f0 = f2 = x^2，傳回 1~5 的平方
[1]  1  4  9 16 25
```

➤ 以下函數 f3 有兩個參數，第一個參數傳入內部所用的 f0 函數名稱，第二個參數「...」是 f0 函數所需的參數（可能有兩個或兩個以上的參數）：

```
f3 = function(f0, ...)
{
    f0(...)
}
```

f0 = cos 函數, ... = 1.0，所以算出 cos(1.0)：

```
> f3(cos, 1.0)
[1] 0.5403023
```

f0 = log 函數, ... = 1.0，所以算出 log(1.0) = 0：

```
> f3(log, 1.0)
[1] 0
```

f0 = rnorm 函數（產生 Normal 亂數），rnorm 需要 3 個參數，第一個是亂數數目 (5)，第二個是 μ = 165，第三個是 σ = 3，所以 f3 定義中的「...」等於 c(5, 165, 3)，實際算出的是 rnorm(5, 165, 3)：

```
> f3(rnorm, 5, 165, 3)
 [1] 160.8405 167.8923 163.9776 166.2943 163.7872

> x = rnorm(20)
> y = rnorm(20)
> f3(plot, x, y)                              # 相當於 plot(x,y)
```

定義自己的二元運算子

在 R 軟體中，我們可以使用 function 定義的形式，定義出自己的二元運算子符號（Binary Operator），常見的二元運算子如 +、-、*、/ 等等，皆是 R 軟體已經建構好的運算子。可用的符號是 %anything%。

例如，以下程式定義 a %!% b = a + b + 10：

```
> "%!%" = function(a, b){return( a + b + 10)}
> 5 %!% 10
 [1] 25

> "%!%" = function(a, b) a + b + 10
> 5 %!% 10
 [1] 25
```

8.6 R 函數的其他特性

函數中可以定義函數

R 函數裡面，可以定義自己需要用到的函數。這些「函數中的函數」僅能在該函數中使用。

R 函數具有遞迴特性 (Recursive)

一個函數在其定義範圍中，可以呼叫它自己。例如，以下程式可以計算正整數的階乘運算（factorial）：

```
> f1 = function(x) {
+          if (x > 0){
+              y = x - 1
```

```
+                    return(x*f1(y))
+            } else {
+                    return(1)                    # 若 x 小於等於 0，傳回 1
+            }
+ }
> f1(3)                                          # 3 x 2 x 1 x 1
[1] 6

> f1(4)                                          # 4 x 3 x 2 x 1 x 1
[1] 24
```

CHAPTER 9

R 軟體的繪圖功能

- **9.1** par 圖形設定函數
- **9.2** 圖形基本設定參數
- **9.3** 高階繪圖函數
- **9.4** 高階繪圖函數共用的輔助參數
- **9.5** 附加圖形：低階繪圖函數
- **9.6** 互動式圖形與數學符號展示
- **9.7** 繪圖設備
- **9.8** 使用 ggplot2 套件畫出分組圖形

R軟體最具有特色的功能之一就是繪圖功能。由於 R 軟體的繪圖函數是跟程式結合在一起，因此圖形的種種特性皆可由程式控制，在處理動態製作圖形或大量性質相同的圖形時，R 軟體明顯比其他統計軟體或程式語言具有更大的優點。本章將介紹圖形區域的設定、高階繪圖函數、可以附加於前一張圖形的低階繪圖函數，以及互動式圖形函數。

9.1 par 圖形設定函數

par()（parameters）函數主要用來設定畫圖相關的參數。par() 可用的參數非常多，讀者若欲了解所有的參數資訊，請在 R 軟體中輸入 ?par 閱讀相關說明。在這個小節中，我們先介紹兩組重要的 par 參數。

9.1.1 mai 與 mar 選項

在一頁紙上畫出一張圖形並不稀奇，但是 R 軟體的圖形功能可以讓我們在一張紙上畫出多張圖形，並且依照我們想要的順序排好。我們需要先知道 R 軟體中畫圖的區域概念。在圖 9-1 中，最外邊的方框代表一頁紙的面積（或是一個螢幕視窗畫面）。裡面的方框，代表 R 軟體畫圖時圖形的真正範圍。

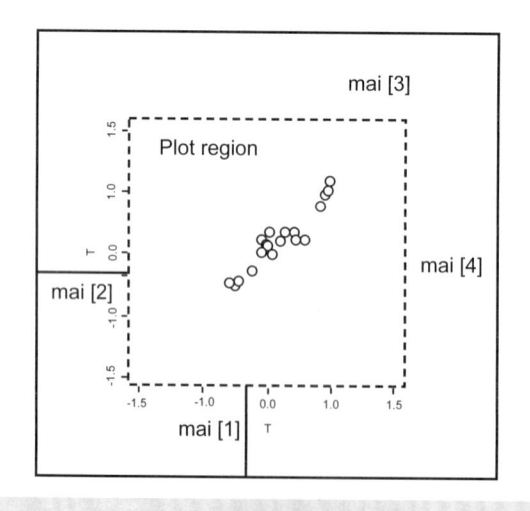

》圖 9-1 頁面與圖形的關係

因此，在圖形與紙張的邊緣之間，總共有：

(1) 底部；(2) 左邊；(3) 頂端；(4) 右邊

（以底部為起點，順時針方向編號為 1, 2, 3, 4）共四個邊緣的寬度需要決定，才能將圖形畫出來。一般狀況下，R 軟體會自動幫我們把這四個邊界寬度決定出來，但在某些特殊圖形中，使用者需要自行設定這四個邊緣寬度值。

例如，以下指令可以設定四個邊緣的寬度值（單位：吋）：底部 1 吋，左邊 1.5 吋，頂端 2 吋，右邊 0.5 吋：

```
par(mai = c(1.0, 1.5, 2.0, 0.5))
```

par 函數另一個參數 mar 的用法與 mai 相似，但測量邊緣寬度時，是用文字行的數（umber of lines）為計算單位。

9.1.2 mfcol 與 mfrow 參數

mfcol 與 mfrow 是多張圖形畫在同一頁的主要決定參數。我們可以用以下例子來說明它們的用法。

假設我們想在一頁紙上畫出六張圖，圖形的排列像一個 3x2 的矩陣（圖 9-2）：

```
par(mfcol = c(3, 2))
plot(x1); plot(x2); plot(x3); plot(x4); plot(x5); plot(x6)
```

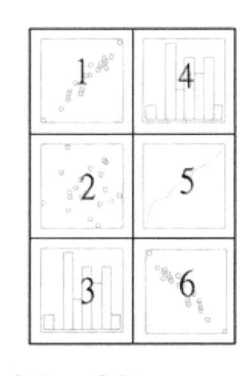

》圖 9-2　mfcol 參數

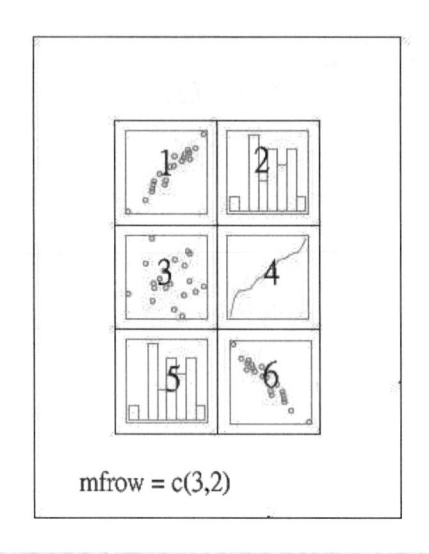

》圖 9-3　mfrow 參數

由圖 9-2 可知，mfcol 代表依照行（column）的順序來排列圖形，先畫滿第一個 column，再來是第二個 column，…。

接下來我們來看 mfrow 設定的結果（圖 9-3）：

```
par(mfrow = c(3, 2))
plot(x1); plot(x2); plot(x3); plot(x4); plot(x5); plot(x6)
```

由圖 9-3 可知，mfrow 參數是將各個圖形依照橫列（row）順序依序填滿。

9.1.3　多張圖形放在同一頁

以下三種方式皆可將多張圖形放在同一個視窗或同一張紙上：

(1) par 搭配 mfrow 或 mfcol 參數：適合規則形狀的圖形分佈。

(2) 用 layout 函數：適合不規則的多張圖形分佈。

(3) par 搭配 fig 參數：適合不規則的多張圖形分佈。

這裡要提醒一點：在畫出多張圖形之前，可以先將一張紙畫一張圖的原始設定儲存，畫完多張圖形之後，再恢復設定。若是使用 layout 函數，則可用 layout(matrix(1, 1, 1)) 恢復原先一紙一圖的設定：

```
> oldpar = par()              # 儲存目前的圖形設定
> ..........                   # 開始多圖操作
> par(oldpar)                  # 恢復原先的圖形位置設定
```

使用 par 函數的 mfrow 或 mfcol 參數

　　par 函數搭配 9.1.2 節所介紹的 mfrow 或 mfcol 參數可以在同一頁畫出多張圖形。例如：設定四邊邊緣皆為 0.1 吋，使用 mfrow 安排 10x10 的圖形矩陣排列：

```
par(mai = c(0.1, 0.1, 0.1, 0.1), mfrow = c(10, 10))
```

使用 100 個迴圈畫出 100 張圖：

```
for (i in 1:100) {
  x = rnorm(200)                # 每次產生 200 個 N(0,1) 觀察值
  hist(x, main = "")            # 畫出直方圖 (histogram)，主標題設為空字串
}
```

以上迴圈程式畫出的 100 張直方圖示於圖 9-4。

》圖 9-4　100 張直方圖

使用 layout 函數設定

　　layout 函數跟 mfrow、mfcol 的功能相似，但可以設定比較不對稱的多圖佈局。

[基本語法]　layout(M, widths, heights, respect = F)

其中

- **M** 是用來設定各圖形分佈狀況的矩陣變數。
- **heights** 與 **weights** 各設定 M 矩陣所有區域各列與各行長度比例與寬度比例的向量，其向量長度需等於 M 矩陣的列數與行數。
- **heights** 與 **weights** 設定時的基準原點，是整個繪圖區域的左下角。
- 若 **respect** = **TRUE**，則圖形的 X 軸與 Y 軸所用的長度單位一致（預設為 FALSE）。

例如，layout(matrix(c(1, 1, 2, 3), 2, 2, byrow = T)) 表示接下來 3 張圖的排列形狀如圖 9-5(a)。若寫成

layout(matrix(c(2, 0, 1, 3), 2, 2, byrow = T), widths = c(3, 1), heights = c(3, 1))

則接下來 3 張圖排列如圖 9-5(b)。其中 0 代表該分區沒有圖形。

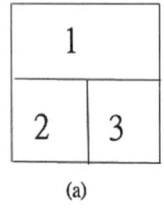

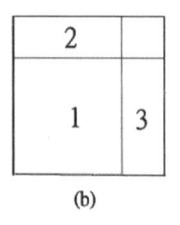

圖 9-5　layout 矩陣設定

▼ 程式範例 9-1

以下程式用 layout 搭配一個 2 x 2 矩陣畫出三張圖：(1) X-Y 散佈圖；(2) X 軸水平方向的長條圖，置於頂端；(3) Y 軸垂直方向的長條圖，置於右側。layout 的 heights = c(4, 1) 表示從左下角起算，第一橫列的高度與第二橫列高度的比例是 4:1，widths = c(4, 1) 代表第一直行的寬度與第二直行寬度比例是 4:1（圖 9-6）。

```
attach(iris)
x.hist = hist(Sepal.Length, breaks = 10, plot = F)
y.hist = hist(Sepal.Width, breaks = 10, plot = F)
top = max(c(x.hist$counts, y.hist$counts))
```

```
layout(matrix(c(2, 0, 1, 3), 2, 2, byrow = TRUE),
       widths = c(4, 1), heights = c(1, 2))
plot(Sepal.Length, Sepal.Width, main = "X-Y 散佈圖")           # 圖 1
barplot(x.hist$counts, axes = FALSE, ylim = c(0, top),          # 圖 2
        space = 0, main = "X 軸長條圖")
barplot(y.hist$counts, axes = FALSE, xlim = c(0, top),          # 圖 3
        space = 0, horiz = TRUE, main = "Y 軸長條圖")
```

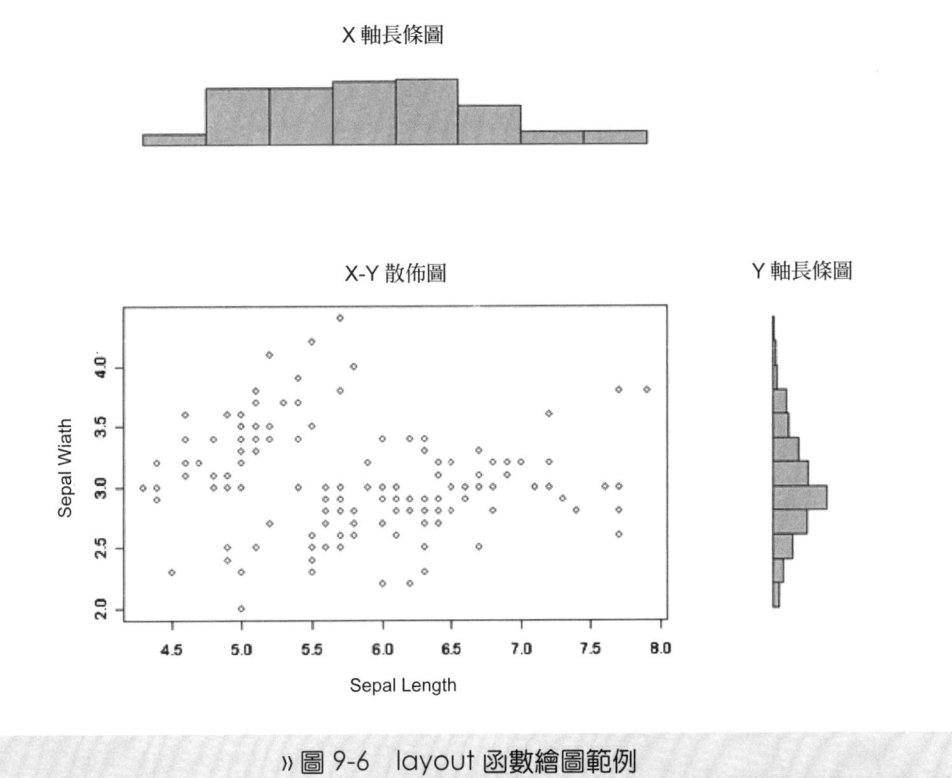

》圖 9-6　layout 函數繪圖範例

使用 par 函數的 fig 參數

[基本語法]　par(fig = c(x1, x2, y1, y2))

假設整個視窗或紙張的繪圖區域「左下角」的圖形座標是 (0, 0),「右上角」的圖形座標是 (1, 1),則整個繪圖區域(請參考圖 9-7)可以視為一個邊長為 1 的正方形。fig 參數可以設定接下來一張圖形在整個繪圖區域的相對位置之左下角圖形座標 (x1, y1) 與右上角圖形座標 (x2, y2)。

例如，圖 9-7 中，我們想要將一張曲線圖放在整個繪圖區域左上角約 1/4 面積的位置，則寫法為 par(fig = c(0, 0.5, 0.5, 1.0))，其中 x1 = 0、x2 = 0.5 表示圖形在整個繪圖區域的相對橫軸座標是 0 ~ 0.5；y1 = 0.5、y2 = 1.0 表示圖形在整個繪圖區域的相對縱軸座標是 0.5 ~ 1.0。

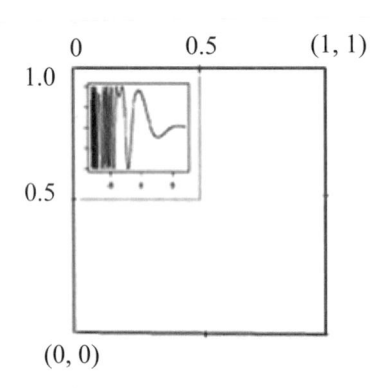

》圖 9-7　par 函數 fig 參數範例

程式範例 9-2

圖 9-6 原本使用 layout 函數畫出，但也可以改用 par 搭配 fig 參數：

```
par(fig = c(0, 0.8, 0, 0.8), new = TRUE)
plot(Sepal.Length, Sepal.Width, main = "X-Y 散佈圖")
par(fig = c(0, 0.8, 0.8, 1), new = TRUE)
barplot(x.hist$counts, axes = FALSE, ylim = c(0, top), space = 0,
        main = "X 軸長條圖")
par(fig = c(0.8,1,0,0.8), new = TRUE)
barplot(y.hist$counts, axes = FALSE, xlim = c(0, top), space = 0,
        horiz = TRUE, main = "Y 軸長條圖")
```

9.2　圖形基本設定參數

以下參數可以用在 par( ) 函數，也可以用在 9.3 節的高階繪圖函數，或 9.5 節的低階繪圖函數中。

col = k

color 顏色設定。k 為顏色編號或顏色名號,可以是一個正整數,或一個所有元素皆為正整數的 vector,要看應用時是用在一點或是多點來決定。R 常用的顏色編為:

1 黑色, 2 紅色, 3 綠色, 4 藍色, 5 淺藍, 6 粉紅色

另外,也可使用 col.axis、col.lab、col.main、col.sub 分別控制座標軸、X 與 Y 軸說明文字、主標題以及副標題的顏色設定。若欲查詢 R 軟體有哪些英文顏色名稱用,可用 color( )、colors( ) 或 rainbow( ) 函數得到許多顏色名稱。

lty = k

line type(線的種類),k 為線的編號。k = 1 時為實線,其餘為各種虛線。

pch = " 文字符號 " 或 pch = k

point character。R 軟體在畫圖時,預設是使用圓點,但我們也可以指定不同的符號來取代圓點。若 pch = k、k = 0 ~ 18,則使用 R 軟體內建的 19 種圖點符號之一來畫圖(圖 9-8)。例如:

```
plot(x, pch = "*")                                          # 以 * 號畫圖點
```

font = k

k 為字體編號。k = 1 為一般字體、2 為粗體字、3 為斜體、4 為粗斜體。另外,也可使用 font.axis、font.lab、font.main、font.sub 分別控制座標軸、X 與 Y 軸說明文字、主標題以及副標題的字體設定。

lwd = k

line width(線寬),k 為標準線寬的倍數。

cex = k

字型的大小倍數設定,k = 正常字型大小的倍數(可為小數),另外也可使用 cex.axis、cex.lab、cex.main、cex.sub 來控制座標軸、X 與 Y 軸說明文字、主標題以及副標題的文字大小。

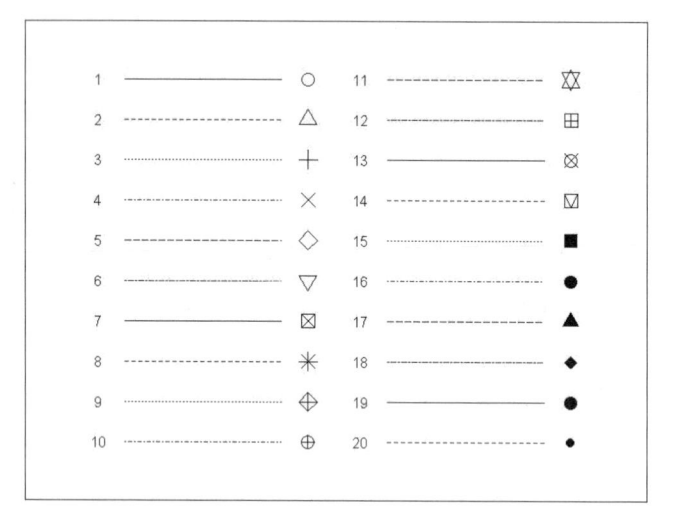

》圖 9-8　繪圖函數的線型 (lty) 與圖點符號 (pch)

9.3 高階繪圖函數

以下函數屬於高階繪圖函數，每一個函數都能畫出一張完整的圖形。

9.3.1　plot 函數

plot 函數可以依照參數的性質畫出多種不同圖形（圖 9-9）：

plot(x, y) 或 plot(xy)

若 x、y 皆為 vector，或 xy 是一個具有兩個 column 的矩陣變數，則畫出 X-Y 散佈圖（Scatter Plot）。

plot(x)

若 x 是時間數列變數，則畫出時間數列圖（Time-Series Plot），若 x 是一般數字 vector，則以各元素值為縱座標，畫出的圖類似時間數列圖，但橫座標為各元素的排序值 1, 2, 3, 4, ...。

plot(f)

　　f 為 factor 變數。畫出 f 的長條圖（Bar plot）。

plot(f, y)

　　f 為 factor 變數，y 為相同長度的數字變數，在同一圖形畫出以 f 各分類為橫軸，y 值為縱軸的數個垂直盒狀圖（Box plots），例如：

```
bloodtype = c("A", "A", "B", "AB", "AB", "O")
bloodtype = as.factor(x)
score = c(50, 60, 100, 80, 100, 20)
plot(bloodtyoe, score)                        # 四種不同血型的成績分佈盒狀圖
```

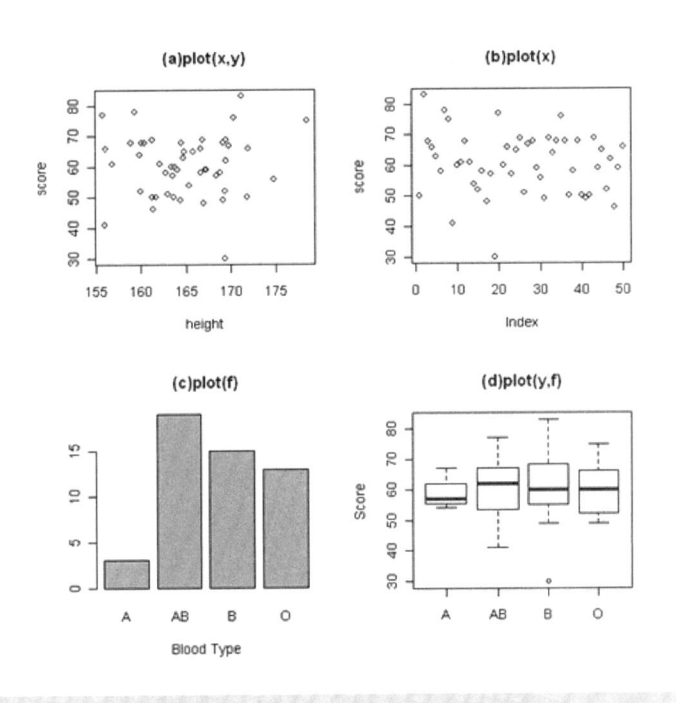

》圖 9-9　plot 函數的四種不同用法

plot(X)、plot(~ x1 + ... + xk)、plot(y ~ x1 + ... + xk)

　　X 為資料框架變數、y、x1、x2、...、xk 為向量變數。

plot(X) 會畫出資料框架變數 X 裡面所有向量配對而成的 X-Y 散佈圖矩陣，其效果與 pairs 函數一樣。

plot(~ x1 + ... + xk) 會畫出 x1, x2, ..., xk 共 k 個變數配對而成的 X-Y 散佈圖矩陣。

plot(y ~ x1 + ... + xk) 會逐一畫出 y 變數 vs. 每個 x1 到 xk 變數個別的 X-Y 散佈圖，但每次需要按 <ENTER> 鍵才會更新到下一張圖。

例如，圖 9-10 與圖 9-11：

```
> plot(iris)
> attach(iris)
> plot(~ Sepal.Length + Petal.Length + Petal.Width)
> plot(Sepal.Length ~ Petal.Length + Petal.Width)
```

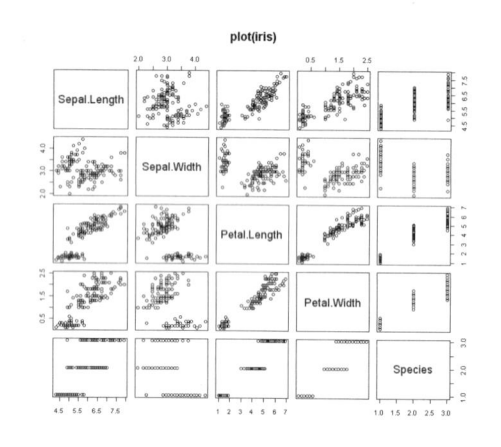

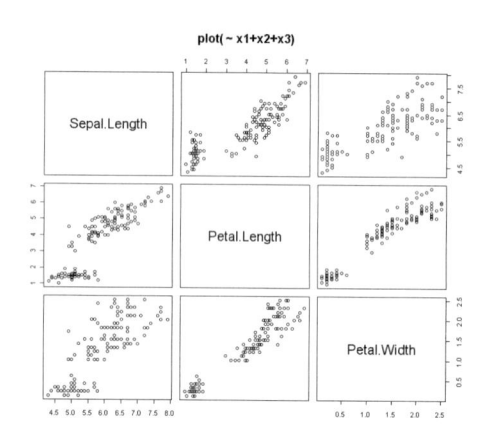

》圖 9-10　plot(X) 與 plot(~x1 + x2 + x3)

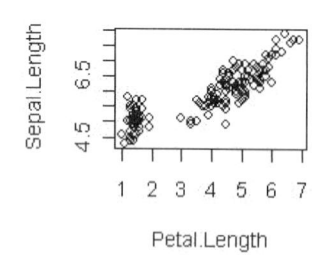

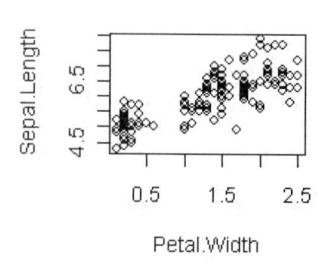

》圖 9-11　plot(y ~ x1 + x2)

9.3.2 curve 函數曲線

curve 函數的主要用途是畫出給定函數的曲線。

[基本語法] curve(函數表達式 , x 起始值 , x 終端值 , n = 101, add = F)

其中

- **計算表達式**通常寫成 x 的函數形式，或是已經存在的函數名稱，例如 x^2、cos(x)*sin(x)、sin、log 或自訂函數名稱，例如 myfun(x)。

- **起始點**與**終端點**則為 x 值的最小值與最大值。

- n 值是設定要用幾個點來畫出曲線（預設 101 點）。

- 若 **add = TRUE**，則將函數曲線畫在前一張圖形中。例如圖 9-12：

```
chippy <- function(x) sin(cos(x)*exp(-x/2))
curve(chippy, -8, 7, n = 2001)
curve(abs(x^3-2*x^2 + 1), -4, 4)           # 畫出 |x3 - 2x2 + 1| 曲線
curve(dnorm(x)*150, lty = 2, add = T)      # 附加 N(0,150) 曲線在前一張圖
```

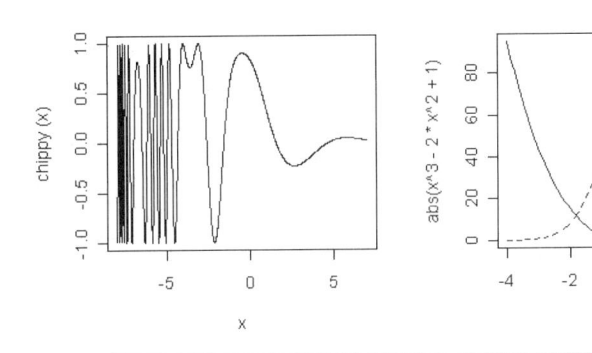

》圖 9-12 curve 曲線繪圖函數

9.3.3　pairs 矩陣圖

　　pairs 是矩陣散佈圖，可以將一個矩陣或資料框架變數所有直行 (columns) 作一對一配對畫出所有可能的 X-Y 散佈圖。

【基本語法】　pairs(X)

其中

- **X** 為矩陣或 data-frame 變數。在同一張圖形中，畫出 X 變數各行向量所有可能的兩兩配對 X-Y 散佈圖，例如圖 9-13：

```
pairs(cbind(score, height, weight))
```

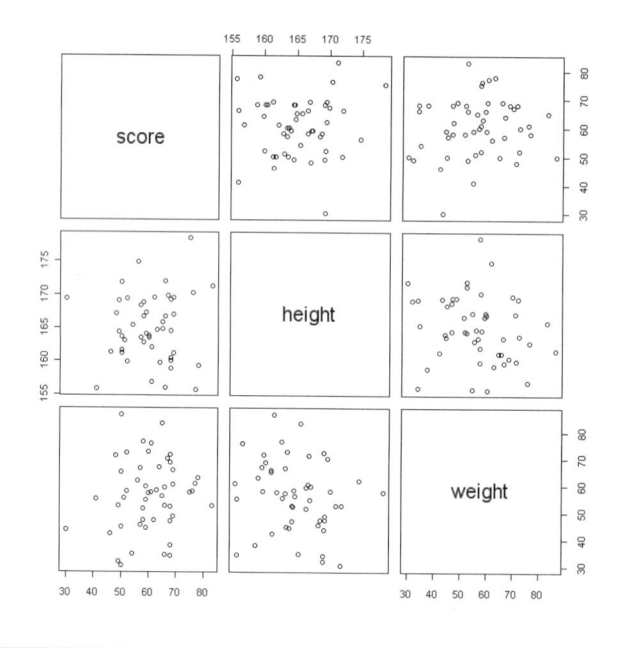

》圖 9-13　pairs 矩陣圖

9.3.4 coplot: conditioning plot

coplot 是條件散佈圖，可以畫出第三個變數 z 各分類下的 X-Y 散佈圖。

[基本語法] coplot(x ~ y | z)

其中

- x、y 為 vector 變數。

- z 為 vector 或 factor 變數。

例如 x 為身高，y 為體重，z 為血型變數，則此函數可畫出四種不同血型的身高 vs. 體重散佈圖（圖 9-14）：

```
coplot(score ~ height|bloodtype, rows = 1)
```

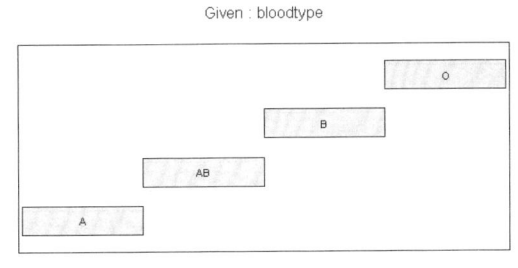

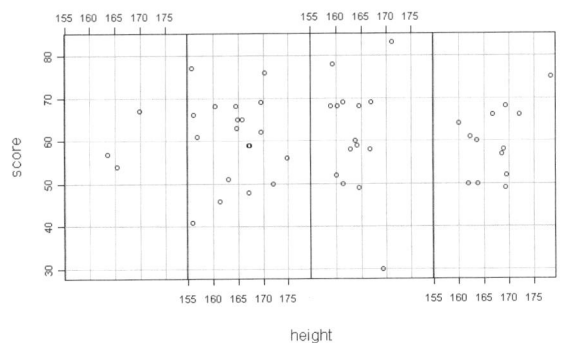

》圖 9-14　coplot 條件圖

9.3.5 qqnorm、qqline 與 qqplot

　　qqnorm 與 qqline 用來畫出常態機率圖，qqplot 則可以檢查任意兩組資料是否服從相同的機率分配（不限 Normal 分配）。若 x、y 為數字型態 vector 變數：

(1) qqnorm(x) 可畫出 x 的常態機率圖（Normal Probability Plot）。

(2) qqline(x) 若與 qqnorm(x) 搭配，可在圖中畫出最佳的斜線。

(3) qqplot(x, y) 則畫出 x、y 兩組資料之間類似 qqnorm 的圖形。

若圖中的點多數落在一條虛擬的斜線附近，表示 x 與 y 的機率分配應該很相似。例如圖 9-15：

```
qqnorm(score, ylab = "Score", main = "(a) qqnorm")
qqline(score)
qqplot(height, score, xlab = "Height", ylab = "Score", main = "(b)qqplot")
```

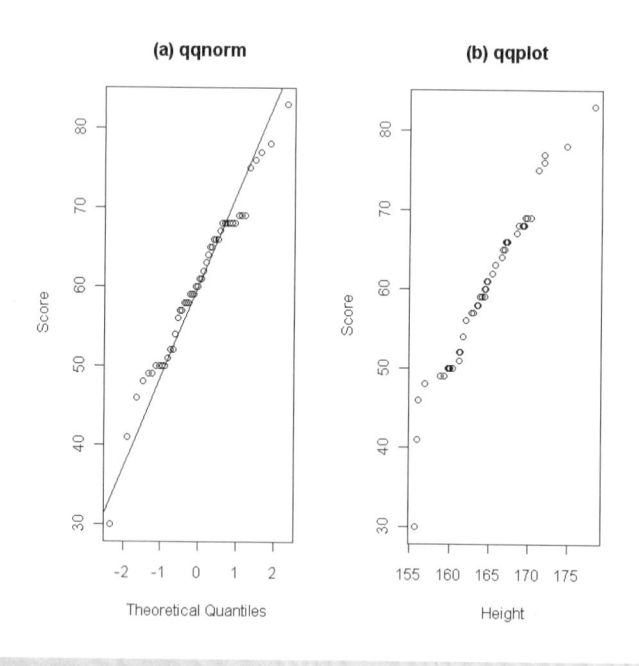

》圖 9-15　qqnorm、qqline、qqplot

9.3.6 hist 直方圖 (histogram)

[基本語法]　hist(x)

其中 x 為數字型態 vector 變數。

　　若只寫 hist(x)，則軟體自動決定分群的狀況，但我們也可以用其他兩個參數 breaks（自訂分隔點）及 nclass（自訂分群數目）來控制分群，例如（圖 9-16）：

```
x = rnorm(100)                # 產生 100 個 N(0,1) 亂數
b = c( -3, -2, -1, 0, 1, 2, 3)  # 設定分隔點
hist(x, breaks = b)           # 以 b 中的分隔點將 x 分成 8 群
hist(x, nclass = 8)           # 所有 x 的資料分成均等的 8 群
```

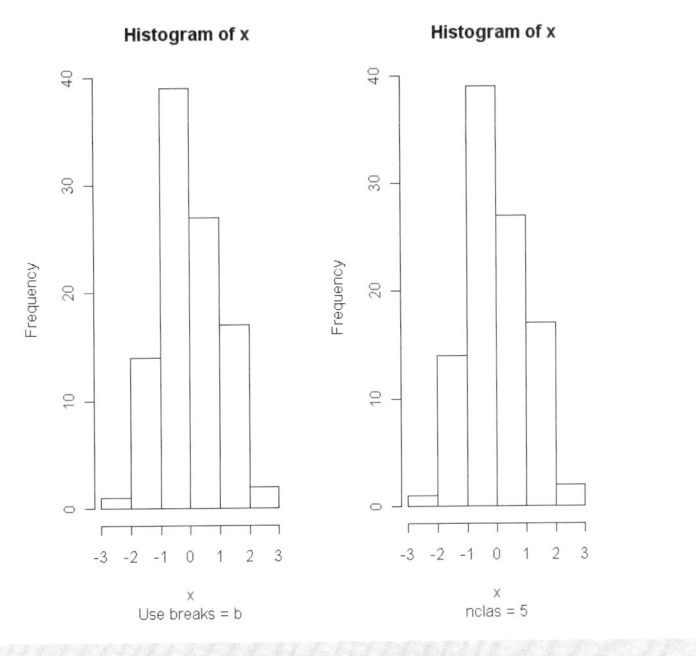

》圖 9-16　hist 直方圖

9.3.7 dotplot 點狀圖

R 軟體基本的 dotchart 函數是畫出 Cleveland 點狀圖,並非一般統計學教科書常見的點狀圖。若要畫出一般點狀圖,可以使用 epiDisplay 套件的 dotplot 函數(圖 9-17)。

【基本語法】 dotplot(x, pch = k, axes = FALSE)

其中

- **x** 為數值向量。
- **pch** 指定圖點編號。
- **axes = FALSE** 則不畫出兩軸座標,比較符合常見的點狀圖型態。例如:

```
library(epiDisplay)
dotplot(rnorm(100), pch = 16, axes = FALSE)
```

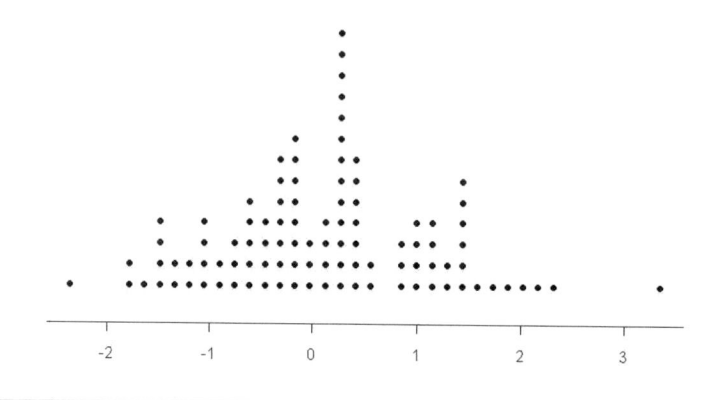

》圖 9-17　dotplot 點狀圖

9.3.8　barplot 長條圖

[基本語法]　　barplot(height, horiz, names.arg, col, density)

其中

- `height` 為數值向量、矩陣或 List 變數，但也可以使用 table 函數的彙整結果。若 height 為矩陣或 List，則每個長條皆是堆疊形狀。
- `horiz` = TRUE：畫出水平長條圖。預設為 FALSE。
- `names.arg` = 文字向量：設定每個長條圖形的說明文字。
- `col` = 顏色代號向量：設定每個長條的顏色。
- `density` = 向量或整數：設定每個 bar 的斜線密度（以每吋一條線為基本單位）。

▼ 程式範例 9-3

以下程式將使用不同類型的癌症病患存活時間資料，以不同參數設定畫出六個長條圖：

```
> cancers
  breast bronchus   colon   ovary stomach
      11       16      17       6      12
```

畫出六張參數設定不同的長條圖（圖 9-18）：

```
> labels = c("胃癌", "支氣管癌", "結腸癌", "卵巢癌", "乳癌")
> barplot(cancers)
> barplot(cancers, names = labels)
> barplot(cancers, names = labels, horiz = T)
> barplot(cancers, names = labels, col = c(1, 2, 3, 4, 5))
> barplot(cancers, names = labels, col = c(1, 2, 3, 4, 5), density = 10)
> barplot(cancers, names = labels, col = c(1, 2, 3, 4, 5), density = 40)
```

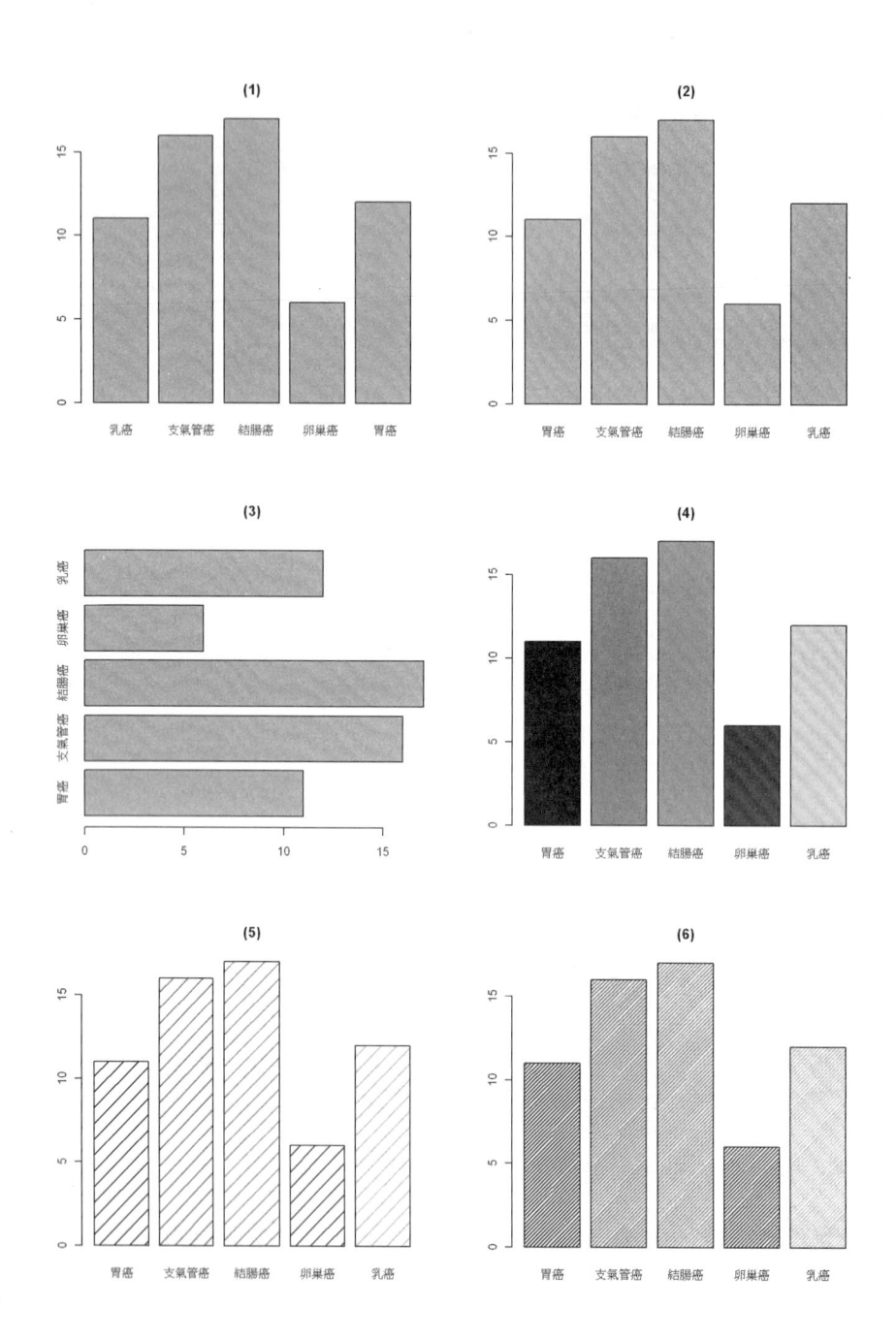

» 圖 9-18　六種不同的 barplot

9.3.9　boxplot 盒鬚圖

boxplot 的全名是 Box-and-Whisker Plot（盒鬚圖）。

[基本語法]　boxplot(x, horizontal, names, col)

其中

- **x** 可以是向量、矩陣或 data-frame 變數，也可以是 y ~ f 的線性模式公式（f 為 factor 分類變數）。
- **horizontal** = TRUE 畫出水平盒鬚圖，否則為垂直。
- **names** = 文字向量，可設定各個 box 的說明文字。
- **col** = 顏色數字向量，可設定各個 box 的顏色。

[註] 使用 plot(f, y)（f 為因子變數）可以畫出分類盒鬚圖，請參考 9.3.1 節。

▼ 程式範例 9-4

圖 9-19 使用 iris 資料來畫出六張不同的 boxplots：

```
boxplot(iris[,1],xlab = "Sepal.Length", main = "(1)")
boxplot(iris[,1:4], main = "(2)")
boxplot(iris[,1:4], names = c("Slenght", "Swidth", "Plength",
      "Pwidth"), main = "(3)")

boxplot(iris[,1:4], horizontal = T, main = "(4)")
boxplot(Sepal.Length ~ Species, data = iris, main = "(5)",
      xlab = "花的分類", ylab = "花萼長度")

boxplot(Sepal.Length ~ Species, data = iris, main = "(5)",
      xlab = "花的分類", ylab = "花萼長度", col = c(2, 3, 4))
```

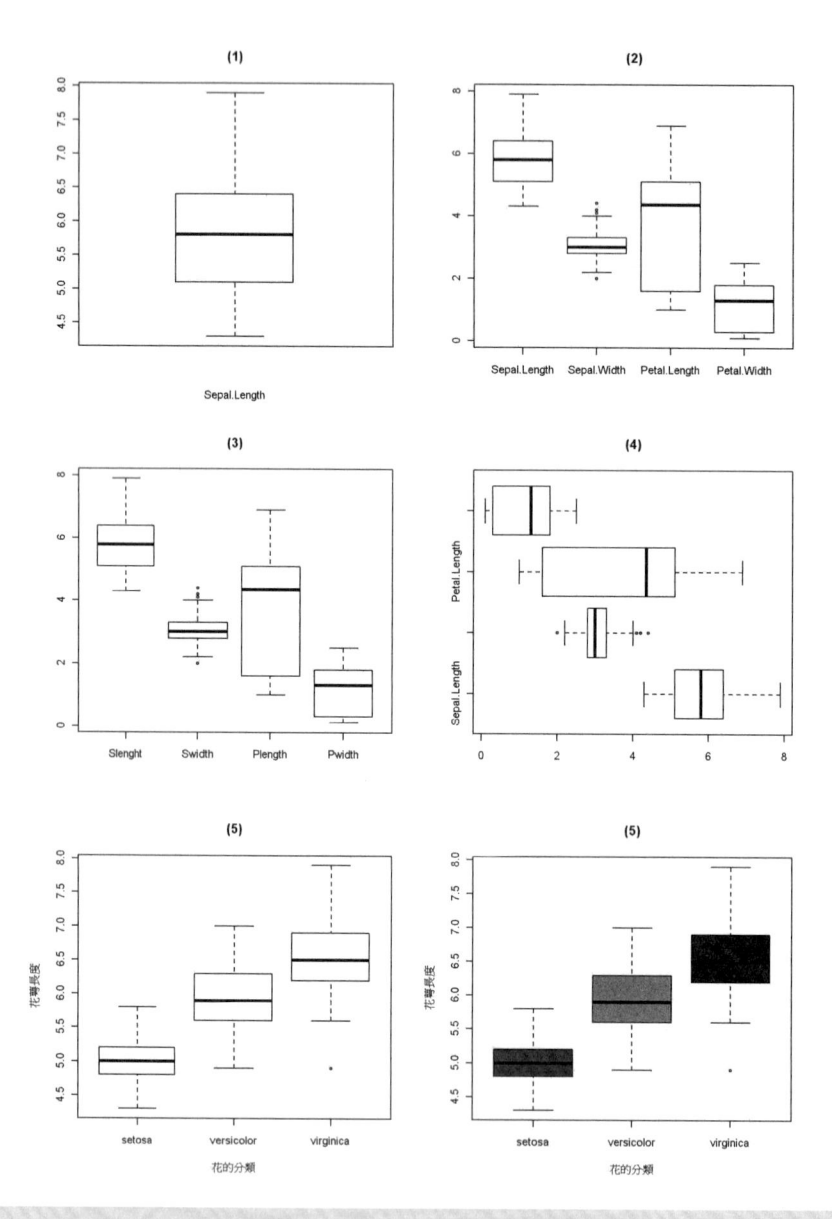

》圖 9-19　boxplot 盒鬚圖

9.3.10　pie 圓餅圖

【基本語法】　pie(x, label)

其中

- **x** 為數字變數或比例值向量。
- **label** 為各分類相對的敘述文字向量。例如（圖 9-20）：

```
sales = c(0.12, 0.3, 0.26, 0.16, 0.04, 0.12)
snames = c("電腦", "廚房家電", "女性服飾", "客廳家具",
                    "其他", "男性服飾")
pie(sales, label = snames)
```

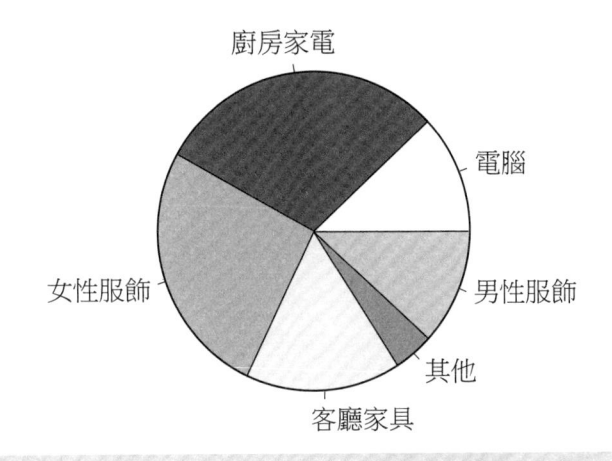

» 圖 9-20　pie 圓餅圖

9.3.11　3D 繪圖：image、contour、persp

　　image、contour、persp 三個函數皆為 3D 圖形函數，x、y、z 為三度空間點的三軸座標值向量：

(1) contour(x, y, z) 函數畫出類似地圖效果的「等高線圖」。

(2) image(x, y, z) 函數與 contour( ) 相似，但畫出色彩。這兩個函數其實只是三度空間圖形在二度空間的投射圖形。

(3) persp(x, y, z, theta, phi, box = TURE) 則是畫出真正的三度空間透視圖。

這三個函數都需提供 3 度空間各點的 X、Y、Z 軸座標值作為參數。要注意的是，如果 X 軸資料為長度 10 的向量，Y 軸資料為長度 20 的向量，則 Z 軸需要 15×20 的矩陣變數。另外，**theta** 參數控制圖形上下旋轉的角度，而 **phi** 參數控制圖形左右旋轉的角度。若設定 box = FALSE，則不畫出周圍的框線。

▼ 程式範例 9-5

以下指令畫出二維標準常態分配的 3D 圖形（圖 9-21）：

```
# 產生 -3.0, -2.9, -2.8, ..., 2.9, 3.0 向量
x = seq(-3, 3, 0.1)
y = x
f = function(x, y){(1/(2*pi))*exp(-0.5*(x^2 + y^2))}
z = outer(x, y, f)                    # 使用 outer 函數（外積）產生 z 值
par(mfcol = c(2, 2))                  # 圖形排列成 2x2 矩陣形狀
persp(x, y, z)                        # 圖 9-21 左上角圖形
persp(x, y, z, theta = 30, phi = 30, box = F, main = "theta = 30, phi = 30")
contour(x, y, z)                      # 圖 9-21 左下角圖形
image(x, y, z)                        # 圖 9-21 右下角圖形
```

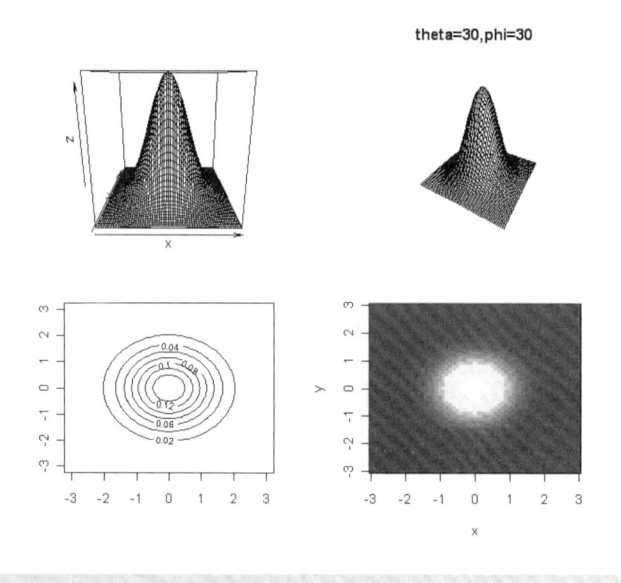

》圖 9-21　3D 圖形

此外，**misc3d** 套件也提供了一些 3D 圖形函數，例如，以下程式應用 **parametric3d** 畫出以兩個變數映射到 x、y、z 三軸的參數 3D 圖形（圖 9-22）：

```
library(misc3d)
parametric3d(
fx = function(u, v) cos(u) + 0.5*cos(u)*cos(v),
fy = function(u, v) sin(u) + 0.5*sin(u)*cos(v),
fz = function(u, v) 0.5*sin(v),
```

```
fill = F,
umin = -pi, umax = pi, vmin = -pi, vmax = pi,
n = 40, phi = 30, distance = 0.8)

parametric3d(
fx = function(u, v) cos(u) + 0.5*cos(u)*cos(v),
fy = function(u, v) 0.5*sin(v),
fz = function(u, v) sin(u) + 0.5*sin(u)*cos(v),
fill = F,
umin = -pi, umax = pi, vmin = -pi, vmax = pi,
n = 30, phi = 30, add = T, distance = 0.8)
```

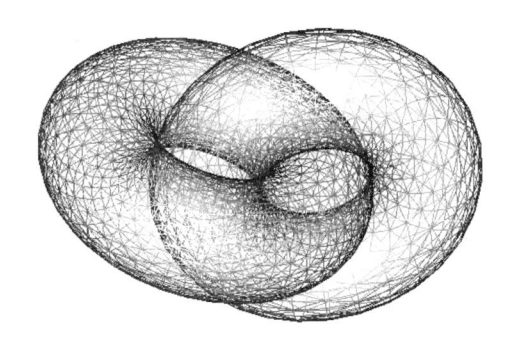

» 圖 9-22　misc3d 套件的 parametric3d 函數：圖形可互動調整位置

9.4 高階繪圖函數共用的輔助參數

以下介紹的繪圖輔助參數，多數皆能用在高階繪圖函數中：

add = TRUE：強制目前圖形覆蓋在前一張圖形上。

[註] 並非所有高階繪圖函數都能使用這個參數選項。

axes = FALSE：不要畫出座標軸。

log = "x"、"y" 或 "xy"：畫圖前，先將 x 值、y 值或兩者先取 Log。

▼ **程式範例 9-6**

以下程式畫出四種不同的 log 或非 log X-Y 散佈圖（圖 9-23）：

```
plot(height, score)
plot(height, score, log = "x", xlab = "log(height)")
plot(height, score, log = "y", ylab = "log(score)")
plot(height, score, log = "xy", xlab = "log(height)",
ylab = "log(score)")
```

決定圖點的長相：

- type = "p"：points only，只畫圓點。
- type = "l"：lines，只畫線。
- type = "b"：both，同時畫實心圓點與線。

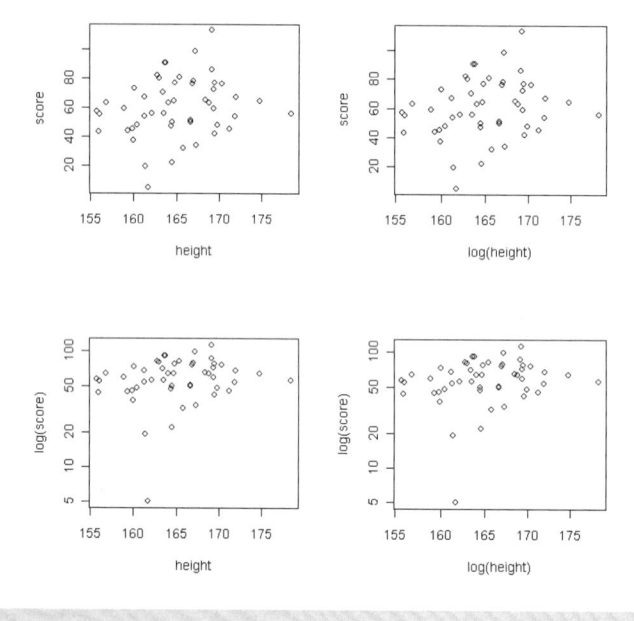

》圖 9-23　log 座標

- type = "o"：overlap，與 type = "b" 相似，但畫空心圓點（圖 9-24）。
- type = "s" 或 "S"：Steps，階梯狀。若為 "s"，則各點的值是階梯的頂端，若為 "S"，則為底端。
- type = "h"：從繪出點到橫軸之間畫出一條垂直線。
- type = "n"：none，不畫任何東西，只畫出座標軸。

xlab = "文字"、**xlab = "文字"**：設定 X 軸或 Y 軸的輔助說明文字。

`xlim = c(xmin, xmax)`、`ylim = c(ymin, ymax)`：自己設定 X 軸或 Y 軸的最大值與最小值。

`xaxt = "n"`、`yaxt = "n"`：不要畫出座標軸格線。

`main = "文字"`、`sub = "文字"`：在圖形加上主標題 (main) 與次標題 (sub) 文字。

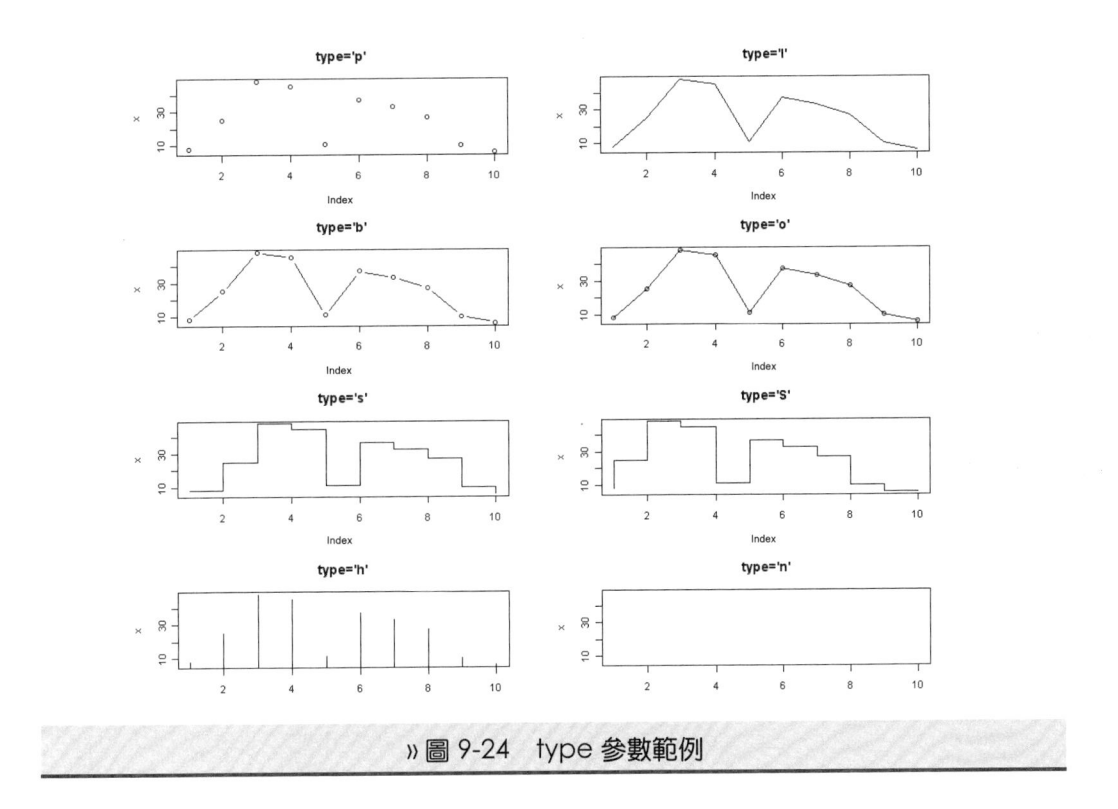

》圖 9-24　type 參數範例

9.5　附加圖形：低階繪圖函數

低階繪圖函數的功能，是輔助高階繪圖函數，在已經畫好的高階圖形中，添加各種圖、點、線或說明文字等等。

9.5.1　points、lines 與 text

這三個函數是用來在已經畫出的圖形上的特定點位置加上點、線段或文字。另外 segments 與 lines 相似，但要給定四組座標值，arrows 函數則在指定位置畫出箭頭。這些函數都需要輸入特定點的 X 座標位置與 Y 座標位置。這三組函數所需的座標位置，可以使用 9.6 節的 **locator** 圖形互動函數，在測試圖形上找出滑鼠所點位置的座標來使用。

points(x, y)：加上圖點

在前圖指定座標值位置畫出圓點。x 與 y 為兩軸的座標點向量。例如：

```
hist(score)
x = c(30, 60, 90)
y = c(10, 10, 10)
points(x, y)
            # 在前圖 (hist(score)) 上位置 (30,10),(60,10),(90,10) 畫三點
```

lines(x, y)：加上直線

在前圖指定位置畫出連接的線段。x 與 y 的意義與 points 函數相同。

[基本語法]　segments(x0, y0, x1, y1)

　　　　　　　arrows(x0, y0, x1, y1, angle = 30, code = 2)

從 (x0, y0) 這群點畫到 (x1, y1) 這群點畫出線段或箭頭。angle 是箭頭頂端尖角的角度，預設為 30 度，code = 1 時，箭頭尖端在 (x0, y0) 這群點，code = 2 時箭頭尖端在 (x1, y1) 這群點上，code = 3 時則兩邊都有箭頭尖端。

text(x, y, labels)

在前圖指定位置寫出指定的說明文字。例如：

```
hist(score)
x = c(30, 60, 90)
y = c(10, 10, 10)
t = c("30分", "60分", "90分")
text(x, y, labels = t)
            # 在前圖 (hist(score)) 上位置 (30,10),(60,10),(90,10)
            # 在三個點上加入文字，分別為 "30分"、"60分"、"90分"
```

程式範例 9-7

➢ 以下程式範例應用 points( )、lines( ) 及 text( ) 在一張 X-Y 散佈圖上加上裝飾（圖 9-25）：

```
xp = c(160, 165, 170, 175)           # 各附加點的 X 座標值
yp = c(80, 90, 80, 90)               # 各附加點的 Y 座標值
plot(height, score)
points(xp, yp, col = 2, pch = ".")
points(xp, yp, col = 2, pch = 19)    # 加上紅色的點，使用第 19 號符號
lines(xp ,yp , col = 3)              # 加上綠色的線段
                                     # 加上藍色文字
text(xp, yp + 10, labels = c("點1","點2","點3","點4"), col = 4)
```

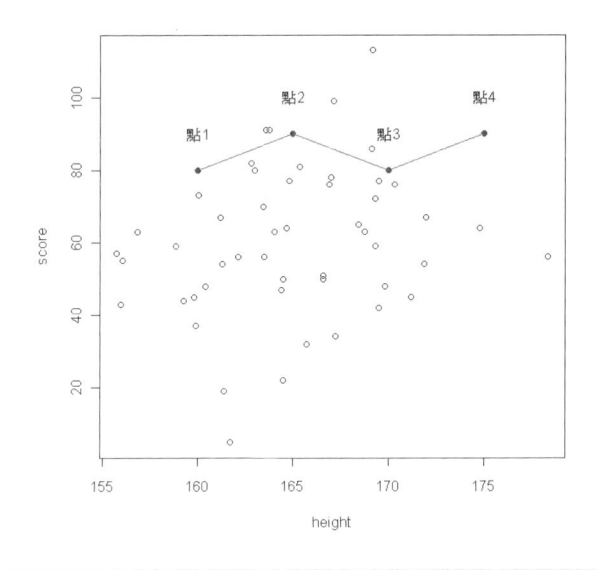

》圖 9-25　points、lines、text

➢ 線段與箭頭（圖 9-26）：

```
x = runif(12); y = rnorm(12)
i = order(x,y); x = x[i]; y = y[i]
plot(x, y, main = "arrows(.) and segments(.)")
s = seq(length(x)-1)
arrows(x[s], y[s], x[s+1], y[s+1], lty = 3:5)
s <- s[-length(s)]
segments(x[s], y[s], x[s+2], y[s+2], lty = 2)
```

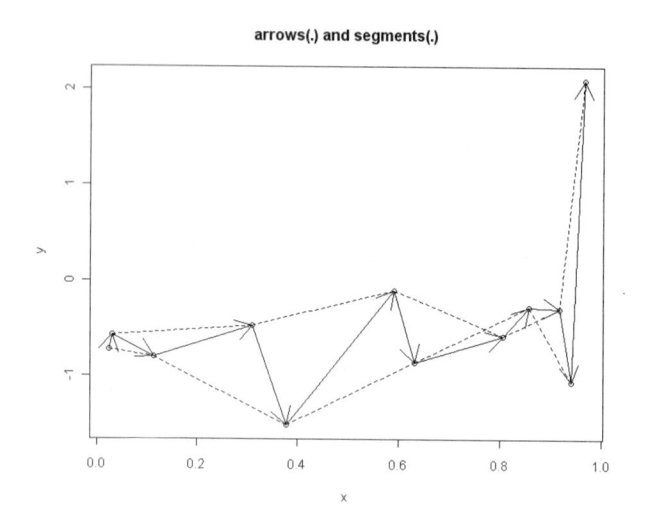

»圖 9-26　線段 (segments) 與箭頭 (arrows)

9.5.2　abline 函數

在前圖指定位置畫出斜線、水平線或垂直線。

abline(a, b)

在二維座標系統中，一條直線可以被表示為 y = a + bx，其中 a 為此線與 Y 軸交叉的截距（intercept）、b 為此線的斜率（slope）。例如：

```
hist(score)
abline(2.0, 1.0)                              # 畫出一條通過 (0, 2.0) 的 45 度斜線
```

abline(h = y)：y 為數字

畫出一條通過 (0, y) 點的水平線（horizontal line）。若 y 為數值向量，則一次畫出多條水平線。

abline(v = x)：x 為數字

畫出一條通過 (x, 0) 的垂直線（vertical）。若 x 為數值向量，則一次畫出多條垂直線。

> **提醒**　上述語法中的 y 值或 x 值可以是向量，例如 abline(v=1:10) 一次畫出通過 1, 2, …, 10 的十條垂直線，且各參數可以一起用，例如 abline(h=c(3, 5), v=1:10)。

▼ 程式範例 9-8

以下程式為 abline 函數的綜合應用（圖 9-27）：

```
> xlm = lm(score ~ height)              # 算出簡單線性迴歸係數
> xlm$coef
  (Intercept)          height
    -85.0433          0.8795
> plot(height, score)
> abline(xlm)                            # 黑色估計迴歸線
> abline(a = -80, b = 0.8, col = 2)      # 紅色斜線：截距 = -80，斜率 = 0.8
> abline(h = 40, col = 3)                # 綠色水平線 y = 40
> abline(v = 165, col = 4)               # 藍色垂直線 x = 165
```

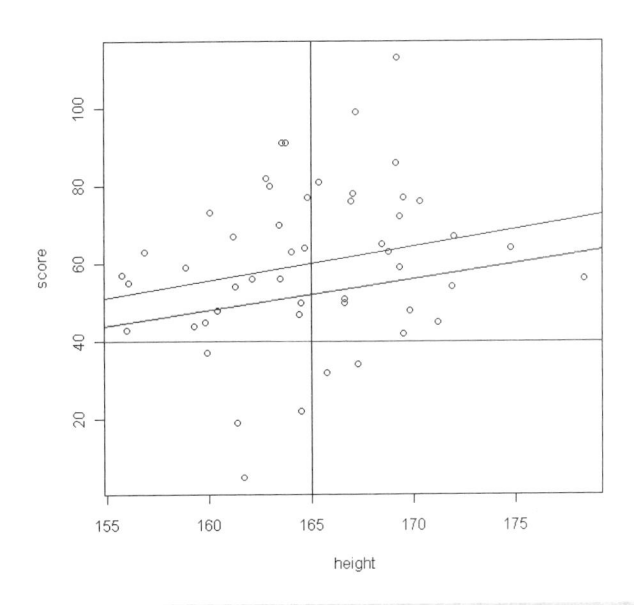

》圖 9-27　abline

9.5.3 polygon 多邊形

polygon 函數在前一張圖的指定位置畫出一個封閉的多邊形，通常用來畫出陰影區域。

[基本語法]　polygon(x, y, density, angle = 45, col)

其中 x 與 y 分別是這個多邊形的各端點 X、Y 座標值向量，其用法與 points 函數相同。density = k 設定一吋內畫 k 條陰影線，angle 設定陰影線的角度，col 設定顏色編號或顏色名稱（圖 9-38）。

▼ **程式範例 9-9**

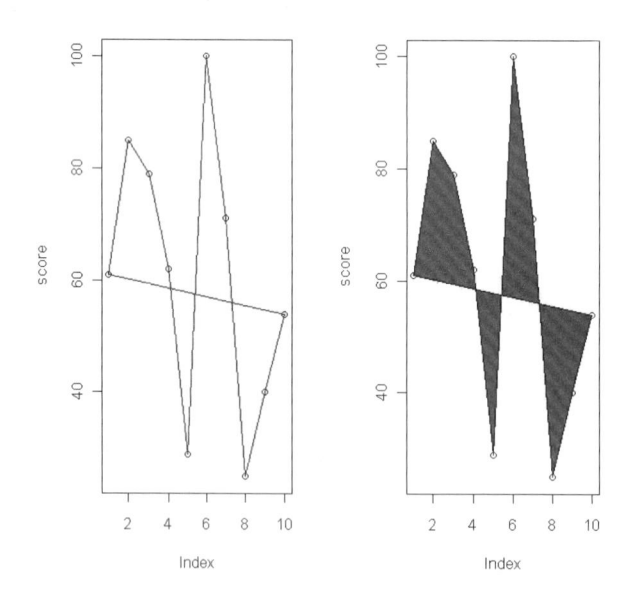

```
> plot(score)                                    # score 含 10 數字，是一般數值向量
> polygon(1:10, score, col = 2, density = 0)     # 多邊形的邊線為紅色
> polygon(1:10, score, col = 2)                  # 多邊形內部填滿紅色
```

》圖 9-28　polygon 多邊形函數

➤ polygon 函數也可以用來畫出統計圖形的陰影區域，例如，以下程式中的 make.shadow 函數搭配 polygon 可以畫出任何機率分配的機率密度圖形陰影（圖 9-29）：

```
make.shadow = function(xStart, xEnd, xIncr, func = dnorm, ...)
{
  middle = seq(xStart, xEnd, by = xIncr)
  x0 = c(xStart, middle, xEnd)
  y0 = c(0, func(middle, ...), 0)
  return(list(x = x0, y = y0))
}

s = make.shadow(-3, 1.96, 0.05, func = dnorm)    # N(0,1)
curve(dnorm(x), -3, 3)
abline(h = 0)
polygon(s$x, s$y, density = 40, angle = 45)

s = make.shadow(0, 25, 0.05, func = dchisq, 20)  # 卡方分配 (df = 20)
curve(dchisq(x, 20), 0, 80)
abline(h = 0)
polygon(s$x, s$y, density = 40, angle = 45)
```

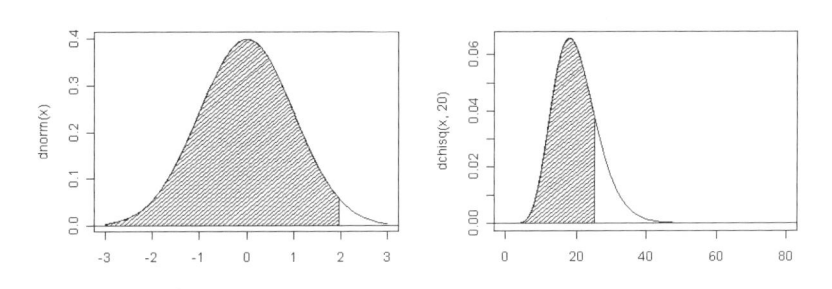

》圖 9-29　使用 polygon 函數畫出圖形的陰影部分

9.5.4　legend：圖形的說明方塊

　　legend 函數是在前一張圖的指定位置畫出說明方塊與裡面的文字。我們可以使用 9.6 節介紹的 **locator** 函數來確定適當的說明方塊擺放座標位置。

[基本語法]　　legend(x, y, legend = 文字向量)

其中

- **x**、**y** 為說明方塊「左上角」的參考點座標數字，可用 9.6 節的 locator 函數找尋最佳放置位置。

- **legend** 則為說明文字向量。這個函數可以搭配 col 參數 (color)、lty（line type 線的種類）以及 pch 參數（圖點的符號）。

▼ 程式範例 9-10

比較兩種教學方法的成績 (圖 9-30)：

```
x = sample(1:100, 20)                          # 隨機模擬 20 人的成績
y = sample(1:100, 20)
max0 = max(max(x), max(y))                     # 取出所有成績的最大值
plot(x, xlim = c(0,28), type = "b")
lines(1:20, y, lty = 2, type = "b", col = 2)
                                # 說明方塊的左上角參考點在（22，成績最大值）
legend(22, max0, legend = c("A 教學法", "B 教學法"),
        col = c(1, 2), lty = c(1, 2))
```

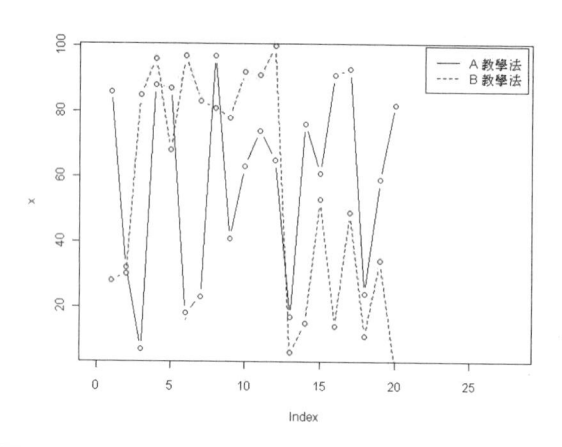

》圖 9-30　legend 的用法

9.5.5　title 與 axis

[基本語法]　　title(main = "主標題文字", sub = "副標題文字")

為前一張圖加上主標題（main）與副標題（sub）文字。主標題放在圖形頂端，次標題在底端。

[基本語法]　　axis(side = k, at = NULL, tick = TRUE, labels)

在前一張圖加上額外的座標軸，k = 1, 2, 3 或 4，分別代表底端、左邊、頂端、右邊（從底部開始為 1，逆時針方向旋轉）。labels 的值若是 TRUE，代表畫出座標格線數字，若為 FALSE，則不畫出格線數字。若 labels 是一個文字向量，則將採用該向量作為座標軸格線的說明文字。若 **at** = 數值向量，則座標軸上的分隔線（tick）將採用這組向量的值來標示。若 **tick** = FALSE，則不畫出分隔線。

9.6 互動式圖形與數學符號展示

互動式圖形函數

R 軟體最基本的互動式圖形函數為 locator 與 identify 函數：

(1) **locator** 函數：圖點座標位置查詢。當滑鼠左邊按鈕點在圖上時，能夠傳回點選位置的 X 軸與 Y 軸座標值。

(2) **identify** 函數：查詢圖點在資料中的辨識資料，通常是在資料向量中的數字指標。當滑鼠左邊按鈕點在圖上某一點附近時，該點旁邊會顯示其在原來向量中的指標值。

兩個函數都可以作多次點選操作，要停止時，只要按滑鼠「右邊」按鈕，即會出現一個小小的視窗顯示「停止」或「繼續」，選擇停止即終止該函數的功能。

[基本語法]　　locator(n, type = "n")

　　　　　　　　identify(x, y, n, label)

其中

- **n** 為最多選取幾點的限制次數（可以不給這個參數）。

- **type** 是在 9.4 節介紹的輔助參數，type = "n" 代表 locator 函數執行時不在圖上出現任何符號，type = "p" 表示滑鼠點在圖上時會出現圓點。如果是選 type = "p"，可以再搭配 **pch** 選項（圖點符號）或 **col** 選項（圖點顏色）。

　　identify 的 **label** 參數預設是 1, 2, 3, 4, ... 正整數，但也可以換成自己的文字向量。當 label 有設定值，圖上出現的文字會是我們所指定的字串。例如，若 label = c("A", "B", "C", "D", "E")，則使用 identify 點在資料向量中的第 2 點時，圖上會出現 "B"。

▼ 程式範例 9-11

➤ 從 U(0, 1) 分配隨機產生各 20 個亂數存於 x、y 變數，然後使用 locator 搭配 pch = "A" 在圖上點選三個位置。接著再使用 identify 在同一張圖上找出 3 個點在資料中的數字指標 1, 3, 6（圖 9-31）：

```
> x = runif(20, 0, 1)
> y = runif(20, 0, 1)
> plot(x, y)
> locator(type = "p", pch = "A")         # 傳回三個 A 點的座標值
$x
[1] 0.4597551 0.1622312 0.6691238

$y
[1] 0.81348505 0.53911809 0.05761316

> identify(x, y)                          # 傳回 3 個點在向量中的指標
[1] 1 3 6
```

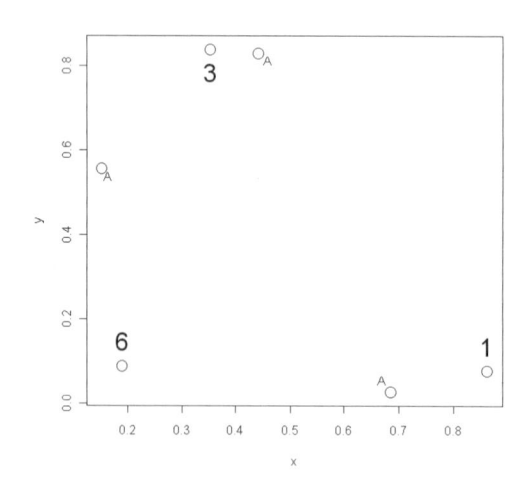

》圖 9-31　locator 加 identify：圖上的 A 為 localtor 函數所點選，三個數字則為 identify 函數所點選

➤ 圖 9-32 是 10 個學生的身高、體重及學生證號碼（stid）。我們可以使用 identify 搭配 label = stid 參數，讓圖 9-25 上面被點選的各點旁邊出現學生證號碼（stid）：

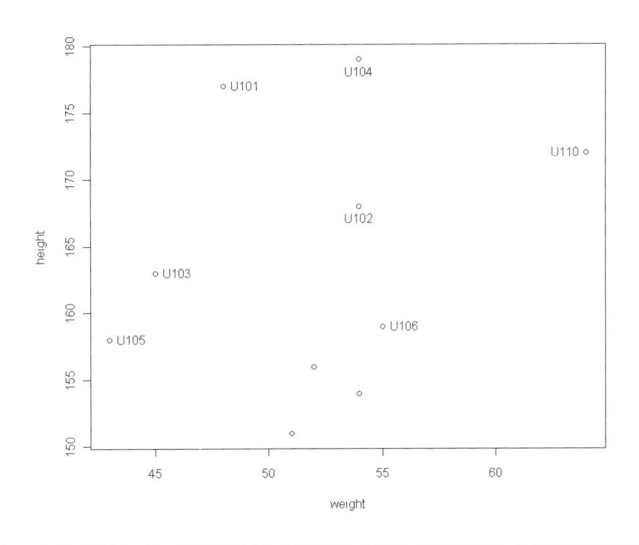

》圖 9-32　identify：在點的旁邊顯示學生證號碼

```
> height
[1] 177 168 163 179 158 159 156 151 154 172

> weight
[1] 48 54 45 54 43 55 52 51 54 64

> stid
[1] "U101" "U102" "U103" "U104" "U105" "U106" "U107" "U108" "U109" "U110"

> plot(weight, height)
> identify(weight, height, label = stid)
[1]  1  2  3  4  5  6 10
```

在圖形上使用數學符號

　　如果我們需要在圖形中畫出數學符號文字，例如 α、β、λ 等希臘符號，或是像上標字、下標字、根號、平方、積分符號等，我們可以使用 R 軟體內建的數學符號畫圖功能 plotmath。關於 plotmath 的完整用法，讀者們可以在 R 軟體中輸入 help(plotmath)、example(plotmath) 或 demo(plotmath) 來學習完整的表達方式與用法。

【基本語法】　　expression(plotmath 表達式)

或是　　　　　expression(paste("字串 1", 表達式 A, "字串 2", 表達式 B, ...))

其中字串 1、字串 2 等為普通文字字串，表達式、表達式 A、表達式 B 等均為合乎 plotmath 撰寫規則的語法。第一種用法是 expression( ) 函數中沒有其他字串，裡面的字都是符合 plotmath 規定的表達式。第二種語法是用於表達式與一般字串混在一起的時候。

圖 9-33 列出常見的希臘數學符號的 plotmath 表達法，圖 9-34 為常用的數學公式寫法。其餘的 plotmath 詳細用法，請讀者參考本書附錄 C。

alpha	α	iota	ι	rho	ρ	Alpha	A	Iota	I	Rho	P
beta	β	kappa	κ	sigma	σ	Beta	B	Kappa	K	Sigma	Σ
gamma	γ	lambda	λ	tau	τ	Gamma	Γ	Lambda	Λ	Tau	T
delta	δ	mu	μ	upsilon	υ	Delta	Δ	Mu	M	Upsilon	Y
epsilon	ε	nu	ν	phi	φ	Epsilon	E	Nu	N	Phi	Φ
zeta	ζ	xi	ξ	chi	χ	Zeta	Z	Xi	Ξ	Chi	X
eta	η	omicron	ο	psi	ψ	Eta	H	Omicron	O	Psi	Ψ
theta	θ	pi	π	omega	ω	Theta	Θ	Pi	Π	Omega	Ω

》圖 9-33　plotmath 希臘數學符號字母寫法

▼ 程式範例 9-12

圖 9-35：以下程式示範如何在圖形中、圖形標題、座標軸與座標軸說明文字等處加入數學符號。先畫一個空的圖形 (type = "n")，橫軸座標先不要畫出來 (xaxt = "n")，主標題與 X、Y 兩軸的說明文字皆使用數學符號。plain(sin) 表示使用一般字體。若為 bold(sin)，表示使用粗體字：

```
plot(c(-pi, -pi/2, 0, pi/2, pi), 1:5, type = "n", ,xaxt = "n",
     main = expression(paste(plain(sin) * phi, "與",
                             plain(cos) * phi)),
     ylab = expression("sin" * phi),
     xlab = expression(paste("Phase Angle", phi)))
```

x %+-% y	x±y	x <= y	x ≤ y	dot(x)	$\dot{x}$
x %/% y	x+y	x >= y	x ≥ y	bar(xy)	$\overline{xy}$
x %*% y	x×y	x %=~% y	x ≅ y	widehat(xy)	$\widehat{xy}$
x %.% y	x·y	x %==% y	x ≡ y	widetilde(xy)	$\widetilde{xy}$
x[i]	x_i	x %prop% y	x ∝ y	infinity	∞
x^2	x^2	plain(x)	x	partialdiff	∂
x^(y + z)	$x^{(y+z)}$	underline(x)	$\underline{x}$	32*degree	32°
sqrt(x)	$\sqrt{x}$	list(x, y, z)	x, y, z	frac(x, y)	$\frac{x}{y}$
sqrt(x, y)	$\sqrt[y]{x}$	hat(x)	$\hat{x}$	atop(x, y)	$\genfrac{}{}{0pt}{}{x}{y}$
x != y	x ≠ y	tilde(x)	$\tilde{x}$	sum(x[i], i==1, n)	$\sum_{i=1}^{n} x_i$

》圖 9-34 常用的 plotmath 表達式

使用 axis 函數搭配 π 符號畫出橫軸（1 表示圖形底端坐標）座標：

```
axis(1, at = c(-pi, -pi/2, 0, pi/2, pi),
     labels = expression(-pi, -pi/2, 0, pi/2, pi))
```

圖 9-35 第 1 直行（column）的符號：示範數學符號與一般 R 變數的搭配。substitute（替換）函數的詳細用法，請讀者參考 10.4 節。plotmath 表達式中的 group 通常是用來加入左右括弧，list 則是用來顯示類似 a, b, c 或 X1, ..., Xn 的表列效果：

```
for (i in 1:5)
{
  text(-2.5, i, substitute(list(xi, eta) == group("(", list(x, y),
          ")"), list(x = i, y = i+1)))
}
```

圖 9-35 第 2 直行（column）的符號：微分、迴歸 $\hat{\beta}$、$\overline{X}$、N(0, 1) 密度函數。

```
text(-1.7, 5, expression("一階微分" == {f * minute}(x)), adj = 0)
text(-1.7, 4, expression("二階微分" == {f * second}(x)), adj = 0)
text(-1.7, 3,pos = 4, expression(hat(beta) ==
         (X^t * X)^{-1} * X^t * y))
text(-1.7, 2,pos = 4, expression(bar(x) == sum(frac(x[i], n),
         i == 1, n)))
text(-1.7, 1.2, pos = 4, expression(paste(frac(1,
```

```
                       sigma*sqrt(2*pi)), " ",
     plain(e)^{frac(-(x-mu)^2, 2*sigma^2)})), cex = 1.2)
```

圖 9-35 第 3 直行（column）的符號：乘積、積分、聯集、交集、極限。

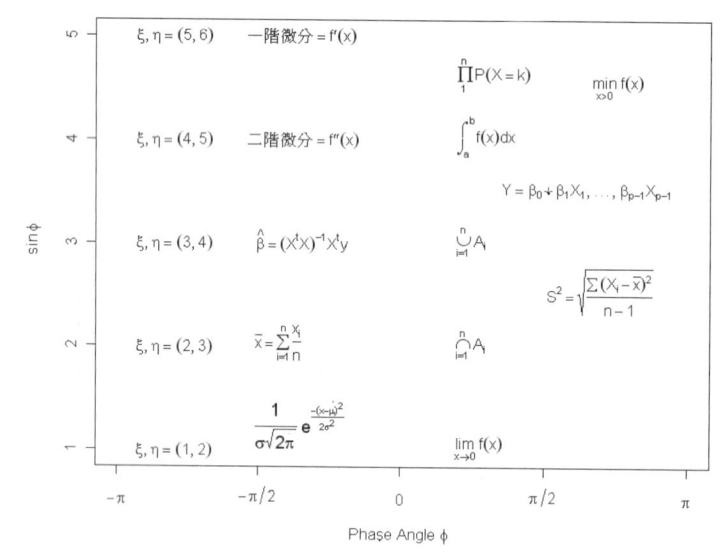

》圖 9-35　plotmath 示範

```
text(0.5, 4.6, pos = 4, expression(prod(plain(P)(X == k), k = 1, n)))
text(0.5, 4, pos = 4, expression(integral(f(x)*dx, a, b)))
text(0.5, 3, pos = 4, expression(union(A[i], i == 1, n)))
text(0.5, 2, pos = 4, expression(intersect(A[i], i == 1, n)))
text(0.5, 1, pos = 4, expression(lim(f(x), x %->% 0)))
```

圖 9-35 第 4 直行（column）的符號：極小值、迴歸模型、S^2。

```
text(2, 4.5, pos = 4, expression(min(f(x), x > 0)))
text(1, 3.5, pos = 4, expression(Y
           == beta[0] + list(beta[1]*X[1], ..., beta[p-1]*X[p-1])))
text(1.5, 2.5,pos = 4, expression(S^2
               == sqrt(frac(sum((X[i]-bar(x))^2), n-1))))
```

9.7 繪圖設備

R 軟體被應用在許多不同的電腦設備與作業系統上,因此繪圖時會牽涉到各種不同的繪圖裝置,例如螢幕、印表機、繪圖機、作業系統視窗環境等等。

因此,R 軟體內有各類常用裝置的代號與相關使用函數。我們將介紹其中常用的幾種。

X11( )

Unix 作業系統的 X11 圖形視窗。

windows( )

圖形顯示在微軟 Windows 作業系統的視窗環境。畫圖之前每執行一次 windows( ) 指令,圖形會出現在新的視窗中。

postscript( ) 與 pdf( )

設定圖形輸出為 postscript(.ps 檔)或 pdf 格式。

jpeg( )、png( )、bmp( )、tiff( )

圖形輸出為各類圖檔格式。

不管是使用哪一個 device,在畫圖結束後,應該要記得使用 device.off( ) 函數將這個 device 關掉。例如:將直方圖存到外部 c:\dir2\test1.jpg 檔:

```
jpeg("c:/dir2/test1.jpg")
hist(x)
device.off( )
```

上述繪圖設備中,最常用的是 postscript( ) 以及 jpeg( )、png( ),三者皆有額外的參數可以設定。例如:圖形輸出成 postscript 檔,圖紙轉橫向,圖形高度為 6 吋。讀者可以使用 ?postscript 可以學到更多參數用法:

```
postscript("c:/test1.ps", horizontal = T, height = 6)
plot(x, y)
device.off( )
```

圖形輸出成 jpg 檔,高度 600mm,寬度 400mm,解析度 300 dpi。units 可以是 px(畫素)、in(吋)、cm 或 mm:

```
jpeg("c:/test2.jpg", height = 600, width = 400, units = "mm",
                res = 300)
hist(x)
device.off( )
```

9.8 使用 ggplot2 套件畫出分組圖形

　　ggplot2 是紐西蘭統計學家 Hadley Wickham 所寫的進階繪圖套件，採用繪圖文法（Grammer of Graphics）的概念建構圖形。ggplot2 套件功能強大、函數非常多，其作者也寫了 ggplot2 英文專書，屬於進階的 R 軟體技術，本書無法涵蓋其所有內容。但是，ggplot2 很適合用來畫出一般 R 繪圖函數較難簡易達成的複雜分組圖形，因此本小節將簡介 ggplot2 分組繪圖的實用功能。

　　ggplot2 套件是以圖層堆疊的觀念建構出一張圖形，主要包含以下幾層：

(1) ggplot 函數為主的底圖：使用 data 參數指定資料來源、aes 參數（aesthetic, 美學對應）指定 X/Y 軸座標變數、點線顏色（color），以及點線大小（size）。

(2) geom 系列函數為主的幾何圖層：指定圖形中出現的點、線、多邊形等。常用的函數有 geom_point, geom_line, geom_histogram, geom_bar, geom_boxplot, geom_density, geom_dotplot, geom_polygon 等。

(3) stat 系列函數為主的統計轉換圖層：例如灰色信賴區間區域、密度函數、累積密度函數等的呈現。常用的函數有 stat_density, stat_ecdf, stat_smooth, stat_contour 等。

(4) facet 系列函數為主的分組設定圖層：常用的有 facet_wrap 與 facet_grid。

(5) theme 系列函數為主的背景圖層：包含背景顏色、座標軸、說明文字設定等等，常用的函數有 theme, theme_bw（白色背景）, theme_gray, theme_light 等。

(6) 其他常用輔助函數：ggtitle、labs、xlab、ylab、xlim、ylim 等，其函數名稱的意義跟本章 R 軟體一般繪圖函數或參數意義相同。

　　ggplot2 繪圖的常用程式結構如下：

```
p = ggplot(data,aes(x,y,color,size))
p + geom_xxxx(....) + stat_xxxx(....) +
   facet_xxxx(....) + theme_xxxx(.....)
```

其中 xxxx 代表各群函數中的特定名稱。p 之後其他圖層的加入順序可互換。

9.8.1 使用 ggplot2 畫出不分組的單一圖形

▼ 程式範例 9-13

本範例採用本書所附的 2010 房屋銷售資料，圖 9-36 至 圖 9-38 顯示 ggplot2 繪製單一圖形的結果：

```
基本點圖圖層：X 軸變數為 area（坪數），Y 軸變數為 price（房價）
house2010 = read.csv("c:/data/house2010.csv")
# 圖 9-36：
p=ggplot(data=house2010,aes(x=area,y=price))
# 設定座標軸文字大小、字體
tLayer = theme(axis.text=element_text(size=20),
      axis.title=element_text(size=30,face="bold"))
# 結合三個圖層一起畫出
p + geom_point() + tLayer
```

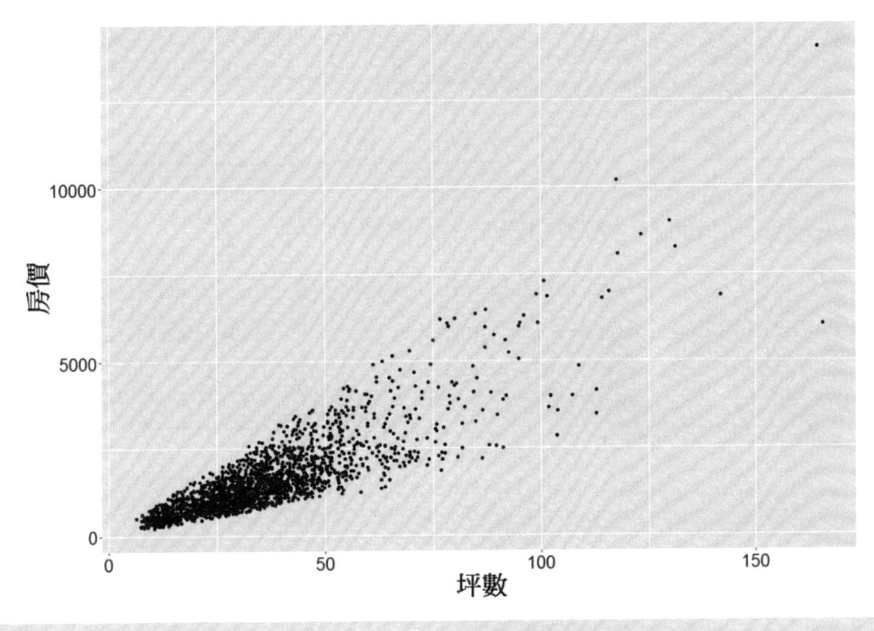

》圖 9-36　ggplot2 基本圖形

依照房屋種類（type）畫出不同的圖點顏色（color 參數）：

```
# 圖 9-37：
# 依照房屋種類畫出不同的圖點顏色
p=ggplot(data=house2010,aes(x=area,y=price,color=type))
p + geom_point() + tLayer
```

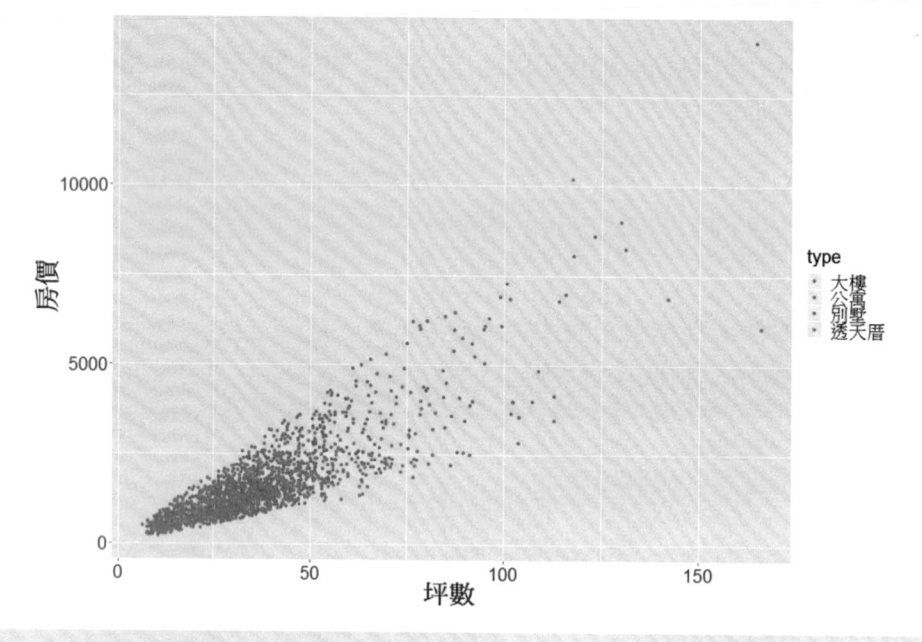

》圖 9-37　ggplot2 基本圖形，搭配不同的圖點顏色

加上主標題（ggtitle）、X/Y 軸說明、並將背景改成白色：

```
# 圖 9-38 依照房屋種類畫出不同的圖點顏色、依照房間數目決定圖點大小
p=ggplot(data=house2010,aes(x=area,y=price,color=type,size=room))
p + geom_point() + theme_bw() + ggtitle("房價 vs. 坪數") +
    xlab("坪數")+ ylab("房價")
```

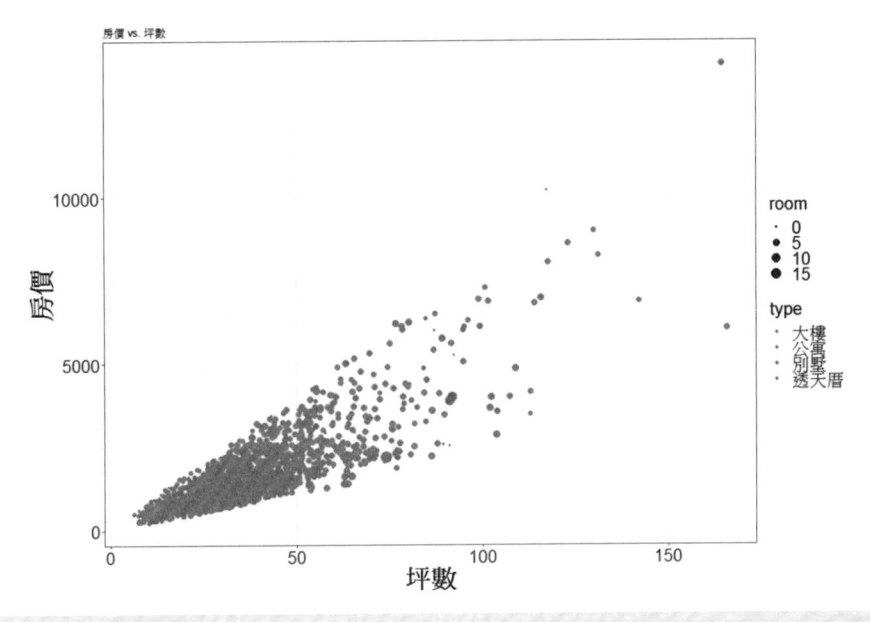

》圖 9-38　ggplot2 基本圖形，搭配不同的圖點顏色與大小

9.8.2　ggplot2 分組繪圖

ggplot2 套件主要使用 facet_wrap 或 facet_grid 函數來呈現分組圖形的效果。

facet_grid 與 facet_wrap 的差異：

(1) facet_grid 畫出的圖形矩陣，雙軸分類變數名稱標示比較清楚易懂。

(2) 如果某一個分類組合下剛好沒有資料，facet_wrap 會空出一塊空白區域，比較難看。facet_grid 則仍舊有圖產生，但圖中沒有圖點。

(3) facet_grid 函數會自動決定圖形矩陣的橫列與直行數目，facet_wrap 函數通常需要使用者自己設定圖形矩陣的列數或行數。

(4) facet_grid 函數的第一個參數是 Y 軸分類變數名稱、第二個參數是 Y 軸分類變數名稱，或是採用「Y 軸分類變數 ~ X 軸分類變數」模型公式寫法。facet_wrap 函數則採用「~ Y 軸分類變數 + X 軸分類變數」寫法：

　　facet_grid(vars(Y 軸分類變數),vars(X 軸分類變數))

　　或 facet_grid(Y 軸分類變數 ~ X 軸分類變數)

facet_wrap(vars(Y 軸分類變數, X 軸分類變數))

或 facet_wrap(~ Y 軸分類變數 + X 軸分類變數)

為了讓圖形更清楚，我們先使用 theme 函數設定相關圖形文字的大小並儲存在 tLayer 圖層變數：

```
tLayer = theme(axis.text=element_text(size=20),
      axis.title=element_text(size=30,face="bold"),
      legend.text=element_text(size=20),
      legend.title=element_text(size=20))
```

(1) 單分類變數的分組點圖

▼ 程式範例 9-14

依照不同房屋種類分組畫出點圖，1x4 圖形矩陣：

```
# 圖 9-39
p=ggplot(data=house2010,aes(x=area,y=price,color=type))
# nrow=1 代表將 4 張圖畫成 1 個橫列 (row) 的 1x4 圖形矩陣
p + geom_point() + facet_wrap(vars(type),nrow=1) + tLayer
```

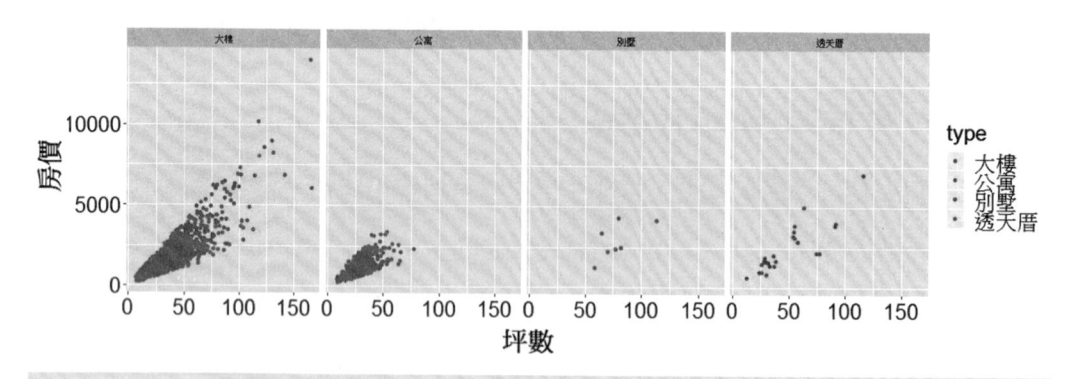

》圖 9-39　ggplot2 基本圖形，搭配不同的圖點顏色與大小

依照不同房屋種類分組畫出點圖，2x2 圖形矩陣：

```
# 圖 9-40：
# ncol=2 代表將 4 張圖畫成 2 個直行 (column) 的 2x2 圖形矩陣
p + geom_point() + facet_wrap(vars(type),ncol=2) + tLayer
# 或 p + geom_point() + facet_wrap(~type,ncol=2) + tLayer
```

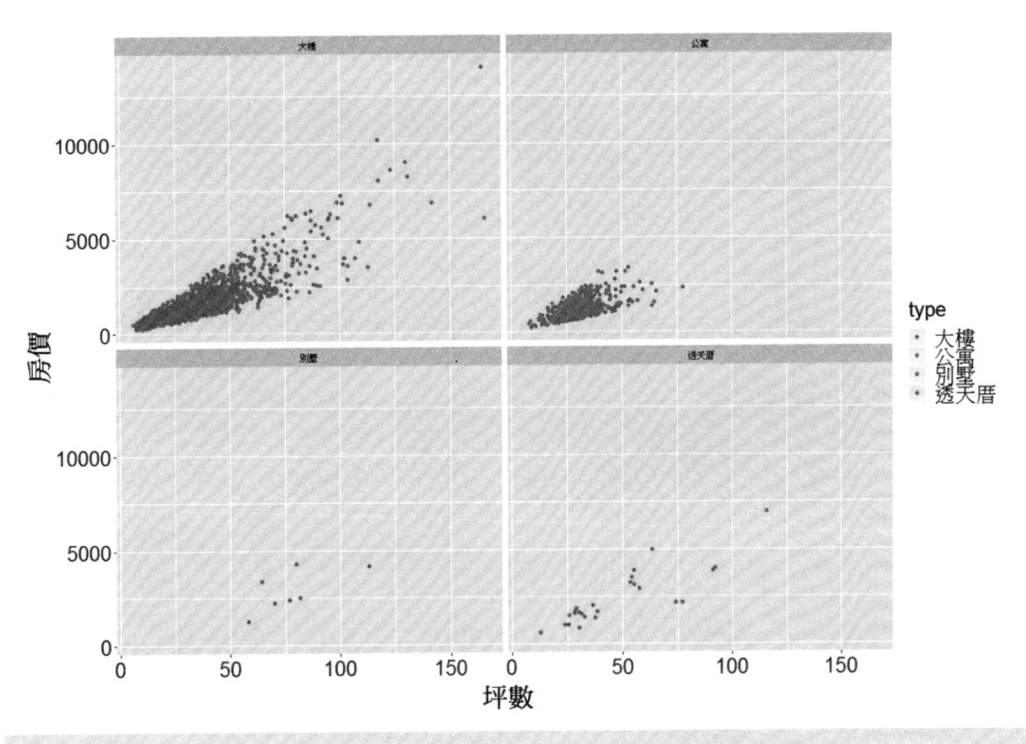

》圖 9-40　ggplot2 基本圖形，搭配不同的圖點顏色與大小

▼ 程式範例 9-15

分組機率密度圖，單一圖形。

房屋種類密度圖，堆疊在一起（position="stack"）

```
# 圖 9-41    #fill 是指定依照哪個分類變數來填滿顏色
p = ggplot(data=house2010,aes(x=price,fill=type))
# alpha 是透明度參數
p + stat_density(alpha=I(.3),position = "stack") + tLayer
```

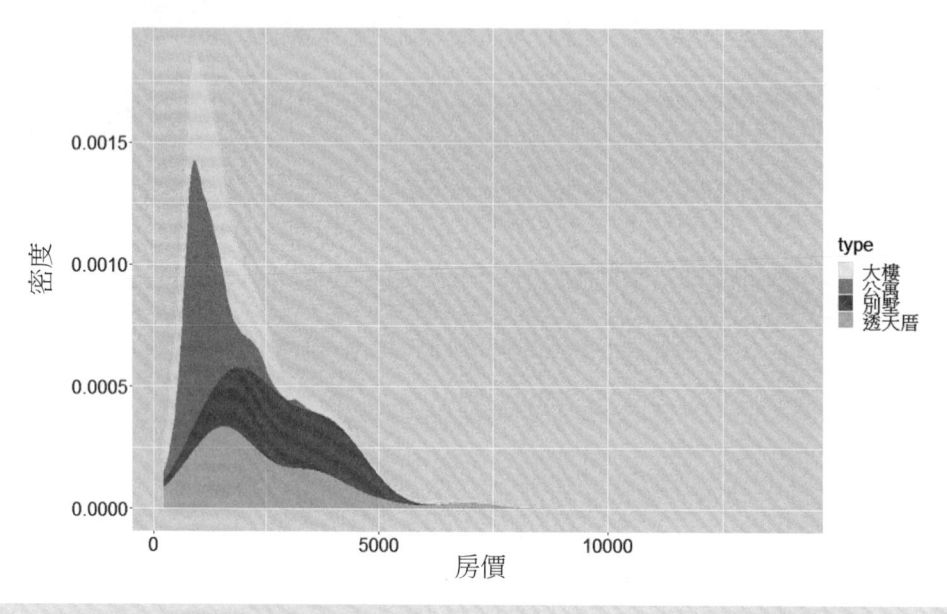

» 圖 9-41　四種不同房屋種類的房價機率密度圖：stack (堆疊)

房屋種類密度圖：畫出各自的機率密度圖 (position="identity")

```
# 圖 9-42：
p = ggplot(data=house2010,aes(x=price,fill=type))
p + stat_density(alpha=I(.3),position = "identity") + tLayer
```

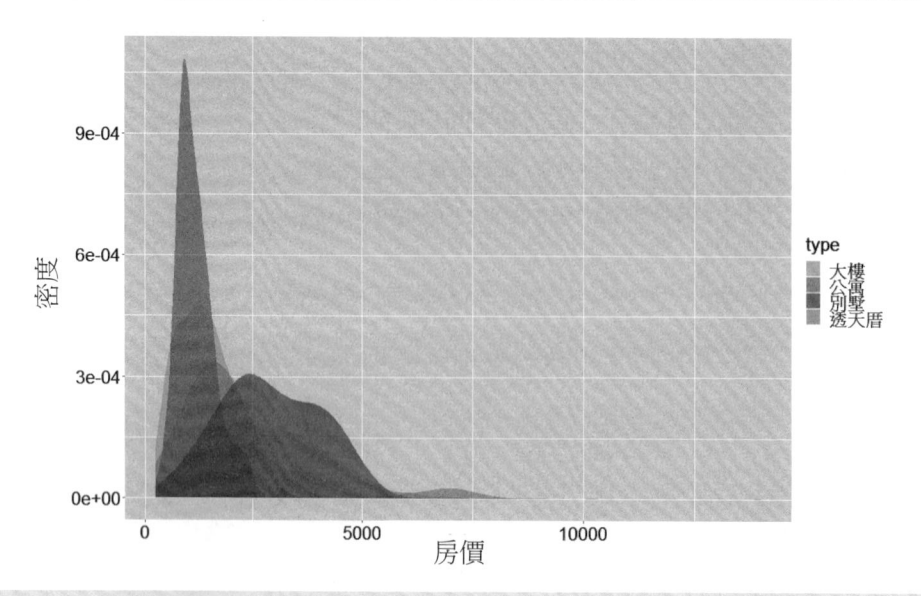

» 圖 9-42　四種不同房屋種類的房價機率密度圖：identity

geom_density 函數是 stat_density 函數的代理函數。

同圖 9-42，但使用 geom_density 函數 (預設 identity)。

```
# 圖 9-43
p = ggplot(data=house2010,aes(x=price,fill=type))
p + geom_density(alpha=I(.3)) + tLayer
```

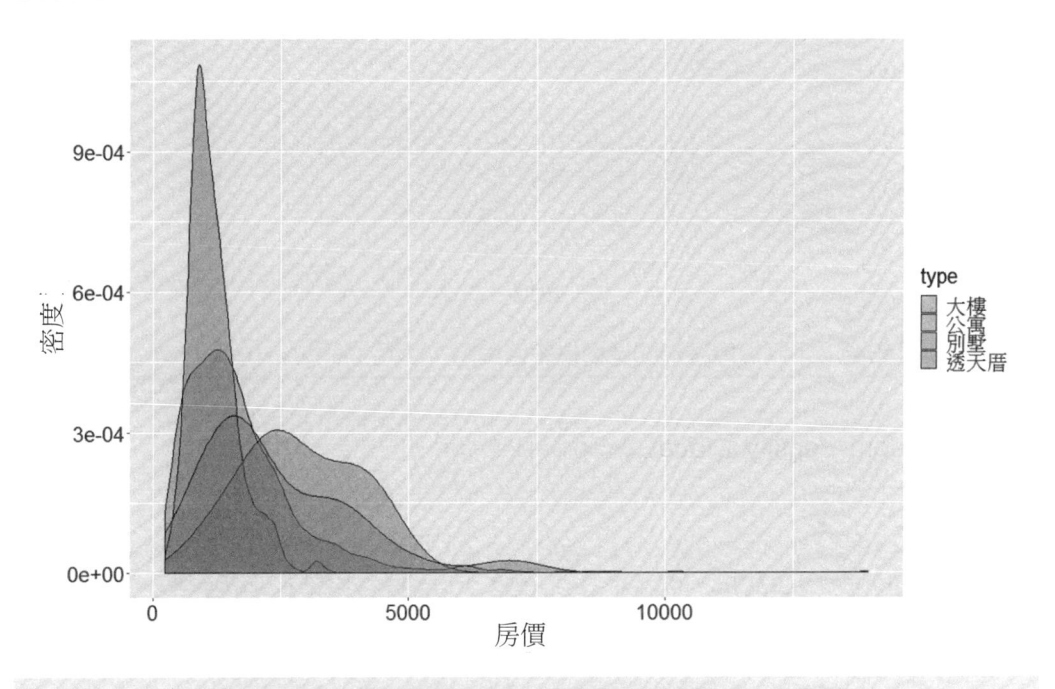

》圖 9-43　四種不同房屋種類的房價機率密度圖：identity

使用 stat_density + facet_wrap 分成多圖：

```
# 圖 9-44
p = ggplot(data=house2010,aes(x=price,fill=type))
p + stat_density(alpha=I(.3))+facet_wrap(~type) + tLayer
```

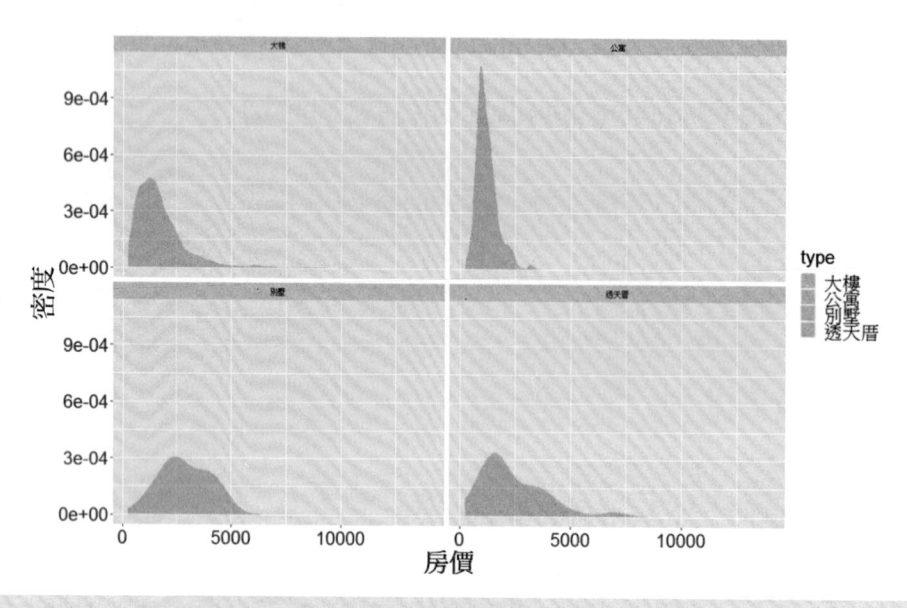

» 圖 9-44　不同房屋種類的房價機率密度圖：stat_density+facet_wrap

使用 geom_density + facet_wrap 分成多圖：

```
# 圖 9-45
p = ggplot(data=house2010,aes(x=price,fill=type))
p + geom_density(alpha=I(.3)) + facet_wrap(~type) + tLayer
```

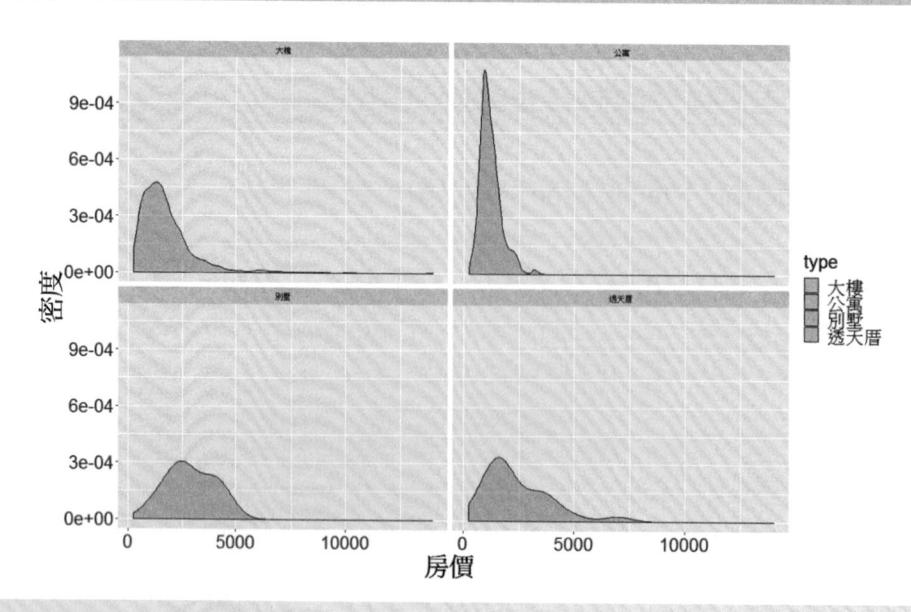

» 圖 9-45　不同房屋種類的房價機率密度圖：geom_density+facet_wrap

程式範例 9-16

分組盒狀圖（box plot）。

依照房屋種類分組畫出房價盒狀圖，「不」使用 facet_wrap：

```
# 圖 9-46：
p=ggplot(data=house2010,aes(x=area,y=price,color=type))
p + geom_boxplot() + tLayer
```

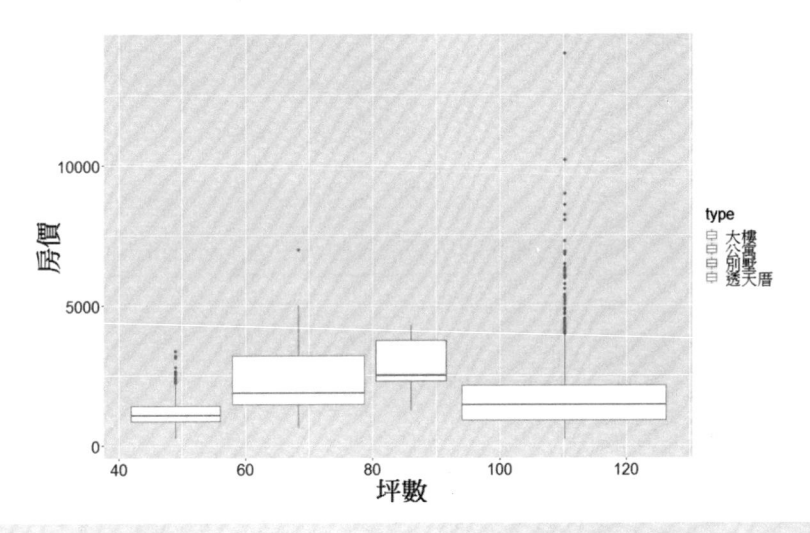

》圖 9-46　不同房屋種類的房價盒狀圖：單一圖形

依照房屋種類分組畫出房價盒狀圖，使用 facet_wrap：

```
# 圖 9-47：
p=ggplot(data=house2010,aes(x=area,y=price,color=type))
p + geom_boxplot() + facet_wrap(~type) + tLayer
```

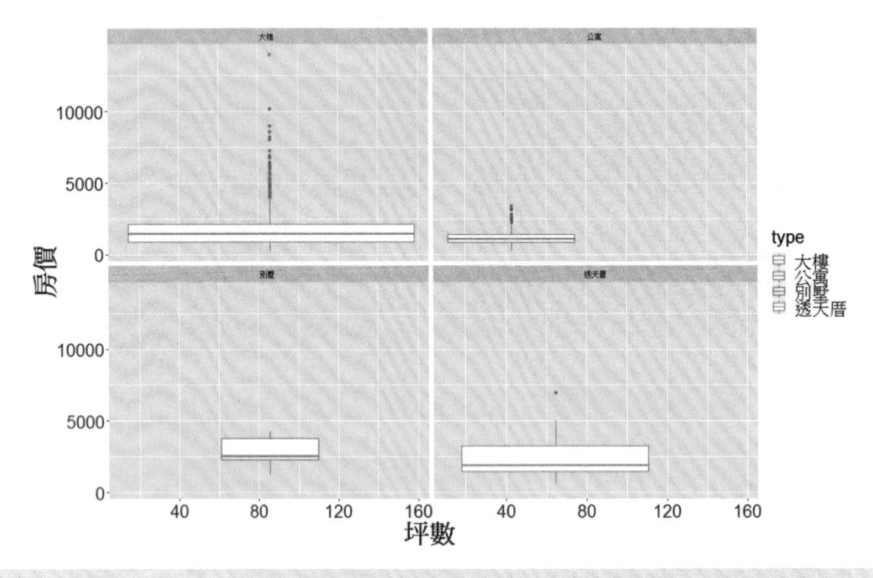

》圖 9-47　不同房屋種類的房價盒狀圖：facet_wrap 產生多圖

▼ 程式範例 9-17

分組直方圖（histogram）。

依照房屋種類分組畫出房價直方圖，使用 facet_wrap：

```
# 圖 9-48：
p=ggplot(data=house2010,aes(x=price))
# fill（填色）的長度必須是長條數目（bins=20）乘以分類數目（在此為 4）
ntype = nlevels(factor(house2010$type))    # 4 個不同房屋種類
p + geom_histogram(bins=20,fill=rep(rainbow(20),times=ntype)) +
    facet_wrap(.~type) + tLayer
```

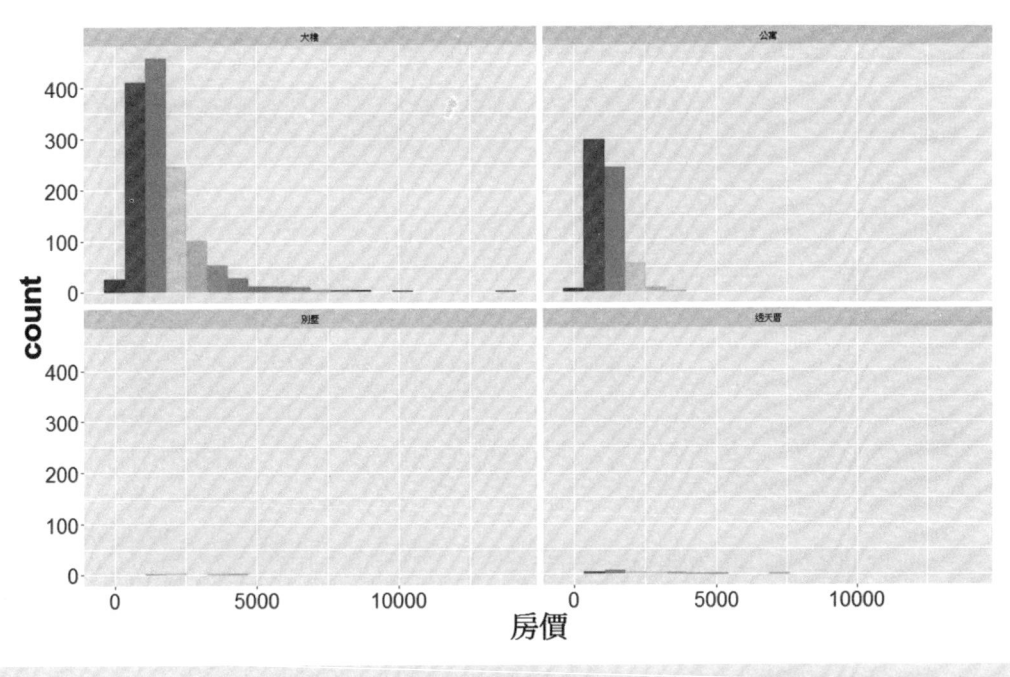

» 圖 9-48　不同房屋種類的房價直方圖：facet_wrap 產生多圖

(2) 雙分類變數的分組圖形

▼ **程式範例 9-18**

[1] 雙分類變數的 X-Y 散佈圖：使用 facet_grid。

　　房價 vs. 坪數散佈圖：有無停車位 vs. 房屋種類，使用 facet_grid 函數

```
# 圖 9-49
p=ggplot(data=house2010,aes(x=area,y=price,color=type))
p + geom_point() + facet_grid(vars(parking),vars(type)) + tLayer
# parking 是圖形矩陣的 Y 軸分類、type 是圖形矩陣的 X 軸分類
# 或 p+geom_point()+facet_grid(parking~type)+tLayer
```

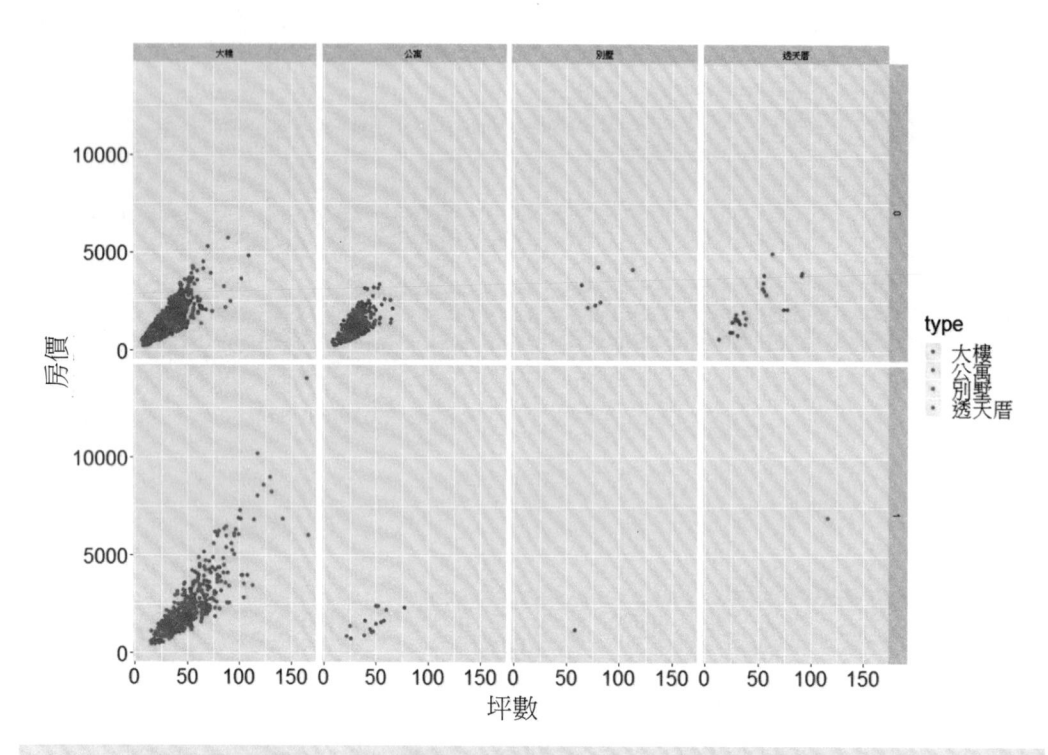

》圖 9-49　坪數 vs. 房價散佈圖：有無停車位 vs. 房屋種類 (facet_grid)

[2] 雙分類變數的 X-Y 散佈圖：使用 facet_wrap

　　同圖 9-49，但使用 facet_wrap 函數：

```
# 圖 9-50
p=ggplot(data=house2010,aes(x=area,y=price,color=type))
p + geom_point() + facet_wrap(~parking+type,nrow=2) + tLayer
# 或 ... + facet_wrap(vars(parking,type),nrow=2)+tLayer
```

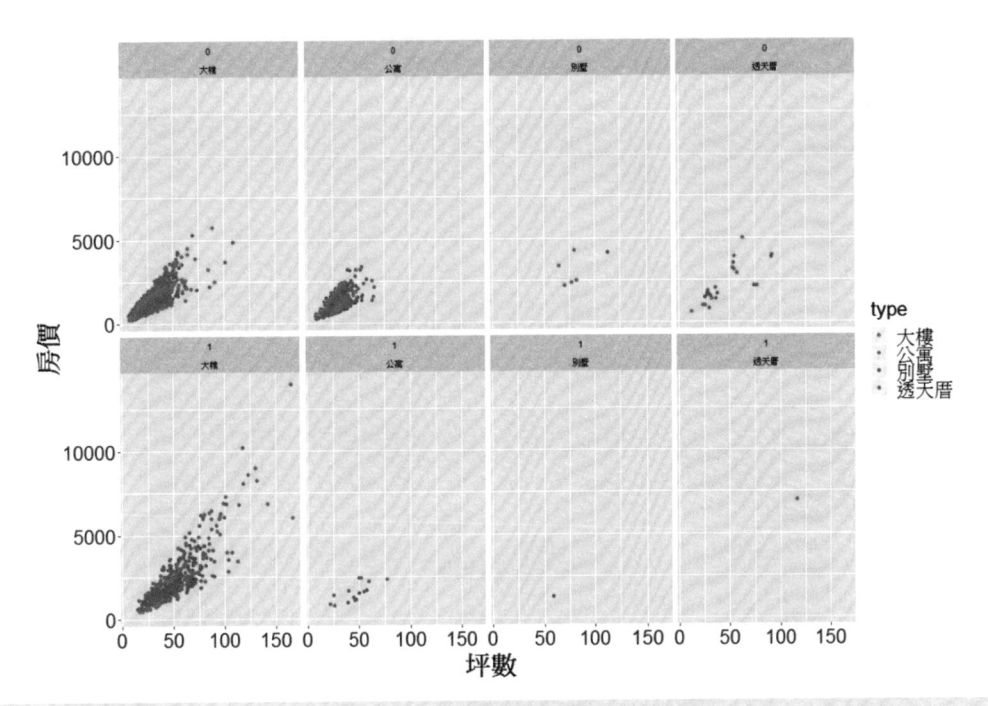

》圖 9-50　坪數 vs. 房價散佈圖：有無停車位 vs. 房屋種類（facet_wrap）

[3] 雙分類變數的彩色直方圖：使用 facet_wrap

延續範例 9-17，雙分類變數的直方圖，使用 facet_wrap 函數。

```
# 圖 9-51：
p=ggplot(data=house2010,aes(x=price))
# 算出兩個分類變數的分類數目
ntype = nlevels(factor(house2010$type))
nparking = nlevels(factor(house2010$parking))
# fill 變數的長度必須是長條數目乘以所有分類組合數目
p + geom_histogram(bins=20,
                   fill=rep(rainbow(20),times=ntype*nparking)) +
    facet_wrap(~parking+type,nrow=2) + tLayer
```

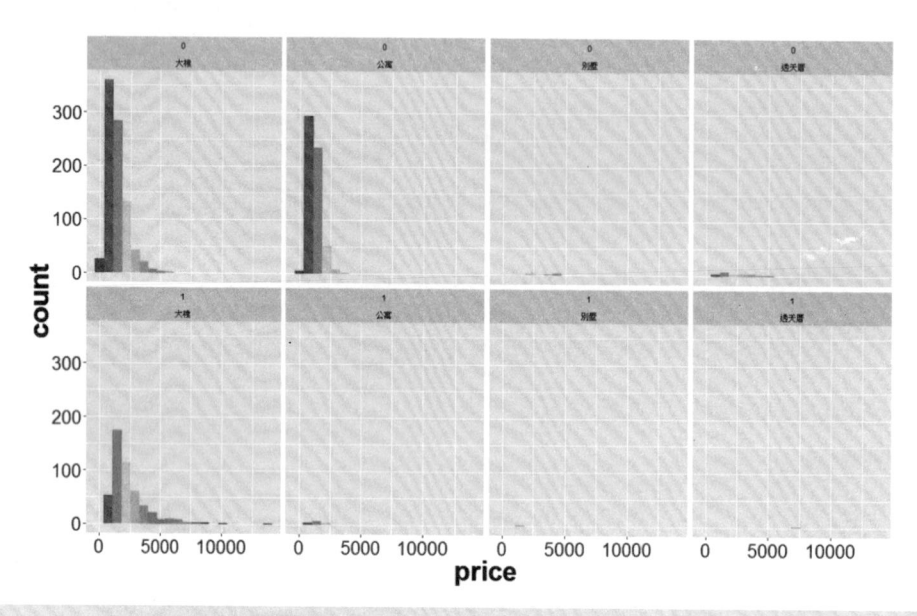

》圖 9-51　房價直方圖：有無停車位 vs. 房屋種類（facet_wrap）

(3) 三個分類變數的分組圖形

依照屋齡、是否有停車位、房屋種類，畫出房價的機率密度圖。

▼ 程式範例 9-19

```
> summary(house2010$age)    # 屋齡
   Min. 1st Qu.  Median    Mean 3rd Qu.    Max.
 -47.60    5.60   19.80   18.84   29.30   61.10
# 依照屋齡中位數，建立 age2 變數：New, Old 兩個分類
> age2 = factor(ifelse(house2010$age < 19.8, "New", "Old"))
> head(house2010$age)
[1] 34.8 11.1 45.7 27.0 20.9 15.3
> head(age2)
[1] Old New Old Old Old New
Levels: New Old
> house2010$age2 = age2

# 圖 9-52
p = ggplot(house2010, aes(x=price, fill=age2))
```

```
p+ geom_density(alpha=0.7, color=NA) +
   xlab("房價")+ylab("有無停車位")+
   facet_grid(parking~type) + theme_bw()+ tLayer +
   guides(fill=guide_legend(title="屋齡"))  # 更改說明方塊的標題
```

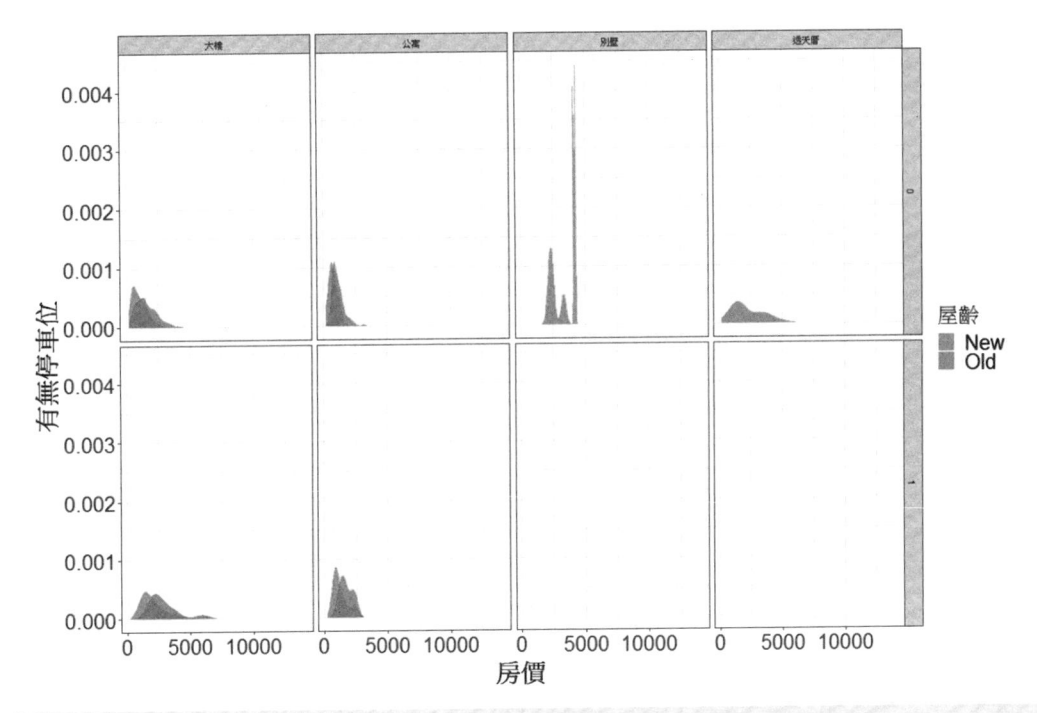

》圖 9-52　房價機率密度圖：有無停車位 vs. 房屋種類 vs. 屋齡

CHAPTER 10

常用函數與程式技巧

10.1 數學、統計與彙整函數
10.2 常用的工具函數
10.3 文字與字串處理
10.4 常見的 R 程式技巧

本章將介紹常用的數學、統計、彙整函數（10.1 節），常用的工具函數（10.2 節），文字字串處理函數（10.3 節），以及一些常用的程式技巧（10.4 節）。

10.1 數學、統計與彙整函數

一般數學函數

基本數學函數：	log、exp、log10、log2、sin、cos、tan、asin、acos、atan、abs、sqrt
log10(x)	以 10 為底的 log 函數
ceiling(x)	大於等於 x 的最小整數
floor(x)	小於等於 x 的最大整數
round(x)	最靠近 x 的整數（四捨五入）
round(x, n)	將 x 四捨五入到第 n 位數
trunc(x)	傳回 x 的整數部分
signif(x, k)	傳回 x，但顯示 k 位有效位數

統計相關的函數

sum(x)	向量 x 所有元素之總和
prod(x)	向量 x 所有元素相乘
max(x)	向量 x 所有元素中最大的元素值
min(x)	向量 x 所有元素中最小的元素值
pmin(x, y, ...)	傳回 x, y, …各向量第一個元素的最小值、第二個元素最小值…等
pmax(x, y, ...)	同上，但傳回最大值
range(x)	傳回 x 的全距

length(x)	計算向量 x 的元素個數
mean(x)	計算 x 所有元素的平均數
median(x)	計算 x 所有元素的中位數
var(x)、cov(x)	計算 x 所有元素的樣本變異數
cor(x)	當 x 為 data frame 時，傳回 x 的相關矩陣。 當 x 為向量時，傳回 1.0
var(x, y)、cov(x, y)	計算 x 與 y 的共變異數（covariance）矩陣
cor(x, y)	計算 x 與 y 的相關係數或相關係數矩陣
rev(x)	傳回一個向量，其元素是 x 所有元素倒過來排序
sort(x)	將 x 內的元素從小到大排序後存成向量傳回
rev(sort(x))	將 x 內的元素從大到小排序後存成向量傳回
rank(x)	傳回 x 中各元素的排序順序值（rank）
log(x, base)	以 base 為基底計算 x 的 log 值
choose(n, k)	計算二項式組合數 n!/[(n – k)!k!]
factorial(x)	階乘函數，相當於 prod(1:x)

▼ **程式範例 10-1**

```
> sqrt(2)
[1] 1.414214

> abs(2-4)
[1] 2

> cos(4*pi)
[1] 1

> log(0)                    # not defined
[1] -Inf
```

```
> factorial(6)              # 6!
[1] 720

> choose(52, 5)             # this is 52!/(47!5!)
[1] 2598960
```

10.2 常用的工具函數

這一節當中，我們將介紹幾類常用的工具函數，包含遺失值處理函數、處理 function 的函數、apply 系列函數、table 系列函數、求數學函數最大、最小值的 optimization 系列函數，以及製作美觀表格的 xtable 函數。

除此之外，4.4 節的變數處理函數、第 6 章所介紹的資料處理函數，以及本章 10.3 節的文字字串處理函數等，也都是常用的工具函數。

10.2.1 處理 NA 遺失值的函數

na.fail(x)：若 x 包含 missing values 則傳回錯誤訊息，否則傳回 x。

na.pass(x)：保留 x 的 NA 值。

na.omit(x) 與 na.exclude(x)：去除 NA 元素，兩者大致相同，但若使用 na.exlcude(x)，則在 lm 函數計算預測值或殘差時，軟體會自動在原本被排除的 NA 觀察值處補上 NA 值。

> 提醒　許多函數都有 na.rm (remove，刪除遺失值) 的參數，預設為 FALSE。

▼ **程式範例 10-2**

```
> x = c(11, 12, NA, 14, NA, 16)
> is.na(x)
[1] FALSE FALSE  TRUE FALSE  TRUE FALSE

> is.na(x)[1]
[1] FALSE
```

> **na.fail** 函數一旦偵測到 NA 遺失值，程式會出現錯誤訊息並停止：

```
> na.fail(x)
錯誤在 na.fail.default(x) : missing values in object

> na.pass(x)
[1] 11 12 NA 14 NA 16

> na.omit(x)
[1] 11 12 14 16
attr(,"na.action")
[1] 3 5
attr(,"class")
[1] "omit"

> na.exclude(x)
[1] 11 12 14 16
attr(,"na.action")
[1] 3 5
attr(,"class")
[1] "exclude"
```

> **is.na** 搭配 **sapply** 函數計算資料框架變數中各行向量的遺失值數目：

```
> sapply(airquality, function(x)su = sum(is.na(x)))
 Ozone Solar.R    Wind    Temp   Month     Day
    37       7       0       0       0       0
```

10.2.2　處理 function 的函數

　　invisible、args、body 與 formals 可以用來分析或檢視一個 R 函數的參數或內容特性：

　　　　invisible　若函數定義裡面最後一個值經過 invisible 函數處理過，當該函數被引用時若沒有將傳回值儲存到其他變數，則函數不會顯示計算結果。

　　　　args　　　顯示一個函數的參數與預設值。

　　　　formals　顯示一個函數各參數的特質。

body　　顯示一個函數的內容。

▼ 程式範例 10-3

➤ f1 自訂函數使用 invisible 處理傳回值，所以單獨使用 f1(10) 不會顯示任何結果，但若用 x = f1(10) 一樣可正確算出函數值：

```
> f1 = function(x)
+   {
+       y = x + 10
+       return(invisible(y))
+   }
> f1(10)
> x = f1(10)
> x
[1] 20
```

➤ f2 自訂函數沒有使用 invisible 函數處理傳回值，所以單獨使用 f2(10) 會顯示傳回值 20：

```
> f2 = function(x)
+ {
+    y = x + 10
+    return(y)
+ }
> f2(10)
[1] 20
```

➤ 查詢函數的參數、內容：

```
> args(sum)
function (..., na.rm = FALSE)
NULL
```

```
> args(lm)
function (formula, data, subset, weights, na.action, method = "qr",
    model = TRUE, x = FALSE, y = FALSE, qr = TRUE, singular.ok = TRUE,
    contrasts = NULL, offset, ...)
NULL
```

```
> formals(lm)
 $formula

 $data

 $subset

 .........[略]

 $contrasts
 NULL

 $offset

 $...

> body(var)
 {
    if (missing(use))
        use <- if (na.rm)
           "na.or.complete"
        else "everything"
    ....................................[略]
    .Internal(cov(x, y, na.method, FALSE))
 }
```

10.2.3　apply 系列函數與 aggregate

apply 系列函數包含 apply、tapply、sapply、lapply、aggregate，主要功能是將某個使用者指定的函數作用到每一個元素、每一個橫列、每一個直行或 table 資料的每一個格子。

apply 函數：可用於矩陣或資料框架變數

apply 函數主要是將一個指定的計算函數作用到矩陣或陣列的每一列或每一行。

[基本語法]　apply(x, MARGIN, FUN, ...)

其中

- **x** 為矩陣或陣列變數。

- **MARGIN** = **1** 或 **2**。1 代表每一橫列，2 代表每一直行。

- **FUN** 為欲作用的函數名稱。
- **...** 為 FUN 所需的額外參數列表（optional）。

如果 FUN 函數計算值是向量，則 apply 傳回向量或矩陣，否則 apply 傳回一個 list 變數。

▼ 程式範例 10-4

```
> x = matrix(1:12, 4, 3)
> x
     [,1] [,2] [,3]
[1,]    1    5    9
[2,]    2    6   10
[3,]    3    7   11
[4,]    4    8   12
```

➢ 使用 mean 函數求出矩陣每一橫列的平均數：

```
> apply(x, 1, mean)
[1] 5 6 7 8
```

使用 mean 函數求出矩陣每一直行的平均數：

```
> apply(x, 2, mean)
[1]  2.5  6.5 10.5
```

➢ 使用 table 函數作用在 A 矩陣的每一橫列：

```
> A <- matrix(c(1:4, 1, 6:8), nrow = 2)
> A
     [,1] [,2] [,3] [,4]
[1,]    1    3    1    7
[2,]    2    4    6    8
```

```
> (app.out = apply(A, 1, table))
[[1]]

1 3 7
2 1 1
```

```
[[2]]
2 4 6 8
1 1 1 1
```

```
> ap[[1]]
1 3 7
2 1 1
```

tapply 函數：可用於向量變數

　　tapply 函數的主要功能，是使用一個或多個分類變數來幫另一個數值向量計算各種分類組合下的彙整量。

[基本語法]　　tapply(x, INDEX, FUN, ...)

其中

- **x** 為計算的主要物件，通常為向量變數。
- **INDEX** 是儲存分群或分組資料的文字向量或 factor 變數名稱，也可以是 list（分類變數 1, 分類變數 2, ...）的寫法。
- **FUN** 是作用在各種分類組合下所有觀察值的函數名稱。
- **...** 為 FUN 所需的額外參數列表（optional）。

▼ **程式範例 10-5**

➤ x1 是血型變數（字串向量）。由 x1 轉換出因子變數 x2，然後使用 x2 的分類，搭配 length 函數來計算 x1 中各血型的人數：

```
> x1
[1] "AB" "O"  "O"  "A"  "B"  "O"  "O"  "A"  "A"  "O"
```

```
> x2 = as.factor(x1) ; x2
[1] AB O O A B O O A A O
Levels: A AB B O
```

```
> t = tapply(x1, x2, length) ; t
 A AB  B  O
 3  1  1  5
```

➢ area 是 20 個大學畢業生的家鄉區域，incomes 為這 20 人的月收入：

```
> area
 [1] "北" "中" "中" "北" "中" "北" "中" "北" "北" "北" "中" "中" "中"
 "中"
[15] "南" "北" "中" "南" "北" "南"
```

```
> incomes
 [1] 28339 28245 24565 22146 28641 24596 22250 24500 28157 26614 20474
[12] 25850 26195 27953 26890 21457 25999 21738 23628 23343
```

使用 tapply 搭配 mean 函數，算出三個區域大學畢業生的平均月收入：

```
> tapply(incomes,factor(area,levels=c("北","中","南")),
+                         mean)
      北       中       南
24929.62 25574.67 23990.33
```

【註】 此例中，我們使用 factor 變數的 levels 參數強迫使用「北、中、南」的分類順序，否則會依照中文編碼順序出現「中、北、南」。

➢ presidents 是從 1945 年第一季到 1974 年第四季美國總統支持度資料，為時間數列 (ts) 變數：

```
> presidents
     Qtr1 Qtr2 Qtr3 Qtr4
1945   NA   87   82   75
....................
1974   28   25   24   24
```

cycle 函數可以列出每個數字的季節編號：

```
> cycle(presidents)
     Qtr1 Qtr2 Qtr3 Qtr4
1945    1    2    3    4
```

```
.......................
1974     1     2     3     4
```

使用 tapply 搭配 cycle 與 mean 函數，算出各季的平均支持度：

```
> tapply(presidents, cycle(presidents), mean, na.rm = TRUE)
       1        2        3        4
58.44828 56.43333 57.22222 53.07143
```

> 若 scores、grades、bloodtypes 分別是某個科目 50 個學生的成績、年級與血型資料。我們可以使用 tapply 搭配 mean 函數，算出四個年級與四種血型不同組合狀況下的平均成績：

```
> scores
 [1] 74 73 46 56 41 81 80 53 45 66 76 71 59 69 63 57 59 75 41 53 56 62
......................................
[49] 60 46
```

```
> grade
 [1] "大四" "大四" "大四" "大一" "大四" "大一" "大三" "大三" "大一" "大四"
......................................
[41] "大三" "大二" "大二" "大一" "大一" "大二" "大三" "大一" "大四" "大三"
```

```
> bloodtype
 [1] "B"  "A"  "AB" "O"  "O"  "O"  "AB" "B"  "B"  "A"  "B"  "B"  "A"  "A"
......................................
[43] "O"  "B"  "O"  "B"  "A"  "O"  "B"  "B"
```

```
> (tmeans = tapply(scores, list(grade, bloodtype), mean))
            A       AB        B        O
大一 59.00000 59.66667 59.66667 63.6
大二 52.50000 58.00000 60.25000 63.0
大三 63.50000 66.25000 56.50000 54.0
大四 64.66667 55.75000 70.00000 47.0
```

```
> tmeans[1,1]
[1] 59
```

```
> tmeans["大一", "A"]
[1] 59
```

```
> tmeans["大三", "AB"]
[1] 66.25
```

sapply 與 lapply 函數：可用於向量、list、資料框架變數

sapply 與 lapply 都是將某個函數作用在一個向量或 list 變數的每一個元素上，差別在於 sapply 盡可能傳回向量或矩陣（有時候也會傳回 list），lapply 則傳回一個 list 變數。一個資料框架變數也可視為是由各個行變數所組成的 list 變數，因此我們也可以使用 sapply 來計算資料框架變數所有行變數的某些彙整量。

[基本語法]　　sapply(x, FUN, ...)

　　　　　　　　lapply(x, FUN, ...)

其中

- **x** 為向量變數或 list 變數。
- **FUN** 為某個函數名稱。
- **...** 為 FUN 函數所需的額外參數（未必需要）。

▼ 程式範例 10-6

➢ 使用 lapply 來求出 list 變數的彙整量：

```
> x <- list(a = 1:10, beta = exp(-3:3),
+           logic = c(TRUE, FALSE, FALSE, TRUE))
> x
$a
 [1]  1  2  3  4  5  6  7  8  9 10

$beta
[1]  0.04978707  0.13533528  0.36787944  1.00000000  2.71828183  7.38905610
[7] 20.08553692

$logic
[1]  TRUE FALSE FALSE  TRUE
```

```
> lapply(x, mean)                      # 註：TRUE = 1, FALSE = 0
$a
[1] 5.5


$beta
[1] 4.535125


$logic
[1] 0.5

> sapply(x, mean)                      # 傳回向量
       a      beta     logic
5.500000 4.535125 0.500000
```

- seq(k) 會傳回 (1, 2, ..., k) 向量。以下例子中，由於 seq(1)、seq(2)、...、seq(5) 傳回的向量長度不同，無法組成一個矩陣，所以 sapply 還是會傳回一個 list 變數：

```
> (sapp = sapply(1:5, seq))
[[1]]
[1] 1

[[2]]
[1] 1 2

[[3]]
[1] 1 2 3

[[4]]
[1] 1 2 3 4

[[5]]
[1] 1 2 3 4 5

> sapp[[4]]
[1] 1 2 3 4
```

aggregate：計算分組彙整數量，可用於向量、矩陣、資料框架

aggregate 與 tapply 的功能差不多，都可以使用兩個以上的分類變數組合出不同的分組狀況，但是 tapply 函數可以傳回 list 變數，aggregate 函數僅能傳回向量、矩陣或陣列。由於向量、矩陣、陣列的各行各列需有相同的列數或行數，因此，如果 FUN 對於個別分群狀況產生不同長度的計算結果時，我們需要使用 tapply 函數來作分組彙整。

[基本語法]　　aggragate(x, by, FUN, ...)

其中

- **x** 為向量、矩陣或資料框架變數。
- **by** 選項的值為一個或多個分類變數所組成的 list 變數。
- **FUN** 為彙整計算函數。
- **...** 為 FUN 函數所需的額外參數（optional）。

▼ 程式範例 10-7

R 軟體內建的 state.x77 資料檔是美國 50 個州的統計資料，state.region 是這 50 個州所處的四個區域的變數（Northeast、North Central、West、South）。我們可以用 aggregate 函數計算各區域與是否寒冷兩個分類組合狀況下的彙整平均數：

```
> head(state.x77)
           Population Income Illiteracy Life Exp Murder HS Grad Frost   Area
Alabama          3615   3624        2.1    69.05   15.1    41.3    20  50708
Alaska            365   6315        1.5    69.31   11.3    66.7   152 566432
Arizona          2212   4530        1.8    70.55    7.8    58.1    15 113417
Arkansas         2110   3378        1.9    70.66   10.1    39.9    65  51945
California      21198   5114        1.1    71.71   10.3    62.6    20 156361
Colorado         2541   4884        0.7    72.06    6.8    63.9   166 103766
```

```
> state.region
 [1] South         West          West          South         West
......
[46] South         West          South         North Central West
```

```
Levels: Northeast South North Central West
```

```
> aggregate(state.x77, list(Region = state.region,
+       Cold = state.x77[,"Frost"] > 130), mean)
  Region        Cold Population   Income Illiteracy Life Exp    Murder
1      Northeast FALSE  8802.8000 4780.400  1.1800000 71.12800  5.580000
2          South FALSE  4208.1250 4011.938  1.7375000 69.70625 10.581250
3  North Central FALSE  7233.8333 4633.333  0.7833333 70.95667  8.283333
4           West FALSE  4582.5714 4550.143  1.2571429 71.70000  6.828571
5      Northeast  TRUE  1360.5000 4307.500  0.7750000 71.43500  3.650000
6  North Central  TRUE  2372.1667 4588.833  0.6166667 72.57667  2.266667
7           West  TRUE   970.1667 4880.500  0.7500000 70.69167  7.666667
    HS Grad     Frost     Area
1  52.06000  110.6000  21838.60
2  44.34375   64.6250  54605.12
3  53.36667  120.0000  56736.50
4  60.11429   51.0000  91863.71
5  56.35000  160.5000  13519.00
6  55.66667  157.6667  68567.50
7  64.20000  161.8333 184162.17
```

上例中，欲計算的數值變數是儲存在 **stat.x77** 資料框架變數中。如果我們只想簡單計算幾個變數，可用 **cbind** 結合這些變數、並搭配 ~ 模型公式寫法，例如：

```
> students = read.csv("c:/data/students.csv")
> aggregate(cbind(IQ,score1)~gender+bloodtype,data=students,
+           FUN=mean)
  gender bloodtype       IQ   score1
1      F         A 135.1765 85.57114
2      M         A 120.5882 77.28799
3      F        AB 120.9375 77.82210
4      M        AB 126.4000 81.05973
5      F         B 124.1176 77.40101
6      M         B 130.6190 83.00147
7      F         O 124.6207 78.84332
8      M         O 126.6111 79.09052
```

10.2.4 table 系列函數

table 系列函數包含 tabulate、table、xtabs、ftable 等次數（frequency）彙整函數，以及用來製作美觀表格的 xtable 函數（屬於 xtable 套件）。

tabulate 函數

tabulate 有兩個用途，第一個用途是計算某個整數向量裡面，正整數 1, 2, 3, ... 的出現次數。第二個用途是計算 factor 變數中，各分類的出現次數。

【基本語法】　　tabulate(bin, nbins = max(1, bin, na.rm = TRUE))

其中

- **bin**（數個格子所成的集合體）是被計數的物件，可以是整數向量或是 factor 變數。

- **nbins**（number of bins）則是欲統計發生次數的元素數目，預設為正整數 1, 2, ..., k 的最大值 k。

我們可以想像 bin 物件為一堆上面標示正整數號碼的小彈珠，tabulate 函數則像一個分類整理盒，裡面有好幾個格子可存放不同號碼的彈珠。如果所有彈珠上的最大號碼是 7，則這個整理盒有 7 格，格子上面的編號是 1, 2, ⋯, 7。tabulate 函數最後會把不同號碼的彈珠放入對應的格子，並傳回每個格子裡面的彈珠數目（依照號碼從小到大排列）。

▼ **程式範例 10-8**

➢ 向量 x = c(0, -1, 2, 3, 3, 3, 5, 5) 可想像成 8 個彈珠，彈珠上的號碼是 0, -1, 2, 3, 5。由於最大的號碼是 5，所以 tabulate 從正整數 1 起算，預設有 5 個分類：1, 2, 3, 4, 5。最後傳回結果是：編號 1 的彈珠有 0 個，編號 2 的彈珠有 1 個，編號 3 的彈珠有 3 個，編號 4 的彈珠有 0 個，編號 5 的彈珠有 2 個。編號 0 跟 -1 的彈珠不列入計算：

```
> x = c(-1, 0, 2, 3, 3, 3, 5, 5)  ;  tabulate(x)
[1] 0 1 3 0 2
```

> 同上，但 nbin 設定成 10，代表有整理盒有 1, ···, 10 共 10 格。計算結果最後 5 個 0 代表編號 6, 7, 8, 9, 10 的彈珠數目皆為 0。

```
> tabulate(x, nbins = 10)
 [1] 0 1 3 0 2 0 0 0 0 0
```

> tabulate 也能用在計算 factor 變數的次數。若計算的物件為文字向量，需先轉為 factor 變數。以下例子中，A < AB < B < O，所以 AB 出現 3 次，B 出現 2 次：

```
> tabulate(factor(c("A", "B", "B", "AB", "AB", "AB", "O")))
 [1] 1 3 2 1
```

> 若想用 tabulate 計算中文字串向量，光是轉成因子變數還不夠：

```
> department = c("電機系", "英文系", "英文系", "物理系")
> tabulate(factor(department))
 [1] 1 2 1                              # 無法知道為何英文系被排在第 2 類
```

此時可以指定分類 (level) 順序為 "英文系"、"物理系"、"電機系"：

```
> tabulate(factor(department,
                  levels=c("英文系", "物理系", "電機系")))
 [1] 2 1 1
```

table 函數

table 函數可以計算一個物件所有可能值或各種分類組合的發生次數（frequency）。table 函數的傳回值是一個 table 物件，具有整數向量或陣列的屬性。

[基本語法]　　table(x1, x2, ···, xk, dnn)

其中

- `x1 ~ xk` 為 factor、list 或 data-frame 變數。
- `dnn` 為字串向量，用來設定 table 各維度的名稱（dimnames）。
- table 函數會視輸入變數的數目傳回不同維度的陣列（array），因此其輸出結果可以視為陣列來處理。

此外，colSum、colMeans、rowSums、rowMeans、prop.table、as.data.frame 等函數可用來彙整 table 物件（請參考以下範例）。

▼ 程式範例 10-9

➢ 算出 iris 資料裡面三種不同種類的鳶尾花各有幾筆紀錄：

```
> data(iris)
> table(iris$Species)
setosa   versicolor  virginica
    50           50         50

> table(iris$Species, dnn = c("花的種類"))
花的種類
    setosa versicolor  virginica
        50         50         50
```

➢ 從 Poisson（λ = 5）分配產生 50 個亂數，並且計算 1, 2, 3, ..., 9, 10 這十個數字各出現幾次：

```
> (x = rpois(50,5)*3)
 [1] 12 18  9  9 12 12 15  9  9 12 21 12 18 24 15 15 15  9 21 12 21 15  9 15
[25] 27 24 18 24 12  9 15 15 18 21  9  9 12 12 18 21  9 12  9  6 12  9 21 12
[49]  9 21

> (xt = table(x))
x
 6  9 12 15 18 21 24 27
 1 13 12  8  5  7  3  1
```

9 這個數字出現 13 次：

```
> xt["9"]                                           # 或用 xt[2]
9
13

> xt[c("9", "15", "18")]
x
 9 15 18
13  8  5
```

使用 as.vector 函數轉為沒有元素名稱的向量：

```
> as.vector(xt[c("9", "15", "18")])
[1] 13  8  5
```

> 以下資料是 10 個學生的性別、血型與成績：

```
> gender
 [1] "女" "男" "男" "女" "女" "男" "女" "女" "男" "女"

> bloodtype
 [1] "B"  "A"  "A"  "A"  "B"  "O"  "B"  "O"  "A"  "AB"

> scores
 [1] 58 78 87 46 51 62 81 43 79 51
```

我們先看看由性別與血型組成的列聯表：

```
> table(bloodtype, gender)
         gender
bloodtype 女 男
       A   1  3
       AB  1  0
       B   3  0
       O   1  1

> tab1 = table(bloodtype, gender, dnn = c("血型", "性別")) ; tab1
      性別
血型   女 男
    A   1  3
    AB  1  0
    B   3  0
    O   1  1
```

> 使用 margin.table 函數，分別設定邊界為 1（列）與 2（行）作邊際加總：

```
> margin.table(tab1, 1)
血型
 A AB  B  O
 4  1  3  2
```

```
> margin.table(tab1, 2)
```
性別
 女 男
 6 4

> 使用 rowSums、colSums 等工具函數計算邊際彙整量：

```
> colSums(tab1)                        # 各直行 (column) 的總和
```
女 男
6 4

```
> rowSums(tab1)                        # 各橫列的總和
```
 A AB B O
 4 1 3 2

```
> colMeans(tab1)                       # 各直行的平均數
```
 女 男
1.5 1.0

```
> rowMeans(tab1)                       # 各橫列的平均數
```
  A AB   B   O
2.0 0.5 1.5 1.0

> 使用 prop.table 算出每一格比例或是邊際比例值：

```
> prop.table(tab1)                     # 每個格子佔全數數目的比例
```
       性別
血型 女   男
  A 0.1 0.3
  AB 0.1 0.0
  B 0.3 0.0
  O 0.1 0.1

```
> prop.table(tab1, margin = 1)         # 計算各橫列的邊際比例
```
       性別
血型   女   男
  A 0.25 0.75
  AB 1.00 0.00

```
    B  1.00 0.00
    O  0.50 0.50
```

```
> prop.table(tab1, margin = 2)           # 計算各直行的邊際比例
         性別
血型        女         男
    A  0.1666667 0.7500000
    AB 0.1666667 0.0000000
    B  0.5000000 0.0000000
    O  0.1666667 0.2500000
```

> 轉成 data-frame 變數：

```
> as.data.frame(table(bloodtype,gender), responseName = "人數")
  bloodtype gender 人數
1     A      女    1
2     AB     女    1
3     B      女    3
4     O      女    1
5     A      男    3
6     AB     男    0
7     B      男    0
8     O      男    1
```

xtabs 函數

　　xtabs 可以使用類似 lm 公式的寫法（請參考 11.2 節），彙整資料框架變數中相關的數量。

[基本語法]　　xtabs(公式 , data = x, subset)

其中

- **x** 為矩陣或資料框架變數名稱。
- **公式**為「~ 分類變數 1 + 分類變數 2 + …」或「計數變數 ~ 分類變數 1 + 分類變數 2 + …」形式。
- **subset** 為橫列篩選邏輯運算式條件。

▼ 程式範例 10-10

UCBAdmissions 是 1973 年美國柏克萊大學六個最大的研究所入學申請資料，原始資料型態是三維的 table 物件（可當作三維 array 處理）：

```
> UCBAdmissions
, , Dept = A

          Gender
Admit      Male Female
  Admitted  512     89
  Rejected  313     19
```

....

```
, , Dept = F

          Gender
Admit      Male Female
  Admitted   22     24
  Rejected  351    317
```

先將 table 型態的資料轉成資料框架變數：

```
> DF <- as.data.frame(UCBAdmissions, responseName = "Freq")
> DF
      Admit Gender Dept Freq
1  Admitted   Male    A  512
2  Rejected   Male    A  313
3  Admitted Female    A   89
```
....
```
23 Admitted Female    F   24
24 Rejected Female    F  317
```

使用 xtabs 彙整性別與是否核准入學（Admit）兩個分類組合下的人數計算：

```
> xtabs(Freq ~ Gender + Admit, data = DF)
        Admit
Gender   Admitted Rejected
  Male       1198     1493
  Female      557     1278
```

使用 subset 參數，只挑選 A 系與 F 系的資料：

```
> xtabs(Freq ~ Gender + Admit, data = DF,
subset = Dept %in% c("A", "F"))
        Admit
Gender    Admitted  Rejected
  Male       534       664
  Female     113       336
```

ftable 函數

　　ftable 將一個 data-frame 變數依照其分類變數作成扁平 table（flat table）。例如：

> Arthritis 是一組風濕性關節炎病患的資料，Improved 分類變數代表治療結果：None、Some（有點改善）、Marked（顯著改善）：

```
> data(Arthritis, package = "vcd")
> Arthritis
   ID Treatment  Sex  Age Improved
1  57   Treated  Male  27    Some
2  46   Treated  Male  29    None
3  77   Treated  Male  30    None
..........................................
83 71   Placebo Female 68    Some
84  1   Placebo Female 74   Marked
```

```
> ftable(Arthritis[, -c(1, 4)])          # -c(1,4) 去除「非分類變數」
                  Improved None Some Marked
Treatment Sex
Placebo   Female              19    7    6
          Male                10    0    1
Treated   Female               6    5   16
          Male                 7    2    5
```

xtable 函數：製作美觀表格

　　xtable 是一套能讓 R 軟體產生美觀表格輸出的套件，其輸出結果可用於網頁展示（HTML 格式）或 LaTeX 科學文件軟體。xtable 套件最主要的兩個函數為 xtable 與 print 函數：xtable 函數將眾多 R 軟體物件轉為 xtable 格式，print 則負責輸出實際的 HTML 碼或 LaTeX 格式檔。關於 xtable 套件的詳細用法與展示，讀者可以閱讀套件的展示說明檔：http://cran.csie.ntu.edu.tw/web/packages/xtable/vignettes/xtableGallery.pdf。

[基本語法]　　xtable(x, caption = "標題字串")

　　　　　　　　print(xtable 物件 , type = "latex", file, append = FALSE)

其中

- **x** 為 xtable 套件可接受的物件或變數，例如陣列、矩陣、資料框架與 ts 變數，以及 table、lm、anova、aov、glm 等函數所輸出的物件或再經過 summary 函數彙整後的物件，皆可用 xtable 函數來列印。
- **type** = "latex" 或 "html"，指定輸出格式。
- **file** = 外部文字檔路徑，可將輸出結果直接寫到外部檔案。
- **append** = FALSE 設定覆蓋原有的外部檔案，否則將輸出結果接續在已存在的檔案最後面。

▼ 程式範例 10-11

　　將 lm 函數處理後的物件印出成 HTML 格式：

```
> ctl <- c(4.17,5.58,5.18,6.11,4.50,4.61,5.17,4.53,5.33,5.14)
> trt <- c(4.81,4.17,4.41,3.59,5.87,3.83,6.03,4.89,4.32,4.69)
> group <- gl(2, 10, 20, labels = c("Ctl", "Trt"))
> weight <- c(ctl, trt)
> lm.D9 <- lm(weight ~ group)
> print(xtable(lm.D9), type = "HTML")
```

<!-- html table generated in R 2.10.1 by xtable 1.5-6 package -->
<TABLE border=1>

<TR> <TH>　</TH> <TH> Estimate </TH> <TH> Std. Error </TH> <TH> t value </TH> <TH> Pr(&gt |t|) </TH> </TR>

‧‧[略]

```
</TABLE>
```

```
> print(xtable(anova(lm.D9)), type = "HTML")
<!-- html table generated in R 2.10.1 by xtable 1.5-6 package -->
<TABLE border=1>
<TR> <TH>  </TH> <TH> Df </TH> <TH> Sum Sq </TH> <TH> Mean Sq </TH> <TH> F value </TH> <TH> Pr(&gt F) </TH>  </TR>
..................................[略]
</TABLE>
```

將以上兩次輸出的 HTML 碼 copy 到一個 HTML 檔中，從網站看到的結果如圖 10-1：

》圖 10-1　xtable 的 HTML 輸出結果

若將上述指令改為 print(..., type = "latex")，則輸出的 LaTeX 表格畫面如圖 10-2：

》圖 10-2　xtable 的 LaTeX 輸出結果

10.2.5 Optimization：求函數的極值

求最大概似估計量 (MLE)：mle 函數

stats4 套件的 mle 函數可以求出最大概似估計值。

[基本語法]　mle(minuslogl, start, method)

其中

- `minuslogl` 為計算 (-1)*log-likelihood 的自訂函數名稱。
- `stat` = 儲存參數起始值的 list 變數。
- `method` 預設為 "BFGS"，或 "L-BFGS-B"、"CG"、"Nelder-Mead"、"SANN"。

▼ **程式範例 10-12**

雖然 N(μ, σ) 的 μ, σ MLE 有公式解，但在這邊我們要用大家都熟悉的 Normal 分配來示範 mle 函數的用法。N(μ, σ) 的最大概似函數公式為

$$L(\mu, \sigma | x_1, ..., x_n) = \Pi \, (\sigma\sqrt{2\pi})^{-n} \exp(-\frac{(x_i - \mu)^2}{2})$$

因此

$$-\log(L(\mu, \sigma | x_1, ..., x_n)) \propto n \log(\sigma) + \frac{1}{2} \sum (\frac{x_i - \mu}{\sigma})^2$$

```
> library(stats4)
> x.normal = rnorm(200, 66, 10)              # 從 N(66,10) 產生 200 個值
> mLogL = function(mu, sigma)
+ {
+   n = 200
+   x = x.normal                              # 使用函數外部的 x.normal 向量
+   n*log(sigma) + 0.5*sum(((x-mu)/sigma)^2)
+ }
>
> mle.result = mle(minuslog = mLogL,
+         start = list(mu = mean(x.normal), sigma = sd(x.normal)))
> summary(mle.result)
```

```
Maximum likelihood estimation

Call:
mle(minuslogl = ll, start = list(mu = mean(x.normal), sigma = sd(x.normal)),
    method = "BFGS")

Coefficients:
      Estimate Std. Error
mu    65.98114  0.7091644
sigma 10.02910  0.5014550

-2 log L: 1122.196
```

一維實數函數求最小值：optimize（或寫成 optimise）

[基本語法]　optimize(f , interval , ..., lower,upper, maximum = FALSE, tol)

其中

- **f** 為函數名稱，… 是 f 需要的額外參數列表（以逗點分隔）。
- **interval** = c（x 下界，x 上界），或用 **lower** = x 上界、**upper** = x 下界。
- **maximum** = TRUE 時改為求函數最大值。
- **tol** 指定精確誤差大小，預設為 tol = .Machine$double.eps^0.25。讀者可使用 .Machine 指令查詢自己電腦中的 eps 設定值。

▼ 程式範例 10-13

求出自訂函數 myf(x) = $(3.5x^2 - ax + 2)^2$ 最小值：

```
> myf = function (x, a)
+ {
+    (3.5*x^2 - a*x + 2)^2
+ }
>
> optimize(myf, a = 0.3, lower = -10, upper = 10, tol = 0.0001)
```

```
$minimum
[1] 0.04285378

$objective
[1] 3.974327
```

求出的函數最小值為 3.974327，x = 0.04285378。

➤ 以下程式加上 maximum = TRUE 選項，改求最大值：

```
> optimize(myf, c(-10, 10), tol = 0.0001, a = 0.3, maximum = T)
$maximum
[1] -9.99996

$objective
[1] 126023
```

一維實數函數求根：uniroot

[基本語法]　　uniroot(f, interval, …, lower, upper, tol)

　　uniroot 各參數的用法與 optimize 相同。

▼ 程式範例 10-14

　　求自訂函數 myf(x, a) = $3.5x^2 - ax + 2 = 0$ 的根：

```
> myf = function (x, a)
+ {
+   3.5*x^2 - a*x + 2
+ }
> uniroot(myf, lower = -10, upper = 10, a = 300)
$root
[1] 0.006667359

$f.root
[1] -5.218817e-05
```

```
$iter
[1] 5

$estim.prec
[1] 6.103516e-05
```

多項式函數求根：polyiroot，可求出複數虛根

[基本語法]　polyroot(z)

其中

- $z = c(z_0, z_1, \cdots, z_k)$ 代表 k 次多項式 $z_0 + z_1 x + z_2 x^2 + \cdots + z_k x^k$。

例如，求多項式函數 $x^2 + 2x + 1 = 0$ 的根。求出的實數根為 $x = -1$：

```
> polyroot(c(1, 2, 1))
[1] -1+0i -1-0i
```

多維實數函數求最小值：optim

[基本語法]　optim(par, fn, gr = NULL, ..., method = "Nelder-Mead",
　　　　　　　　lower = -Inf, upper = Inf, control, hessian = FALSE)

其中

- **par** 為變數起始值向量。
- **fn** 為函數名稱。
- **gr** 為梯度函數（gradient）名稱（預設不使用：NULL）。
- **lower** 與 **upper** 為使用 L-BFGS-B 法則時可設定的變數上下界限搜尋範圍（均為向量）。

　　method 的選項有 "Nelder-Mead"、"BFGS"、"CG"（Conjugate Gradient 共軛方向法）、"L-BFGS-B"（BFGS 的可限制區域版本）、"SANN"（Simulated Annealing 法則）。除了 L-BFGS-B 法則外，其餘均為 unconstraint 搜尋，預設的搜尋範圍是 $-\infty$ 到 ∞。

若 gr = NULL，optim 函數預設使用數值逼近來計算梯度函數。若 **hessian = TRUE**，則在輸出時傳回黑森矩陣（Hessian matrix）逼近矩陣值。若 control = list(fnscale = −1)，則 optim 改成搜尋函數的「**最大值**」。control 參數尚有許多其他選項可用，請讀者使用 ?optim 指令查詢。

▼ 程式範例 10-15

求出自訂函數 fr(x_1, x_2) = 100(x_2 − x_1^2)^2 + (1 − x_1)^2 最小值：

```
> fr = function(x) {
+     x1 = x[1]
+     x2 = x[2]
+     100 * (x2 - x1 * x1)^2 + (1 - x1)^2
+ }
```

➢ 使用 (x_1, x_2) = (-1.2, 1) 為起始值與預設的 Nelder-Mead 法則：

```
> optim(c(-1.2, 1), fr)
$par
[1] 1.000260 1.000506
$value
[1] 8.825241e-08
```

➢ 不用梯度函數，並傳回估計的黑森矩陣值：

```
> optim(c(-1.2, 1), fr, method = "BFGS", hessian = TRUE)
$par
[1] 0.9998044 0.9996084
$value
[1] 3.827383e-08
..........................
$hessian
          [,1]      [,2]
[1,]  801.6881 -399.9218
[2,] -399.9218  200.0000
```

> 定義 fr 函數的梯度函數 grr(x_1, x_2)：

```
> grr = function(x) {
+     x1 = x[1]
+     x2 = x[2]
+     c(-400 * x1 * (x2 - x1 * x1) - 2 * (1 - x1),
+         200*(x2 - x1 * x1))
+ }
```

> 使用梯度函數搭配 BFGS 法則求出最小值：

```
> optim(c(-1.2, 1), fr, grr, method = "BFGS")
$par
[1] 1 1
$value
[1] 9.594955e-18
```

線性不等式限制區域求最小值：constrOptim

[基本語法]　　constrOptim(theta, f, grad, ui, ci, method, control)

其中

- theta 為變數起始值向量。
- f 為函數名稱。
- grad 為梯度函數名稱。若 grad = NULL，則使用數值逼近。
- method 用法與本小節 optim 函數相同，control = list(fnscale = -1) 可以改求最大值。

　　u_i 與 c_i 是兩個數值向量，用來定義以下線性不等式限制區域：$u_i\theta-c_i \geq 0$，詳細用法請參考範例。

▼ 程式範例 10-16

> 自訂函數 fr(x_1, x_2) = 100(x_2 - x_1^2)^2 + (1 - x_1)^2：

```
> fr = function(x) {    ## Rosenbrock Banana function
+     x1 = x[1]
+     x2 = x[2]
```

```
+       100 * (x2 - x1 * x1)^2 + (1 - x1)^2
+ }
```

- fr(x1, x2) 的梯度函數 grr(x1, x2)：

```
> grr = function(x) { ## Gradient of 'fr'
+     x1 = x[1]
+     x2 = x[2]
+     c(-400 * x1 * (x2 - x1 * x1) - 2 * (1 - x1),
+          200 *       (x2 - x1 * x1))
+ }
```

- 先使用沒有限制區域的 optim 求最小值：

```
> optim(c(-1.2, 1), fr, grr)
$par
[1] 1.000260 1.000506
$value
[1] 8.825241e-08
```

- 使用 $(x_1, x_2) = (-1.2, 0.9)$ 作為搜尋起始值，並定義 u_i 與 c_i 參數來設定線性不等式限制搜尋區域：$\begin{bmatrix} -1 & 0 \\ 0 & -1 \end{bmatrix} \begin{bmatrix} x_1 \\ x_2 \end{bmatrix} - \begin{bmatrix} -1 \\ -1 \end{bmatrix} \geq \begin{bmatrix} 0 \\ 0 \end{bmatrix}$，相當於 $-x_1 + 1 \geq 0$ 且 $-x_2 + 1 \geq 0$，亦即 $x_1 \leq 1$ 與 $x_2 \leq 1$：

```
> constrOptim(c(-1.2, 0.9), fr, grr, ui = rbind(c(-1, 0), c(0, -1),ci =
                c(-1,-1))
$par
[1] 0.9999761 0.9999522
$value
[1] 5.708627e-10
```

- 更改限制區域為 $x_1 \leq 0.9$、$x_1 - x_2 \geq 0.1$：

$\begin{bmatrix} -1 & 0 \\ 1 & -1 \end{bmatrix} \begin{bmatrix} x_1 \\ x_2 \end{bmatrix} - \begin{bmatrix} -0.9 \\ 0.1 \end{bmatrix} \geq \begin{bmatrix} 0 \\ 0 \end{bmatrix}$

```
> constrOptim(c(.5,0), fr, grr, ui = rbind(c(-1, 0), c(1, -1)),
  ci = c(-0.9, 0.1))
$par
```

```
[1] 0.8891335 0.7891335
$value
[1] 0.01249441
```

10.3 文字與字串處理

當一個 R 程式達到一定的複雜度時，程式輸出結果的美化是必然需要處理的部分。此外，當變數數目很多，程式中需要使用一定的規則來處理龐大的變數名稱時，也需要處理字串的函數來幫忙。R 軟體除了科學運算之外，在文字字串（characters 與 strings）的處理上，也提供不少方便的函數可供使用。本節將介紹 cat( )、print.data.frame( )、paster( )、rep( )、gl( )、substr( )、substring( )、strtrim( )、sub( )、grep( ) 等函數的使用。

10.3.1 cat 訊息顯示函數

cat( )（concatenate and print）函數常被用來在螢幕上或外部檔案顯示一些計算結果的文字訊息。另外，在使用者自訂函數中，R 軟體預設不會直接顯示計算結果，也需要使用 cat( ) 函數來幫忙顯示部分計算結果。

[基本語法]　cat(數個字串或變數, file = "", sep = " ", append = FALSE)

其中

- **字串或變數**：以逗點「,」分隔，必要時在字串左右加上引號。
- **file**：外部檔案的路徑 + 檔名，可將顯示結果寫到外部檔案。非必要性選項。當 file = "" 時，預設顯示在螢幕上。
- **append**：寫到外部檔案時，是要覆蓋原來檔案，還是附加到檔案尾端。預設為 FALSE。

▼ 程式範例 10-17

```
> cat("1 + 2 =", 1 + 2, "\n")              # "\n" 代表換行
1+2 = 3
```

```
> x = 3
> cat("x 等於", x, "\n\n")
x 等於 3
```

➢ 寫入外部檔案，並添加在檔案最後面（append）：

```
> cat("This is a test \n", file="c:/sample_out.txt",
                                    append=TRUE)
```

➢ cat 函數裡面也可以作簡單運算：

```
> iter = rpois(1, lambda = 10)
> iter
[1] 9

> cat("iteration =", iter = iter + 1, "\n")
iteration = 10

> cat("iteration =", iter + 1, "\n")
iteration = 11
```

10.3.2　sprintf 函數

　　cat 函數雖然可以應付許多狀況的顯示任務，但若要精確控制計算輸出格式時，我們需要 sprintf 函數。sprintf 函數的功能與 C 程式語言的 sprintf 函數相同，主要用來顯示出格式化的計算結果。

[基本語法]　　sprintf(格式選項, 欲印出的字串或計算式組合（以逗點分隔））

格式選項：sprintf 的格式選項寫法是

「**％**」加上「**格式符號**」加上「**顯示類型**」

在介紹正式格式寫法前，我們可以先看幾個簡單例子：

```
> pi                              # pi 是 R 軟體的內建圓周率常數
[1] 3.141593

> sprintf("%f", pi)
[1] "3.141593"
```

```
> sprintf("%.3f", pi)              # 小數點後要有 3 格
[1] "3.142"

> sprintf("%1.0f", pi)             # 總共 1 格，小數點後 0 格
[1] "3"

> sprintf("%5.1f", pi)             # 共 5 格，小數點後佔 1 格
[1] "  3.1"

> sprintf("%05.1f", pi)            # 同上，但前面補上 0
[1] "003.1"

> x = 2
> sprintf("This is a integer: %d", x)
[1] "This is a integer: 2"

> # 共 4 格，前面補 0
> sprintf("This is a integer: %04d", x)
[1] "This is a integer: 0002 "
```

以下我們先介紹常用的「**顯示類型**」：

顯示類型	說　明
d、i	整數，也可用於邏輯變數（顯示成 0 或 1）
f	含小數點的實數
e, E	顯示成科學符號 例如 250 可以表示成 2.5e+2 或 2.5E+2
g, G	彈性的實數顯示，其顯示格式為： (1) 若實數表達成科學符號時，e 之後的冪次若小於 -4，或大於等於以 m.n 所指定指定的精確位數 n，則以科學符號 e 或 E 顯示 (2) 若不符 (1) 之條件，顯示成一般實數（f 類型）
s	文字字串
o	八進位 (octal)
x、X	十六進位 (hexadecimal)

格式符號可以是以下符號的組合：

格式符號	說明
m.n	總共 m 格，其中包含小數點後 n 格。若顯示類型是 e, E, g 或 G，則 n 代表精確位數
-	顯示時，向左靠齊
+	正數前面強迫顯示「+」號
一個空格	如果第一個字元不是正負號，強迫加一個空格
0	顯示數字時若其位數不足，數字前面強迫補 0
1$, 2$, ..., 99$	指定要顯示的對象是格式參數之後的第幾個參數。可以從 1 到 99

▼ 程式範例 10-18

```
> sprintf("%+f", pi)
[1] "+3.141593"

> sprintf("% f", pi)
[1] " 3.141593"

> sprintf("%-10f", pi)                    # left justified
[1] "3.141593  "

> sprintf("%e", pi)
[1] "3.141593e+00"

> sprintf("%E", pi)
[1] "3.141593E+00"

> sprintf("%g", pi)
[1] "3.14159"

> 1e6 * pi
[1] 3141593

> sprintf("%g", 1e6 * pi)
[1] "3.14159e+06"
```

```
> sprintf("%.9g", 1e6 * pi)          # 精確位數 = 9
[1] "3141592.65"

> sprintf("%G", 1e-6 * pi)
[1] "3.14159E-06"

> sprintf("%1.f", 101)
[1] "101"

> sprintf("%f", 101)
[1] "101.000000"

> sprintf("%d", 101)
[1] "101"
```

10.3.3 print.data.frame 函數

print.data.frame( ) 函數用來印出比較好看的 data-frame 變數內容。

[基本語法]　print.data.frame(data-frame 變數 , digits = NULL, quote = F, right = T)

其中

- **digits = k**：至少印出 k 個有效數字位數。
- **quote**：是否加雙引號，預設值為 FALSE。
- **right**：是否向右對齊，預設為 FALSE 向左對齊。

▼ 程式範例 10-19

x 是一個 data-frame 變數：

```
> print.data.frame(x)
  Age Weight Height Gender
1  18    150     65      F
2  21    160     68      M
3  45    180     65      M
4  54    205     69      M
```

```
> print.data.frame(x, quote = TRUE)
  Age Weight Height Gender
1 "18" "150"  "65"   "F"
2 "21" "160"  "68"   "M"
3 "45" "180"  "65"   "M"
4 "54" "205"  "69"   "M"
```

10.3.4　paste 函數：字串黏貼

paste( ) 函數可以讓我們建構出各類具有彈性的變數名稱、行的名稱、列的名稱等等，例如 "X1"、"X2"、...、"X999" 或 "變數 1"、"變數 2"、...。

[基本語法]　paste(... , sep = " ", collapse = NULL)

其中

- **sep** 為連結字串時的分隔符號（separator）。
- **collapse** 設定是否將傳回的文字向量潰縮成一個長的文字字串，預設為 NULL，但若為文字，則所有產生的字串將全部以此符號連在一起。
- paste( ) 傳回值是一個文字向量。

▼ 程式範例 10-20

```
> paste(1:12)
 [1] "1"  "2"  "3"  "4"  "5"  "6"  "7"  "8"  "9"  "10" "11" "12"

> paste(1:12, sep = ",")
 [1] "1"  "2"  "3"  "4"  "5"  "6"  "7"  "8"  "9"  "10" "11" "12"

> paste("X", 1:12, sep = "-")
 [1] "X-1"  "X-2"  "X-3"  "X-4"  "X-5"  "X-6"  "X-7"  "X-8"
 [9] "X-9"  "X-10" "X-11" "X-12"

> paste("X", 1:12, sep="-", collapse = ":")
 [1] "X-1:X-2:X-3:X-4:X-5:X-6:X-7:X-8:X-9:X-10:X-11:X-12"
```

```
> y = paste("Today is", date())
> y
[1] "Today is Mon Apr 09 04:15:42 2007"
```

將 data-frame 變數 x 的四行（column）名稱命名為 "變數 -1"、"變數 -2"、"變數 -3"、"變數 -4"：

```
> colnames(x) = paste("變數", 1:4, sep = "-")
```

10.3.5　rep 重複函數：repeat

[基本語法]　rep(object, times, length.out, each)

其中

- **object**：數字或向量。
- **times**：object 重複次數。
- **each**：object 內每個元素的重複次數。
- **length.out**：可取代 times 選項，指定輸出字串的總長度，rep( ) 函數會自動循環到小於等於總長度為止。

▼ 程式範例 10-21

```
> rep(1:4, 2)
[1] 1 2 3 4 1 2 3 4

> rep(1:4, 2, each = 3)
[1] 1 1 1 2 2 2 3 3 3 4 4 4 1 1 1 2 2 2 3 3 3 4 4 4

> rep(c("A", "B", "C", "D"), 2)
[1] "A" "B" "C" "D" "A" "B" "C" "D"
```

指定 length.out 選項，最多輸出 10 個項目：

```
> rep(c("A", "B", "C", "D"), len = 10)
[1] "A" "B" "C" "D" "A" "B" "C" "D" "A" "B"
```

```
> rep(c("A", "B", "C", "D"), each = 2)
[1] "A" "A" "B" "B" "C" "C" "D" "D"
```

```
> rep(c("A", "B", "C", "D"), each = 2, len = 10)
[1] "A" "A" "B" "B" "C" "C" "D" "D" "A" "A"
```

10.3.6　gl 函數：產生 Factor 分類 (levels)

gl( ) 函數是 Generate Factor Levels 的簡稱，可用來協助我們產生實驗設計或其他相關領域的 Factor 分類名稱。gl( ) 函數的傳回值是一個 factor 變數。

[基本語法]　　gl(n, k, length = n*k, labels = 1:n, ordered = FALSE)

其中

- **n**：正整數，n = 分類數目。
- **k**：正整數，k = 各分類重複次數。
- **length**：正整數，length = 傳回的 fator 變數長度。
- **labels**：內含各分類名稱的文字向量。
- **ordered**：邏輯變數，是否傳回 ordered factor。

▼ 程式範例 10-22

產生 5 個 Control（控制組）分類，5 個 Trt（Treatment，實驗組）分類：

```
> gl(2, 5, labels = c("Control", "Treatment"))
[1] Control Control Control Control Control
[6] Trt     Trt     Trt     Trt     Trt
Levels: Control Treatment
```

➤ 同上，但產生有序因子變數（Ordered Factor Variable）：

```
> gl(2, 8, labels = c("Control", "Trt"), ordered = T)
[1] Control Control Control Control Control Control Control
[8] Control Trt     Trt     Trt     Trt     Trt     Trt     Trt
Levels: Control < Treat
```

> 產生 2 個分類，每次重複 1 個分類值，總共產生 20 個元素：

```
> gl(2, 1, n = 20)
 [1] 1 2 1 2 1 2 1 2 1 2 1 2 1 2 1 2 1 2 1 2
Levels: 1 2
```

10.3.7　substr、substring、strtrim

　　substr( ) 與 substring( ) 皆可取出字串的子字串（substring）出來，但 substring( ) 函數與 Splus 商業統計軟體相容。

[基本語法]　　substr(x, start, stop)

　　　　　　　　substring(x, first, last = 1000000)

　　　　　　　　strtrim(x, width)

其中

- **star** 與 **first** 指定子字串的起始字元位置。
- **stop** 與 **last** 指定子字串的結束位置。
- **value** 通常是一個字串 **vertor**，可用來填入相對的元素字串位置 (見範例)。
- **width** 取出字元的長度。

▼ 程式範例 10-23

> 取出字串 abcdef 的第 2、3、4 個字母：

```
> substr("abcdef", 2, 4)
[1] "bcd"
```

```
> print(substring("abcdef", 1:6, 1:6))
```

> 取出 1~1, 2~2,…, 5~5, 6~6 共六個子字串。第一個 1:6 指定 6 個起始位置（1, 2, …, 6），第二個 1:6 指定 6 個相對的結束位置（1, 2, …, 6）：

```
> s = substring("abcdef", 1:6, 1:6)
> s
[1] "a" "b" "c" "d" "e" "f"
```

```
> x = rep("abcdef", 4)
[1] "abcdef" "abcdef" "abcdef" "abcdef"
```

> 取出以上 x 字串向量的 1~4, 2~5, 3~4, 4~5 四個子字串，起始位置為 1、2、3、4，結束位置為 4、5、4、5（即 4:5 自動重複 2 次）：

```
> substr(x, 1:4, 4:5)
[1] "abcd" "bcde" "cd"   "de"
```

```
> x = c("apple", "orange", "banana", "b", "strawbarry")
                            # 加入 value 選項：以另外的字串取代相對位置的字元
> substring(x, 2) = c("..", "+++")
> x
[1] "a..le" "o+++ge" "b..ana" "b" "s..awbarry"
```

> 中文字串應用：一個中文字在 R 軟體中被當作 2 個英文字母計算：

```
> x = c("王小明", "台中縣市", "太平鄉")
> substr(x, 1, 1)
[1] "王" "台" "太"
```

```
> substr(x, 2, 2)
[1] "小" "中" "平"
```

```
> substr(x, 3, 3)
[1] "明" "縣" "鄉"
```

```
> substr(x, 4, 4)
[1] "" "市" ""
```

```
> substr(x, 1, 2)
[1] "王小" "台中" "太平"
```

```
> substr(x, 2, 3)
[1] "小明" "中縣" "平鄉"
```

```
> substr(x, 2, 4)
[1] "小明" "中縣市" "平鄉"
```

```
> strtrim(c("abcdef", "abcdef", "abcdef"), c(1, 5, 10))
[1] "a"     "abcde"  "abcdef"

> x = c("王小明", "台中縣市", "太平鄉")
> strtrim(x, c(2, 5, 10))
[1] "王"    "台中"   "太平鄉"

> strtrim(x, c(1, 5, 10))
[1] ""      "台中"   "太平鄉"

> strtrim(x, c(2, 5, 5))
[1] "王"    "台中"   "太平"

> strtrim(x, c(1, 5, 4))
[1] "王"    "台中"   "太平"

> strtrim(x, c(1, 5, 3))
[1] "王"    "台中"   "太"
```

> **提醒** sub 函數跟 substr 等子字串函數無關。sub 函數是 subsititute（取代）的意思，sub("**舊字串**","**新字串**", x) 會將文字物件 x 裡面第一次出現的舊字串更換成第二個參數所指定的新字串。例如：

```
> t1 = "year2009"
> sub("year", "", t1)
[1] "2009"

> as.numeric(sub("year", "", t1))
[1] 2009

> t2 = c("year2009", "year2010")
> sub("year", "", t2)
[1] "2009" "2010"

> as.numeric(sub("year", "", t2))
[1] 2009 2010
```

10.3.8　strsplit: 字串切割函數

[基本語法]　　strsplit(object, split)

其中

- **split** 為切割所依據的分隔字元。

▼ 程式範例 10-24

➢ 依照分隔字元「-」將 x 切開：

```
> x = c("aa-bb-cc-dd")
> x2 = strsplit(x, "-")
> x2
[[1]]
[1] "aa" "bb" "cc" "dd"


> is.list(x2)
[1] TRUE
```

➢ 沒有元素代號的 list，可用 [[..]] 方式取出元素值：

```
> x2[[1]]
[1] "aa" "bb" "cc" "dd"


> x2[[1]][2]
[1] "bb"
```

➢ 中文字串切割：

```
> x = c("王 - 小 - 明")
> x2 = strsplit(x, "-")
> x2
[[1]]
[1] "王" "小" "明"


> x2[[1]]
[1] "王" "小" "明"
```

```
> x2[[1]][2]
[1] "小"
```

```
> x = c("王小明 台北縣 淡江大學", "林小華 嘉義縣 嘉義大學")
> x2 = strsplit(x, " ")                      # 使用空格當作分隔字元
> x2
[[1]]
[1] "王小明"    "台北縣"    "淡江大學"

[[2]]
[1] "林小華"    "嘉義縣"    "嘉義大學"
```

```
> x2[[1]]
[1] "王小明"    "台北縣"    "淡江大學"
```

```
> x2[[2]]
[1] "林小華"    "嘉義縣"    "嘉義大學"
```

```
> x2[[1]][2]
[1] "台北縣"
```

```
> x2[[2]][2]
[1] "嘉義縣"
```

10.3.9　sub, gsub 與 grep：找尋或取代子字串

　　grep 函數用來在字串或字串變數中以特定樣式搜尋指定的子字串，若有找到，則傳回這些子字串在向量中的數字指標。

[基本語法]　　grep(pattern, x, ignore.case = FALSE)

其中

- **x** 為字串或含有字串的物件。

- **ignore.case** 設定是否忽略英文大小寫差異。

pattern 為一段敘述 regular expression 搜尋規則的描述，可以包含以下符號：

　　^　　　表示子字串出現在 x 最前面

　　$　　　表示子字串出現在 x 最尾端

　　*　　　代表 0 個或多個字母

　　A-C　　包含 A、B、C

　　[…]　將特定規則群集起來

其他關於 grep 的詳細語法，請使用 ?regex 指令查詢。

　　sub 的語法是 **sub("舊字串搜尋樣式", "新字串", x)** 可以將 x 物件中第一個舊字串取換成指定的新字串。gsub 函數用法與 sub 相同，但是會將所有符合搜尋條件的子字串都換成新字串。

```
> grep("[a-z]", letters)
 [1]  1  2  3  4  5  6  7  8  9 10 11 12 13 14 15 16 17 18 19 20 21 22 23 24
[25] 25 26
```

```
> txt = c("arm", "foot", "lefroo", "bafoobar")
> grep("foo", txt)
[1] 2 4
```

```
> txt[grep("foo", txt)]
[1] "foot"     "bafoobar"
```

```
> gsub("foo", "xxx", txt)
[1] "arm"      "xxxt"      "lefroo"    "baxxxbar"
```

另外，mgsub 套件的 mgsub 函數可以作多重取代

```
> library(mgsub)
> mgsub("我跟她去跑步",c("我","她"),c("John","Mary"))
[1] "John 跟 Mary 去跑步"
```

```
> t = c("abc", "xabc", "Abc")
> grep("^a", t)
[1] 1
```

```
> grep("^a", t, ignore = T)
[1] 1 3
```

```
> grep("*a*", t, ignore = T)
[1] 1 2 3
```

```
> grep("a$", t, ignore = T)
integer(0)
```

```
> grep("c$", t, ignore = T)
[1] 1 2 3
```

grepl 函數 (第 5 個字母是小寫的 L，代表 logical) 一樣是搜尋，但只傳回 TRUE/FALSE，可用於 if/while 等邏輯判斷：

```
> grepl("我","我要去跑步 ")
[1] TRUE
```

```
> grepl("你","我要去跑步")
[1] FALSE
```

10.4 常見的 R 程式技巧

10.4.1 一般程式技巧

計算程式執行時間：proc.time 與 system.time 函數

proc.time 與 system.time 函數皆可用來測量程式碼的執行時間。system.time 的用法是把要執行的程式碼當作函數的參數來使用。例如：

```
> oldtime <- proc.time()
> for (i in 1:50) mad(stats::runif(500))
> proc.time() - oldtime
  user  system elapsed
  0.09    0.03    0.12
```

```
> system.time(for(i in 1:100) mad(runif(1000)))
```

```
user  system elapsed
0.08   0.02    0.10
```

善用向量與矩陣特性，可以減少迴圈的使用

R 軟體的向量、陣列或矩陣運算特質，可以讓我們節省很多不必要的迴圈。例如：

```
> for (i in 1:length(x))
+      x[i] = x[i] ^2
```

這類迴圈可以只用一行 x = x^2 即可解決。

善用 %in% 運算子

在使用 if 等條件運算式或使用邏輯條件篩選變數的子集合時，我們常會使用 ==、>=、<= 等邏輯比較符號來表達條件。但在某些狀況下，因為相關數值並非依循一定順序，或是遇到文字字串時，上述邏輯比較符號往往無法精確表達我們想要表示的條件。%in% 符號是「在……之內」的意思，可以有效表達某個數值或字串的分類屬性。例如：

```
if (bloodtype %in% c("A", "O")) class = 1
else class = 2
```

同一個運算式中可以有多個等號

如果多個變數等於同一個值，我們可以用多個等號一次完成運算。例如：

```
x1 = x2 = x3 = 3.0
```

查詢作業系統與硬體搭配下的精確度資訊

.Machine 指令可以讓我們知道目前作業系統與電腦硬體的組合下，在數值運算的精確度相關資訊：

```
> .Machine
$double.eps                       # 使 1 + x 不等於 1 的最小實數
[1] 2.220446e-16

$double.neg.eps                   # 使 1 - x 不等於 1 的最小實數
```

```
[1] 1.110223e-16

$double.xmin                              # 最小實數值
[1] 2.225074e-308

$double.xmax                              # 最大實數值
[1] 1.797693e+308
     .........................[ 略 ]
```

10.4.2　字串轉成變數名稱或指令

多數的 R 程式中，變數名稱都是由使用者直接寫在程式裡面，但是有時候我們偶爾需要將一些文字字串機動轉成變數名稱來使用。R 軟體裡面，有 get( )、assign( ) 以及 substitute( ) 等函數可以幫助我們達成這個轉換。另外，tutoR 套件中的 eval.string 可以將字串轉為 R 指令，在程式動態產生新程式，讓我們擁有更大的彈性。

get 函數：取得指定變數的內容

get 函數的基本語法是 get(" 變數名稱 ")，只要給定一個文字字串當作參數，get( ) 函數會去搜尋我們所指定的變數是否存在，如果有，則傳回這個變數的內容。例如：

```
> x = c(11, 12, 13)
> y = 100
> s1 = "x"
> s2 = c("x", "y")
> get(s1)                 # 相當於 get("x")，傳回 x 變數的內容
[1] 11  12  13

> get(s2[1])              # 相當於 get("x")，因為 s2[1] = "x"
[1] 11  12  13

> get(s1)[2]              # 跟 x[2] 效果相同，傳回 x 的第二個元素
[1] 12

> get(s2[1])[2]           # 效果同上
```

```
[1] 12
```

```
> get(s2[2])              # s2[2] = "y"，所以傳回 y 變數的內容
[1] 100
```

```
> get(s2[2]) + 3          # 相當於 y + 3 = 100 + 3
[1] 103
```

assign 函數：將運算值分配給某個變數

　　get( ) 函數只能搜尋並傳回已經存在的變數內容，如果我們在程式中想機動創造新的變數，可以使用 assign( ) 函數。

[基本語法]　　assign("變數名稱", 某個數值或運算式)

　　assign 函數會把運算或給定的值的結果儲存到指定變數中。如果這個變數並不存在，則 R 軟體會建立這個變數。

➢ 例如以下程式會將 2 + 2 = 4 儲存成 x 變數的內容：

```
> assign("x", 2 + 2)
> x
[1] 4
```

➢ 以下程式則是機動地在程式中創造 x.1, x.2, ..., x.6 共六個新變數，並給定它們的值：

```
> for(i in 1:6) {
+     n<- = paste("x", i, sep = ".")
+     assign(nam, 1:i)
+ }
> x.1
[1] 1
```

```
> x.3
[1] 1 2 3
```

```
> x.6
[1] 1 2 3 4 5 6
```

substitute 函數：運算式中的字串取代功能

substitute 函數將運算式中某些文字取代成其他文字。

[基本語法] substitute(含有被取代字串的 R 計算式, 含有新取代值的 list 變數)

substitute 函數傳回的結果僅具「運算式符號」的性質，不會算出結果。若想算出其傳回計算式的結果，需要搭配 eval 函數（evaluate）。例如：

```
> a = 100
> substitute(a + b, list( b = 2))
a + 2

> eval(substitute(a + b, list( b = 2)))
[1] 102
```

eval 函數用來執行運算式的直接運算結果，其基本語法是 **eval**（R 運算式），例如：

```
> eval(2 + 2)
[1] 4

> x = 3
> eval(x)
[1] 3

> eval(x + 2)
[1] 5
```

以下程式的運算結果相當於直接使用 lm(y ~ x + a) 指令。如果程式中沒有使用 eval（evaluate 函數），則只會傳回 lm(y ~ x + a)，但 R 軟體不會付諸運算：

```
> v = c("a", "b", "c")          # v[1] = "a"
> eval(substitute(lm(y ~ x + z)
+          , list(z = as.name(v[1]))))
```

裡用到的 as.name 函數將 v[1] = "a" 的字串屬性轉變成 R 語言運算式符號（expression symbol）屬性。

tutoR 套件的 eval.string 函數：將字串轉為 R 指令

　　tutoR 套件裡面有一個很好用的函數 evel.string。這個函數可以將文字字串轉為可以執行的指令。如此一來，我們即可突破執行過程中不能更改程式碼的限制，依照各種執行狀況的不同，即時創造出動態程式碼並予執行。例如：

```
> eval.stg("x <- = 1")
> eval.string("cat(\"x =\", x, \"\n\")")
x = 1
```

> 依照狀況不同，動態決定使用哪一個繪圖函數來畫圖。當 case 變數為 "A" 時，k = 1，plotfun[1] = "hist"，command = "hist(x)"。當 case = "B" 時，command = "plot(x)"。其餘狀況 command = "qqnorm(x)"：

```
> library(tutoR)
> plotfunc = c("hist", "plot", "qqnorm")
> x = rnorm(50)
> case = "A"
> k = ifelse(case == "A", 1, ifelse(case == "B", 2, 3))
> command = paste(plotfunc[k], "(x)")
> eval.string(cmmand)
```

CHAPTER 11

機率分配與統計模型

11.1 R 軟體的機率分配函數
11.2 R 軟體的統計模型寫法

R 軟體最主要的應用是統計計算，因此相較於一般的程式語言，R 軟體提供了機率模型專用函數系列，以及線性模式模型表達式兩種功能，讓使用者在分析統計資料時，能夠擁有方便的工具。

11.1 R 軟體的機率分配函數

R 軟體內建許多常用的機率分配函數，可用來計算這些機率分配相關的機率值、百分位數或者用來產生隨機亂數。以常態分配為例，以下幾個函數可以幫我們算出各類常態機率計算值：

　　　dnorm(x, 0, 1)　　計算 N(0, 1) 在 x 的機率密度函數值

　　　pnorm(x, 0, 1)　　計算 p = Pr(Z ≤ x) 累積機率值

　　　qnorm(p, 0, 1)　　算出使得 Pr(Z ≤ x) = p 的 x 值

　　　rnorm(n, 0, 1)　　模擬 n 個 N(0, 1) 隨機亂數

這四個 N(0, 1) 相關的函數名稱都具有共同的 norm 英文字母，差別只在於在最前面的第一個英文字母（即 d、p、q、r）。在 R 軟體中，"norm" 稱為 Normal 分配的機率分配代號，d、p、q、r 四個字首是用來指定不同的計算用途。

這套機率分配函數的命名規則也適用於 Normal 以外的其他機率分配，例如，以 U(0, 1) 分配為例，其相關的函數名稱為 dunif、punif、qunif、runif。以下我們先列出 R 軟體中常用的機率分配英文代號名稱。

機率分配代號

表 11-1 列出 R 軟體中常用的機率分配代號。有些機率分配的參數使用共通的簡稱，例如 df 代表自由度，shape 代表形狀參數，localtion 為位置參數，scale 為尺度參數。

> **提醒**　Uniform 分配若沒有給定分配參數，預設為 U(0, 1) 分配。Normal 若沒有給定分配參數，預設為 N(0, 1) 分配。此外，Cauchy、logistic、lognormal 分配的參數預設值也是 0、1。

表 11-1　R 軟體的機率分配代號

機率分配代號 (參數)	機率分配	參數說明
binom(size, prob)	Binomial	size：樣本數 prob：成功機率
geom(prob)	Geometric	prob：成功機率
hyper(m, n, k)	Hypergeometric	m：白球數量 n：黑球數量，k：抽出球數
multinom(size, prob)	Multinomial	
nbinom(size, prob)	Negative Binomial	size：樣本數 prob：成功機率
pois(lambda)	Poisson	lambda：期望值
beta(shape1, shape2, ncp)	Beta	ncp：非對稱參數
cauchy(localtion, scale)	Cauchy	
chisq(df, ncp)	Chi-Square	ncp：非對稱參數
exp(rate)	Exponential	
f(df1, df2, ncp)	F	ncp：非對稱參數
gamma(shape, scale)	Gamma	
invgamma(shape, rate)	Inverse Gamma	MCMCpack 套件
lnorm(meanlog, sdlog)	Log-Normal	
logis(location, scale)	Logistic	
norm(mean, sd)	Normal	ncp：非對稱參數 **預設值 N(0, 1)**
mvnorm(mean, sigma)	Multivariate Normal	mvtnorm 套件
signrank(n)	Wilcoxon signed rank	
t(df, ncp)	t	ncp：非對稱參數
unif(min, max)	Uniform	min,max：最小與最大邊界值 **預設值 U(0, 1)**
weibull(shape, scale)	Weibull	
wilcox(m, n)	Wilcoxon	m,n 為兩組樣本數

d、p、q、r 開頭字母

在前面的不少範例中,我們已經看到 **runif**、**rnom**、**dnorm**、**pnorm** 等機率分配函數的使用。例如,runif(100, 0, 1) 產生 100 個 U(0, 1) 隨機亂數、rnorm(100, 160, 5) 產生 100 個 N(160, 5) 的隨機亂數、dnorm(1.96, 0, 1) 求出 1.96 在 N(0,1) 的機率密度值、pnorm(1.96, 0, 1) = Pr(Z < 1.96) 求出 1.96 左端的累積機率值。

使用機率分配英文代號時,必須在這些分配代號前面加上 **d**、**p**、**q** 或 **r** 四個英文字母其中之一,以指定函數的計算用途:

- **d**:機率密度函數值(density function)

  [基本語法]   d 機率分配代號 (x, 機率分配參數) = Pr(X = x)

  例如:**d**chisq(2.3,12) 求出自由度為 12 的卡方分配在 2.3 的機率密度值。
  　　　dbinom(3,10,0.2) = Pr(X = 3) 求出 Binomial(10, 0.2) 在 X = 3 的機率值。

- **p**:計算累積機率函數值(probability,指 CDF)

  [基本語法]   p 機率分配代號 (x, 機率分配參數) = Pr(X ≤ x)

  例如:**p**norm(1.96) = 0.9750021 ≒ 0.975 求出 N(0, 1) 在 1.96 的 CDF 值。
  　　　ppois(3, 2) 求出 Poisson(λ = 2) 在 3 的 CDF 值。

  p 系列函數還可使用 `lower.tail` = FALSE(預設為 TRUE)來指定累積機率是從右邊尾巴算起 (Pr(X ≥ x))。因此

  　　　　pnorm(1.96, `lower.tail` = F) = 0.02499790 ≒ 0.025

- **q**:計算(百)分位數 (quantile)

  [基本語法]   q 機率分配代號 (p, 機率分配參數),p 為機率值

  例如:**q**norm(0.975) = 1.959964 ≒ 1.96、**q**norm(0.025) = -1.959964 ≒ -1.96 為 N(0, 1) 兩尾各 0.025 機率值的查表值(約 ±1.96)。
  　　　qf(0.95, 11, 20) = 2.30991 為 F(11, 20) 分配累積機率為 0.95 的百分位數查表值。

  q 系列函數也可使用 lower.tail = FALSE 選項(預設為 TRUE)

  例如:**q**norm(0.05, lower.tail = F) = 1.959964 ≒ 1.96。

  q 系列函數為 p 系列函數的反函數。

例如：**p**norm(1.96) = 0.9750021、**q**norm(0.9750021) = 1.96，
所以 **q**norm(**p**norm(1.96)) = 1.96。

- **r**：產生該機率分配的隨機亂數（random number generator）

   [基本語法]　r 機率分配代號 (k, 機率分配參數)，k = 隨機亂數數目

   例如：**r**unif(100) 產生 100 個 U(0, 1) 隨機亂數、**r**binom(50, 10, 0.2) 產生 50 個 Binomial(n = 10, p = 0.2) 的亂數。

　　pxxx 與 **q**xxx 系列函數都具有 **lower.tail** 與 **log.p** 兩個邏輯性質的參數選項，而 **d**xxx 函數則具有 **log** 這個邏輯性質的參數選項。lowe.tail 讓我們計算累積機率時從右尾算起，**log.p** 與 **log** 則將計算值取 log 之後再傳回。

例如，Weibull(0.5, 1) 分配的累積故障函數（cumulative hazard function）

H(t) = −log(1−F(t)) = −log(Pr(X ≥ t)) 等於

```
- pweibull(t, 0.5, 1, lower.tail = F, log.p = T)
```

N(60,5) 分配在 x = 63.5 的 Log-Likelihood 函數值為：

```
dnorm(63.5, 60, 5, log = T)
```

> **提醒**　除了 r 系列函數之外，其餘 **p**、**d**、**q** 系列函數都可以使用**向量**當作第一個參數。例如：

➤ 求出 -3.0, -2.9, -2.8, ..., 2.9, 3.0 共 61 個數字的 N(0, 1) CDF 值：

```
> x = seq(-3, 3, 0.1)                    # 產生 -3, -2.9, ..., 2.9, 3
> pnorm(x, 0, 1)
 [1] 0.001349898 0.001865813 0.002555130 0.003466974 0.004661188 0.006209665
 ..............................................................
[55] 0.991802464 0.993790335 0.995338812 0.996533026 0.997444870 0.99813418
[61] 0.998650102
```

➤ 求出 0, 0.05, 0.10, ..., 0.90, 0.95, 1.0 共 21 個機率值的 N(0, 1) 查表值：

```
> (p = seq(0, 1, 0.05))
 [1] 0.00 0.05 0.10 0.15 0.20 0.25 0.30 0.35 0.40 0.45 0.50 0.55 0.60 0.65
[15] 0.70 0.75 0.80 0.85 0.90 0.95 1.00
```

```
> qnorm(p)
 [1]        -Inf -1.6448536 -1.2815516 -1.0364334 -0.8416212 -0.6744898
..........................................
[19]   1.2815516  1.6448536        Inf
```

▼ 程式範例 11-1

➤ 雙邊 t 檢定（自由度 13）當檢定值為 -2.43 時的 P-value 值：

```
> 2*pt(-2.43, 13)
```

➤ 右尾機率 = 0.01 的 F(2, 7) 分配查表值：

```
> qf(0.99, 2, 7)
                              # 也可寫成 qf(0.01, 2, 7, lower.tail = F)
```

➤ 計算 N(0,1) 的 Pr(-1.645 < Z < 1.645) 機率值：

```
> pnorm(1.645) - pnorm(-1.645)                              # 約 0.90
[1] 0.9000302
```

➤ 產生 100 個 Exponential（rate = 1/2500）分配亂數，畫出直方圖，並畫出機率分配曲線：

```
> x = rexp(100,1/2500)
> hist(x,probability = TRUE, main = "exponential mean = 2500")
> curve(dexp(x, 1/2500), add = T)
```

11.2 R 軟體的統計模型寫法

這一節將主要介紹 R 軟體線性模式（Linear Model）模型表示法。例如，迴歸分析（Regression）與實驗設計（ANOVA）均為線性模式（Linear Models）的特例。

> **提醒** ANOVA 教科書中的實驗設計模型表示法並非實際計算時所用的線性模式矩陣模型，但兩種模型的參數可以互相轉換。我們將在第 16 章「實驗設計」詳細介紹兩者的差異。

11.2.1 線性模型寫法

在線性模式中,我們常用以下模式表達一個模型:

$$Y_i = \sum_{j=0}^{p-1} \beta_j x_{ij} + \varepsilon_i \,,\ \varepsilon_i \sim \text{I.I.D. } N(0, \sigma^2) \,,\ i = 1, ..., n$$

若寫成矩陣形式,則為

$$Y = X\beta + \varepsilon = \lfloor x_0 : x_1 : \ ... \ : x_{p-1} \rfloor \beta + \varepsilon$$

其中 X 為大小是 $n \times p$ 的設計矩陣 (design matrix),x_0 通常是元素均為 1 的截距 (intercept) 向量,**Y** = $(Y_1, Y_2, ..., Y_n)^t$,$\beta = (\beta_1, \beta_2, ..., \beta_{p-1})^t$,$\varepsilon = (\varepsilon_1, \varepsilon_2, ..., \varepsilon_n)^t$ 相對於上述的模型,我們在 R 程式中必須使用相對應的變數型態來表達。

統計模型表達式規則

在正式介紹統計模型表達式之前,我們可以先看看一般常用的迴歸分析模型與實驗設計模型的表達式寫法。

以下假設 y、x、x1、x2 為數值向量變數,FA、FB、Fy、Fx 為代表統計分類變數 (categorical variables) 的因子變數 (factor):

簡單線性迴歸	y ~ x
複迴歸	y ~ x1 + x2 + Fx (Fx 為分類性質的解釋變數)
Logistic 迴歸	Fy ~ x1 + x2 + Fx (Fy 代表分類性質的應變數)
一因子設計	y ~ FA
一因子集區設計	y ~ FA + FB (假設 FB 因子變數儲存集區分類資訊)
二因子設計	y ~ FA + FB (沒有交互作用項)
	y ~ FA + FB + FA:FB (有交互作用項)

模型表達式的規則

$$Y \sim \oplus_1 \text{Term}_1 \oplus_2 \text{Term}_2 \oplus_3 \text{Term}_3 \ldots$$

其中

- Y：應變數。代表應變數（response variable）的向量或矩陣變數名稱。
- $\oplus_i$：代表以下不同的模型運算子（model operators）：

`+` 或 `-`	代表其後的項目是否加入模型或不存在於模型。
`:` 或 `%in%`	代表前後兩個項目之間的交互作用，例如 A:B。 %in% 用在巢形設計。 例如：A %in% B。
`*`	代表前後兩個項目之間的主要效果 + 交互作用。 例如：A*B*C 等於 A+B+C+A:B+A:C+B:C。
`/`	代表巢形設計（nested design）。 例如：A/B/C 等於 A+B %in% A + C %in% B%in%A。
`|`	條件式（conditioning）。 例如：y ~ x | z。

- Term$_i$：代表第 i 項運算元（operand），可以是向量變數、矩陣變數、1（強制加入截距項）或 factor 變數，或是以下函數的展開結果：

`poly(變數, k)`	k 次多項式展開。 例如：poly(X, 2) 代表 X 與 X^2 項都加入模型中。
`(...)^k`	多因子主要效果 + 交互作用項，最多到 k- 因子交互作用。 例如：(A+B+C)^2 等於 A+B+C+A:B+A:C+B:C，不含 3 因子交互作用。
`I(...)`	as is 隔離函數，括弧內的運算為數學運算符號，不當作模型運算子。 例如：I(1/X) 是將 X 的倒數加入模型。I(X^2) 代表 X^2（平方）加入模型，而非前一個 (...)^k 交互作用運算子。
`Error(...)`	指定隨機誤差項來源。

模型表達式範例

以下假設 **y**、**x**、**x0**、**x1**、**x2** 為數值向量變數，**X** 為矩陣，**A**、**B**、**C**、... 為 factor 變數（代表統計理論中的分類變數）：

y ~ .	y 變數 vs. 資料框架變數中所有其他變數的線性模式，需搭配「data = 資料框架名稱」來使用。例如：lm(Sepal.Length ~ . , data = iris)。
y ~ 1	Regression：$Y_i = u + \varepsilon_i$，只有常數項與誤差。
y ~ x y ~ 1 + x	Regression：帶有截距項 β_0 的簡單線性迴歸模型。
y ~ 0 + x y ~ -1 + x y ~ x - 1	Regression：不含截距項 β_0 的簡單線性迴歸模型。
log(y) ~ x1 + cos(x2)	Regression：Log(Y) 相對於 X1、cos(X2) 的多重迴歸模型，包含截距項。
y ~ poly(x, 2)	Regression：二次多項式迴歸（polynomial regression），採用正交（orthogonal）多項式結構。
y ~ 1 + x + I(x^2)	Regression：一般二次多項式迴歸模型。
y ~ X + poly(x, 2)	Regression：模型採用 **X** 當設計矩陣，且包含 **x** 的二次正交多項式。
y ~ x1*x2	Regression：包含 x1、x2 與 x1:x2（交互作用項 = 兩變數各相對元素相乘），所以等於 y ~ x1 + x2 + x1:x2。
y ~ A*x y ~ A/x y ~ A/(1+x) - 1	Analysis of Covariance：A 為因子變數，假設有 k 分類，x 為連續型變數。相當於一次估計 k 條 y ~ x 的迴歸線。第三種表達式將會算出各分類下自己的截距估計值，而非共同截距。

y ~ A	ANOVA：單因子實驗設計。factor 變數 **A** 儲存 levels 分類。
y ~ A + x	ANOVA：單因子設計 + 共變量（covariate）變數 **x**。
y ~ A + B	ANOVA：不具交互作用項的二因子設計，或一因子隨機集區設計。
y ~ A*B y ~ A + B + A:B	ANOVA：具有交互作用項的二因子實驗設計：兩個因子交叉組成各種實驗組合。
y ~ B%in% A y ~ A / B	ANOVA 巢狀模型（Nested Model）：具有交互作用項的二因子實驗設計。依照階層關係，於 A 因子的各分類下，再細分出 B 因子的分類。
y~A+B+C+AB+AC+BC y ~(A+B+C)^2 y ~A*B*C – A:B:C	ANOVA：只含主要效果與二因子交互作用，不含三因子交互作用項的三因子實驗設計模型。
y ~ A*B*C	ANOVA：同上，但包含三因子交互作用項。
y ~ A*B*C+Error(A/B/C)	ANOVA：三因子巢形裂區設計（Split-Plot），每個因子依照影響的區域大小由大而小排列。
y ~ A*B + Error(C)	二因子裂區設計，A 與 B 為主要因子，但 A、B 分配到各區域的隨機機制由第三因子 C 來決定。

11.2.2 線性模式：lm 函數

lm 函數（linear model）可用於迴歸、ANOVA 與其他類似的線性模式分析。

【基本語法】　result = **lm**(模型表達式, 其他選項)

　　　　　或　result = **lm**(模型表達式, data = data-frame 變數名稱, 其他選項)

其他常用選項包含：

　　na.action　　　　　其值為某個處理遺失值的函數名稱，例如：na.omit、na.exclude、na.fail 或 NULL。預設值為 na.action = na.omit。

subset	只選取部分觀察值（橫列）作分析。subset 即這些觀察值的數字指標向量。例如，subset = 1:90 表示只取最前面 90 個觀察值來分析。
x = TRUE/FALSE	若 x = TRUE，則傳回模型的設計矩陣（design matrix），可用 result$x 查看。
offset = 向量變數	offset（位移值）是用來在模型中加入係數為 1.0 的解釋變數項。通常我們在模型表達式中加入的項目都會得到一個相對的參數估計值，但 offset 所指定的變數之前的係數永遠是 1.0。

如果是使用 data 選項的第二種寫法，則在寫出模型表達式時，不需要在變數名稱之前加上資料檔名與 $。

▼ 程式範例 11-2

最簡單的 lm 函數應用是簡單線性迴歸。例如以迴歸模型探討 iris 鳶尾花資料中花萼長度 (iris$Sepal.Length) vs. 花瓣寬度 (iris$Petal.Length) 的關係：

```
> result <- lm(Sepal.Length ~ Petal.Width, data = iris)
```

➤ 只取第 10 筆到第 100 筆資料作分析，並且傳回設計矩陣：

```
> result2 <- lm(Sepal.Length ~ Petal.Width, data = iris,
+               subset = 11:100, x = T)
```

➤ 強迫在模型等號右邊加入 z 變數為位移變數：

```
> z = rep(0.35,nrow(iris))
> result3 <- lm(Sepal.Length ~ Petal.Width, data = iris,
+               offset = z)
```

➤ 查看 result 變數的內容：

```
> result = lm(Sepal.Length ~ Petal.Width, data=iris, x = T)
> result
Call:
lm(formula = Sepal.Length ~ Petal.Width, data = iris, x = T)
```

```
Coefficients:
(Intercept)    Petal.Width
     4.7776         0.8886
```

lm 函數傳回值

範例 11-2 中的 result 變數跟許多其他計算函數的傳回值一樣,都是 **list** 變數型態。我們可以用 **names** 函數看看 result 裡面各元素的名稱指標:

```
> names(result)
 [1] "coefficients"  "residuals"   "effects"  "rank"
 [5] "fitted.values" "assign"      "qr"       "df.residual"
 [9] "xlevels"       "call"        "terms"    "model"
[13] "x"
```

這些名稱指標當中比較常用的是:

coefficients	參數估計值(可簡寫為 coef)
fitted.values	應變數配適值
residuals	模型產生的殘差(等於應變數 - 配適值)
x	模型的設計矩陣
df.residual	殘差自由度
effects	ANOVA 因子與交互作用影響力估計值

> 例如,我們可以使用 result$coefficients 查看參數估計值:

```
> result$coefficients
(Intercept) Petal.Width
  4.7776294   0.8885803
```

result$coefficients 是 list 的元素,其型態為向量,因此我們可以使用向量數字指標查看第 2 個估計值:

```
> result$coefficients[2]
Petal.Width
  0.8885803
```

> 將模型的配適值（fitted values）與殘差值另存其他向量，並畫出殘差的常態機率圖：

```
> y.fitted = result$fitted.values
> resid = result$residuals
> qnorm(resdi)
```

> 查看設計矩陣 result$x（需在 lm 函數中使用 x = TRUE 參數）：

```
> result$x
    (Intercept) Petal.Width
1             1         0.2
2             1         0.2
3             1         0.2
............
148           1         2.0
149           1         2.3
150           1         1.8
```

擷取 lm 物件資訊的函數

如果我們將 lm 函數分析結果使用變數儲存起來，例如 result = lm(y ~ x)，則 result 將是一個具有 lm 類別（class）的 lm 物件變數，有些 R 函數可以協助我們從這個 lm 物件變數中擷取出各類的分析資訊：

print、summary、anova、coef、vcov、residuals、predict、AIC、step、add1、drop1、plot、deviance、model.matrix、model.tables、formula、alias、kappa、effects、labels、proj、vcov、family

以下介紹幾個常用的 lm 擷取函數，示範程式的模型使用之前的 iris 資料作簡單線性迴歸模型的傳回物件：

```
> result = lm(Sepal.Length ~ Petal.Width, data=iris, x = T)
```

print、summary 函數：彙整計算結果

print 跟 summary 都可以顯示經過整理的 lm 分析結果，例如 print(result) 或 summary(result)。以 iris 資料檔為例：

```
> summary(result)
Call:
lm(formula = Sepal.Length ~ Petal.Width, data = iris, x = T)
Residuals:
    Min      1Q  Median      3Q     Max
-1.38822 -0.29358 -0.04393 0.26429 1.34521
Coefficients:
            Estimate Std. Error t value Pr(>|t|)
(Intercept)  4.77763    0.07293   65.51   <2e-16 ***
Petal.Width  0.88858    0.05137   17.30   <2e-16 ***
---
Signif. codes:  0'***' 0.001 '**' 0.01 '*' 0.05 '.' 0.1 ' ' 1

Residual standard error: 0.478 on 148 degrees of freedom
Multiple R-squared: 0.669,     Adjusted R-squared: 0.6668
F-statistic: 299.2 on 1 and 148 DF,  p-value: < 2.2e-16
```

coef 函數：參數估計值

coef（lm 物件）可以擷取出模型參數估計值的資訊，其效果跟之前的 result$coefficients 相同：

```
> coef(result)
(Intercept) Petal.Width
  4.7776294   0.8885803
```

vcov 函數：參數估計量之間的共變異數矩陣

vcov（lm 物件）可以傳回所有模型參數估計量之間的共變異數矩陣（variance-covariance matrix）。例如：

```
> vcov(result)
             (Intercept)   Petal.Width
(Intercept)  0.005319480 -0.003165331
Petal.Width -0.003165331  0.002639242
```

model.matrix 函數：傳回 lm 或相似函數計算物件的設計矩陣

deviance 函數：算出 SSE（lm 函數）或 Deviance（glm 函數）

deviance(result) 傳回線性模型的 SSE(residual sum of squares)：

```
> deviance(result)
[1] 33.81489
```

update 函數：更新模型

update 函數可以在原來的模型中增加新的變數或刪除某些變數。

[基本語法]　update（lm 物件，. ~ . + 新變數）

　　　　　　或 update（lm 物件，. ~ . - 舊變數）

語法中「~」符號兩端的句點「.」表示沿用 lm 物件原來「~」兩端的所有設定。例如：

```
> result1 = lm(Sepal.Length ~ Petal.Width, data = iris)
```

➤ 新增一個變數 Patal.Length（花瓣長度）：

```
> result2 = update(result1, .~. + Petal.Length)
```

➤ 將第一個模型原有的變數 Petal.Width（花瓣寬度）刪除：

```
> result3 = update(result2, .~. - Petal.Width)
```

anova 函數

anova 函數有兩個用法：

　　　　anova(lm 物件) 或 anova(lm 物件 1, lm 物件 2)

如果是第一種用法，則 anova 彙整出線性模型的 ANOVA 表格。如果是比較兩個不同模型的輸出物件，會執行局部 F 檢定（Partial F Test）來檢查新增加的變數是否顯著。

▼ 程式範例 11-3

```
> model1 = lm(Sepal.Length ~ Petal.Width, data = iris)
> model2 = update(model1, .~. + Petal.Length, data = iris)
> model3 = update(model2, .~. - Petal.Width, data = iris)
```

model1 有 2 個解釋變數，model2 有 3 個。看看新增的變數是否應該留在模型中：

```
> anova(model1, model2)
Analysis of Variance Table

Model 1: Sepal.Length ~ Petal.Width
Model 2: Sepal.Length ~ Petal.Width + Petal.Length
  Res.Df    RSS Df Sum of Sq      F    Pr(>F)
1    148 33.815
2    147 23.881  1    9.9342 61.151 9.414e-13 ***
---
Signif. codes:  0 '***' 0.001 '**' 0.01 '*' 0.05 '.' 0.1 ' ' 1
```

F 檢定的 P-value = $9.414 \times 10^{-13} < \alpha = 0.05$，因此拒絕「$H_0$：多出的變數不顯著」。這表示新增加的 Petal.Length 變數應該留在模型中：

```
> anova(model3, model2)
Analysis of Variance Table
Model 1: Sepal.Length ~ Petal.Length
Model 2: Sepal.Length ~ Petal.Width + Petal.Length
  Res.Df    RSS Df Sum of Sq      F  Pr(>F)
1    148 24.525
2    147 23.881  1   0.64434 3.9663 0.04827 *
```

F 檢定 P-value $0.04827 < \alpha = 0.05$，拒絕 H_0。Petal.Width 該留下來

step 函數：使用 AIC 逐步挑選模型

　　step 函數類似迴歸分析中的 stepwise regression（逐步迴歸），但 step 函數使用每個可能模型的 AIC 值作為模型挑選的準則，模型的 AIC 值越小越好。此外，**add1** 與 **drop1** 函數可以比較每次增加一個變數或減少一個變數對模型的影響。

MASS 套件的 step AIC 函數也可以用來挑選候選模型。兩者的差異在於 AIC 計算時常數項的不同。

▼ 程式範例 11-4

例如，以下模型使用 iris 資料的 Sepal.Width 作為應變數，剩下其他變數都作為的解釋變數（使用「.」符號），然後再用 step 函數選出最好的模型：

```
> model.all = lm(Sepal.Width ~ . , data = iris)
> result.step = step(model.all)
> summary(result.step)
> anova(result.step)
```

```
Start:  AIC=-389.37
Sepal.Width ~ Sepal.Length + Petal.Length + Petal.Width + Species

                Df Sum of Sq    RSS     AIC
<none>                       10.328 -389.37
- Petal.Length   1   0.36195 10.689 -386.21
- Petal.Width    1   1.84465 12.172 -366.72
- Sepal.Length   1   2.38066 12.708 -360.26
- Species        2   3.14643 13.474 -353.48
Analysis of Variance Table
Response: Sepal.Width
              Df  Sum Sq Mean Sq  F value    Pr(>F)
Sepal.Length   1  0.3913  0.3913   5.4557   0.02088 *
Petal.Length   1 12.5284 12.5284 174.6888 < 2.2e-16 ***
Petal.Width    1  1.9133  1.9133  26.6783 7.861e-07 ***
Species        2  3.1464  1.5732  21.9359 4.831e-09 ***
Residuals    144 10.3275  0.0717
---
Signif. codes:  0 '***' 0.001 '**' 0.01 '*' 0.05 '.' 0.1 ' ' 1
```

最後選出的模型之解釋變數包含 Sepal.Length、Petal.Length 與 Petal.Width 三個變數，AIC 值為 -389.37。

AIC、extractAIC、logLik 函數

計算模型的 AIC、BIC、Log-Likelihood 值。AIC 與 extractAIC 函數都可以算出某個 lm 物件的 AIC 值，但兩者採用的 AIC 常數項計算公式不同，所以算出來不一樣。這並不是函數錯誤，而是採取不同的算法。**step** 函數是以 extractAIC 函數為計算依據。AIC 值的主要目的是「比較」不同模型，選擇最小的 AIC，因此單獨看一個模型的 AIC 值是沒有意義的。

兩個 AIC 函數都可以再給一個 **k = 2** 或 **k = log**（樣本數）的參數：k = 2 就是一般的 AIC，k = log（樣本數）則算出 **BIC** 值。

另外，**logLik**（lm 物件）則可以算出該模型的最大 Log-Likelihood 值。以範例 11-4 的 iris 資料 model.all 為例：

```
> AIC(model.all)                                    # AIC
[1] 38.30741

> AIC(model.all, k = log(nrow(iris)))              # BIC
[1] 59.38185

> extractAIC(model.all)                             # AIC = -389.3742
[1]    6.0000 -389.3742

> extractAIC(model.all, k = log(nrow(iris)))       # BIC = -371.3103
[1]    6.0000 -371.3103

> logLik(model.all)
'log Lik.' -12.15370 (df=7)
```

predict 函數

predict 函數可以根據已經完成分析的模型算出應變數的預測值（predicted values）、新的應變數平均數信賴區間或是新反應值的預測區間（prediction limits）等等資訊。

【基本語法】 predict(lm 物件 , newdata, interval, level=0.95)

其中

- **newdata** = 新的解釋變數值所組成的資料框架變數。

- **interval** = "confidence" 算出新的應變數值之期望值信賴區間。
- **interval** = "prediction" 算出新應變數值的預測區間。
- **interval** = "none" 則不算出任何信賴區間或預測區間，只有預測值。
- **level** = 0.95 為預測區間或信賴區間的信賴水準。

例如，以範例 11-4 中的 model.all 來預測一個新的應變數值：

```
> newx = data.frame(Sepal.Length = 5.8, Petal.Length = 3.76,
+           Petal.Width = 1.19, Species = "virginica")
> predict(model.all, newdata = newx)
      1
2.48934
```

➢ E [新的 Sepal.Width 值] 的 95% 期望值信賴區間：

```
> predict(r,newdata=newx,interval="confidence")
       fit      lwr      upr
1  2.48934 2.242585 2.736094
```

➢ 新的 Sepal.Width 值 的 95% 預測區間：

```
> predict(r, newdata = newx, interval = "prediction")
       fit      lwr      upr
1  2.48934 1.905318 3.073362
```

其他函數

plot(lm 物件)：畫出數張殘差分析圖。

residuals(lm 物件)：傳回模型的殘差值向量。

fitted(lm 物件)：傳回應變數配適值。

df.residual(lm 物件)：殘差自由度。

CHAPTER 12

機率計算

12.1 排列與組合
12.2 機率分配查表功能
12.3 亂數產生器與隨機抽樣
12.4 機率分配 pdf 與 cdf 計算與圖形
12.5 機率收斂與中央極限定理
12.6 機率值的逼近
12.7 判定資料的機率分配
12.8 判定資料的常態性

在統計學中，機率計算的部分包含排列、組合、機率分配查表、產生隨機亂數、隨機抽樣、機率密度函數（pdf）與累積機率密度函數（cdf）的繪圖或計算、機率分配逼近、中央極限定理等等。

12.1 排列與組合

典型機率計算中的排列（permutation）與組合（combination）數目，可由 gamma、factorial 函數與 choose 函數分別達成。

排列：可用 gamma 或 factorial（階乘）函數，gamma(k+1) = factorial(k)。

例如：

21 個人組成 13 個人一隊的隊伍，每個隊員都需編號，總共有幾種排列方式？

```
> gamma(21)/gamma(13)
[1] 5079110400

> factorial(20)/factorial(12)
[1] 5079110400
```

共有 5,079,110,400 種不同的排列方式。

組合：使用 choose(n, k) 函數。

21 個人組成 13 個人一隊的隊伍，有幾種組合方式？

```
> choose(21, 13)
[1] 203490

> choose(10, 3)
[1] 120

> choose(20, 12)
[1] 125970
```

12.2 機率分配查表功能

R 軟體具備許多常見的機率分配函數，其中以 p 或 q 開頭的機率分配函數可以提供我們方便的機率計算與查表功能。

[查表語法]　q+ 機率分配代號 (累積機率值 , 分配參數 -1, 分配參數 -2, …)

▼ 程式範例 12-1

➢ 查詢 N(0, 1) 分配的第 97.5% 百分位數（percentile）。

找出使得 Pr(Z < z) = 0.975 的 z 值：

```
> qnorm(0.975, 0, 1)
[1] 1.959964
```

q 與 p 系列機率分配函數都可使用 **lower.tail=FALSE**，依據右尾機率來計算。

1 − 0.975 = 0.025：

```
> qnorm(0.025, 0, 1, lower.tail = F)      # 也可以使用右尾機率值來算
[1] 1.959964
```

```
> pnorm(1.959964)                          # Pr(Z < 1.959964)
[1] 0.975
```

```
> pnorm(1.96)                              # Pr(Z < 1.96)
[1] 0.9750021
```

➢ 算出 N(0, 1) 從 −1.96 至 1.65 的機率值 Pr(−1.96 < Z < 1.65)：

```
> pnorm(1.65, 0, 1) - pnorm(-1.96, 0, 1)
[1] 0.9255306
```

➢ 計算 Pr(Z > 1.65)= 1 − Pr(Z < 1.65)：

```
> 1 - pnorm(1.65, 0, 1)
[1] 0.04947147
```

尋找Z使得Pr(Z < z)=0.975　　　　Pr(-1.96 < Z < 1.65)

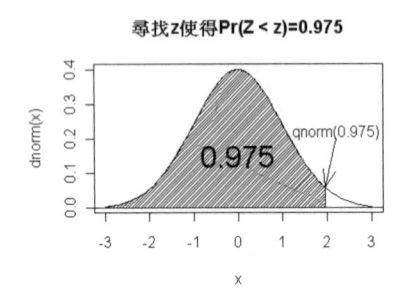

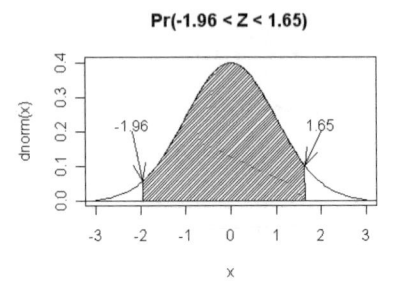

> 查詢 t 分配（自由度 = 300）的 97.5% 百分位數：

```
> qt(0.975, 300)
[1] 1.967903
```

> 查詢 F 分配（自由度為 1 及 300）95% 的百分位數。
$t_{1-\alpha/2}(k)$ 查表值的平方 $F = F_{1-\alpha}(1, k)$ 查表值：

```
> qf(0.95, 1, 300)
[1] 3.872642
```

```
> sqrt(qf(0.95, 1, 300))
[1] 1.96790
```

程式範例 12-2　機率分配查表表格

> 以下程式可以列出 N(0, 1) 從 0.0, 0.01, ..., 2.99, 3.0 的查表表格：

```
s1 = seq(0, 3, 0.1)
s2 = seq(0, 0.09, 0.01)
x = matrix(0, length(s1), length(s2))

for(i in 1:length(s1))
{
  for (j in 1:length(s2))
  {
    q1 = s1[i]
    q2 = s2[j]
    q  = q1+q2
    x[i, j] = round(pnorm(q), 4)
  }
```

```
}
colnames(x) = paste("0.0", 0:9, sep = "")
rownames(x) = format(seq(0.0, 3.0, 0.1))    # format 讓 2 顯示成 2.0
x
```

```
      0.00   0.01   0.02   0.03   0.04   0.05   0.06   0.07   0.08   0.09
0.0  0.5000 0.5040 0.5080 0.5120 0.5160 0.5199 0.5239 0.5279 0.5319 0.5359
0.1  0.5398 0.5438 0.5478 0.5517 0.5557 0.5596 0.5636 0.5675 0.5714 0.5753
0.2  0.5793 0.5832 0.5871 0.5910 0.5948 0.5987 0.6026 0.6064 0.6103 0.6141
0.3  0.6179 0.6217 0.6255 0.6293 0.6331 0.6368 0.6406 0.6443 0.6480 0.6517
........................................
2.8  0.9974 0.9975 0.9976 0.9977 0.9977 0.9978 0.9979 0.9979 0.9980 0.9981
2.9  0.9981 0.9982 0.9982 0.9983 0.9984 0.9984 0.9985 0.9985 0.9986 0.9986
3.0  0.9987 0.9987 0.9987 0.9988 0.9988 0.9989 0.9989 0.9989 0.9990 0.9990
```

[註] N(0, 1) 查表程式也可以改用 outer 函數（外積），不用到迴圈也可以算出來：

```
> s1 = seq(0,3, 0.1)
> s2 = seq(0, 0.09, 0.01)
> myfun = function(q1, q2) round(pnorm(q1+q2), 4)
> m = outer(s1, s2, myfun)
> colnames(m) = paste("0.0", 0:9, sep = "")
> rownames(m) = format(seq(0.0, 3.0 ,0.1))
> m
```

➣ 以下程式可以列出自由度從 1~20 的 t 分配之查表表格：

```
> df = 1:20
> p = c(0.10, 0.05, 0.025, 0.01)
> myfunc = function(df, p) round(qt(p, df, lower.tail = F), 4)
> m = outer(df, p, myfunc)
> colnames(m) = format(P)
> rownames(m) = format(1:20)
> m
      0.100   0.050   0.025   0.010
1    3.0777  6.3138 12.7062 31.8205
2    1.8856  2.9200  4.3027  6.9646
3    1.6377  2.3534  3.1824  4.5407
```

```
 4  1.5332  2.1318  2.7764  3.7469
 5  1.4759  2.0150  2.5706  3.3649
 ...............................
18  1.3304  1.7341  2.1009  2.5524
19  1.3277  1.7291  2.0930  2.5395
20  1.3253  1.7247  2.0860  2.5280
```

12.3 亂數產生器與隨機抽樣

不同機率分配的隨機亂數，可由 r 開頭系列函數來產生。此外，sample 函數可以協助我們作隨機抽樣。

12.3.1 隨機亂數產生器

R 軟體的隨機亂數產生機制，是在各類機率分配代號前面加上字母 r 來形成各類分配的亂數產生函數。在產生隨機亂數前，最好用 set.seed 函數隨意設定一個整數當作隨機起始點（random seed）。例如，我們可以採用運算當時的系統時間（月、日、時、分、秒）當作隨機起始點：

```
> set.seed(12345)                                    # 隨便自訂的隨機起始點
> Sys.time( )
[1] "2010-03-02 11:26:33 CST"

> format(Sys.time( ), "%m%D%H%M%S")
[1] "03112643"

> set.seed(as.integer(format(Sys.time( ), "%m%D%H%M%S")))
```

▼ 程式範例 12-3

➤ 產生 10 個 U(0, 1) 亂數：

```
> runif(10)
[1] 0.39840404 0.37753828 0.40431953 0.69262638 0.07075775 0.02685887
[7] 0.70762025 0.07222183 0.20847279 0.38473061
```

```
> runif(10, 11, 20)                                    # U(11, 20)
 [1] 19.98369 11.28077 11.86398 12.39683 14.02263 12.02469 18.68790 12.59815
 [9] 14.26548 11.71367
```

> 產生 20000 個服從 N(0, 1) 的隨機亂數：

```
> x = rnorm(20000, 0, 1)
> rnorm(10, 0, 1)
 [1] -0.14834654 -0.40722479 -0.01721084 -1.56895113  0.50970777 -0.66112652
 [7] -0.65156388  1.85233049 -0.57971069 -1.60595708

> round(rnorm(10, 60, 10))                             # N(60, 10)
 [1] 80 39 49 57 51 52 51 62 56 37
```

> 產生 10 個 gamma(1, 0.1) 隨機亂數：

```
> rgamma(10, 1, 0.1)
 [1]  1.0343342 22.6535216  6.7690795 11.4672305 18.2674701  0.6701264
 [7]  8.3890695  8.0846679 12.0316058  1.7416255
```

12.3.2 離散型 Uniform 隨機亂數

若 i、j 為整數，U 服從 U(0,1)，且 X = i + [(j - i + 1)*U]，則 X 服從 Discrete-U(i, j)，其中 [...] 代表高斯符號，在 R 中則為 floor 函數：

```
> dcunif = function(n, i, j) i + floor((j - i + 1)*runif(n))
> dcunif(5, 11, 20)
[1] 14 16 13 12 11
```

另外，我們也可以用 sample( ) 隨機抽樣函數來模擬離散型 Uniform 隨機亂數的功能。例如，以下程式從 11 ~ 20 共 10 個正整數中隨機抽出 5 個值：

```
> sample(11:20, 5)                                     # 抽出後不放回
[1] 13 15 18 19 11

> sample(11:20, 5, replace = TRUE)                     # 抽出後放回
[1] 15 17 11 11 13
```

12.3.3 簡單隨機抽樣

R 軟體提供 sample 函數可供隨機抽樣。

[基本語法]　sample(x, size, replace = FALSE, prob = NULL)

其中

- **x** 為被抽樣的母體物件（通常為向量）。
- **size** 為欲抽出的樣本數。
- **replace** = TRUE 時，抽樣方式為抽出後放回（sampling with replacement），否則預設為抽出後不放回（sampling without replacement）。
- **prob** 則可以用來指定母體物件中各元素被抽出的機率，若採用預設值 NULL，則假設所有元素被抽出的機率都相等。

▼ 程式範例 12-4

```
> s = 1:5
> sample(s)
[1] 2 1 3 4 5

> sample(s, replace = TRUE)
[1] 4 5 4 2 4

> sample(s, size = 3)                          # 可簡寫成 sample(s,3)
[1] 3 4 2
```

➢ 以下我們假設 1 被抽出的機率是 0.6，2 到 5 被抽出的機率皆為 0.1：

```
> sample(1:5, 3, prob = c(0.6, 0.1, 0.1, 0.1, 0.1))
[1] 4 1 2

> sample(1:5, 3, replace = TRUE, prob = c(0.6, 0.1, 0.1, 0.1, 0.1))
[1] 1 1 1
```

➢ 我們也可以從字串向量中作抽樣。以下程式是從 26 個英文小寫字母中抽樣。letters 是 R 軟體內建的英文小寫字母向量變數：

```
> sample(letters, 10)
[1] "i" "y" "g" "u" "z" "t" "p" "j" "b" "n"

> sample(letters, 10, replace = TRUE)          # 抽出後放回
[1] "a" "s" "b" "l" "q" "s" "o" "m" "y" "x"
```

> 從學生名單中隨機抽樣：

```
> students = c("王小明", "林小華", "李小英", "蔡小玲", "陳小進")
> sample(students)                              # 所有人隨機排列
[1] "陳小進" "王小明" "林小華" "李小英" "蔡小玲"

> sample(students, 3)                           # 隨機抽出 3 人，抽出不放回
[1] "王小明" "蔡小玲" "陳小進"

> sample(students, 3, replace = TRUE)           # 抽出後放回
[1] "李小英" "林小華" "林小華"
```

12.4 機率分配 pdf 與 cdf 計算與圖形

12.4.1 已知的理論機率分配之 pdf 與 cdf

機率密度函數值 density（pdf）與累積機率密度函數值 cdf 計算，是分別在機率分配代號之前加上字母 d 或 p，以產生所需要的計算函數。

▼ 程式範例 12-5

```
> dnorm(0)
[1] 0.3989423

> pnorm(0)
[1] 0.5

> pnorm(1.96)
[1] 0.9750021
```

```
> pnorm(1.645)
[1] 0.950015
```

➤ **N(0, 1)** 的 pdf 與 cdf 函數圖形（圖 12-1）：

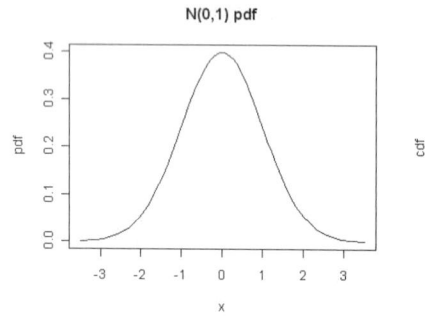

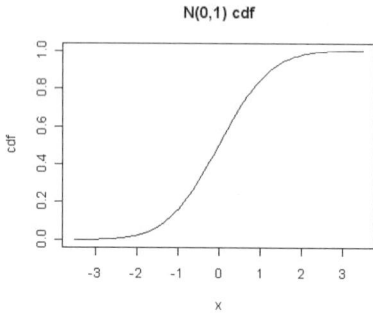

```
> curve(dnorm(x), from = -3.5, to = 3.5, ylab = "pdf",
+       main = "N(0,1) pdf")
> curve(pnorm(x), from = -3.5, to = 3.5, ylab = "cdf",
+       main = "N(0,1) cdf")
```

》圖 12-1　N(0,1) pdf 與 cdf 圖形

➤ **gamma(1, 1)** 分配的 pdf 與 cdf 圖形（圖 12-2）：

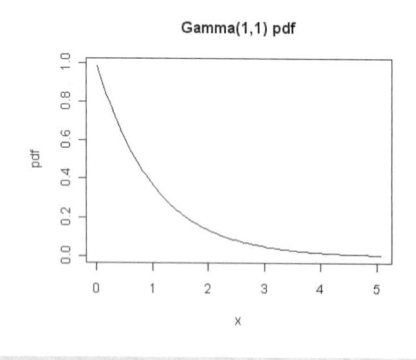

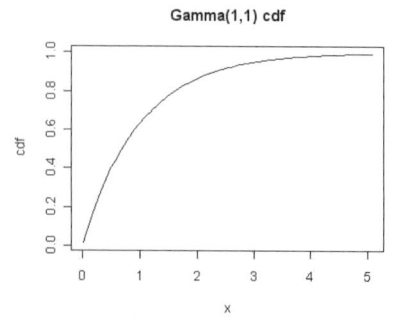

```
> g = rgamma(100, 1, 1)
> curve(dgamma(x, 1, 1), min(g), max(g), xlab = "x", ylab = "pdf",
        main = "Gamma(1, 1) pdf")
> curve(pgamma(x, 1, 1), min(g), max(g), xlab = "x", ylab = "cdf",
        main = "Gamma(1, 1) cdf")
```

》圖 12-2　gamma 分配 cdf 與 pdf 圖

> **Binomial(n=20, p=0.2)** 的 pdf 與 cdf 圖形（圖 12-3）：

```
> pdf = dbinom(0:20, 20, 0.2)
> plot(0:20,pdf , type = "h", main = "B(20,0.2) pdf", lwd=4)
> barplot(pdf, names=as.character(0:20))
> cdf = pbinom(0:20, 20, 0.2)
> plot(0:20, cdf, type="S", xlab = "x", main = "B(20, 0.2) cdf")
```

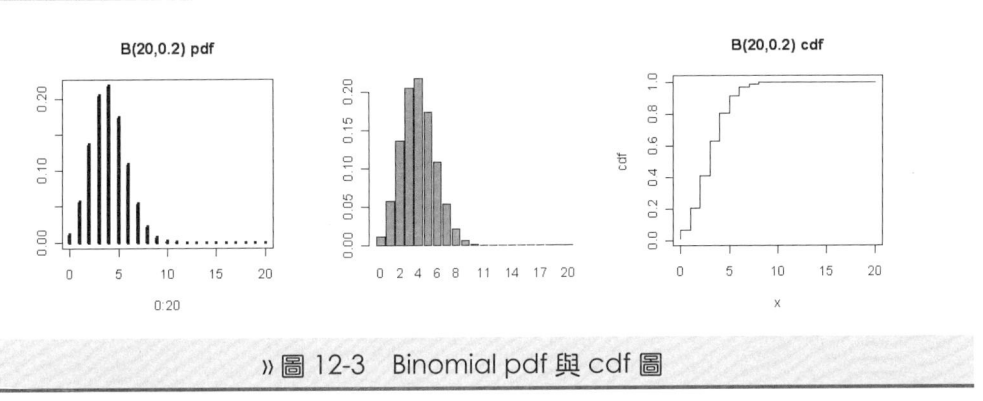

》圖 12-3　Binomial pdf 與 cdf 圖

12.4.2　Empirical CDF：ecdf 函數

R 軟體的 **ecdf** 函數計算一組資料的經驗累積機率函數（empirical CDF），並且傳回成 R 函數的形式，讓我們可以計算新觀察值的 empirical CDF 值。**plot.ecdf** 函數則可以畫出一組資料的 empirical CDF 圖形。

▼ 程式範例 12-6

```
> x = rnorm(40)                          # 模擬 40 個 N(0,1) 亂數
> Fn = ecdf(x)
> Fn
Empirical CDF
Call: ecdf(x)
 x[1:40] = -2.1824, -1.6339, -1.5505,  ..., 1.9949, 2.3117

> summary(Fn)
Empirical CDF:    40 unique values with summary
     Min.   1st Qu.    Median       Mean   3rd Qu.      Max.
-2.182000 -0.568900  0.001085  0.046430  0.850300  2.312000
```

- ecdf 函數傳回的物件具有 function 功能，可以計算新觀察值的 ecdf 值：

```
> Fn(2.3)
[1] 0.975
```

- 分別使用 plot 與 plot.ecdf 函數畫出 ECDF 圖形（圖 12-4）：

```
> plot(Fn, main = "plot(Fn)")
> plot.ecdf(x, main = "plot.ecdf(x)")
```

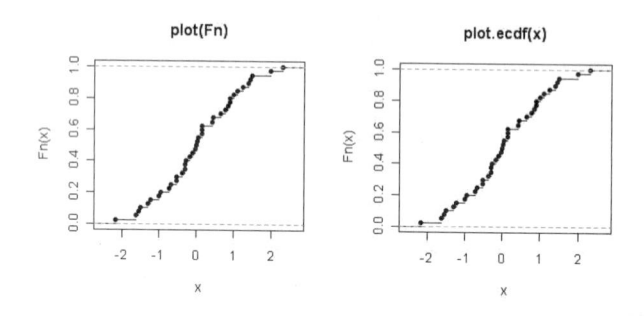

》圖 12-4　ECDF 圖

12.5　機率收斂與中央極限定理

在這一節當中，我們將介紹如何使用 R 軟體來了解隨機變數的各類收斂狀況，以及中央極限定理的原理。

12.5.1　隨機變數的收斂

隨機變數數列 $\{X_n\}$ 的收斂狀況可分為 convergence almost surely（幾乎到處收斂）、convergence in probability（機率收斂）與 convergence in distribution（分配收斂）三類。**ConvergenceConcepts** 套件裡面提供了一些工具函數與圖形函數，可以讓我們檢驗一個隨機變數數列的各類收斂狀況：

generate 函數	由使用者提供的自訂函數產生隨機數列
criterion 函數	計算各類收斂的指標值

visualize.sp 函數	畫出模擬隨機數列的路徑
visualize.crit 函數	畫出各類收斂指標的趨勢
p.as.plot 函數	互動式收斂檢驗圖形
law.plot2d	分配收斂 2D 圖形
law.plot3d	分配收斂 3D 圖形
check.convergence	綜合檢驗函數

除了以上工具函數外，ConvergenceConcepts 套件也提供整合式的 investigate（ ）示範函數，可以讓使用者從多個範例中互動調整不同的樣本數大小，以觀看數列的收斂狀況。

ConvergenceConcepts 套件使用以下指標來衡量隨機數列 X_n 的收斂狀況：

(1) Convergence in Probability $X_n \xrightarrow{P} X$：對任意 $\varepsilon > 0$，

$$p_n = \Pr(|X_n - X| > \varepsilon) \xrightarrow[n \to \infty]{} 0$$

(2) Convergence almost surely $X_n \xrightarrow{a.s.} X$：對任意 $\varepsilon > 0$，

$$a_n = \Pr(\text{存在 k 使得所有 } n \geq k \text{ 都滿足 } |X_n - X| > \varepsilon) \xrightarrow[n \to \infty]{} 0$$

(3) Convergence in distribution $X_n \xrightarrow{d} X$：若 F_n 與 F 分別為 X_n 與 X 的累積機率函數 (CDF)，且 t 是任何能讓 F(t) 連續（continuous）的點，則

$$I_n(t) = |F_n(t) - F(t)| \xrightarrow[n \to \infty]{} 0$$

ConvergenceConcepts 套件使用樣本模擬的方式，先指定 ε 為某個很小的數目（預設為 0.05），模擬產生多組 X_n 的樣本觀察值，看看其中有幾組樣本滿足以上條件，用「滿足條件的樣本組數／全部樣本組數」比例當作上述指標的估計值 $\hat{p}_n$、$\hat{a}_n$ 以及 $\hat{I}_n(t)$（Micheaux and Liquet, 2009）。若某個估計指標值隨著樣本數 n 值變大而趨近於 0，則 X_n 就應該滿足相對的收斂條件。

▼ 程式範例 12-7

假設隨機變數 U 服從 U(0, 1) 分配，隨機變數 X_n 定義如下：

若 U 的觀察值落在 $\left[\dfrac{m}{2^k}, \dfrac{m+1}{2^k}\right]$ 區間，則 $X_n = U$，否則 $X_n = 0$

其中 $k \geq 1$，$0 \leq m < 2^k$，當 $k = 0$ 時，m 定義為 1，$n = 2^k + m$。

依照隨機變數 X_n 的定義，X_n 觀察值等於 0 機率愈來愈大。由理論可證明 X_n 機率收斂到 0（convergence in probability），但 X_n 並沒有幾乎到處收斂（converge almost surely）到 0。換句話說，X_n 只有在機率值計算的特性收斂到跟 0 一樣，但 X_n 隨機變數的觀察值並沒有愈來愈靠近 0。

以下程式將計算出 X_n 的 $\hat{p}_n$ 與 $\hat{a}_n$ 估計指標值，並且畫出圖形，以查看這兩個估計指標是否趨近於 0。

首先建立產生隨機樣本的自訂函數 samplegen：

```
library(ConvergenceConcepts)

samplegen <- function(n) {
    Z <- runif(1)
    k <- floor(log2(1:n))
    m <- 1:n - 2^k
    res <- (m * 2^(-k) <= Z & Z < (m + 1) * 2^(-k))
    return(as.integer(res))
}
```

使用 generate 函數，透過 samplegen 自訂函數來產生 500 組樣本，並且設定最高樣本數 $n = 2000$ 且 $\varepsilon = 0.05$：

```
epsilon0 = 0.05
data = generate(randomgen = samplegen, nmax = 2000, M = 500)$data
```

使用 criterion 函數分別產生 convergence in probability 與 convergence almost surely 所需要的估計指標值 $\hat{p}_n$ 與 $\hat{a}_n$：

```
critp = criterion(data, epsilon = epsilon0, mode = "p")$crit
critas = criterion(data, epsilon = epsilon0, mode = "as")$crit
```

使用 plot 函數搭配 lines 函數畫出兩組估計指標（圖 12-5）：

```
plot(critp[1:1000], type = "l")
lines(1:1000, critas[1:1000], col = 2)
```

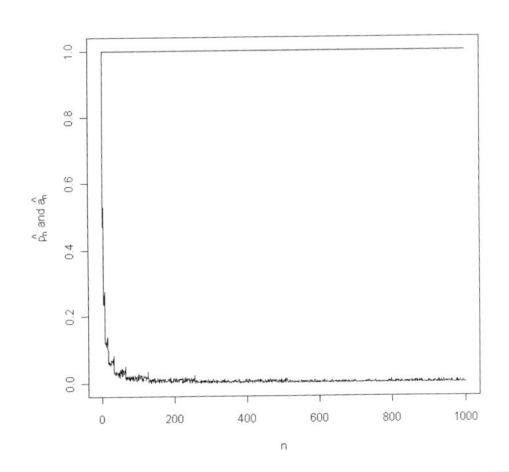

》圖 12-5　Almost surely 收斂 vs. 機率收斂

在圖 12-5 中，代表機率收斂的 $\hat{p}_n$ 指標值很快就趨近於 0，但是代表 convergence almost surely 的 $\hat{a}_n$ 指標值則一直停留在 1.0 附近成水平線趨勢，並沒有隨著 n 值下降。因此可知 X_n 只有機率收斂的特性。

12.5.2　中央極限定理

中央極限定理主要內容為如果一組 i.i.d. 隨機變數 $X_1, X_2, ..., X_n$ 的期望值與變異數均為有限，則

$$Z_n = \frac{\sum X_i - n\mu}{\sigma\sqrt{n}} \xrightarrow{d} N(0,1) \text{ 或是 } Z_n = \frac{\bar{X}_n - \mu}{(\sigma/\sqrt{n})} \xrightarrow{d} N(0,1)$$

▼ 程式範例 12-8

一個服從 Binomial(n, p) 分配的隨機變數 X_n 可視為 n 個互相獨立的 Bernoulli(p) 隨機變數 $Y_1, Y_2, ..., Y_n$ 的總和，即 $X_n = \sum_{i=1}^{n} Y_i$，因此，一連串的 X1, X2, ... 隨機變數數列若依照中央極限定理轉換成

$$Z_n = \frac{(X_n/n) - \mu}{(\sigma/\sqrt{n})} = \frac{(\sum Y_i/n) - \mu}{(\sigma/\sqrt{n})} = \frac{\bar{Y}_n - p}{(\sqrt{p(1-p)/n})}$$

則 Z_n 應該會分配收斂到 N(0, 1)。

在以下程式中，我們設定 Binomial(n, p) 的 p = 0.2，並且模擬出 n = 10, 20, 30, 50 各 2000 個 Z_n 值來觀察分配逼近狀況（圖 12-6）：

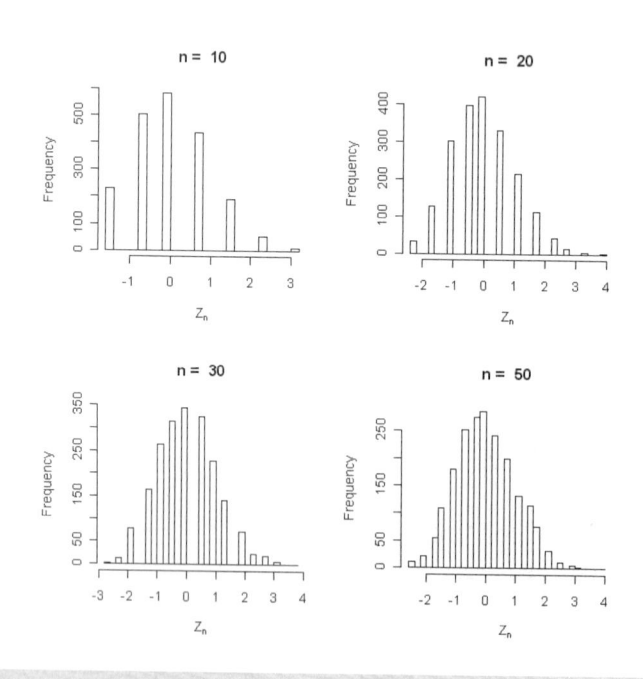

```r
p = 0.2
ns = c(10, 20, 30, 50)
k = 2000
for (n in ns)
{
  Zn = numeric(k)
  for (j in 1:k)
  {
      Xn = rbinom(1, n, p)                              # Xn ~ Binom(n,p)
    Zn[j] = ( Xn/n - p )/sqrt(p*(1-p)/n)
  }

  hist(Zn, breaks = 25, main = paste("n = ", n),
         b = expression(Z[n]))
}
```

》圖 12-6　CLT：Binomial 分配

▼ 程式範例 12-9

假設 $Y_1, Y_2, ..., Y_n$ 服從 $X^2(1)$ 機率分配且互相獨立，且 X_n 定義為 $X_n = (\sum_{i=1}^{n} Y_i - n)/\sqrt{2n}$，則 X_n 等於是將 n 個 $X^2(1)$ 隨機變數加總變成一個 $X^2(n)$ 隨機變數，再減掉 $X^2(n)$ 期望值 n、除以標準差 $\sqrt{2n}$。我們想看看當 n 趨近於 ∞ 時，X_n 是否機率收斂到 N(0, 1) 隨機變數。

我們在這個範例將使用 12.5.1 節所介紹的 **ConvergenceConcepts** 套件來畫出 X_n 與 N(0, 1) 的 CDF 圖形。

先設定模擬產生隨機變數數列 X_n 的自訂函數 rand1，再使用 generate 函數產生所需的數列，最後畫出四個不同樣本數下的 CDF 差異對照圖（圖 12-7）：

```r
library(ConvergenceConcepts)
rand1 = function(n) {
    (cumsum(rchisq(n, df = 1)) - (1:n))/sqrt(2 * (1:n))
}
data = generate(randomgen = rand1, nmax = 2000, M = 500)$data
tinf = -4 ; tsup = 4
for (nn in c(1,5,10,100))
{
    plot.ecdf(ecdf(data[, nn]), do.points = FALSE,
              xlim = c(tinf, tsup), col.h = "red",
              xlab = "", main = paste("n = ",nn))
    curve(pnorm, xlim = c(tinf, tsup), lty = 2, xlab = "",
          ylab = "", main = "", add = TRUE)
}
```

》圖 12-7　機率收斂：卡方變數 CDF 逼近圖

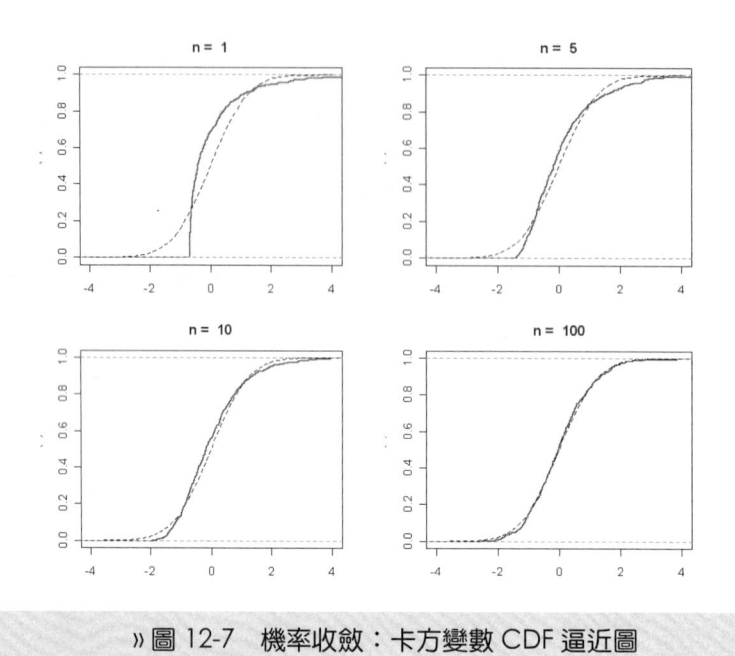

畫出 CDF 逼近的 3D 圖形（圖 12-8）：

```
par(mfrow = c(1, 1))
law.plot3d(data, pnorm)
```

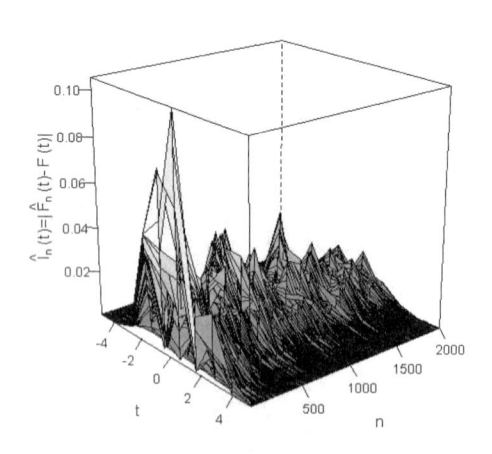

》圖 12-8　卡方變數 3D CDF 逼近圖

12.6 機率值的逼近

12.6.1 以 Normal 機率逼近 Binomial 機率

當 np > 5 且 n(1 − p) > 5 時，我們可以用 N(np, $\sqrt{np(1-p)}$) 的機率計算來逼近 Binomial(n, p) 分配的 Pr(X ≤ x) 機率值。

▼ 程式範例 12-10

以下程式假設 n = 150、p = 0.05，所以 np = 7.5 > 5，n(1 − p) = 150*0.95 > 5。

```
n = 150 ; p = 0.05
mu = n*p
sigma = sqrt(n*p*(1-p))
x = matrix(0, 20, 4)
for (i in 0:20)
{
  pb = pbinom(i, n, p)
  pn = pnorm(i, mu, sigma)
  pdiff = abs(pb - pn)
  x[i,] = c(i, pb, pn, pdiff)
}
colnames(x) = c("x", "Binomial", "Normal", "Difference")

library(xtable)
print(xtable(x, digits = c(0, 0, 7, 7, 7)), include.rownames = F,
            type = "HTML")
```

▶ 以下的程式比較簡潔，不使用迴圈，直接利用 R 的向量計算優點，也可以得到相同的結果：

```
n = 150; p = 0.05
mu = n*p
sigma = sqrt(n*p*(1-p))
x = 0:20
pb = pbinom(x, , p)
pn = pnorm(x, mu, sigma)
pdiff = abs(pb - pn)
```

```
mytable = cbind(x, pb, pn, pdiff)
colnames(mytable) = c("x", "Binomial 機率", "Normal 機率", "差異值")
library(xtable)
print(xtable(mytable, digits = c(0, 0, 7, 7, 7)),
            include.rownames = F, type = "HTML")
```

x	Binomial 機率	Normal 機率	差異值
1	0.0040520	0.0074434	0.0033913
2	0.0181541	0.0196759	0.0015219
3	0.0547698	0.0459119	0.0088579
...	...	...	...
19	0.9999354	0.9999918	0.0000563
20	0.9999795	0.9999986	0.0000191

12.6.2 以 Poisson 機率逼近 Binomial 機率

當 np 固定時，我們可以用 Poisson(λ= np) 來逼近 Binomial(n,p) 分配 Pr(X ≤ x) 的機率值。

▼ 程式範例 12-11

```
n = 20
p = 0.05
lambda = n*p
x = matrix(0, 20, 4)
for (i in 0:20)
{
  pb = pbinom(i, n, p)
  pp = ppois(i, lambda)
  pdiff = abs(pb - pp)
  x[i, ] = c(i, pb, pp, pdiff)
}
colnames(x) = c("x", "Binomial 機率", "Poisson 機率", "差異值")
library(xtable)
```

```
print(xtable(x,digits = c(0, 0, 7, 7, 7)), include.rownames=F,
      type = "HTML")
```

我們在此使用 xtable 套件（10.2.3 節）來印出可在 HTML 上面顯示的結果：

x	Binomial 機率	Normal 機率	差異值
1	0.7358395	0.7357589	0.0000806
2	0.9245163	0.9196986	0.0048177
3	0.9840985	0.9810118	0.0030866
...	...	...	...
19	1.0000000	1.0000000	0.0000000
20	1.0000000	1.0000000	0.0000000

12.7 判定資料的機率分配

如果我們想判定一組資料到底是服從哪一種機率分配，可以使用以下幾種工具函數來協助判斷。

fitdistrplus 套件的 fitdist 函數

fitdistrplus 套件的 fitdist 函數可以計算資料相對於某個特定機率分配的估計參數值，並且可以比較多個不同機率分配配適的結果。在以下 **summary(fw)** 結果中，我們也可以看到 Log-Likelihood、AIC、與 BIC 值，可與其他分配的計算結果相互比較。Log-Likelihood 越大越好，AIC 與 BIC 則越小越好：

```
> library(fitdistplus)
> w = rweibull(100, shape = 4, scale = 100)
> fw = fitdist(w, "weibull")
Fitting of the distribution ' weibull ' by maximum likelihood
Parameters:
```

```
        estimate   Std. Error
shape   3.587523   0.2775724
scale   99.471655  2.9268964
> summary(fw)
Fitting of the distribution 'weibull' by maximum likelihood
Parameters :
        estimate   Std. Error
shape   3.587523   0.2775724
scale   99.471655  2.9268964
Loglikelihood:  -472.823    AIC:  949.6461    BIC:  954.8564
Correlation matrix:
            shape       scale
shape   1.0000000   0.3203139
scale   0.3203139   1.0000000
> plot(fw)
```

我們可以寫一個函數 distScore 來同時比較多個不同機率分配的配適結果

```
distScore = function(distn,x) {
   require(fitdistrplus)
   tmp = fitdist(x,distn)
   data.frame(loglik=tmp$loglik,AIC=tmp$aic,BIC=tmp$bic)
}
distns = c("weibull","gamma","lnorm")
t(sapply(distns,distScore,x=w))
            loglik      AIC        BIC
weibull    -472.823    949.6461   954.8564
gamma      -473.5721   951.1443   956.3546
lnorm      -475.9523   955.9047   961.115
```

以上結果顯示 weibull 分配的 Log-Likelihood 最大、AIC 與 BIC 最小，所以是最佳選擇。我們也可以把數個配適結果畫圖出來參考：

```
> fg = fitdist(w, "gamma")
> fln = fitdist(w, "lnorm")
> oldpar = par()
> par(mfrow = c(2, 2))
> plot.legend <- c("Weibull", "lognormal", "gamma")
```

```
> denscomp(list(fw, fln, fg), legendtext = plot.legend)
> qqcomp(list(fw, fln, fg), legendtext = plot.legend)
> cdfcomp(list(fw, fln, fg), legendtext = plot.legend)
> ppcomp(list(fw, fln, fg), legendtext = plot.legend)
> par(oldpar)
```

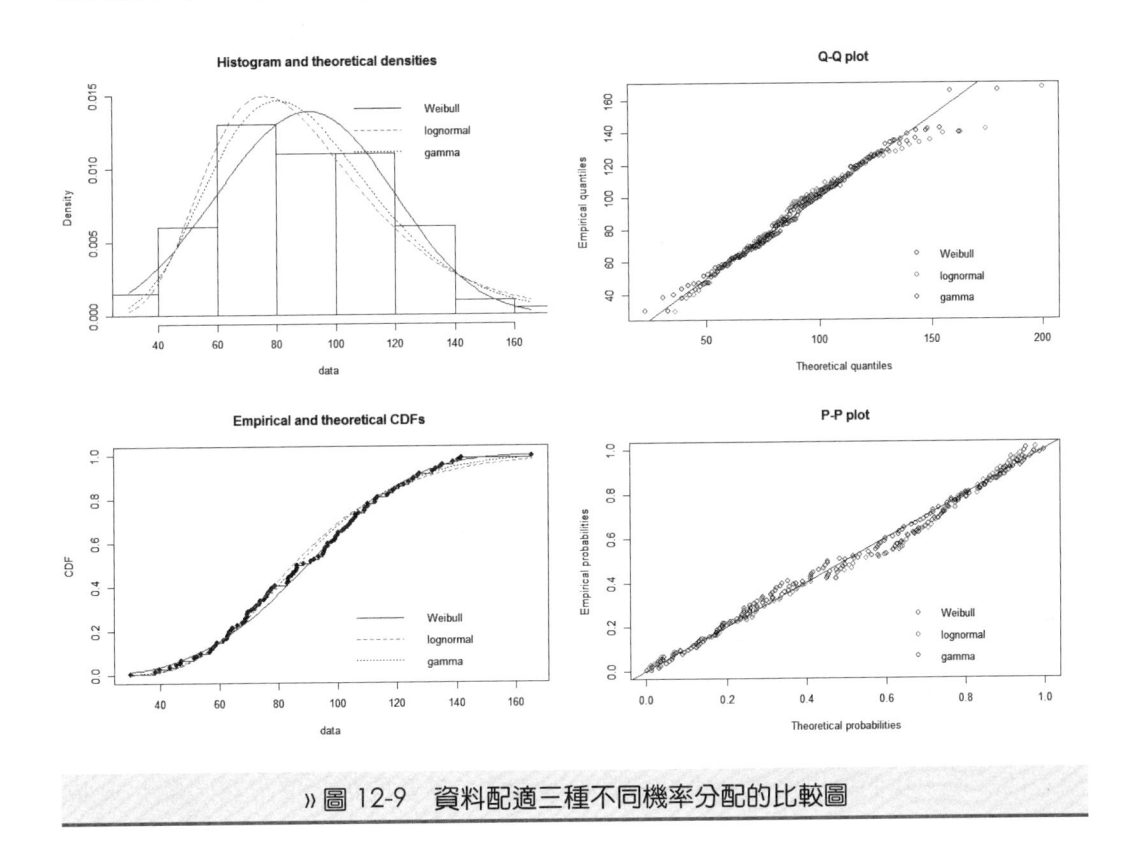

》圖 12-9　資料配適三種不同機率分配的比較圖

此外，fitdistrplus 套件的 descdist 函數可以根據資料的偏度與峰度，在圖形顯示出配適狀況：

```
> descdist(w)
```

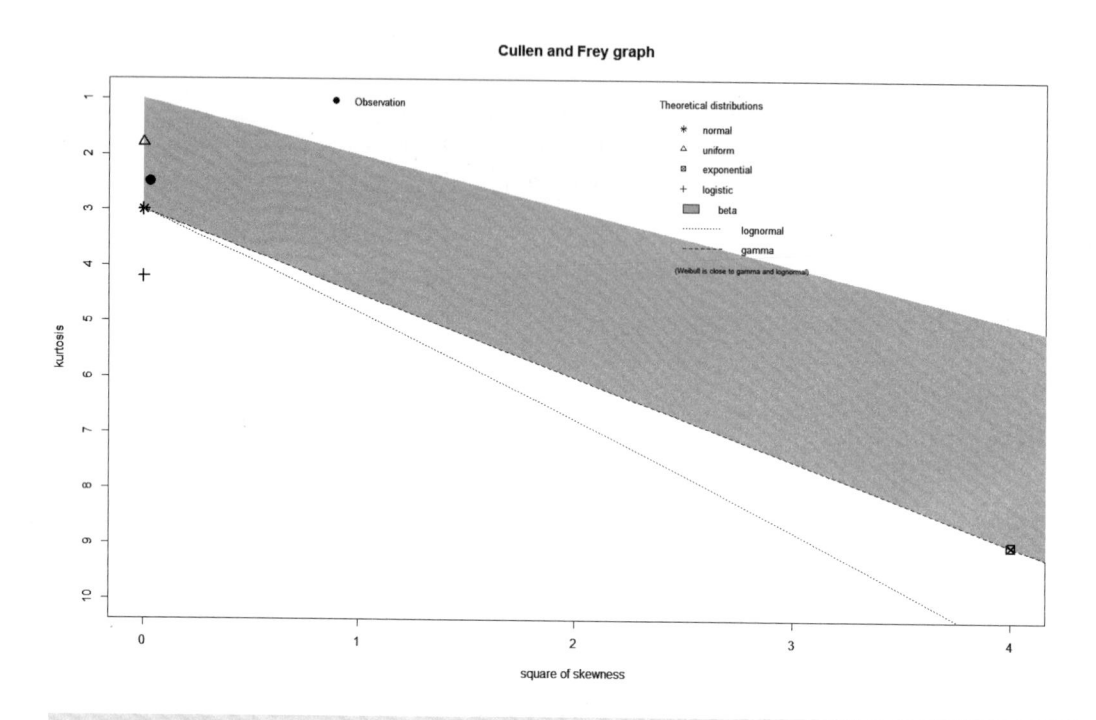

» 圖 12-10　資料配適三種不同機率分配的比較圖

MASS 套件的 fitdistr 函數

接下來，我們可以使用 MASS 套件的 **fitdistr** 函數來算出 Weibull 分配的兩個參數估計值。以下計算結果中，在圓括號 (...) 裡面的數字，相當於個別估計量的標準差估計值。我們可以看到，shape 參數與 scale 參數的估計值跟我們產生 w 向量所用的參數設定值 4 與 100 很接近：

```
> library(MASS)
> w = rweibull(100, shape = 4, scale = 100)
> fitdistr(w, "weibull")
      shape          scale
   4.0149701     100.4765873
  (0.3136271)    (2.6375975)
```

ks.test：Kolmogorov-Smirnov 分配檢定

讓我們產生另外一組 Weibull(4, 100) 的隨機亂數，並且使用 **ks.test**（Kolmogorov-Smirnov 雙樣本檢定）看看兩組資料是否來自相同的連續型

（continuous）機率分配：

```
> w2 = rweibull(100, shape = 4, scale = 100)
> ks.test(w, w2)
        Two-sample Kolmogorov-Smirnov test
data:  w and w2
D = 0.09, p-value = 0.8127
alternative hypothesis: two-sided
```

> ks.test 也可以在第二個參數直接指定機率分配的名稱（前面需加上 "p"，例如 pweibull，並且在後面的參數指定該分配所需的參數）。此時的 Kolmogorov-Smirnov 檢定變成單樣本檢定：

```
> ks.test(w, pweibull, 4, 100)
        One-sample Kolmogorov-Smirnov test
data:  w
D = 0.0572, p-value = 0.8991
alternative hypothesis: two-sided
```

以上兩個 Kolmogorov-Smirnov 檢定的 H_0 都是假設兩組資料的機率分配相同，P-values 都遠大於 $α$ = 0.05，因此都沒有拒絕 H_0。兩組資料服從相同的機率分配。

> 我們也可以使用 **qqplot** 繪圖函數來看看兩組 Weibull 分配的觀察值所形成的 qqplot 圖點是否落在一條斜線附近（圖 12-11）：

```
> qqplot(w, w2)
```

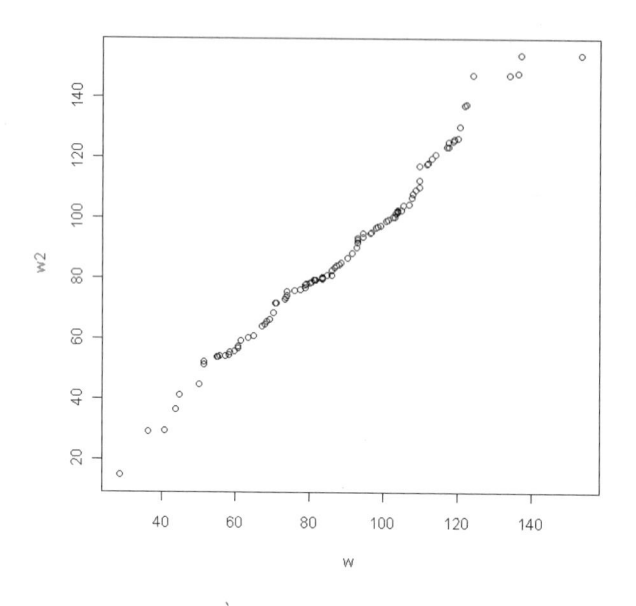

» 圖 12-11　兩組 Weibull 資料的 qqplot

12.8 判定資料的常態性

　　一組資料是否服從常態分配，可用常態機率圖（Normal Probability Plot）或常態性 (Normality) 檢定來檢查。

12.8.1 常態機率圖

　　R 軟體中可用 qqnorm( ) 及 qqplot( ) 兩個函數來畫出常態機率圖（圖 12-12）。

▼ 程式範例 12-12

```
> data(iris) ; attach(iris)
> # 使用 qqnorm 函數，加上 X 軸說明與 Y 軸說明 (xlab 與 ylab)
> qqnorm(Sepal.Length, xlab = "Z-scores", ylab = "Sepal.Length")
> # 使用 qqline 函數畫出對照的斜線
> qqline(Sepal.Length)
```

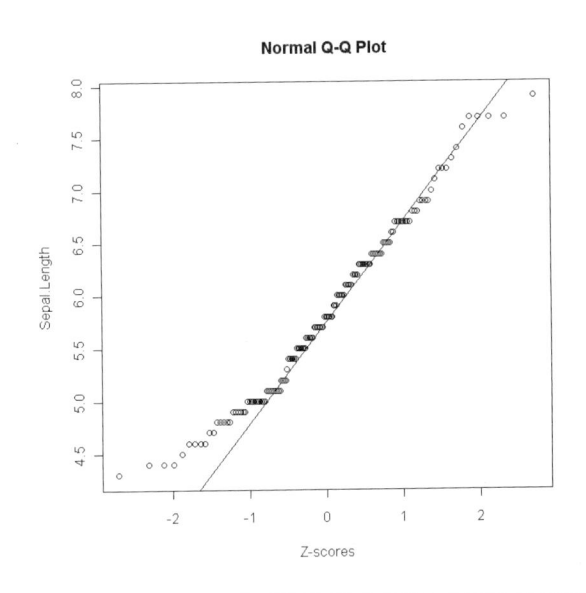

》圖 12-12　常態機率圖

12.8.2　常態性檢定

在 R 軟體的基本套件 stats 中，有 shapiro.test 函數可以作常態性檢定。另外，nortest 套件與 tseries 套件也有以下幾個常態性檢定函數可用（表 12-1）：

表 12-1

函數名稱	套件	說明
shapiro.test	基本	Shapiro-Wilk 檢定
ad.test	nortest	Anderson-Darling 檢定
sf.test	nortest	Shapiro-Francia 檢定
cvm.test	nortest	Cramer-von Mises 檢定
lillie.test	nortest	Lilliefors (Kolmogorov-Smirnov) 檢定
jarque.bera.test	tseries	Jarque-Bera 檢定
ks.test	基本	Kolmogorov-Smirnov 檢定，需指定 Normal 分配的兩個參數

▼ 程式範例 12-13

以下範例中，我們檢查 iris 資料 Sepal.Length（花萼長度）的常態性：

```
> data(iris)
> attach(iris)
> shapiro.test(Sepal.Length)
        Shapiro-Wilk normality test
data:  Sepal.Length
W = 0.9761, p-value = 0.01018

> library(nortest)
> sf.test(Sepal.Length)
        Shapiro-Francia normality test
data:  Sepal.Length
W = 0.9796, p-value = 0.02621

> ad.test(Sepal.Length )
        Anderson-Darling normality test
data:  Sepal.Length
A = 0.8892, p-value = 0.02251

> cvm.test(Sepal.Length)
        Cramer-von Mises normality test
data:  Sepal.Length
W = 0.1274, p-value = 0.04706

> lillie.test(Sepal.Length)
        Lilliefors (Kolmogorov-Smirnov) normality test
data:  Sepal.Length
D = 0.0887, p-value = 0.005788

> library(tseries)
> jarque.bera.test(Sepal.Length)
        Jarque Bera Test
data:  Sepal.Length
X-squared = 4.4859, df = 2, p-value = 0.1061
```

以上幾個常態性檢定都假設「H_0：資料服從常態分配」，除了 Jarque-Bera 檢定之外，其他 5 個檢定的 P-values 都小於 $\alpha = 0.05$，因此都判定 Sepal.Length 不服從 Normal 分配。

我們再使用 Kolmogorov-Smirnov 檢定來判斷常態性。Kolmo-gorov-Smirnov 檢定需要輸入機率分配代號（前面加 p）以及其參數，這裡我們使用 Sepal.Length 的樣本平均數及樣本標準差來估計這兩個參數值：

```
> mean(Sepal.Length)
[1] 5.843333

> sd(Sepal.Length)
[1] 0.8280661

> ks.test(Sepal.Length, pnorm, 5.8433, 0.82807)
        One-sample Kolmogorov-Smirnov test
data:  Sepal.Length
D = 0.0886, p-value = 0.1892
alternative hypothesis: two-sided
Warning message:
In ks.test(Sepal.Length, pnorm, 5.8433, 0.82807) :
  cannot compute correct p-values with ties
```

Kolmogorov-Smirnov 檢定的 P-value 是 0.1892 > α = 0.05，不拒絕「H_0：兩組資料服從相同機率分配」，但計算結果中也顯示了警告訊息，告訴我們其 P-value 值無法精確算出，因此綜合以上 7 個檢定，我們認為 iris 資料中的 Sepal.Length 變數不服從 Normal 分配。

CHAPTER 13

基本敘述統計

13.1 次數計算
13.2 一般敘述統計量

在本章中，我們將學到如何使用 R 軟體來作次數（frequeny）彙整、計算基本敘述統計量、畫出基本統計圖形以及檢查資料的常態性（Normality）。

13.1 次數計算

關於表格次數的計算或一般計數（counting）運算，可以使用 10.2.4 節所介紹的 xtabs、tabulate、table、rowSums、colSums、rowMeans、colMeans、prop.table 等函數，以及 hist 函數來彙整資料。另外，10.2.3 節所介紹的 apply 系列函數，例如 apply、tapply、sapply、lapply 以及 aggregate 函數也可以作次數彙整的計算。

13.1.1 使用 xtabs 等函數作分組彙整

▼ 程式範例 13-1

tw_marriage 是台灣在 2008 年 15 歲以上國民的婚姻狀態統計資料。裡面的變數有 city（縣市名稱）、gender、area（區域），以及四種婚姻狀態：unmarried（未婚）、married（已婚）、divorced（當時為離婚狀態）、widowed（喪偶）：

```
> (tw = read.table("dc:/r/tw_marriage.txt", header = T))
   city gender area unmarried married divorced widowed
1  台北縣    M     北    637368   818793   104489   25693
2  台北縣    F     北    543174   827473   126557  121494
3  宜蘭縣    M     北     71035   107117    12307    5429
............
48 金門縣    F    外島    10044    18887     1535    3811
49 連江縣    M    外島     1548     2902      358      80
50 連江縣    F    外島     1000     1839      171     415
```

➢ 使用 xtabs 彙整分組表格數據。xtabs 的詳細用法請參考 10.2.4 節：

```
> xtabs(widowed ~ area, data = tw)          # 喪偶者依照區域分類計算人數
```

```
area
     中     北    外島     東     南
 269693 465706  11557  38566 348013
```

```
> xtabs(married ~ area + gender, data = tw)        #已婚者依區域與性別分組
       gender
area          F        M
    中  1124686  1186626
    北  2342430  2358321
  外島    41091    48636
    東   110083   120633
    南  1366661  1429582
```

```
> (tw.xtabs = xtabs(married ~ gender + area, data = tw))
        area
gender       中       北    外島      東       南
     F  1124686  2342430   41091  110083  1366661
     M  1186626  2358321   48636  120633  1429582
```

> 使用 margin.table 函數計算行、列的邊際總和：

```
> margin.table(tw.xtabs, margin = 1)                # 橫列邊際總和
gender
      F       M
4984951 5143798
```

```
> margin.table(tw.xtabs, margin = 2)                # 直行邊際總和
area
     中       北    外島      東       南
2311312  4700751   89727  230716 2796243
```

> 使用 rowSums 等函數計算邊際彙整量：

```
> rowSums(xtabs(married ~ gender + area, data = tw))   # 橫列總和
      F       M
4984951 5143798
```

各區域依照性別平均的人數（column mean）：

```
> colMeans(xtabs(married ~ gender + area, data = tw))
        中          北        外島         東          南
 1155656.0   2350375.5     44863.5    115358.0   1398121.5

> colSums(xtabs(married ~ gender + area, data = tw))    # 直行總和
        中          北        外島         東          南
   2311312     4700751      89727      230716    2796243
```

> **tapply** 可以計算各格的平均數等資料（請參考 10.2.3 節）：

```
> tapply(tw$unmarried, list(tw$gender,tw$area), FUN = mean)
         中        北       外島        東         南
F  129248.8  180047.9   7378.333  33620.5  116046.9
M  159233.8  209691.1   9317.667  50041.5  144451.9

> tapply(tw$unmarried, list(tw$gender, tw$area), FUN = max)
       中      北    外島     東      南
F  199040  543174   11091  41160  212854
M  248357  637368   14441  59123  246285
```

> **aggregate** 函數可以達成類似 **tapply** 的彙整功能，但輸出結果是以每一種組合為一列，可以用來作後續其他分析處理（請參考 10.2.3 節）：

```
> aggregate(tw$unmarried, by = list(tw$gender, tw$area), FUN = mean)
   Group.1 Group.2           x
1        F      中    129248.800
2        M      中    159233.800
3        F      北    180047.875
4        M      北    209691.125
5        F    外島      7378.333
6        M    外島      9317.667
7        F      東     33620.500
8        M      東     50041.500
9        F      南    116046.857
10       M      南    144451.857
```

> 使用 prop.table 計算各類分組比例數據：

```
> round(prop.table(xtabs(married ~ gender + area, data = tw)), 2)
      area
gender   中   北  外島   東   南
     F 0.11 0.23 0.00 0.01 0.13
     M 0.12 0.23 0.00 0.01 0.14

> round(prop.table(xtabs(married ~ gender + area, data = tw),
+                  margin = 1), 2)              # 各橫列的邊際比例
      area
gender   中   北  外島   東   南
     F 0.23 0.47 0.01 0.02 0.27
     M 0.23 0.46 0.01 0.02 0.28

> round(prop.table(xtabs(married ~ gender + area, data = tw),
+                  margin = 2), 2)              # 各直行的邊際比例
      area
gender   中   北  外島   東   南
     F 0.49 0.50 0.46 0.48 0.49
     M 0.51 0.50 0.54 0.52 0.51
```

> 針對各縣市與性別來分組計算：

```
> xtabs(married ~ city + gender , data = tw)
         gender
city          F       M
  宜蘭縣   98737  107117
  花蓮縣   65982   71455
  ..................................
  台南縣  244759  260981
  澎湖縣   20365   22358
```

13.1.2 使用 tabulate 與 table 函數

▼ 程式範例 13-2

➢ 20 個信用卡持有者的卡別、居住區域以及性別資料：

```
> cards
 [1] "金卡"   "白金卡" "普通卡" "普通卡" "普通卡" "金卡"   "普通卡" "普通卡"
 [9] "普通卡" "普通卡" "普通卡" "金卡"   "普通卡" "白金卡" "金卡"   "普通卡"
[17] "普通卡" "普通卡" "白金卡" "普通卡"

> area
 [1] "南區" "北區" "南區" "南區" "北區" "南區" "南區" "南區" "南區" "南區"
[11] "北區" "南區" "南區" "南區" "南區" "北區" "北區" "北區" "北區" "南區"

> gender
 [1] "女" "女" "女" "女" "女" "男" "女" "男" "男" "男" "男" "女" "女" "男"
[15] "女" "女" "男" "男" "男" "男"

> tabulate(factor(cards, levels = c("普通卡", "金卡", "白金卡")))
[1] 13  4  3

> table(cards, dnn = "會員分類")
會員分類
白金卡   金卡 普通卡
    3      4     13

> members.table = table(cards, gender, dnn = c("會員分類", "性別"))
> members.table
         性別
會員分類  女 男
  白金卡   1  2
  金卡     3  1
```

```
         普通卡    6    7
```

> 使用 margin.table 函數計算邊際總和：

```
> margin.table(members.table, margin = 1)
會員分類
白金卡   金卡 普通卡
    3      4     13

> margin.table(members.table, margin = 2)
性別
 女  男
10  10
```

> 使用 rowSums 等函數計算邊際彙整量：

```
> rowSums(members.table)
白金卡   金卡 普通卡
    3      4     13

> colSums(members.table)
 女  男
10  10

> prop.table(members.table)              # 每一格的比例
          性別
會員分類    女    男
  白金卡  0.05  0.10
  金卡    0.15  0.05
  普通卡  0.30  0.35

> prop.table(members.table, margin = 1)  # 橫列邊際比例
          性別
會員分類         女           男
  白金卡  0.3333333  0.6666667
  金卡    0.7500000  0.2500000
  普通卡  0.4615385  0.5384615
```

➤ 使用三個分類變數搭配 table 函數作出三維表格（可視為三維 array 來擷取元素）：

```
> prop.table(members.table, margin = 2)        # 直行邊際比例
          性別
會員分類    女   男
  白金卡   0.1  0.2
  金卡     0.3  0.1
  普通卡   0.6  0.7
```

➤ 使用三個分類變數搭配 table 函數作出三維表格（可視為三維 array 來擷取元素）：

```
> table(cards, gender, area)
, , area = 北區

        gender
cards    女  男
  白金卡  1   1
  金卡    0   0
  普通卡  2   3

, , area = 南區

        gender
cards    女  男
  白金卡  0   1
  金卡    3   1
  普通卡  4   4
```

➤ 使用 rowSums 等函數計算邊際彙整量：

```
> rowSums(table(cards, gender, area))          # 所有橫列相加
白金卡   金卡  普通卡
   3      4     13

> rowSums(table(cards, gender, area), dims = 2)  # 視區域為橫列
        gender
cards    女  男
  白金卡  1   2
  金卡    3   1
  普通卡  6   7
```

```
> colSums(table(cards, gender, area))          # 所有直行 (cards) 相加
       area
gender 北區 南區
    女    3    7
    男    4    6

> colSums(colSums(table(cards, gender, area)))
北區 南區
   7   13

> rowSums(colSums(table(cards, gender, area)))
 女  男
 10  10

> colSums(table(cards, gender, area), dims = 2)   # 將 area 當直行
北區 南區
   7   13

> prop.table(table(cards, gender, area))       # 每個格子所佔的比例
, , area = 北區

        gender
cardss      女    男
  白金卡  0.05  0.05
  金卡    0.00  0.00
  普通卡  0.10  0.15
, , area = 南區

        gender
cardss      女    男
  白金卡  0.00  0.05
  金卡    0.15  0.05
  普通卡  0.20  0.20
```

➤ 以不同的卡別（cards）當作邊際比例計算依據：

```
> prop.table(table(cards, gender, area), margin = 1)
, , area = 北區
        gender
cards           女         男
   白金卡 0.3333333 0.3333333
   金卡   0.0000000 0.0000000
   普通卡 0.1538462 0.2307692
, , area = 南區
        gender
cards           女         男
   白金卡 0.0000000 0.3333333
   金卡   0.7500000 0.2500000
   普通卡 0.3076923 0.3076923
```

➤ 以不同性別（gender）當作邊際比例計算的依據：

```
> prop.table(table(cards, gender, area), margin = 2)
, , area = 北區
        gender
cards    女  男
   白金卡 0.1 0.1
   金卡   0.0 0.0
   普通卡 0.2 0.3
, , area = 南區
        gender
cards    女  男
   白金卡 0.0 0.1
   金卡   0.3 0.1
   普通卡 0.4 0.4
```

➢ 以不同的區域（area）當作計算邊際比例的依據：

```
> prop.table(table(cards, gender, area), margin = 3)
, , area = 北區

        gender
cardss            女          男
   白金卡  0.14285714 0.14285714
   金卡    0.00000000 0.00000000
   普通卡  0.28571429 0.42857143
, , area = 南區

        gender
cards             女          男
   白金卡  0.00000000 0.07692308
   金卡    0.23076923 0.07692308
   普通卡  0.30769231 0.30769231
```

13.1.3 利用 hist 計算分組次數

　　hist( ) 函數原本是用來畫出直方圖，若加上 **plot = FALSE** 參數，則 hist 函數將不會畫圖，但會輸出次數計算。所以我們也可以利用這個特點，搭配其 breaks 分割點選項來計算次數。

▼ 程式範例 13-3

　　假設 scores 向量儲存 50 個學生的成績資料：

```
> scores
 [1] 71 75 38 57 47 50 50 82 70 44 61 36 57 43 59 62 63 51 75 71
[21] 43 53 44 64 63 75 63 43 65 54 40 70 71 95 52 67 53 59 65 74
[41] 75 51 52 53 80 22 73 58 60 74
```

算出成績的第一個四分位數 Q1、中位數 m 及第三個四分位數 Q3：

```
> (Q1 = quantile(scores, 0.25))
25%
 51
```

```
> (Q3 = quantile(scores, 0.75))
75%
70.75

> (m = median(scores))
[1] 59.5
```

分成 0 ~ Q1、Q1 ~ m、m ~ Q3、Q3 ~ 100 四組：

```
> scores.h = hist(scores, breaks = c(0, Q1, m, Q3, 100),
                  plot = FALSE)
> scores.h$counts
[1] 14 11 12 13
```

有 11 個學生的成績落在中位數 ~ Q3 之間：

```
> scores.h$counts[3]
[1] 12
```

13.2 一般敘述統計量

R 軟體裡面有以下彙整函數與圖形函數可以幫我們計算資料的敘述統計（表 13-1、13-2）：

表 13-1

敘述統計函數	功 能
length	樣本數 (n)
sum	總和
mean	平均數、截偉平均數 (trimmed mean)
min、max	最小值、最大值
median	中位數
眾數 (mode)	R 軟體中沒有 mode (眾數) 函數，但可用以下方法算出： t = table(x) x.mode = t[which(table(x) == max(table(x)))]
var	樣本變異數 (variance)
sd	樣本標準差（standard deviation）

表 13-1（續）

敘述統計函數	功　能
range	傳回（最小值，最大值）向量
quantile	百分位數
第一個四分位數	沒有可直接使用的函數： Q1 = quantile(x , 0.25)
第三個四分位數	沒有可直接使用的函數： Q3 = quantile(x , 0.75)
skewness	偏態係數（**TSA 套件**）
kurtosis	峰態係數（**TSA 套件**）
IQR	IQR = Q3 − Q1 = Inter-Quartile-Range = 內四分位距
mad	median average deviation (MAD) 中位數絕對離差
fivenum	包含 min、Q1、median、Q3、max
summary	包含 min、Q1、median、Q3、max
cov	共變異數 (covariance)
cor	相關係數 (correlation)
prod	連乘運算
cumsum、cumprod、cummax、cummin	計算一組數值向量的累積和、累積乘積、累積最大值與累積最小值

表 13-2　基本統計繪圖函數

繪圖函數名稱	說　明
stem	枝葉圖
hist	直方圖
barplot	長條圖
dotplot	點狀圖 (epicalc 套件)
pie	圓餅圖
plot	多功能 plot 函數
boxplot	盒鬚圖
qqnorm、qqline	常態機率圖

▼ 程式範例 13-4

在這個例子中，我們使用一組學生的 IQ 與腦容量資料中的 VIQ 變數來示範敘述統計量的計算。這組資料共有 37 筆紀錄與 7 個變數，分別為 Gender（性別）、FSIQ、VIQ、PIQ、Weight、Height、BrainSize（腦容量測量值）。資料檔格式為 CSV 檔：

```
Gender,FSIQ,VIQ,PIQ,Weight,Height,BrainSize
0,133,132,124,118,64.5,816932
1,139,123,150,143,73.3,1038437
1,133,129,128,172,68.8,965353
..................
```

```
> brain = read.csv("c:/r/brain.csv", header = T)
> x = brain$VIQ
> fivenum(x)
[1]  71  90 114 129 150

> summary(x)
  Min. 1st Qu.  Median    Mean 3rd Qu.    Max.
  71.0    90.0   114.0   112.7   129.0   150.0
```

➢ 可以寫一個自訂函數一次算出更多的敘述統計值：

```
my.desc = function(x)
{
    n = length(x)
    x.desc = c(n, summary(x), var(x), sum(x), sqrt(var(x)),
        IQR(x), mad(x))

    names(x.desc) = c("樣本數", "最小值", "Q1", "中位數", "平均數",
        "Q3", "最大值", "變異數", "總和", "標準差", "IQR", "MAD")
    return(x.desc)
}
my.desc(x)
```

這個程式算出的結果為：

```
  樣本數        最小值       Q1          中位數       平均數       Q3          最大值
  37.00000    71.00000    90.00000    114.00000   112.70000   129.00000   150.00000
  變異數        總和         標準差       IQR         MAD
  528.10360   4170.00000  22.98050    39.00000    26.68680
```

- mean 函數也可算出 **截尾平均數**（trimmed mean），語法是

$$\text{mean}(x, \text{trim} = \text{欲去除的尾端機率})$$

```
> mean(x, trim = 0.1)                              # 90% trimmed mean
[1] 112.7097

> mean(x, trim = 0.2)                              # 80% trimmed mean
[1] 112.3478
```

- 計算眾數（mode）：算出的眾數為 90 跟 129，各有 5 個觀察值：

```
> (t = table(x))
x
 71  77  83  86  90  93  96 100 107 112 114 120 123 126 129 132 136 145 150
  1   1   1   2   5   1   4   1   1   1   1   1   1   2   5   3   1   3   2

> t[which(table(x) == max(table(x)))]
x
 90 129
  5   5
```

- 畫出男女兩組的 VIQ 對照 Box plot（圖 13-1）：

```
> Gender = factor(c("女", "男")[brain$Gender + 1])       # 轉碼成 男, 女
> Gender
 [1] 女 男 男 女 女 女 女 男 男 女 男 男 女 女 女 女 男 男 男 女 男 女 男
[25] 女 男 女 女 女 男 男 男 女 女 男 女 男
Levels: 女 男

> plot(Gender, brain$VIQ)
```

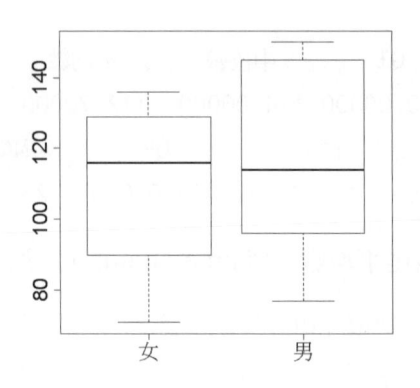

》圖 13-1　男女兩群的 VIQ 盒鬚圖

> 使用 TSA 套件的 skewness 與 kurtosis 計算偏態係數與峰態係數：

```
> library(TSA)
> skewness(x)
[1] -0.005758425

> kurtosis(x)
[1] -1.307228
```

> 使用 epicalc 套件的 dotplot 函數畫出點狀圖（dot plot）（圖 13-2）：

```
> library(epicalc)
> dotplot(brain$VIQ, pch = 16, axes = F)
```

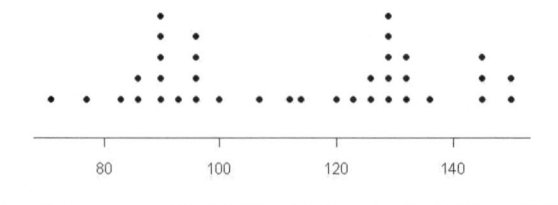

》圖 13-2　點狀圖

➢ 畫出枝葉圖（stem-and-leaf plot）：

```
> stem(x)
  The decimal point is 1 digit(s) to the right of the |

   7 | 17
   8 | 366
   9 | 0000036666
  10 | 07
  11 | 24
  12 | 036699999
  13 | 2226
  14 | 555
  15 | 00
```

➢ 畫出 Box plot、直方圖、常態機率圖（圖 13-3）：

```
> boxplot(x, horizontal = T)
> hist(x)
> qqnorm(x) ; qqline(x)
```

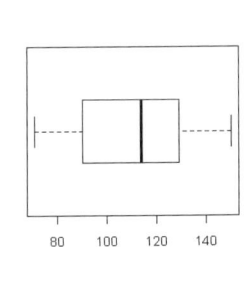

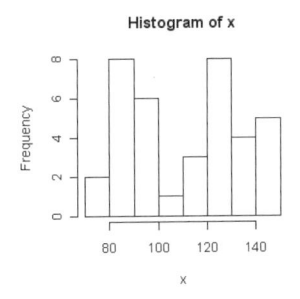

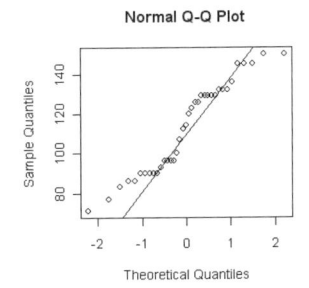

》圖 13-3　VIQ 資料

➢ 使用 Shapiro-Wilk 常態性檢定，檢查是否服從常態分配：

```
> shapiro.test(brain$VIQ)
        Shapiro-Wilk normality test
data:  brain$VIQ
W = 0.9287, p-value = 0.0204
```

檢定的 P-value < α = 0.05，所以拒絕「H_0：資料服從常態分配」。

➢ 使用 qAnalyst 的 rapidFitFun 函數來判定機率分配。判定結果是 Weibull 分配：

```
> library(qAnalyst)
> rapidFitFun(brain$VIQ)
 Distributions fit output

 ---------------------

   distributions parameter1 parameter2  theta1   theta2 ADpvalue
1         normal       mean         sd 112.703   22.668    0.005
2      lognormal    meanlog      sdlog   4.704    0.207    0.005
3          gamma      shape       rate  24.052    0.213    0.005
4        weibull      shape      scale   5.711  122.030    0.008
5       logistic   location      scale 112.768   13.966    0.004
6         cauchy   location      scale 115.086   18.515    0.000
 Distribution with higher AD p-value is weibull
```

➢ 看看男學生的 VIQ 服從哪個機率分配。判定結果是 Gamma 分配：

```
> rapidFitFun(brain$VIQ[brain$Gender == 1])
 Distributions fit output

 ---------------------

   distributions parameter1 parameter2  theta1   theta2 ADpvalue
1         normal       mean         sd 116.529   23.798    0.045
2      lognormal    meanlog      sdlog   4.737    0.208    0.064
3          gamma      shape       rate  22.565    0.194    0.075
4        weibull      shape      scale   5.578  126.334    0.042
5       logistic   location      scale 116.057   14.756    0.055
6         cauchy   location      scale 112.093   19.229    0.020
 Distribution with higher AD p-value is gamma
```

13.2.1 分組資料 (Grouped Data)

如果資料已經被彙整分組，我們一樣可以使用適當的函數搭配算出相關的統計量。

▼ 程式範例 13-5

若 scores.U 與 scores.L 儲存成績的分組上界跟下界，freq 是各組人數：

```
> scores.L
[1]  0 10 20 30 40 50 60 70 80 90

> scores.U
[1]  10 20 30 40 50 60 70 80 90 100

> freq
[1] 4 7 9 6 8 9 9 2 4 2
```

➢ 計算組中點 (midpoint)：

```
> scores.mid = (scores.U + scores.L)/2
> scores.mid
[1]  5 15 25 35 45 55 65 75 85 95
```

平均數： 使用公式 $\overline{X} = \sum_{i=1}^{k} f_i m_i / \sum_{i=1}^{k} f_i$ 來計算平均數，其中 f_i 為各組次數 (frequency)，m_i 為各組的組中點：

```
> n = sum(freq)                         # n = 樣本數
> m = length(freq)                      # m = 組數
> f.sum = sum(freq*scores.mid)
> f.mean = f.sum/n
> f.mean
[1] 44.66667
```

變異數： 使用公式 $\overline{X} = \sum_{i=1}^{k} f_i (m_i - \overline{X})^2 / \sum_{i=1}^{k} f_i$ 計算分組變異數及標準差：

```
> f.sum2 = sum(freq*(scores.mid - f.mean)^2)
> f.s2 = f.sum2/n
> f.s2
[1] 576.5556
```

```
> f.s = sqrt(f.s2)                              # 分組資料的樣本標準差
> f.s
[1] 24.01157
```

眾數 (mode)：分組資料的眾數為次數最高的群組的組中點。我們可用 which 找出 freq 向量最大值所在的指標，然後依此指標找出 scores.mid 向量相對的組中點。這裡不能使用 which.max 函數，因為若最大值有兩個以上，which.max 只會傳回一個最大值：

```
> f.mode = scores.mid[which(freq == max(freq))]
> f.mode
[1] 25 55 65
```

全距 (range)：分組資料的全距等於最後一組的上界 - 第一組的下界，在此例中為：

```
> scores.U[m] - scores.L[1]                     # m 為組數
[1] 100
```

百分位數 (quantile) 與中位數：分組資料第 k 個百分位數 P_k 計算公式為 $P_k = L_{j-1} + W_j \left(\dfrac{(k/100) - C_{j-1}}{R_j} \right)$，其中 j 為 P_k 所在的組別編號，W_j 為第 j 組的組距，C_{j-1} 為累加到第 j-1 組的累積相對次數值，R_j 為第 j 組的相對次數值（比例）。我們可以使用以下自訂函數來算出包含中位數在內的各種分組資料百分位數值：

```
quantile.freq = function(k, U, L, f)
{
            # k 介於 0~100，U、L 為儲存各組上下界限值的向量，f 為次數向量

    n = sum(f)                          # n = 觀察值總數
    p = ceiling((k/100)*n)
    csum = cumsum(f)
    j = sum(csum < p) + 1               # 找出百分位數所在的組別 j
    Cj1 = csum[j-1]/n                   # 至第 j-1 組的累積相對次數比例
    Wj = U[j] - L[j]                    # 第 j 組的組距
    Rj = f[j]/n                         # 第 j 組的相對次數比例
    p.k = L[j-1] + Wj*(k/100 - Cj1)/Rj
    return(p.k)
}
```

> 運用 quantile.freq 函數，可以算出中位數、Q1、Q3 等值：

```
> quantile.freq(50, U = scores.U, L = scores.L, f = freq)
[1] 35

> quantile.freq(25, U = scores.U, L = scores.L, f = freq)      # Q1
[1] 14.44444

> quantile.freq(75, U = scores.U, L = scores.L, f = freq)      # Q3
[1] 52.22222
```

CHAPTER 14

統計推論

14.1 單樣本推論
14.2 雙樣本推論
14.3 信賴區間的意義
14.4 卡方檢定
14.5 其他檢定

本章將介紹如何使用 R 軟體來作統計推論，包含估計、檢定與信賴區間的計算。本章分成單樣本推論、雙樣本推論、卡方檢定與其他檢定（無母數檢定）幾個部分。

14.1 單樣本推論

單樣本推論包含 Z 檢定、t 檢定、p 檢定、變異數檢定以及相對的信賴區間。表 14-1 彙整了單樣本推論常用常用的工具函數。

表 14-1 單樣本推論常用函數

函數名稱	套件	說明
one.sample.z	asbio	單樣本 Z 檢定
power.z.test	asbio	計算單樣本 Z 檢定的檢定力 (Power)
t.test	基本	單樣本平均數 t 檢定
power.t.test	基本	計算 t test 的檢定力 (Power)
binom.test	基本	母體比例檢定
prop.test	基本	母體比例檢定（逼近）
sigma.test	本書	單樣本標準差／變異數檢定
runs	TSA	runs test（連檢定）：檢定資料是否隨機
runs.test	tseries	runs test：檢查二元 (dichotomous) 資料是否隨機
wilcox.test	基本	Wilcoxon signed rank test：檢定資料中位數 = 某數值
ks.test	基本	Kolmogorov-Smirnov 單樣本機率分配判定
simple.median.test	UsingR	中位數符號檢定 (sign test)

第 14 章 統計推論

▼ 程式範例 14-1

我們在這一節中將使用初生嬰兒體重（bwt 變數）作為範例。babies 資料檔是 1236 個初生嬰兒與產婦相關變數的資料。

```
> babies = read.table("c:/r/babies.txt", header = T)
> babies
```

	bwt	gestation	parity	age	height	weight	smoke
1	120	284	0	27	62	100	0
2	113	282	0	33	64	135	0
...							
1235	125	281	1	21	65	110	0
1236	117	297	0	38	65	129	0

➢ 一些基本敘述統計量：

```
> attach(babies)
> summary(bwt)
   Min. 1st Qu.  Median    Mean 3rd Qu.    Max.
   55.0   108.8   120.0   119.6   131.0   176.0
```

```
> sd(bwt)                                              # 樣本標準差
[1] 18.23645
```

14.1.1 母體平均數 μ

(1) σ 已知 (常態母體或大樣本)：Z 檢定

假設母體標準差 σ 為已知且等於 18.236。若非常態母體但為大樣本，可直接使用樣本標準差。我們可以使用 asbio 套件的 one.sample.z 函數對 μ 作 Z 檢定。以下程式採用雙邊檢定，設定 $H_0: \mu = 120$ vs. $H_1: \mu \neq 120$。one.sample.z 的輸出只有簡單的 P-value。

```
> library(asbio)
> one.sample.z(bwt, null.mu = 120, sigma = 18.236, test = "two.sided")
[1] 0.4146369
```

檢定的 P-value 0.4144833 > α = 0.05，所以不拒絕 $H_0: \mu = 120$。

> 如果自己計算，可用依照公式來計算 $Z = \dfrac{\bar{X} - \mu_0}{\sigma/\sqrt{n}}$：

```
> n = na.exclude(bwt)
> z.value = mean(bwt - 120)/(sd(bwt)/sqrt(n))
> z.value                                                           # Z 檢定值
[1] -0.8157407

> 2*(1- pnorm(abs(-0.8157404)))                                     # P-value
[1] 0.4146485
```

> one.sample.z 函數的 test 參數另有 "lower" 與 "upper" 兩種選擇，分別相對於 $H_1 : \mu < \mu_0$ 與 $H_1 : \mu > \mu_0$，例如以下程式檢定 $H_0 : \mu \leq 115$ vs. $H_1 : \mu > 115$。檢定的 P-value = $5.3984 \times 10^{-19} < \alpha = 0.05$，所以拒絕 $H_0 : \mu \leq 115$：

```
> one.sample.z(bwt, null.mu = 115, sigma = 18.23, test = "upper")
[1] 5.540324e-19
```

【註】one.sample.z 的 Help 文件關於 test 參數的選項誤寫為 "lower.tail" 與 "upper.tail"，應該是筆誤。

μ 的信賴區間：σ 已知，使用 N(0, 1) 查表值

當母體標準差 σ 為已知時，μ 的 $(1 - \alpha) \times 100\%$ 信賴區間公式為 $\bar{X} \pm z_{1-\alpha/2}\left(\dfrac{\sigma}{\sqrt{n}}\right)$。假設 σ = 18.236 為已知，在 R 軟體中可以使用以下方式算出 bwt 母體平均數的 95% 信賴區間（α = 0.05，$\alpha/2$ = 0.025，$1 - (\alpha/2)$ = 0.975）：

```
> width=qnorm(0.975)*18.236 / sqrt(length(bwt))
> mean(bwt) + c(-width, width)
[1] 118.5602 120.5935

> qnorm(0.975)
[1] 1.959964
```

算出的信賴區間為 [83.83496, 155.31876]，qnorm(0.975) = 1.959964 相當於一般慣用的 N(0, 1) 兩倍標準差 1.96 查表值。

(2) σ 未知，母體服從常態分配：t 檢定

若母體標準差 σ 未知時，我們必須在檢定統計量中使用樣本標準差 S 來估計 σ，檢定所根據的機率分配也會變成自由度為 n − 1 的 t 分配：$t = \dfrac{\bar{X} - \mu_0}{\sqrt{S/n}}$，其中 n 為樣本數。R 軟體的 **t.test** 函數可用於單樣本 t 檢定，其 alternative 參數相當於 H_1 假設（alternative hypothesis）有三種選擇："two.sided"、"less" 與 "greater"：

```
> t.test(bwt, mu = 120, alternative = "two.sided")
        One Sample t-test
data:  bwt
t = -0.8157, df = 1235, p-value = 0.4148
alternative hypothesis: true mean is not equal to 120
95 percent confidence interval:
 118.5592 120.5945
sample estimates:  mean of x   119.5769
```

從 t.test 的結果可以看出 P-value = 0.4148 > α = 0.05，所以不拒絕 $H_0 : \mu = 120$。

μ 的信賴區間：σ 未知，使用 t 分配查表值

從 t.test 的計算結果可知，當信賴水準為預設為 0.95，在結果中也一併出現 μ 的 95% 信賴區間 [118.5592, 120.5945]。

若想算出其他信賴水準的區間，可以在 t.test 使用 conf.level 選項，例如算出 μ 的 92% 信賴區間。這裡要注意的是，若想算出信賴區間，則 alternative 選項必需使用 **"two.sided"** 雙邊檢定：

```
> t.test(bwt, mu = 120, alternative = "two.sided",
+        conf.level = 0.92)
............................（略）
92 percent confidence interval:
 118.6680 120.4857
..................（略）
```

➢ 如果想自己寫程式算出信賴區間，其實也不會太難。當 σ 未知時，μ 的 (1 − α)×100% 信賴區間公式為 $\bar{X} \pm z_{1-\alpha/2}(n-1)\frac{S_x}{\sqrt{n}}$，其中 S_x 為資料的樣本標準差。

bwt 變數的 95% 信賴區間可以計算如下：

```
> n = na.exclude(bwt)
> width = qt(0.975, length(bwt)- 1)*sd(bwt)/sqrt(n)
> mean(bwt) + c(-width, width)
[1] 118.5592 120.5945

> n                                               # 樣本數 n
[1] 1236

> qt(0.975, n - 1)
[1] 1.961887
```

➢ 由於 t 分配自由度是 n − 1 = 1236 − 1 = 1235，此時 t 分配查表值 1.961887 跟 N(0, 1) 查表值 1.959964 已經很接近。

14.1.2 母體比例 p

R 軟體用來作母體比例 p 檢定的函數是 binom.test（精確二項式分配檢定）與 prop.test（比例檢定）函數。

▼ 程式範例 14-2

假設我們從台北市隨機抽出的 150 人樣本中發現有 46 人擁有三張以上的信用卡。若我們想檢定所有台北市民擁有三張以上信用卡的母體比例是否少於 1/3，則檢定假設為 $H_0 : p \leq 1/3$ vs. $H_1 : p > 1/3$。

```
> binom.test(x = 46, n = 150, p = 1/3, alternative = "greater")
        Exact binomial test
data:   46 and 150
number of successes = 46, number of trials = 150, p-value = 0.781
alternative hypothesis: true probability of success is greater than 0.3333333
95 percent confidence interval:
 0.2447132 1.0000000
```

```
sample estimates:
probability of success
             0.3066667

> prop.test(46, n = 150, p = 1/3, alternative = "greater")
        1-sample proportions test with continuity correction
data:  46 out of 150, null probability 1/3
X-squared = 0.3675, df = 1, p-value = 0.7278
alternative hypothesis: true p is greater than 0.3333333
95 percent confidence interval:
 0.2455298 1.0000000
sample estimates:
        p
0.3066667
```

兩個檢定的 P-value 分別為 0.781 與 0.7278,皆小於 α = 0.05,都不拒絕 H_0:$p \le$ 1/3。

母體比例 p 的信賴區間

以上兩個比例檢定函數的計算結果中,都有列出母體比例 p 的 95% 信賴區間,但都是單邊信賴區間。若想用這兩個函數算出常見的對稱型雙邊信賴區間,應該使用 alternative = "two.sided":

```
> binom.test(46, n = 150, p = 1/3, alternative = "two.sided")
 ...............................
95 percent confidence interval:
 0.2340520 0.3871003

> prop.test(46, n = 150, p = 1/3, alternative = "two.sided")
 ...............................
95 percent confidence interval:
 0.2354370 0.3879813
```

兩個函數算出的信賴區間分別是 [0.23405, 0.38710] 與 [0.23544, 0.38798]。若想計算其他信賴水準,可用 conf.level 參數來重新計算,例如 conf.level = 0.85 可順便算出 p 的 85% 信賴區間。

如果想要自己寫程式計算，可以依照 p 的 $(1-\alpha)\times 100\%$ 信賴區間公式 $\hat{p} \pm z_{1-\alpha/2}\sqrt{\hat{p}(1-p)/n}$ 來計算：

```
> p.hat = 46/150
> width = qnorm(0.975)*sqrt((p.hat*(1 - p.hat))/150)
> p.hat + c(-width, width)
[1] 0.2328751 0.3804582
```

以上由 binom.test、prop.test 以及公式算出的信賴區間值在小數點後第三位有些差異，這是因為三者採用不同的計算法則。事實上，計算 p 的信賴區間方法至少有七種 (Newcombe, 1998)。

14.1.3　母體標準差 σ

R 軟體裡面，並沒有特別針對單樣本 σ^2 或 σ 的檢定或信賴區間計算，不過我們自己可以根據統計學的公式輕易做出這些推論計算。

母體變異數 σ^2 檢定

母體變異數檢定所用的檢定統計量是 $X^2 = (n-1)S^2/\sigma_0^2$，決策臨界值是採用卡方分配查表值 $X^2 = (n-1)$。

▼ 程式範例 14-3

以下我們仍然採用初生嬰兒體重資料來示範。先看看這組資料的樣本變異數：

```
> var(bwt)
[1] 332.5682
```

➤ 如果我們想檢定 $H_0: \sigma^2 = 332.5$ vs. $H_1: \sigma^2 \neq 332.5$，可以使用以下程式：

```
n = length(bwt)                              # 樣本數 n
sigma.square = 332.5                         # σ²
S.square = var(bwt)                          # S²
test.stat = (n - 1)*S.square / sigma.square  # 卡方檢定值
c1 = qchisq(0.025, n - 1)                    # 卡方分配左尾臨界值
c2 = qchisq(0.975, n - 1)                    # 卡方分配右尾臨界值
cat("卡方檢定值 =", test.stat, "\n")
```

```
cat("左、右尾臨界值:", c1, ",", c2, "\n")
if(test.stat < c1 || test.stat > c2) {
      cat("拒絕 Ho! \n")
} else {
      cat("不拒絕 Ho \n")
}
# 計算 P-value
if (S.square < sigma.square ){
      p.value = 2*pchisq(test.stat, n - 1)
} else {
      p.value = 2*(1 - pchisq(test.stat, n - 1))
}
cat("P-value =", p.value, "\n")
```

以上程式執行結果為:

卡方檢定值 = 1235.253
左、右尾臨界值:1139.499 , 1334.289
不拒絕 Ho
P-value = 0.9852326

> 若是單邊檢定,例如 $H_0 : \sigma^2 \leq 250$ vs. $H_1 : \sigma^2 > 250$,則需將上述程式的臨界值部分改成右尾機率 0.05 的查表值,並修改 P-value 計算方式:

```
n = length(bwt)
sigma.square = 250
S.square = var(bwt)
test.stat = (n - 1)*S.square / sigma.square
c2 = qchisq(1 - 0.05, n - 1)
cat("卡方檢定值 =", test.stat, "\n")
cat("右尾臨界值:", c2, "\n")
if( test.stat > c2 ) {
    cat("拒絕 Ho! \n")
} else {
    cat("不拒絕 Ho \n")
}
                                                    # 計算 P-value
p.value = 1 - pchisq(test.stat, n - 1)
cat("P-value = ",p.value,"\n")
```

這個程式執行結果如下：

卡方檢定值 ＝ 1642.887
右尾臨界值：1317.869
拒絕 Ho！
P-value ＝ 4.363176e-14

母體變異數 σ^2 的信賴區間

母體變異數 σ^2 的 $(1-\alpha)\times 100\%$ 信賴區間為 $\left(\dfrac{(n-1)S^2}{X_{1-\alpha/2}}, \dfrac{(n-1)S^2}{X_{\alpha/2}}\right)$，以 bwt 變數為例，可以使用以下程式算出：

```
> n = length(bwt)
> alpha = 0.05
> S.square = var(bwt)
> ss = (n - 1)*S.square                    # 分子部分
> c1 = qchisq(alpha/2, n - 1)              # 卡方左尾臨界值
> c2 = qchisq(1 - alpha/2, n - 1)          # 卡方右尾臨界值
> c(ss/c2, ss/c1)
[1] 307.8207 360.4404
```

σ 的信賴區間為 σ^2 信賴區間取平方根的結果：

```
> c(sqrt(ss/c2), sqrt(ss/c1))
[1] 17.54482 18.98527
```

14.2 雙樣本推論

雙樣本推論包含：兩母體平均數差異檢定、相關樣本平均數差異檢定、雙樣本變異數比較檢定以及相對應的信賴區間計算。

表 14-2　常用的雙樣本推論函數

函數名稱	套件	說明
t.test	基本	雙樣本平均數 t 檢定 (1) 兩個獨立樣本 (2) 兩個相關樣本
locationTest	fBasics	雙樣本位置參數檢定

表 14-2 常用的雙樣本推論函數（續）

函數名稱	套件	說明
perm.t.test	基本	雙樣本 t 檢定（使用蒙地卡羅交換排列模擬）
MC.test	asbio	蒙地卡羅雙樣本 t 檢定
oneway_test	coin	雙樣本或多樣本位置參數差異檢定
wilcox.test	基本	雙樣本 Wilcoxon rank sum test（檢定中位數是否有差異），相當於 Mann-Whitney 檢定
kruskal.test	基本	Kruskal-Wallis rank sum test，檢定兩組或多組資料位置參數差異
Hotelling	asbio	雙樣本 Hotelling T2 多變量檢定
var.test	基本	雙樣本變異數差異檢定
bartlett.test	基本	多樣本變異數差異檢定
modlevenes.test	asbio	Modified Levene's 多樣本變異數差異檢定 (homoscedasticity)
levene.test	car	多樣本或多分類變異數差異檢定
varianceTest	fBasics	雙樣本變異數檢定，包含 F 檢定、Bartlett 檢定與 Fligner-Killeen 檢定
cor.test	基本	雙樣本相關性檢定： (1) Pearson's 相關係數 (2) Kendall's τ (3) Spearman's ρ
correlationTest pearsonTest kendallTest spearmanTest	fBasic	二變量相關性檢定，但產生 S4 類別物件計算結果
prop.test	基本	雙樣本或多樣本比例差異檢定
pairwise.prop.test	基本	多重配對比例檢定
prop.trend.test	基本	檢定比例值是否呈現趨勢走向
chisq.test	基本	卡方檢定
fisher.test	基本	Fisher 列聯表獨立性檢定
spearman_test	coin	Spearman 雙變數獨立性檢定

表 14-2　常用的雙樣本推論函數（續）

函數名稱	套件	說明
maxsel.test	exactmaxsel	Maximally Selected 雙變數獨立性檢定
cmh.test	lawstat	Cochran-Mantel-Haenszel 條件式卡方檢定。根據第三個變數的分類來判定兩個變數的獨立性
pairwise.wilcox.test	基本	Wilcoxon 多重配對檢定
ks.test	基本	Kolmogorov-Smirnov 雙樣本機率分配差異檢定（適用於連續型分配）
ks2Test	fBasics	Kolmogorov-Smirnov 雙樣本分配檢定（產生 S4 物件）
ansari.test	基本	Ansari-Bradley Rank-based 雙樣本尺度參數檢定
mood.test	基本	Rank-based 無母數雙樣本尺度參數檢定
scaleTest	fBasics	雙樣本尺度參數檢定

[註] 若是一般檢定函數，可用 names（函數名稱）查看有哪些個別計算結果可用。若為 S4 函數，可用 attributes（函數名稱）查看。S4 函數之個別計算結果需用 @ 符號查看，例如：

```
> library(fBasics)
> result = correlationTest(x, y)
> result@test$statistic
```

以下幾個小節將示範一些基本的雙樣本檢定操作。

14.2.1　雙樣本平均數與變異數檢定

▼ 程式範例 14-4

cancers 資料檔包含五種不同癌症病患的存活時間。五種癌症分別是 **stomach**（胃癌）、**bronchus**（支氣管癌）、**colon**（結腸癌）、**ovary**（卵巢癌）與 **breast**（乳癌），各有 12、16、17、6、11 筆紀錄。資料檔的每一個行向量代表一種癌症的資料：

```
stomach bronchus colon ovary breast
124 81 248 1234 1235
..................
46 64 519 NA 3808
103 155 455 NA 791
..................
NA 245 20 NA NA
NA NA 283 NA NA
```

輸入資料檔,並畫出兩個變數的 Box Plot(圖 14-1):

```
> cancers = read.table("c:/r/cancers.txt", header = T)
> X1 = cancers$stomach
> X2 = cancers$bronchus
> boxplot(X1, X2, horizontal = TRUE,
+     names=c("Stomach", "Bronchus"))
```

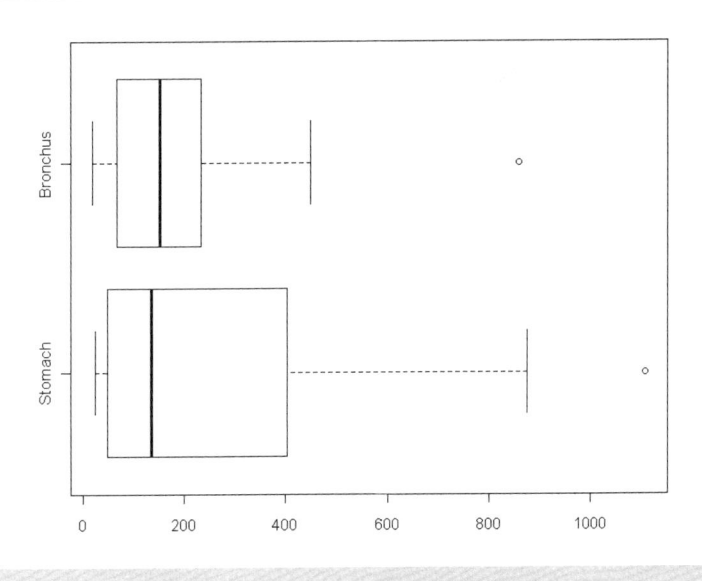

》圖 14-1　cancers 資料檔 box plot

從 Box plot 看起來,兩者的平均數不會差太多。在執行雙樣本 t 檢定之前,先使用 **var.test** 函數檢定兩母體變異數是否相等。

```
> (var.result = var.test(X1, X2, alternative = "two.sided"))
        F test to compare two variances
data:  X1 and X2
F = 2.9356, num df = 11, denom df = 15, p-value = 0.05509
alternative hypothesis: true ratio of variances is not equal to 1
95 percent confidence interval:
 0.975987 9.775359
sample estimates:
ratio of variances   2.935601

> var.result$p.value
[1] 0.05509
```

雙樣本變異數檢定的 P-value = 0.05509 > α = 0.05，不拒絕「H_0: 兩個變異數比例等於 1（即兩變異數相等）」。

> 接下來我們就可以使用 **t.test** 函數執行雙樣本 t 檢定，$H_0 : \mu_1 - \mu_2 = 0$。t.test 函數中的 mu 選項是輸入 H_0 中 $\mu_1 - \mu_2$ 的假設值 0，var.equal 選項指定兩個樣本的變異數是否相等，paired 選擇則是設定兩組樣本是否相關樣本或配對樣本：

```
> t.test(X1, X2, alternative = "two.sided", mu = 0.0,
> +      paired = FALSE, var.equal = TRUE, conf.level = 0.95)
        Two Sample t-test
data:  X1 and X2
t = 1.0383, df = 26, p-value = 0.3087
alternative hypothesis: true difference in means is not equal to 0
95 percent confidence interval:
 -108.0962 328.7629
sample estimates:
mean of x mean of y
 306.3333  196.0000
```

t.test 檢定的 P-value = 0.3087 > α = 0.05，不拒絕 H_0，因此兩種癌症病患的平均存活時間沒有顯著差異。

14.2.2 雙樣本配對 t 檢定

假如兩個樣本之間存在相關性或是配對資料，則我們需使用雙樣本配對 t 檢定來分析資料。例如，使用雙胞胎來測試兩種感冒藥的效果、一群員工在受訓前 vs. 受訓後的英文成績，或是 20 個眼科病患左眼 vs. 右眼的手術恢復指數等等。

▼ 程式範例 14-5

以下資料為 15 個人的血壓測量值，每個人分別接受血壓機測量（Machine 變數）與傳統的護士操作測量（Expert 變數）：

```
Machine, Expert
68,72
82,84
.....
100,93
```

這組資料檔中的數字是以逗點 (,) 分隔，所以我們用 read.csv 函數來輸入資料，並畫出兩組資料的 X-Y 散佈圖（查看相關性）與 box plot（圖 14-2）：

```
> bloodp = read.csv("c:/r/bloodpressure.txt",
+       header = TRUE)
> attach(bloodp)
> plot(Machine, Expert)
> boxplot(Machine, Expert, horizontal = T,
+       names = c("Machine", "Expert"))
```

➢ 從 X-Y 散佈圖可知兩組資料有很高的正相關傾向，另外從 box plot 可看出兩組資料的中位數有些差別，但無法判斷差異是否顯著。

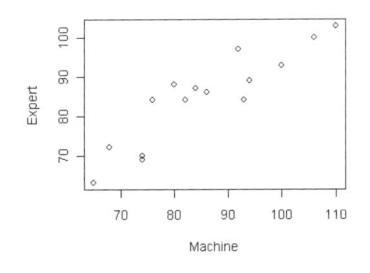

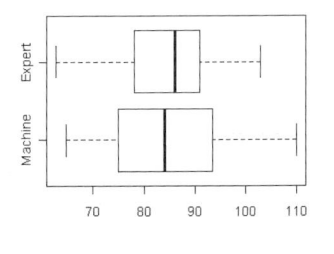

》圖 14-2　Machine vs. Exper 血壓測量值

> 先執行雙樣本變異數差異檢定，看看兩組資料的變異數是否相等：

```
> var.test(Machine, Expert)
        F test to compare two variances
data:   Machine and Expert
F = 1.3154, num df = 14, denom df = 14, p-value = 0.615
alternative hypothesis: true ratio of variances is not equal to 1
95 percent confidence interval:
 0.441606 3.917921
sample estimates:
ratio of variances
         1.315362
```

變異數檢定的 P-value = 0.615 > α = 0.05，不拒絕 H_0，兩組資料的變異數沒有顯著差異。

> 接下來一樣使用 t.test 函數作雙樣本平均數檢定，但指定 paired 選項為 TRUE：

```
> t.test(Machine, Expert, alternative = "two.sided",
+    mu = 0.0, paired = TRUE, var.equal = TRUE,
+    conf.level = 0.95)
        Paired t-test
data:   Machine and Expert
t = 0.6816, df = 14, p-value = 0.5066
alternative hypothesis: true difference in means is not equal to 0
95 percent confidence interval:
 -2.146615   4.146615
sample estimates:
mean of the differences 1
```

14.2.3 雙樣本母體比例差異檢定

欲比較兩個母體的某個比例值是否相等,可以使用 prop.test 函數。

[基本語法]　prop.test(c(x_1, x_2), c(n_1, n_2))

其中

- x_1、n_1 代表來自第一個母體的隨機樣本中,具有某類特質的個數與樣本數。
- x_2、n_2 則代表第二個母體。

▼ 程式範例 14-6

某次民調從台北縣抽出 3205 人,其中男性 1586 人、女性 1619 人,並且得知這兩群選民當中大專院畢業者,男性有 214 人,女性有 219 人。我們可以檢定看看男、女兩個性別中,大學院校畢業的比例是否相等。這裡的檢定假設是 H_0:兩個性別的大學院校畢業人數比例相等(即 $p_1 - p_2 = 0$):

```
> graduated = c(214, 219)
> citizen   = c(1586, 1619)
> prop.test(graduated, citizen)
```

```
        2-sample test for equality of proportions with continuity
        correction

data:  graduated out of citizen
X-squared = 0, df = 1, p-value = 1
alternative hypothesis: two.sided
95 percent confidence interval:
 -0.02434590  0.02366981
sample estimates:
   prop 1    prop 2
0.1349306 0.1352687
```

prop.test 檢定的 P-value 是 1 > $α$ = 0.05,所以不拒絕 H_0。我們在檢定結果中也看到 $p_1 - p_2$ 的 95% 信賴區間(− 0.001026, 0.000472),這個信賴區間包含 0 在裡面,因此兩個母體比例的差異並不顯著。

14.2.4 雙變數相關係數檢定

這個小節將示範兩組變數的相關係數檢定，我們仍然使用上一個小節的血壓測量值資料。我們先計算兩組資料的樣本相關係數：

```
> cor(Machine, Expert)
[1] 0.90686
```

樣本相關係數為 0.90686，算是非常高的正相關。接下來我們使用 cor.test 函數分別執行 Pearson 動差乘積相關性檢定、Kendall's rank correlation tau 檢定以及 Spearman's rho 檢定。從結果可以發現三個檢定的 P-value 都遠小於 $\alpha = 0.05$，因此兩組資料之間確實存在相關性：

```
> cor.test(Machine, Expert, alternative = "two.sided",
+     method = "pearson", conf.level = 0.95)

        Pearson's product-moment correlation

data:  Machine and Expert
t = 7.7586, df = 13, p-value = 3.122e-06
alternative hypothesis: true correlation is not equal to 0
95 percent confidence interval:
 0.7369457 0.9689817
sample estimates: cor 0.90686

> cor.test(Machine, Expert, alternative = "two.sided",
+     method = "kendall", conf.level = 0.95)

        Kendall's rank correlation tau

data:  Machine and Expert
z.tau = 3.8847, p-value = 0.0001025
alternative hypothesis: true tau is not equal to 0
sample estimates:
     tau
0.747608

> cor.test(Machine, Expert, alternative = "two.sided",
+     method = "spearman", conf.level = 0.95)
```

```
        Spearman's rank correlation rho
data:  Machine and Expert
S = 62, p-value = < 2.2e-16
```

14.2.5 雙樣本信賴區間

雙樣本信賴區間估計包含 $\mu_1 - \mu_2$、σ_1^2 / σ_2^2 與 $p_1 - p_2$ 的信賴區間計算。

雙樣本平均數差異 $\mu_1 - \mu_2$ 的信賴區間

$\mu_1 - \mu_2$ 的信賴區間依照：

- 母體變異數（或標準差）是否已知。
- 兩母體是否互相獨立。
- 樣本數 n_1 與 n_2 的大小。
- 是否為常態母體。

而有不同的計算公式：

(1) 獨立樣本、「大樣本，σ_1^2 與 σ_2^2 已知」或「小樣本、常態分配母體，σ_1^2 與 σ_2^2 已知」：

$$(\bar{X} - \bar{Y}) \pm z_{\alpha/2} \sqrt{\frac{\sigma_1^2}{n_1} + \frac{\sigma_2^2}{n_2}}$$

▼ **程式範例 14-7**

兩班學生期末成績母體變異數各為 25 跟 36，兩班各隨機抽出 30 人，則以下程式可以算出 $\mu_1 - \mu_2$ 的 95% 信賴區間：

```
> x
 [1] 62 57 70 55 55 64 55 67 60 64 51 55 57 68 61 61 61 64 57
[21] 56 67 59 60 61 71 65 63 63 58 58

> y
 [1] 61 62 68 54 60 69 53 60 61 62 67 61 60 58 65 66 61 62 66
[21] 71 61 62 55 58 66 60 58 60 63 48
```

```
> center = mean(x) - mean(y)
> width = qnorm(0.975, 0, 1)*sqrt(25/30 + 36/30)
> c(lower = center - width, upper = center+width)
    lower     upper
-3.228144  2.361477
```

(2) 獨立樣本、大樣本，σ_1 與 σ_2 未知：

$$(\overline{X} - \overline{Y}) \pm z_{\alpha/2}\sqrt{\frac{S_1^2}{n_1} + \frac{S_2^2}{n_2}}$$

▼ 程式範例 14-8

若我們假設範例 14-7 中的資料 σ_1 與 σ_2 未知，可使用 var( ) 函數計算兩組樣本的樣本變異數：

```
> c(var(x), var(y))
[1] 23.93678 23.99540
```

```
> center = mean(x)-mean(y)
> width = qnorm(0.975, 0, 1)*sqrt(var(x)/30 + var(y)/30)
> c(lower = center - width, upper = center + width)
    lower     upper
-2.910762  2.044095
```

(3) 獨立樣本、小樣本、常態母體，$\sigma_1 = \sigma_2$ 均未知：

$$(\overline{X} - \overline{Y}) \pm t_{\alpha/2}(n_1 + n_2 - 2)\sqrt{S_p^2(\frac{1}{n_1} + \frac{1}{n_2})} \text{ , } S_p^2 = \frac{(n_1-1)S_1^2 + (n_2-1)S_2^2}{n_1 + n_2 - 2}$$

▼ 程式範例 14-9

假設兩班學生各抽出 17 人與 15 人的成績，已知母體服從常態，σ_1 與 σ_2 未知，但可以確定 $\sigma_1 = \sigma_2$：

```
> x
 [1] 61 65 57 56 64 64 57 65 55 67 67 60 56 58 55 60 62
```

```
> y
[1] 56 66 57 56 63 61 66 61 62 55 55 62 55 70 51

> s2.A = var(x)
> s2.B = var(y)
> s2.p = ((17 - 1)*s2.A + (15 - 1)*s2.B)/(17 + 15 - 2)       # $S_p^2$
> center = mean(x) - mean(y)
> width = qt(0.975, 17 + 15-2)*sqrt(s2.p*(1/17 + 1/15))
> c(lower = center - width, upper = center + width)
     lower     upper
 -2.625872  4.218029
```

(4) 獨立樣本、小樣本、常態母體，$\sigma_1 \neq \sigma_2$ 均未知：

$$(\bar{X} - \bar{Y}) \pm t_{\alpha/2}(v)\sqrt{\frac{S_1^2}{n_1} + \frac{S_2^2}{n_2}}, \quad v = \frac{(S_1^2/n_1 + S_2^2/n_2)^2}{(S_1^2/n_1)^2/(n_1-1) + (S_2^2/n_2)^2/(n_2-1)}$$

▼ 程式範例 14-10

假設資料與範例 14-10 相同，但確定 $\sigma_1 \neq \sigma_2$：

```
> sn1 = var(x)/17
> sn2 = var(y)/15
> v = round((sn1 + sn2)^2/(sn1^2/(17 - 1) + sn2^2/(15 - 1)))
> v
[1] 27

> center = mean(x) - mean(y)
> width = qt(0.975, 27)*sqrt(var(x)/17 + var(y)/15)
> c(lower = center - width, upper = center + width)
     lower     upper
 -2.690538  4.282695
```

(5) 相依樣本、大樣本，σ_1 與 σ_2 未知：

$$\bar{D} \pm z_{\alpha/2}\frac{S_D}{\sqrt{n}}, \quad \bar{D} = X_i - Y_i$$

▼ 程式範例 14-11

以下兩組資料是 30 個眼科病人經過手術後的左、右眼度數。從 $\mu_1 - \mu_2$ 的 95% 信賴區間可知，兩個端點均為負數，因此可以推斷 $\mu_1 - \mu_2$：

```
> x
 [1] 129 314 294 261 188 222 230 165 117 248 267 286 216 292 175 120 269 195
[19] 248 174 245 197 100 121 168 239 207 180 160 288

> y
 [1] 380 402 374 306 374 423 344 363 371 350 294 318 338 333 349 350 333 339
[19] 359 338 347 340 268 346 425 362 281 353 313 346

> D = x - y
> center = mean(D)
> width = qnorm(0.975, 0, 1)*sd(D)/sqrt(30)
> c(lower = center - width, upper = center + width)
    lower     upper
-161.5259 -112.0741
```

(6) 相依樣本、小樣本、常態母體，σ_1 與 σ_2 未知：

$$\bar{D} \pm t_{\alpha/2}(n-1) \frac{S_D}{\sqrt{n}}, \quad D_i = X_i - Y_i$$

▼ 程式範例 14-12

有 19 對雙胞胎各服用一種品牌的感冒藥，觀察值為感冒復原時間（小時）。從 $\mu_1 - \mu_2$ 的 95% 信賴區間可知，兩個端點均為正數，可以推斷 $\mu_1 > \mu_2$：

```
> x
 [1]  8  5  7 12  7  5  7  6  7  8  9  6  8  9  8  5  6  5  5

> y
 [1] 11  4  3  5  7  4  6  2  1  0 11  5  6  7  8  6  3  2  2
```

```
> D = x - y
> center=mean(D)
> width = qt(0.975, 19 - 1)*sd(D)/sqrt(19)
> c(lower = center - width, upper = center + width)
     lower      upper
 0.7148703  3.4956560
```

雙樣本變異數比例 σ_1^2 / σ_2^2 的信賴區間

σ_1^2 / σ_2^2 的 $(1 - \alpha) \times 100\%$ 信賴區間公式為

$$\left(\frac{S_1^2}{S_2^2} \left(\frac{1}{F_{1-\alpha/2}(n_1 - 1, n_2 - 1)} \right) , \frac{S_1^2}{S_2^2} \left(\frac{1}{F_{\alpha/2}(n_1 - 1, n_2 - 1)} \right) \right)$$

▼ 程式範例 14-13

若某健身俱樂部隨機抽出 20 個會員與 25 個非會員客戶,記錄每週運動時數。我們想知道兩群客戶每週運動時數的變異數是否相等。σ_1^2 / σ_2^2 的 95% 信賴區間不包含 1,因此可以推斷兩個變異數不相等:

```
> x
 [1] 19 13 17 14 11 12 15 17 13 14 16 13 14 19 16 15 16 15 15 13

> y
 [1]  7 12 14  6 13  7  6  5  8  9 10  6 13 16 12 17  9 13 16 12 19 10 13 15  3

> F1 = qf(0.975, 20 - 1, 25 - 1)
> F2 = qf(0.025, 20 - 1, 25 - 1)
> confint = c(lower = (var(x)/var(y))/F1,
              upper = (var(x)/var(y))/F2)
> confint
     lower      upper
 0.1111646  0.6393151
```

將 σ_1^2 / σ_2^2 的信賴區間開根號,即可得到 σ_1^2 / σ_2^2 的 95% 信賴區間:

```
> sqrt(confint)
     lower      upper
 0.3334135  0.7995718
```

雙樣本母體比例差異 $p_1 - p_2$ 的信賴區間

$$(\hat{p}_1 - p_2) \pm z_{1-\alpha/2} \sqrt{\frac{\hat{p}_1(1-p_1)}{n_1} + \frac{p_2(1-p_2)}{n_2}}$$

▼ 程式範例 14-14

假設台北市與高雄市各隨機抽出 200 人與 150 人，其中台北市民有兩張以上信用卡者佔 128 人，高雄市民則為 86 人。我們可以算出兩個城市擁有兩張以上信用者的比例差異 $p_1 - p_2$ 的 95% 信賴區間。算出的信賴區間包含 0 在內，因此兩個比例並無顯著差異。

```
> p1 = 128/200
> p2 = 86/150
> c(p1, p2)
[1] 0.6400000 0.5733333
```

```
> center = p1 - p2
> width = qnorm(0.975, 0, 1)*sqrt( p1*(1 - p1)/200 + p2*(1 - p2)/150 )
> c(lower = center - width, upper = center + width)
       lower       upper
  -0.03672612  0.17005945
```

> **提醒** 檢定函數也可算出信賴區間。

除了以上直接使用教科書信賴區間公式的計算方法之外，我們也可以從 R 軟體處理雙樣本檢定的函數 **t.test**、**var.test**、**prop.test**，搭配 **alternative = "two.sided"** 與 **conf.level** 兩個參數算出信賴區間。

例如，本小節 $\mu_1 - \mu_2$ 信賴區間 (3) $\sigma_1^2 = \sigma_2^2$ 但均未知 (範例 14-9)：

```
> t.test(x, y, var.equal = TRUE, alternative = "two.sided",
    conf.level = 0.95 )
        Two Sample t-test

data:  x and y
t = 0.4751, df = 30, p-value = 0.6381
alternative hypothesis: true difference in means is not equal to 0
```

```
95 percent confidence interval:
 -2.625872   4.218029
.........................
```

或是本小節 σ_1^2 / σ_2^2 信賴區間的範例（範例 14-13）：

```
> var.test(x, y, alternative = "two.sided", conf.level = 0.95)
        F test to compare two variances

data:  x and y
F = 0.2607, num df = 19, denom df = 24, p-value = 0.004075
alternative hypothesis: true ratio of variances is not equal to 1
95 percent confidence interval:
 0.1111646 0.6393151
.........................
```

14.3 信賴區間的意義

　　凡是透過隨機樣本觀察值所算出的統計檢定或信賴區間，由於隨機樣本未必能夠完全代表母體特性，因此當它們被用於推論或決策時，都帶有不確定的風險因素。統計推論之所以仍可被當作決策輔助工具，最重要的根據是，統計檢定或信賴區間可以推導出相對的型一與型二誤差值（即一般所知的 α 與 β）。既然風險能夠算出，只要統計檢定或信賴區間決策的風險夠小，則依然可以當作決策的參考。

　　舉例來說，一個母體平均數 μ 的 95% 信賴區間公式通常表示：若連續抽出 100 組樣本，使用此公式算出 100 個相對的信賴區間值，則這 100 個信賴區間之中至少有 95 個區間會包含真正的 μ 值。

▼ 程式範例 14-15

　　假設全校學生平均身高 μ = 165 公分，標準差 5 公分。我們在以下的程式模擬出 100 組 N(165, 5) 的隨機樣本，每組樣本包含 50 個觀察值，並畫出 100 個 μ 的 95% 信賴區間（圖 14-3）：

```
mu = 165                      # 模擬所需的 μ = 165（公分）
sigma = 5; n = 50             # 母體標準差設為 5（公分）
```

➤ 先畫出一個空的圖形框架 (type = "n")，Y 軸設定 0 ~ 105：

```
x0 = c(160, 170)
y0 = c(0, 105)
plot(x0, y0, type = "n")
```

➤ 畫出真正 μ 值垂直線（圖 14-3）：

```
abline(v = mu, lty = 2)

for(i in 1:100)                        # 100 個迴圈
{
  x = rnorm(n, mu, sigma)              # 每個迴圈產生一組樣本，n = 50
                    # 計算依據 t 分配公式算出 μ 的 95% 信賴區間值 c1, c2
  width = qt(0.975, n-1)*sd(x)/sqrt(n)
  c1 = mean(x) - width
  c2 = mean(x) + width

  if ( mu >= c1 && mu <= c2 ){
      lty = 2; lwd = 1                 # 若區間包含 μ：普通線寬的虛線
  } else {
      lty = 1; lwd = 2                 # 不含 μ：2 倍線寬的實線
  }
                        # 使用線段連接 c1,c2，畫出一個信賴區間水平線
  lines(c(c1, c2), c(i, i), lty = lty, lwd = lwd)
}
```

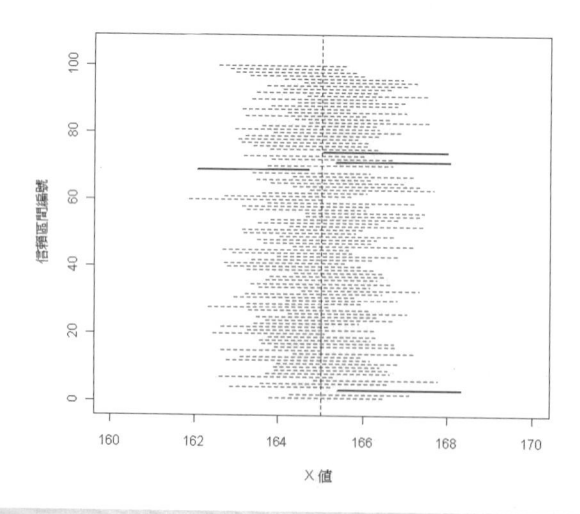

》圖 14-3　100 個信賴區間

我們可以看到圖形中虛線是「涵蓋母體平均數 μ 的信賴區間」，共有 96 個區間。實線是「沒有涵蓋 μ 的信賴區間」，共有 4 個信賴區間不包含母體平均數 μ。

14.4 卡方檢定

卡方檢定包含三種類型：

- 適合度檢定：檢查資料是否符合某個比例關係或某個機率分配。
- 齊一性檢定：檢查幾個不同類別中的比例關係是否一致。
- 獨立性檢定：檢查兩個分類變數之間是否互相獨立。

主要的差別在於，適合度檢定的部分可以簡單到僅僅使用一個向量變數來儲存資料，但後兩者則需要矩陣或 table 變數才能完成檢定。

在三種類型之中，齊一性檢定與獨立性檢定往往是同一個分析問題的不同敘述方式而已，兩者的計算公式其實一樣。在 R 軟體中，我們可以使用 **chisq.test** 函數來執行這三類檢定。

14.4.1 適合度檢定

卡方適合度檢定（Chi-Square Goodness of Fit Test）可以回答以下問題：

- 某組資料是否服從某個特定的機率分配？
- 一組資料中幾個類別發生的機率，是否服從已知的比例關係？

[基本語法]　　chisq.test(x, p, rescale.p = FALSE)

其中

- **x** 為儲存各分類次數的向量。
- **p** 為各分類的機率（預設值為各分類機率相等）。
- **rescale.p** 設定是否要轉換 p 選項中的機率值，使得所有機率值加總為 1.0。

▼ 程式範例 14-16

假設某社團社員血型人數如下：

```
> x = c(A = 20, AB = 15, B = 30, O = 25)
> x
```
```
 A  AB   B   O
20  15  30  25
```

➢ 檢定 A、AB、B、O 四種血型的母體人數比例是否相同，R 軟體自動預設各血型比例相等 $H_0 : p_1 = p_2 = p_3 = p_4 = 1/4$：

```
> x = c(A = 20, AB = 15, B = 30, O = 25)
> chisq.test(x)                    # 也可使用 chisq.test(as.table(x))

        Chi-squared test for given probabilities

data:  x
X-squared = 5.5556, df = 3, p-value = 0.1354
```

```
> result = chisq.test(x)
> result$p.value
[1] 0.1353533
```

P-value = 0.1354 > α = 0.05，不拒絕 H_0，所以各血型人數比例相同。

【註】這個例子也可使用以下寫法：

```
x = c(20, 15, 30, 25); chisq.test(x)
```

➢ 若我們想檢定不同的母體比例：「H_0：A 型佔 40%、AB 型佔 40%、B 型佔 10%、O 型佔 10%」，可以使用 p 參數：

```
> ratio = c(0.4, 0.4, 0.1, 0.1)
> chisq.test(x, p = ratio)

        Pearson's Chi-squared test

data:  x
X-squared = 96.8056, df = 3, p-value < 2.2e-16
```

卡方檢定的 P-value = 2.2×10^{-16} < α = 0.05，拒絕「$H_0 : p_A = 0.4，p_{AB} = 0.4，p_B = 0.1，p_O = 0.1$」。

> 若選項 p 的向量值並非介於 0、1 之間的機率值，可用 **rescale.p** 參數來轉換。例如：

```
> ratio = c(4, 4, 1, 1)
> chisq.test(x, p = ratio, rescale.p = TRUE )
```

▼ 程式範例 14-17

接下來我們以 iris 資料中的 Sepal.Length（花萼長度）為例，示範如何使用卡方適合度檢定來檢驗資料的機率分配。我們想檢驗這組變數資料是否服從 Normal 分配：

```
> data(iris)
> SepL = iris$Sepal.Length                              # 簡化變數名稱
> mean(SepL) ; sd(SepL)
[1] 5.843333
[1] 0.8280661
```

```
> length(SepL)
[1] 150
```

> 使用 SepL 變數的樣本平均數與標準差當作 Normal 分配的參數，產生 150 個 N(150.58433, 0.8280661) 亂數：

```
> normal = rnorm(mean(SepL), sd(SepL))
```

> 用 hist 函數將 150 個 Normal 亂數平均切割成 10 個區間：

```
> normal.h = hist(normal, breaks = 10, plot = F)
> normal.h
$breaks
[1] 3.5 4.0 4.5 5.0 5.5 6.0 6.5 7.0 7.5 8.0

$counts
[1]  1  8 15 22 44 37 18  3  2

.............................
```

➢ 使用上面 hist 函數所產生的切割點 normal.h$breaks，對 SepL 資料作相同的分組切割，切成 10 個區間，並使用 SepL.h$counts 取出各區間的次數值：

```
> SepL.h = hist(SepL, breaks = normal.h$breaks, plot = F)
> SepL.h
$breaks
 [1] 3.5 4.0 4.5 5.0 5.5 6.0 6.5 7.0 7.5 8.0

$counts
 [1]  0  5 27 27 30 31 18  6  6
................................

> SepL.count = SepL.h$counts
```

➢ 計算 Normal 隨機亂數這份資料在 10 個區間中的比例值：

```
> normal.prob = normal.h$counts/150
> normal.prob
 [1] 0.006666667 0.053333333 0.100000000 0.146666667 0.293333333 0.246666667
 [7] 0.120000000 0.020000000 0.013333333
```

有了 SepL 的在 10 個區間的次數值，以及 Normal 資料在 10 個區間的比例值，我們即可搭配 p 參數來檢驗這組資料是否服從 N(150.58433, 0.8280661)。檢定的 P-value 0.0002821 遠小於 α = 0.05，因此拒絕「H_0：SepL 資料各區間的機率等於 Normal 區間機率」，可知 Sepal.Length 資料並不服從我們所認為的 Normal 分配：

```
> chisq.test(SepL.count, p = normal.prob)
        Chi-squared test for given probabilities

data:  SepL.count
X-squared = 29.2889, df = 8, p-value = 0.0002821
```

14.4.2 齊一性檢定

卡方齊一性檢定（Chi-Square Test of Homogeneity）可以用來檢驗不同環境下，一個分類變數底下各分類的比例關係是否一致。

[基本語法]　　chisq.test(X, simulate.p.value = FALSE)

其中

- `X` 為儲存列聯表的矩陣變數（亦即將列聯表視為矩陣形狀）。
- `simulated.p.value` 設定是否使用 Monte-Carlo 模擬計算的 P-value 值。

▼ **程式範例 14-18**

若從台北市與高雄市市民隨機抽出兩群人，其「經常抽菸」、「偶爾抽菸」、「不抽菸」的人數如下，我們想檢定這兩個城市居民在這三種抽菸習慣的比例是否一致：

抽菸與否 都市	經常抽菸	偶爾抽菸	不抽菸
台北市	205	890	1870
高雄市	124	748	1560

```
> taipei = c(205, 890, 1870)
> kaohsiung = c(124, 748, 1560)
```

使用 rbind 組合成一個 2×3 的矩陣：

```
> x=rbind(taipei, kaohsiung)
> chisq.test(x)

        Pearson's Chi-squared test

data:  x
X-squared = 7.7067, df = 2, p-value = 0.02121
```

P-value = 0.02121 < α =0.05，拒絕「H_0：兩個城市居民抽菸類別比例一致」。

14.4.3 獨立性檢定

卡方獨立性檢定（Test of Independence）用來檢驗兩個主要影響變數或因子之間是否互相獨立。卡方獨立性檢定在 chisq.test 函數的使用語法跟 14.4.2 節齊一性檢定一樣，只需將列聯表儲存為矩陣變數即可。

▼ 程式範例 14-19

若從某城市就業人口中隨機抽選 100 人，記錄其學歷與收入資料如下。我們想檢定「學歷高低」與「收入高低」是否有相關性：

學歷＼收入	高	中	低
研究所	8	10	2
大專	7	17	6
高中	5	15	30

```
> r1 = c(8, 10, 2)
> r2 = c(7, 17, 6)
> r3 = c(5, 15, 30)
> x = rbind(r1, r2, r3)
> chisq.test(x)

        Pearson's Chi-squared test

data:  x
X-squared = 23.2749, df = 4, p-value = 0.0001116
```

P-value = 0.0001116 < α = 0.05，拒絕「H_0：學歷與收入互相獨立」。這組資料其實也可以視為是「齊一性檢定」：收入變數在低、中、高的比例關係，是否會隨著不同學歷而有所改變？

Fisher 精確獨立性檢定

本範例的資料也可以使用 Fisher 精確獨立性檢定（Exact Test of Independence）來分析，**fisher.test** 函數所需的資料格式與 chisq.test 相同，因此可以直接使用上面的 x 矩陣。Fisher 檢定的 P-value 非常小，因此同樣拒絕「H_0：學歷與收入互相獨立」：

```
> fisher.test(x)

        Fisher's Exact Test for Count Data

data:  x
p-value = 7.352e-05
alternative hypothesis: two.sided
```

14.5 其他檢定

這個小節將介紹一些常用的無母數檢定（Non-parametric Tests），包含單樣本中位數符號檢定（sign test）、單樣本 Wilcoxon Signed Rank Test、連檢定（runs test）、雙樣本 Wilcoxon Rank Sum Test（相當於 Mann-Whitney 檢定）、相依樣本 Wilcoxon Signed Rank Test、雙樣本 Kolmogorov-Smirnov 機率分配檢定，以及可以檢定兩組或多組母體位置參數的 Kruskal-Wallist Rank Sum Test。

單樣本中位數符號檢定：「UsingR」套件的 `simple.median.test`

```
> library(UsingR)
> x = rnorm(50, 165, 5)
> library(UsingR)
> simple.median.test(x, mdeian = 164)
[1] 0.4798877
```

simple.median.test 傳回檢定的 P-value = 0.4799 > α = 0.05，不拒絕「H_0：median =164」。

單樣本 Wilcoxon Signed Rank Test：`wilcox.test` 函數

Wilcoxon signed rank 檢定母體平均數是否等於 H_0 中的指定值：

```
> x = rnorm(50, 165, 5)
> wilcox.test(x, mu = 164)
        Wilcoxon signed rank test with continuity correction
data:  x
V = 825, p-value = 0.07105
alternative hypothesis: true location is not equal to 164
```

檢定的 P-value = 0.07105 > α = 0.05，不拒絕「H_0：μ = 164」。

Runs Test（連檢定）：TSA 套件的 `runs` 函數。檢定資料是否隨機

```
> library(TSA)
> x = rnorm(50, 0, 1)
> runs(x)
$pvalue
```

```
[1] 0.218
$observed.runs
[1] 20
$expected.runs
[1] 24.56
................[略]
```

P-values = 0.218 > α = 0.05，不拒絕「H_0：資料互相獨立」

雙獨立樣本 Wilcoxon Rank Sum Test：`wilcox.test`

檢定兩獨立母體的位置參數 (location parameters) 是否相同：

```
> x = rnorm(50, 70, 5)
> y = rnorm(30, 65, 5)
> wilcox.test(x, y, mu = 0)            # mu = 兩母體位置參數差異量
        Wilcoxon rank sum test with continuity correction

data:  x and y
W = 1161, p-value = 4.512e-05
alternative hypothesis: true location shift is not equal to 0
```

檢定的 P-value = 4.512×10^{-5} < α = 0.05，拒絕「H_0：兩母體位置參數差異值 = 0」。

相依樣本 Wilcoxon Signed Rank Test：`wilcox.test`

雙樣本位置參數差異檢定。若在 wilcox.test 中指定 paired = TRUE，則這個函數會執行兩個相依樣本的 signed rank test，相當於 Mann-Whitney 檢定。以 14.2.2 節的血壓測量值資料為例：

```
> wilcox.test(Machine, Expert, paired = T, mu = 0)
        Wilcoxon signed rank test with continuity correction
data:  Machine and Expert
V = 64, p-value = 0.489
alternative hypothesis: true location shift is not equal to 0
```

檢定的 P-value = 0.489 > α = 0.05，不拒絕「H_0：兩母體位置參數差異值 = 0」。

Kolmogorov-Smirnov 雙樣本機率分配檢定：`ks.test` 函數

這個函數可以檢驗兩個母體是否服從相同的連續型機率分配。

以下兩組資料雖然來自不同的 Normal 分配，但因為平均數與標準差差異不大，所以檢定的 P-value = 0.9988 遠大於 α = 0.05，不拒絕「H_0：兩母體服從相同機率分配」：

```
> x = rnorm(30, 100, 3)
> y = rnorm(30, 98, 4)
> ks.test(x, y)
        Two-sample Kolmogorov-Smirnov test
data:  x and y
D = 0.1, p-value = 0.9988
alternative hypothesis: two-sided
```

如果將 y 更改成跟 x 差距比較大的 N(95, 4) 分配，則 P-value 為 0.0002933 < α = 0.05，拒絕「H_0：兩母體服從相同機率分配」：

```
> y = rnorm(30, 95, 4)
> ks.test(x, y)
        Two-sample Kolmogorov-Smirnov test
data:  x and y
D = 0.5333, p-value = 0.0002933
alternative hypothesis: two-sided
```

雙樣本或多樣本 Kruskal-Wallist Rank Sum Test：`kruskal.test` 函數

kruskal.test 函數可以檢定兩組或多組資料的位置參數是否相等，也可以搭配分群變數，檢驗同一組資料中不同群組的測量值是否有相同的位置參數。

[基本語法]　　(1) kruskal.test(含有各組資料的 list 變數)

　　　　　　　　(2) kruskal.test(x, g)，其中 x 為向量，g 為分群變數

程式範例 14-20

> 從 N(60, 5) 與 N(70, 5) 分配各隨機產生 50 個觀察值，檢定兩者位置參數是否相等（此例中的位置參數為期望值）。檢定的 P-value 6.802×10^{-13} 遠小於 α = 0.05，所以拒絕「H_0：x1 與 x2 位置參數相等」：

```
> x1 = rnorm(50, 60, 5)
> x2 = rnorm(50, 70, 5)
> kruskal.test(list(x1, x2))                    # x1, x2 需轉成 list
        Kruskal-Wallis rank sum test
data:  list(x1, x2)
Kruskal-Wallis chi-squared = 51.6007, df = 1, p-value = 6.802e-13
```

> 用 sample 函數產生隨機的 1、2 分組變數，分成兩群：

```
> group = sample(c(1, 2), 50, replace = T)
> group
 [1] 1 2 2 2 1 2 1 2 1 2 2 2 1 1 2 2 2 1 1 2 2 2 1 2 2 2 2 2 1 2 2 1 1 2 2 2
[37] 1 2 1 2 1 1 2 2 1 1 2 2 1 2
```

> 檢定 x1 基於 group 變數分成兩群時，這兩群觀察值的位置參數是否相等。檢定的 P-value = 0.682 > α = 0.05，因此不拒絕「H_0：x1 中的兩群觀察值位置參數相等」：

```
> kruskal.test(x1, g = group)
        Kruskal-Wallis rank sum test
data:  x1 and group
Kruskal-Wallis chi-squared = 0.1679, df = 1, p-value = 0.682
```

CHAPTER 15

迴歸分析

15.1 迴歸分析常用函數
15.2 簡單線性迴歸
15.3 解釋變數選取
15.4 複迴歸模型分析
15.5 殘差分析及其他檢驗
15.6 羅吉斯迴歸

迴歸分析的分析過程包含以下幾個步驟：

(1) 初步變數檢查

(2) X-Y 散佈圖檢視

(3) 變數篩選或候選模型篩選：以 R^2、C_p、AIC、SBC 等準則

(4) 解釋變數的共線性檢查

(5) 變數轉換：包含變異數穩定轉換或 Box-Cox 轉換

(6) 模型檢驗：殘差分析

(7) 模型檢驗：極端值判斷、影響點判斷

(8) 評估模型的預測能力（optional）

迴歸模型的主要計算工具是 lm 函數（請參考 11.2.2 節），再輔以其他函數作各類分析計算。

15.1 迴歸分析常用函數

迴歸分析最主要的工具函數是 lm 函數。若應變數為 Y，解釋變數為 X1, X2, ... , Xk，則 lm 函數的基本語法為

```
model = lm(Y ~ X1 + X2 + ... + Xk)
```

若 Y, X1, ... , Xk 均屬於同一個資料框架變數 mydata，則可寫成

```
model = lm(Y ~ X1 + X2 + ... + Xk, data = mydata)
```

如果資料框架變數 mydata 裡面，除了 Y 之外的所有其他變數都作為解釋變數，則可以簡寫成

```
model = lm(Y ~ . , data = mydata)
```

lm 函數更詳細的語法請參考 11.2.2 小節「Linear Model：lm 函數」。

除了 lm 函數之外，R 軟體裡面有以下跟迴歸分析有關的工具函數可用，如表 15-1 ~ 15-6 所示。

表 15-1　迴歸分析主要工具函數

函數名稱	套件	說明
anova	基本	一般 ANOVA 分析
Anova	car	廣義線性模式的 ANOVA Table 拆解
coef	基本	從 lm 結果擷取參數估計值
confint	基本	計算模型參數的信賴區間
conftest	lmtest	檢定模型參數
summary	基本	從 lm 物件彙整分析結果
fitted	基本	從 lm 物件擷取 Y 的估計值
residuals	基本	從 lm 物件擷取殘差向量
deviance	基本	從 lm 物件擷取偏差平方和 (deviance)，在一般迴歸則為 SSE
predict	基本	從 lm 物件作預測
effects	基本	從 lm 物件擷取正交效果 (effects) 估計值
vcov	基本	從 lm 物件擷取參數之間的 Variance-Covariance 矩陣
formula	基本	從 lm 物件擷取模型公式
model.matrix	基本	產生設計矩陣 (design matrix)

表 15-2　候選模型或變數篩選工具

函數名稱	套件	說明
step	基本	以 AIC/BIC 為標準的逐步迴歸
stepAIC	MASS	以 AIC/BIC 為標準的逐步迴歸
leaps	leaps	All-Possible 選取，可選擇 C_p、R^2 或 R^2_{adj} 為選取準則
regsubsets	leaps	向前、向後、All-Possbile 與逐步迴歸
update	基本	新增或移除模型中的解釋變數
add1	基本	計算給定範圍內的單一變數加入模型的影響
drop1	基本	計算給定範圍內的單一變數離開模型後的影響
offset	基本	強制加入係數為 1 的解釋變數項
AIC	基本	計算模型的 AIC(k=2) 或 BIC 值 (k = log(n))（即 SBC）
extractAIC	基本	計算模型的 AIC/BIC 值
BIC	stats4	計算模型的 BIC 值
maxadjr	faraway	計算 Maximum Adjusted R-Square

表 15-3　模型檢查工具函數

函數名稱	套件	說　明
cooks.distance	基本	Cook's Distance
cookd	car	Cook's Distance
dfbetas	基本	DBETAS
dffits	基本	DFFITS
lm.influence	基本	計算各類影響點的指標值
hat	基本	Hat matrix 的對角線元素，參數為迴歸解釋變數所形成的矩陣
hatvalues	基本	Hat matrix 的對角線元素，參數為 lm 函數輸出的物件
outlier.test	car	Bonferroni Outlier Test
rstandard	基本	standardize residuals
rstudent	基本	studentized residuals
vif	car	計算 VIF 值
covratio	基本	covariance ratio

表 15-4　繪圖函數

函數名稱	套件	說　明
pairs	基本	多變數的矩陣型態 X-Y 散佈圖
scatterplot.matrix	car	同上
scatterplot	car	Box plots + X-Y 散佈圖
qqnorm / qqline	基本	常態機率圖
reg.line	car	畫出估計迴歸線
qq.plot	car	常態機率圖
Cpplot	faraway	畫出 Cp 圖形
cr.plots	car	Component+Residual Plot，又稱為 Partial Residual Plot
pr.plot	faraway	Partial Residual Plot
av.plot	car	Added-Variable Plot，又稱為 Partial Regression Plot
influencePlot	car	影響點圖形
leverage.plot	car	Leverage（槓桿值）圖形
cares.plots	car	Cares Plot
spread.level.plot	car	Spread-Level Plot

表 15-5 模型檢定函數

函數名稱	套件	說明
bgtest	lmtest	Breusch-Godfrey 高落後期獨立性檢定
durbin.watson	car	殘差獨立性檢定
dwtest	lmtest	殘差獨立性檢定
ncv.test	car	殘差均齊性變異數檢定
bptest	lmtest	Breusch-Pagan 均齊性變異數檢定
levene.test	car	殘差均齊性變異數檢定
bartlett.test	基本	殘差均齊性變異數檢定
shapiro.test	基本	殘差常態性檢定
ad.test	nortest	殘差常態性檢定
pearson.test	nortest	殘差常態性檢定
sf.test	nortest	殘差常態性檢定

表 15-6 其他工具函數

函數名稱	套件	說明
box.cox	car	應變數 Box-Cox 轉換
boxcox	MASS	應變數 Box-Cox 轉換
box.cox.powers	car	應變數多變量 Box-Cox 轉換
box.tidwell	car	應變數 Box-Tidwell 轉換
lm.ridge	MASS	脊迴歸 (Ridge Regression)
nlm	基本	Non-Linear Least Square
nls	基本	取出 nlm 物件的參數估計值
nlsModel	基本	建構 Non-Linear Least Square 模型
rlm	MASS	Robust Fitting of Linear Model
lqs	MASS	Resistant Regression
systemfit	systemfit	結構方程式計算 (Linear Structural Equations)

15.2 簡單線性迴歸

簡單線性迴歸的模型為 $Y_i = \beta_0 + \beta_1 X_i + \varepsilon_i$, i = 1, 2, ..., n。簡單線性迴歸通常不涉及複雜的解釋變數選取步驟，可以直接計算迴歸係數估計值，並進行相關的檢定、信賴區間計算與殘差分析。

▼ 程式範例 15-1

在這一章裡面，我們將使用 2008 年台灣各縣市與澎湖縣（不含金門縣與連江縣）的流浪狗資料當作範例。這組資料是各縣市自 1999~2008 年的流浪狗處理數字，以及各縣市在 2008 年的其他指標數字。資料檔中的變數為：

變數	說明
city	縣市名稱
captured	1999~2008 年流浪狗累積捕抓數目
adoptedR	被捕抓的流浪狗被認養的比例 (%)
killedR	被捕抓的流浪狗被安樂死的比例 (%)
unknownR	被捕抓的流浪狗狀況不明的比例 (%)
population	各縣市於 2008 年的人口數
graduate	各縣市研究所畢業者的人數（將轉為比例）
farmArea	各縣市耕地佔總面積的比例 (%)
divorced	各縣市離婚者所佔的比例 (%)
unemployed	各縣市失業率 (%)
crimeR	各縣市每 10 萬人刑事案件數目
oldR	各縣市老人福利金額佔年度支出的比例 (%)
computerR	各縣市平均每 100 個家庭的電腦數目

```
> dogs = read.table("c:/r/dogs.txt", header = T)
> dogs$graduate = round(dogs$graduate*100/dogs$population, 2)
> dogs
   city captured adoptedR killedR unknownR population graduate farmArea
1 台北縣   152508       10      79       11    3205041     2.90    15.46
2 宜蘭縣    27612        7      62       31     384277     1.94    12.70
3 桃園縣    56889       11      77       12    1572540     2.67    30.66
```

20	嘉義市	13954	55	41	3	222249	3.12	34.50
21	台南市	43732	24	68	8	639197	3.69	18.15
22	台北市	98814	35	48	17	2214760	6.89	12.18
23	高雄市	40997	28	64	8	1277807	3.50	3.47

	divorced	unemployed	crimeR	oldR	computerR
1	7.21	4.1	2263.96	8.74	100.21
2	6.17	4.3	1542.17	13.19	71.43
3	7.20	4.3	1816.70	11.15	103.52
......					
21	6.90	4.0	2217.19	8.46	98.07
22	6.52	4.0	2068.77	3.79	121.21
23	7.88	4.3	2378.70	6.00	92.45

我們將先以 adoptedR（認養比例）為應變數，computerR 為解釋變數來示範簡單線性迴歸的分析。先畫出解釋變數 vs. 被解釋變數的 X-Y 散佈圖（圖 15-1）：

```
> plot(dogs$computerR, dogs$adopted)
```

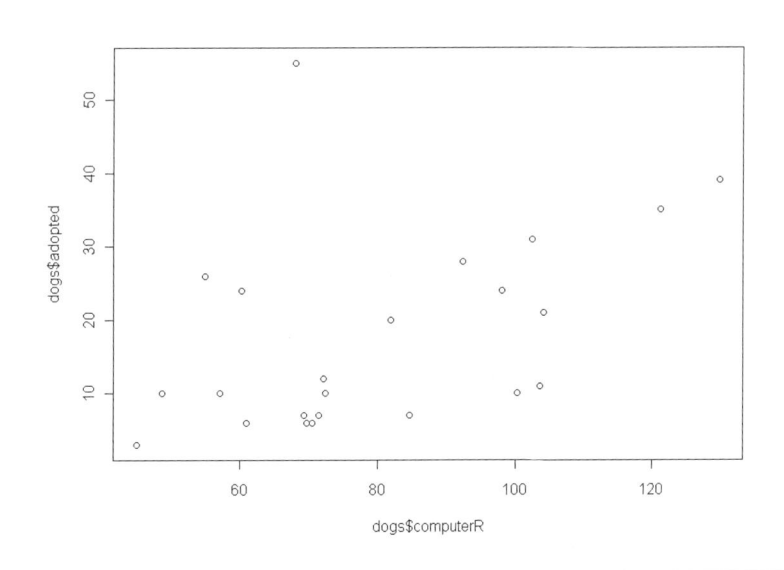

» 圖 15-1 各縣市平均每 100 個家庭的電腦數目 vs. 流浪狗被認養的比例

15.2.1 迴歸係數計算與推論

參數估計值計算方法

(1) 使用最小平方法公式算出迴歸參數估計值：

$$\hat{\beta}_1 = \frac{\sum(x_i - \overline{x})(y_i - \overline{y})}{\sum(x_i - \overline{x})^2}, \quad \beta_0 = \overline{y} - \beta_1\overline{x}$$

```
> x = dogs$computerR
> Y = dogs$adoptedR
> beta1 = sum((x - mean(x))*(Y - mean(Y)))/sum((x - mean(x))^2)
> beta1
[1] 0.2575605

> beta0 = mean(Y) - beta1*mean(x)
[1] -2.860113
```

(2) 使用矩陣計算公式：

$$\hat{\beta} = (X^tX)^{-1}X^tY$$

先建構出設計矩陣 **X**：

```
> x = dogs$computerR ; Y = dogs$adoptedR
> (X = cbind(intercept = 1, computerR = x))
      intercept computerR
 [1,]         1    100.21
 [2,]         1     71.43
 [3,]         1    103.52
      ...................
[21,]         1     98.07
[22,]         1    121.21
[23,]         1     92.45

> betaVector = solve(t(X) %*% X) %*% t(X) %*% Y
> betaVector
                    [,1]
(Intercept) -2.8601128
computerR    0.2575605
```

(3) 使用 **lm** 函數算出參數：lm 函數的 **x = TRUE** 參數設定可以指定要輸出迴歸分析的設計矩陣（design matrix）。lm 函數的詳細用法請參考 **11.2.2** 節。

```
> slm.model = lm(adoptedR ~ computerR, data = dogs, x = TRUE)
Call:
lm(formula = adoptedR ~ computerR, data = dogs, x = T)


Coefficients:
(Intercept)      computerR
    -2.8601         0.2576

> summary(slm.model)
Call:
lm(formula = adoptedR ~ computerR, data = dogs)


Residuals:
    Min      1Q   Median      3Q     Max
-12.950  -8.263  -2.939   6.845  40.338


Coefficients:
             Estimate Std. Error t value Pr(>|t|)
(Intercept)  -2.8601     9.4447   -0.303   0.7650
computerR     0.2576     0.1137    2.264   0.0343 *
---
Signif. codes:  0 '***' 0.001 '**' 0.01 '*' 0.05 '.' 0.1 ' ' 1

Residual standard error: 12.18 on 21 degrees of freedom
Multiple R-squared: 0.1963, Adjusted R-squared: 0.158
F-statistic: 5.128 on 1 and 21 DF,  p-value: 0.03425
```

從 lm 函數計算結果可知：MSE = $(\sqrt{MSE})^2$ = $(12.18)^2$ = 148.3524，R^2 = 0.1963 =19.63%，R^2_{adj} = 0.158 = 15.80%，F 檢定值為 5.128，P-value = 0.03425 < α = 0.05，所以拒絕「$H_0: \beta_1 = 0$」。另外，

$$SST = \sum (Y_i - \bar{Y})^2，SSR = R^2 \times SST，SSE = SST - SSR：$$

```
> (SST = sum((dogs$adoptedR - mean(dogs$adoptedR))^2))
[1] 3876.435

> (SSR = 0.1963*SST)                                          # R² = 0.1963
[1] 760.9441

> (SSE = SST - SSR)
[1] 3115.491
```

由於 slm.model 算出的 R^2 值有經過四捨五入,另一種比較精確的算法是直接使用 **deviance** 函數算出 SSE:

```
> (SSE = deviance(slm.model))
[1] 3115.665

> (SSR = SST - SSE)
[1] 760.7693
```

β_0 與 β_1 個別 t 檢定值分別為 – 0.303 與 2.264,P-values 為 0.7650 與 0.0343。從 β_1 的 t 檢定來看,與 F 檢定一樣拒絕「$H_0 : \beta_1 = 0$」。

迴歸參數的信賴區間

我們從 slm.model 內容看到兩個迴歸係數 β_0 與 β_1 估計值的標準差為 9.4447 與 0.1137,這兩個標準差值可以搭配參數估計值算出參數的 95% 信賴區間 $\hat{\beta}_i \pm t_{1-\alpha/2} S(\beta_i)$:

```
> qt(0.975, 21)                                               # 95% 信賴區間 t 分配查表值
[1] 2.079614
```

β_0 的 95% 信賴區間:

```
> c(-2.8601 - 2.079614*9.4447, -2.8601 + 2.079614*9.4447)
[1] -22.50143  16.78123
```

β_1 的 95% 信賴區間:

```
> c(0.2576 - 2.079614*0.1137, 0.2576 + 2.079614*0.1137)
[1] 0.02114789 0.49405211
```

簡單線性迴歸的 ANOVA 表格

迴歸分析也可以算出 ANOVA 變異數分析表格。anova 函數可以算出 ANOVA 表格以及相對的 F 檢定資訊：

```
> anova(slm.model)
Analysis of Variance Table
Response: adoptedR
          Df  Sum Sq Mean Sq F value  Pr(>F)
computerR  1  760.77  760.77  5.1277 0.03425 *
Residuals 21 3115.67  148.37
---
Signif. codes:  0 '***' 0.001 '**' 0.01 '*' 0.05 '.' 0.1 ' ' 1
```

從 ANOVA 表格可知，SSR = 760.77、SSE = 3115.67、SST = SSR + SSE = 3876.44。F 檢定的假設是「$H_0 : \beta_0 = 0$」，P-value 0.03425 小於 α = 0.05，因此拒絕 H_0。

lm 函數的其他輸出資訊

> 使用 **names** 函數可以看到 lm 函數的輸出物件有哪些詳細項目可查詢：

```
> names(slm.model)
 [1] "coefficients"  "residuals"  "effects"     "rank"
 [5] "fitted.values" "assign"     "qr"          "df.residual"
 [9] "xlevels"       "call"       "terms"       "model"
[13] "x"
```

> 使用 **$residuals** 與 **$fitted.values** 擷取殘差值與應變數的配適值：

```
> slm.model$residuals       # 或用 residuals(slm.model)
          1           2           3           4           5           6
-12.9500279  -8.5374358 -12.8025532  -2.9390603  -3.7357574 -11.9372348
..............................................................
         19          20          21          22          23
  7.4678853  40.3382700   1.6011517   6.6412010   7.0486418
```

```
> slm.model$fitted.values                    # 或用 predict(slm.model)
        1        2        3        4        5        6        7
22.950028 15.537436 23.802553 23.939060 15.735757 18.937235 14.988832
..............................................................
       22       23
28.358799 20.951358
```

> 使用 **$coefficients** 元素名稱查看參數估計量（可簡寫為 $coef），也可使用 **coef** 函數查看：

```
> slm.model$coef                             # 或 coef(slm.model)
(Intercept)    computerR
 -2.8601128    0.2575605
```

coef 函數的輸出結果是向量，因此可以使用向量數字指標查看 $\hat{\beta}_1$：

```
> coef(slm.model)[2]
computerR
0.2575605
```

> 使用 **deviance** 函數計算 Error sum of squares（**SSE**）：

```
> deviance(slm.model)                                              # SSE
[1] 3115.665
```

> 使用 **$x** 元素名稱查看模型的設計矩陣（需在 lm 函數使用 x=TRUE 選項，lm 函數才會輸出設計矩陣）：

```
> slm.model$x
   (Intercept)  computerR
1           1     100.21
2           1      71.43
......................
23          1      92.45
```

15.2.2 殘差分析

使用 plot 函數搭配 slm.model，畫出四張殘差分析圖形。圖 15-2 上排兩張圖形分別是「配適值 vs. 殘差」，與殘差的常態機率圖。下排兩張圖形由左至右依序為「配適值 vs. 標準化殘差的平方根」，以及「槓桿值 vs. 標準化殘差」。最後兩張圖形是用來判別離群值或影響點：

```
> plot(slm.model)
> resid = slm.model$residuals          # 另存殘差值於 resid 向量
```

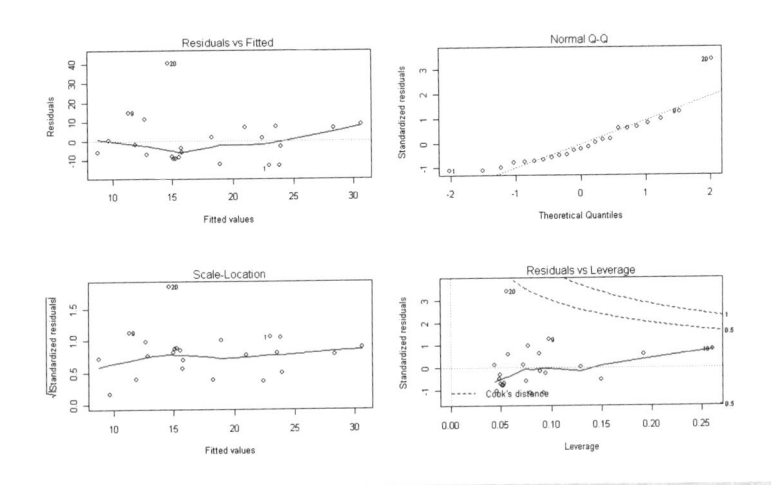

》圖 15-2　簡單線性迴歸殘差分析圖形

常態性：shapiro.test 函數可以檢定殘差的常態性

H_0 假設殘差服從常態分配。檢定的 P-value = 0.001873 < α = 0.05，所以拒絕 H_0，應變數可能需要作轉換：

```
> shapiro.test(resid)
        Shapiro-Wilk normality test
 data:   resid
W = 0.841, p-value = 0.001873
```

均齊性變異數：car 套件的 ncv.test 可以檢定殘差變異數是否具有均齊性

H_0 假設殘差變異數具有均齊性。檢定結果是「不拒絕 H_0」：

```
> library(car)
> ncv.test(slm.model)
Non-constant Variance Score Test
Variance formula: ~ fitted.values
Chisquare = 0.7184776    Df = 1     p = 0.3966437
```

獨立性：car 套件的 durbin.watson 函數可以檢定殘差是否具有獨立性

H_0 假設殘差之間互相獨立。檢定結果是「不拒絕 H_0」：

```
> durbin.watson(slm.model)                                              # car 套件
 lag Autocorrelation D-W Statistic p-value
   1       0.3184811      1.293266   0.062
 Alternative hypothesis: rho != 0
```

其他更詳細的殘差分析步驟，請讀者參考本章 15.5 節。

15.3 解釋變數選取

複迴歸模型分析流程中，往往需要作變數篩選。R 軟體中，可以使用 **step** 函數與 **leaps** 套件中的 **regsubsets** 跟 **leaps** 函數來篩選解釋變數。

本節將仍然使用範例 15-1 流浪狗資料檔的 adopted 變數（被認養比例）作為應變數，其他所有變數作為可能的解釋變數，進行複迴歸分析。

➢ 先刪除 city（縣市名稱），以及跟認養比例有高度相關的 unknownR 兩個變數，改存於 dogs2 變數：

```
> dogs2 = dogs[-c(1, 5)]
```

➢ 用 cor 函數計算所有變數之間的相關係數：

```
> round(cor(dogs2), 2)
           captured adoptedR killedR population graduate farmArea divorced
captured       1.00    -0.17    0.26       0.90     0.21    -0.17     0.12
adoptedR      -0.17     1.00   -0.80      -0.09     0.67     0.01     0.06
killedR        0.26    -0.80    1.00       0.19    -0.54     0.02    -0.06
population     0.90    -0.09    0.19       1.00     0.28    -0.12     0.01
graduate       0.21     0.67   -0.54       0.28     1.00    -0.29     0.12
farmArea      -0.17     0.01    0.02      -0.12    -0.29     1.00    -0.71
divorced       0.12     0.06   -0.06       0.01     0.12    -0.71     1.00
unemployed    -0.12    -0.24    0.08      -0.08    -0.28    -0.22     0.07
crimeR         0.33     0.43   -0.14       0.42     0.54    -0.39     0.24
oldR          -0.16    -0.54    0.58      -0.15    -0.67     0.70    -0.62
computerR      0.36     0.44   -0.28       0.47     0.88    -0.34     0.08
```

	unemployed	crimeR	oldR	computerR
captured	-0.12	0.33	-0.16	0.36
adoptedR	-0.24	0.43	-0.54	0.44
killedR	0.08	-0.14	0.58	-0.28
population	-0.08	0.42	-0.15	0.47
graduate	-0.28	0.54	-0.67	0.88
farmArea	-0.22	-0.39	0.70	-0.34
divorced	0.07	0.24	-0.62	0.08
unemployed	1.00	0.00	-0.01	-0.08
crimeR	0.00	1.00	-0.43	0.63
oldR	-0.01	-0.43	1.00	-0.63
computerR	-0.08	0.63	-0.63	1.00

› 用 pairs 函數畫出所有變數的交叉配對 X-Y 散佈圖（圖 15-3）：

```
> pairs(dogs2)
```

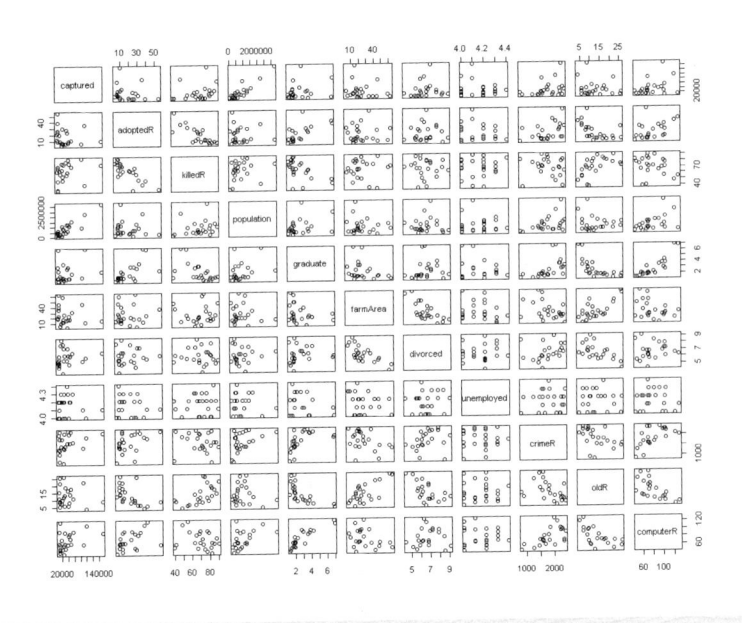

》圖 15-3　所有變數的交叉配對 X-Y 散佈圖

> 將所有的候選解釋變數放進 model0 模型中，準備使用 **step** 函數進行以 AIC 準則為主的逐步迴歸變數篩選：

```
> model0 = lm(adoptedR ~ captured + killedR + population + graduate
              + farmArea + divorced + unemployed + crimeR + oldR
              + computerR , data = dogs2, x = T)
```

15.3.1　向前、向後、逐步迴歸

使用 step 函數 搭配 AIC 指標，進行逐步迴歸變數篩選

【基本語法】　`step(lm物件 , direction = "both", k = 2)`

其中

- **direction** 可以選的值為 "forward"、"backward"、"both"。"both" 是指任何解釋變數被加入模型後，仍有可能在稍後被刪除，或是被刪除後，仍有可能在稍後被加入。

- 當 k = 2 時，使用模型的 AIC 作為篩選標準。若 k = log(n)，n 為樣本數，則改用 BIC 準則。

```
> summary(step(model0), k = 2, method = "both")
Start:   AIC=90.77
adoptedR ~ captured + killedR + population + graduate + farmArea +
    divorced + unemployed + crimeR + oldR + computerR

......................................[略]
Step:   AIC=84.23
adoptedR ~ captured + graduate + farmArea + crimeR + oldR + computerR

             Df Sum of Sq     RSS     AIC
<none>                      487.43  84.234
- captured    1    191.87   679.31  89.868
- computerR   1    279.91   767.35  92.671
- graduate    1    338.09   825.52  94.352
- crimeR      1    473.67   961.10  97.850
```

```
- oldR          1    645.48 1132.92 101.632
- farmArea      1    773.82 1261.26 104.100

Call:
lm(formula = adoptedR ~ captured + graduate + farmArea + crimeR +
    oldR + computerR, data = dogs2, x = T)

Residuals:
     Min       1Q   Median       3Q      Max
-12.0130  -2.6343  -0.5413   1.6849   9.1682

Coefficients:
              Estimate Std. Error t value Pr(>|t|)
(Intercept)  1.671e+01  8.615e+00   1.940 0.070257 .
captured    -9.650e-05  3.845e-05  -2.510 0.023221 *
graduate     5.960e+00  1.789e+00   3.331 0.004231 **
farmArea     5.871e-01  1.165e-01   5.040 0.000121 ***
crimeR       1.426e-02  3.616e-03   3.943 0.001163 **
oldR        -1.654e+00  3.592e-01  -4.603 0.000294 ***
computerR   -3.740e-01  1.234e-01  -3.031 0.007945 **
---
Signif. codes:  0 '***' 0.001 '**' 0.01 '*' 0.05 '.' 0.1 ' ' 1

Residual standard error: 5.519 on 16 degrees of freedom
Multiple R-squared: 0.8743, Adjusted R-squared: 0.8271
F-statistic: 18.54 on 6 and 16 DF, p-value: 2.219e-06
```

step 函數挑出的最後模型保留了 captured、graduate、farmArea、crimeR、oldR 與 computerR 共六個解釋變數。R^2 值為 87.43%，P-value = 2.219×10^{-6}，拒絕「$H_0 : \beta_1 = \cdots = \beta_6 = 0$」。

使用 step 函數，但改用 BIC 為逐步迴歸挑選標準

此時指定 step 函數的 k 選項為 k = log(n) = log(nrow(dogs))，則計算結果中的 AIC 值即為 BIC：

```
> summary(step(model0, k = log(nrow(dogs))))
Start:   AIC=103.26
adoptedR ~ captured + killedR + population + graduate + farmArea +
    divorced + unemployed + crimeR + oldR + computerR

......................................[略]
```

step 函數搭配 BIC 挑選的最後模型跟 AIC 一樣。

使用 leaps 套件的 regsubsets 函數

regsubsets 函數可作向前選取（forward）、向後選取（backward）、所有可能模型（all-possible）及逐次替換法（sequential replacement）變數篩選。

[基本語法]　　regsubsets(X, y, nbest = k1, nvmax = k2, method)

其中

- **X** 為包含所有解釋變數的矩陣。
- **y** 為應變數向量。
- **nbest = k1** 指定所有解釋變數數目相同的候選模型中，都要挑出 k1 個最佳模型。
- **nvmax = k2** 指定候選模型中最多包含 k2 個解釋變數。
- **method** 選項的值可以是 "forward"、"backward"、"exhausitive"（即 All-Possible 所有可能模型法）與 "seqrep"。

(1) 向前選取法（forward selection）：

```
> library(leaps)
> out.forward = regsubsets(as.matrix(dogs2[-2]),
        y = dogs2$adoptedR, nbest = 1, method = "forward")
> s.fward = summary(out.forward)
```

將候選模型的 R^2(rsq)、SSE(rss)、R^2_{adj}、C_p 與 BIC 值都列出來：

```
> round(cbind(s.forwd$which, rsq = s.forwd$rsq,
+       adjr2 = s.forwd$adjr2, rss = s.forwd$rss,
+       cp = s.forwd$cp, bic = s.forwd$bic), 2)
```

	(Intercept)	captured	killedR	population	graduate	farmArea	divorced
1	1	0	1	0	0	0	0
2	1	0	1	0	0	0	0
3	1	0	1	0	0	0	0
4	1	0	1	0	0	1	0
5	1	0	1	0	0	1	0
6	1	1	1	1	0	1	0
7	1	1	1	0	1	1	0
8	1	1	1	0	1	1	0

	unemployed	crimeR	oldR	computerR	rsq	adjr2	rss	cp	bic
1	0	0	0	0	0.64	0.62	1412.52	18.07	-16.95
2	0	1	0	0	0.74	0.72	1001.49	9.28	-21.72
3	1	1	0	0	0.78	0.74	870.94	7.86	-21.80
4	1	1	0	0	0.79	0.75	800.21	8.00	-20.61
5	1	1	1	0	0.81	0.75	736.92	8.34	-19.37
6	1	1	1	0	0.84	0.78	611.06	7.04	-20.54
7	1	1	1	0	0.85	0.78	588.90	8.45	-18.26
8	1	1	1	1	0.88	0.81	476.48	7.50	-19.99

以上計算結果中，每一個橫列代表一個候選模型，各直行底下的 1 代表該直行的解釋變數有出現在某個橫列的候選模型中，0 則表示沒有出現。依據最小 BIC 值 −21.80，向前選取法的最佳模型為模型編號 3：解釋變數包含 killedR、unemployed 與 crimeR，其 R^2 值約為 77.53%。

(2) 向後選取法（backward selection）：

```
> out.backward = regsubsets(as.matrix(dogs2[-2]),
+ dogs2$adoptedR, nbest = 1, method = "backward")

> s.back = summary(out.backward)
> round(cbind(s.back$which, rsq = s.back$rsq, adjr2 = s.back$adjr2,
+        rss = s.back$rss, cp = s.back$cp, bic = s.back$bic ), 2)
```

	(Intercept)	captured	killedR	population	graduate	farmArea	divorced
1	1	0	0	0	1	0	0
2	1	1	1	0	0	0	0
3	1	1	1	0	1	0	0
4	1	1	1	0	1	1	0
5	1	0	0	0	1	1	0
6	1	1	1	0	1	1	0

	unemployed	crimeR	oldR	computerR	rsq	adjr2	rss	cp	bic
1	0	0	0	0	0.45	0.43	2127.44	36.83	-7.53
2	0	0	0	0	0.64	0.60	1407.49	19.94	-13.89
3	0	0	0	0	0.73	0.68	1058.97	12.79	-17.30
4	0	0	0	0	0.74	0.69	992.85	13.05	-15.65
5	0	1	1	1	0.82	0.77	679.31	6.83	-21.24
6	0	1	1	1	0.87	0.83	487.43	3.79	-25.74

依據最小 BIC 值 −25.74，向後選取法選出的最佳模型是模型編號 6：解釋變數包含 captured、graduate、farmArea、crimeR、oldR、computerR，R^2 約為 87.43%。

(3) 所有可能模型選取法（all-possible selection）：

```
> out.all = regsubsets(as.matrix(dogs2[-2]),
        dogs2$adoptedR, nbest = 1, method = "exhaustive")
> s.all = summary(out.all)
> round(cbind(s.all$which, rsq = s.all$rsq, adjr2 = s.all$adjr2,
+             rss = s.all$rss, cp = s.all$cp, bic = s.all$bic), 2)
```

	(Intercept)	captured	killedR	population	graduate	farmArea	divorced
1	1	0	1	0	0	0	0
2	1	0	1	0	0	0	0
3	1	0	1	0	0	0	0

4	1	0	1	0	0	1	0
5	1	0	1	1	0	1	0
6	1	1	0	0	1	1	0
7	1	1	0	0	1	1	1
8	1	1	0	0	1	1	1

	unemployed	crimeR	oldR	computerR	rsq	adjr2	rss	cp	bic
1	0	0	0	0	0.64	0.62	1412.52	18.07	-16.95
2	0	1	0	0	0.74	0.72	1001.49	9.28	-21.72
3	1	1	0	0	0.78	0.74	870.94	7.86	-21.80
4	0	1	1	0	0.80	0.75	788.72	7.70	-20.94
5	0	1	1	0	0.83	0.78	667.89	6.53	-21.63
6	0	1	1	1	0.87	0.83	487.43	3.79	-25.74
7	0	1	1	1	0.88	0.83	457.61	5.01	-24.06
8	1	1	1	1	0.88	0.81	457.35	7.00	-20.94

依據最小 BIC 值 -25.74，所有可能模型選取法挑出的模型為模型編號 6：解釋變數包含 captured、graduate、farmArea、crimeR、oldR 與 computerR，其 R^2 約為 87.43%。

我們可以搭配 identify 函數畫出 all-possible 篩選法的 C_p 圖（圖 15-4），並即時點選最佳的模型。C_p 圖的 X 軸座標是各候選模型的迴歸係數數目（包含 β_0），Y 座標是相對的 C_p 值：

```
> q = as.vector(rowSums(s.all$which))      # 迴歸係數數目
> q
[1] 2 3 4 5 6 7 8 9
```

```
> plot(q, s.all$cp, xlim = c(0, 8), ylim = c(0, 18))
> abline(0, b = 1)
> identify(q, s.all$cp)
[1] 5
```

從圖 15-4 可以看出，候選模型編號 5 的 C_p 值最靠近 45 度斜線，具有最佳的 C_p 值。

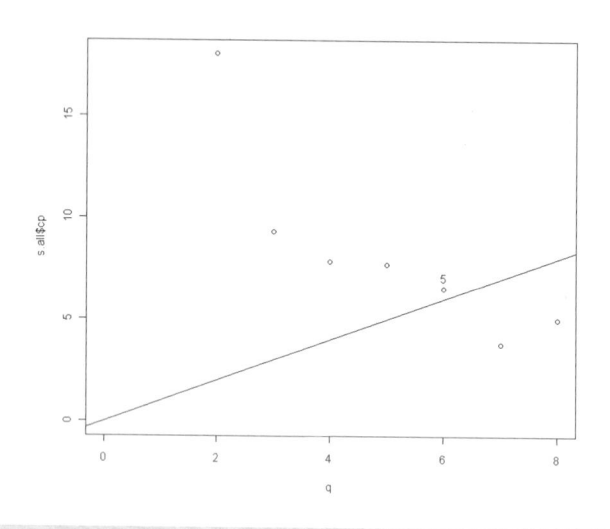

》圖 15-4　All-possible 法的 C_p 值

(4) 逐次替換法 (Sequential Replacement)：

```
> out.step = regsubsets(as.matrix(dogs2[-2]),
+         dogs2$adoptedR, nbest = 1, method = "seqrep")
> s.step = summary(out.step)
> round(cbind(s.step$which, rsq = s.step$rsq, adjr2 = s.step$adjr2,
+         rss = s.step$rss, cp = s.step$cp, bic = s.step$bic), 2)
```

	(Intercept)	captured	killedR	population	graduate	farmArea	divorced
1	1	0	1	0	0	0	0
2	1	0	1	0	0	0	0
3	1	0	1	0	0	0	0
4	1	0	1	0	0	1	0
5	1	0	1	1	0	1	0
6	1	0	1	1	1	1	0
7	1	1	0	0	1	1	1
8	1	1	1	1	1	1	1

	unemployed	crimeR	oldR	computerR	rsq	adjr2	rss	cp	bic
1	0	0	0	0	0.64	0.62	1412.52	18.07	-16.95
2	0	1	0	0	0.74	0.72	1001.49	9.28	-21.72
3	1	1	0	0	0.78	0.74	870.94	7.86	-21.80
4	0	1	1	0	0.80	0.75	788.72	7.70	-20.94

5	0	1	1	0	0.83	0.78	667.89	6.53	-21.63
6	0	1	1	0	0.84	0.78	607.76	6.95	-20.67
7	0	1	1	1	0.88	0.83	457.61	5.01	-24.06
8	1	1	0	0	0.84	0.75	620.37	11.28	-13.92

依照最小 BIC 值 -24.06，逐次替換法選出的最佳模型是模型編號 7：解釋變數包含 captured、graduate、farmArea、divorced、crimeR、oldR 與 computerR，R^2 值約為 0.84 = 84%。

(5) 採用 F 檢定的逐步迴歸

　　一般迴歸分析教科書介紹逐步迴歸時，多是採用 F 檢定來決定解釋變數的進入或退出模型。R 軟體愛好者 Paul A. Rubin (rubin@msu.edu) 在其部落格分享了一個使用 F 檢定的逐步迴歸程式，讀者們可從其網址下載，或從本書光碟中載入 Fstepwise.R 檔案：

```
#http://orinanobworld.blogspot.tw/2011/02/stepwise-regression-in-r.html
> source("c:/functions/Fstepwise.R")
> attach(dogs2)
```

```
# 第一個參數是完整模型、第二個參數是初始模型
# 0.05 是 alpha-to-enter, 0.10 是 alpha-to-leave
```

```
> stepwise(adoptedR ~ captured + killedR + population + graduate +
+     farmArea + divorced + unemployed + crimeR + oldR + computerR,
+     adoptedR ~ 1, 0.05, 0.10)
             Estimate Std. Error  t value    Pr(>|t|)
(Intercept) 17.73913    2.76784 6.409016 1.896162e-06


S = 13.274094, R-sq = 0.000000, R-sq(adj) = 0.000000,
C-p = 80.726758
===
+++ Adding killedR
             Estimate Std. Error   t value    Pr(>|t|)
(Intercept) 69.5604688  8.7312490  7.966841 8.801769e-08
killedR     -0.7477357  0.1235441 -6.052381 5.250280e-06
```

```
S = 8.201380, R-sq = 0.635615, R-sq(adj) = 0.618263, C-p = 18.067725
===
+++ Adding crimeR
              Estimate     Std. Error      t value       Pr(>|t|)
(Intercept)  48.80720826  10.45108459    4.670062     1.473072e-04
killedR      -0.70585075   0.10759445   -6.560290     2.159833e-06
crimeR        0.00995283   0.00347393    2.865006     9.572205e-03

S = 7.076336, R-sq = 0.741646, R-sq(adj) = 0.715811, C-p = 9.281468
===
```

15.3.2 其他變數選取技巧

Component+Residual Plot 又稱為 **Partial Residual Plot**，可以用來檢視個別解釋變數與應變數之間是否具有非線性的關係。**car** 套件的 **cr.plot** 函數可以用來畫出這個圖形（圖 15-5(a)）。

[基本語法]　cr.plot(lm 物件, 解釋變數名稱)

```
> crimeR = dogs$crimeR
> library(car)
> cr.plot(model1, crimeR)
```

Added-Variable Plot（新增變數圖）又稱為 **Partial Regression Plot**，可以在移除其他解釋變數的影響之後，探索應變數與某個解釋變數之間的關係。**car** 套件的 **av.plot** 函數可以畫出這類圖形（圖 15-5(b)）：

```
> av.plot(model1, "crimeR")
```

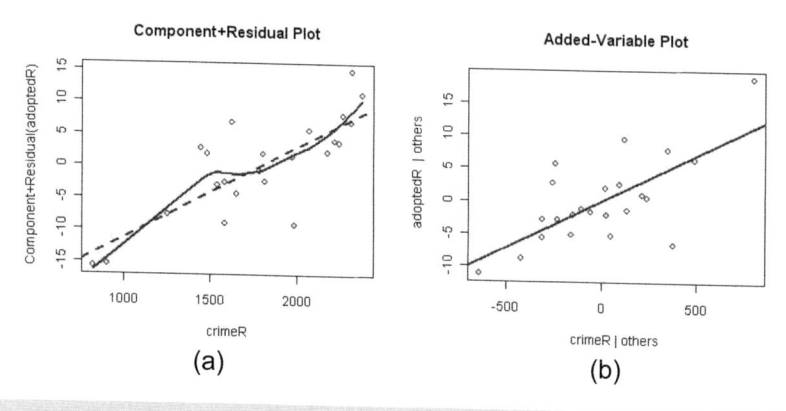

» 圖 15-5　Partial Residual 圖與 Partial Regression 圖

15.4 複迴歸模型分析

由於不同教科書所使用的符號慣例未必相同，本書採用以下的模型表達式：

$$Y_i = \beta_0 + \beta_1 X_{i1} + \ldots + \beta_{p-1} X_{i,\,p-1} + \varepsilon_i,\ i = 1, 2, \ldots, n$$

其中 p – 1 為解釋變數數目，迴歸係數的數目則為 (p – 1) + 1 = p。

複迴歸模型分析的主要流程是解釋變數選取、確立模型架構，以及後續的殘差分析、離群值與影響點分析、共線性分析與其他模型評估部分。

▼ 程式範例 15-2

從 15.3 節的解釋變數篩選結果，我們可以挑出 captured、graduate、farmArea、crimeR、oldR 與 computerR 共六個解釋變數：

```
> model1 = lm(adoptedR ~ captured+ graduate + farmArea +
        crimeR + oldR+computerR, data = dogs2, x = T)
> summary(model1)
```
Call:
lm(formula = adoptedR ~ captured + graduate + farmArea + crimeR +
    oldR + computerR, data = dogs2, x = T)

Residuals:
     Min   1Q   Median   3Q   Max
-12.0130 -2.6343 -0.5413   1.6849   9.1682

Coefficients:
             Estimate Std. Error t value Pr(>|t|)
(Intercept) 1.671e+01 8.615e+00   1.940 0.070257 .
captured   -9.650e-05 3.845e-05 -2.510 0.023221 *
graduate   5.960e+00 1.789e+00   3.331 0.004231 **
farmArea   5.871e-01 1.165e-01   5.040 0.000121 ***
crimeR   1.426e-02 3.616e-03   3.943 0.001163 **
oldR   -1.654e+00 3.592e-01 -4.603 0.000294 ***
computerR   -3.740e-01 1.234e-01 -3.031 0.007945 **

Signif. codes: 0 '***' 0.001 '**' 0.01 '*' 0.05 '.' 0.1 ' ' 1

```
Residual standard error: 5.519 on 16 degrees of freedom
Multiple R-squared: 0.8743, Adjusted R-squared: 0.8271
F-statistic: 18.54 on 6 and 16 DF,  p-value: 2.219e-06
```

這個模型除了 β_0 之外的所有參數 t 檢定都為顯著，R^2 = 0.8743 = 87.43%，σ 估計值為 $\sqrt{MSE}$ =5.519，SSE 自由度為 16，F 檢定值為 18.54，P-value = 2.219×10^{-6}，所以拒絕「$H_0：\beta_1 = ... =\beta_6 = 0$」。

SST、SSR、SSE

我們可以從計算結果中算出 SST（Total sum of squares）、SSR（Regression sum of Squares）與 SSE（Error sum of squares）：

$$SST = \sum(Y_i - \overline{Y})^2，SSR = R^2 \times SST，SSE = SST - SSR$$

```
> (SST = sum((dogs2$adoptedR - mean(dogs2$adoptedR))^2))
[1] 3876.435

> (SSR = 0.8743*SST)
[1] 3389.167

> (SSE = SST - SSR)
[1] 487.2679
```

➢ 由於 output 的 R^2 值有經過四捨五入，我們可以使用 **deviance** 函數直接算出未經過四捨五入的 SSE：

```
> (SSE = deviance(model1))
[1] 487.4348

> (SSR = SST - SSE)
[1] 3389
```

➢ 另一個算出 SSR 與 SSE 的方法是使用 **anova** 函數將目前的模型（model1）與僅含截距項、不含任何解釋變數的模型（model00）作比較。從以下計算結果可知，model00 的 SSE 其實等於 model1 的 SST = 3876.4，model1 的 SSE = 487.4，SSR = 3389：

```
> model00 = lm(adoptedR ~ 1, data = dogs2)
```

```
> anova(model00, model1)
Analysis of Variance Table
Model 1: adoptedR ~ 1
Model 2: adoptedR ~ captured + graduate + farmArea + crimeR + oldR + computerR
  Res.Df    RSS Df Sum of Sq      F    Pr(>F)
1     22 3876.4
2     16  487.4  6      3389 18.541 2.219e-06 ***
```

模型的 AIC 與 BIC

lm 計算結果沒有 **AIC** 或 **BIC (SBC)** 值，我們可以使用 AIC( ) 或 extractAIC( ) 函數搭配 k = 2 (AIC) 或 k = log(n) (BIC) 算出 AIC 與 BIC 值：

```
> AIC(model1)
[1] 151.5054

> AIC(model1, k = log(nrow(dogs2)))                                # BIC
[1] 160.5894

> extractAIC(model1)
[1]  7.00000 84.23423

> extractAIC(model1, k = log(nrow(dogs2)))                         # BIC
[1]  7.0000 92.1827
```

> **提醒**　由於使用公式常數項的不同，AIC( ) 與 extractAIC( ) 函數算出來的值不一樣。但是 AIC 與 BIC 是用來作「不同模型的**相對比較**」用途，單獨檢視 AIC 值是沒有意義的。因此在模型比較時，只要採用同一個函數計算各模型的 AIC 或 BIC 即可，不能混用不同 AIC 函數計算結果。

15.4.1 變異數分解與 partial F test

anova 函數可以看出個別解釋變數所貢獻的 Sum of Squares：

```
> anova(model1)
Analysis of Variance Table
```

```
Response: adoptedR
            Df  Sum Sq Mean Sq F value    Pr(>F)
captured     1  113.82  113.82  3.7363 0.0711410 .
graduate     1 2038.83 2038.83 66.9243 4.145e-07 ***
farmArea     1  129.87  129.87  4.2630 0.0555518 .
crimeR       1  212.63  212.63  6.9796 0.0177602 *
oldR         1  613.93  613.93 20.1522 0.0003718 ***
computerR    1  279.91  279.91  9.1882 0.0079448 **
Residuals   16  487.43   30.46
---
Signif. codes:  0 '***' 0.001 '**' 0.01 '*' 0.05 '.' 0.1 ' ' 1
```

從 anova 函數的計算結果，我們可以知道 graduate 變數的 extra sum of squares 佔很大的比例，表示這個變數對於降低 SSE 的貢獻性是比較大的。

Partial F Test

anova 函數也可以比較兩個模型，並且執行較大的模型所多出的解釋變數皆等於 0 的 partial F 檢定。

以下程式假設 model2 刪除 model1 所含的 graduate 與 crimeR 變數。update 函數中「.~.」符號左側的句點代表原來 model1 的應變數，右側的句點代表原來 model1 所有的解釋變數：

```
> model2 = update(model1, .~. -graduate -crimeR )
> model2
Call:
lm(formula = adoptedR ~ captured + farmArea + oldR + computerR,
data = dogs2, x = T)
..............................
```

比較兩個模型，並且使用 anova 函數執行「$H_0: \beta_{graduate} = \beta_{crimeR} = 0$」的 partial F 檢定。這裡比較的是「有包含 graduate 與 crimeR 的模型」與「沒有包含 graduate 與 crimeR 的模型」：

```
> anova(model2, model1)
Analysis of Variance Table
```

```
Model 1: adoptedR ~ captured + farmArea + oldR + computerR
Model 2: adoptedR ~ captured + graduate + farmArea + crimeR + oldR + computerR
  Res.Df    RSS Df Sum of Sq      F    Pr(>F)
1     18 1347.88
2     16  487.43  2    860.45 14.122 0.0002925 ***
---
Signif. codes:   0 '***' 0.001 '**' 0.01 '*' 0.05 '.' 0.1 ' 
```

partial F 檢定的 P-value = 0.0002925 < α = 0.05，因此拒絕「H_0：$\beta_{graduate} = \beta_{crimeR} = 0$」。

15.4.2 信賴區間與預測界限

這個小節將介紹迴歸係數與新觀察值期望值的信賴區間計算，以及新觀察值的預測界限（prediction limits）計算。

迴歸係數的 95% 信賴區間

迴歸參數 β_i 的 $(1-\alpha)\times 100\%$ 信賴區間公式為 $\hat{\beta}_i \pm t_{1-\alpha/2}S(\beta_i)$。我們從 model1 的計算結果可知 SSE 的自由度為 16，因此可算出相當於 95% 信賴區間的 t(16) 分配查表值：

```
> qt(0.975, 16)                   # 或 qt(0.025, lower.tail = F)
[1] 2.119905
```

➤ lm 物件 model1 經過 summary 函數彙整後，可輸出以下詳細資訊：

```
> s1 = summary(model1)
> names(s1)
 [1] "call"            "terms"           "residuals"       "coefficients"
 [5] "aliased"         "sigma"           "df"              "r.squared"
 [9] "adj.r.squared"   "fstatistic"      "cov.unscaled"
```

其中 s1 的 **$coefficients** 元素是一個矩陣，包含了參數估計值（第 1 個 column）以及參數估計量的標準差（第 2 個 column）：

```
> s1$coefficients                                        # 也可用 s1$coef
               Estimate    Std. Error    t value   Pr(>|t|)
(Intercept)  1.671010e+01  8.614885e+00  1.939678  0.0702574455
captured    -9.649983e-05  3.845207e-05 -2.509613  0.0232205252
graduate     5.960338e+00  1.789176e+00  3.331331  0.0042305595
farmArea     5.871174e-01  1.164938e-01  5.039903  0.0001207592
crimeR       1.425856e-02  3.616064e-03  3.943116  0.0011632168
oldR        -1.653559e+00  3.592324e-01 -4.603033  0.0002939230
computerR   -3.739750e-01  1.233752e-01 -3.031200  0.0079448404
```

> 算出 $t_{1-\alpha/2} S(\hat{\beta}_i)$，其中 $t_{1-\alpha/2}$ = qt(0.975, 16) = 2.119905：

```
> width = 2.119905*s1$coef[, 2]            # t 查表值 x 標準差
> beta.hat = s1$coef[, 1]                  # 所有 β_i 估計值的向量
```

> 使用 cbind 函數算出所有估計值的信賴區間 $\hat{\beta}_i \pm t_{1-\alpha/2} S(\beta_i)$：

```
> cbind(lower = beta.hat - width, upper = beta.hat + width)
                  lower          upper
(Intercept)  -1.5526368463   3.497284e+01
captured     -0.0001780146  -1.498510e-05
graduate      2.1674548413   9.753220e+00
farmArea      0.3401616176   8.340732e-01
crimeR        0.0065928478   2.192427e-02
oldR         -2.4150971009  -8.920199e-01
computerR    -0.6355188115  -1.124312e-01
```

> **confint** 函數搭配 lm 物件也可以計算迴歸參數的 95% 信賴區間，算出來的結果與上列計算相同：

```
> confint(model1, level = 0.95)
                  2.5 %         97.5 %
(Intercept)  -1.5526394240   3.497284e+01
captured     -0.0001780146  -1.498508e-05
..............................................
computerR    -0.6355188484  -1.124312e-01
```

E[Y$_{new}$] 的信賴區間 與 Y$_{new}$ 的預測界限

E[Y$_{new}$] 信賴區間的矩陣計算公式為：

$$\hat{Y}_{new} \pm t_{1-\alpha/2}(n-p)S(Y_{new}) = Y_{new} \pm t_{1-\alpha/2}(n-p)\sqrt{MSE}\sqrt{(x_{new})^t(X^tX)^{-1}x_{new}}$$

Y$_{new}$ 的預測界限（prediction limits）公式為：

$$\hat{Y}_{new} \pm t_{1-\alpha/2}(n-p)S(pred) = Y_{new} \pm t_{1-\alpha/2}(n-p)\sqrt{MSE}\sqrt{1+(x_{new})^t(X^tX)^{-1}x_{new}}$$

其中 **x$_{new}$** 為解釋變數的新值所組成的向量，X 為設計矩陣。

> 我們先用 predict 函數算出 $\hat{Y}_{new}$ 值。

[基本語法]

    predict(lm 物件，新解釋變數值所組成的資料框架變數，se = TRUE)

```
> predict(model1, data.frame(captured = 2000, graduate = 2.5,
  farmArea = 20.0, crimeR = 2000, oldR =  11, computerR = 110),
  se = T)
```

$fit
     1
12.35102

$se.fit
[1] 4.630369

從 predict 函數計算結果可知 $\hat{Y}_{new}$=12.35102，S($\hat{Y}_{new}$)= 4.630369。

> 信賴區間的 1/2 寬度值 t$_{1-\alpha/2}$(n-p) S($\hat{Y}_{new}$) 為：

```
> (width = qt(0.975, 16)*4.630369)
 [1] 9.815942
```

> E[Y$_{new}$] 的 95% 信賴區間為：

```
> c(12.35102 - width, 12.35102 + width)
 [1]  2.535078  22.166962
```

> 我們也可以自行使用矩陣公式來計算：

```
> X = model1$x                                        # 設計矩陣
```

```
> x.new = c(1, 2000, 2.5, 20, 2000, 11, 110)      # 新 x 值向量
```

從 model1 的 summary 結果擷取 σ 估計值 $\sqrt{MSE}$ = 5.519481：

```
> summary(model1)$sigma
[1] 5.519481
```

$E[Y_{new}]$ 信賴區間的 1/2 寬度 = $t_{1-\alpha/2}(n-p) \sqrt{MSE} \sqrt{(x_{new})^t (X^t X)^{-1} x_{new}}$：

```
> width2 = 2.119905*5.519481*sqrt(x.new %*% solve(t(X) %*% X) %*% x.new)
> width2
         [,1]
[1,] 9.81594
```

因此 $E[Y_{new}]$ 的 95% 信賴區間：

```
> c(12.35102 - width2, 12.35102 + width2)
41[1]  2.535079 22.166961
```

➢ Y_{new} 預測界限的 1/2 寬度 = $t_{1-\alpha/2}(n-p) \sqrt{MSE} \sqrt{(x_{new})^t (X^t X)^{-1} x_{new}}$：

```
> width3 = 2.119905*5.519481*
+   sqrt(1 + x.new %*% solve(t(X) %*% X) %*% x.new)
> width3
         [,1]
[1,] 15.27288
```

因此 Y_{new} 的 95% 預測界限 (prediction limits)：

```
> c(12.35102 - width3, 12.35102 + width3)
[1] -2.921859 27.623899
```

15.4.3　Box-Cox 轉換

如果殘差分析結果不理想，例如不服從 Normal 分配假設，或是隨機誤差項變異數沒有均齊性，我們可以嘗試對應變數 Y 作 Box-Cox 轉換：

$$Y_\lambda = \frac{Y^\lambda - 1}{\lambda}，若 \lambda = 0，則 Y_\lambda = \log(Y)$$

MASS 套件的 **boxcox** 函數可以依照各個不同 λ 算出新模型的 Log-Likelihood 值，

讓我們可以選取使得 Log-Likelihood 值最大的 λ 值。以範例 15-2 流浪狗資料 model1 為例（圖 15-6）：

```
> library(MASS)
> boxcox(model1)                          # 畫出圖形
> bc = boxcox(model1, plotit = F)         # 不要畫圖
> bc
```

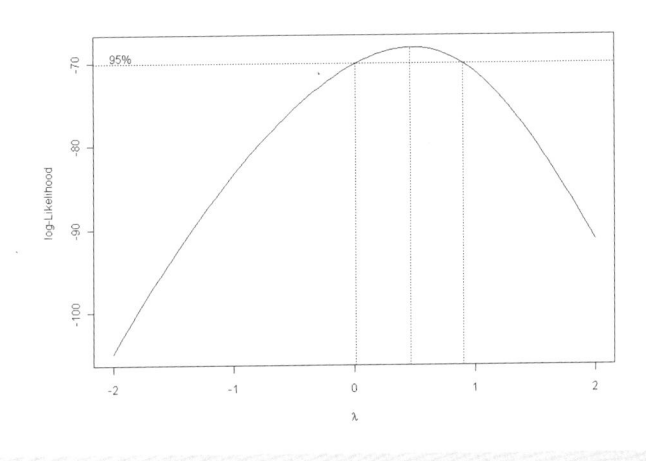

》圖 15-6　Box-Cox 轉換

```
$x
 [1] -2.0 -1.9 -1.8 -1.7 -1.6 -1.5 -1.4 -1.3 -1.2 -1.1 -1.0 -0.9 -0.8 -0.7
[15] -0.6 -0.5 -0.4 -0.3 -0.2 -0.1  0.0  0.1  0.2  0.3  0.4  0.5  0.6  0.7
[29]  0.8  0.9  1.0  1.1  1.2  1.3  1.4  1.5  1.6  1.7  1.8  1.9  2.0

$y
 [1] -104.83838 -102.42379 -100.05916  -97.74806  -95.49420  -93.30137
 [7]  -91.17343  -89.11424  -87.12761  -85.21727  -83.38679  -81.63961
[13]  -79.97897  -78.40799  -76.92971  -75.54721  -74.26381  -73.08330
[19]  -72.01025  -71.05032  -70.21069  -69.50039  -68.93052  -68.51439
[25]  -68.26723  -68.20558  -68.34614  -68.70415  -69.29156  -70.11517
[31]  -71.17530  -72.46525  -73.97180  -75.67651  -77.55759  -79.59180
[37]  -81.75616  -84.02916  -86.39159  -88.82681  -91.32078
```

boxcox 函數的傳回值之中，$x 是 λ 值，$y 是 Log-Likelihood 值。我們可以使用 which.max 函數傳回最大 Log-Likelihood 值 (bc$y) 的數字指標，以求出最佳的 λ 值：

```
> bc$x[which.max(bc$y)]                                    # 最佳 λ = 0.5
[1] 0.5
```

15.5 殘差分析及其他檢驗

在這一節當中，我們將檢驗殘差的各項假設，並且偵測離群值與影響點。首先將殘差向量獨自存為一個向量變數，並使用 plot 函數畫出四張殘差分析圖形（圖 15-7）：

```
> resid = model1$residuals
> plot(model1)
```

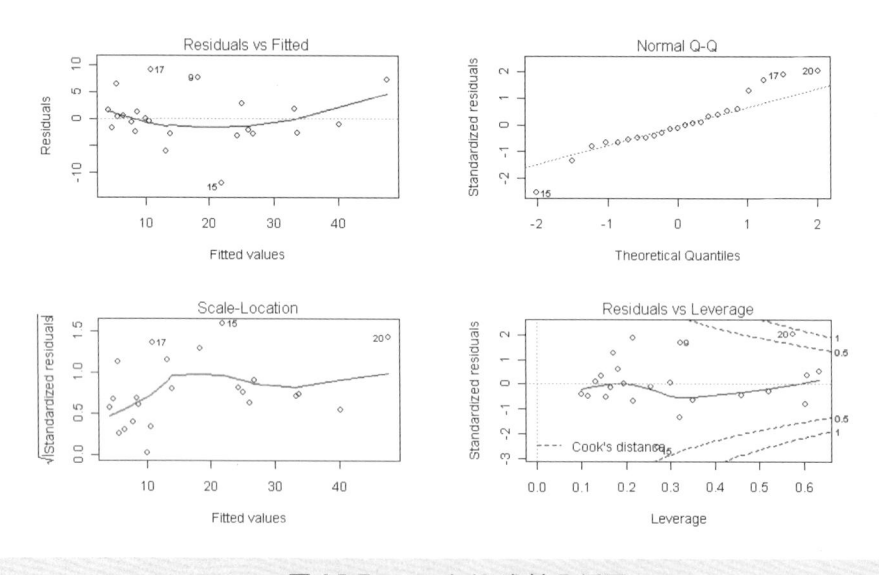

> 圖 15-7　model1 殘差分析圖

> 使用 shapiro.test、ncv.test 與 durbin.watson 函數檢查殘差的常態性、變異數均齊性以及獨立性。三個檢定的 P-value 都大於 0.05，顯示殘差符合基本假設：

```
> shapiro.test(resid)                      # H_0：殘差服從常態分配

        Shapiro-Wilk normality test

data:  resid
W = 0.9411, p-value = 0.1893
```

➢ 殘差變異數均齊性檢定：

```
> library(car)                              # H₀：殘差變異數具均齊性
> ncv.test(model1)
Non-constant Variance Score Test
Variance formula: ~ fitted.values
Chisquare = 0.5269312    Df = 1     p = 0.4678999
```

➢ 殘差獨立性檢定：

```
> durbin.watson(model1)                     # H₀：殘差之間互相獨立
 lag Autocorrelation D-W Statistic p-value
   1      -0.03076454      2.040536    0.81
 Alternative hypothesis: rho != 0
```

15.5.1 離群值偵測

離群值（outliers）的偵測工具包含：Student 化殘差（Internally studentized residuals，等於標準化 PRESS 殘差）、Jackknife 殘差值（Externally studentized residuals）、Cook's Distance 以及 Bonferroni outlier 檢定。

槓桿值 h_{ii}

h_{ii} 值可協助偵測相對於解釋變數 x's 的離群值：若 h_{ii} 的值大於 $2p/n$，則第 i 個觀察值可能是離群值，其中 p – 1 為解釋變數數目。hatvalues 函數可以算出模型的槓桿值（Leverage）：

```
> 2*7/23
[1] 0.6086957

> (hii = hatvalues(model1))
         1          2          3          4          5          6          7
0.60702735 0.13146344 0.35016510 0.21541525 0.17103918 0.16448083 0.31974517
         8          9         10         11         12         13         14
0.14352032 0.32262784 0.19473740 0.29872997 0.25593886 0.11403395 0.45993327
        15         16         17         18         19         20         21
0.26899027 0.60214703 0.21613026 0.52068343 0.15359215 0.57510204 0.09862172
```

```
                         22          23
             0.63522137 0.18065380

> which(as.vector(hii) > 2*7/23)
[1] 22
```

結果顯示，第 22 個觀察值可能是相對於解釋變數的離群值。

Cook's Distance

Cook's D 指標值 d_i 若大於 1.0 (Cook and Weisberg, 1982)，則第 i 個觀察值可能是離群值。**cooks.distance** 函數可算出 d_i 值：

```
> cooks.distance(model1)
            1            2            3            4            5
3.078839e-02 1.800250e-04 3.242924e-02 1.810203e-02 4.753567e-02
            6            7            8            9           10
7.184428e-04 1.214795e-01 2.538424e-03 1.941483e-01 1.277590e-08
           11           12           13           14           15
2.903731e-04 6.351529e-04 4.220000e-03 2.641492e-02 3.406400e-01
           16           17           18           19           20
1.457842e-01 1.386427e-01 1.421110e-02 7.767657e-03 8.074280e-01
           21           22           23
2.483704e-03 6.518528e-02 1.080447e-02
```

```
> which(as.vector(cooks.distance(model1)) > 1)
integer(0)
```

從 Cook's D 指標來看，沒有任何 d_i 值大於 1.0，沒有離群值。

Student 化殘差

Student 化殘差（Internally Studentized Residuals）的計算公式是

$$\frac{e_i}{\sqrt{MSE}\sqrt{1-h_{ii}}}, i = 1, 2, ..., 23。$$

Student 化殘差相當於某些教科書中所提到的「標準化 PRESS 殘差值」：

```
> summary(model1)$sigma                                          #√MSE
[1] 5.519481

> hii = hatvalues(model1)
> student.residual = resid/(5.519481*sqrt(1- hii))
> student.residual
           1             2             3             4             5
 0.3735249433  0.0912445767 -0.6490565561 -0.6793512176  1.2699249627
           6             7             8             9            10
-0.1598327355 -1.3450372330  0.3256364296  1.6891905098  0.0006081195
          11            12            13            14            15
 0.0690765219 -0.1136905605 -0.4790674979 -0.4659614641 -2.5456000734
          16            17            18            19            20
-0.8211345713  1.8761246767 -0.3026128135 -0.5473932063  2.0434819673
          21            22            23
-0.3986265689  0.5118891959  0.5856807501

> which(as.vector(abs(student.residual)) > 2.5)
[1]   15
```

從殘差值可知，第 1、3、9、16、20 個觀察值的 Student 化殘差大於 2.5，有可能是離群值。我們也可以畫出 Student 化殘差 vs. 配適值（fitted values），並使用 identify 函數來即時點選出可能的離群值（圖 15-8）：

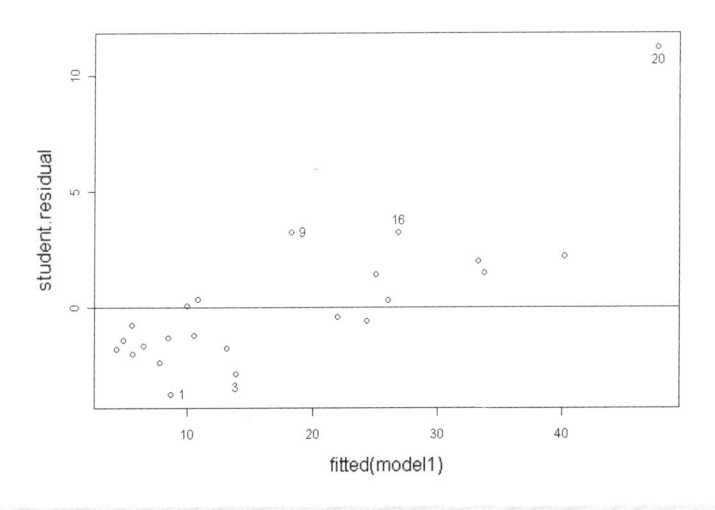

》圖 15-8　Student 化殘差 vs. 配適值

```
> plot(fitted(model1), student.residual)
> abline(h = 0)
> identify(fitted(model1), student.residual)
[1]   15
```

Jackknife 殘差（等於 Externally Studentized Residuals）

$$\text{Jackknife 殘差} = \frac{e_i}{\sqrt{MSE_{(-i)}}\sqrt{1-h_{ii}}}$$

其中 $\sqrt{MSE_{(-i)}}$ 為去除第 i 個觀察值之後所算出的 MSE 值。若沒有離群值存在，Jackknife 殘差會服從 t(n − p − 1) 分配（p = 迴歸係數數目，包含 β_0）。

在流浪狗資料中，n = 23、p = 7，所以 n − p − 1 = 23 − 7 − 1 = 15。若 Jackknife 殘差絕對值大於 $t_{0.95}$(15) 查表值 (α = 0.10)，則該觀察值可能是離群值。另外，由於離群值的偵測往往是一次針對所有觀察值來檢查，也有學者建議在這種狀況下使用 Bonferroni 校正的 $α^*$ 值：$α^*/2 = α/2n$，n 為樣本數。我們可以使用 **rstudent** 函數算出 Jackknife 殘差值：

```
> jackknife.residual = rstudent(model1)
           1             2             3             4             5
  0.3632511995  0.0883701701 -0.6368866954 -0.6674760141  1.2966839914
           6             7             8             9            10
 -0.1548810654 -1.3828507766  0.3163461212  1.8043339332  0.0005888091
          11            12            13            14            15
  0.0668930254 -0.1101248954 -0.4672180943 -0.4542578853 -3.1953548863
          16            17            18            19            20
 -0.8123613212  2.0568246907 -0.2938456826 -0.5350448496  2.3016053398
          21            22            23
 -0.3878994972  0.4997435688  0.5732612389
```

(1) 先用 α = 0.10，不作 Bonferronni 校正：

```
> qt(0.95, 15)                                      # t_{0.95}(15) 查表值
[1] 1.753050
```

```
> which(as.vector(abs(jackknife.residual)) > 1.75305)
[1]  9 15 17 20
```

which 函數指出第 9、15、17、20 個觀察值可能是離群值。

(2) 採用 Bonferronni 校正，令 $\alpha^*/2 = \alpha/2n = 0.10/(2 \times 23)$：

```
> 0.1/(2*23)
[1] 0.002173913

> qt(0.1/(2*23), 15, lower.tail = F)      # t_{0.0021739}(15) 查表值
[1] 3.354188

> which(as.vector(abs(jackknife.residual)) > 3.354188)
integer(0)
```

經過 Bonferroni 校正後，沒有任何殘差值超過界限。值得注意的是，α 值經過校正後，由於與樣本數 n 成反比，得出的查表值會更大，導致偵測結果趨於保守，離群值需有很大的殘差值才會被偵測出來。

以下程式使用 identify 函數即時點選出 Jackknife 殘差 vs. 配適值的可能離群值（圖 15-9）：

```
> plot(fitted(model1), jackknife.residual)
> abline(h = 0)
> identify(fitted(model1), jackknife.residual)
[1]  9 15 17 20
```

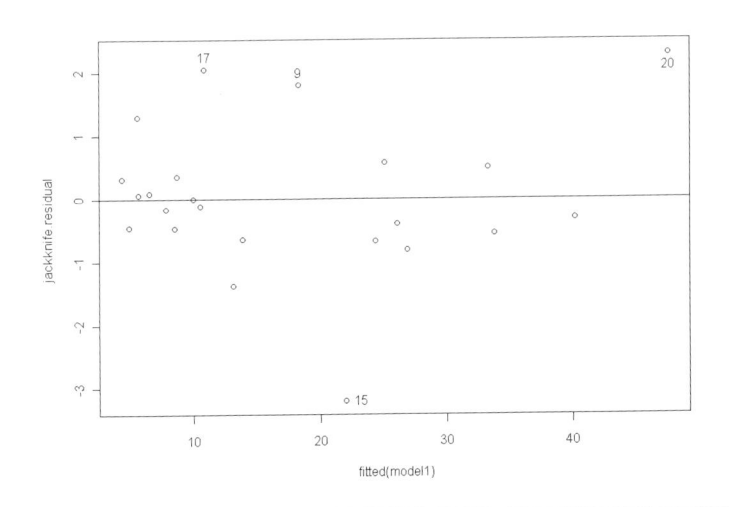

》圖 15-9　Jackknife 殘差 vs. 配適值

Bonferroni 離群值偵測檢定

outlier.test 函數可以作 Benferroni 離群值偵測檢定：

```
> outlier.test(model1)
max|rstudent| = 3.195355, degrees of freedom = 15,
unadjusted p = 0.006020834, Bonferroni p = 0.1384792

Observation: 15
```

綜合以上 5 種離群值判斷指標，第 15、20 與 22 個觀察值可能是離群值。

15.5.2 影響點偵測

影響點（influential observations）的偵測可由槓桿值（leverages）、Cook's Distance、DFBETAS、DFFITS、COVRATIO 等指標偵測出來。

槓桿值 h_{ii}

用 **hatvalues** 函數計算各觀察值的 Leverage(h_{ii}) 槓桿值：

```
> hii = hatvalues(model1)
```

h_{ii} 值若大於 $2(p/n)$ 則可能為影響點。model1 的 p = 7 個迴歸係數，n = 23。搭配 which 函數可看出第 22 個觀察值可能為影響點：

```
> 2*7/23
[1] 0.6086957

> which(as.vector(hii) > 2*7/23)
[1] 22
```

Cook's Distance

Cook's D 衡量每一個觀察值被移除後，對於迴歸係數估計值的影響是否顯著。我們通常以 $F_{0.5}(p, n-p)$ 查表值當作比較的門檻值：

```
> cooks.distance(model1)
            1            2            3            4            5
3.078839e-02 1.800250e-04 3.242924e-02 1.810203e-02 4.753567e-02
```

```
                 6             7             8             9            10
7.184428e-04  1.214795e-01  2.538424e-03  1.941483e-01  1.277590e-08
                11            12            13            14            15
2.903731e-04  6.351529e-04  4.220000e-03  2.641492e-02  3.406400e-01
                16            17            18            19            20
1.457842e-01  1.386427e-01  1.421110e-02  7.767657e-03  8.074280e-01
                21            22            23
2.483704e-03  6.518528e-02  1.080447e-02
```

```
> qf(0.5, 7, 16)                                          # F_{0.5}(7, 23-7) 查表值
[1] 0.9457994
```

```
> which(as.vector(cooks.distance(model1)) > qf(0.5, 7, 16))
integer(0)
```

所有觀察值的 Cook's D 值都沒有超過 0.9457994，沒有相對於迴歸係數估計值變化的影響點。

DFBETAS

　　DFBETAS 跟 Cook's D 一樣是以迴歸係數估計變化量的大小當作影響點的偵測指標。若 DFBETAS 值大於 2，則相對的觀察值可能是影響點：

```
> dfbetas(model1)
     (Intercept)     captured       graduate       farmArea        crimeR
1   -8.753456e-03  3.697479e-01  -0.1120127966   7.102048e-02   3.589659e-02
2    1.204298e-02 -5.329796e-03  -0.0020306486  -2.286386e-02  -1.466528e-02
..............................................................................
22   8.459911e-02  3.216922e-01   0.4775165215  -1.353374e-01  -1.711594e-01
23   7.876097e-03 -3.918407e-02  -0.0097751038  -6.101544e-02   1.443705e-01

            oldR        computerR
1   -0.1082267464   0.0281316881
2    0.0104995148   0.0049498546
    .............................
22   0.1292628591  -0.2434185618
23  -0.0394939599  -0.0390494092
```

```
> which(dfbetas(model1) > 2)
integer(0)
```

DFBETAS 指標找不到任何影響點。

DFFITS

DFFITS 衡量觀察值被移除後，對於應變數估計值的影響。若 DFFITS 值大於 2，則相對的觀察值可能是影響點：

```
> dffits(model1)
           1              2              3              4              5
 0.4514711687   0.0343806545  -0.4675166618  -0.3497469686   0.5889995319
           6              7              8              9             10
-0.0687191466  -0.9480723772   0.1294972874   1.2452431563   0.0002895546
          11             12             13             14             15
 0.0436593837  -0.0645876241  -0.1676209140  -0.4192047323  -1.9383214717
          16             17             18             19             20
-0.9993996932   1.0800232851  -0.3062633097  -0.2279212686   2.6776942610
          21             22             23
-0.1283074781   0.6594700407   0.2691797600
```

```
> which(as.vector(dffits(model1)) > 2)
[1] 20
```

COVRATIO

COVRATIO = Covariance Ratio，衡量觀察值被移除之前與之後，參數估計量共變異數矩陣（variance-covariance matrix）行列式的比例大小。若 COVRATIO – 1 的絕對值大於 3*(p/n)，則該觀察值可能是影響點：

```
> covratio(model1)
         1          2          3          4          5          6          7
3.76021761 1.80231485 2.00577244 1.63147884 0.90090778 1.85945997 0.99713461
         8          9         10         11         12         13         14
1.75093131 0.58645713 1.95102783 2.23567689 2.09959507 1.60273330 2.64373265
        15         16         17         18         19         20         21
0.05673767 2.92138224 0.35209313 3.14868440 1.62610624 0.44511711 1.62536480
```

```
          22         23
3.83683119 1.64759077

> which(abs(as.vector(covratio(model1))- 1) > 3*7/23)
 [1]  1  3 10 11 12 14 15 16 18 22
```

提醒 `lm.influence(model1)` 可以一次算出以上所有影響點指標值。

互動式的 influencePlot 函數

我們可以用滑鼠在圖上點出紅色圓圈所屬的觀察值編號。以下程式點選出第 15、20 兩個影響點（圖 15-10）：

```
> influencePlot(model1)
 [1] 15 20
```

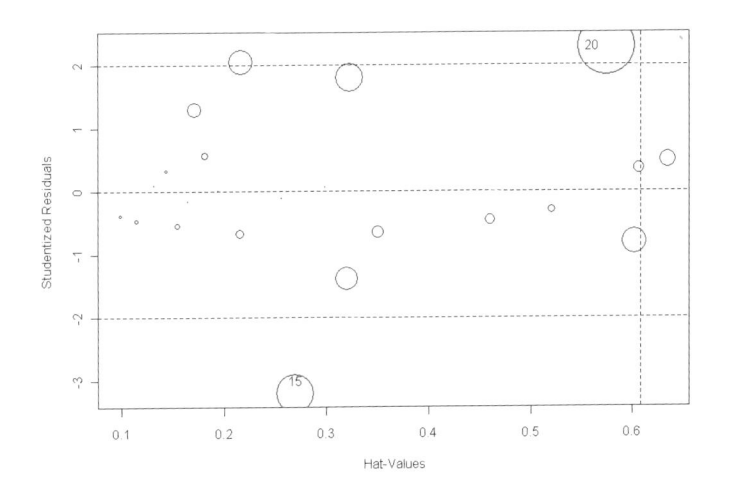

» 圖 15-10　influencePlot

15.5.3　共線性

解釋變數之間如果存在嚴重的共線性（Collinearity）問題，則某些解釋變數的 VIF 值應該會很大。一般的判斷標準是若 VIF 值大於 10，則可能有共線性問題。

我們可以用 car 套件的 vif 函數來計算模型各解釋變數的 VIF 值：

```
> library(car)
> vif(model1)
 captured   graduate   farmArea     crimeR       oldR  computerR
 1.254448   5.692625   2.500741   1.814444   3.863951   5.729990
> mean(vif(model1))
[1] 3.476033
```

從 VIF 值發現，雖然解釋變數 graduate、oldR、computerR 的 VIF 值超過平均 VIF 3.476033，但是沒有任何解釋變數的 VIF 值超過 10，這個模型的共線性問題並不是很嚴重。

15.6 羅吉斯迴歸

當應變數 Y 是分類變數時，我們無法用一般的線性迴歸模式來分析資料，必須使用羅吉斯迴歸（Logistic Regression）模式來分析。羅吉斯迴歸模型可以依照應變數的種類，分成：

- **Dichotomous Logistic**：應變數 Y 為二元分類變數，例如逃稅 vs. 不逃稅。
- **Polytomous Logistic**：應變數 Y 為多分類變數，例如血型。
- **Ordinal Logistic**：應變數 Y 為順序型分類變數（Ordinal Variable），例如家庭收入狀況分成低、中、高三類。

15.6.1 二元分類應變數

一般處理二元分類（Dichotomous）的羅吉斯迴歸模式可以表達成以下形式：

$$\log\left(\frac{\Pr(Y_i=1)}{\Pr(Y_i=0)}\right) = \log\left(\frac{\pi}{1-\pi}\right) = \beta_0 + \beta_1 x_{i1} + \ldots + \beta_{p-1} x_{i,p-1} = X_i^t \beta$$

因此，Pr(Yi = 1) vs. Pr(Yi = 0) 的勝算（odds）為

$$\frac{\Pr(Y_i = 1)}{\Pr(Y_i = 0)} = \frac{\pi_j}{1-\pi_j} = \exp(\beta_0 + \beta_1 x_{i1} + \ldots + \beta_{p-1} x_{i, p-1}) = \exp(X_i^t \beta)$$

我們可以使用 R 軟體的 glm 函數來分析二元羅吉斯迴歸，並搭配 epiDisplay 模組中的 logistic.display 函數檢視分析結果。

[基本語法]　　glm(模型表達式, data = 資料框架名稱, family = binomial(link = logit))

其中的模型表達式寫法與 lm 函數相同。

logistic.compare 函數

由於一般使用羅吉斯迴歸模型者往往需要經過一些計算與理解，才能詮釋分析結果，因此作者寫了一個 logistic.compare 函數，可以讓我們比較兩個不同個體在不同解釋變數值狀況下各分類的機率勝算。讀者可以在本書光碟找到 logistic_comapre.R 檔來載入執行。

[基本語法]

　　logistic.compare (X1, X2, Y1, Y2, data = 資料框架名稱 , model = glm 物件)

其中

- **X1**、**X2** 為儲存兩個不同個體解釋變數值的 list 變數，如果模型的解釋變數是分類變數（儲存成 factor 或 ordered fator），則 X1、X2 中寫到這個解釋變數的值時，必須當作字串，兩端加上雙引號。
- **Y1** 與 **Y2** 為想要計算機率值的分類名稱（需加雙引號）。
- **model** 則是經過 glm 函數分析過的 logistic 物件。

讀者可以在本書光碟中找到 logistic_compare.R 程式檔來載入使用。

例如，假設 students 這個資料框架變數裡面包含應變數 admission（是否申請入學成功，兩個分類為 "No" 與 "Yes"），以及解釋變數 age 與 gender（gender 儲存為 factor 變數）。

假設第一個學生 19 歲、男性；第二個學生 21 歲、女性。若我們想比較第一個學生申請入學成功 (admission = "Yes") vs. 第二個學生申請失敗 (admission = "No") 的機率比例：

```
> source("c:/r/logistic_compare.R")
> mymodel = glm( admission ~ age + gender, data = students,
                 family = binomial(link = logit) )
> x1 = list(age = 19, gender = "Male")
> x2 = list(age = 21, gender = "Female")
> logistic.compare(X1 = x1, Y1 = "Yes", X2 = x2, , Y2 = "No",
          data = students, model = mymodel)
```

logistic.compare 函數的詳細範例與計算結果，請參考底下的程式範例 15-3。

▼ 程式範例 15-3

這個範例將採用初生嬰兒體重資料，以嬰兒體重少於 25% 百分位數當作門檻。若低於這個門檻，則 bwt2 = 1，否則等於 0。

```
> babies = read.csv("c:/r/babies.csv", header = T)
> babies = na.exclude(babies)
> quantile(babies$bwt, 0.25)
25%
108
```

```
> bwt2 = (babies$bwt < 108.75) * 1
> babies$bwt2 = as.factor(bwt2)                # 將分類變數轉為 factor
```

➤ 從所有資料中隨機分出 90% 當作訓練樣本來建立模型，另外 10% 當作測試樣本：

```
> p = 0.9
> index = sample(2, nrow(babies), replace = TRUE,
prob = c(p, 1-p))
> babies.train = babies[index == 1, ]
> babies.test = babies[index == 2, ]
> nrow(babies.train)                           # 訓練樣本有 1035 筆
[1] 1035
```

➤ 使用 glm 函數搭配 family = binomial(link = logit) 作 Logistic 分析：

```
> train.result = glm(bwt2 ~ gestation + parity + age +
height+ weight + smoke, data = babies.train,
family = binomial(link = logit))
> summary(train.result)
```

```
Call:
glm(formula = bwt2 ~ gestation + parity + age + height + weight +
    smoke, family = binomial(link = logit), data = babies.train)

Deviance Residuals:
    Min       1Q   Median       3Q      Max
-3.1376  -0.7089  -0.4649  -0.1460   2.9696

Coefficients:
             Estimate Std. Error z value Pr(>|z|)
(Intercept) 21.760594   2.732655   7.963 1.68e-15 ***
gestation   -0.054894   0.006016  -9.125  < 2e-16 ***
parity1      0.381579   0.193377   1.973  0.04847 *
age          0.006714   0.014992   0.448  0.65427
height      -0.118777   0.037156  -3.197  0.00139 **
weight      -0.007928   0.004803  -1.650  0.09884 .
smoke1       1.328109   0.165292   8.035 9.36e-16 ***
---
Signif. codes:  0 '***' 0.001 '**' 0.01 '*' 0.05 '.' 0.1 ' ' 1

(Dispersion parameter for binomial family taken to be 1)

    Null deviance: 1155.72  on 1034  degrees of freedom
Residual deviance:  948.27  on 1028  degrees of freedom
AIC: 962.27

Number of Fisher Scoring iterations: 5
```

從計算結果可知,除了年齡與體重之外,其餘解釋變數的 t 檢定都是顯著的,表示懷孕日數、胎序、身高與是否抽菸對於嬰兒體重過輕有影響:

```
> print(train.result)
Call:  glm(formula = bwt2 ~ gestation + parity + age + height + weight +
    smoke, family = binomial(link = logit), data = babies.train)
```

```
Coefficients:
(Intercept)     gestation      parity1         age         height
  21.760594     -0.054894      0.381579     0.006714     -0.118777
     weight        smoke1
  -0.007928      1.328109

Degrees of Freedom: 1034 Total (i.e. Null);   1028 Residual
Null Deviance:          1156
Residual Deviance: 948.3           AIC: 962.3
```

➢ Exp（參數估計值）可用來作簡單勝算比較。例如，若某兩個產婦所有其他條件相同，只有抽菸與不抽菸的差異，則她們兩人的勝算比（odds ratio）將是：

$$\exp(\text{smoke 的參數估計值}) = \exp(1.328109) = 3.7739（倍）$$

表示抽菸產婦生出之嬰兒體重稍輕的可能性，是沒有抽菸產婦的 3.7739 倍：

```
> exp(train.result$coef)
 (Intercept)    gestation      parity1          age        height
2.821668e+09 9.465859e-01 1.464596e+00 1.006737e+00 8.880059e-01
      weight       smoke1
9.921035e-01 3.773901e+00
```

➢ 使用 confint 函數算出參數的 95% 信賴區間：

```
> confint(train.result)
                   2.5 %         97.5 %
(Intercept) 16.5036023345  27.227229738
gestation   -0.0670160487  -0.043414803
parity1      0.0007188257   0.759688444
age         -0.0228787796   0.035964814
height      -0.1921720041  -0.046368032
weight      -0.0175971203   0.001263552
smoke1       1.0070328474   1.655597491
```

➢ exp(參數) 的 95% 信賴區間：

```
> exp(confint(train.result))
```

```
                2.5 %        97.5 %
(Intercept) 1.470359e+07 6.677834e+11
gestation   9.351802e-01 9.575141e-01
parity1     1.000719e+00 2.137610e+00
age         9.773810e-01 1.036619e+00
height      8.251649e-01 9.546905e-01
weight      9.825568e-01 1.001264e+00
smoke1      2.737466e+00 5.236208e+00
```

> 我們也可以使用 epiDisplay 套件的 logistic.display 函數來彙整計算結果。這個函數可以算出各參數的 Wald 檢定與 Likelihood-Ratio 檢定結果：

```
> library(epiDisplay)
> logistic.display(train.result)
```
Logistic regression predicting bwt2 : 1 vs 0

	crude OR(95%CI)	adj. OR(95%CI)
gestation (cont. var.)	0.95 (0.94,0.96)	0.95 (0.94,0.96)
parity: 1 vs 0	1.16 (0.84,1.58)	1.46 (1,2.14)
age (cont. var.)	0.9896 (0.9657,1.0142)	1.0067 (0.9776,1.0368)
height (cont. var.)	0.87 (0.82,0.93)	0.89 (0.83,0.96)
weight (cont. var.)	0.984 (0.9763,0.9918)	0.9921 (0.9828,1.0015)
smoke: 1 vs 0	3.48 (2.59,4.67)	3.77 (2.73,5.22)

	P(Wald's test)	P(LR-test)
gestation (cont. var.)	< 0.001	< 0.001
parity: 1 vs 0	0.048	0.05
age (cont. var.)	0.654	0.655
height (cont. var.)	0.001	0.001
weight (cont. var.)	0.099	0.092
smoke: 1 vs 0	< 0.001	< 0.001

Log-likelihood = -474.1352
No. of observations = 1035
AIC value = 962.2704

➤ 計算訓練樣本的混淆矩陣（confusion matrix）與預測正確率：

```
> pred = predict(train.result, newdata = babies.train,
                 type = "response")
> pred = round(pred)
> tab = table(Y = babies.train$bwt2, Ypred = pred)
> catnames = levels(babies.train$bwt2)
> rownames(tab) = catnames
> colnames(tab) = catnames
> tab
    Ypred
Y     0   1
  0 744  36
  1 172  83
```

```
> cat("正確分類比例 =", 100*sum(diag(tab))/sum(tab), "%\n")
正確分類比例 = 79.90338 %
```

➤ 計算測試樣本的混淆矩陣（confusion matrix）與預測正確率：

```
> pred = predict(train.result, newdata = babies.test,
+                type = "response")
> pred = round(pred)
> tab = table(Y = babies.test$bwt2, Ypred = pred)
> catnames = levels(babies.test$bwt2)
> rownames(tab) = catnames
> colnames(tab) = catnames
> tab
    Ypred
Y    0  1
  0 91  7
  1 29 12
```

```
> cat("正確分類比例 =", 100*sum(diag(tab))/sum(tab), "%\n")
正確分類比例 = 74.10072 %
```

使用 logistic.compare 函數詮釋預測模型

作者所寫的 logistic.compare 函數可以用來輸入任意兩個個體的解釋變數資

料,以及想要計算機率的分類,可以得到兩者的比較。在寫入兩個個體的資訊時,分類變數的值必須加上雙引號。應變數的分類值也需加上雙引號:

```
> source("c:/r/logistic_compare.R")
> x1 = list(gestation = 281, parity = "1", age = 30, height = 63,
    weight = 112, smoke = "0")
> x2 = list(gestation = 279, parity = "0", age = 25, height = 67,
    weight = 100, smoke = "1")
> logistic.compare(X1 = x1, X2 = x2, Y1 = "1", Y2 = "0",
    data = babies, model = train.result)
```

	gestation	parity	age	height	weight	smoke	bwt2	X1
Object1	281	1	30	63	112	0	1	0.2180390
Object2	279	0	25	67	100	1	0	0.7185005

Pr(Y1 = 1) vs. Pr(Y2 = 0) odds :   0.3

15.6.2 多分類應變數

多分類羅吉斯迴歸(polytomous logistic regression)又稱為多項羅吉斯。假設應變數 Y 有 C 個分類,常用的多分類羅吉斯迴歸模型為:

$$\log\left(\frac{Pr(Y_i = j)}{Pr(Y_i = m)}\right) = \log\left(\frac{\pi_j}{\pi_m}\right) = \beta_{0j} + \beta_{1j} x_{i1} + \ldots + \beta_{p-1,j} x_{i,p-1} = X_i^t \beta_j$$

其中第 m 個分類被選為參考分類(baseline category),j 是其他分類的編號,j = 1, ⋯, C 為分類編號,但 j ≠ m,i = 1, ⋯, n 為觀察值編號,X_i 為相對於 Y_i 的解釋變數向量,β_j 為相對於第 j 分類的迴歸係數向量。因此,

$$\pi_{ij} = \frac{\exp(X_i^t \beta_j)}{1 + \sum_{k \neq m} \exp(X_i^t \beta_k)}, j \neq m \text{ 且 } \pi_{im} = \frac{1}{1 + \sum_{k \neq m} \exp(X_i^t \beta_k)}$$

從以上模型可知,我們可以藉由以下公式求出任何 $\hat{\pi}_j$ vs. $\hat{\pi}_m$ 的比例:

$$\frac{Pr(Y_i = j)}{Pr(Y_i = m)} = \frac{\pi_j}{\pi_m} = \exp(\beta_{0j} + \beta_{1j} x_{i1} + \ldots + \beta_{p-1,j} x_{i,p-1}) = \exp(X_i^t \beta_j)$$

我們也可以比較任何 $\hat{\pi}_j$ vs. $\hat{\pi}_{j^*}$ 的比例:

$$\frac{Pr(Y_i = j)}{Pr(Y_i = j^*)} = \frac{\pi_j}{\pi_{j^*}} = \frac{\pi_j / \pi_m}{\pi_{j^*} / \pi_m} = \exp(X_i^t \beta_j) / \exp(X_i^t \beta_{j^*})$$

R 軟體中，可以使用 **nnet** 套件的 **multinom** 函數來分析多分類 Logistic 迴歸模型。multinom 函數的語法與 lm 函數相同。

▼ 程式範例 15-4

這個小節中，我們將使用 iris 資料檔的 Species 變數當作應變數。這 150 朵鳶尾花可以分成三個 Species：setosa、versicolor 與 vIrginica：

```
> iris
    Sepal.Length Sepal.Width Petal.Length Petal.Width   Species
1            5.1         3.5          1.4         0.2    setosa
2            4.9         3.0          1.4         0.2    setosa
..............................................................
149          6.2         3.4          5.4         2.3 virginica
150          5.9         3.0          5.1         1.8 virginica
```

➢ 先將原始資料隨機分成訓練樣本 (90%) 與測試樣本 (10%)：

```
> p = 0.9
> index = sample(2, nrow(iris), replace = TRUE,
>               prob = c(p, 1-p))
> iris.train = iris[index == 1, ]
> iris.test = iris[index == 2, ]
```

➢ 使用 multinom 來分析訓練樣本 (iris.train)：

```
> library(nnet)
> train.result = multinom(Species ~ Sepal.Length + Sepal.
                Width + Petal.Length + Petal.Width,
                data = iris.train, Hess = TRUE)
> train.result
Call:
multinom(formula = Species ~ Sepal.Length + Sepal.Width + Petal.
Length +  Petal.Width, data = iris.train, Hess = TRUE)

Coefficients:
```

```
              (Intercept) Sepal.Length Sepal.Width Petal.Length
Petal.Width
versicolor      16.46067    -6.782580    -7.18743     16.78560
-4.63389
virginica      -26.27217    -7.779155   -13.36125     24.75070
12.05010

Residual Deviance: 10.01353
AIC: 30.01353
```

從結果可知，multinom 預設採用第一個分類 setosa 當作參考分類。

> 引用 epiDisplay 模組的 mlogit.display 查看彙整資訊：

```
> library(epiDisplay)
> mlogit.display(reslt1)
```

```
Outcome = Species; Referent group = setosa
                 versicolor                                    virginica
             Coeff./SE      RRR(95%CI)                       Coeff./SE
RRR
(Intercept) 16.46/48.633     -                               -26.27/49.06
Sepal.Length -6.78/127.761  0(0,6.37666e+105)
7.78/127.765
Sepal.Width  -7.19/154.905  0(0,5.41693e+128)
-13.36/154.983
Petal.Length 16.79/127.171  19493603.67(0,3.44961e+115)      24.75/127.27
Petal.Width  -4.63/44.803   0.01(0,1.33014745353395e+36)     12.05/45.218

             RRR(95%CI)
(Intercept) -
Sepal.Length 0(0,2.37161170017947e+105)
Sepal.Width  0(0,1.31557686189624e+126)
Petal.Length 56116972147.75(0,1.20751778006092e+119)
Petal.Width  171115.7(0,5.28307202009574e+43)

Signif. codes:  0 '***' 0.001 '**' 0.01 '*' 0.05 '.' 0.1 ' ' 1
```

```
Residual Deviance: 10.01
AIC = 30.01
```

➢ 求出 exp(參數估計值)：

```
> s1 = summary(train.result)
> coef(s1)
           (Intercept) Sepal.Length Sepal.Width Petal.Length Petal.Width
versicolor   16.46067    -6.782580    -7.18743     16.78560    -4.63389
virginica   -26.27217    -7.779155   -13.36125     24.75070    12.05010
```

```
> exp(coef(s1))
            (Intercept)  Sepal.Length  Sepal.Width  Petal.Length  Petal.Width
versicolor 1.408575e+07  0.0011333471  7.560298e-04     19493604  9.716884e-03
virginica  3.891705e-12  0.0004183656  1.575007e-06   56116972148 1.711157e+05
```

➢ 計算迴歸係數的 t 檢定檢定值：

```
> coef(s1)/s1$standard.errors
           (Intercept) Sepal.Length Sepal.Width Petal.Length Petal.Width
versicolor   0.3384659  -0.05308810 -0.04639901    0.1319927  -0.1034282
virginica   -0.5355079  -0.06088659 -0.08621103    0.1944733   0.2664891
```

➢ 計算迴歸係數 t 檢定的 P-values：

```
> p.values = pnorm(abs(coef(s1)/s1$standard.errors),
                                    lower.tail = FALSE)*2
> p.values
           (Intercept) Sepal.Length Sepal.Width Petal.Length Petal.Width
versicolor   0.7350121    0.9576617   0.9629922    0.8949901   0.9176232
virginica    0.5922987    0.9514495   0.9312987    0.8458053   0.7898625
```

➢ 訓練樣本的混淆矩陣與正確預測比例：

```
> Y.pred = predict(train.result, iris.train[, -5] )
> (t = table(iris.train$Species, Y.pred))
            Y.pred
             setosa versicolor virginica
  setosa         46          0         0
  versicolor     0          41         1
  virginica      0           1        46
```

```
> cat("正確預測比例:", 100*sum(t, "%\n")
正確預測比例: 98.51852  %
```

> 測試樣本的混淆矩陣與正確預測比例:

```
> Y.pred = predict(train.result, iris.test[, -5])
> (t = table(iris.test$Species, Y.pred))
            Y.pred
             setosa versicolor virginica
  setosa          4          0         0
  versicolor      0          7         1
  virginica       0          0         3
```

```
> cat("正確預測比例:", 100*sum(t, "%\n")
正確預測比例: 93.33333  %
```

計算結果的詮釋

以 iris 資料第 145 朵鳶尾花的資料為例:

```
> iris[145, ]
    Sepal.Length Sepal.Width Petal.Length Petal.Width   Species
145          6.7         3.3          5.7         2.5 virginica
```

由公式可知

$$\frac{\Pr(Y_{145} \text{ 種類為 virginica}) \text{ 估計值}}{\Pr(Y_{145} \text{ 種類為 setosa}) \text{ 估計值}} = \frac{\hat{\pi}_{virginica}}{\hat{\pi}_{setosa}} = \exp(X_i^t \hat{\beta}_{virginica})$$

因此,若令 virginica 的參數估計值為 $\hat{\beta}_{virginica} = (\hat{\beta}_0, \hat{\beta}_1, \hat{\beta}_2, \hat{\beta}_3, \hat{\beta}_4) = (-26.272, -7.779, -13.361, 24.751, 12.050)$,令 $X_{145} = (1, 6.7, 3.3, 5.7, 2.5)$,則 $\exp(X_{145} \hat{\beta}_{virginica})$ 可以計算如下:

```
> X.145 = c(1, 6.7, 3.3, 5.7, 2.5)
> beta.virginica = c(-26.272, -7.779, -13.361, 24.751, 12.050)
> X.145 %*% beta.virginica
         [,1]
[1,] 48.7231
```

```
> exp(X.145 %*% beta)
```

```
             [,1]
[1,] 1.446017e+21
```

所以根據估計模型，第 145 朵花種類是 virginica vs. setosa 的機率比例是 1.446017×10^{21}（倍）。同理可算出第 145 朵花為 versicolor vs. setosa 的機率比例。$\hat{\beta}_{versicolor} = (\hat{\beta}_0, \hat{\beta}_1, \hat{\beta}_2, \hat{\beta}_3, \hat{\beta}_4) = (16.461, -6.783, -7.187, 16.786, -4.634)$：

```
> X.145 = iris[145, -5]              # 去除第 5 個變數 Species
> beta.versicolor = c(16.461, -6.783, -7.187, 16.786, -4.634)
            # 或 beta.versicolor = coef(summary(train.result))[1,]
> X.145 %*% beta.versicolor
        [,1]
[1,] 31.393

> exp(X.145 %*% beta.versicolor)
            [,1]
[1,] 4.30335e+13
```

因此這朵花種類是 versicolor vs. setosa 的機率比例是 4.030335×10^{13}（倍）。

- 綜合以上兩個數據，第 145 朵花種類是 virginica vs. versicolor 的機率比例是 33602129 倍，遠大於 1：

```
> beta.virginica = coef(summary(train.result))[2, ]
> exp(X.145 %*% beta.virginica)/exp(X.145 %*% beta.versicolor)
            [,1]
[1,] 33602129
```

- 我們也可以依據前面的公式直接算出第 145 朵花屬於這三種種類的個別機率估計值，結果屬於 virginica 的機率最高，將近於 1.0：

```
>  sum1 = exp(X.145 %*% beta.virginica) +
   exp(X.145%*% beta.versicolor)
> (pi.setosa = 1/(1 + sum1))
            [,1]
[1,] 6.915547e-22

> (pi.virginica = exp(X.145 %*% beta.virginica) /(1 + sum1))
        [,1]
[1,]    1
```

```
> (pi.versicolor = exp(X.145 %*% beta.versicolor) /(1 + sum1))
             [,1]
  [1,] 2.976002e-08
```

15.6.3 順序型應變數

當應變數具有順序型（Ordinal）分類項目時，我們需用順序型羅吉斯迴歸（ordinal logistic regression）來分析資料。假設應變數有 k 個順序型分類，R 軟體中有以下兩個函數可用：

Mass 模組的 polr 函數

MASS 套件的 polr 函數採用的模型是

$$\text{logit}(\Pr(Y \le j)) = \zeta_j - \sum \beta_i x_i, \ j = 1, 2, ..., k-1$$

其中，$\Pr(Y \le j) = \pi_1 + \pi_2 + ... + \pi_j$，$\zeta_1 < \zeta_2 < ... < \zeta_{k-1}$，$j = 1, 2, ..., k-1$

Design 模組的 lrm 函數

lrm 函數所用的模型是

$$\text{logit}(\Pr(Y \ge j)) = \zeta_j - \sum \beta_i x_i, \ j = 2, 3, ..., k$$

其中，$\Pr(Y \ge j) = \pi_j + \pi_{j+1} + ... + \pi_k$，$j = 2, 3, ..., k$

上述兩個模式中的 $\pi_j = \Pr(Y = j)$，$j = 1, 2, ..., k$。

polr.compare 函數

由於 Ordinal Logistic 模型比較繁複，一般使用者想要詮釋模型分析結果時，往往不知如何下手計算，因此作者寫了一個 polr.compare 函數，可以讓我們比較兩個不同個體在不同解釋變數值狀況下各分類的機率比例。

[基本語法]

polr.compare(X1, X2, Y1, Y2, data = 資料框架名稱, model = polr 物件)

其中

- **X1**、**X2** 為儲存兩個不同個體解釋變數值的 list 變數,如果模型的解釋變數是分類變數(儲存成 factor 或 ordered fator),則 X1、X2 中寫到這個解釋變數的值時,必須當作字串,兩端加上雙引號。

- **Y1** 與 **Y2** 為想要計算機率值的分類名稱。

- **model** 則是經過 polr 函數分析過的物件。讀者可以在本書光碟中找到 polr_compare.R 程式檔來載入使用。

例如,假設 students 這個資料框架變數裡面包含應變數 score(ordered factor 變數:A < B < C < D < E < F),以及其他解釋變數 age、height、gender、bloodtype(後兩者儲存為 factor 變數)。假設第一個學生 18 歲、172 cm、男性、血型為 AB;第二個學生 21 歲、162 cm、女性、血型為 A。若我們想比較第一個學生拿到成績 "B" vs. 第二個學生拿到成績 "A" 的機率比例:

```
> library(MASS)
> source("c:/r/polr_compare.R")
> mymodel = polr( score ~ age + height + gender + bloodtype )
> x1 = list(age = 19, height = 172, gender = "Male", bloodtype = "AB")
> x2 = list(age = 21, height = 162, gender = "Female", bloodtype = "A")
> polr.compare(X1 = x1, Y1 = "B", X2 = x2, Y2 = "A",
          data = students, model = mymodel)
```

polr.compare 函數的詳細範例與計算結果,請參考底下的程式範例 **15-5**。

計算個別分類的機率

以 polr 所採用的模型為例,各分類的累積機率值為:

$$\Pr(Y \leq 1) = \Pr(Y = 1) = 1 / (1 + \exp[-(\zeta_1 - \sum \beta_i x_i)])$$

$$\Pr(Y \leq 2) = 1 / (1 + \exp[-(\zeta_2 - \sum \beta_i x_i)])$$

...

$$\Pr(Y \leq k - 1) = 1 / (1 + \exp[-(\zeta_{k-1} - \sum \beta_i x_i)])$$

$$\Pr(Y \leq k) = 1.0$$

因此,個別分類的機率值計算公式為

$$\Pr(Y = 2) = \Pr(Y \leq 2) - \Pr(Y = 1)$$

$$Pr(Y = 3) = Pr(Y \leq 3) - Pr(Y \leq 2)$$

$$\ldots$$

$$Pr(Y \leq k - 1) = Pr(Y \leq k - 1) - Pr(Y \leq k - 2)$$

$$Pr(Y \leq k) = 1.0 - \sum_{i=1}^{k-1} Pr(Y = i)$$

[註] polr 函數算出的常數項 α 估計值，其正負號與 lrm 算出的 α 估計值相反，兩者的 β 估計量正負號則相同。

▼ 程式範例 15-5

在這一節中，我們將使用 vcd 套件中的 Arthritis 資料檔。這組資料共有 84 名風濕性關節炎（rheumatoid arthritis）病患分成兩組接受治療。變數 Treatment 記載每個人的組別：一組服用新藥方（Treated），另一組則服用安慰劑（Placebo）。資料也包含每個病人的性別（Sex）與年齡（Age）。應變數為 Improved，內容分為三類：None（無效）、Some（有一點改善）與 Marked（顯著改善）。資料檔中的 ID 變數則為病人編號。

> **提醒** 應變數 Improved 必須為 ordered factor 變數，另外，Treatment 為分類變數，必須儲存為 factor 變數。

```
> data(Arthritis, package = "vcd")
> Arthritis
  ID Treatment  Sex Age Improved
1 57   Treated Male  27     Some
2 46   Treated Male  29     None
3 77   Treated Male  30     None
4 17   Treated Male  32   Marked
5 36   Treated Male  46   Marked
..................................
> Arthritis$Improved
 [1] Some None None Marked Marked Marked None Marked None None   None   Some
...........................[略]
[73] Some Some Marked None Some None Marked None None   Some   Some   Marked
```

```
Levels: None < Some < Marked
```

➤ 使用 MASS 套件的 polr 函數搭配 stepAIC 函數挑選最佳候選模型：

```
> result0.polr = polr(Improved ~ Treatment + Sex + Age,
                data = Arthritis, Hess = T, method = "logistic")
> stepAIC(result0.polr)
............[略]
```

stepAIC 函數最後保留 Treatment、Sex 與 Age 三個解釋變數。以下程式將採用這三個變數的模型。

15.6.3.1 使用 MASS 套件的 polr 函數

➤ 使用 polr 函數分析模型：

```
> library(MASS)
> result.polr = polr(Improved ~ Treatment + Sex + Age,
                data = Arthritis, Hess = T, method = "logistic")
> result.polr
```
Call:
polr(formula = Improved ~ Treatment + Sex + Age, data = Arthritis,
    Hess = T, method = "logistic")

Coefficients:
TreatmentTreated   SexMale   Age
      1.74528949   -1.25167969   0.03816199

Intercepts:
 None|Some Some|Marked
  2.531932   3.430942

Residual Deviance: 145.4579
AIC: 155.4579

```
> summary(result.polr)
```
Call:
polr(formula = Improved ~ Treatment + Sex + Age, data = Arthritis,

```
        Hess = T, method = "logistic")

Coefficients:
                    Value Std. Error    t value
TreatmentTreated  1.74528949 0.47589151  3.667410
SexMale          -1.25167969 0.54635952 -2.290945
Age               0.03816199 0.01841619  2.072197

Intercepts:
            Value   Std. Error t value
None|Some   2.5319  1.0571     2.3952
Some|Marked 3.4309  1.0912     3.1443

Residual Deviance: 145.4579
AIC: 155.4579
```

> 看看 polr 函數傳回的物件 result.polr 包含哪些資訊：

```
> names(result.polr)
 [1] "coefficients" "zeta"        "deviance"     "fitted.values" "lev"
 [6] "terms"        "df.residual" "edf"          "n"             "nobs"
[11] "call"         "method"      "convergence"  "niter"         "lp"
[16] "Hessian"      "model"       "contrasts"    "xlevels"
```

> zeta 元素傳回截距項估計值，coef 元素傳回解釋變數前的參數估計值：

```
> result.polr$zeta
None|Some Some|Marked
 2.531932   3.430942
```

由於應變數分成三類，這組資料有兩個截距（intercept）估計值：$\hat{\zeta}_1$ = 2.5319、$\hat{\zeta}_2$ = 3.4309。

> 解釋變數前面的係數估計量：

```
> result.polr$coef                    # 也可用 coef(result.polr)
TreatmentTreated       SexMale            Age
     1.74528949     -1.25167969      0.03816199
```

➢ 模型的設計矩陣：

```
> model.matrix(result.polr)
  (Intercept) TreatmentTreated SexMale Age
1      1              1             1    27
2      1              1             1    29
............................[略]
84     1              1             0    74
```

➢ 使用 **epiDisplay** 套件的 **ordinal.or.display** 函數來彙整計算結果：

```
> library(epiDisplay)
> ordinal.or.display(result.polr)
                 Ordinal OR  lower95ci  upper95ci  P value
TreatmentTreated   5.728       2.311      15.073    0.000221
SexMale            0.286       0.093       0.805    0.012316
Age                1.039       1.003       1.079    0.020755
```

三個解釋變數前面的迴歸係數之 95% 信賴區間都不包含 0，參數 t 檢定的 P-value 也都小於 $\alpha = 0.05$，因此都是顯著的。

➢ 計算估計模型的混淆矩陣（confusion matrix）與正確預測比例：

```
> Ypred = predict(result.polr, newdata = Arthritis)
> Ypred
  [1] None None None None None None None None None None None None
..........................[略]
 [73] None None None None None None None None None None None None
Levels: None Some Marked
```

```
> tab = table(Real = Arthritis$Improved, Prediction = Ypred )
> tab
        Prediction
Real    None Some Marked
  None    37    0      5
  Some     9    0      5
  Marked  11    0     17
```

```
> cat("正確預測比例 =", 100*sum(diag(tab))/sum(tab), "% \n")
```

正確預測比例 = 64.28571 %

計算結果的詮釋

(1) 使用作者所寫的 polr.compare 函數比較不同狀況下的機率

例如：第一個病患服用安慰劑（Placebo）、女性、35 歲。第二個病患服用新藥、男性、48 歲。若我們想比較第一個病患治療結果是 None（無效）vs. 第二個病患治療結果是 Some（有一點療效）的機率勝算（odds）：

```
> source("c:/r/polr_compare.R")                  # 載入 polr.compres 函數
> x1 = list(Treatment = "Placebo", Sex = "Male", Age = 35)
> x2 = list(Treatment = "Treated", Sex = "Female", Age = 48)
> polr.compare(X1 = x1, Y1 = "None", X2 = x2, Y2 = "Some",
               data = Arthritis, model = result.polr)
```

```
         Treatment    Sex Age Improved       prob
Object1   Placebo    Male  35     None  0.9204108
Object2   Treated  Female  48     Some  0.2033733

Pr(Y1 = None ) vs. Pr(Y2 = Some ) odds :   4.53
```

(2) 迴歸係數的意義

順序型羅吉斯迴歸模型有兩組係數估計值，一組是相對於 k − 1 個累積機率勝算（odds）的截距項 ζ_j，j = 1, 2, .., k-1，以及相對於 p − 1 個解釋變數的 $\hat{\beta} = (\hat{\beta}_1, \hat{\beta}_2, ..., \hat{\beta}_{p-1})$。每個 $\exp(\hat{\beta}_j)$ 相當於對應的解釋變數每增加一個單位時的勝算（odds）增加量之估計值。

➤ 算出各迴歸係數的勝算（odds）估計值：

```
> (zeta = exp(result.polr$zeta))
None|Some Some|Marked
 12.57778    30.90574
```

```
> (beta = result.polr$coef)
TreatmentTreated         SexMale              Age
      1.74528949     -1.25167969       0.03816199
```

```
> exp(beta)
```

```
TreatmentTreated          SexMale              Age
    5.7275593            0.2860240          1.0388995
```

情況 1. 若病患 A 與 B 兩人所有其他條件相同，只有 Treatment 變數有差異：A 為 Treated，B 為 Placebo，則這兩人的勝算比（odds ratio）可以計算如下：

$$\frac{\Pr(Y_A \leq None)/\Pr(Y_A \geq Some)}{\Pr(Y_B \leq None)/\Pr(Y_B \geq Some)} \text{ 估計值} = \exp(\hat{\beta}_{Treatment}) = 5.7275593$$

$$\frac{\Pr(Y_A \leq Some)/\Pr(Y_A \geq Marked)}{\Pr(Y_B \leq Some)/\Pr(Y_B \geq Marked)} \text{ 估計值} = \exp(\hat{\beta}_{Treatment}) = 5.7275593$$

情況 2. 若病患 A 與 B 兩人所有其他條件相同，只有 Age 變數有差異：A 的年齡比 B 大 3 歲，則這兩人的勝算比可以計算如下：

```
> exp(beta["Age"]*3)
     Age
1.121297
```

$$\frac{\Pr(Y_A \leq None)/\Pr(Y_A \geq Some)}{\Pr(Y_B \leq None)/\Pr(Y_B \geq Some)} \text{ 估計值} = \exp(\hat{\beta}_{Age} \times 3) = 1.121297$$

$$\frac{\Pr(Y_A \leq Some)/\Pr(Y_A \geq Marked)}{\Pr(Y_B \leq Some)/\Pr(Y_B \geq Marked)} \text{ 估計值} = \exp(\hat{\beta}_{Age} \times 3) = 1.121297$$

情況 3. 若病患 A 與 B 兩人性別（Sex）相同，但是 A 的年齡比 B 大 3 歲，且 A 服用新藥（Treated），B 服用安慰劑（Placebo），則這兩人的勝算比可以計算如下：

```
> as.numeric(exp(beta["TreatmentTreated"] + beta["Age"]*3))
[1] 6.422295
```

$$\frac{\Pr(Y_A \leq None)/\Pr(Y_A \geq Some)}{\Pr(Y_B \leq None)/\Pr(Y_B \geq Some)} \text{ 估計值} = \exp(\hat{\beta}_{Treatment} + \hat{\beta}_{Age} \times 3) = 6.422295$$

$$\frac{\Pr(Y_A \leq Some)/\Pr(Y_A \geq Marked)}{\Pr(Y_B \leq Some)/\Pr(Y_B \geq Marked)} \text{ 估計值} = \exp(\hat{\beta}_{Treatment} + \hat{\beta}_{Age} \times 3) = 6.422295$$

情況 4. 若情況 3. 的兩個病患改成 A 服用安慰劑，B 服用新藥，但 A 一樣比 B 大 3 歲，則上面兩個勝算比會變成：

```
> as.numeric(exp(-beta["TreatmentTreated"] + beta["Age"]*3))
```

[1] 0.1957722

$$\frac{Pr(Y_A \leq None)/Pr(Y_A \geq Some)}{Pr(Y_B \leq None)/Pr(Y_B \geq Some)} \quad 估計值 = \exp(-\hat{\beta}_{Treatment} + \hat{\beta}_{Age} \times 3) = 0.1957722$$

$$\frac{Pr(Y_A \leq Some)/Pr(Y_A \geq Marked)}{Pr(Y_B \leq Some)/Pr(Y_B \geq Marked)} \quad 估計值 = \exp(-\hat{\beta}_{Treatment} + \hat{\beta}_{Age} \times 3) = 0.1957722$$

(3) 個別觀察值的分類機率計算

以第 10 個病患為例，其實際治療結果為 None（無效）：

```
> (Y10 = Arthritis[10, ])
   ID Treatment  Sex Age Improved
10 55   Treated Male  63     None
```

使用 predict 函數計算分類機率

```
> predict(result.polr, newdata = Y10, type = "probs")
     None      Some    Marked
0.4095362 0.2206759 0.3697879
```

None（無效）分類的機率值最高：

```
> predict(result.polr, newdata = Y10)
> # 或 predict(result.polr, newdata = Y10, type = "class")
[1] None
Levels: None Some Marked
```

第 10 個病患的預測分類為 None（無效），與實際分類相同。

從模型公式直接計算分類機率

應變數第 1 個分類 None vs. 其他 2 個分類的 log（odds）可以寫成：

$$\text{logit}(Pr(Y_{10} \leq None)) = \log(\frac{Pr(Y_{10} = None)}{Pr(Y_{10} = Some \text{ 或 } Marked)}) = \zeta_1 - x_{10}^t \beta$$

因此「None」vs.「Some 或 Marked」兩個機率值的勝算（odds）為：

$$\frac{Pr(Y_{10} = None)}{Pr(Y_{10} = Some \text{ 或 } Marked)} \quad 估計值 = \exp(\hat{\zeta}_1 - x_{10}^t \beta)$$

同理可推算

$$\frac{\Pr(Y_{10} = \text{None 或 Some})}{\Pr(Y_{10} = \text{Marked})} \text{ 估計值} = \exp(\hat{\zeta}_2 - x_{10}^t \beta)$$

其中，$\hat{\zeta}_1 = 2.5319$，$\hat{\zeta}_2 = 3.4309$：

```
> (zeta = result.polr$zeta)
None|Some  Some|Marked
 2.531932     3.430942

> (beta = result.polr$coef)
TreatmentTreated        SexMale              Age
      1.74528949      -1.25167969       0.03816199
```

相對於 Y_{10} 的設計矩陣第 10 列：

```
> model.matrix(result.polr)[10, ]
(Intercept) TreatmentTreated    SexMale       Age
     1              1              1           63

> (X10 = model.matrix(result.polr)[10, -1])    # 去除截距項
TreatmentTreated    SexMale       Age
       1               1           63
```

$\Pr(Y_{10} = \text{None})/\Pr(Y_{10} = \text{Some 或 Marked})$ 勝算估計值：

```
> as.numeric(exp(zeta[1] - t(X10) %*% beta))
[1] 0.693584
```

$\Pr(Y_{10} = \text{None 或 Some})/\Pr(Y_{10} = \text{Marked})$ 勝算估計值：

```
> as.numeric(exp(zeta[2] - t(X10) %*% beta))
[1] 1.704253
```

➤ $\Pr(Y_{10} \le \text{None}) = \Pr(Y_{10} = \text{None}（無效）)$ 的估計值：

```
> 1/(1 + exp(-1*(zeta[1] - t(X10) %*% beta)))
         [,1]
[1,] 0.4095362
```

$\Pr(Y_{10} \le \text{Some}) = \Pr(Y_{10} = \text{None 或 Some})$ 的估計值：

```
> 1/(1 + exp(-1*(zeta[2] - t(X10) %*% beta)))
          [,1]
[1,] 0.6302121
```

> 因此 Pr(Y_{10} = Some（有點效果）) 的估計值為

```
> 0.6302121 - 0.4095362
[1] 0.2206759
```

Pr(Y_{10} = Marked（療效顯著）) = 1.0 − Pr(Y_{10} ≤ Some)

```
> 1 - 0.6302121
[1] 0.3697879
```

> 從上述計算可知，第 10 個病患治療效果等於第一個分類 None 的機率最高（0.4095），預測結果是 None（無效）。

15.6.3.2　使用 Design 套件 的 lrm 函數

```
> library(Design)
> result.lrm = lrm(Improved ~ Treatment + Sex + Age,
                   data = Arthritis)
> result.lrm
```

Logistic Regression Model

lrm(formula = Improved ~ Treatment + Sex + Age, data = Arthritis)

Frequencies of Responses
  None Some Marked
   42   14   28

	Obs	Max Deriv	Model L.R.	d.f.	P	C	Dxy	Gamma
	84	1e-07	24.46	3	0	0.75	0.5	0.503
	Tau-a	R2	Brier					
	0.309	0.291	0.187					

	Coef	S.E.	Wald Z	P
y>=Some	-2.53198	1.05696	-2.40	0.0166
y>=Marked	-3.43098	1.09107	-3.14	0.0017

```
Treatment=Treated     1.74530  0.47589   3.67  0.0002
Sex=Male             -1.25169  0.54636  -2.29  0.0220
Age                   0.03816  0.01841   2.07  0.0382
```

```
> result.lrm$coef
    y>=Some     y>=Marked  Treatment=Treated    Sex=Male         Age
-2.53198192   -3.43097952         1.74530344  -1.25168630  0.03816266
```

從計算結果可知，$\hat{\zeta}_1 = -2.53198192$，$\hat{\zeta}_2 = -3.43097952$，當 Treatment 變數等於 Treated 時，$\hat{\beta}_1 = 1.74530344$，當 Sex 變數等於 Male 時，$\hat{\beta}_2 = -1.25168630$，Age 變數的估計值 $\hat{\beta}_3 = 0.03816266$。我們也可以看到計算結果中有列出迴歸係數的 Wald 檢定值與 P-values。所有係數的 P-value 皆小於 $\alpha = 0.05$，不拒絕「H_0：係數 = 0」。

➤ 算出迴歸係數的勝算（odds）估計值：

```
> exp(coef(result.lrm))
   y>=Some    y>=Marked  Treatment=Treated   Sex=Male        Age
0.07950130   0.03235523         5.72763919  0.28602207  1.03890020
```

➤ 計算混淆矩陣與正確預測比例：

```
> predict(result.lrm, newdata = Arthritis, type = "fitted")
      y>=Some    y>=Marked
1   0.26737672  0.12932157
2   0.28259055  0.13816142
3   0.29039116  0.14276861
..............................
83  0.51576448  0.30239503
84  0.57249910  0.35275690
```

使用 predict 函數的 type = "fitted.ind" 可以求出各分類的機率估計值：

```
> Ypred = predict(result.lrm, newdata = Arthritis,
+                 type = "fitted.ind")
> Ypred
  Improved=None  Improved=Some  Improved=Marked
1     0.7326233      0.13805515       0.12932157
```

```
2        0.7174095        0.14442913        0.13816142
3        0.7096088        0.14762255        0.14276861
................................................................
84       0.4275009        0.21974220        0.35275690
```

> **提醒** lrm 物件經由 predict 函數算出的預測值是一個矩陣，矩陣內的各直行為應變數 Improved 三個分類的機率估計值，因此若要算出混淆矩陣與正確預測比例，我們必須選出每一列最大的機率值（使用 apply 搭配 which.max），當作該觀察值的預測分類：

```
> Ypred2 = apply(Ypred, 1, which.max)
> Ypred2
 1  2  3  4  5  6  7  8  9 10 11 12 13 14 15 16 17 18 19 20
 1  1  1  1  1  1  1  1  1  1  3  3  1  1  3  3  3  3
..................................................[略]
63 64 65 66 67 68 69 70 71 72 73 74 75 76 77 78 79 80 81 82 83 84
 1  1  1  1  1  1  1  1  1  1  1  1  1  1  1  1  1  1  1  1  1  1

> Ylevels = levels(Arthritis$Improved)
> Ypred3 = ordered(car::recode(Ypred2, "1 = 'None' ;
+                  2 = 'Some' ; 3 = 'Marked'"), levels = Ylevels)
> (t = table(Real = Arthritis$Improved, Prediction = Ypred3))
        Prediction
Real     None Some Marked
  None     37    0      5
  Some      9    0      5
  Marked   11    0     17

> cat("正確預測比例 =", 100*sum(diag(t))/sum(t), "%\n")
正確預測比例 = 64.28571 %
```

CHAPTER 16

實驗設計

16.1 ANOVA 模型與線性模式的差異
16.2 實驗設計函數彙整
16.3 一因子設計
16.4 多重比較
16.5 隨機集區設計
16.6 拉丁方格設計
16.7 二因子設計
16.8 兩水準因子設計

實驗設計方法通常用於「實驗性資料」，但也可以用於「觀察性資料」。兩者的差別在於「實驗性資料」藉由控制某些變數來降低它們對最後分析結果的干擾，比較能夠作出因果關係推論，而「觀察性資料」則僅能推論應變數與解釋變數之間具有某種程度的「相關性」，但無法保證兩者之間具有因果關係。

在 R 軟體中，迴歸分析與實驗設計都使用相同的模型表示方法，主要的差別在於實驗設計的解釋變數多為「分類變數」，我們需要將這些分類變數儲存為 R 軟體中的 Factor 變數型態，軟體才能知道該如何處理解釋變數與應變數之間的計算。

在這一章裡面，我們將介紹如何使用 R 軟體來分析常用的一因子設計、完全隨機集區設計、拉丁方格設計、二因子設計以及兩水準的因子設計（Two-Level Factorial Design）。

16.1 ANOVA 模型與線性模型的差異

一般實驗設計教科書中所寫的 ANOVA 模型，僅是便利表達資料架構的形式，但實際求解時，多數軟體是使用第 12 章所介紹的矩陣型態「線性模式」參數表達法來計算。對於迴歸分析而言，線性模式表達法不會造成誤導，因為迴歸模型本來就使用線性模型。但是 ANOVA 模型有不同的表達形式，因此，我們在解讀 lm 函數與 aov 函數的計算結果時，需要留意這個差別。例如，一般實驗設計教科書中的一因子設計模型多數表達為：

$$Y_{ij} = \mu_i + \varepsilon_{ij} = \mu + \tau_i + \varepsilon_{ij}$$

其中 $\mu_i = \mu + \tau_i$，$i = 1, ..., a$，$j = 1, ..., n$，$\varepsilon_{ij} \sim N(0, \sigma)$

但是實際計算時，R 軟體使用的是便於矩陣運算的 $Y = X\beta + \varepsilon$ 模型，即

$$Y_i = \sum_{j=0}^{a-1} \beta_j x_{ij} + \varepsilon_{ij} = \beta_0 + \beta_1 x_{i1} + \beta_2 x_{i2} + \cdots + \beta_{a-1} x_{i(a-1)} + \varepsilon_{ij}$$

其中 $Y = (Y_0, Y_1, ..., Y_n)'$、$\beta = (\beta_0, \beta_1, ..., \beta_{p-1})'$、$\varepsilon = (\varepsilon_0, \varepsilon_1, ..., \varepsilon_n)'$

這個線性模式中的參數 β_i 與 ANOVA 模型參數 μ_i、τ_i 之間的關係為：

$$\beta_0 = \mu_1 = \mu + \tau_1$$
$$\beta_1 = \mu_2 - \mu_1 = \tau_2 - \tau_1$$

$$\beta_2 = \mu_3 - \mu_1 = \tau_e - \tau_1$$
$$\cdots\cdots\cdots\cdots\cdots\cdots\cdots$$
$$\beta_{a-1} = \mu_a - \mu_1 = \tau_a - \tau_1$$

這個關係式主要是以第一個分類水準的平均數 μ_1 當作基本參考標準。在 R 軟體中，兩組參數估計值之間的轉換可以藉由 **model.tables( )** 函數來完成。我們將在 16.2 節中以實際計算範例來說明。

16.2 實驗設計函數彙整

實驗設計最常用的函數是 lm（linear model）及 aov。aov 函數其實是 lm 函數的改裝版本，差別在於 aov 函數計算結果比較貼近一般教科書中的 ANOVA 表格形式。表 16-1 列出 R 軟體常用的實驗設計分析函數：

表 16-1 實驗設計常用函數

函數名稱	套件	說明
ANOVA 基本分析函數		
lm	基本	基本線性模型分析
aov	基本	aov 專用函數
anova	基本	顯示 ANOVA 表格結構
model.tables	基本	顯示 effects 估計值與各水準平均數。參數需為 aov 函數產生的物件
model.matrix	基本	顯示設計矩陣
expand.grid	基本	建構 ANOVA 資料
oneway.test	基本	不需固定變異數假設的一因子設計檢定
kruskal.test	基本	無母數一因子檢定
多重比較		
TukeyHSD	基本	**Tukey 多重比較**
glht	multcomp	Dunnett 與 Tukey 多重比較
LTukey	laercio	Tukey 多重比較
TukeyCI	asbio	Tukey 多重比較
LDuncan	laercio	Duncan 多重比較
LSD.test	asbio	LSD 多重比較

表 16-1　實驗設計常用函數（續）

函數名稱	套件	說明
BonferronniCI	asbio	Bonferronni 多重比較
ScheffeCI	asbio	Scheffe 多重比較
ANOVA 繪圖函數		
interaction.plot	基本	交互作用圖
qqnorm、qqline	基本	常態機率圖
multcompBoxplot	multcompView	多重比較圖形
ANOVA 工具函數		
rep	基本	字串重複函數，用來建構因子變數的各分類水準
MOLS	crossdes	製造拉丁方格
DanielPlot、LenthPlot	BsMD	顯著效果篩選：半常態機率圖與 Lenth 法圖形
tapply	基本	計算各因子水準下的觀察值平均數
xtable	xtable	印出美觀的 ANOVA 表格
ANOVA 殘差檢定函數		
shapiro.test	基本	常態性檢定
durbin.watson	car	Durbin-Watson 殘差獨立性檢定
dwtest	lmtest	Durbin-Watson 殘差獨立性檢定
bartlett.test	基本	檢查殘差固定變異數檢定
ncv.test	基本	殘差固定變異數檢定
outlier.test	基本	偵測極端值
xtable	xtable	ANOVA 美觀表格製作

16.3　一因子設計

一因子設計的模型是

$$Y_{ij} = \mu_i + \varepsilon_{ij} = \mu + \tau_i + \varepsilon_{ij}$$

其中 $\mu_i = \mu + \tau_i$，i = 1, ..., a，j = 1, ..., n，$\varepsilon_{ij} \sim N(0, \sigma)$

在上述模型中，影響因子具有 a 個水準（levels，即一般常講的「分類」），我們想要知道的是這 a 個不同分類對於應變數 Y 是否具有不同的影響力。因此我們需要檢定的假設是 $H_0: \tau_1 = \tau_2 = ... = \tau_a = 0$。

一因子模型在 R 軟體中寫成

$$y \sim F$$

其中

- y 代表應變數，通常是數字向量。
- F 代表影響因子，在 R 軟體中儲存為 Factor 變數的型態（請讀者參考第 12 章的詳細模型寫法）。

▼ 程式範例 16-1

我們將使用 Monegomery (2009) 積體電路生產過程中的電漿蝕刻（plasma etching）資料，來示範如何使用 R 軟體分析一因子設計資料。在這組資料中，產生電漿的電極功率有 4 種設定值：160W、180W、200W、220W，所以 a = 4，另外每個處理中有 n = 5 個觀察值。

電極功率	\multicolumn{5}{c	}{觀察值：Etch Rate (A/min)}
	1	2	3	4	5
160W	575	542	530	539	570
180W	565	593	590	579	610
200W	600	651	610	637	629
220W	725	700	715	685	710

> 先用最簡單直覺的方法來輸入資料：

```
> Y1 = c(575, 542, 530, 539, 570)
> Y2 = c(565, 593, 590, 579, 610)
> Y3 = c(600, 651, 610, 637, 629)
> Y4 = c(725, 700, 715, 685, 710)
> Y = c(Y1, Y2, Y3, Y4)
> Y
 [1]  575 542 530 539 570 565 593 590 579 610
[11]  600 651 610 637 629 725 700 715 685 710
```

> 使用 rep 重複函數來建立因子變數 A，並轉為 R 軟體的 Factor 變數：

```
> A = as.factor(rep(c("160w", "180w", "200w", "220w"), each = 5))
```

```
> A
 [1] 160w 160w 160w 160w 160w 180w 180w 180w 180w 180w
[11] 200w 200w 200w 200w 200w 220w 220w 220w 220w 220w
Levels: 160w 180w 200w 220w
```

當觀察值數目不相等時

如果各分類水準下的觀察值數目不一樣，例如：160W 水準下有 3 個觀察值、180W 分類下有 2 個、200W 分類下有 4 個、220W 分類下有 5 個，我們一樣可以用 rep( ) 函數來建立因子變數：

```
> A2 = rep(c("160w", "180w", "200w", "220w"), times = c(3, 2, 4, 5))
> A2
 [1] 160w 160w 160w 180w 180w 200w 200w 200w 200w 220w
[11] 220w 220w 220w 220w
Levels: 160w 180w 200w 220w
```

> 先看看這四種不同電極功率設定對應變數 Y 的 box plots（圖 16-1）：

```
> boxplot(Y ~ A, ylab = "Etch Rate", xlab = "Power")
```

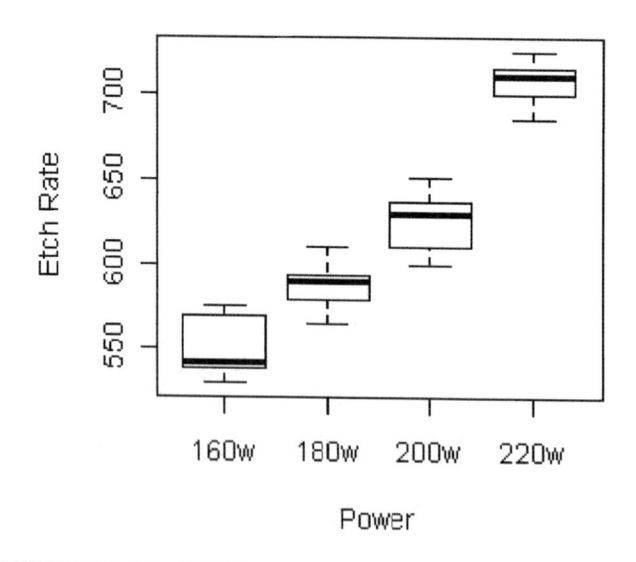

》圖 16-1　etching 資料 Box plot

16.3.1 傳統 ANOVA 一因子模型

從圖形來看，四種不同電極功率設定看起來有明顯的差異。 我們先使用 lm( ) 函數來分析：

```
> lm(Y ~ A)
Call:
lm(formula = Y ~ A)

Coefficients:
(Intercept)         A180w         A200w         A220w
      551.2          36.2          74.2         155.8

> summary(lm(Y ~ A))

Call:
lm(formula = Y ~ A)

Residuals:
   Min     1Q Median     3Q    Max
 -25.4  -13.0    2.8   13.2   25.6

Coefficients:
            Estimate Std. Error t value Pr(>|t|)
(Intercept)  551.200      8.169  67.471  < 2e-16 ***
A180w         36.200     11.553   3.133  0.00642 **
A200w         74.200     11.553   6.422 8.44e-06 ***
A220w        155.800     11.553  13.485 3.73e-10 ***
---
Signif. codes:  0'***' 0.001'**' 0.01'*' 0.05'.' 0.1'' 1

Residual standard error: 18.27 on 16 degrees of freedom
Multiple R-squared: 0.9261, Adjusted R-squared: 0.9122
F-statistic:  66.8 on 3 and 16 DF, p-value: 2.883e-09
```

從 output 中，我們可以知道 MSE = (Residual standard error)^2 = (18.27)^2 = 333.7929，F 檢定值為 66.8，P-value = 2.883x10^{-9} < α = 0.05，因此拒絕 H$_0$。不同電極功率值的平均影響力有顯著差異。

➢ 接下來我們利用 anova( ) 函數來彙整出一般常見的 ANOVA Table：

```
> anova(lm(Y ~ A))
Analysis of Variance Table
Response: Y
          Df  Sum Sq Mean Sq F value    Pr(>F)
A          3   66871 22290.2  66.797 2.883e-09 ***
Residuals 16    5339   333.7
---
Signif. codes:  0'***' 0.001'**' 0.01'*' 0.05'.' 0.1'' 1
```

➢ 如果想要在報告中呈現比較好看的 ANOVA 表格，我們可以使用 xtable 套件來產生 HTML 或 LaTeX 表格：

```
> library(xtable)
> lm.xtable = xtable(lm.model)
> print(lm.xtable, type = "html")
```
<!-- html table generated in R 2.10.1 by xtable 1.5-6 package -->
<!-- Fri Dec 22 08:25:19 2009 -->
<TABLE border=1>
<TR> <TH> </TH> <TH> Df </TH> <TH> Sum Sq </TH> <TH> Mean Sq </TH> <TH> F value </TH> <TH> Pr(&gt F) </TH> </TR>
....
<TD align="right"> </TD> <TD align="right"> </TD> </TR>
  </TABLE>

將上述程式輸出的 HTML 原始碼 copy 到網頁中，就會出現以下表格。網頁上的表格若直接 copy 到 Word 軟體，呈現結果是一樣的：

	Df	Sum Sq	Mean Sq	F value	Pr(> F)
A	3	66870.55	22290.18	66.80	0.0000
Residuals	16	5339.20	333.70		

使用 aov 函數分析一因子設計資料

我們也可以使用 aov 函數來分析這組資料，結果相同，但 aov 函數的優點是可以直接得到一般常見的 ANOVA 表格：

```
> aov(Y ~ A)
Call:
   aov(formula = Y ~ A)

Terms:
                        A   Residuals
Sum of Squares    66870.55    5339.20
Deg. of Freedom          3         16

Residual standard error: 18.26746
Estimated effects may be unbalanced
```

```
> summary(aov(Y ~ A))
            Df  Sum Sq  Mean Sq  F value    Pr(>F)
A            3   66871  22290.2   66.797  2.883e-09 ***
Residuals   16    5339    333.7
---
Signif. codes:  0 '***' 0.001 '**' 0.01 '*' 0.05 '.' 0.1 ' ' 1
```

各分類的平均影響力估計量：model.tables 函數

使用 coefficients( ) 函數可以顯示模型參數估計量。這個函數也可以簡略寫成 coef( )：

```
> lm.result = lm(Y ~ A)
> coef(lm.result)
(Intercept)        A180w        A200w        A220w
      551.2         36.2         74.2        155.8
```

```
> aov.model = aov(Y ~ A)
> coef(aov.model)
(Intercept)        A180w        A200w        A220w
      551.2         36.2         74.2        155.8
```

在本章一開始我們曾經提到，在實際計算 ANOVA 分析時，lm( ) 函數是使用矩陣型態的線性模型 Y = Xβ + ε 參數編碼方式，其中 β = (β_0, β_1, ..., β_{p-1})^t。因此，上面 output 中的參數估計量（coefficients）是 (β_0, β_1, ..., β_{p-1})^t 的估計值，而非傳統實驗設計教科書中的 $\hat{\mu}_i$ 或 τ_i 估計值。上面的計算結果中，lm 線性模型函數的參數編碼方式為：

$$\hat{\beta}_0 = \hat{\mu}_1 = \hat{\mu} + \hat{\tau}_1 = 551.2,\ \hat{\beta}_1 = \hat{\mu}_2 - \hat{\mu}_1 = \hat{\tau}_2 - \hat{\tau}_1 = 36.2$$

$$\hat{\beta}_2 = \hat{\mu}_3 - \hat{\mu}_1 = \hat{\tau}_3 - \hat{\tau}_1 = 74.2,\ \hat{\beta}_3 = \hat{\mu}_4 - \hat{\mu}_1 = \hat{\tau}_4 - \hat{\tau}_1 = 155.8$$

所以

$$\hat{\mu}_2 = (\hat{\mu}_2 - \hat{\mu}_1) + \hat{\mu}_1 = 36.2 + 551.2 = 587.4$$

$$\hat{\mu}_3 = (\hat{\mu}_3 - \hat{\mu}_1) + \hat{\mu}_1 = 74.2 + 551.2 = 625.4$$

$$\hat{\mu}_4 = (\hat{\mu}_4 - \hat{\mu}_1) + \hat{\mu}_1 = 155.8 + 551.2 = 707$$

另外，我們可算出 $\hat{\mu}$ = mean(Y) = 617.75，因此，

$$\hat{\tau}_1 = \hat{\mu}_1 - \hat{\mu} = 551.2 - 617.75 = -66.55$$

$$\hat{\tau}_2 = \hat{\mu}_2 - \hat{\mu} = 587.4 - 617.75 = -30.35$$

$$\hat{\tau}_3 = \hat{\mu}_3 - \hat{\mu} = 625.4 - 617.75 = 7.65$$

$$\hat{\tau}_4 = \hat{\mu}_4 - \hat{\mu} = 707.0 - 617.75 = 89.25$$

這裡要注意的是，在實驗設計中，不管是哪一種參數編碼方式，只要符合基本條件，最後算出來的各水準影響力估計量、ANOVA 表格與檢定結果都相同。

了解 lm 函數的參數編碼方式後，我們可以直接使用 **model.tables** 函數來幫我們算出這些參數估計值，不需要自己動手計算。

> 使用 model.tables 函數算出各分類水準對 Y 的影響估計量：

```
> model.tables(aov.model, type = "effects")
Tables of effects
 A
 A
   160w    180w    200w    220w
  -66.55  -30.35   7.65   89.25
```

> 算出各分類水準下所有觀察值的平均數：

```
> model.tables(aov.model, type = "means")
Tables of means
Grand mean

 617.75
  A
A
  160w  180w  200w  220w
 551.2 587.4 625.4 707.0
```

由上述結果可看出當電力等於 160W 時，平均蝕刻程度的估計值是 551.2，當電力設定為 220W 時，則為 707.0。

> 由於各水準的平均影響力估計量僅是該水準所有觀察值的平均數，因此如果不想用 model.tables 函數來計算，我們也可以使用以下程式直接算出各水準下的觀察值平均數與標準差：

```
> tapply(Y, list(A), mean)
  160w  180w  200w  220w
 551.2 587.4 625.4 707.0
```

```
> tapply(Y, list(A), sd)
     160w      180w      200w      220w
 20.01749  16.74216  20.52559  15.24795
```

Design Matrix：model.matrix 函數

接下來，我們可以使用 **model.matrix( )** 函數來看看這個模型表達成矩陣形式的線性模式 $Y = X\beta + \varepsilon$ 時，其設計矩陣 (design matrix) **X** 的結構：

```
> model.matrix(Y ~ A)
  (Intercept) A180w A200w A220w
1           1     0     0     0
2           1     0     0     0
3           1     0     0     0
4           1     0     0     0
```

5	1	0	0	0
6	1	1	0	0
7	1	1	0	0
...	...	...	...	...
18	1	0	0	1
19	1	0	0	1
20	1	0	0	1

從設計矩陣大小為 20×4 可以看出，lm 函數在計算時，是在 $Y = X\beta + \varepsilon$ 模型中使用 $\beta = (\beta_0, \beta_1, ..., \beta_{p-1})^t$ 共 4 個參數：$\beta_0 = \mu_1$、$\beta_1 = \mu_2 - \mu_1$、$\beta_2 = \mu_3 - \mu_1$ 與 $\beta_3 = \mu_4 - \mu_1$。

殘差分析

殘差分析需要檢查殘差是否：

(1) 服從 Normal 分配。

(2) 互相獨立。

(3) 變異數是否為常數。

➢ 底下程式畫出殘差的常態機率圖，預測值 vs 殘差圖（圖 16-2）：

```
> residuals = lm.result$res
> Y.fit = lm.result$fit
> plot(residuals)
> abline(h = 0)
> plot(Y.fit, residuals)
> abline(h = 0)
> qqnorm(residuals)
> qqline(residuals)
```

》圖 16-2　Etching 資料殘差圖形

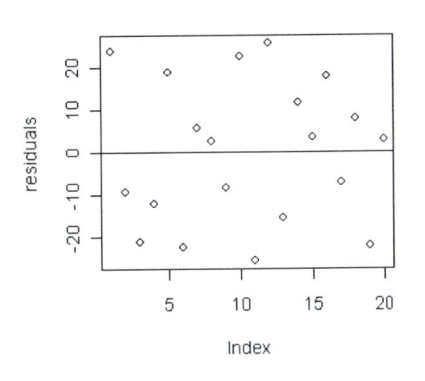

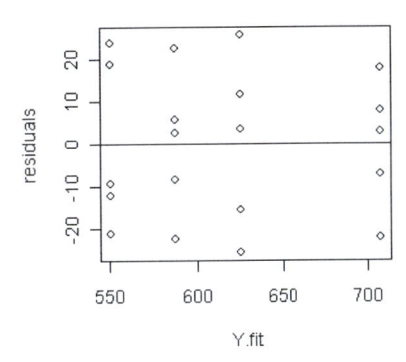

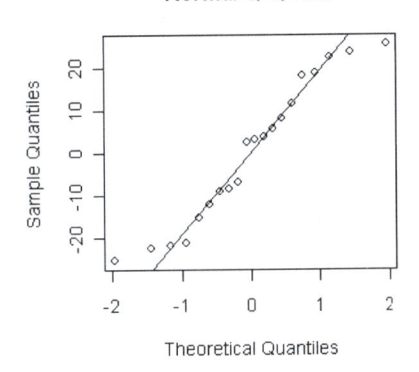

　　以上三個殘差圖形看起來並沒有違反隨機誤差項假設的狀況，但由於解釋變數為分類變數，ANOVA 模型的殘差圖形跟迴歸分析有點不同，圖點會依照各分類而群聚在一起，往往無法直接判讀。

➤ 我們可以用常態性檢定函數（請參考 12.8 節），例如 Shapiro-Wilk 檢定來看看殘差是否服從常態分配：

```
> shapiro.test(residuals)
        Shapiro-Wilk normality test
data:  residuals
W = 0.9375, p-value = 0.2152
```

這裡顯示 P-value > 0.05，不拒絕「H_0：資料服從 Normal 分配」，因此殘差的常態性大致上沒有問題。

➤ 我們再來看看殘差之間是否互相獨立。**lmtest** 套件的 **dwtest**（Durbin-Watson 獨立性檢定）可以檢查殘差是否互相獨立，另外 **car** 套件的 **durbin.watson** 函數則也可以算出 Durbin-Watson 檢定值與 P-value，但其 P-value 是由 bootstrap 法模擬算出：

```
> library(lmtest)
> dwtest(Y~A)
        Durbin-Watson test
data:  Y ~ A
DW = 2.9609, p-value = 0.9535
alternative hypothesis: true autocorrelation is greater than 0
```

```
> library(car)
> durbin.watson(lm.result, method = "normal")
 lag Autocorrelation D-W Statistic p-value
   1      -0.5343347       2.960893   0.102
 Alternative hypothesis: rho != 0
```

兩個不同套件下的 Durbin-Watson 檢定值差不多，P-value 都大於 $\alpha = 0.05$，不拒絕「H_0：殘差互相獨立」的假設。

➤ 接下來我們使用 **bartlett.test( )** 與 **ncv.test** 兩個檢定函數，看看各分類水準之下的殘差變異數是否有明顯的差異。這兩個函數中，**bartlett.test** 函數需要將 Factor 變數當作第二個參數，**ncv.test** 則直接使用 **lm( )** 函數的輸出結果當作參數：

```
> bartlett.test(residuals, A)
         Bartlett test of homogeneity of variances

data:   residuals and A
Bartlett's K-squared = 0.4335, df = 3, p-value = 0.9332
```

```
> ncv.test(lm.result)                         # 或 ncv.test(lm(Y~A))
Non-constant Variance Score Test
Variance formula: ~ fitted.values
Chisquare = 0.2105756    Df = 1    p = 0.6463166
```

兩個檢定的 P-value 都大於 α = 0.05，因此符合模型中的隨機誤差項需有固定變異數假設。

極端值檢查

如果我們想檢查這組資料中是否有極端值（outler），可以使用 car 套件的 outlier.test 函數：

```
> outlier.test(lm.result)                    # 或 outlier.test(lm(Y~A))
max|rstudent| = 1.648813, degrees of freedom = 15,
unadjusted p = 0.1199663, Bonferroni p > 1

Observation: 12
```

結果顯示，最有可能的第 12 個觀察值，其 P-value 大於 α = 0.05，所以這組資料沒有可疑的極端值。

16.3.2　oneway.test 與 Kruskal-Wallis 無母數檢定

如果殘差變異數不為常數，R 軟體還有 oneway.test 檢定函數，使用 Welch (1951) 的檢定方法。Weltch 檢定是雙樣本平均數差異 t 檢定的擴充版本，雖仍需要假設隨機誤差項的常態性，但不需要固定變異數的假設：

```
> oneway.test( Y ~ A, var.equal = FALSE )
    One-way analysis of means (not assuming equal variances)

data:  Y and A
F = 68.7191, num df = 3.000, denom df = 8.828,
p-value = 1.913e-06
```

另外，若常態性檢定沒有過關，我們還可以使用不需要 Normal 分配假設的 Kruskal-Wallis 無母數檢定，來判斷因子的各水準影響力是否具有顯著差異：

```
> kruskal.test(Y ~ A)
        Kruskal-Wallis rank sum test

data:  Y by A
Kruskal-Wallis chi-squared = 16.907, df = 3, p-value = 0.0007386
```

oneway.test 與 kruskal.test 的 P-value 都遠小於 α = 0.05，拒絕「H_0：A 因子的各水準沒有顯著差異」，結論與 lm 或 aov 相同。

16.4 多重比較

可用於多重比較（multiple comparisons）的函數有 TukeyHSD、multcomp 套件的 glht 函數，另外，laercio 套件與 asbio 套件也有多個函數可用：

```
> TukeyHSD(aov.model)
  Tukey multiple comparisons of means
    95% family-wise confidence level

Fit: aov(formula = Y ~ A)

$A
            diff       lwr       upr     p adj
180w-160w   36.2    3.145624  69.25438 0.0294279
200w-160w   74.2   41.145624 107.25438 0.0000455
220w-160w  155.8  122.745624 188.85438 0.0000000
200w-180w   38.0    4.945624  71.05438 0.0215995
220w-180w  119.6   86.545624 152.65438 0.0000001
220w-200w   81.6   48.545624 114.65438 0.0000146
```

➢ plot 函數可畫出 TukeyHSD 傳回的結果（圖 16-3）：

```
> plot(TukeyHSD(aov.model))
```

95% family-wise confidence level

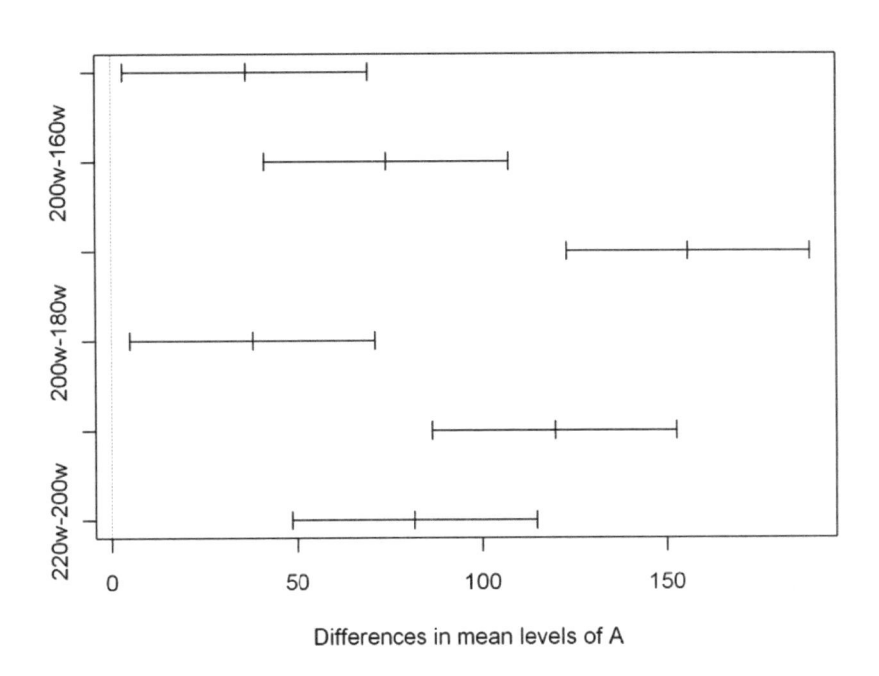

》圖 16-3　TukeyHSD 函數的多重比較圖

> 使用 multcomp 套件的 glht 函數計算多重比較：Tukey 與 Dunnett 法

```
> library(multcomp)
> glht(aov.model, linfct = mcp(A = "Tukey"))
         General Linear Hypotheses

Multiple Comparisons of Means: Tukey Contrasts

Linear Hypotheses:
                 Estimate
180w - 160w == 0    36.2
200w - 160w == 0    74.2
220w - 160w == 0   155.8
200w - 180w == 0    38.0
220w - 180w == 0   119.6
220w - 200w == 0    81.6
```

```
> glht(aov.model, linfct = mcp(A = "Dunnett"))
         General Linear Hypotheses

Multiple Comparisons of Means: Dunnett Contrasts

Linear Hypotheses:
                  Estimate
180w - 160w == 0    36.2
200w - 160w == 0    74.2
220w - 160w == 0   155.8
```

> multcomp 套件的 cld 函數可以傳出可畫圖的物件（圖 16-4）：

95% family-wise confidence level

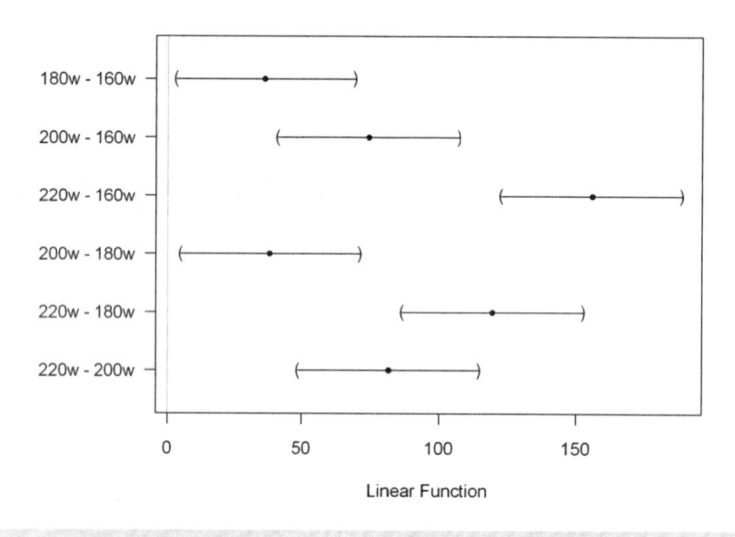

》圖 16-4　multcomp 套件的 cld 函數圖形

```
> tuk = glht(aov.model, linfct = mcp(A = "Tukey"))
> tukcld = cld(tuk)
> plot(tuk)
```

> multcompView 套件的 multcompBoxplot 也可畫出多重比較圖（圖 16-5）：

```
> library(multcompView)
> mydata = data.frame(Y, A)
> multcompBoxplot(Y ~ A, data = mydata)              # 圖 16-5
```

》圖 16-5　multcompBoxplot

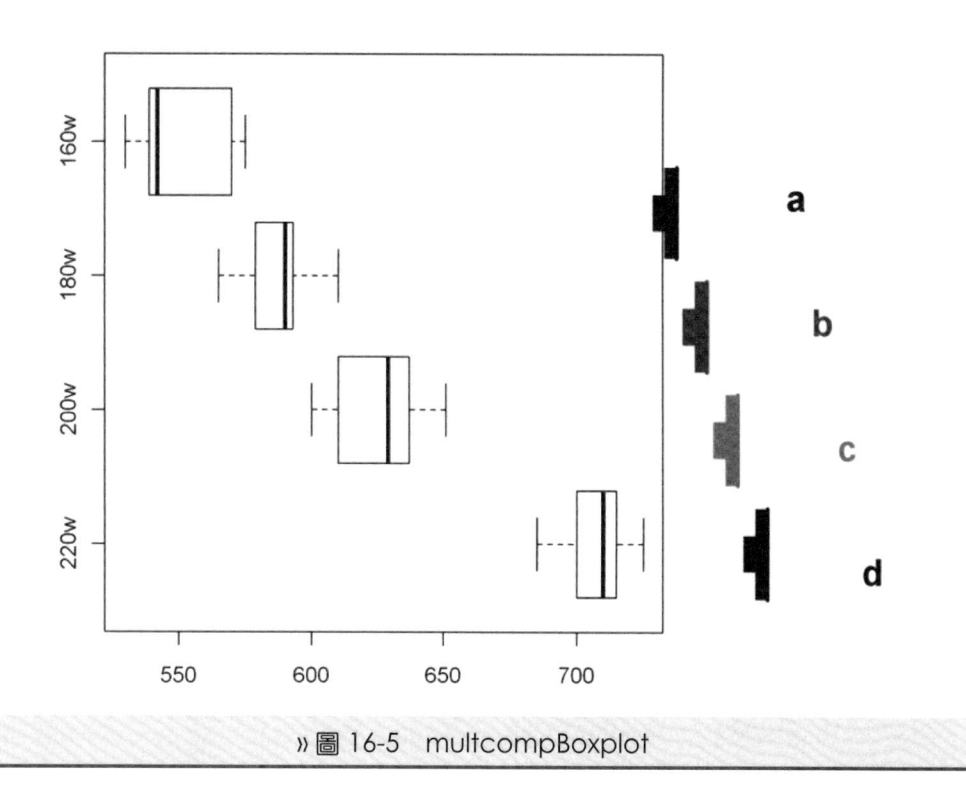

- laercio 套件可計算 Duncan、Tukey 多重比較信賴區間：

```
> library(laercio)
> aov.result = aov(Y ~ A)
> LDuncan(aov.result, "A")
```
DUNCAN TEST TO COMPARE MEANS

Confidence Level: 0.95
Dependent Variable: Y
Variation Coefficient: 2.957095 %

Independent Variable: A
Factors Means
220w   707   a
200w   625.4   b
180w   587.4   c
160w   551.2   d

```
> LTukey(aov.result, "A")
TUKEY TEST TO COMPARE MEANS

Confidence level: 0.95
Dependent variable: Y
Variation Coefficient: 2.957095 %

Independent variable: A
  Factors Means
  220w    707    a
  200w    625.4  b
  180w    587.4  c
  160w    551.2  d
```

- asbio 套件可以計算 LSD、Bonferroni、Tukey、Scheffe 多重比較信賴區間：

```
> library(asbio)
> LSD.test(Y, A)
                   LSD      Diff      Lower     Upper    Decision
mu160w-mu180w  24.49202  -36.1999999999999  -60.69202  -11.70798 Reject H0
mu160w-mu200w  24.49202              -74.2  -98.69202  -49.70798 Reject H0
mu180w-mu200w  24.49202                -38  -62.49202  -13.50798 Reject H0
mu160w-mu220w  24.49202             -155.8 -180.29202 -131.30798 Reject H0
mu180w-mu220w  24.49202             -119.6 -144.09202  -95.10798 Reject H0
mu200w-mu220w  24.49202              -81.6 -106.09202  -57.10798 Reject H0
               Adj. p-value
mu160w-mu180w       0.00642
mu160w-mu200w         1e-05
mu180w-mu200w       0.00462
mu160w-mu220w             0
mu180w-mu220w             0
mu200w-mu220w             0

> BonferroniCI(Y, A)
                Diff     Lower     Upper   Decision  Adj. p-value
mu160w-mu180w  -36.2  -70.95635  -1.44365  Reject H0      0.038497
```

```
mu160w-mu200w   -74.2 -108.95635  -39.44365 Reject H0     5.1e-05
mu180w-mu200w     -38  -72.75635   -3.24365 Reject H0    0.027746
mu160w-mu220w  -155.8 -190.55635 -121.04365 Reject H0           0
mu180w-mu220w  -119.6 -154.35635  -84.84365 Reject H0           0
mu200w-mu220w   -81.6 -116.35635  -46.84365 Reject H0     1.6e-05
```

> TukeyCI(Y, A)

```
                 Diff       Lower      Upper  Decision Adj. p-value
mu160w-mu180w   -36.2   -69.25438   -3.14562 Reject H0     0.029428
mu160w-mu200w   -74.2  -107.25438  -41.14562 Reject H0      4.5e-05
mu180w-mu200w     -38   -71.05438   -4.94562 Reject H0     0.021599
mu160w-mu220w  -155.8  -188.85438 -122.74562 Reject H0            0
mu180w-mu220w  -119.6  -152.65438  -86.54562 Reject H0            0
mu200w-mu220w   -81.6  -114.65438  -48.54562 Reject H0      1.5e-05
```

> ScheffeCI(Y, A)

```
                 Diff       Lower      Upper  Decision Adj. p-value
mu160w-mu180w   -36.2   -72.21352   -0.18648 Reject H0     0.048577
mu160w-mu200w   -74.2  -110.21352  -38.18648 Reject H0     0.000108
mu180w-mu200w     -38   -74.01352   -1.98648 Reject H0     0.036659
mu160w-mu220w  -155.8  -191.81352 -119.78648 Reject H0            0
mu180w-mu220w  -119.6  -155.61352  -83.58648 Reject H0            0
mu200w-mu220w   -81.6  -117.61352  -45.58648 Reject H0      3.6e-05
```

> Pairw.test(Y, A, method = "Scheffe")

```
                 Diff       Lower      Upper  Decision Adj. p-value
mu160w-mu180w   -36.2   -72.21352   -0.18648 Reject H0     0.048577
mu160w-mu200w   -74.2  -110.21352  -38.18648 Reject H0     0.000108
mu180w-mu200w     -38   -74.01352   -1.98648 Reject H0     0.036659
mu160w-mu220w  -155.8  -191.81352 -119.78648 Reject H0            0
mu180w-mu220w  -119.6  -155.61352  -83.58648 Reject H0            0
mu200w-mu220w   -81.6  -117.61352  -45.58648 Reject H0      3.6e-05
```

16.5 隨機集區設計

一因子隨機集區設計的模型是

$$Y_{ij} = \mu + \tau_i + \beta_j + \varepsilon_{ij}$$

其中 i = 1, ..., a，j = 1, ..., b，$\varepsilon_{ij} \sim N(0, \sigma)$

在上述模型中，影響因子具有 a 個水準（levels，即一般常講的「分類」），集區變數有 b 個分類。由於隨機集區設計的隨機化步驟並不是完全隨機（complete randomized），雖然某些教科書會列出檢定集區分類是否具有影響力的公式，但一般並不鼓勵作這個檢定。集區檢定的 F 檢定統計量由於受到隨機性質受限制的影響，並不服從 F 分配。

另一方面，由於 F 檢定值代表集區均方與 MSE 的倍數關係，所以也有學者建議可以檢查集區的 F 檢定值，假如這個倍數很大，則代表集區具有影響力。我們主要想知道的是解釋因子的 a 個不同分類對於應變數 Y 是否具有不同的影響力。因此我們需要檢定的假設是

$$H_0 : \tau_1 = \tau_2 = ... = \tau_a = 0$$

上述模型在 R 軟體中寫成 **y ~ A + B**，其中 y 代表應變數，通常是數字向量，A 代表影響因子，B 代表集區變數，兩者在 R 軟體中以 factor 變數表示。

▼ 程式範例 16-2

這一節當中，我們將使用 Montgomery 實驗設計書中的人造血管資料當作運算範例。人造血管是由聚四氟乙烯（polytetrafluoroethylene）合成樹脂經過擠壓而成的管狀物。在製造過程中，機器擠壓的壓力（單位：PSI）可能會造成人造血管上不同程度的污跡現象。另外，生產廠商也懷疑上游原料供應商所提供的不同貨批的樹脂原料也可能有影響。

擠壓壓力	集區（樹脂貨批）					
	1	2	3	4	5	6
8500	90.3	89.2	98.2	93.9	87.4	97.9
8700	92.5	89.5	90.6	94.7	87.0	95.8
8900	85.5	89.5	85.6	87.4	78.9	90.7
9100	82.5	89.5	85.6	87.4	78.9	90.7

> 先用 expand.grid 函數建立擠壓因子 Extrusion 與集區變數 Blocks：

```
> mydata = expand.grid(Blocks = paste("B", 1:6, sep = ""),
                       Extrusion = c(8500, 8700, 8900, 9100))
> mydata
   Blocks Extrusion
1      B1      8500
2      B2      8500
3      B3      8500
4      B4      8500
5      B5      8500
6      B6      8500
7      B1      8700
..................
23     B5      9100
24     B6      9100
```

> 將觀察值分為 4 列輸入，比較不會搞混或輸入錯誤：

```
> Y1 = c(90.3, 89.2, 98.2, 93.9, 87.4, 97.9)
> Y2 = c(92.5, 89.5, 90.6, 94.7, 87.0, 95.8)
> Y3 = c(85.5, 89.5, 85.6, 87.4, 78.9, 90.7)
> Y4 = c(82.5, 89.5, 85.6, 87.4, 78.9, 90.7)
> Y = c(Y1, Y2, Y3, Y4)
> mydata$Extrusion = as.factor(mydata$Extrusion)
> mydata$Y = c(Y1, Y2, Y3, Y4)
> mydata
```

```
  Blocks Extrusion    Y
1   B1      8500    90.3
2   B2      8500    89.2
3   B3      8500    98.2
4   B4      8500    93.9
```
....

➤ 先看看應變數 Y 與主要因子及集區變數之間的基本資訊：

```
> tapply(mydata$Y, list(mydata$Extrusion), mean)          # 平均數
    8500     8700     8900     9100
92.81667 91.68333 86.26667 85.76667

> tapply(mydata$Y, list(mydata$Extrusion), sd)            # 標準差
    8500     8700     8900     9100
4.577081 3.304189 4.163972 4.445072

> tapply(mydata$Y, list(mydata$Block), mean)
    B1      B2      B3      B4      B5      B6
87.700  89.425  90.000  90.850  83.050  93.775

> tapply(mydata$Y, list(mydata$Blocks), sd)
      B1        B2        B3        B4        B5        B6
4.534314  0.150000  5.953150  3.997082  4.794789  3.652739
```

➤ 畫出 box plots（圖 16-6）：

```
> plot(mydata$Extrusion, mydata$Y, xlab = "Extrusion")
> plot(mydata$Blocks, mydata$Y, xlab = "Blocks")
```

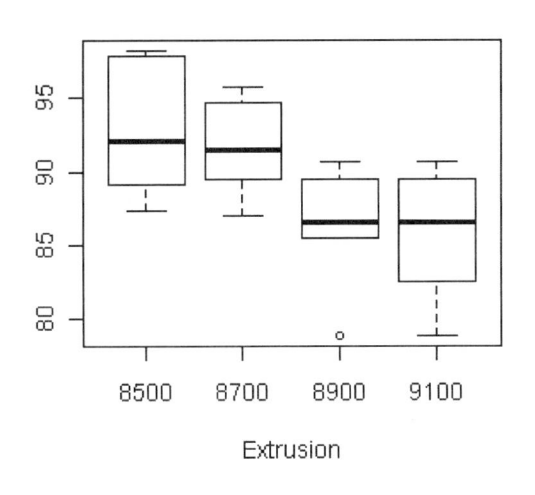

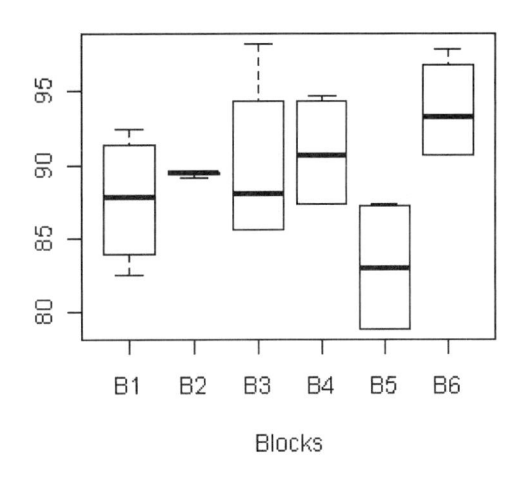

》圖 16-6　人造血管資料 Box plots

> 看看 Block 變數與擠壓壓力之間有沒有交互作用的關係（圖 16-7）：

```
> attach(mydata)
> interaction.plot(Blocks, Extrusion, Y, col = 1:4)
> interaction.plot(Extrusion, Blocks, Y, col = 1:6)
```

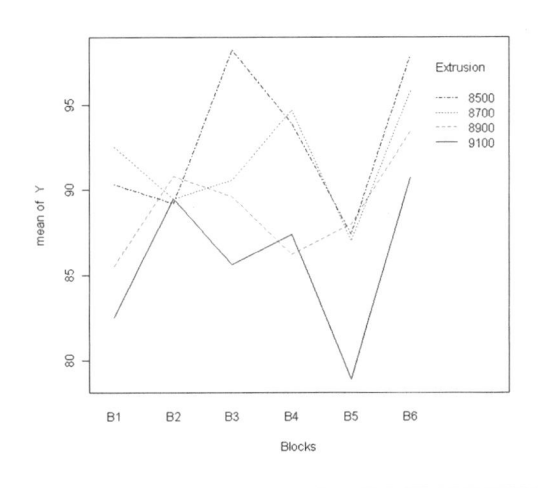

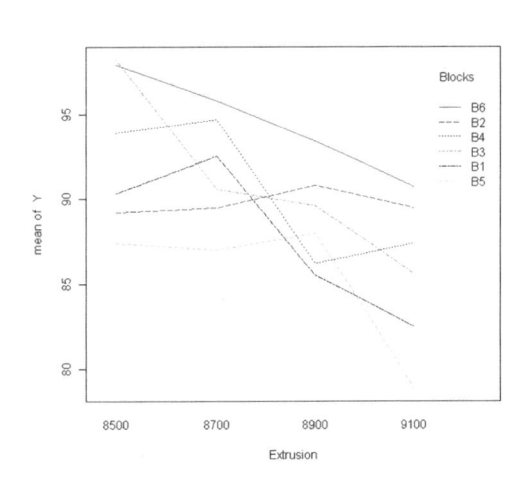

》圖 16-7　人造血管資料交互作用圖

> 使用 lm( ) 函數來分析資料：

```
> lm.result = lm( Y ~ Extrusion + Blocks, data = mydata)
> summary(lm.result)
```
Call:
lm(formula = Y ~ Extrusion + Blocks, data = mydata)

Residuals:
    Min   1Q Median   3Q   Max
-3.5708 -1.3333 -0.3167 1.1417 4.1792

Coefficients:
              Estimate Std. Error t value Pr(>|t|)
(Intercept)   90.721   1.657 54.735 < 2e-16 ***
Extrusion8700   -1.133   1.563 -0.725 0.479457
Extrusion8900   -3.900   1.563 -2.496 0.024713 *
Extrusion9100   -7.050   1.563 -4.512 0.000414 ***
BlocksB2   2.050   1.914   1.071 0.301043
BlocksB3   3.300   1.914   1.724 0.105201
BlocksB4   2.850   1.914   1.489 0.157175
BlocksB5   -2.375   1.914 -1.241 0.233684
BlocksB6   6.750   1.914   3.527 0.003050 **

Signif. codes: 0 '***' 0.001 '**' 0.01 '*' 0.05 '.' 0.1 ' ' 1

Residual standard error: 2.707 on 15 degrees of freedom
Multiple R-squared: 0.7712,	Adjusted R-squared: 0.6492
F-statistic: 6.321 on 8 and 15 DF, p-value: 0.001130

> 如果想直接得到傳統的 ANOVA 表格，可以用 anova( ) 函數來彙整計算結果：

```
> anova(lm.result)
```
Analysis of Variance Table

Response: Y
          Df Sum Sq Mean Sq F value   Pr(>F)
Extrusion 3 178.17 59.390 8.1071 0.001916 **

```
Blocks       5 192.25   38.450  5.2487 0.005532 **
Residuals   15 109.89    7.326
---
Signif. codes:  0'***' 0.001'**' 0.01'*' 0.05'.' 0
```

從計算結果可以看出，Extrusion 的 P-value 0.001916 遠小於 α = 0.05，代表不同的擠壓壓力的確有顯著的差異。另外，集區的 F 檢定值為 5.2487，代表集區 Mean Square 為 MSE 的 5.25 倍左右，這個倍數並非很大，因此若從降低集區對於分析結果的干擾角度來看，這組資料中的集區變數並沒有太大的貢獻。

> 以下我們改用 aov( ) 函數來分析資料，計算結果相同：

```
> aov(Y ~ Extrusion + Blocks, data = mydata)
Call:
   aov(formula = Y ~ Extrusion + Blocks, data = mydata)

Terms:
                 Extrusion   Blocks  Residuals
Sum of Squares    178.1712 192.2521  109.8863
Deg. of Freedom          3        5        15

Residual standard error: 2.706612
Estimated effects may be unbalanced

> summary(aov(Y ~ Extrusion + Blocks, data = mydata))
            Df Sum Sq Mean Sq F value   Pr(>F)
Extrusion    3 178.17  59.390  8.1071 0.001916 **
Blocks       5 192.25  38.450  5.2487 0.005532 **
Residuals   15 109.89   7.326
---
Signif. codes:  0'***' 0.001'**' 0.01'*' 0.05'.' 0.1'' 1
```

殘差分析

我們用 plot 函數及 qqnorm 畫出以下四張殘差圖形（圖 16-8），分別是殘差 vs. 預測值、殘差 vs. 擠壓壓力、殘差 vs. 集區及殘差的常態機率圖。從這些圖形看起來，並沒有嚴重違反基本假設的狀況。

在畫圖程式中，我們需要使用 as.vector 函數將 Extrusion 變數從 factor 型態轉為一般向量型態，否則 plot 函數會畫出四個 Box plots。另外，由於我們之前使用 B1, B2, ... 等文字字串來建構集區變數 Blocks，儲存為 factor 變數，這裡也需要使用 rep 函數轉換成 1, 2, .., 6，才能順利畫出殘差 vs. 集區的圖形。

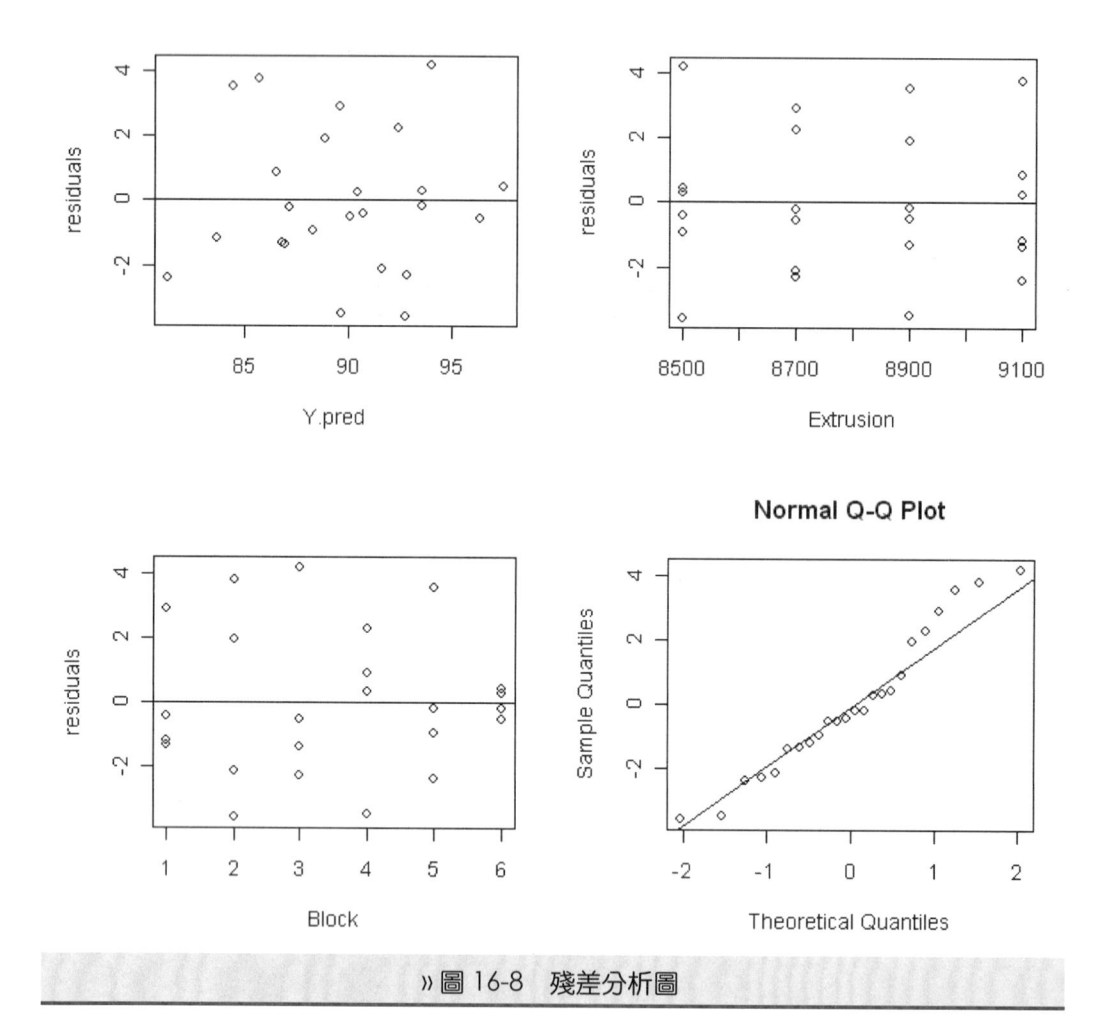

》圖 16-8　殘差分析圖

```
> plot(Y.pred, residuals)
> abline(h = 0)
> plot(as.vector(mydata$Extrusion),
+           residuals, xlab = "Extrusion")
> abline(h = 0)
> B = rep(1:6, times = 4)
> B
```
[1] 1 2 3 4 5 6 1 2 3 4 5 6 1 2 3 4 5 6 1 2 3 4 5 6

```
> plot( B, residuals, xlab = "Block")
> abline(h = 0)
> qqnorm(residuals)
> qqline(residuals)
```

集區設計的多重比較

我們可以使用之前在 16.4 節所介紹的多重比較函數，檢查不同擠壓壓力設定與不同集區的影響效果是否有明顯差異：

```
> aov.result = aov(Y ~ Extrusion + Blocks, data = mydata)
> TukeyHSD(aov.result)
  Tukey multiple comparisons of means
    95% family-wise confidence level

Fit: aov(formula = Y ~ Extrusion + Blocks, data = mydata)

$Extrusion
              diff        lwr       upr     p adj
8700-8500 -1.133333  -5.637161   3.370495 0.8854831
8900-8500 -3.900000  -8.403828   0.603828 0.1013084
9100-8500 -7.050000 -11.553828  -2.546172 0.0020883
8900-8700 -2.766667  -7.270495   1.737161 0.3245644
9100-8700 -5.916667 -10.420495  -1.412839 0.0086667
9100-8900 -3.150000  -7.653828   1.353828 0.2257674

$Blocks
         diff        lwr       upr     p adj
B2-B1   2.050  -4.1680828  8.2680828 0.8853016
```

```
B3-B1  3.300  -2.9180828   9.5180828 0.5376297
B4-B1  2.850  -3.3680828   9.0680828 0.6757699
B5-B1 -2.375  -8.5930828   3.8430828 0.8105903
B6-B1  6.750   0.5319172  12.9680828 0.0297368
B3-B2  1.250  -4.9680828   7.4680828 0.9845521
.............................................
B6-B5  9.125   2.9069172  15.3430828 0.0027838
```

```
> library(asbio)
> LSD.test(mydata$Y, mydata$Extrusion)
                 LSD    Diff    Lower    Upper  Decision
mu8500-mu8700 4.68095  1.1333  -3.54762  5.81428  FTR H0
mu8500-mu8900 4.68095  3.8999  -0.78095  8.58095  FTR H0
mu8700-mu8900 4.68095  2.7666  -1.91428  7.44762  FTR H0
mu8500-mu9100 4.68095  7.05     2.36905 11.73095 Reject H0
mu8700-mu9100 4.68095  5.9166   1.23572 10.59762 Reject H0
mu8900-mu9100 4.68095  3.1500  -1.53095  7.83095  FTR H0

              Adj. p-value
mu8500-mu8700    0.61905
mu8500-mu8900    0.09759
mu8700-mu8900    0.23191
mu8500-mu9100    0.00514
mu8700-mu9100    0.01582
mu8900-mu9100    0.17574
```

```
> LSD.test(mydata$Y, mydata$Blocks)
             LSD    Diff   Lower   Upper  Decision  Adj. p-value
muB1-muB2  5.9429  -2.05  -7.9929  3.8929  FTR H0      0.47794
muB1-muB3  5.9429  -3.3   -9.2429  2.6429  FTR H0      0.25859
muB2-muB3  5.9429  -1.25  -7.1929  4.6929  FTR H0      0.66383
muB1-muB4  5.9429  -2.850 -8.7929  3.0929  FTR H0      0.32703
muB2-muB4  5.9429  -0.800 -6.7429  5.1429  FTR H0      0.78055
...............................................................
```

16.6 拉丁方格設計

拉丁方格（Latin-Square）實驗有一個主要的處理因子及兩個集區因子，其模型為

$$Y_{ijk} = \mu + \alpha_i + \tau_j + \beta_k + \varepsilon_{ijk}$$

其中 i, j, k = 1, ..., p，$\varepsilon_{ijk} \sim N(0, \sigma)$。

在上述模型中，τ_j 代表處理因子各個水準的影響力，α_i 代表第一個集區因子底下各集區的影響力，β_k 代表第二個集區因子底下各集區的影響力。

▼ 程式範例 16-3

這一節使用 Montgomery 實驗設計書中的火箭推進燃料資料當作範例：

貨批 (Batches)	作業員 (Operators)				
	b1	b2	b3	b4	b5
a1	A=24	B=20	C=19	D=24	E=24
a2	B=17	C=24	D=30	E=27	A=36
a3	C=18	D=38	E=26	A=27	B=21
a4	D=26	E=31	A=26	B=23	C=22
a5	E=22	A=30	B=20	C=29	D=31

➢ 先用 crossdes 套件的 MOLS 函數來產生拉丁方格順序：

```
> library(crossdes)
> MOLS(5, 1)
, , 1

     [,1] [,2] [,3] [,4] [,5]
[1,]    1    2    3    4    5
[2,]    2    3    4    5    1
[3,]    3    4    5    1    2
[4,]    4    5    1    2    3
[5,]    5    1    2    3    4
............................
```

```
, , 4
     [,1] [,2] [,3] [,4] [,5]
[1,]   1    2    3    4    5
[2,]   5    1    2    3    4
[3,]   4    5    1    2    3
[4,]   3    4    5    1    2
[5,]   2    3    4    5    1
```

- MOLS(5, 1) 產生了 4 個 p = 5 的拉丁方格矩陣，我們擷取第一個來用：

```
> m = MOLS(5, 1)[, , 1]
> rownames(m) = paste("a", 1:5, sep = "")
> colnames(m) = paste("b", 1:5, sep = "")
> m
   b1 b2 b3 b4 b5
a1  1  2  3  4  5
a2  2  3  4  5  1
a3  3  4  5  1  2
a4  4  5  1  2  3
a5  5  1  2  3  4
```

```
> as.vector(m)
 [1] 1 2 3 4 5 2 3 4 5 1 3 4 5 1 2 4 5 1 2 3 5 1 2 3 4
```

toupper 函數將英文小寫字母轉成大寫：

```
> Treatment = toupper(letters[as.vector(m)])
> Treatment
 [1] "A" "B" "C" "D" "E" "B" "C" "D" "E" "A"
[11] "C" "D" "E" "A" "B" "D" "E" "A" "B" "C"
[21] "E" "A" "B" "C" "D"
```

- 準備分析所需要的資料框架變數：

```
> mydata = expand.grid(Block2 = c("b1", "b2", "b3", "b4", "b5"),
                       Block1 = c("a1", "a2", "a3", "a4", "a5"))
> mydata
   Block2 Block1
1      b1     a1
```

```
2      b2     a1
3      b3     a1
..............
23     b3     a5
24     b4     a5
25     b5     a5
```

> 將剛剛的拉丁方格部分加入資料框架變數：

```
> mydata$Treatment = as.factor(Treatment)
> mydata
   Block2 Block1 Treatment
1    b1     a1      A
2    b2     a1      B
3    b3     a1      C
4    b4     a1      D
.......................
23   b3     a5      B
24   b4     a5      C
25   b5     a5      D
```

> 我們也可以自己寫程式將所需要的資料框架變數建立起來：

```
Y1 = c(24, 20, 19, 24, 24)
Y2 = c(17, 24, 30, 27, 36)
Y3 = c(18, 38, 26, 27, 21)
Y4 = c(26, 31, 26, 23, 22)
Y5 = c(22, 30, 20, 29, 31)
Y = c(Y1, Y2, Y3, Y4, Y5)
mydata$Y = Y

k = 0
XX = array(0, dim = c(25, 2))
T = array(25)
for (i in 1:5)
{
  for (j in 1:5)
  {
    k = k + 1
```

```
    XX[k, 1] = rownames(m)[i]
    XX[k, 2] = colnames(m)[j]
    T[k] = toupper(letters[m[i, j]])
  }
}
```

```
> T
 [1] "A" "B" "C" "D" "E" "B" "C" "D" "E" "A" "C" "D" "E" "A" "B" "D" "E" "A"
[19] "B" "C" "E" "A" "B" "C" "D"
```

```
> d2 = data.frame(XX, T)
> d2
   X1 X2 T
1  a1 b1 A
2  a1 b2 B
3  a1 b3 C
.............
23 a5 b3 B
24 a5 b4 C
25 a5 b5 D
```

```
> colnames(XX) = c("Block2", "Block1", "Treatment")
```

- 先看看 Treatment、第一集區變數與第二集區變數底下各分類 vs. 應變數 Y 的 box plots（圖 16-9）：

```
> plot(mydata$Treatment, mydata$Y, xlab = "Treatment")
> plot(mydata$Block1, mydata$Y, xlab = "Block1")
> plot(mydata$Block2, mydata$Y, xlab = "Block2")
```

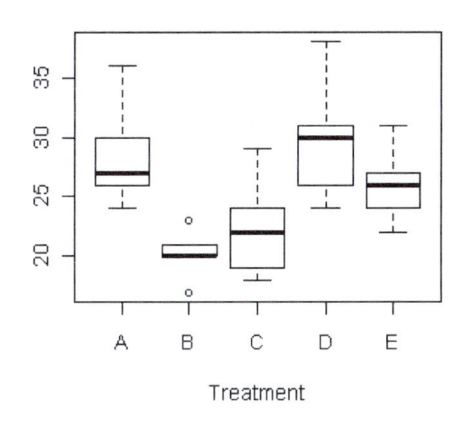

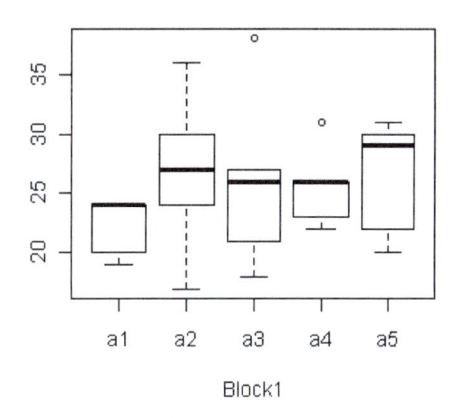

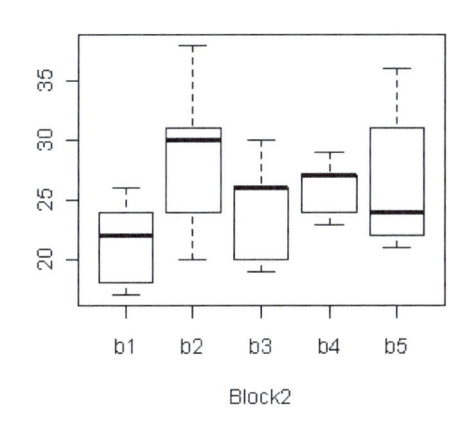

》圖 16-9　因子變數與集區變數的交叉對應圖形

> 以下程式可以畫出主要因子與兩個集區變數之間的交互作用圖（圖 16-10）：

```
> with(mydata, {
+   interaction.plot(Treatment, Block1, Y, legend = F,
                     main = "Block1 vs. Treatment")
+   interaction.plot(Treatment, Block2, Y, legend = F,
                     main = "Block2 vs. Treatment")
+   interaction.plot(Block2, Block1, Y, legend = F,
                     main = "Block1 vs. Block2")
+ })
```

由圖 16-10 可以看出，主要因子與第二集區變數之間沒有嚴重的交互作用狀況，與第一集區變數之間，還有兩個集區之間，可能有輕微的交互作用影響。不

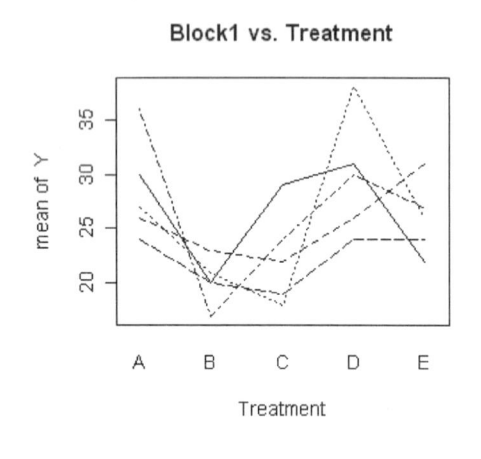

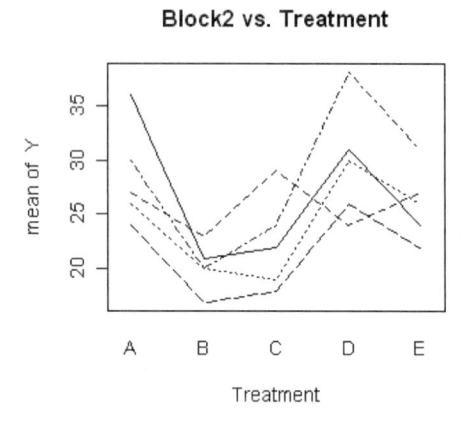

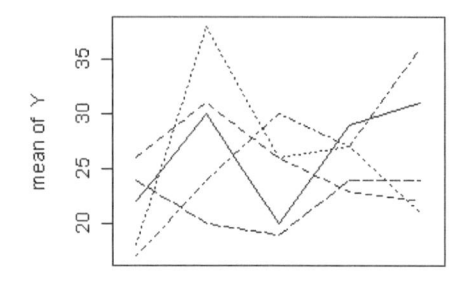

» 圖 16-10　交互作用圖

過，只有一次重複（Replication）的拉丁方格設計資訊不足，無法分析這些交互作用項，需要多一點觀察值增加自由度，才有辦法處理交互作用項的檢定。

➤ 使用 lm 函數或 aov 函數都可以分析拉丁方格資料：

```
> lm.result = lm(Y ~ Block1 + Block2 + Treatment, data = mydata)
> lm.result
```
Call:
lm(formula = Y ~ Block1 + Block2 + Treatment, data = mydata)

Coefficients:
(Intercept)   Block1a2   Block1a3   Block1a4   Block1a5

```
      21.4         4.6         3.8         3.4         4.2
   Block2b2    Block2b3    Block2b4    Block2b5  TreatmentB
       7.2         2.8         4.6         5.4        -8.4
 TreatmentC  TreatmentD  TreatmentE
      -6.2         1.2        -2.6
```

```
> anova(lm.result)
Analysis of Variance Table

Response: Y
          Df Sum Sq Mean Sq F value  Pr(>F)
Block1     4     68  17.000  1.5937 0.239059
Block2     4    150  37.500  3.5156 0.040373 *
Treatment  4    330  82.500  7.7344 0.002537 **
Residuals 12    128  10.667
---
Signif. codes:  0'***' 0.001'**' 0.01'*' 0.05'.' 0.1'' 1
```

```
> aov.result = aov(Y ~ Block1 + Block2 + Treatment, data = mydata)
> aov.result
Call:
   aov(formula = Y ~ Block1 + Block2 + Treatment, data = mydata)

Terms:
                 Block1 Block2 Treatment Residuals
Sum of Squares       68    150       330       128
Deg. of Freedom       4      4         4        12

Residual standard error: 3.265986
Estimated effects may be unbalanced
```

```
> summary(aov.result)
          Df Sum Sq Mean Sq F value  Pr(>F)
Block1     4     68  17.000  1.5937 0.239059
Block2     4    150  37.500  3.5156 0.040373 *
```

```
Treatment     4     330    82.500   7.7344  0.002537 **
Residuals    12     128    10.667
---
Signif. codes:  0'***' 0.001'**'0.01'*' 0.05'.' 0.1'' 1
```

> 最後，我們可以使用 **xtable** 套件來印出可用於網頁或編輯器的彙整表格：

```
> library(xtable)
> lm.xtable = xtable(anova(lm.result))
> print(lm.xtable, type = "html")
```

	Df	Sum Sq	Mean Sq	F value	Pr(> F)
Block1	4	68.00	17.00	1.59	0.2391
Block2	4	150.00	37.50	3.52	0.0404
Treatment	4	330.00	82.50	7.73	0.0025
Residuals	12	128.00	10.67		

從 ANOVA 表格中，我們可以看到主要因子 F 檢定的 P-value 0.0025 遠小於 $\alpha = 0.05$，因此主要因子的各分類水準影響力的確有顯著差異。另外，兩個集區變數的 F 檢定值代表集區 Mean Square 相對於 MSE 的倍數估計值，分別是 1.59 倍與 3.52 倍，並不是很大，因此未來的後續分析中，未必需要考量這兩個集區變數的影響。

16.7 二因子設計

二因子設計可以分成以下兩類：

(1) 每個處理組合狀況底下只有一個觀察值 (n = 1)。

(2) 每個處理組合狀況底下只有兩個或兩個以上的觀察值 (n > 1)。

當每個處理之下有兩個或兩個以上的觀察值時，因為觀察值數目增加，可用的自由度增大，我們可以進一步檢定兩個影響因子之間是否具有交互作用。

16.7.1　二因子設計：n = 1，沒有交互作用項

當每個處理底下只有一個觀察值時，如果模型包含交互作用項，此時會因為觀察值數目與我們所需要估計的模型參數一樣多，沒有多餘的自由度可以用來估計 σ^2，這樣的設計僅能算出模型參數估計量，但無法作任何檢定或信賴區間等推論（讀者們可以查閱相關教科書，會發現不管是信賴區間或檢定，都需用到 σ^2 的樣本估計量 MSE）。因此，當 n = 1 時，這裡的模型將不包含交互作用項。

在此狀況下，二因子設計的統計模型公式寫法與「一因子隨機集區模型」完全相同：

$$Y_i = \mu + \alpha_i + \beta_j + \varepsilon_{ij}$$

其中 i = 1, ..., a，j = 1, ..., b，$\varepsilon_{ij} \sim N(0, \sigma)$。

在上述模型中，影響因子 A 具有 a 個水準（levels，即一般常講的「分類」），影響因子 B 有 b 個水準。雖然其模型與一因子隨機集區設計一樣，但隨機化步驟不同，因此我們可以分別檢定兩個影響因子各分類的影響力是否不同（隨機集區設計不適合檢定集區的差異是否顯著）。

我們主要想知道的是兩個解釋因子的不同分類對於應變數 Y 是否具有不同的影響力。因此我們需要檢定的假設是

$$H_0 : \alpha_1 = \alpha_2 = ... = \alpha_a = 0 \text{ 與 } H_0 : \beta_1 = \beta_2 = ... = \beta_b = 0$$

上述模型在 R 軟體中寫成：

$$y \sim A + B$$

其中 y 代表應變數，通常是數字向量，A、B 代表兩個影響因子，於 R 軟體中皆儲存為 Factor 變數。

由於這個設計與一因子隨機集區設計在線性模式有相同的模型表達方式，在 R 軟體的分析與操作方式幾乎雷同，請讀者參考 16.5 節隨機集區設計的操作範例，將集區變數改成第二個因子即可。兩者唯一的差別，在於二因子設計算出 ANOVA 表格之後，可以對第二個因子各分類水準之間影響力是否有差異作檢定。讀者也可以參考底下 16.7.2 節的分析過程，只要將 16.7.2 節模型中的交互作用項去除即可。

16.7.2　二因子設計：n > 1，有交互作用項

當每個處理之下有多於一個觀察值時，二因子設計模型可加入交互作用項：

$$Y_{ijk} = \mu + \alpha_i + \beta_j + (\alpha\beta)_{ij} + \varepsilon_{ijk}$$

其中 i = 1, ..., a，j = 1, ..., b，k = 1, ..., n，$\varepsilon_{ijk} \sim N(0, \sigma)$。

在上述模型中，影響因子 A 具有 a 個水準（levels，即「分類」），影響因子 B 有 b 個水準，每個實驗處理組合狀況下有 n 個觀察值，n > 1。

我們主要想知道的是兩個解釋因子的不同分類，對於應變數 Y 是否具有不同的影響力，以及交互作用項是有否顯著影響力。因此我們需要檢定的假設是

$$H_0 : \alpha_1 = \alpha_2 = ... = \alpha_a = 0$$

$$H_0 : \beta_1 = \beta_2 = ... = \beta_b = 0$$

$$H_0 : (\alpha\beta)_{ij} = 0$$

所有 i = 1, ..., a，j = 1, ..., b。

上述模型在 R 軟體中通常寫成 y ~ A + B + A:B 或更簡潔的 y ~ A*B，其中 y 代表應變數，通常是數字向量，A、B 代表兩個影響因子，A:B 代表交互作用。A 與 B 在 R 軟體中皆以 Factor 變數表示。

▼ 程式範例 16-4

表 16-1 的資料是六種不同的殺蟲劑與六種不同農作物土壤，經過噴灑殺蟲劑數天之後，蚊蟲的幼蟲（cranefly larvae）從土壤中爬出地面的數目。每塊土地採樣兩次，每次取樣面積為 1 平方碼（一碼約 1 公尺）。

由於資料是以上面的表格方式儲存，我們必須將資料轉為 lm 函數可以接受的型態。以下程式將表格型態的資料轉為實際計算的變數型態。假設文字資料檔內容如下：

```
33    30    8     12    6     17
59    36    11    17    10    8
36    23    15    6     4     3
..........................................[略]
```

表 16-2　殺蟲劑資料

作物種類	殺蟲劑種類					
	A1	A2	A3	A4	A5	A6
B1	33	30	8	12	6	17
	59	36	11	17	10	8
B2	36	23	15	6	4	3
	24	23	20	4	7	2
B3	19	42	10	12	4	6
	27	39	7	10	12	3
B4	71	39	17	5	5	1
	49	20	26	8	5	1
B5	22	42	14	12	2	2
	27	22	11	12	6	5
B6	84	23	22	16	17	6
	50	37	30	4	11	5

```
M = as.matrix(read.table("c:/r/twoway-2.txt"))
n = 12*6
Y = numeric(n)
FactorA = character(n)
FactorB = character(n)
k = 1
for (i in 1:12)
{
  i2 = ceiling(i/2)                        # B 因子每兩列同屬一個分類
  for (j in 1:6)
  {
    Y[k] = M[i, j]
    FactorA[k] = switch(j, "A1", "A2", "A3", "A4", "A5", "A6")
    FactorB[k] = switch(i2, "B1", "B2", "B3", "B4", "B5", "B6")
    k = k + 1
  }
}
data = data.frame(Y, FactorA, FactorB)
data
```

```
  Y FactorA FactorB
1 33    A1     B1
2 30    A2     B1
3  8    A3     B1
4 12    A4     B1
5  6    A5     B1
6 17    A6     B1
.................
```

> 使用 tapply 函數看不同殺蟲劑的應變數平均值：

```
> tapply(data$Y, list(data$FactorA), mean)
       A1        A2        A3        A4        A5        A6
41.750000 31.333333 15.916667  9.833333  7.416667  4.916667
```

不同作物影響下的應變數平均值：

```
> tapply(data$Y, list(data$FactorB), mean)
      B1       B2       B3       B4       B5       B6
20.58333 13.91667 15.91667 20.58333 14.75000 25.41667
```

兩個因子交錯組合下的處理平均數：

```
> tapply(data$Y, list(data$FactorA, data$FactorB), mean)
     B1   B2   B3   B4   B5   B6
A1 46.0 30.0 23.0 60.0 24.5 67.0
A2 33.0 23.0 40.5 29.5 32.0 30.0
A3  9.5 17.5  8.5 21.5 12.5 26.0
A4 14.5  5.0 11.0  6.5 12.0 10.0
A5  8.0  5.5  8.0  5.0  4.0 14.0
A6 12.5  2.5  4.5  1.0  3.5  5.5
```

> 畫出兩個因子各分類下的 Box plots（圖 16-11）：

```
> plot(data$FactorA, data$Y, xlab = "殺蟲劑")
> plot(data$FactorB, data$Y, xlab = "作物種類")
```

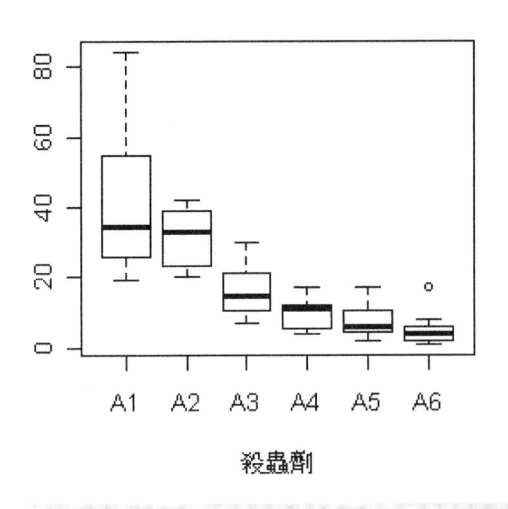

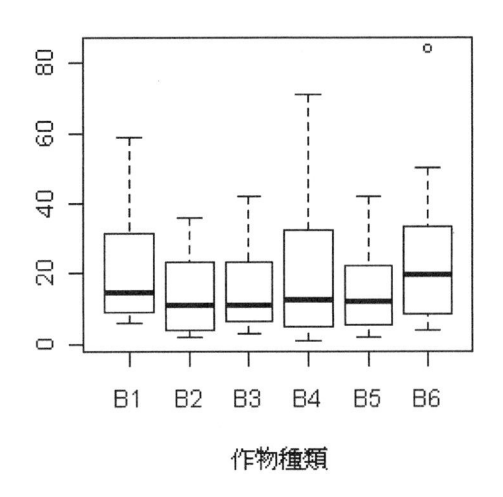

» 圖 16-11　各因子分類水準下彙整圖

➤ 使用 interaction.plot 函數畫出兩個因子的交互作用圖（圖 16-12）：

```
> attach(data)
> interaction.plot(FactorB, FactorA, Y, col = 1:6)
> interaction.plot(FactorA, FactorB, Y, col = 1:6)
```

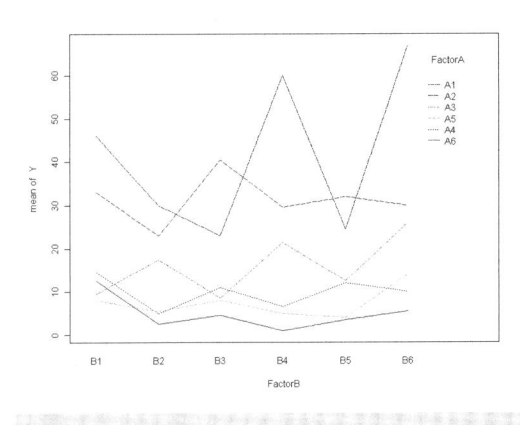

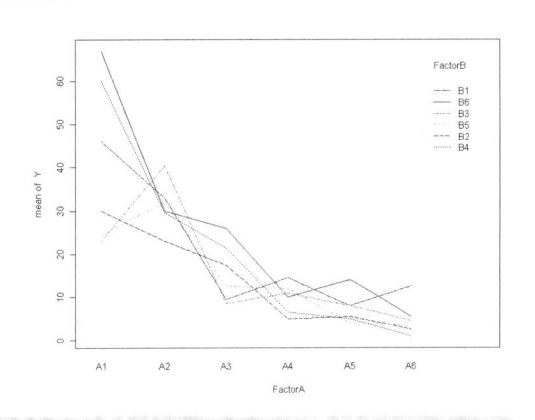

» 圖 16-12　二因子交互作用圖

➤ 使用 lm 函數來分析資料。由於每個實驗組合（處理）下有 2 個重複值，我們可以在模型中加入兩個因子的交互作用項。模型可以寫成

　　Y ~ FactorA*FactorB 或 Y ~ FactorA + FactorB + FactorA:FactorB

```
> twoway.model = lm(Y ~ FactorA*FactorB, data = data)
> anova(twoway.model)
Analysis of Variance Table
Response: Y
                 Df   Sum Sq  Mean Sq F value    Pr(>F)
FactorA           5  13132.6  2626.52 45.2849 1.526e-14 ***
FactorB           5   1179.1   235.82  4.0659  0.004992 **
FactorA:FactorB  25   3600.2   144.01  2.4829  0.006253 **
Residuals        36   2088.0    58.00
---
Signif. codes:  0 '***' 0.001 '**' 0.01 '*' 0.05 '.' 0.1
```

> 使用 aov 函數來分析模型：

```
> aov.model = aov(Y ~ FactorA*FactorB, data = data)
> aov.model
Call:
   aov(formula = Y ~ FactorA * FactorB, data = data)

Terms:
                  FactorA   FactorB FactorA:FactorB Residuals
Sum of Squares  13132.611  1179.111        3600.222  2088.000
Deg. of Freedom         5         5              25        36

Residual standard error: 7.615773
Estimated effects may be unbalanced
```

```
> summary(aov.model)                       # output 與 anova(twoway.model) 相同
```

從計算結果可知，包含 FactorA、FactorB 的主要效果或交互作用都對應變數 Y 有顯著的影響。其中 FactorA（殺蟲劑種類）的 sum of squares 或 mean squares 佔最大的比例，顯示其影響力最大。

> 畫出殘差分析圖（圖 16-13）：

```
> plot(twoway.model)
```

》圖 16-13　蚊蟲幼蟲資料殘差分析圖

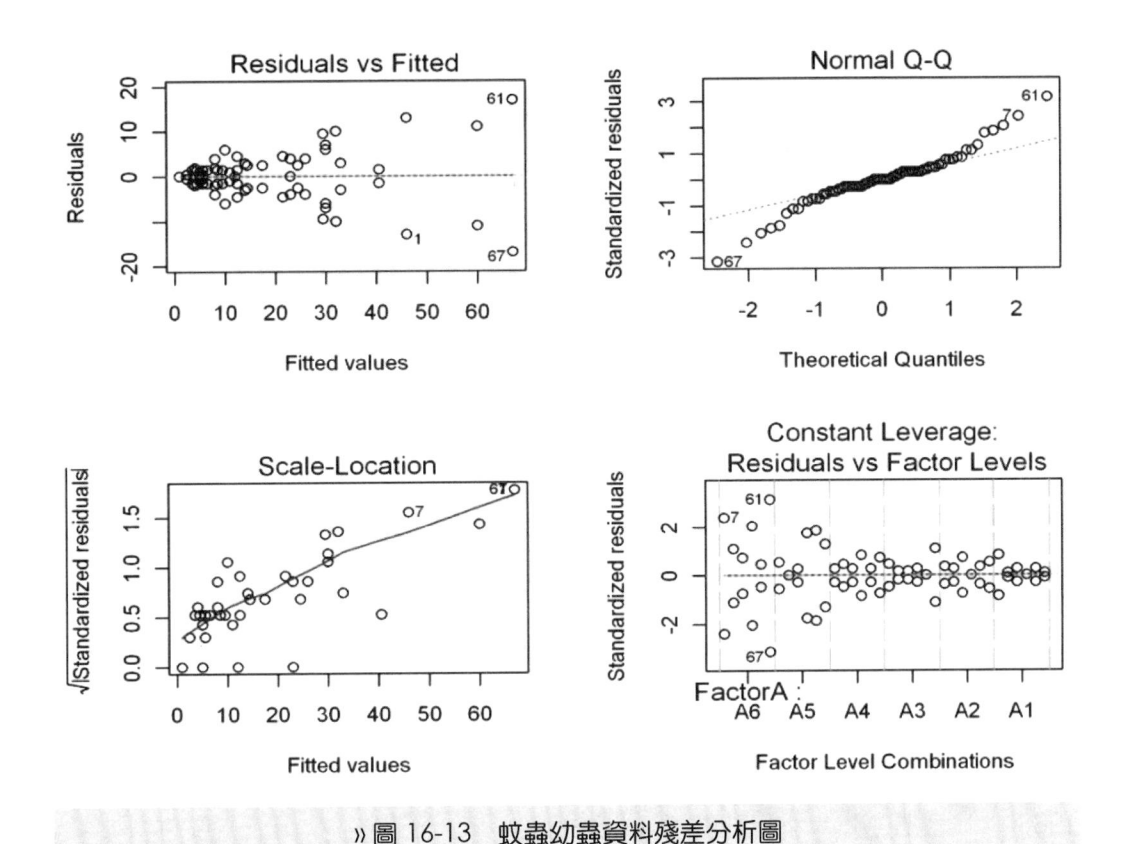

16.8　兩水準因子設計

　　包含三個或多個因子的完全因子設計，其分析方法跟前面小節的二因子設計相同，僅需注意模型寫法跟變數是否建立成所需的格式。例如，若 A、B、C 三個因子各有 2 個水準，而且總共有 $2^3 = 8$ 個觀察值，則在 R 軟體裡面使用 lm(Y ~ A*B*C) 或 lm(Y ~ (A + B + C)^2) 即可分析資料。若是使用第二種寫法，由於不含三因子交互作用項，有多餘的自由度可以估計誤差項的變異數，因此可以作檢定或信賴區間，第一種寫法則無法作推論。

　　這個小節將示範 2^{k-p} 部分因子設計（Fractional Factorial Design）的分析。2^{k-p} 設計通常用來作為篩選重要影響因子的先導實驗（pilot study），可以使用常態機率圖、半常態機率圖（Half-Normal Plot）或是 Lenth's method 等方法來判斷哪些效果對應變數具有顯著性影響。

Length 判別法

Lenth (1989) 提出一個快速判斷顯著效果的方法。若 C_i (i = 1, ..., m) 為效果估計量，Lenth 法判斷步驟如下：

(1) 計算 s_0 = 1.5 · median{ $|C_i|$ }。

(2) **PSE** = 1.5 · median{ $|C_i|$: $|C_i|$ ≤ 2.5s_0 }。

(3) 令 **ME** = $t_{0.975}$(m/3)×**PSE**，**SME** = $t_{1-\gamma}$(m/3)×**PSE**。

(4) 若某些 C_i 的絕對值大於 ME 或 SME，則為顯著效果。

其中 C_i 為效果估計值，$\gamma = 1 - (1+0.95^{1/m})/2$，m = 效果（effect）的數目在 m = 15 時，$t_{0.975}$(m/3) = 2.571，$t_{1-\gamma}$(m/3) = 5.219。Larntz 與 Whitcomb (1998) 認為 Lenth 方法過度保守，不容易判斷出真正顯著的效果，建議將上述 ME 與 SME 在 m = 15 的查表值改小，更換為 2.14 與 4.163。

▼ 程式範例 16-5

Speeo 資料是一組 2^{15-11} 部分因子設計資料（Box、Bisgaard 和 Fung，1988），應變數為汽車里程計數纜線測量值。

```
> data(speedo, package = "faraway")
> speedo
  h d l b j f n a i e m c k g o     y
1 - - + - + + - - + + - + - - + 0.4850
......................
```

> 原始資料的因子排列順序有點亂，我們依照英文字母順序重排一下：

```
> speedo2 = with(speedo, {data.frame(a, b, c, d, e, f, g, h, i,
+                  j, k, l, m, n, o, y)})
> speedo2
  a b c d e f g h i j k l m n o     y
1 - - + - + + - - + + - + - - + 0.4850
2 - - + - + + - + - - + - + + - 0.5750
3 - - + + - - + - + + - - + + - 0.0875
4 - - + + - + - + - - + + - - + 0.1750
5 - + - - + - + - + + - + - - + 0.1950
```

```
 6  - + - + - + + - + - - + - + - + 0.1450
 7  - + - + - + - - + - + - + - - + 0.2250
 8  - + - + - + - + - + - + - + - - 0.1750
 9  + - - - - + + - - + + + + - - - 0.1250
10  + - - - - + + + + - - - - + + - 0.1200
11  + - + - + + - - + - - + + - - + 0.4550
12  + - - + + - - + + - - + + - - + 0.5350
13  + + + - - - - - - - - + + + + + 0.1700
14  + + + - - - - + + + + - - - - - 0.2750
15  + + + + + + - - - - - - - - + + 0.3425
16  + + + + + + + + + + + + + + + + 0.5825
```

> **提醒** speedo 這組資料的變數 a 到變數 o 都是 factor 變數。例如：

```
> speedo$h
 [1] - + - + - + - + - + - + - + - +
Levels: + -
```

如果是我們自己要建立這樣的變數，可以用以下方式：

```
> myfactor.h = as.factor(c("-", "+", "-", "+", "-", "+", "-",
                           "+", "-", "+", "-", "+", "-", "+", "-", "+"))
> myfactor.h
 [1] - + - + - + - + - + - + - + - +
Levels: - +
```

▸ 使用 lm 函數分析資料。我們從計算結果看到許多 NA 值，這是因為部分因子設計觀察值數目不夠用來估計隨機誤差項的變異數，因此只能求出參數估計值，但無法計算參數誤差估計值或作檢定、信賴區間：

```
> speedo.lm = lm(y ~. , data = speedo2)
> summary(speedo.lm)
Call:
lm(formula = y ~ ., data = speedo2)

Residuals:
ALL 16 residuals are 0: no residual degrees of freedom!
```

```
Coefficients:
              Estimate Std. Error t value Pr(>|t|)
(Intercept)  0.5825000         NA      NA       NA
a-          -0.0678125         NA      NA       NA
b-           0.0559375         NA      NA       NA
c-          -0.0896875         NA      NA       NA
d-          -0.0609375         NA      NA       NA
e-          -0.2453125         NA      NA       NA
f-          -0.0740625         NA      NA       NA
g-           0.1403125         NA      NA       NA
h-          -0.0621875         NA      NA       NA
i-          -0.0428125         NA      NA       NA
j-           0.0009375         NA      NA       NA
k-          -0.0684375         NA      NA       NA
l-          -0.0271875         NA      NA       NA
m-          -0.0278125         NA      NA       NA
n-          -0.0065625         NA      NA       NA
o-          -0.0059375         NA      NA       NA

Residual standard error: NaN on 0 degrees of freedom
Multiple R-squared:     1, Adjusted R-squared:   NaN
F-statistic:   NaN on 15 and 0 DF, p-value: NA
```

> 查看設計矩陣：

```
> model.matrix(speedo.lm)
   (Intercept) a- b- c- d- e- f- g- h- i- j- k- l- m- n- o-
1            1  1  1  0  1  0  0  1  1  0  0  1  0  1  1  0
2            1  1  1  0  1  0  0  1  0  1  1  0  1  0  0  1
3            1  1  1  0  0  1  1  0  1  0  0  1  1  0  0  1
 ................................................[略]
14           1  0  0  0  1  1  1  1  0  0  0  0  1  1  1  1
15           1  0  0  0  0  0  0  1  1  1  1  1  1  1  1  1
16           1  0  0  0  0  0  0  0  0  0  0  0  0  0  0  0
```

➢ 查看模型參數估計值：

```
> coeff = speedo.lm$coef[-1]
> coeff
```
a-	b-	c-	d-	e-	f-	g-
-0.0678125	0.0559375	-0.0896875	-0.0609375	-0.2453125	-0.0740625	0.1403125

h-	i-	j-	k-	l-	m-	n-
-0.0621875	-0.0428125	0.0009375	-0.0684375	-0.0271875	-0.0278125	-0.0065625

o-
-0.0059375

➢ 查看各因子 High(+)、Low(-) 分類下的應變數平均值：

```
> model.tables(speedo.lm, type = "means")
Tables of means
Grand mean

0.2917187

 a
a
     +      -
0.3256 0.2578

 b
b
     +      -
0.2638 0.3197
 ............................[略]
```

➢ 使用 effects 函數求出所有效果的估計值，效果估計值等於上面計算的參數估計值 coeff 的 2 倍：

```
> (speedo.effects = effects(speedo.lm))
```
(Intercept)	a-	b-	c-	d-	e-
-1.166875	0.135625	-0.111875	-0.179375	-0.121875	0.490625

	f-	g-	h-	i-	j-	k-
	-0.148125	-0.280625	0.124375	0.085625	0.001875	-0.136875
	l-	m-	n-	o-		
	0.054375	0.055625	0.013125	-0.011875		

> 使用校正 Lenth 法判斷顯著效果：只有因子 e 的主要效果顯著

```
> speedo.effects = speedo.effects[-1]                    # 去除截距項
> effects2 = sort(abs(speedo.effects))
> s0 = 1.5*median(effects2)
> PSE = 1.5* median(effects2[effects2 < 2.5*s0])
> PSE
[1] 0.1753125

> ME = 2.14*PSE
> SME = 4.163*PSE
> ME
[1] 0.3751687

> SME
[1] 0.729826

> effects2[effects2 > ME]
        e-
0.490625

> effects2[effects2 > SME]                    # 沒有任何 effect 超過 SME
named numeric(0)
```

> 畫出常態機率圖（圖 16-14）、半常態機率圖以及 ME、SME 界限。我們可以從圖 16-14 發現因子 e 的主要效果估計值雖然沒有超過 SME，但頗最為顯著。sub 函數將因子名稱中的「-」號去除：

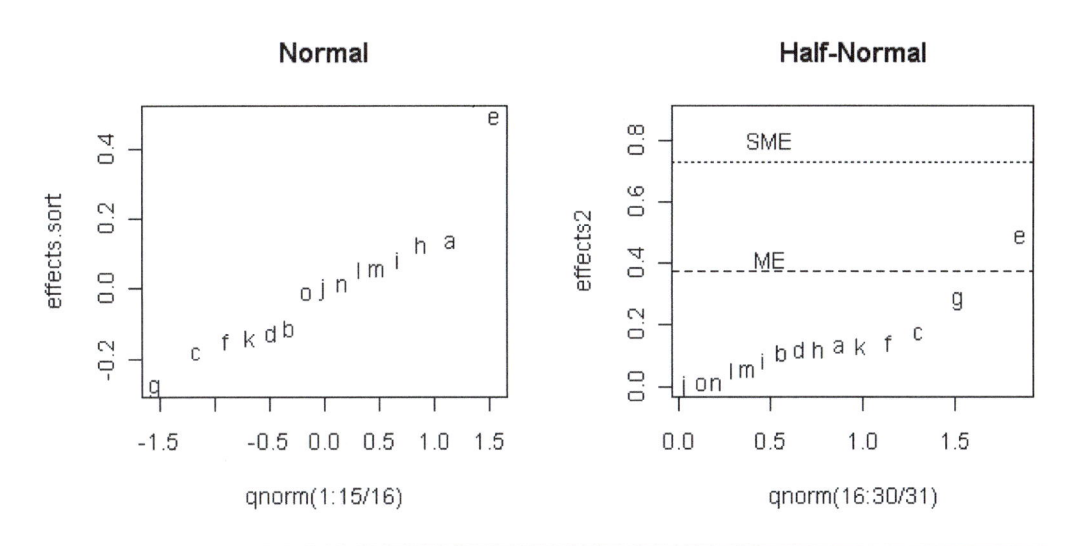

» 圖 16-14　效果估計量的常態與半常態機率圖

```
> effects.sort = sort(speedo.effects)
> plot(qnorm(1:15/16), effects.sort, type = "n", main = "Normal")
> text(qnorm(1:15/16), effects.sort,
               sub("-", "", names(effects.sort)))
> plot(qnorm(16:30/31), ylim = c(0, SME*1.2), effects2,
               type = "n", main = "Half-Normal")
> text(qnorm(16:30/31), effects2, sub("-", "", names(effects2)))
> abline(h = ME, lty = 2)
> abline(h = SME, lty = 3)
> text(0.5, ME*1.1, "ME")
> text(0.5, SME*1.1, "SME")
```

> **BsMD** 套件也有 **DanielPlot** 與 **LenthPlot** 兩個函數可以畫出 Half-Normal 圖形跟 Lenth 篩選圖形（圖 16-15），但後者的 ME 與 SME 是採用 Lenth 論文的原始係數計算方式：

```
> library(BsMD)
> DanielPlot(speedo.lm, half = TRUE, main = "Half-Normal")
> LenthPlot(speedo.lm, main = "Lenth method")
    alpha       PSE        ME       SME
0.0500000 0.1753125 0.4506551 0.9148948
```

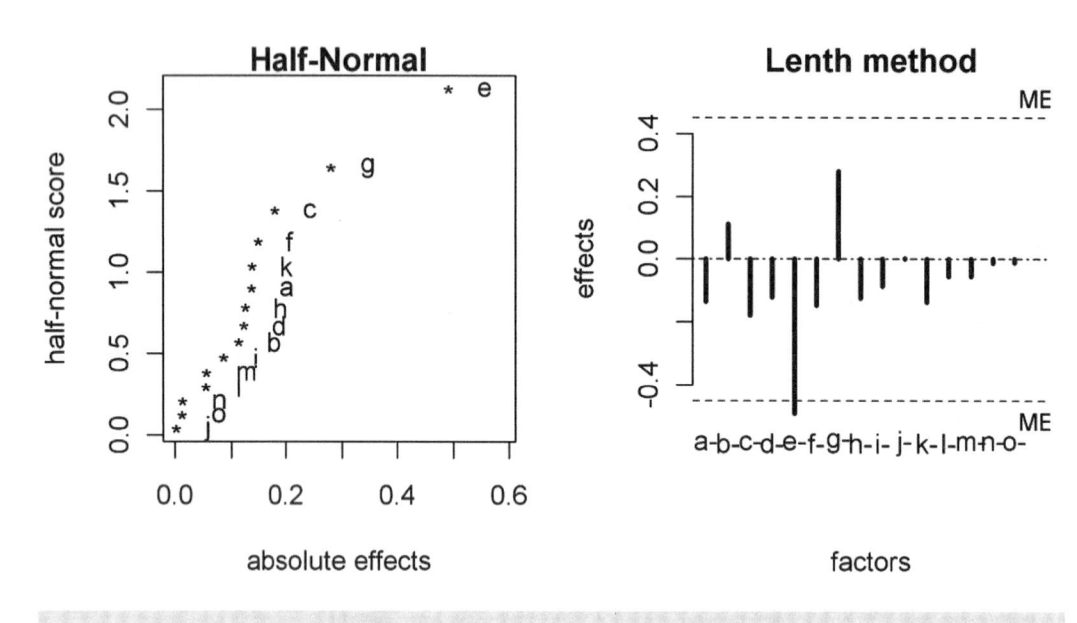

» 圖 16-15　BsMD 套件的效果篩選圖形

CHAPTER 17

品質管制

17.1 R 軟體的品質管制函數
17.2 魚骨圖與柏拉圖
17.3 計量值管制圖
17.4 計數值管制圖
17.5 單一觀察值管制圖
17.6 累積和與 EWMA 管制圖

這一章主要探討品質管制領域中管制圖的計算與繪圖，包含特性要因圖、柏拉圖、計量值管制圖、計數值管制圖、單一觀察值管制圖、累積和管制圖、EWMA 管制圖等。

17.1 R 軟體的品質管制函數

R 軟體目前有兩個使用者貢獻的套件可以畫出管制圖，一個是 qcc 套件，另一個是 qicharts2 套件。qcc 套件除了畫圖之外，搭配 summary 函數可以輸出管制圖的各類計算值，如中心線、上下界限值等等，qicharts2 套件則著重在繪圖部分（表 17-1）。

表 17-1　常用的品管函數

函數名稱	Package	說明
pareto.Chart	qcc	柏拉圖 (Pareto Chart)
cause.and.effect	qcc	特性要因圖（魚骨圖）
qcc.groups	qcc	資料分群 (subsampling)
qcc	qcc	畫出管制圖，可畫出 xbar、R、S、xbar.one、mr、p、np、u、c 與 g 管制圖
qcc.options	qcc	設定管制圖的顏色
process.capability	qcc	製程能力計算
paretochart	qicharts2	柏拉圖製作
qic	qicharts2	畫出管制圖，可畫出 xbar、S、i、mrp、np、u、c、T、G 管制圖
plot	基本	搭配 qcc 或 qicharts2 套件畫圖
print、summary	基本	搭配 qcc 或 qicharts2 套件顯示計算值

17.2 魚骨圖與柏拉圖

qcc 套件的 cause.and.effect 函數可以畫出特性要因圖（魚骨圖，又稱 Cause and Effect Plot）。另外，qcc 套件的 pareto.chart 與 qicharts2 套件的 paretochart 兩個函數皆可畫出柏拉圖（Pareto Chart）：

▼ 程式範例 17-1

使用 qcc 套件的 cause.and.effect 函數畫出特性要因圖（圖 17-1）：

```
> library(qcc)
> cause.and.effect(cause = list(
+   What = c("看韓劇", "打電玩", "發呆", "唱卡拉OK"),
+   Where = c("家裡", "網咖", "卡拉OK店"),
+   How = c("心情不好", "電玩太迷人", "老師不帥", "不喜歡目前科系"),
+   When = c("白天", "晚上", "深夜")),
+   effect = "成績不好")
```

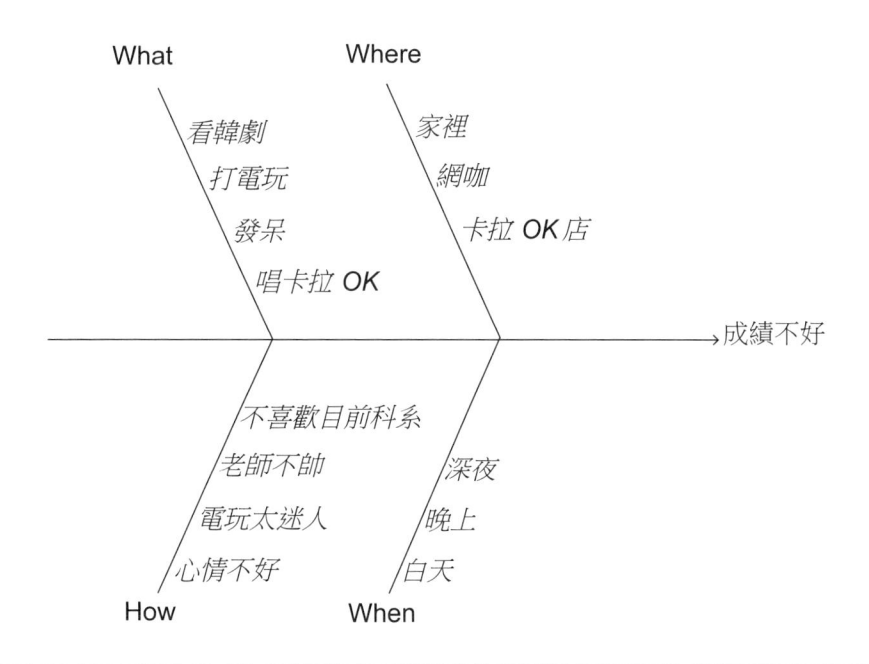

》圖 17-1　qcc 套件的特性要因圖

➢ 使用 qcc 套件的 pareto.chart 畫出柏拉圖（圖 17-2）：

```
> defect = c(80, 67, 51, 20, 33)
> names(defect = c("員工訓練不足", "產品瑕疵", "客服溝通不良",
+         "媒體批評", "其他")
> pareto.chart(defect, ylab = "客戶抱怨次數",
+         xlab = "Error causes", las = 1)
```
Pareto chart analysis for defect
                Frequency Cum.Freq. Percentage Cum.Percent.
  員工訓練不足   80   80   31.872510   31.87251
  產品瑕疵   67   147   26.693227   58.56574
  客服溝通不良   51   198   20.318725   78.88446
  其他   33   231   13.147410   92.03187
  媒體批評   20   251   7.968127   100.00000

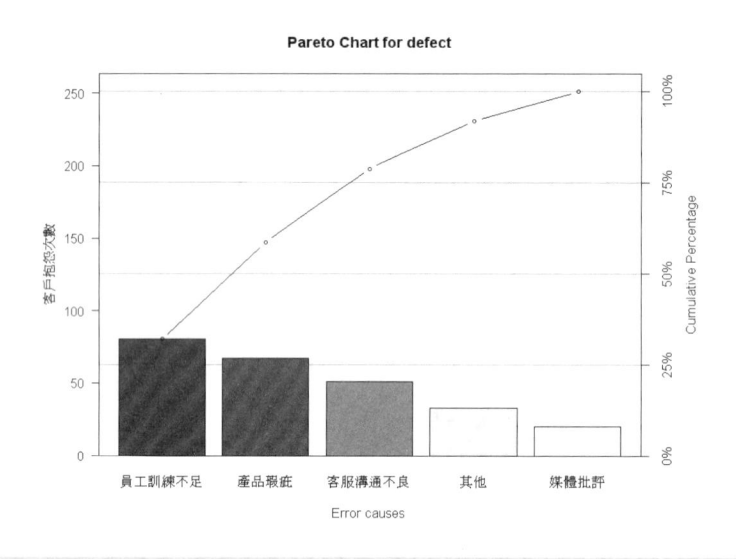

》圖 17-2　qcc 套件的柏拉圖

➢ 使用 qicharts2 套件的 paretochart 函數畫出柏拉圖（圖 17-3）：

```
> library(qicharts2)
> pr = c("員工訓練不足", "產品瑕疵", "客服溝通不良", "媒體批評",
+         "其他")
> prx = rep(pr, times = c(80, 67, 51, 20, 23))
> paretochart(prx, title = 'Pareto chart for Defect')
```

》圖 17-3　qicharts2 套件的柏拉圖

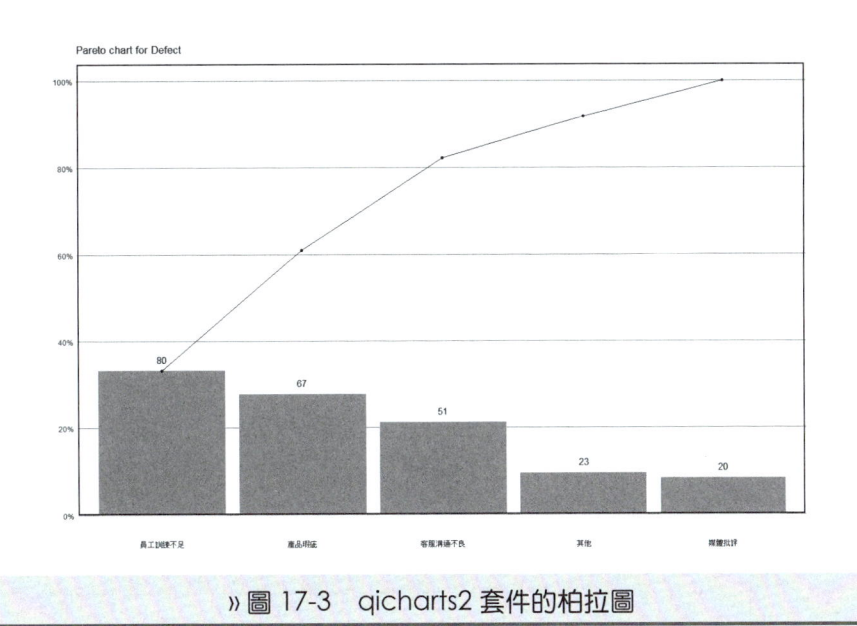

17.3 計量值管制圖

常用的計量值管制圖包含 $\overline{X}$ 管制圖、R 管制圖與 S 管制圖。qcc 套件與 qicharts2 套件皆可畫出這些圖形。

▼ 程式範例 17-2

以下資料為軸承（培林）生產資料，每小時隨機抽出 4 個軸承抽驗，共有 20 組樣本。觀察值為軸承的直徑測量值，而且使用（x – 平均直徑）/ 標準差轉換。資料檔如下：

```
obs1 obs2 obs3 obs4
1.7 2.2 1.9 1.2
0.8 1.5 2.1 0.9
1.0 1.4 1.0 1.3
..............
1.6 0.6 1.0 0.8
1.7 1.0 0.5 2.2
```

```
> radius = read.table("d:/r/radius.txt",header=T)  # 寬型資料
> radius2 = read.table("d:/r/radius2.txt",header=T) # 長型資料
```

➢ 載入 qcc 套件,並設定 qcc 套件管制圖的背景顏色為白色(預設為淺灰色):

```
> library(qcc)
> qcc.options(bg.margin = "white")
> qcc.options(bg.figure = "white")
```

➢ 使用 qcc 函數畫出 $\bar{X}$ 管制圖(圖 17-4):

```
> q.xbar = qcc(data = radius, type = "xbar")
```

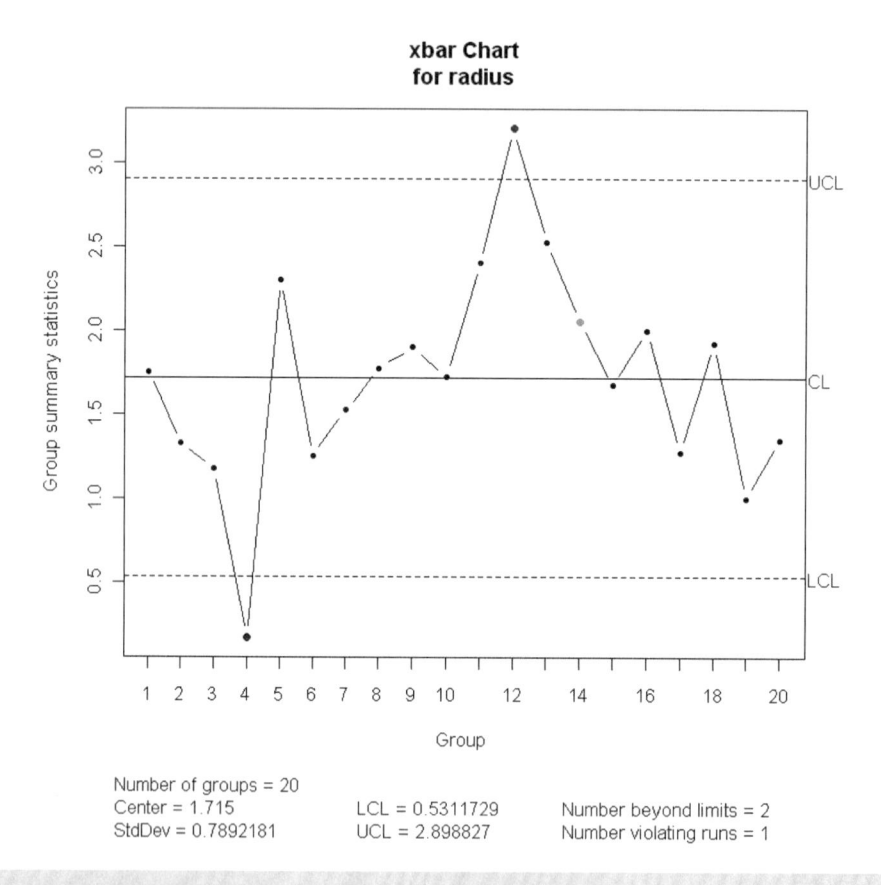

xbar Chart for radius

Number of groups = 20
Center = 1.715
StdDev = 0.7892181
LCL = 0.5311729
UCL = 2.898827
Number beyond limits = 2
Number violating runs = 1

》圖 17-4　$\bar{X}$ 管制圖

➢ 同樣使用 qcc 函數,畫出 R 管制圖與 S 管制圖(圖 17-5):

```
> q.R = qcc(data = radius, type = "R")
> q.S = qcc(data = radius, type = "S")
```

R Chart
for radius

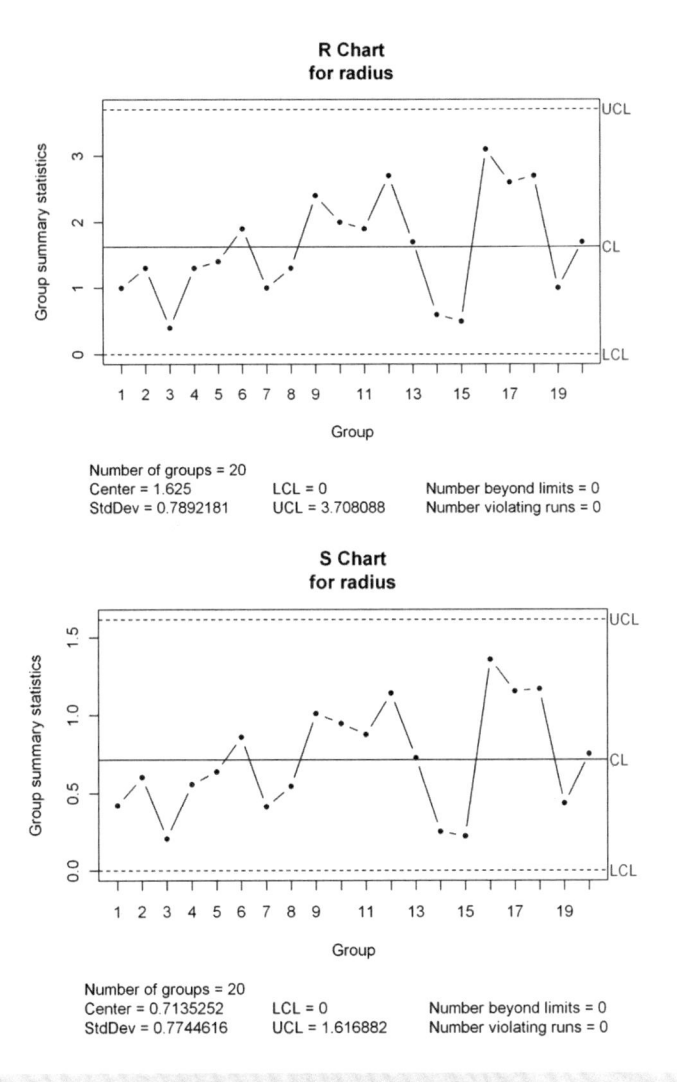

Number of groups = 20
Center = 1.625
StdDev = 0.7892181
LCL = 0
UCL = 3.708088
Number beyond limits = 0
Number violating runs = 0

S Chart
for radius

Number of groups = 20
Center = 0.7135252
StdDev = 0.7744616
LCL = 0
UCL = 1.616882
Number beyond limits = 0
Number violating runs = 0

》圖 17-5　R 管制圖與 S 管制圖

> 看一下 qcc 函數除了畫圖之外，還傳回哪些計算結果：

```
> q.xbar
List of 11
 $ call    : language qcc(data = radius, type = "xbar", add.stats = F)
 $ type    : chr "xbar"
 ........................................
 $ center  : num 1.71
 ........................................
```

```
    $ limits   : num [1, 1:2] 0.531 2.899
    .......................................
```

在輸出結果中，有許多資訊可查。例如 $center（管制圖中心線）或 $limits（管制圖上、下界限）：

```
> q.xbar$center
[1] 1.715
```

```
> q.xbar$limits
       LCL      UCL
  0.5311729 2.898827
```

> 使用 summary 函數可以得到比較精簡的彙整結果：

```
> summary(q.xbar)
Call:
qcc(data = radius, type = "xbar", add.stats = F)
xbar chart for radius
Summary of group statistics:
    Min.  1st Qu.  Median   Mean  3rd Qu.   Max.
   0.175   1.312   1.738   1.715   2.013   3.200
Group sample size:  4
Number of groups:  20
Center of group statistics:  1.715
Standard deviation:  0.789218

Control limits:
       LCL      UCL
  0.5311729 2.898827
```

> 同樣的，我們也可以從 q.R 及 q.S 得到 R 管制圖與 S 管制圖的相關資訊：

```
> q.R$center
[1] 1.625
```

```
> q.R$limits
 LCL    UCL
   0  3.708088
```

第 17 章 品質管制

```
> q.S$center
[1] 0.7135252
```

```
> q.S$limits
  LCL     UCL
    0 1.616882
```

製程能力指標

應用剛剛才算出來的 qcc xbar 輸出變數 q.xbar，我們可以順便使用 qcc 套件的 process.capability 函數計算出各類製程能力指標（Process Capability）（圖 17-6）。

[基本語法]

```
process.capability(xbar 物件, spec.limits = 規格上下限向量)
```

➤ 假設規格下限是 0.4，規格上限是 3.0：

```
> process.capability(q.xbar, spec.limits = c(0.4, 3.0))
Process Capability Analysis
Call:
process.capability(object = q.xbar, spec.limits = c(0.4, 3))
```

Process Capability Analysis
for radius

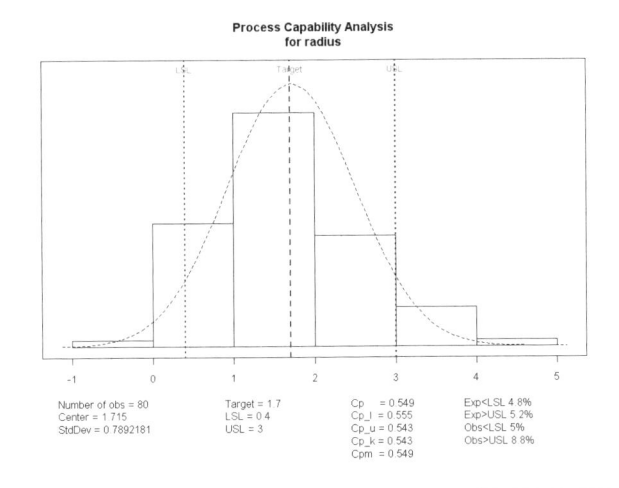

Number of obs = 80   Target = 1.7   Cp   = 0.549   Exp<LSL 4.8%
Center = 1.715   LSL = 0.4   Cp_l = 0.555   Exp>USL 5.2%
StdDev = 0.7892181   USL = 3   Cp_u = 0.543   Obs<LSL 5%
                                       Cp_k = 0.543   Obs>USL 8.8%
                                       Cpm = 0.549

》圖 17-6　製程能力指標圖

```
Number of obs = 80          Target = 1.7
       Center = 1.715         LSL = 0.4
       StdDev = 0.7892181     USL = 3

Capability indices:
        Value    2.5%    97.5%
Cp      0.5491   0.4636  0.6344
Cp_l    0.5554   0.4603  0.6505
Cp_u    0.5427   0.4489  0.6365
Cp_k    0.5427   0.4309  0.6545
Cpm     0.5490   0.4640  0.6338

Exp<LSL 4.8%     Obs<LSL 5%
Exp>USL 5.2%     Obs>USL 8.8%
```

管制圖的 OC 曲線

qcc 套件另外有 oc.curves 可以用來畫出 $\bar{X}$、c 與 u 管制圖的 OC 曲線（圖 17-7），使用方法是將之前用 qcc 函數畫這些管制圖的傳回變數（如之前例子中的 q.xbar）當作參數：

```
> oc.curves(q.xbar)
```

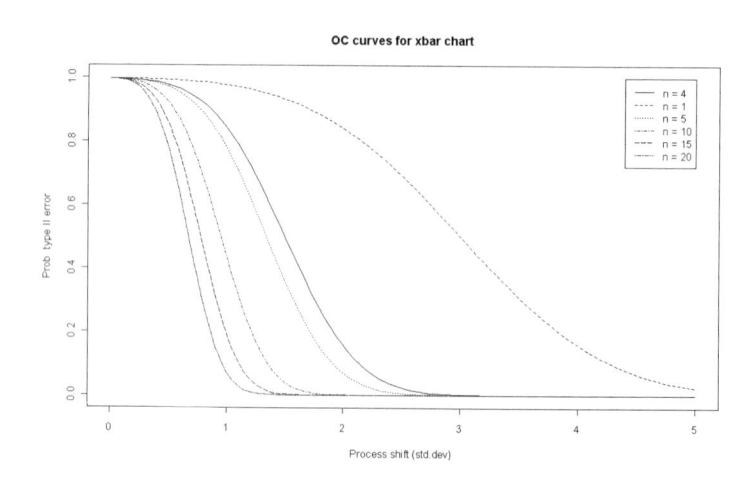

》圖 17-7　$\bar{X}$ 管制圖的 OC 曲線

使用長型資料格式

如果資料的儲存方式是一般常見的堆疊式資料，即測量值儲存成一個變數，而分組資訊儲存在另一個變數，則我們需要用 qcc.groups 函數先作 qcc 物件轉換。qcc.groups 函數的第二個參數是分組變數，在此為 radius2$sample：

```
> radius2
    radius sample
1     1.7    1
2     2.2    1
3     1.9    1
4     1.2    1
5     0.8    2
..............
79    0.5   20
80    2.2   20

> radius2.qcc = qcc.groups(radius2$radius, radius2$sample)
> radius2.qcc
    [,1] [,2] [,3] [,4]
1   1.7  2.2  1.9  1.2
2   0.8  1.5  2.1  0.9
....................
20  1.7  1.0  0.5  2.2
```

> 經過 qcc.groups 函數轉換後的物件 radius2.qcc 即可直接畫圖：

```
> q.xbar = qcc(data = radius2.qcc, type = "xbar")
> q.R = qcc(data = radius2.qcc, type = "R")
> q.S = qcc(data = radius2.qcc, type = "S")
```

使用 qicharts2 套件製作管制圖：需將樣本分組變數轉成整數

```
> library(qicharts2)
# radius2$sample2 = as.integer(radius2$sample)
> head(radius2,5)
    radius sample
1     1.7    1
2     2.2    1
3     1.9    1
4     1.2    1
5     0.8    2
```

```
> qic(sample,radius,data=radius2,chart="xbar")                # 圖 17-8
```

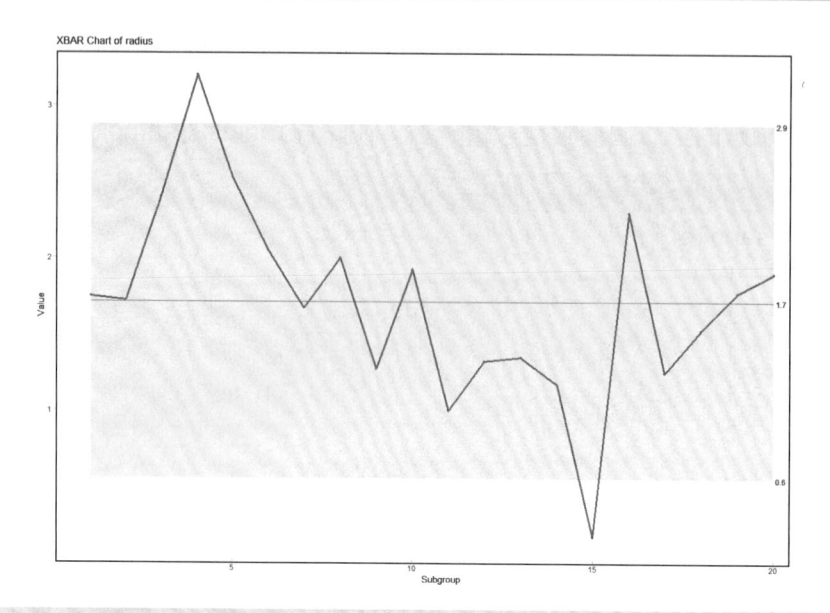

》圖 17-8　qicharts2 套件的 X̄ 管制圖

```
> qic(sample,radius,data=radius2,chart="s")                   # 圖 17-9
```

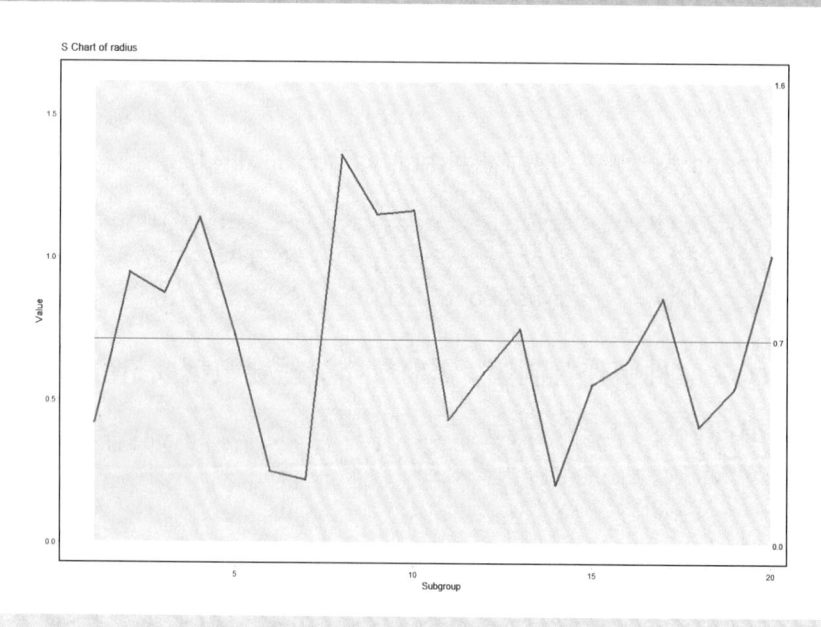

》圖 17-9　qicharts2 套件的 S 管制圖

由於 qicharts2 套件無法畫出 R 管制圖，我們將使用本書舊版曾經提到的 qAnalyst 套件。qAnalyst 套件已經從 CRAN 移除，但我們仍然可以下載其原始碼安裝在新版的 R 軟體，步驟如下：

(1) 請到 http://cran.r-project.org/src/contrib/Archive/qAnalyst/ 下載 qAnalyst_0.6.4.tar.gz 檔

(2) 使用解壓縮軟體 (例如 7zip) 將其解壓縮到 qAnalyst 資料夾

(3) 在 qAnalyst 資料夾裡面加入一個名為 NAMESPACE 的文字檔，第一行為

   exportPattern(".")

   第二行為空白 (在第一行尾巴多按一次 ENTER 鍵)

(4) 使用壓縮軟體 (例如 7zip) 重新將此 qAnalyst 資料夾壓縮為 qAnalyst.tar 檔

(5) 在 R 軟體中執行以下安裝指令：

```
install.packages("SuppDists")
install.packages("d:/tmp/qAnalyst.tar", repos = NULL, type="source")
```

如果不想自己動手的讀者，可以從隨書光碟中找到 qAnalyst.tar 檔，或到以下網址下載：

http://steve-chen.tw/RBook/qAnalyst.tar

```
> library(qAnalyst)
> radius.R = spc(x = radius2$radius, sg = radius2$sample,
+     type = "r", name = "Radius")
> plot(radius.R)                                              # 圖 17-10
```

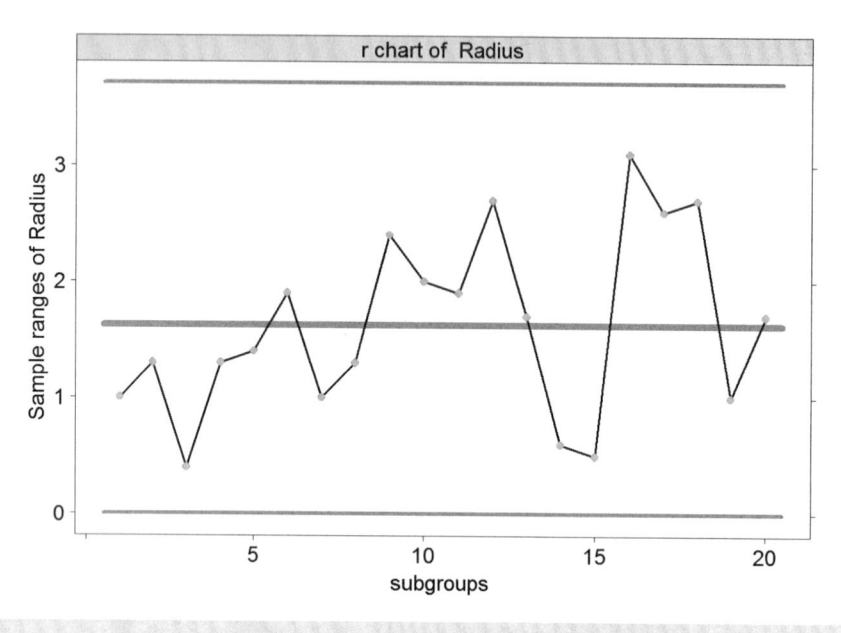

》圖 17-10　qAnalyst 套件的 R 管制圖

17.4 計數值管制圖

　　計數值管制圖包含 p 管制圖、np 管制圖、c 管制圖、u 管制圖以及 demerit 管制圖（又稱 D chart）。

17.4.1　p、np、c 與 u 管制圖

▼ 程式範例 17-3

　　假設向量變數 x 包含 25 組樣本的不合格產品數目，每組樣本的樣本數為 50：

```
> x = c(6, 4, 8, 5, 4, 3, 9, 7, 6, 6, 3, 7, 6, 5, 6, 3, 2, 5, 3, 0, 7, 3, 4, 6, 7)
[1] 6 4 8 5 4 3 9 7 6 6 3 7 6 5 6 3 2 5 3 0 7 3 4 6 7
```

➢ 使用 qcc 套件的 qcc 函數來畫 p 管制圖，選擇 type = "p"（圖 17-11）：

```
> x.p = qcc(data = x, sizes = 50, type = "p")
```

> 查看 p 管制圖的中央線及上下界限值：

```
> x.p$center
[1] 0.1

> x.p$limits
 LCL      UCL
  0 0.2272792
```

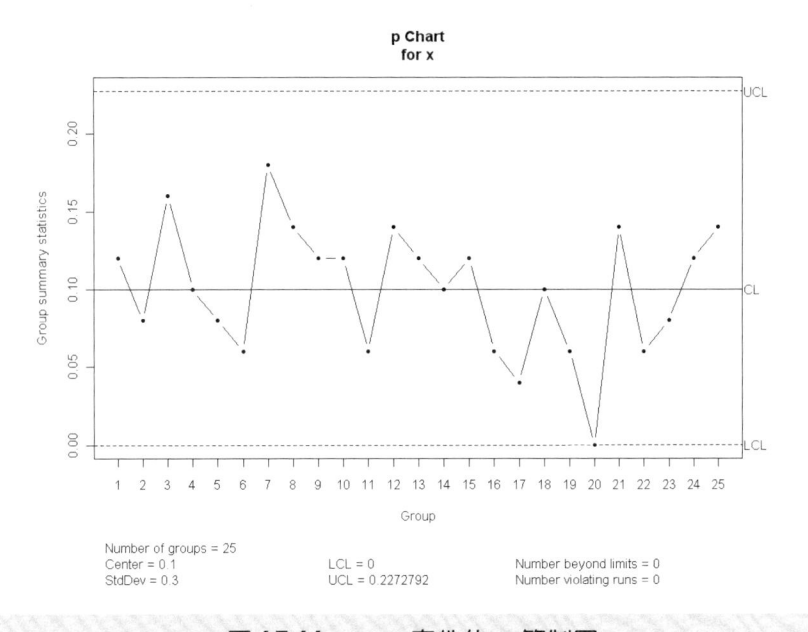

》圖 17-11　qcc 套件的 p 管制圖

> 畫出同一組資料的 np 管制圖，qcc 函數選擇 type = "np"（圖 17-12）：

```
> x.np = qcc(data = x, sizes = 50, type = "np")
```

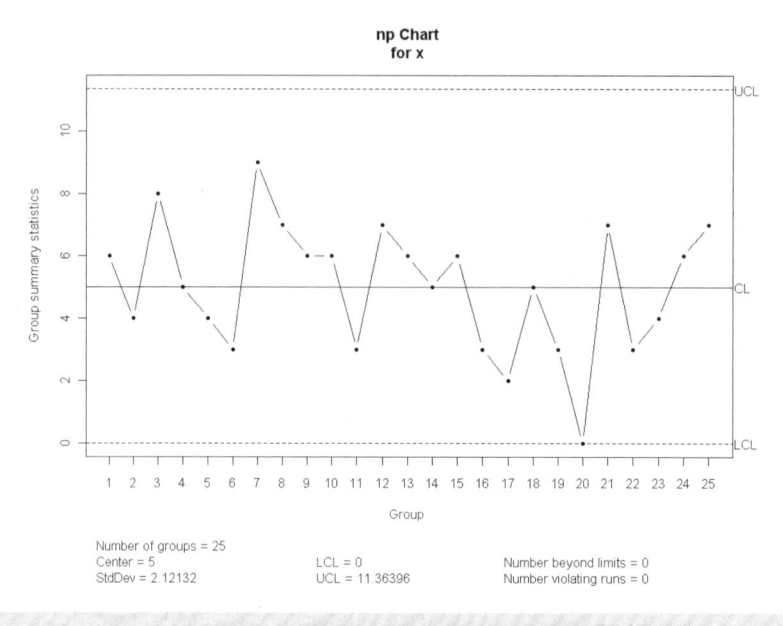

》圖 17-12　qcc 套件的 np 管制圖

> np 管制圖的中心線與上下界面值：

```
> x.np$center
[1] 5
```

```
> x.np$limits
  LCL     UCL
   0  11.36396
```

c 管制圖與 u 管制圖

▼ 程式範例 17-4

> 假設 x 儲存 25 組樣本的不合格項目（nonconformities）數字：

```
> x
 [1]  8 10 10  7 12 11 13 10 10  8 11  5  6 10 11 12  6  5 12 11
[21]  6 11  6 13  9
```

➢ 使用 qcc 函數,選擇 type = "c" 來畫出 c 管制圖(圖 17-13):

```
> x.c = qcc(data = x, type = "c")
> x.c$center
[1] 9.32
```

```
> x.c$limits
         LCL       UCL
  0.1613975  18.47860
```

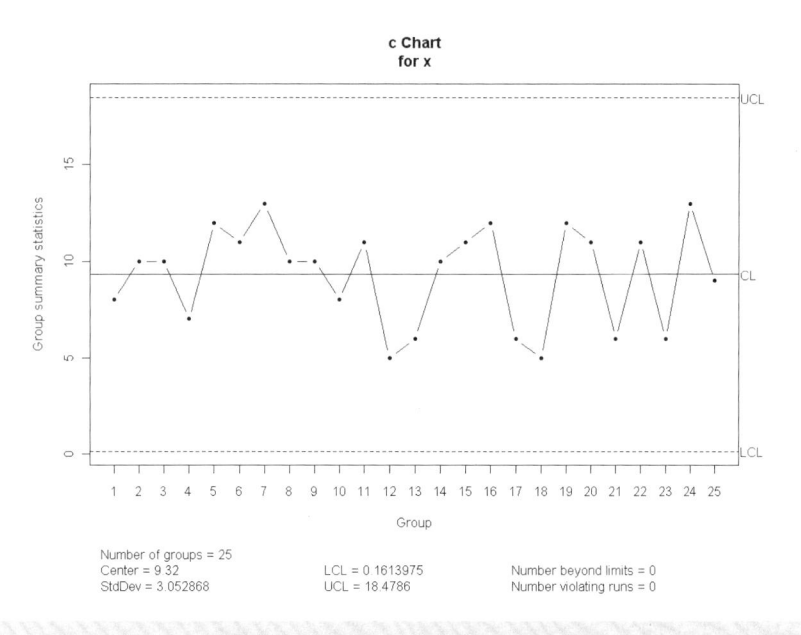

》圖 17-13　qcc 套件的 c 管制圖

➢ 假設 x2 儲存各樣本的不合格數,units 儲存各樣本的單位數:

```
> x2
 [1] 24 24 22 19 27 23 31 22 25 36 23 21 12 31 26 27 31 17 26 29
[21] 31 24 27 16 24
```

```
> units
 [1] 3 5 3 4 5 3 3 4 3 3 4 5 4 4 5 3 5 3 3 3 3 4 3 4 5
```

➢ 使用 qcc 函數,選擇 sizes = units、type = "u" 畫出 u 管制圖(圖 17-14):

```
> x.u = qcc(data = x2, sizes = units, type = "u")
```

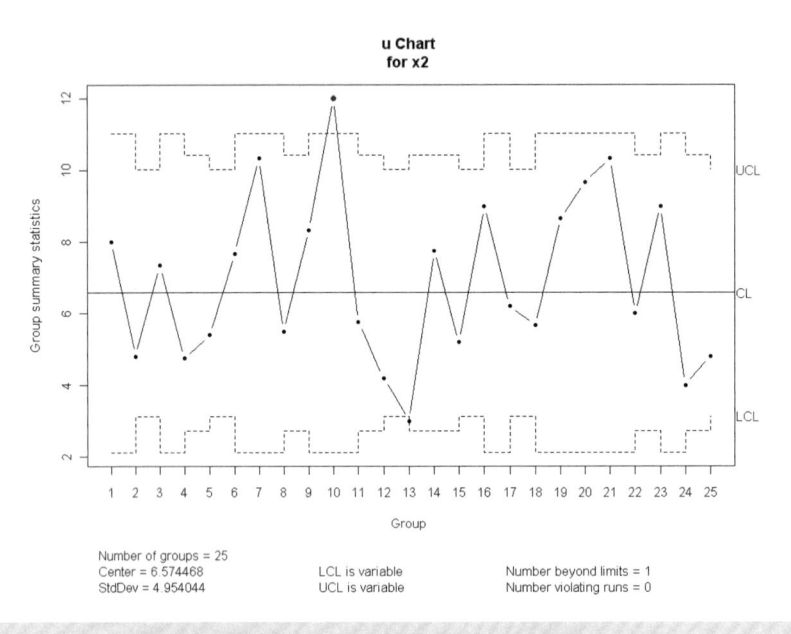

» 圖 17-14　qcc 套件的 u 管制圖

> 查看 u 管制圖的中心線與管制界限值：

```
> x.u$center
[1] 6.574468
```

```
> x.u$limits
       LCL      UCL
 2.133364 11.01557
 3.134404 10.01453
......
 2.133364 11.01557
 2.728359 10.42058
 3.134404 10.01453
```

17.4.2　缺失系統管制圖

　　缺失系統管制圖（demerit chart）又稱 D chart，截至目前為止，R 軟體並沒有任何套件可以製作 Demerit 管制圖，不過我們可以自己寫程式把這個管制圖畫出來，過程不會太難。

▼ 程式範例 17-5

以下資料包含 25 組樣本，每組樣本的單位數（number of units）是 5、每組樣本各有嚴重缺點數（critical）、主要缺點數（major）與次要缺點數（minor）紀錄。若我們想要使用 10:5:1 的權重套用到這三個等級的缺點數，並作出 demerit 管制圖。假設資料儲存在 data-frame 變數 X 裡面：

```
> X
    critical major minor
1          1     9    21
2          7    10    16
3          4    10    25
............
23         4    10    16
24         5     7    20
25         4    13    16
```

- 計算各組樣本的 u 值：$u_d = (10C_{cr} + 5C_{ma} + C_{mi})/n$，其中 C_{cr} 為嚴重缺點數、C_{ma} 為主要缺點數、C_{mi} 為次要缺點數、n 為單位數

```
> u = (10*X$critical + 5*X$major + X$minor)/5
> u
 [1] 15.2 27.2 23.0 25.8 20.2 25.2 19.8 14.0 16.4 17.6 30.6 26.8 32.2 17.8
[15] 15.0 26.2 26.6 24.8 23.4 27.2 25.6 13.0 21.2 21.0 24.2
```

- 計算三種缺點分類的平均缺點數。例如，$\bar{u}_{ma} = \sum_{i=1}^{25} C_{ma,i} / (25n)$：

```
> (ubar.cr = sum(X$critical)/(25*5))
[1] 0.888

> (ubar.ma = sum(X$major)/(25*5))
[1] 1.912

> (ubar.mi = sum(X$minor)/(25*5))
[1] 3.96
```

- 計算 D chart 的中心線 $\bar{u} = 10\bar{u}_{cr} + 5\bar{u}_{ma} + \bar{u}_{mi}$：

```
> u.bar = 10*ubar.cr + 5*ubar.ma + ubar.mi
> u.bar
[1] 22.4
```

- 計算 u 統計量的標準差估計值 $\hat{\sigma}_u = \sqrt{(10^2\bar{u}_{cr} + 5^2\bar{u}_{ma} + \bar{u}_{mi})/n}$：

```
> sigma.u = sqrt((100*ubar.cr +25*ubar.ma + ubar.mi)/5)
> sigma.u
[1] 5.302075
```

- 計算 D chart 的上下界限 $\bar{u} \pm 3\hat{\sigma}_u$：

```
> ( LCL = u.bar - 3*sigma.u )
[1] 6.493775

> ( UCL = u.bar + 3*sigma.u )
[1] 38.30623
```

- 畫圖時，在 Y 軸部分需預留較大的高度，這裡使用 ylim = c(u.bar - 4*sigma.u, u.bar + 4*sigma.u) 預留 8 倍標準差的高度（圖 17-15）：

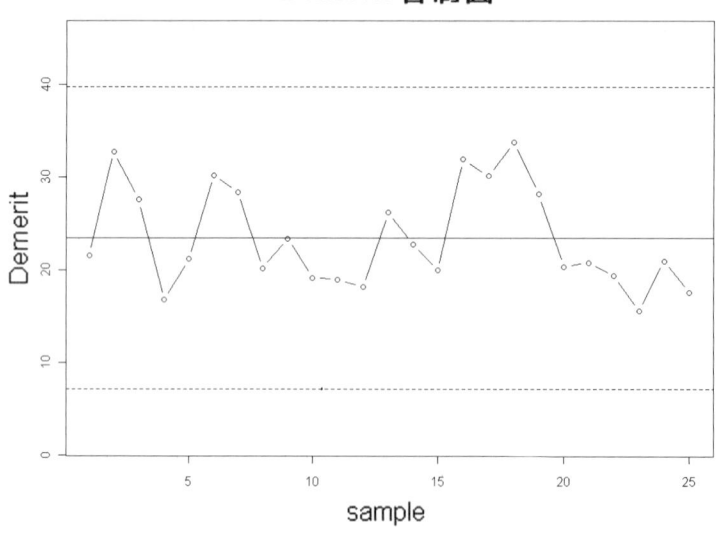

》圖 17-15　demerit 管制圖

```
> plot(u, xlab = "sample", ylab = "Demerit", type = "b",
+       ylim = c(u.bar - 4*sigma.u, u.bar + 4*sigma.u),
+       main = "Demerit 管制圖")
> abline(h = u.bar)                                          # 中心線
> abline(h = UCL, lty = 2)                                   # 管制上限
> abline(h = LCL, lty = 2)                                   # 管制下限
```

我們可以將以上的計算過程精簡彙整成一個可畫 demerit 管制圖的自訂函數 demerit.chart。函數的參數包含一個 data-frame 變數或矩陣變數 X，其行向量為各類別的缺點數；demerit.types 為文字變數，為 X 中各類缺點數的變數名稱所成的向量；weights 為權重數值向量，長度與 demerit.types 一樣；n 則是樣本中的 units 數目：

```
demerit.chart = function(X, demerit.types, weights, n)
{
                                              # 計算樣本組數
  g = nrow(X)
                                              # 計算共有多少種不合格項目分類
  n.type = length(demerit.types)
                                              # 使用矩陣乘法計算各樣本的 u 值
  u = (as.matrix(X[, demerit.types]) %*% weights)/n
                                              # 計算每一個不合格分類的平均缺點數
  ubar.types = apply(X[, demerit.types], 2, sum)/(g*n)
                                              # 使用矩陣乘法計算中心線 u.bar
  u.bar = weights %*% ubar.types
                                              # 使用矩陣乘法計算 u 的標準差估計值
  sigma.u = sqrt(ubar.types %*% (weights^2)/n)

  LCL = u.bar - 3*sigma.u
  UCL = u.bar + 3*sigma.u

  cat("CL = ", u.bar, "\n")
  cat("LCL, UCL = (", LCL, ",", UCL, ")\n")

                                              # 預留 Y 軸上下高度
  ymin = u.bar - 4*sigma.u
  ymax = u.bar + 4*sigma.u

  plot(u, xlab = "sample", ylab = "Demerit", type = "b",
```

```
        ylim = c(ymin, ymax), main = "Demerit 管制圖")

 abline(h = u.bar)                    # 畫出中心線
 abline(h = UCL, lty = 2)
 abline(h = LCL, lty = 2)

}
```

以本節範例資料 X、權重比例 10:5:1、n = 5 代入 demerit.chart 函數來畫圖。data-frame 變數 X 中有 "critical"、"major"、"minor" 三個行向量名稱分別儲存三種分類的缺點數：

```
demerit.chart(X, c("critical", "major", "minor"), c(10, 5, 1), 5)
CL = 23.464
LCL, UCL = ( 7.145324   , 39.78268 )
```

17.5 單一觀察值管制圖

單一觀察值管制圖通常用於因為環境、技術、量測儀器等限制下無法抽驗多於一個以上產品的狀況。mr 移動全距管制圖、累積和管制圖與 EWMA 管制圖皆為此類狀況的延伸圖形。

17.5.1 X 管制圖

▼ 程式範例 17-6

假設我們把 17.2 節的軸承直徑資料當成每次只抽一個觀察值的資料來使用：

```
> radius2
   radius sample
1    1.7     1
2    2.2     1
3    1.9     1
4    1.2     1
5    0.8     2
 ............
```

```
79    0.5    20
80    2.2    20
```

▸ 同樣使用 qcc 套件的 qcc 函數來作圖，type 選項指定為 "xbar.one"，並且設定 add.stats 選項為 FALSE（不畫出額外資訊）（圖 17-16）：

```
> q.xbarone = qcc(data = radius2$radius, type = "xbar.one",
+                 add.stats = FALSE)
```

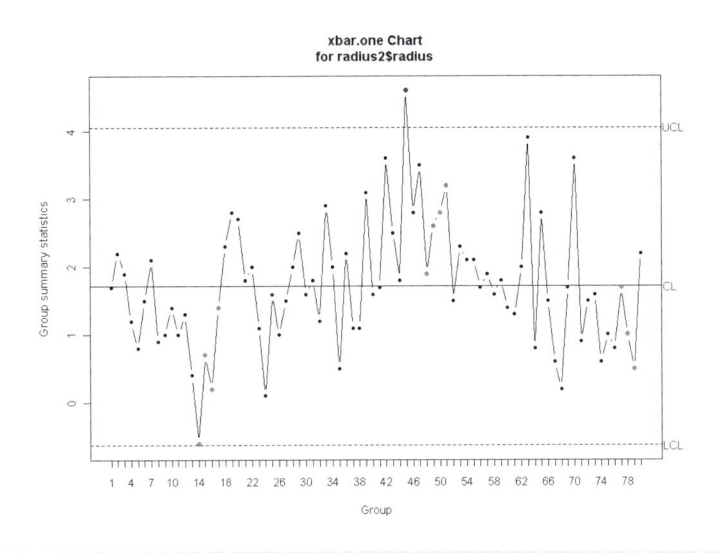

》圖 17-16　qcc 套件的 X 管制圖

```
> q.xbarone$center
[1] 1.715
```

```
> q.xbarone$limits
        LCL       UCL
 -0.6247522  4.054752
```

▸ qicharts2 套件的 qic 函數也可以畫出 X Chart（圖 17-17）：

```
> library(qicharts2)
> qic(radius2$radius,title="X Chart of radius")
```

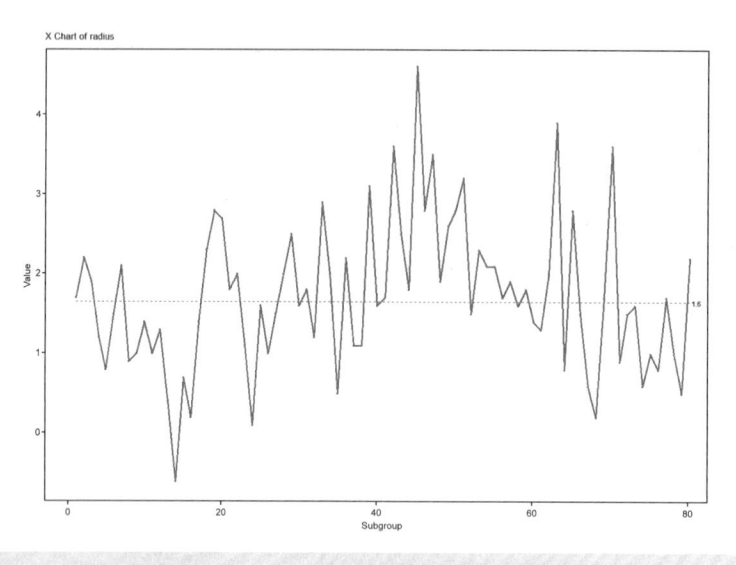

» 圖 17-17　qicharts2 套件的 X 管制圖

17.5.2　mr 移動全距管制圖

mr 管制圖的全稱是 Moving-Range Control Chart，可以使用 qicharts2 套件的 qic 函數，選擇 chart = 'mr' 來畫圖（圖 17-18）：

> qic(radius,data= radius2,chart= 'mr')

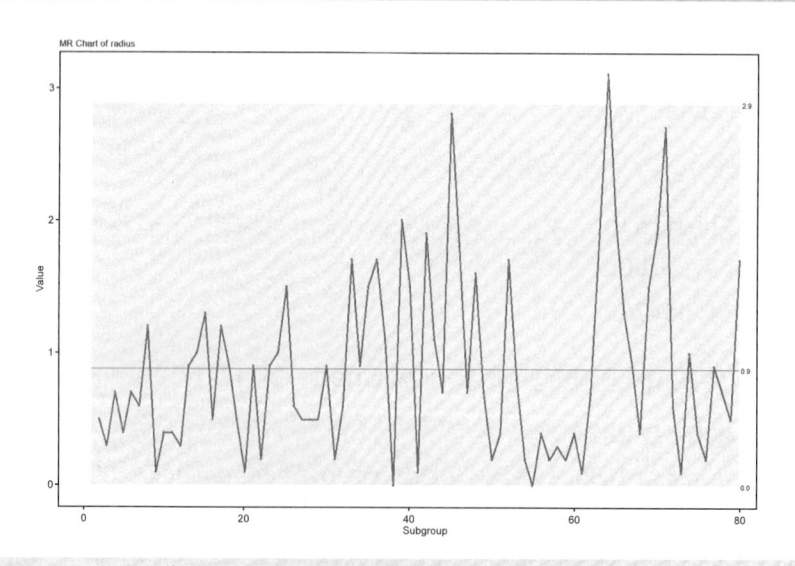

» 圖 17-18　qicharts2 套件的 mr 管制圖

17.6 累積和與 EWMA 管制圖

qcc 套件的 cusum 與 ewma 函數可以畫出製程資料的累積和管制圖（Cumulative-Sum Control Chart）與 EWMA 管制圖。

▼ 程式範例 17-7

使用之前的軸承資料來作圖（圖 17-19）：

```
> library(qcc)
> cusum(radius)
```
```
List of 13
 $ call              : language cusum(data = radius)
 $ type              : chr "cusum"
 $ data.name         : chr "radius"
 ...............................
 $ decision.interval : num 5
 $ se.shift          : num 1
 $ violations        :List of 2
 - attr(*, "class")= chr "cusum.qcc"
```

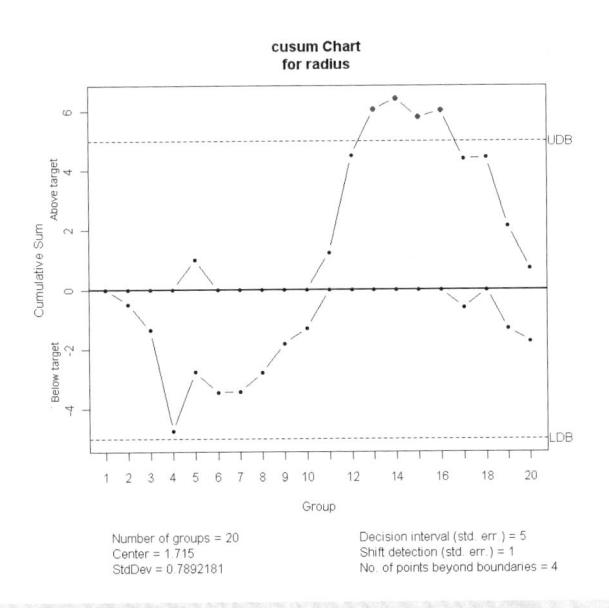

》圖 17-19　qcc 套件的 cusum 管制圖

578　R 軟體：應用統計方法

> 接下來我們使用 λ = 0.2，畫出 EWMA 管制圖（圖 17-20）：

```
> ewma(radius, lambda = 0.2)
```

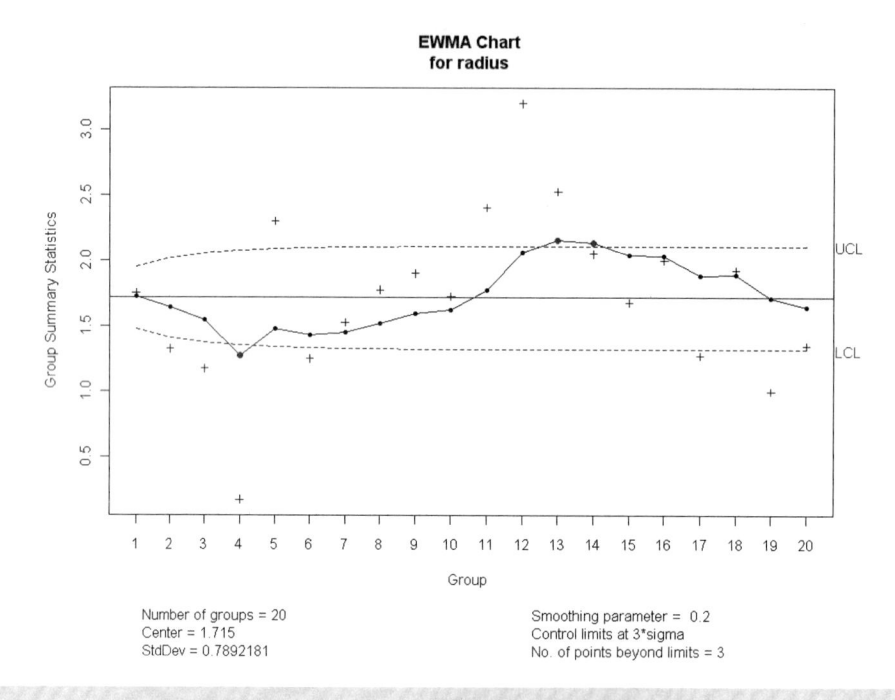

》圖 17-20　qcc 套件的 EWMA 管制圖

CHAPTER 18

時間數列

18.1 R 軟體的時間數列函數
18.2 ARIMA 模型
18.3 時間數列 + 迴歸分析
18.4 轉換函數模式
18.5 介入事件模式
18.6 離群值模式
18.7 ARCH 與 GARCH

在這一章裡面，我們將介紹如何使用 R 軟體來分析一般 ARIMA 時間數列模型、時間數列加迴歸分析綜合模型、轉換函數、介入事件模式、離群值模式以及 ARCH 與 GARCH 非均齊性變異數模型。

18.1 R 軟體的時間數列函數

在 R 軟體中，我們最常用到的是 **arima0** 或 **arima** 函數，用來分析一組資料的 ARIMA(p, d, q)x(P, D, Q)$_s$ 模型。

[基本語法]　　arima(Z, order = c(p, d, q), seasonal = list(c(P, D, Q), s))

其中

- Z 為主要時間數列變數，可以是一般向量或經過 ts 函數轉換的 ts 屬性變數。
- s 為季節性效應期數。

例如，若主要時間數列變數 Z 服從 ARIMA(2, 1, 5)x(1, 1, 2)$_{12}$ 季節性相乘模式，則可寫成：

```
arima(Z, c(2, 1, 5), seasonal = list(c(1, 1, 2), 12))
```

使用 arima 函數的 fixed 參數

arima 函數有一個 fixed 選項，可以指定哪些參數不需要估計，可直接令這些參數為 0。例如，若模型是 ARIMA(0, 0, 3)，則 arima 函數的 output 中會列出 MA(3) 的 θ_1、θ_2、θ_3 估計值，分別標示為 ma1、ma2、ma3，但如果我們只想保留 θ_3 在模型中，可以使用 fixed = c(0, 0, NA)，將前面 2 個參數 θ_1、θ_2 設定為 0，但是排在第 3 的參數 θ_3 照樣算出估計值。

有國外學者也提到，在使用 fixed 選項時，必須額外加上 "transform.pars = FALSE" 選項，才不會出問題。transform.pars 選項是在計算時將 AR 參數作適當轉換，以讓模型維持平穩性，預設為 TRUE。

18.1.1 arima 函數中的 xreg 參數

arima 函數的 xreg = X 選項主要是用在 ARIMA + Regression 動態模型，其中 X 為矩陣，矩陣中每一個行向量 (column vectors) 相當於迴歸模型中的一個解釋變數。假設共有 k 個解釋變數。

[基本語法]　arima(Z, order = c(p, d, q), seasonal = list(c(P, D, Q), s),
　　　　　　　xreg = cbind(X_1, X_2, ... , X_k))

例如，若主要研究的數列是每月人口出生率 $(Birth)_t$ 變數，且考慮兩個社會福利指標 $(INDEX1)_t$ 與 $(INDEX2)_t$ 當作解釋變數。假設我們猜測迴歸殘差大致上服從 ARIMA(1, 0, 1)x(2, 1, 0)$_{12}$ 季節性相乘模式，且 INDEX2 變數的影響力有 6 期的延遲，則實際上使用的迴歸解釋變數為 $(INDEX1)_t$ 與 $(INDEX2)_{t-6}$，其模型可表達為：

$$Birth_t = \beta_0 + \beta_1 \times INDEX1_t + \beta_2 \times INDEX2_{t-6} + \frac{(1 - \theta_1 B)}{(1 - \psi_1 B)(1 - \Phi_1 B^{12} - \Phi_2 B^{24})(1 - B^{12})} a_t$$

我們可以使用 **lag** 函數來建立 $(INDEX2)_{t-6}$ 變數，程式可寫成：

```
INDEX2Lag6 = lag(INDEX2, -6)
arima(Birth, c(1, 0, 1), seasonal = list(c(2, 1, 0), 12),
      xreg = cbind(INDEX1, INDEX2Lag6))
```

除了 ARIMA + 迴歸動態模型之外，xreg 選項還可以用來表達：

- 轉換模式（Transfer Function Model）

- 介入模式（Intervention Model）

- 離群值模式（Outlier Model）

其實就是將上述三種不同的模式都當作「ARIMA + 迴歸動態模式」來看待。這三種模式中，介入模式與離群值模式所用的 X 變數多數是元素值為 0 或 1 的指標變數，通常代表介入事件或離群值的發生時間點。

18.1.2 複雜模型分析：TSA 套件的 arima 函數

如果 xreg 選項所用到的解釋變數本身的時間數列結構比較複雜，例如 $[(\omega_0 - \omega_1 B - \omega_2 B^2) / (1 - \delta_1 B - \delta_2 B^2)]X_t$，則我們需要改用 **TSA** 套件的 `arima` 函數版本，並使用這個函數中新增的 `xtransf` 與 `transfer` 兩個參數來加入解釋變數。我們將在本章使用 xtransf 與 transfer 選項來分析複雜的模型結構。

xtransf 與 transf 參數寫法範例

不管是轉換函數模式、介入事件模式或離群值模式，假設 Z_t 與五個其他數列 $X1_t \sim X5_t$ 之間的模式如下：

$$Z_t = \omega_1 X1_t + \frac{\omega_2}{1-B} X2_t + \frac{\omega_3}{1-B^{12}} X3_t + (\frac{\omega_{40} + \omega_{41} B}{1 - \delta_{41} B - \delta_{42} B^2}) X4_t$$

$$+ (\frac{\omega_{50} + \omega_{51} B + \omega_{52} B^2}{1 - \delta_{51} B}) X5_t + \frac{(1-\theta_1 B)(1-\theta_{12} B^{12})}{(1-\psi_1 B - \psi_2 B^2)(1-B)(1-B^{12})} a_t$$

在這個範例模式中共有 5 個轉換函數、介入事件或離群值項目：

- 未受干擾的數列 N_t 服從 ARIMA(2, 1, 1)x(0, 1, 1)$_{12}$ 混合模式。
- **X1**：第一個項目 X1 數列可視為迴歸模型中的解釋變數，可用 arima0 或 arima 函數的 xreg 選項來加入 X1。

```
> arima(Z, ...., xreg = cbind(X1, …), ....)
```

- **X2**：$\frac{\omega_2}{(1-B)} X2_t = \omega_2 (1-B)^{-1} X2_t = \omega_2 X2_t^*$。若 X2 為介入事件模式的衝擊函數 P_t 型態，由於 $S_t = (\frac{1}{1-B})P_t = (1-B)^{-1} P_t$，可令 $X2_t^* = (1-B)^{-1} X2_t$，然後在資料檔中改用階梯函數 S_t 型態的 $X2_t^*$ 來輸入資料。另一個方法是使用 `diffinv` 函數〔即 $(1-B^d)$ 的反函數〕，將原本的 X2 變數轉換成 $X2_t^* = (1-B)^{-1} X2_t$，再用 arima 函數的 xreg 選項把 $X2_t^*$ 當作迴歸解釋變數加入模型：

```
> X2new = diffinv(X2, 1, 1)
> arima(Z, ...., xreg = cbind(X2new, …), ....)
```

- X3：$\frac{\omega_3}{1-B^{12}}$ X3$_t$ = $\omega_3(1-B^{12})^{-1}$X3$_t$ = ω_3X3$_t^*$，X3$_t^*$ = $(1-B^{12})^{-1}$X3$_t$。我們可以使用

```
> X3new = diffinv(X3, 12, 1)
> arima(Z, ...., xreg = cbind(X3new, …), ....)
```

將 X3 轉換成 X3*，再用 arima 函數的 xreg 選項將 X3* 當作迴歸解釋變數加入模型。

- X4：($\frac{\omega_{40}+\omega_{41}B}{1-\delta_{41}B-\delta_{42}B^2}$) X4$_t$，這個項目因為結構比較複雜，需要把 X4 前面的運算子視為 MA(q)/AR(p)，我們可以使用 transfer = list(c(p, q)) 選項（此例中，q = 2、p = 1）：

```
> library(TSA)
> arima(Z, ...., xtransf = cbind(X4),
+           transfer = list(c(2, 1)))
```

- X5：($\frac{\omega_{50}+\omega_{51}B+\omega_{52}B^2}{1-\delta_{51}B}$) X5$_t$，作法跟 X4$_t$ 一樣，將 X5$_t$ 前面的運算子看做 MA(2)/AR(1)（p = 1、q = 2），可以使用以下語法加入模型：

```
> library(TSA)
> arima(Z, ...., xtransf = cbind(X5),
+           transfer = list(c(1, 2)))
```

綜合以上資訊，範例模式的程式寫法是將 X1、X2new、X3new 放在 xreg 選項之後，X4 與 X5 則使用 xtransf 與 transfer 選項加入模型。假設 X1、X2、X3、X4、X5 五個 0/1 指標變數皆已建立：

```
> X2new = diffinv(X2, 1, 1)                    # X2new = (1-B)⁻¹X2
> X3new = diffinv(X3, 12, 1)                   # X3new = (1-B¹²)⁻¹X3
> library(TSA)
> Xmatrix = cbind(X1, X2 = X2new, X3 = X3new)
>
```

```
> arima(Z, c(2, 1, 1),                          # ARIMA(2,1,1)x(0,1,1)_{12}
+       seasonal = list(c(0, 1, 1), 12),
+       xreg = Xmatrix,                         # X1, X2new, X3new
+       xtransf = cbind(X4, X5),                # 將 X4, X5 帶入模型
+       transfer = list(c(2, 1), c(1, 2))       # X4, X5 的階次
+   )
```

複雜模型預測：predictTSA 函數

TSA 套件的 arima 函數若用到 xtransf 與 transfer 選項，由於 R 軟體預設的 predict 函數不知道如何處理這兩個選項，因此無法算出向前預測值。為此，作者寫了一個 predictTSA 函數，可以解決這個問題。讀者可以在本書光碟中找到 predictTSA.R 程式檔，只要載入 R 軟體即可使用。

[基本語法]　　predictTSA(model, n.ahead = k, newxreg = Xreg,

　　　　　　　　　　newxtransf = Xtrans, transfer)

其中

- `model` 為經過 TSA 套件 arima 函數分析過的輸出物件。

- `newxreg` 是新的解釋變數值所組成的矩陣，通常的結構是 cbind(X1new, X2new, ...)。

- `newxtransf` 是 TSA arima 函數 xtrans 變數新觀察值所組成的矩陣，通常的結構是 cbind(trans 變數 1, trans 變數 2, ...)。

- `transfer` 的寫法則跟 TSA 套件 arima 函數 transfer 選項完全相同。

- 關於 predictorTSA 的使用範例，請讀者參考 18.4.2 節程式範例 18-3。

18.1.3　常用的時間數列函數

表 18-1、18-2、18-3 整理了 R 軟體主要的時間數列分析函數：

一般時間數列函數

表 18-1 時間數列常用函數

函數名稱	套件	說明
arima0、arima	基本	ARIMA 模型，兩者使用不同的 MLE 計算法則
arima	TSA	ARIMA 模式，可處理較複雜的轉換模式、介入事件或離群值結構
ar	基本	分析 AR 模型
arma	tseries	ARMA 模型
arima.sim	基本	ARIMA 數列模擬產生器
garch	tseries	ARCH(p) 與 GARCH(p, q) 模型
dynlm	dynlm	Time Series + Regression
ts	基本	一般向量轉換成時間數列變數
time	基本	產生「時間」向量
acf、pacf、ccf	基本	計算 ACF、PACF 及 CCF
lag	基本	產生落後期數數列（向後 k 期：- k）
zlag	TSA	對向量作 lag 轉換（向後 k 期：k）
diff	基本	差分
diffinv	基本	差分的反函數 (inverse difference)
filter	基本	向前或向後過濾器運算函數
ARMAtoMA	基本	將 ARMA(p, q) 數列轉成 MA 數列
BoxCox.ar	TSA	時間數列 Box-Cox 變數轉換
fitted.Arimax	TSA	Arimax 模型配適值計算
read.ts	tseries	讀入時間數列變數

提醒 lag(Z_t, - k) = zlag(Z_t, k) = Z_{t-k}，兩者的落後期數正負號相反。

時間數列圖形函數

表 18-2　時間數列圖形函數

函數名稱	套件	說明
plot	基本	畫出 ts 變數的時間數列圖
ts.plot	基本	畫出多個向量的時間數列圖
plot.Arima	TSA	畫出配適之後的時間數列圖，與預測值的 95% 信賴區帶 (cofidence bands)
seqplot.ts	tseries	將兩個時間數列畫在同一張圖中
lag.plot	stats	數列與其時差數列的對照圖
monthplot	stats	畫出數列的季節性子數列，單位為月
seaplot	ast	畫出數列的季節性子數列
tsdiag	stats	時間數列診斷圖形
tsdiag.Arima	TSA	tsdiag 修正版

時間數列檢定函數

表 18-3　時間數列檢定函數

函數名稱	套件	說明
adf.test	tseries	Augmented Dickey-Fuller 單根檢定
Unitroot	FinTS	單根檢定
kpss.test	tseries	KPSS 平穩性檢定
Box.test	基本	Box-Pierce 或 Ljung-Box 獨立性檢定
LB.test	TSA	同上
bds.test	tseries	BDS I.I.D. 檢定
bptest	lmtest	Breusch-Pagan test 常數變異數檢定
dwtest	lmtest	Durbin-Watson 殘差獨立性檢定
jarque.bera.test	tseries	Jarque-Bera 常態性檢定
shapiro.test	基本	Shapiro-Wilk 常態性檢定
runs	TSA	數列獨立性 run test
Tsay.test	TSA	時間數列二次非線性趨勢檢定

18.2 ARIMA 模型

ARIMA(p, d, q)x(P, D, Q)$_s$ 模型的判斷，可藉由樣本 ACF 圖、PACF 圖、EACF 圖或是經由最小 AIC 或 BIC 值來判定適當的候選模型。

▼ 程式範例 18-1

在這一節當中，我們將使用 2003 年 12 月 29 日至 2005 年 1 月 30 日，總共 399 天的台北捷運每日運輸人次資料當作範例（林茂文，2006）。資料檔部分內容如下，其中 Z 為主要時間數列，D1～D6 為 0/1 指標變數，分別代表週一到週六的時間指標。例如 2003/12/29 為週一，所以第一列資料中，D1 = 1，D2 = D3 = ... = D6 = 0：

```
Z       D1 D2 D3 D4 D5 D6
959661  1 0 0 0 0 0
987148  0 1 0 0 0 0
1366690 0 0 1 0 0 0
784286  0 0 0 1 0 0
1003674 0 0 0 0 1 0
864871  0 0 0 0 0 1
..................
```

> 將這組資料讀入，並且儲存成 trtc 資料框架變數，使用 ts.plot 繪圖函數畫出時間數列圖：

```
trtc = read.table("c:/R/trtc.dat", header = TRUE)
```

以上程式是將資料視為一般 data-frame 變數中的行向量來處理，但是 R 軟體也提供了 **ts( )** 函數，讓我們可以將原始資料轉成 R 軟體中的時間數列變數（ts variable）。轉換後的數列可以直接用 plot 函數畫出時間數列圖。我們可以看到兩種方法所畫出的圖形其實一樣，差別在於轉成 ts 變數後，橫座標上可以看到實際的年份資料：

```
> attach(trtc)
> Z.ts = ts(trtc$Z, start = c(2003, 363), frequency = 365)
> Z.ts
```

```
Time Series:
Start = c(2003, 363)
End = c(2005, 31)
Frequency = 365
  [1]  959661   987148  1366690   784286  1003674   864871   706563
926905   944222
 [10]  942708   944994  1039473   913044   674438   956627   916679
983866   964183
      .............................
```

18.2.1 ARIMA 模型判斷

步驟 1. 時間數列圖

先畫出基本的時間數列圖。第二個圖形使用 ts 變數型態，所以橫座標會顯示實際的年份：

```
> ts.plot(Z)
> plot(Z.ts)
```

從圖 18-1 可以看出，將資料轉成 R 軟體的 ts 變數型態後，在畫出時間數列圖時，橫座標會有詳細的年份指標。

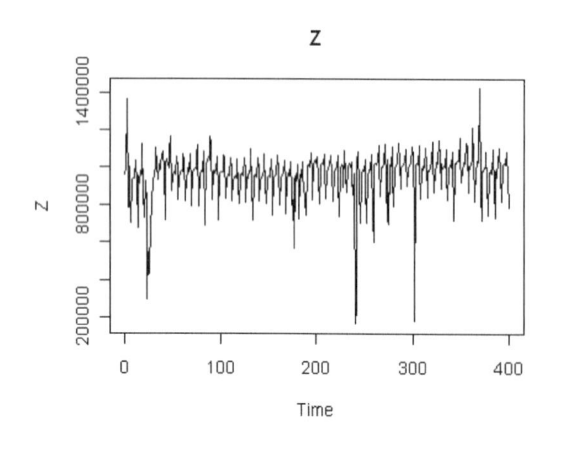

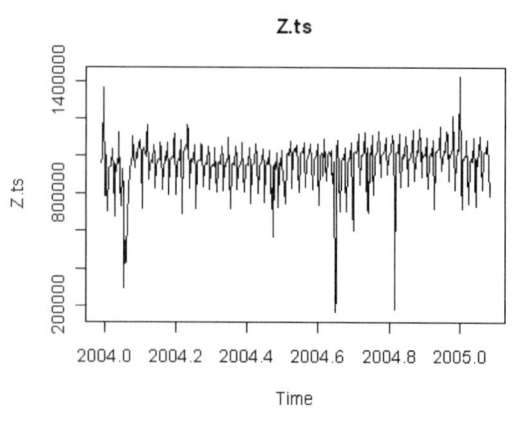

》圖 18-1　時間數列圖

> 我們也可以用 **monthplot** 函數畫出以週一〜週日為分類的時間數列圖形。monthplot 函數可以設定 phase 選項為某個標明週一〜週日 (1, 2, ..., 6, 0) 的指標變數，因此我們建立以下的 weekday 變數（其值為 1〜6，0 代表週日）以便畫出圖形（圖 18-2）：

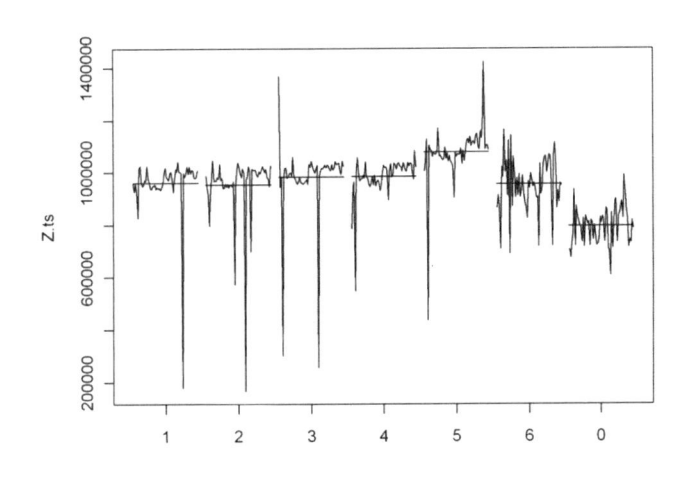

》圖 18-2　一星期每一天的時間數列趨勢

```
> weekday = D1 + 2*D2 + 3*D3 + 4*D4 + 5*D5 + 6*D6
> weekday
[1] 1 2 3 4 5 6 0 1 2 3 4 5 6 0 1 2 3 4 5 6 0 1 2 3 4
.................
> monthplot(Z.ts, phase = weekday)
```

步驟 2. ACF、PACF、單根檢定

畫出樣本 ACF 圖與 PACF 圖（圖 18-3）：

```
> acf(Z, lag.max = 35)
> pacf(Z, lag.max = 35)
```

樣本 ACF 圖顯示，每隔 7 期的長條 (spike) 均顯著不為 0，沒有明顯下降的趨勢，因此我們可以至少作一次 7 期（一週）的季節性差分（圖 18-4）：

```
> Z2 = diff(Z, 7, 1)
> acf(Z2, 36)
> pacf(Z2, 36)
> ts.plot(Z2)
```

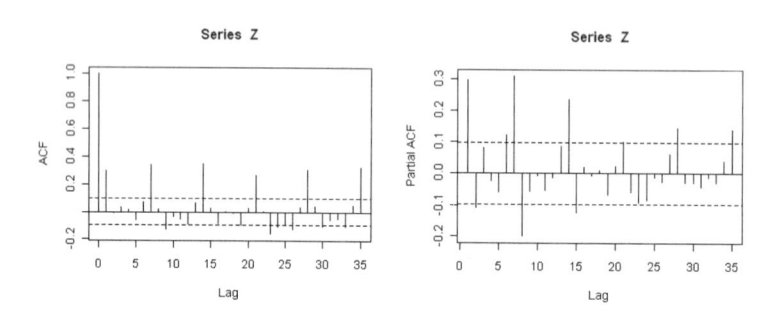

》圖 18-3　樣本 ACF 與 PACF 圖

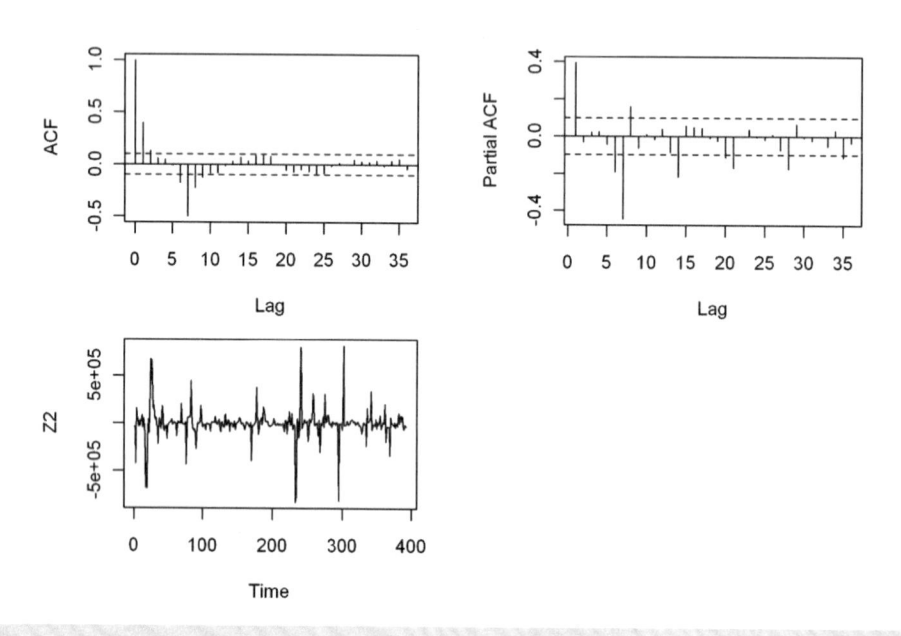

》圖 18-4　一次差分後的圖形

　　從季節性差分一次的樣本 ACF 與 PACF 圖（圖 18-4）當中，我們可以看出差分後的數列在第 7 期的 ACF 與 PACF 值明顯不等於 0，並且在第 14、21、28 期的樣本 PACF 值也頗為顯著，但有下降型態。另外，在第 7、14、21 期旁邊的第 6、8，15、16 與 20、21 等期數的 ACF 值或 PACF 值也有顯著現象，因此這個數列可能是一般 ARMIA 模型與季節性模型的混合模式。

> 這組圖形的 ACF 圖看來已經不再有緩慢下降的狀況。我們可以用 **adf.test**（Augmented Dickey-Fuller Test）與 **pp.test**（Phillips-Perron Test）兩個單根檢定（Unit-Root Test）來看看經過差分之後的數列：

```
> adf.test(Z2)
        Augmented Dickey-Fuller Test
data:  Z2
Dickey-Fuller = -9.138, Lag order = 7, p-value = 0.01
alternative hypothesis: stationary

> pp.test(Z2)
        Phillips-Perron Unit Root Test
data:  Z2
Dickey-Fuller Z(alpha) = -239.012, Truncation lag parameter = 5,
p-value = 0.01
alternative hypothesis: stationary
```

從以上兩個單根檢定結果，其 P-values 皆小於 α=0.05，故拒絕「H_0：數列為不平穩型（具有單根）」。因此，差分 7 期之後的數列應為平穩型數列。

步驟 3. 模型配適：尋找適當的 ARIMA 模型

接下來我們用 TSA 套件的 **eacf** 函數來計算樣本 EACF 值（Sample Extended ACF），以猜測可能的 p、q 值。

[基本語法] eacf(數列向量, 最高 AR 猜測階次, 最高 MA 猜測階次)

```
> library(TSA)
> eacf(Z2, 15, 15)                                              # 圖 18-5
```

```
AR/MA
   0 1 2 3 4 5 6 7 8 9 10 11 12 13 14 15
0  x x x o o o x x x x o  o  o  o  o  o
1  o o o o o o x o o o o  o  o  o  o  o
2  x o o o o o x x o o o  o  o  o  o  o
3  x x o o o o x o o o o  o  o  o  o  o
4  x x o o o o x x x o o  o  o  o  o  o
5  x x o o o o x o o o o  o  o  o  o  o
6  x o o o o x x o o x o  o  o  o  o  o
7  x o o o o x x x x x o  o  o  o  o  o
8  x x o o o o x x x x o x o  o  o  o
9  x x o o o o x o o o o  o  o  o  o  o
10 x o o o o x x x o o o  o  o  o  o  o
11 x o o o o x x x x o o  o  o  o  o  o
12 x o o o o x x x o o o  o  o  o  o  o
13 x x x x x x x o x o o  o  o  o  o  o
14 x x x x o o x o o o x o  o  o  x  o
15 x o x o o o x o o o o  o  o  o  o  o
```

》圖 18-5　樣本 EACF 圖

從樣本 EACF（圖 18-5）可以看到一個明顯的倒三角形區域，其左上方端點是在 AR = 1 與 MA = 7（相當於 7 期季節性一階 SMA_1）的地方。從 EACF 結果，再配合我們從之前的 acf 圖與 pacf 圖所看到的圖形型態，我們可以試著使用 ARIMA (1, 0, 0)x(0, 1,1)$_7$ 模式來詮釋這組資料。

> 我們也可以嘗試使用以下程式來算出各種 ARIMA(p, d, q)x(P, D, Q)$_7$ 模式組合的 **AIC** 值：

```r
for (p in c(0, 1)) {
   for (q in c(0, 1)) {
    for (P in c(0, 1)) {
     for (Q in c(0, 1)) {
         result = arima(trtc$Z, order = c(p, 1, q),
         seasonal = list(order = c(P, 1, Q), period = 7))
         aic = result$aic

         cat("p =", p, "q =", q, "P =", P, "Q =",
         Q, "AIC =", aic, "\n")
}}}}
```

上述程式會產生以下的結果。其中具有最小 AIC 值的模型是 ARIMA (1, 0, 0)x(0, 1, 1)$_7$ 季節性混合模式：

```
p = 0   q = 0   P = 0   Q = 0   AIC = 10510.74
p = 0   q = 0   P = 0   Q = 1   AIC = 10280.64
p = 0   q = 0   P = 1   Q = 0   AIC = 10399.54
p = 0   q = 0   P = 1   Q = 1   AIC = 10282.64
p = 0   q = 1   P = 0   Q = 0   AIC = 10446.50
p = 0   q = 1   P = 0   Q = 1   AIC = 10188.51
p = 0   q = 1   P = 1   Q = 0   AIC = 10323.19
p = 0   q = 1   P = 1   Q = 1   AIC = 10187.98
p = 1   q = 0   P = 0   Q = 0   AIC = 10480.82
p = 1   q = 0   P = 0   Q = 1   AIC = 10244.44
p = 1   q = 0   P = 1   Q = 0   AIC = 10369.89
p = 1   q = 0   P = 1   Q = 1   AIC = 10246.40
```

```
p = 1   q = 1   P = 0   Q = 0   AIC = 10379.02
p = 1   q = 1   P = 0   Q = 1   AIC = 10152.20*
p = 1   q = 1   P = 1   Q = 0   AIC = 10268.24
p = 1   q = 1   P = 1   Q = 1   AIC = 10154.20*
```

- 先試試 ARIMA (1, 0, 1)x(0, 1, 1)$_7$ 模型：

```
> Z.result = arima0(trtc$Z, order = c(1, 0, 1),
         seasonal = list(order = c(0, 1, 1), period = 7))
> Z.result
```
Call:
arima0(x = trtc$Z, order = c(1, 0, 1), seasonal = list(order = c(0, 1, 1), period = 7))
Coefficients:
```
         ar1       ma1      sma1
      0.4363   -0.0420   -0.9619
s.e.  0.0542    0.1687    0.0209
```
sigma^2 estimated as 1.024e+10: log likelihood = -5082.67,
aic = 10173.33

- 也可以使用 **forecast** 套件的 **auto.arima** 函數來挑選最佳模型：

```
> library(forecast)
> auto.arima(trtc$Z)
```
Series: trtc$Z
ARIMA(1,1,2)
Call: auto.arima(x = trtc$Z)
Coefficients:
```
          ar1       ma1       ma2
      -0.1355   -0.5235   -0.4546
s.e.   0.1706    0.1565    0.1517
```
sigma^2 estimated as 1.591e+10: log likelihood = -5240.9
AIC = 10489.81   AICc = 10489.91   BIC = 10505.76

18.2.2　ARIMA 模型分析

綜合上述資訊，我們嘗試使用 **arima** 函數來分析 ARIMA $(1, 0, 0) \times (0, 1, 1)_7$ 模型：

```
> Z.result = arima0(Z, order = c(1, 0, 0),
+           seasonal = list(order = c(0, 1, 1), period = 7))
> Z.result
```
```
Call:
arima0(x = Z, order = c(1, 0, 0), seasonal = list(order = c(0, 1,
1), period = 7))
Coefficients:
         ar1     sma1
      0.4004  -0.9582
s.e.  0.0462   0.0006

sigma^2 estimated as 1.025e+10:  log likelihood = -5082.59, aic =
10171.19
```

這個模型的 σ_a^2 估計值是 1.025×10^{10}、最大概似函數值的 log 值是 −5082.59、AIC 是 71.19。arima 函數的 output 中沒有算出 BIC。

BIC 計算

【基本語法】　BIC = -2*ln(最大概似函數值) +（模型參數數目）* ln(n)

我們可以算出 BIC = 10183.09。這裡共有 1 個 AR 參數 (ar1) + 1 個季節性 MA 參數 (sma1) + σ，所以共有 3 個參數：

```
> names(Z.result)
 [1] "coef"      "sigma2"    "var.coef"  "mask"     "loglik"     "aic"
 [7] "arma"      "residuals" "call"      "series"   "code"       "n.cond"
```

可從 Z.result$loglik 直接取出 Log-Likelihood 的最大值：

```
> (BIC = -2*(Z.result$loglik) + 3*log(length(Z2)))
 [1] 10183.09
```

這裡要注意的是，我們最好是直接使用 arima 函數傳回的 loglik 元素值，這個值會比上面計算結果顯示的 log likelihood 值 −5082.59 精確：

```
> Z.result$loglik
[1] -5082.593
```

- 上面的 arima 函數 output 中，列出了 MA(4) 的 θ_1、θ_2、θ_3、θ_4 估計值，及季節性 MA 的 θ_1 估計值，於 output 中分別表示為 ma1、ma2、ma3、ma4、sma1。如果我們只想保留 θ_4 及 θ_1 在模型中，可以使用 **fixed = c(0, 0, 0, NA, NA)** 選項將前面三個參數 θ_1、θ_2、θ_3 設定為 0，但是排第 4 與第 5 的參數 θ_4 及 θ_1 照樣算出估計值：

```
> ts2 = arima(number.ts, order = c(0, 1, 4),
+       transform.pars = FALSE, fixed = c(0, 0, 0, NA, NA),
+       seasonal = list(order = c(0, 1, 1), period = 12))
> ts2
Call:
arima(x = number.ts, order = c(0, 1, 4)
, seasonal = list(order = c(0, 1, 1), period = 12), transform.pars
= FALSE, fixed = c(0, 0, 0, NA, NA))
Coefficients:
       ma1  ma2  ma3    ma4     sma1
         0    0    0  0.2908  -0.5947
s.e.     0    0    0  0.1098   0.1225
sigma^2 estimated as 1728783:  log likelihood = -811.17,
aic = 1626.35
```

- 我們一樣可以從 output 中的 log-likelihood 值算出 BIC。第二個模型中有 ma4、sma1 與 σ 共 3 個參數：

```
> BIC = -2*ts2$loglik + 3*log(length(mydata$number)
> BIC
[1] 1636.368
```

去除 θ_1、θ_2、θ_3 去後的新模型明顯有較小的 AIC 值 1625.34，比原先模型 AIC = 1633.11 還小。BIC = 1636.368 也比之前的模型小。

18.2.3 殘差分析

時間數列模型的殘差分析跟迴歸分析差不多,基本上我們需要檢查殘差是否符合常態性、變異數均齊性以及互相獨立的假設。此外,在時間數列領域中,我們也多了好幾項工具可以檢查殘差數列是否仍具有若干潛藏的時間數列結構。

➤ 畫出台北捷運資料的殘差圖形(圖 18-6):

```
> residuals = Z.result$residuals
> ts.plot(residuals)
> abline(h = 0)
> qqnorm(residuals)
> qqline(residuals)
> acf(residuals)
> pacf(residuals)
```

➤ 使用 adf.test 與 pp.test(Phillips-Perron) 對殘差執行單根檢定,檢查殘差是否已經是平穩型。兩個檢定的虛無假設 H_0 皆是「數列為『不』平穩型」:

```
> adf.test(residuals)
        Augmented Dickey-Fuller Test
data:  residuals
```

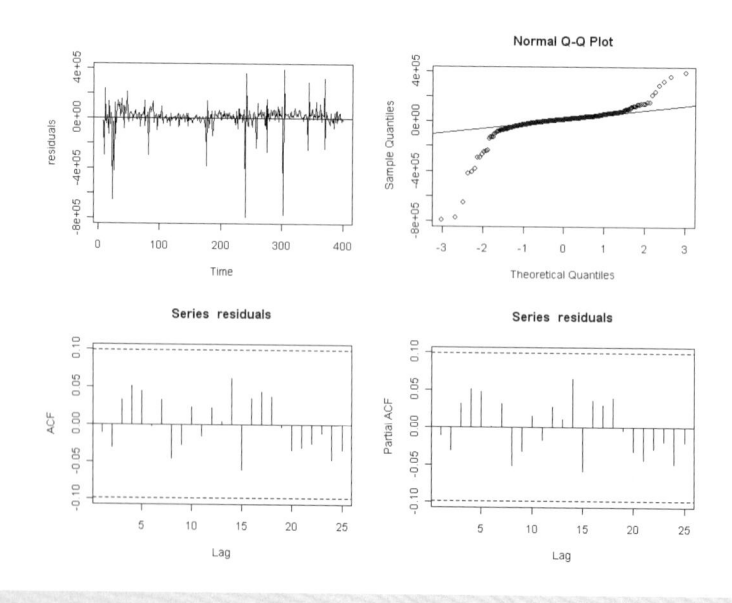

》圖 18-6　殘差分析圖

```
Dickey-Fuller = -6.6132, Lag order = 7, p-value = 0.01
alternative hypothesis: stationary

> pp.test(residuals)
          Phillips-Perron Unit Root Test
data:  residuals
Dickey-Fuller Z(alpha) = -402.8498, Truncation lag parameter = 5,
p-value = 0.01
alternative hypothesis: stationary
```

兩個檢定的結果都是拒絕 H_0，因此殘差已經是平穩型數列。

> 我們也可以使用 **kpss.test** 函數執行 Kwiatkowski-Phillips-Schmidt-Shin 平穩性檢定。虛無假設為「H_0：數列為水平趨勢（平穩型）」，對立假設為「H_1：數列為不平穩型（具有單根）」：

```
> kpss.test(residuals)
          KPSS Test for Level Stationarity
data:  residuals
KPSS Level = 0.1464, Truncation lag parameter = 4, p-value = 0.1
```

> 檢定殘差常態性：H_0 為殘差服從常態分配

```
> shapiro.test(residuals)
          Shapiro-Wilk normality test
data:  residuals
W = 0.6322, p-value < 2.2e-16

> library(nortest)
> cvm.test(residuals)
          Cramer-von Mises normality test
data:  residuals
W = 6.8314, p-value = 3.190e+159

> sf.test(residuals)
          Shapiro-Francia normality test
data:  residuals
W = 0.625, p-value < 2.2e-16
```

➤ 檢定殘差獨立性：H_0 為殘差互相獨立

```
> Box.test(residuals, type = "Box-Pierce")
        Box-Pierce test
data:   residuals
X-squared = 0.0511, df = 1, p-value = 0.8211

> Box.test(residuals, type = "Ljung-Box")
        Box-Ljung test
data:   residuals
X-squared = 0.0515, df = 1, p-value = 0.8205
```

➤ 檢查殘差的樣本 EACF：

```
> eacf(residuals)
AR/MA
  0 1 2 3 4 5 6 7 8 9 10 11 12 13
0 o o o o o o o o o o  o  o  o  o
1 x o o o o o o o o o  o  o  o  o
2 x x o o o o o o o o  o  o  o  o
3 x x x o o o o o o o  o  o  o  o
4 x x x o o o o o o o  o  o  o  o
5 o x x o x o o o o o  o  o  o  o
6 o x o x x x o o o o  o  o  o  o
7 x x x x x x o o o o  o  o  o  o
```

➤ 我們也可以使用 **tsdiag** 函數來檢查殘差。這個函數輸出的最後一個圖形是 portmanteau test 檢定（檢查各期數的 ACF 是否為 0）的 P-values 圖（圖 18-7）：

```
>tsdiag(Z.result)           # Z.result 是剛剛 arima 函數的計算輸出物件
```

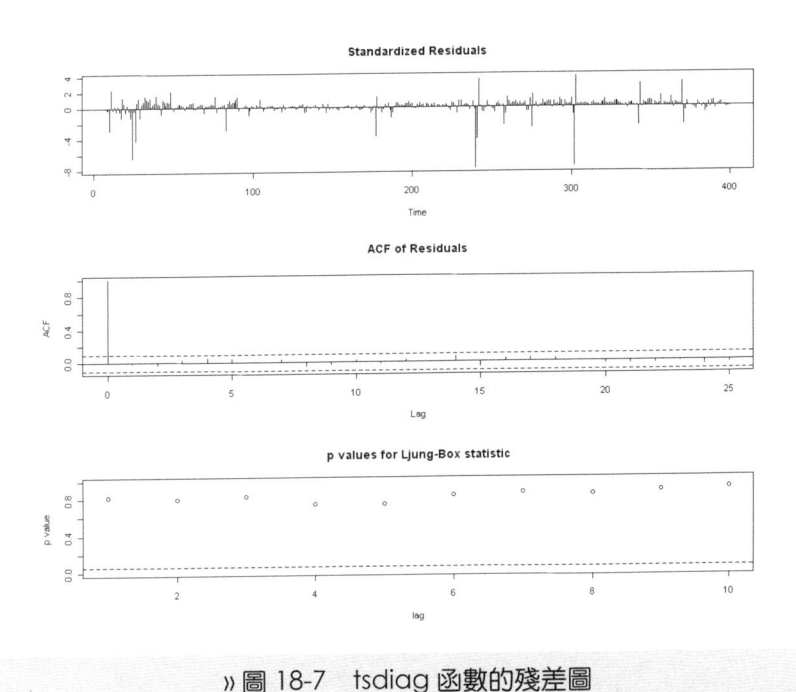

》圖 18-7　tsdiag 函數的殘差圖

18.2.4　配適值與預測值計算

我們可以用「配適值（fitted values）= 原始數列 + 殘差」的算法，將所有觀察值的配適值算出，並且跟原始數列比較。圖 18-8 顯示最後 100 筆資料及它們的配適值，原始數列以實線顯示，配適數列以虛線顯示：

```
> length(residuals)
[1] 392
```

```
> length(Z)
[1] 399
```

➢ 使用「配適值 = 真值 + 殘差」的算法，畫出最後 100 筆資料真值與配適值圖形（圖 18-8）：

```
> Z3 = Z[8:399]
> Z.fit = Z3 + residuals
> plot(300:399, Z[300:399], type = "l")    # 圖 18-8
> lines(300:399, Z.fit[293:392], lty = 3)
```

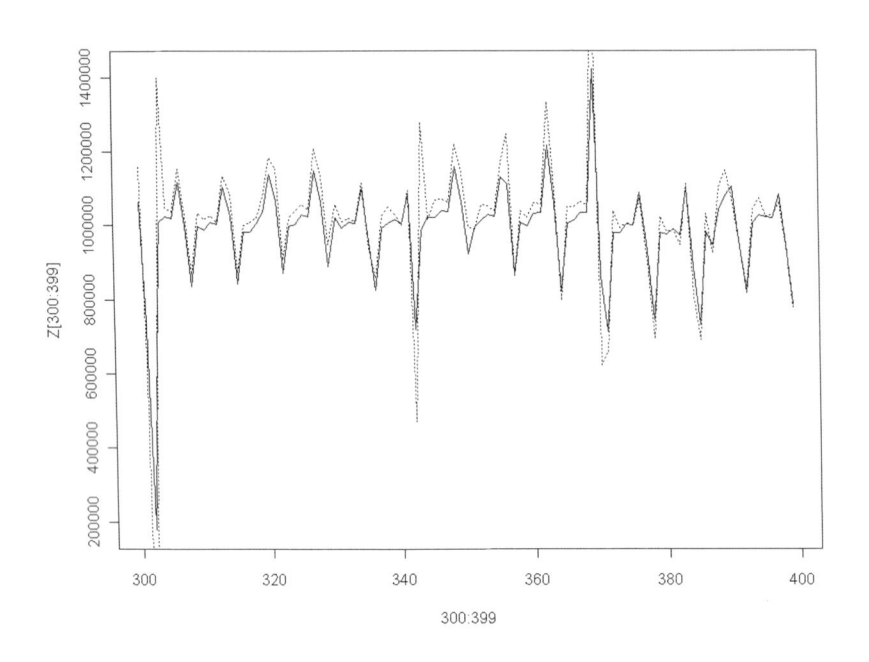

》圖 18-8　最後 100 筆資料與配適值

> R 軟體提供了 **predict** 函數可供時間數列計算未來預測值。predict 函數的 n.ahead 選項可讓我們選擇要往後預測多少期數：

```
> Z.pred10 = predict(Z.result, n.ahead = 10)
> Z.pred10
```
$pred
Time Series:
Start = 400
End = 409
Frequency = 1
 [1]   957381.8   960222.5   992638.9 1000445.3 1100521.0   959306.3
 [7]   803197.9   964117.1   962919.3   993718.6

我們從台北捷運公司網站可以查到 2005 年 1 月 31 日～2 月 9 日這 10 天的真實旅運量資料：

```
> Z.real_10 = c(1038642, 1050005, 1040893, 1046401, 1070204,
+       948585, 642983, 558409, 295688, 684943)
```

把預測的 10 筆資料（虛線）跟真實資料拿來比較一下（圖 18-9）：

```
> minz = min(Z.real_10, Z.pred10$pred)
> maxz = max(Z.real_10, Z.pred10$pred)
> plot(400:409, Z.real_10, ylim = c(minz, maxz), type = "l")
> lines(400:409, Z.pred10$pred, lty = 2)
```

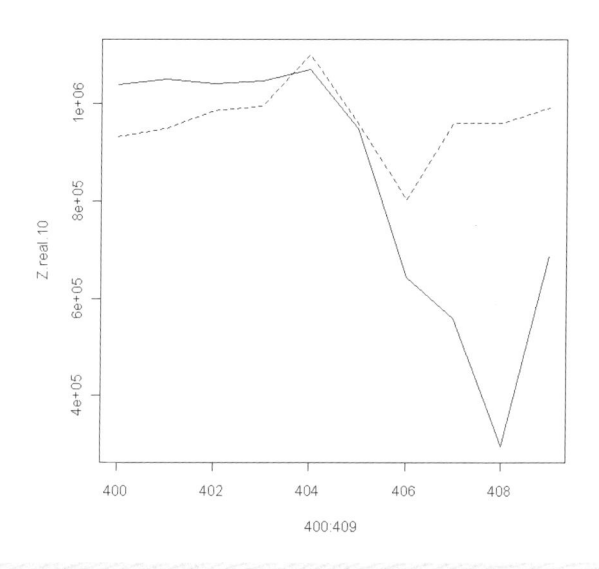

» 圖 18-9　10 天預測值與真實值的比較

預測資料跟真實資料比較的結果，發現在第 408 筆（2005 年 2 月 8 日）時，當天旅運量突然降低，只有 295,688 人。原來那一天是 2005 年的除夕，多數人都在家圍爐團圓，不少台北縣市的外來人口也都回鄉過年，所以搭車人數驟降。除了除夕當天以及前一天之外，預測效果還算不差。

```
> z.error10 = Z.real.10 - Z.pred10$pred
> MAPE = mean(abs(z.error10)/Z.real.10)
> MAPE
[1] 0.4004334
```

```
> MAPE = mean(abs(z.error10[1:6])/Z.real.10[1:6])
> MAPE
[1] 0.05685816
```

這 10 個預測值的平均絕對誤差 (MAPE) 為 40.04%，但若扣除春節與除夕的影響，只計算前面 6 個預測值，則 MAPE = 5.6858%。

18.3 時間數列 + 迴歸分析

arima 函數除了可以分析一般 ARIMA 模型之外，也可以分析「時間數列 + 迴歸模式」的動態模型。R 軟體中主要的分析工具為 arima0、arima 函數（使用 xreg 選項）。

18.3.1 解釋變數的程式寫法

時間數列 + 迴歸模式的解釋變數，通常使用 xreg 選項來加入模型，其基本用法是 xreg = X，X 可以是向量變數、或由數個解釋變數當作「行向量」所組成的矩陣變數或 data-frame 變數。

如果模型中的解釋變數跟應變數 Z_t 為不同期數，我們需使用 lag 函數對解釋變數作延後期數的轉換，例如以下模型：

$$Z_t = \beta_0 + \beta_1 X1_t + \beta_2 X1_{t-5} + \beta_3 X2_{t-7} + N_t$$

$$= \beta_0 + \beta_1 X1_t + \beta_2 X1_{t-5} + \beta_3 X2_{t-7} + N_t \left(\frac{1 - \theta_1 B - \theta_2 B^2}{(1 - \psi_1 B)(1 - \Phi_1 B^{12})(1 - B^{12})}\right) a_t$$

此時 N_t 服從 ARIMA(1, 0, 2) x (0, 1, 1)$_{12}$ 模式，X1 用到當期資料 $X1_t$ 及 5 期之前的資料 $X1_{t-5}$，X2 用到 7 期之前的資料 $X2_{t-7}$。我們可以使用 lag( ) 來建立 $X1_{t-5}$ 與 $X2_{t-7}$：

$$X1Lag5 = X1_{t-5} = lag(X1, -5)，X2Lag7 = X2_{t-7} = lag(X2, -7)$$

這個模型的 arima 函數寫法如下：

```
arima(Z, order = c(1, 0, 2),
    seasonal = list(c(0, 1, 1), 12),
    xreg = cbind(X1, X1Lag5 = lag(X1, -5), X2Lag7 = lag(X2, -7)))
```

18.3.2 範例：台北捷運旅運量資料

▼ 程式範例 18-2

我們在這個小節仍然使用範例 18-1 的台北捷運公司旅運資料當作範例，使用第 1～385 筆紀錄來建立模式，並保留最後 14 筆紀錄（第 386 至第 399 筆）作預測能力驗證。

我們在 18.2 節有提到，該組資料除了每日旅運量之外，還有 6 個代表週一到週六的 0/1 指標變數 D1、D2、...、D6。假設我們想用這 6 個指標變數當作迴歸的解釋變數，以詮釋旅運量 Z 的變化：

$$Z_t = \beta_0 + \beta_1 D1_t + ... + \beta_6 D6_t + N_t$$

➢ 先使用 lm 函數作初步的迴歸分析，看看剩下的殘差數列 $\{N_t\}$ 是否含有時間數列結構：

```
> trtc385 = trtc[1:385, ]
> trtc385.lm = lm(Z ~ D1 + D2 + D3 + D4 + D5 + D6, data = trtc385)
```

➢ 檢查初步迴歸分析殘差值的樣本 ACF 與 PACF 圖（圖 18-10）：

```
> lm.residuals = trtc385.lm$residuals
> acf(lm.residuals)
> pacf(lm.residuals)
```

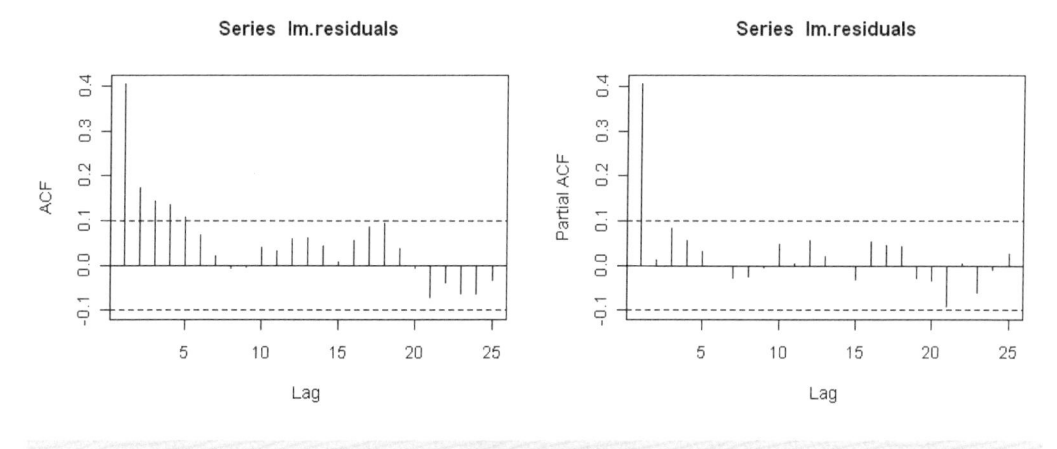

》圖 18-10　殘差值的 ACF 與 PACF 圖

樣本 PACF 圖只有在第一期明顯不等於 0，ACF 圖則為指數正弦下降型態，因此我們可以採用 AR(1) 來詮釋這組殘差值，整個動態模型為

$$Z_t = \beta_0 + \beta_1 D1_t + ... + \beta_6 D6_t + (\frac{1}{1-\psi_1 B})a_t, \ t = 1, ..., 385$$

> 將解釋變數 D1 ~ D6 用 cbind 函數組合成矩陣變數 X，然後代入 arima 函數：

```
> attach(trtc385)
> X = cbind(D1, D2, D3, D4, D5, D6)
> tsreg.result = arima(Z, order = c(1, 0, 0), xreg = X )
> tsreg.result
```
Call:
arima(x = Z, order = c(1, 0, 0), xreg = X)
Coefficients:

	ar1	intercept	D1	D2	D3	D4
	0.4044	794961.86	163945.36	157149.97	185179.76	186691.32
s.e.	0.0465	14827.52	16215.49	19102.80	20000.22	19989.85

	D5	D6
	280615.64	159386.67
s.e.	19073.73	16146.77

sigma^2 estimated as 1.011e+10: log likelihood = -4980.94, aic = 9977.87

> 以下程式使用 predict 函數算出保留的最後 14 天資料的估計值。我們必須提供這 14 天的 D1 ~ D6 解釋變數值給 predict 函數的 newxreg 選項，否則無法算出預測值（圖 18-11）：

```
> trtc14 = trtc[386:399, ]
> trtc14
```

	Z	D1	D2	D3	D4	D5	D6
386	981849	1	0	0	0	0	0
387	946134	0	1	0	0	0	0
....
399	786376	0	0	0	0	0	0

```
> with(trtc14, { X.14 = cbind(D1, D2, D3, D4, D5, D6) } )
> reg.pred14 = predict(tsreg.result, a.head = 14, newxreg = X.14)
> reg.pred14
```
$pred
Time Series:
Start = 386
End = 399
Frequency = 1

```
[1]  933896.8   927101.4   955131.2   956642.8  1050567.1   929338.2
[7]  769951.5   933896.8   927101.4   955131.2   956642.8  1050567.1
[13] 929338.2   769951.5
```

```
> plot(386:399, trtc14$Z, type = "l")          # 實際旅運值為實線
> lines(386:399, reg.pred14$pred, lty = 2)     # 預測值為虛線
```

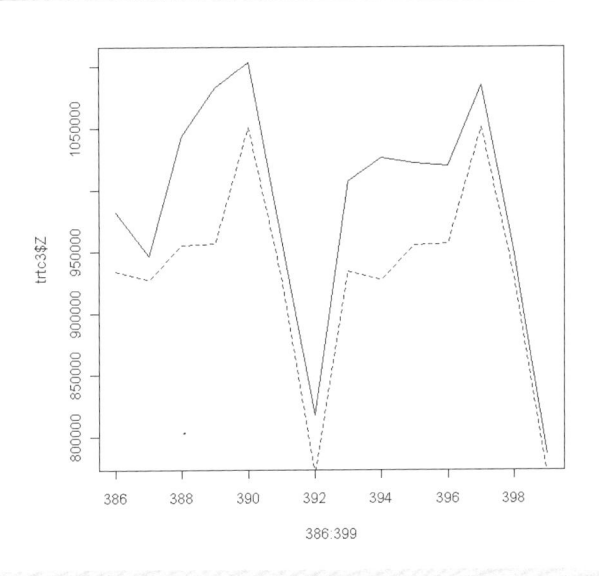

》圖 18-11　14 天預測值與真實值的比較

> 算出真實旅運量與預測值之間的差距（預測誤差）：

```
>(Z.error14 = trtc14$Z - reg.pred14$pred)
Time Series:
Start = 386
End = 399
Frequency = 1
 [1]  47952.16   19032.55   88113.77  125703.20   52904.88   30217.85
 [7]  47777.52   73235.16   99029.55   66553.77   62621.20   34430.88
[13]  18502.85   16424.52
```

```
> (MAPE = mean(abs(Z.error14)/trtc14$Z))
[1] 0.05538302
```

這 14 筆預測值的平均絕對誤差百分比 (MAPE) 為 5.538%。

18.4 轉換函數模式

18.4.1 轉換函數模式的程式表達

典型的二元（bivariate）轉換函數模式可以寫成：

$$y_t = \frac{\omega(B)}{\delta(B)} B^b x_t + N_t = (\frac{\omega_0 + \omega_1 B + ... + \omega_k B^s}{1 - \delta_1 B - ... - \delta_r B^r}) x_{t-b} + \frac{\theta_q(B)}{\psi_p(B)} a_t$$

其中 $N_t = \frac{\theta_q(B)}{\psi_p(B)} a_t$ 服從 ARMA(p, q) 模式，y_t 與 x_t 通常是原始數列經過差分轉換而成的平穩型數列，例如：

$$y_t = (1-B)^d Y_t = \nabla^d Y_t \quad , \quad x_t = (1-B)^d X_t = \nabla^d X_t$$

由於上述模型可以包含複雜的運算子結構，因此我們在使用轉換函數模式分析資料時，通常需要自己先將模型簡化，再使用簡化後的模型來實際分析計算。若有多個 X 變數，則模型相似，只要在每個 X 變數前面增加其 $\frac{\omega(B)}{\delta(B)} B^b$ 運算子即可。

在 R 軟體中，轉換函數模式一樣是使用 arima0、arima 函數的 xreg 選項，或是 TSA 套件 arima 函數中的 xtransf 及 transfer 選項來設定模型。

18.4.2 瓦斯暖爐二氧化碳濃度資料

▼ 程式範例 18-3

Box、Jenkins 與 Reinsel (2008) 曾經討論一組瓦斯暖爐的瓦斯進氣率 (X_t = gasRate) 與產生的二氧化碳濃度測量值 (Y_t = CO2) 資料。這組資料每隔 9 秒取樣一次，共有 296 筆紀錄。經過他們的分析後，這兩組時間數列變數具有以下轉換函數關係：

$$Y_t = C + \frac{\omega(B)}{\delta(B)} X_{t-3} + N_t = C + (\frac{\omega_0 + \omega_1 B + \omega_2 B^2}{1 - \delta_1 B}) X_{t-3} + \frac{1}{1 - \psi_1(B) - \psi_2(B)^2} a_t$$

且 { X_t } 服從 AR(3) 模式。

我們在這個範例將採用他們判定的模式，用 R 軟體來計算轉換函數模型的估計量與未來預測值。為了對照起見，我們將使用前面 286 筆資料來建立模型與估計參數，並用最後 10 筆資料來評估預測值。

➤ 讀入資料，並擷取最前面 286 筆紀錄：

```
> gas = read.table("c:/r/gas.txt", header = T)
> gasRate = gas$gasRate[1:286]
> CO2 = gas$CO2[1:286]
```

➤ 使用 TSA 套件的 zlag 函數將瓦斯進氣率取後退 3 期：

```
> library(TSA)
> gasRate3 = zlag(gasRate, 3)  # 最前面 3 個值是 NA
> library(imputeTS)   # 使用 imputeTS 套件估計落後期 NA 值
> gasRate3 = na.interpolation(gasRate3)
```

➤ 使用 TSA 套件的 arima 函數分析上述模型。關於加入 X_t 前面運算子的程式寫法，請讀者參考 18.1.2 節詳細說明。簡而言之，X_t 前面的分式運算子中，分母為 B 的 1 次多項式，分子為 B 的 2 次多項式，所以我們使用 transfer = list(c(1, 2)) 來表示，以及 xtransfer = cbind(gasRate3) 將 X_{t-3} 加入模型：

```
> model = arima(CO2, c(2, 0, 0), , include.mean = T,
 xtransf = cbind(gasRate3), transfer = list(c(1, 2)))
> model
Call:
arima(x = CO2, order = c(2, 0, 0), include.mean = T, xtransf =
cbind(gasRate3), transfer = list(c(1, 2)))

Coefficients:
     ar1      ar2    intercept  gasRate3-AR1  gasRate3-MA0  gasRate3-MA1
gasRate3-MA2
   1.2017   -0.4275    53.2193        0.5594       -0.5790       -0.2816
  -0.5204
s.e.
   0.0534    0.0536     0.0959        0.0455        0.1138        0.1828
   0.1760
```

從計算結果可知，截距 C 估計值為 53.2193，AR(2) 的兩個參數 φ_1 與 φ_2 的估計值分別為 1.2017 與 −0.4275。δ_1 估計值為 0.5594（即 output 中的 gasRate3-AR1），ω_0、ω_1 與 ω_2 的估計值各為 −0.5790、−0.2816 與 −0.5204（即 output 中的 gasRate3-MA0、gasRate3-MA1、gasRate3-MA2）。TSA 套件的 arima 函數將 X_t 前面運算子的分子 $\delta(B)$ 視為 AR 結構，分母 $\omega(B)$ 視為 MA 結構，因此參數估計值的命名採取此項慣例。

➢ 使用 confint 函數算出各參數的 95% 信賴區間，其中只有 gasRate3-MA1 的信賴區間包含 0，不拒絕「$H_0：\omega_1 = 0$」，表示 $\omega_1 B$ 這個項目未必需要存在於模型中：

```
> confint(model)
                   2.5 %       97.5 %
ar1             1.0969364   1.30643000
ar2            -0.5325401  -0.32239577
intercept      53.0312526  53.40729088
gasRate3-AR1    0.4703164   0.64851689
gasRate3-MA0   -0.8020691  -0.35599792
gasRate3-MA1   -0.6400197   0.07672662
gasRate3-MA2   -0.8654311  -0.17539428
```

➢ 使用 source 函數載入本書光碟所附的 predictTSA.R 檔案。由於 TSA 套件的 arima 函數在加入 transfer 項目後，無法使用 R 軟體的 predict 函數來作預測，因此這個檔案包含本書作者所寫的 predictTSA 函數，可以處理 TSA 套件 arima 函數的預測問題：

```
> source("c:/r/predictTSA.R")
```

➢ 若要預測 Y_t 未來 10 期資料，我們同樣需要 X_t 未來 10 期的預測值。因此這裡先以 AR(3) 模式來解釋 X_t，並藉由 predict 函數求出 X_t 預測值：

```
> gasRate.model = arima(gasRate, c(3, 0, 0))
> gasRate.pred = predict(gasRate.model, n.ahead = 10)
```

➢ 由於 predict 函數會傳回一個 list 變數，裡面包含 pred 與 se 兩個向量，因此我們必須使用 gasRate.pred$pred 的寫法，只擷取預測值的部分。另外，在預測未來觀察值時，程式仍會用到 X_t 較早的的資料，因此這裡將 X_t 未來 10 期預測值與原有的 1~286 筆 X_t 值結合（程式在預測時未來 10 筆資料時，會自動擷取所需的期數），並且轉換成後退 3 期，準備作預測：

```
> gasRate.pred2 = c(gasRate, as.vector(gasRate.pred$pred))
> newGasRate = zlag(gasRate.pred2, 3)
```

- 使用本書作者所寫的 predictTSA 函數來預測 Y_t（即 CO2）未來 10 期資料。predictTSA 函數的用法跟 R 軟體的 predict 函數差不多，只是多出 newxtransf 與 transfer 兩項參數，請讀者參考 18.1.2 節的詳細語法：

```
> CO2.predict = predictTSA(model, n.ahead = 10,
 newxtransf = cbind(newGasRate), transfer = list(c(1, 2)))

> CO2.predict$pred
```
Time Series:
Start = 287
End = 296
Frequency = 1
 [1] 53.68773 54.44954 54.98252 55.20130 55.14599 54.91888 54.62111
 54.32576 54.07336 53.87831

- 比較 R 軟體與 SAS 軟體對未來 10 期的預測值：

```
> cbind(R.pred = as.vector(CO2.predict$pred), SAS.pred)
        R.pred   SAS.pred
 [1,]  53.68873  53.7248
 [2,]  54.44954  54.5193
 [3,]  54.98252  55.0691
 [4,]  55.20130  55.2874
 [5,]  55.14599  55.2216
 [6,]  54.91888  54.9831
 [7,]  54.62111  54.6793
 [8,]  54.32576  54.3860
 [9,]  54.07336  54.1434
[10,]  53.87831  53.9637
```

> 算出使用 R 軟體預測的 10 期預測值與原始資料第 287~296 筆真實值的 MAPE 評估指標。MAPE 值約為 4.77%，由 SAS 軟體預測值所算出的 MAPE 約為 4.65%：

```
> MAPE.R = sum(abs((gas$CO2[287:296] -
                CO2.predict$pred)/gas$CO2[287:296]))/10
> MAPE.R
[1] 0.04770669

> MAPE.SAS = sum(abs((gas$CO2[287:296] -
                SAS.pred)/gas$CO2[287:296]))/10
> MAPE.SAS
[1] 0.04649761
```

> 表 18-4 比較了 SAS 軟體與 R 軟體對於這組資料與模型的估計值與 MAPE 預測指標。這裡用來比較的 SAS 程式，摘錄自

http://ftp.sas.com/samples/A56010

網頁中的範例程式 Example 3.3，但改為使用最前面 286 期資料，留下最後 10 期作預測。

[註] MLE 參數估計值會因為各軟體採用的計算法則不同而有差異。另外，儘管最大概似估計法被用在許多模型上，但 MLE 估計量是否具有唯一解，或求出的 MLE 估計值是否為全域解（global optimum）的問題，往往被略而不談。

表 18-4　轉換函數模式估計值比較

參　數	SAS 估計值	R 估計值
C（截距）	53.20366	53.2193
φ_1	1.40154	1.2017
φ_2	−0.61433	−0.4275
δ_1	0.55864	0.5594
ω_0	−0.5721	−0.5790
ω_1	−0.34771	−0.2816
ω_2	−0.48892	−0.5204
MAPE	4.65%	4.77%

18.5 介入事件模式

常用的介入事件模型與離群值模型很相似,都可以寫成以下形式:

$$Z_t = L(B)X_t + N_t = \frac{\omega(B)}{\delta(B)}X_t + N_t$$

$N_t = \dfrac{\theta_q(B)\Theta_Q(B)}{\psi_p(B)\Phi_P(B)(1-B)^d(1-B^S)^D} a_t$ 服從 ARIMA$(p, d, q) \times (P, D, Q)_s$ 模式,X_t 為元素為 0 或 1 的指標變數。

依照 $\omega(B)$ 與 $\delta(B)$ 的不同,常見的 $L(B)X_t$ 大致可分成以下幾類:

(1) $L(B)X_t = \dfrac{\omega(B)}{\delta(B)}X_t = \omega_0 X_t$

(2) $L(B)X_t = \dfrac{\omega(B)}{\delta(B)}X_t = (\omega_0 + \omega_1 B)X_t$

(3) $L(B)X_t = \dfrac{\omega(B)}{\delta(B)}X_t = (\dfrac{\omega_0}{1-\delta(B)})X_t$

(4) $L(B)X_t = \dfrac{\omega(B)}{\delta(B)}X_t = (\dfrac{\omega_0 + \omega_1 B}{1-\delta(B)})X_t$

(5) $L(B)X_t = \dfrac{\omega(B)}{\delta(B)}X_t$,$\omega(B)$ 或 $\delta(B)$ 階次 ≥ 2

若 $X_t = S_t(T) = \begin{cases} 0 & \text{若 } t < T \\ 1 & \text{若 } t \geq T \end{cases}$,則 X_t 為階梯函數(step function)。

若 $X_t = P_t(T) = \begin{cases} 0 & \text{若 } t \neq T \\ 1 & \text{若 } t = T \end{cases}$,則 X_t 為點衝擊函數(pulse function),變數中僅有一個元素是 1,其餘元素都是 0。

S_t 與 P_t 兩者之間的關係是 $S_t = (\dfrac{1}{1-B})P_t$ 或 $(1-B)S_t = P_t$。因此,若 $L(B)$ 運算

子的分母部分出現 (1−B)，可以藉由這個關係式改寫模型為 $(\frac{1}{1-B})X_t = (\frac{1}{1-B})P_t =$ $S_t = X_{new,t}$，改用 S_t 型態輸入 $X_{new,t}$ 的 0/1 資料，即可簡化模型。另一種方法是依照 P_t 型態準備好變數 X_t，但在程式中使用 R 軟體的 diffinv（差分反函數）將 $(\frac{1}{1-B})X_t = (\frac{1}{1-B})P_t$ 轉換成 S_t 型態的 $X_{new,t}$：

$$X_{new,t} = S_t = (\frac{1}{1-B})P_t = (\frac{1}{1-B})X_t = (1-B)^{-1}X_t$$

```
X.new = diffinv(X, 1, 1)
```

diffinv 的用法是 **diffinv(X, 延遲期數, 差分次數)**，最後兩個參數預設為 1。因此，若 $X_{new,t} = \frac{1}{(1-B^5)^2}X_t = (1-B^5)^{-2}X_t$，則

```
X.new = diffinv(X, 5, 2)
```

這裡要注意的是，diffinv 傳回的向量長度會往過去期數增加，我們必須將這些額外增加的元素移除。

在 R 軟體中，我們可以使用 arima0、arima 兩個函數的 xreg 選項，以及 TSA 套件的 arima 函數的 xreg、xtransf、transfer 選項，將介入模式或離群值模式加入原有的 ARIMA 模式中。

18.5.1　範例：洛杉磯空氣污染資料

▼ 程式範例 18-4

我們在這個小節將考慮 Box and Jenkins 曾經分析過的洛杉磯（LA）市區每月臭氧污染量資料。這組資料是從 1955 年 1 月至 1972 年 12 月共 216 個月的紀錄，但在最後面新增 12 筆 NA 紀錄預留作為預測之用，總共 228 筆。

```
> LA = read.table("c:/r/ozone.txt", header = T)
> LA
```

```
  index ozone
1   2.7
2   2.0
3   3.6
......
227 NA
228 NA
```

- 使用 timeDate 套件來建立三個介入事件的 0/1 指標變數：

```
> library(timeDate)
>
> LA.time = timeSequence(from = "1955-01-01",
+        by = "month", format = "%Y-%m-%d",
+        length.out = length(LA$ozone))

> LA.time
GMT
   [1] [1955-01-01] [1955-02-01] [1955-03-01] [1955-04-01] [1955-05-01]
...............................................................
  [226] [1973-10-01] [1973-11-01] [1973-12-01]
```

- 將「年份」與「月份」合併起來成為單一字串：

```
> LA.time = paste(substr(LA.time, 1, 4),
+                substr(LA.time, 6, 7), sep = "")
> LA.time
  [1] "195501" "195502" "195503" "195504" "195505"
...............................................
[226] "197310" "197311" "197312"
```

- 設定第一個介入事件的 0/1 指標變數：1960 年 1 月之前 (0) 與之後 (1)。

```
> LA$X1 = ( LA.time >= 196001 )*1
> LA$X1                      # 也可使用 LA$X1 = (LA$index >= 61)*1
  [1] 0 0 0 0 0 0 0 0 0 0 0 0 0 0 0 0 0 0 0 0 0 0
................................
[226] 1 1 1
```

➢ 將年份與月份分開儲存成兩個變數，以便建立第二個指標變數：

```
> LA.year = as.integer(substr(LA.time, 1, 4))
> LA.month = as.integer(substr(LA.time, 5, 6))
```

➢ 建立第二個介入事件的 0/1 指標變數：若資料月份是 1966 開始的夏天（6～10 月份），則 X2 = 1，否則 X2 = 0：

```
> LA$X2 = 1*( LA.year >= 1966 & LA.month %in% 6:10 )
```

➢ 建立第三個介入事件的 0/1 指標變數：若資料月份是 1966 開始的冬天（11、12 及隔年的 1～5 月份），則 X3 = 1，否則 X3 = 0：

```
> LA$X3 = 1*((LA.year == 1966 & LA.month %in% 11:12)
+    |(LA.year > 1966 & LA.month %in% c(1:5, 11, 12)))
```

介入模型（一）：1 個介入事件

1960 年初有兩件事發生：(1) 新建的高速公路通車；(2) 與車輛排氣污染有關的環保法案通過。因此，介入事件的時間設定點定為 1960 年 1 月。我們在此使用一個指標變數 X1：若資料時間點早於 1960 年 1 月（第 61 筆），則 X1 = 0，否則 X1 = 1。在這個介入模式下，完整的介入模型可以寫成：

$$Z_t = \omega_1 X1_t + N_t = \omega_1 X1_t + \frac{(1-\theta_1 B)(1-\theta_{12}B^{12})}{1-B^{12}} a_t$$

也就是說，假如介入事件沒有發生的話，$Z_t = N_t$ 服從 ARIMA(0, 0, 1)x(0, 1, 1)$_{12}$ 模式：$(1-B^{12})z_t = (1-\theta_1 B^{12})(1-\theta_{12}B^{12})a_t$。

➢ 先擷取最前面 216 筆資料：

```
> LA2 = LA[1:216, ]
```

➢ 使用 **arima0** 函數來分析模型：

```
> LA.result11 = arima0(LA2$ozone, order = c(0, 0, 1),
+     seasonal = list(order = c(0, 1, 1), period = 12),
+     xreg = LA2$X1)

> LA.result11
Call:
arima0(x = LA2$ozone, order = c(0, 0, 1), seasonal = list(order =
```

```
         c(0, 1, 1), period = 12), xreg = LA2$X1)
Coefficients:
         ma1      sma1     xreg1
      0.3050   -0.6794   -1.3378
s.e.  0.0612    0.0660    0.2340

sigma^2 estimated as 0.6771:  log likelihood = -253.39, aic = 514.78
```

> 改用 **arima** 函數來分析：

```
>LA.result12 = arima(LA2$ozone, order = c(0, 0, 1),
+       seasonal = list(order = c(0, 1, 1), period = 12),
+       xreg = LA2$X1)
> LA.result12
```
Call:
arima(x = LA2$ozone, order = c(0, 0, 1), seasonal = list(order = c(0, 1, 1), period = 12), xreg = LA2$X1)

Coefficients:
```
         ma1      sma1     LA2$X1
      0.3053   -0.6804   -1.3372
s.e.  0.0613    0.0673    0.2348
```
sigma^2 estimated as 0.6766: log likelihood = -253.39, aic = 514.78

從以上計算結果，我們得知 $\hat{\theta}_1$ = −0.305、$\hat{\theta}_{12}$ = 0.6794、$\hat{\omega}_0$ = −1.3378。這裡要再度提醒讀者：arima0 與 arima 函數的 MA 估計值之正負號與傳統的 Box-Jenkins ARIMA 模型的 MA 參數剛好相反。

表 18-5 比較了 SCA 軟體與 R 軟體 arima 函數的參數估計值。兩個軟體都是使用最大概似估計法來求出參數的解（圓括號中的數字為估計量的標準差）：

表 18-5　SCA 與 R 的參數估計比較

參　數	SCA 軟體估計值	R 軟體 arima 估計值
ω_1	-1.339 (0.229)	-1.3372 (0.2348)
θ_1	-0.3051 (0.067)	-0.3053 (0.0613)
θ_{12}	0.6825 (0.0049)	0.6804 (0.0673)
σ^2	0.6163	0.6766

介入模型（二）：3 個介入事件

在第二個介入模式中，除了原先的 X1 之外，我們加入兩個新的指標變數 X2 與 X3。若記錄時間是 1966 開始的 6~10 月份（夏天），則 X2 = 1，否則 X2 = 0。若是 1966 開始的 11 月~隔年 5 月份（冬天），則 X3 = 1，否則 X3 = 0。實際模式 (Box and Tiao, 1975) 為

$$Z_t = \omega_1 X1_t + \omega_2 \frac{1}{1-B^{12}} X2_t + \omega_3 \frac{1}{1-B^{12}} X3_t + \frac{(1-\theta_1 B)(1-\theta_{12} B^{12})}{1-B^{12}} a_t$$

$$= \omega_1 X1_t + \omega_2 X2new_t + \omega_3 X3new_t + \frac{(1-\theta_1 B)(1-\theta_{12} B^{12})}{1-B^{12}} a_t$$

其中 $X2new_t = (1-B^{12})^{-1} X2_t$、$X3new_t = (1-B^{12})^{-1} X3_t$。假如介入事件沒有發生的話，$Z_t = N_t$ 服從 $ARIMA(0, 0, 1) \times (0, 1, 1)_{12}$。

➤ 我們可以使用 R 軟體的 **diffinv** 函數（diff 差分函數的反函數）幫助我們建立 $X2new_t$ 與 $X3new_t$ 兩個新變數：

$$diffinv(X, 12, 1) = (1-B^{12})^{-1} X$$

```
> X2new = diffinv(LA$X2, 12, 1)
> length(X2new)
[1] 240
```

去除最前面多餘的 12 個元素：

```
> X2new = X2new[-c(1:12)]
> X2new
  [1] 0 0 0 0 0 0 0 0 0 0 0 0 0 0 0 0 0 0 0 0 0 0 0 0 0 0 0 0 0 0 0 0 0 0 0 0
..........................................................................
[181] 0 0 0 0 5 5 5 5 5 0 0 0 0 0 0 0 6 6 6 6 6 0 0 0 0 0 0 0 7 7 7 7 7 0 0
[217] 0 0 0 0 0 8 8 8 8 8 0 0
```

```
> X3new = diffinv(LA$X3, 12, 1)
> X3new = X3new[-c(1:12)]        # 去除最前面多餘的 12 個元素
> X3new
  [1] 0 0 0 0 0 0 0 0 0 0 0 0 0 0 0 0 0 0 0 0 0 0 0 0 0 0 0 0 0 0 0 0 0 0 0
..........................................................................
[191] 5 5 5 5 5 5 5 0 0 0 0 0 6 6 6 6 6 6 6 0 0 0 0 0 7 7 7 7 7 7 7 0 0 0 0 0 8 8
```

➤ 建立 arima 函數中的 xreg 選項所需的解釋變數矩陣：

```
> Xmatrix = cbind(X1 = LA$X1, X2 = X2new, X3 = X3new)
> Xmatrix2 = Xmatrix[1:216, ]          # 取出最前面 216 列
> Xmatrix2
       X1 X2 X3
  [1,]  0  0  0
  [2,]  0  0  0
  ...........
[216,]  1  0  7
```

➤ 先用 arima0 函數來計算：

```
> LA.result2 = arima0(LA2$ozone, order = c(0, 0, 1),
+       seasonal = list(order = c(0, 1, 1), period = 12),
+       xreg = Xmatrix2 )
> LA.result2
Call:
arima0(x = LA2$ozone, order = c(0, 0, 1), seasonal = list(order = 
c(0, 1, 1), period = 12), xreg = Xmatrix2)

Coefficients:
         ma1     sma1      X1       X2       X3
      0.2665  -0.7669  -1.3078  -0.2399  -0.0980
s.e.  0.0640   0.0113   0.1914   0.0589   0.0554

sigma^2 estimated as 0.618:  log likelihood = -245.65, aic = 503.3
```

➤ 接下來我們改用 arima 函數：

```
> LA.result22 = arima(LA2$ozone, order = c(0, 0, 1),
+       seasonal = list(order = c(0, 1, 1), period = 12),
+       xreg = Xmatrix2)
> LA.result22
Call:
arima(x = LA2$ozone, order = c(0, 0, 1), seasonal = list(order = c(0,
1, 1), period = 12), xreg = Xmatrix2 )

Coefficients:
         ma1     sma1      X1       X2       X3
      0.2656  -0.7729  -1.3341  -0.2391  -0.0957
s.e.  0.0642   0.0644   0.1908   0.0591   0.0548

sigma^2 estimated as 0.6168:  log likelihood = -245.67, aic = 501.33
```

> 比較 arima0 函數與 arima 函數的計算結果,發現 arima 函數所得到的 AIC 值比較小。表 18-6 顯示 SAS、SCA 與 R 軟體所算出的參數估計值,圓括號中的數字為參數估計量的標準差:

表 18-6 SAS、SCA 與 R 的參數估計比較

參數	SAS 估計值	SCA 軟體估計值	R 軟體 arima 估計值
ω_1	-1.33062 (0.19236)	-1.336 (0.191)	-1.3341 (0.1908)
ω_2	-0.23936 (0.05952)	-0.238 (0.058)	-0.2391 (0.0591)
ω_3	-0.08021 (0.04978)	-0.096 (0.054)	-0.0957 (0.0548)
θ_1	-0.26684 (0.06710)	-0.265 (0.068)	-0.2656 (0.0642)
θ_{12}	0.76665 (0.05973)	0.778 (0.041)	0.7729 (0.0644)

預測最後 12 筆資料

```
> Xmatrix12 = Xmatrix[217:228, ]      # 取出最後 12 列的 X1, X2, X3
> predict(LA.result22, n.ahead = 12, newxreg = Xmatrix12 )
  $pred
  Time Series:
  Start = 217
  End = 228
  Frequency = 1
   [1] 1.381717 1.793327 2.405351 2.807812 3.098901 2.719638
  3.313335 3.477322 2.939357 2.357818
  [11] 1.792880 1.223681
```

18.6 離群值模式

時間數列的離群值模式(Outliers)可分成 AO、IO、LS 與 TC 四種型態:

- **AO**(Additive Outlier;相加性):$\omega_A X_t$
- **IO**(Innovational Outlier;創新性):$\omega_I(\theta(B) / \phi(B))X_t$
- **LS**(Level-Shift Outlier;水平移動):$\omega_L(1/(1-B))X_t$

- **TC**（Temporary-Change Outlier；暫時性變動）：

$$\omega_C(1/(1-\delta B))X_t \text{ , } 0 < \delta < 1$$

其中 X_t 為內容是 0 或 1 的點衝擊函數（Pulse Function），LS 模式也可利用點衝擊函數與階梯函數的關係式，改寫成：

$$\omega_L(1/(1-B))X_t = \omega_L(1-B)^{-1}X_t = \omega_L X_{new,t}$$

其中 $X_{new,t}$ 為階梯函數（step function）。

這四種模式皆可用 arima 函數分析。其中 AO 與 LS 因為結構較簡單，可透過 arima 函數的 xreg 選項加入模型，IO 及 TC 模式則需用 TSA 套件 arima 函數的 xtransf、transfer 選項來加入：

- **AO**：arima(Z, ..., xreg = cbind(X), ...)

- **LS**：arima(Z, ..., xreg = cbind(Xnew), ...)

  Xnew = 階梯函數變數，可用 Xnew = (1−B)⁻¹X = **diffinv**(X, 1, 1) 建立變數

- **IO**：TSA 套件 arima(Z, xtransf = cbind(X), transfer = list(c(p, q)))

  其中 p 為 $\theta(B)/\varphi(B)$ 分母 $\varphi(B)$ 的階次，q 為 $\theta(B)$ 的階次。

- **TC**：TSA 套件 arima(Z, ..., xtransf = cbind(X), ransfer = list(c(1, 0)))

  因為 $1/(1-\delta B)$ 運算子的分母可視為 AR(1)，分子 1 可視為 MA(0)。

[註] Box-Jenkins 時間數列教科書只談到 AO 與 IO 兩種模式，LS 與 TC 離群值模式則可使用介入模式相同作法來處理。

R 軟體中有以下套件與函數可用來處理離群值模式（表 18-7）：

表 18-7　與離群值有關的 R 函數

函數名稱	套件	說明
detectAO	TSA	偵測 AO 型態的離群值
detectIO	TSA	偵測 IO 型態的離群值
arima0、arima	基本	使用 xreg 選項加入簡單的離群值結構
arima	TSA	使用 xreg、xtransf、transfer 選項加入較複雜的離群值結構
diffinv	基本	$(1-B)^{-1}$ 與 $(1-B^s)^{-1}$ 離群值指標變數轉換
filter	基本	$(1-\delta_1 B - \delta_2 B^2 - ...)^{-1}$ 離群值指標變數的過濾器轉換

18.6.1 離群值的偵測

在這個小節中，我們沿用上一節的 LA 空氣污染資料，假設介入模式二（有 3 個介入事件），未受介入事件干擾的時間數列 N_t 服從 ARIMA $(0, 0, 1)\text{x}(0, 1, 1)_{12}$ 模式。

TSA 套件裡面有 **detectAO** 與 **detectIO** 兩個函數可以偵測 AO 與 IO 型態的離群值，本書作者也補充了 **detectTC** 與 **detectLS** 兩個函數來偵測 LS 與 TC 型態的離群值（光碟中的 outliers.R 檔）。

我們在此使用 18.4 節最後的三個介入事件模式產生的 arima 輸出物件 LA.result22 來偵測離群值，發現並沒有 IO 離群值，但在第 23、35 與 45 期有三個 AO 離群值。

detectAO 計算結果中的 lambda2 為 Box-Jenkins 時間數列教科書中所提到的 λ_A 檢定值，一般採用 3.0、3.5 或 4.0 當作檢定臨界值，若 $|\lambda_A|$ 大於檢定臨界值，則為離群值。

以下我們修改 TSA 套件 detectAO 函數的範例，**模擬**一個 ARMA(1, 1) 數列，再於第 10 期加上一個 AO 離群值、第 55 期加上兩種不同的 TC 離群值（分別設定 δ= 0.01 及 δ=0.99），然後再用四個離群值偵測函數去偵測可能的離群值：

```
> library(TSA)
> set.seed(12345)
> Z0 = arima.sim(model = list(ar = .8, ma = .5), n.start = 158, n = 100)
> Z0[10] = 15                                    # 於第 10 期加上 AO 離群值
> x0 = rep(0, length(Z0))                        # 產生第 55 期的 TC 離群值
> x0[55] = 1
>                                # x1 是 delta = 0.01 的 TC 離群值，類似 AO
>                                # x2 是 delta = 0.99 的 TC 離群值，類似 LS
> x1 = 20*filter(x0, c(0.01), method = "recursive")
> x2 = 20*filter(x0, c(0.99), method = "recursive")
> Z1 = Z0 + x1
> Z2 = Z0 + x2
```

➤ 畫出兩個模擬的時間數列（圖 18-12）：

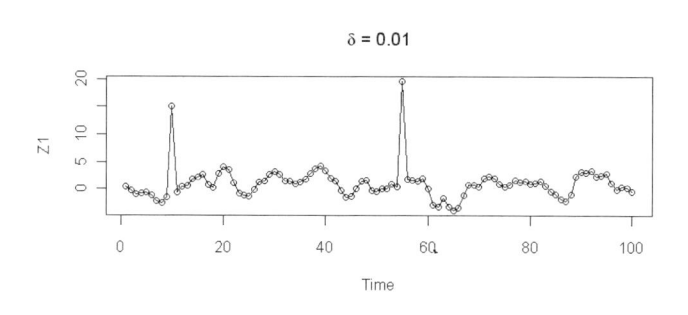

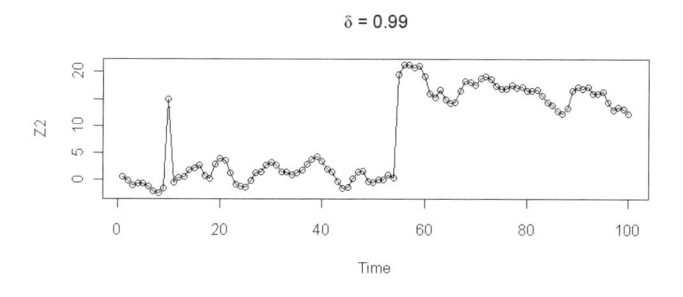

```
> plot(Z1, type = "o", main = expression(paste(delta, "= 0.01")))
> plot(Z2, type = "o", main = expression(paste(delta, "= 0.99")))
```

δ = 0.01

δ = 0.99

» 圖 18-12　包含 TC 離群值的模擬數列

➤ 使用 forcast 套件的 auto.arima 大致猜測原始數列的模型：

```
> library(forecast)
> auto.arima(Z1)
```

Series: Z1
ARIMA(1,0,0) with non-zero mean
Call: auto.arima(x = Z1)
Coefficients:
             ar1   intercept
          0.2380   0.9720
s.e.   0.0966   0.3734

sigma^2 estimated as 8.143: log likelihood = -246.78
AIC = 499.56   AICc = 499.81   BIC = 507.38

```
> auto.arima(Z2)
Series: Z2
ARIMA(0,1,1)
Call: auto.arima(x = Z2)
Coefficients:
         ma1
      -0.2101
s.e.   0.1030
sigma^2 estimated as 9.695:  log likelihood = -252.94
AIC = 509.88   AICc = 510.01   BIC = 515.08
```

> 如果只用第二個數列最前面 55 期的資料，auto.arima 函數猜測的模型為 ARIMA(0, 0, 0)：

```
> auto.arima(Z2[1:55])
Series: Z2[1:55]
ARIMA(0,0,0) with non-zero mean
Call: auto.arima(x = Z2[1:55])
Coefficients:
      intercept
        1.4111
s.e.    0.4749
sigma^2 estimated as 12.41:  log likelihood = -147.29
AIC = 298.58   AICc = 298.81   BIC = 302.6

> m1 = arima(Z1, order = c(1, 0, 0))
> detectAO(m1)
            [,1]      [,2]
ind     10.000000 55.000000
lambda2  7.853108  9.768884

> detectIO(m1)
            [,1]      [,2]
ind     10.000000 55.000000
lambda1  7.479626  9.603334
```

> 使用本書作者所寫的 **detectLS** 與 **detectTC** 函數：

```
> source("c:/r/outliers.R")
> detectLS(m1)
[1] "No LS-outlier detected"

> detectTC(m1)
             [,1]      [,2]       [,3]       [,4]
ind       9.000000  10.00000  54.000000  55.000000
lambda2  -3.896617   5.76633  -4.680228   7.180851

> m2 = arima(Z2, order = c(0, 1, 1))
> detectAO(m2)
             [,1]       [,2]      [,3]
ind      10.000000  11.000000  55.00000
lambda2   7.642892  -6.714604  11.07288

> detectIO(m2)
             [,1]       [,2]      [,3]
ind      10.000000  11.000000  55.00000
lambda1   9.260327  -6.687674  10.62058

> detectLS(m2)
[1] "No LS-outlier detected"

> detectLS(m22, cutoff = 2)
             [,1]
ind      55.000000
lambda2   2.391940

> detectTC(m2)
             [,1]      [,2]       [,3]       [,4]
ind      10.00000  11.00000  54.000000  55.000000
lambda2  10.71041  -5.39505  -5.308427   7.694388
```

▼ **程式範例 18-5**

偵測範例 18-4 介入模型（二）LA 空氣污染資料模型 LA.result22 的離群值：

```
> detectAO(LA.result22)
            [,1]      [,2]      [,3]
ind      23.000000 35.000000 45.000000
lambda2  -4.783614 -3.99716  -3.895897
```

➢ 先建立三個 AO 離群值 0/1 指標變數 AO23、AO35、AO45，並連同之前的介入事件變數 X1、X2、X3 一起加入 arima 函數的 xreg 選項：

```
> AO23 = (LA2$index == 23)*1
> AO35 = (LA2$index == 35)*1
> AO45 = (LA2$index == 45)*1
> Xmatrix4 = cbind(Xmatrix2, AO23, AO35, AO45)
>
> LA.result5 = arima(LA2$ozone, order = c(0, 0, 1),
+     seasonal = list(order = c(0, 1, 1), period = 12),
+     xreg = Xmatrix4 )
```
```
Call:
arima(x = LA2$ozone, order = c(0, 0, 1), seasonal = list(order = c(0, 1,
1), period = 12), xreg = Xmatrix4 )

Coefficients:
        ma1    sma1      X1       X2       X3     AO23    AO35     AO45
      0.2517 -0.7690 -1.3483  -0.2401  -0.0952  0.2394 -0.0396  -0.9101
s.e.  0.0670  0.0711  0.1897   0.0589   0.0545  0.8199  0.7774   0.7433

sigma^2 estimated as 0.6124:  log likelihood = -244.84, aic = 505.69
```

18.6.2 SCA 軟體偵測到的離群值

在 SCA 軟體與數本時間數列教科書中提到，LA 空氣污染資料加入 3 個介入事件模式後，在殘差中偵測到三個離群值：第 21 期的 AO 離群值，以及第 39 期與第 43 期的兩個 TC 離群值。

▼ 程式範例 18-6

> 我們先建立這三個離群值的 0/1 指標變數：

```
> AO21 = (LA2$index == 21)*1
> TC39 = (LA2$index == 39)*1
> TC43 = (LA2$index == 43)*1
```

[**方法 1**] 將三個介入事件變數 X1、X2、X3 與結構比較簡單的離群值變數 AO21 都放入 xreg，剩下兩個離群值變數 TC39 及 TC43 則用 xtransf 與 transfer 選項處理，兩者的 AR-MA 階次皆為（AR = 1、MA = 0）：

```
> X2new = diffinv(LA$X2, 12, 1)
> X2new = X2new[-c(1:12)]          # 去除最前面多餘的 12 個元素
> X3new = diffinv(LA$X3, 12, 1)
> X3new = X3new[-c(1:12)]          # 去除最前面多餘的 12 個元素
>
> Xmatrix = cbind(X1 = LA$X1, X2 = X2new, X3 = X3new)
> Xmatrix2 = Xmatrix[1:216, ]       # 取出最前面 216 列
> XmatrixAO = cbind(Xmatrix2, AO21) # 包含 X1, X2, X3, AO21
>
> library(TSA)                      # 使用 TSA 套件的 arima 函數
> Outliers.result1 = arima(LA2$ozone, order = c(0, 0, 1),
+     seasonal = list(order = c(0, 1, 1), period = 12),
+     xreg = XmatrixAO,
+     xtransf = cbind(TC39, TC43),
+     transfer = list(c(1, 0), c(1, 0))
+ )

> Outliers.result1
```

Call:
arima(x LA2$ozone, order = c(0, 0, 1), seasonal = list(order = c(0, 1, 1), period = 12), xreg = XmatrixAO, method = "ML", xtransf = cbind(TC39,TC43), transfer = list(c(1,0), c(1, 0)))

Coefficients:

	ma1	sma1	X1	X2	X3	AO21	TC39-AR1	TC39-MA0
	0.2072	-0.7696	-1.5920	-0.2392	-0.0957	2.3413	0.8077	-1.8415
s.e.	0.0713	0.0662	0.1819	0.0525	0.0484	0.6957	0.1339	0.5792

```
         TC43-AR1    TC43-MA0
            0.7471    -1.4945
s.e.        0.1569     0.7363
sigma^2 estimated as 0.513:  log likelihood = -226.79, aic = 473.57
```

［方法 2］將三個介入事件變數 X1、X2、X3 放入 xreg，三個離群值變數 AO21、TC39 及 TC43 則用 xtransf 與 transfer 選項處理，AO21 可視為 ARMA(0, 0) 結構，三個離群值變數的 AR-MA 階次為 (0, 0)、(1, 0)、(1, 0)：

```
> library(TSA)
> Outliers.result2 = arima(LA2$ozone, order = c(0, 0, 1),
+         seasonal = list(order = c(0, 1, 1), period = 12),
+         xreg = Xmatrix2,                    # Xmatrix2 含 X1, X2, X3
+         xtransf = cbind(AO21, TC39, TC43),
+         transfer = list(c(0, 0), c(1, 0), c(1, 0))
+ )

> Outliers.result2
```
```
Call:
arima(x = LA2$ozone, order = c(0, 0, 1), seasonal = list(order = c(0, 1,
1), period = 12), xreg = Xmatrix2, xtransf = cbind(AO21,TC39,TC43),
    transfer = list(c(0,0), c(1, 0), c(1, 0)))
Coefficients:
       ma1    sma1      X1       X2       X3    AO21-MA0  TC39-AR1  TC39-MA0
    0.2073  -0.7698  -1.5931  -0.2393  -0.0957   2.3395    0.8085   -1.8407
s.e.
    0.0713   0.0662   0.1819   0.0525   0.0483   0.6957    0.1329    0.5785
         TC43-AR1    TC43-MA0
            0.7467    -1.4934
s.e.        0.1575     0.7351
sigma^2 estimated as 0.513:  log likelihood = -226.79, aic = 473.57
```

［方法 3］ SCA 軟體使用手冊在示範這組資料時，對 TC 離群值模式時採用固定的 $\delta = 0.7$，即

$$\omega_c(1/(1-\delta B))X_t = \omega_c(1/(1-0.7B))X_t = \omega_c(1-0.7B)^{-1}X_t$$

為了比較兩種軟體的計算結果，我們將 TC39 與 TC43 先作轉換：

$$TC39new = (1-0.7B)^{-1}TC39 \text{ , } TC43new = (1-0.7B)^{-1}TC43$$

$$\omega_C(1-0.7B)^{-1}TC39 = \omega_C \times TC39new$$

$$\omega_C(1-0.7B)^{-1}TC43 = \omega_C \times TC43new$$

轉換之後，$(1-0.7B)^{-1}$ 運算子消失，相對於 TC39 與 TC43 變數的 TC 離群值特性，已經轉變成相對於 TC39new 與 TC43new 變數的 AO 離群值特性。R 程式中可用 **filter** 過濾器函數來完成這樣的轉換動作。以下 filter 函數中的 method = "recursive" 代表 AR 過濾器，method= "convolution" 則為 MA 過濾器。這裡的 (1 – 0.7B) 可視為 AR(1)，所以只需給定一個 AR(1) 參數 c(0.7)：

```
> TC39new = filter(TC39, c(0.7), method = "recursive")
> TC43new = filter(TC43, c(0.7), method = "recursive")
```

此時，所有三個介入事件變數 X1、X2、X3 與三個離群值變數 AO21、TC39new、TC43new 都可以直接當作迴歸解釋變數，放入 arima 函數 xreg 選項所需的解釋變數矩陣中，不需要再用到 xtransf 與 transfer 選項：

```
> Xmatrix3 = cbind(Xmatrix2, AO21, TC39 = TC39new, TC43 = TC43new)
>
> Outliers.result3 = arima(LA2$ozone, order = c(0, 0, 1),
+     seasonal = list(order = c(0, 1, 1), period = 12),
+     xreg = Xmatrix3 )
> Outliers.result3
```
Sies: LA2$ozone
ARIMA(0,0,1)(0,1,1)[12]
Call: arima(x = LA2$ozone, order = c(0, 0, 1), seasonal = list(order = c(0, 1, 1), period = 12), xreg = Xmatrix3)

Coefficients:
	ma1	sma1	X1	X2	X3	AO21
	0.2055	-0.7699	-1.5475	-0.2391	-0.0955	2.3685
s.e.	0.0714	0.0670	0.1732	0.0526	0.0484	0.6963

	TC39	TC43
	-1.9817	-1.9284
s.e.	0.5733	0.5802

sigma^2 estimated as 0.5151: log likelihood = -227.21 AIC = 470.43

表 18-8 比較模式 3 的參數估計值與 SCA 軟體所算出的結果，圓括號中的數字是「H_0：參數 = 0」t 檢定的 t 檢定值，在以上 R 軟體 arima 計算結果中，可以用 t = 參數估計值 /（參數 s.e 值）算出。

表 18-8　SCA 與 R 在模式 3 的估計比較

參　數	SCA 軟體估計值	R 軟體 arima 估計值
ω_1	-1.532 (-9.20)	-1.5475 (-8.93)
ω_2	-0.240 (-4.61)	-0.2391 (-4.55)
ω_3	-0.096 (-1.98)	-0.0955 (-1.97)
θ_1	-0.211 (-3.06)	-0.2055 (-2.88)
θ_{12}	0.763 (18.52)	0.7699 (11.49)
AO21	2.237 (3.46)	2.3685 (3.40)
TC39	-1.927 (-3.52)	-1.9817 (-3.46)
TC43	-1.889 (-3.46)	-1.9284 (-3.32)

[註] 兩個軟體均使用最大概似估計法計算參數估計值，但每個軟體用來計算最大概似函數值的 maximization 運算法則未必相同，因此多少會有些差異。

18.7 ARCH 與 GARCH

ARCH(m) 或 GARCH(m, n) 模型主要是用在「非固定」的隨機誤差項變異數模型，可以表達成以下形式：

$$Z_t = C + \sum_{i=1}^{p} \varphi_i Z_{t-i} - \sum_{j=1}^{q} \theta_j a_{t-j} + a_t$$

$$a_t = \sigma_t \varepsilon_t$$

$$\sigma_t^2 = \alpha_0 + \sum_{i=1}^{m} \alpha_i a_{t-i}^2 + \sum_{j=1}^{n} \beta_j \sigma_{t-j}^2$$

其中 $\varepsilon_t \sim$ i.i.d. N(0, 1)。在此模式中，Z_t 看似具有 ARMA(p, q) 結構，但卻非一般 ARMA(p, q) 模型，因為其隨機誤差項 a_t 並不服從 ARMA(p, q) 模型所假設的 N(0, 常數標準差) 分配。這樣的模型稱為 ARMA(p, q)–GARCH(m, n) 模式。若 n = 0，則稱為 ARCH(m) 模式。模式中的 α_i 可視為 ARCH 參數，β_i 則為 GARCH

參數。若 p = q = 0，則 Z_t 為具有 ARMA(0, 0) 結構的隨機模式，第一個模式變成 $Z_t = C + a_t$。

R 軟體中有以下函數可用來分析具有 ARCH 或 GARCH 結構的時間數列資料（表 18-9）。

表 18-9 ARCH 與 GARCH 常用函數

函數名稱	套件	說明
garch	基本	ARCH/GARCH 模型函數
garchFit	fGarch	ARCH/GARCH 模型函數
ArchTest	FinTS	ARCH-LM 檢定
arch.test	vars	多變量 ARCH-LM 檢定
garch.sim	fGarch	模擬 ARCH/GARCH 資料
garch.sim	TSA	模擬 ARCH/GARCH 資料
gBox	TSA	GARCH 殘差 i.i.d 檢定
volatility.fGARCH	fGarch	擷取 GARCH volatility 數值

▼ 程式範例 18-7

在這個小節中，我們將使用 1980 第 2 週至 1994 第 39 週共 769 週的道瓊指數報酬率作為範例資料。原始資料是從 1980 年第 1 週到 1994 年第 39 週共 770 筆道瓊指數週資料，所以我們需要作以下轉換：

「報酬率 =（今日收盤指數／昨日收盤指數）− 1.0」

```
> dowjonse = read.table("c:/r/dowjonse.txt", header = T)
> dowjonse
     stock
1   824.56
  ..........
770 3878.18

> Z = dowjonse$stock
> Z.ts = ts(dowjonse$stock)
> rate.ts = Z.ts/lag(Z.ts, -1) - 1
> length(rate.ts)
  [1] 769
```

> 我們也可以不將數列轉為 ts 變數屬性，直接用 TSA 套件的 zlag 函數來計算。這裡要注意的是，同樣是計算向後一期，lag 函數是使用 −1 當作落後期數，zlag 函數則是使用 1：

```
> library(TSA)                          # 使用 TSA 套件的 zlag 函數
> Z2 = zlag(Z, 1)
> rate = Z/zlag(Z, 1) - 1
> length(rate)
[1] 770
```

```
> head(rate)
[1]    NA   0.0309619676   0.0177628251   0.0142974376   0.0049569260
[6] -0.0000907122
```

```
> rate = rate[-1]                       # 刪除第一筆 NA 紀錄
> length(rate)
[1] 769
```

```
> head(rate)
[1] 0.0309619676 0.0177628251 0.0142974376 0.0049569260
-0.0000907122
[6] 0.0249594593
```

> 看看報酬率資料的峰度。含有 ARCH/GARCH 結構的資料，常有高狹峰現象（leptokurtic），峰度值通常偏高，大於常態分配的 3.0：

```
>                                       # library(TSA)
> kurtosis(rate)
[1] 4.905513
```

> 接下來我們使用 FinTS 套件的 ArchTest 函數對資料作 ARCH-LM 檢定，看看資料有沒有 ARCH 結構：

```
> library(FinTS)
> ArchTest(rate)
        ARCH LM-test; Null hypothesis: no ARCH effects
data:  rate
Chi-squared = 82.9493, df = 12, p-value = 1.127e-12
```

ARCH-LM 檢定的 P-value = 1.127x10^{-12} < α = 0.05，拒絕「H$_0$：沒有 ARCH 結構」，所以這個數列有 ARCH 結構。

➤ 畫出數列的時間數列圖（圖 18-13）、樣本 ACF 與 PACF 圖（圖 18-14）：

```
> ts.plot(rate)
> acf(rate)
> pacf(rate)
```

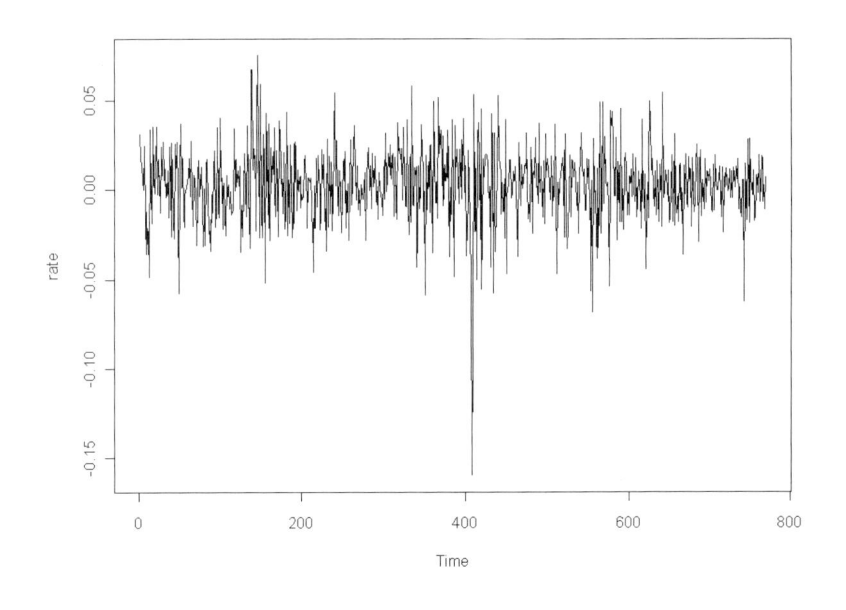

》圖 18-13　報酬率的時間數列圖

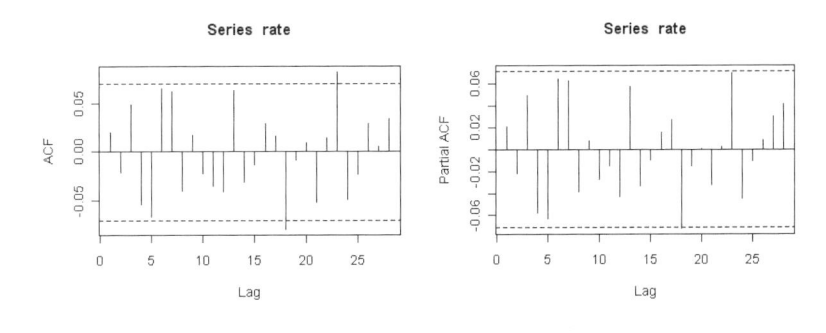

》圖 18-14　報酬率的 ACF 與 PACF 圖

> 計算數列的樣本 EACF 矩陣：

```
> eacf(rate)                                          # TSA 套件
```

```
AR/MA
   0  1  2  3  4  5  6  7  8  9  10 11 12 13
0  o  o  o  o  o  o  o  o  o  o  o  o  o  o
1  x  o  o  o  o  o  x  o  o  o  o  o  o  o
2  x  x  o  o  o  o  x  o  o  o  o  o  o  o
3  x  x  x  o  o  o  o  o  o  o  o  o  o  o
4  x  x  x  x  o  o  o  o  o  o  o  o  o  o
5  x  x  x  x  x  o  o  o  o  o  o  o  o  o
6  x  x  x  x  x  x  o  o  o  o  o  o  o  o
7  x  x  x  x  x  x  x  o  o  o  o  o  o  o
```

從樣本 ACF 圖、PACF 圖以及 EACF 矩陣，我們發現這組資料沒有特定的 AR 結構或 MA 結構，可視為 ARMA(0, 0)：

$$Z_t = C + a_t，a_t \sim \text{i.i.d. } N(0, \sigma_a)$$

> 畫出 $rate_{t-1}$ vs. $rate_t$ 的散佈圖（圖 18-15）：

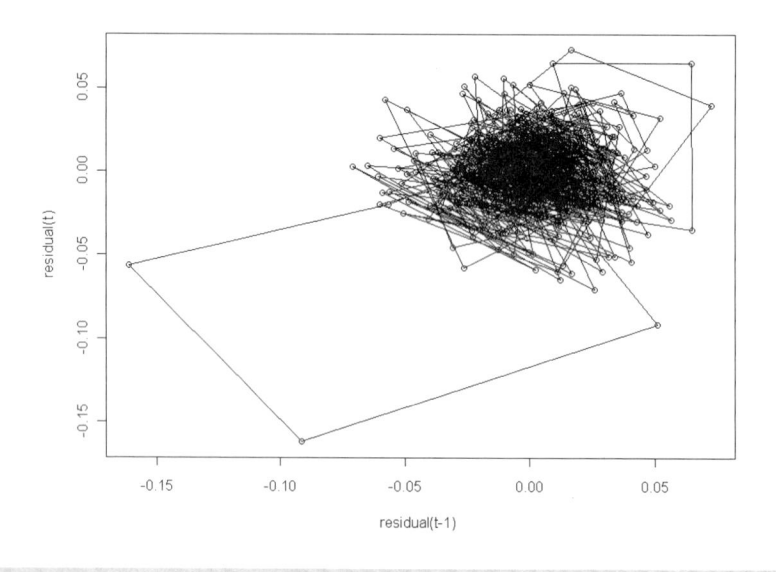

```
> plot(zlag(rate, 1), rate, xlab = "rate(t-1)", ylab = "rate(t)", type = "o")
```

》圖 18-15　$rate_{t-1}$ vs. $rate_t$ 散佈圖

> 使用基本套件的 garch 函數作 GARCH(1, 1) 模型分析：

```
> summary(garch(rate, c(1, 1), trace = F))
```
..................................（略）
Coefficient(s):
      Estimate Std. Error   t value Pr(>|t|)
a0   2.968e-05   8.770e-06   3.384 0.000714 ***
a1   1.155e-01   1.552e-02   7.445 9.68e-14 ***
b1   8.215e-01   3.308e-02   24.832   < 2e-16 ***

Signif. codes: 0'***' 0.001'**' 0.01'*' 0.05'.' 0.1 '' 1

Diagnostic Tests:
        Jarque Bera Test

data: Residuals
X-squared = 211.3516, df = 2, p-value < 2.2e-16

        Box-Ljung test

data: Squared.Residuals
X-squared = 3.1334, df = 1, p-value = 0.0767

> 使用 fGarch 套件的 garchFit 函數直接分析 GARCH(1,1)：

```
> library(fGarch)
> garchFit(~ garch(1, 1), data = rate, trace = F)
```
..................................（略）
Coefficient(s):
        mu   omega   alpha1   beta1
 2.5244e-03   4.0263e-05   1.4220e-01   7.7186e-01

Std. Errors:
 based on Hessian
Error Analysis:
         Estimate Std. Error t value Pr(>|t|)
mu   2.524e-03   6.783e-04   3.722 0.000198 ***

```
omega   4.026e-05   2.144e-05   1.878 0.060414 .
alpha1  1.422e-01   4.330e-02   3.284 0.001024 **
beta1   7.719e-01   8.120e-02   9.506 < 2e-16 ***
---
Signif. codes:  0'***' 0.001'**' 0.01'*' 0.05'.' 0.1'' 1
Log Likelihood: 1911.393   normalized:  2.485556
```

> 嘗試以 ARMA(1, 0) + GARCH(1, 1) 模型來詮釋資料：

```
> garchFit(~arma(1, 0) + garch(1, 1), data = rate, trace = F)
................................（略）
Coefficient(s):
        mu          ar1         omega       alpha1      beta1
 2.5661e-03  -2.9579e-02   4.2563e-05   1.4824e-01  7.6129e-01

Std. Errors:
 based on Hessian
Error Analysis:
         Estimate   Std. Error  t value Pr(>|t|)
mu      2.566e-03   6.833e-04   3.755 0.000173 ***
ar1    -2.958e-02   3.999e-02  -0.740 0.459493
omega   4.256e-05   2.303e-05   1.848 0.064551 .
alpha1  1.482e-01   4.490e-02   3.301 0.000962 ***
beta1   7.613e-01   8.604e-02   8.848 < 2e-16 ***
---
Signif. codes:  0'***' 0.001'**' 0.01'*' 0.05'.' 0.1'' 1
Log Likelihood: 1912.676   normalized:  2.487225
```

表 18-10 比較了 Eviews 軟體與 garchFit 所算出的參數估計值。

表 18-10　Eviews 與 R 的參數估計比較

參數	Eviews 軟體估計值	R 軟體 garchFit 估計值
C	0.0024 (0.0007)	0.002566 (0.0006833)
ϕ_1	-0.028 (0.0449)	-0.02958 (0.03999)
a_0	5.51×10^{-5} (1.45×10^{-5})	4.26×10^{-5} (2.303×10^{-5})
a_1	0.1703 (0.0175)	0.1482 (0.0449)
a_2	0.7144 (0.0453)	0.7613 (0.086)

向前預測值

不管是 garch 函數或是 fGarch 套件的 garchFit 函數，都可以使用 predict 函數搭配 n.ahead 選項向前預測未來值。我們使用以下程式，以第 765 期至第 769 期作為預測起始點各自向前預測 1 期：

```
for (i in 0:4)
{
  k = 764 + i
  p = predict(garchFit(~ arma(1, 0)+garch(1, 1),
                  data = rate[1:k], trace = F), n.ahead = 1)
  print(p)
}
```

```
    meanForecast  meanError standardDeviation
1  0.002020641 0.01633810       0.01633810
    meanForecast  meanError standardDeviation
1  0.002109136 0.01678013       0.01678013
    meanForecast  meanError standardDeviation
1  0.002794595 0.01639511       0.01639511
    meanForecast  meanError standardDeviation
1  0.002521568 0.01569939       0.01569939
    meanForecast  meanError standardDeviation
1  0.002892016 0.01607092       0.01607092
    meanForecast  meanError standardDeviation
1  0.002361956 0.01550874       0.01550874
```

> 最後，我們可以比較 ARMA(1, 0) + GARCH(1, 1) 模式下，Eviews 軟體與 R 軟體的向前預測估計值（表 18-11）：

表 18-11　向前預測 5 期：Eviews 與 garchFit 的比較

期　數	報酬率	Eviews 估計值	garchFit 估計值
765	0.01734	0.0019	0.00202
766	-0.00694	0.0020	0.00211
767	0.00234	0.0027	0.00279
768	-0.01123	0.0024	0.00252
769	0.0069	0.0028	0.00289

【註】不同統計軟體所採用的最大概似估計值計算法則有所差異，因此不同軟體之間的計算值會有些許差別。

CHAPTER 19

資料探勘：決策樹

19.1 CART 決策樹
19.2 CHAID 決策樹
19.3 Random Forest 決策樹

決策樹（decision tree）是近年來常用的資料探勘技術，可視為迴歸分析的擴充模型。決策樹可以用於分類型態應變數的分類預測，此類決策樹稱為分類樹（classification tree），例如，汽車行銷部門可以根據客戶的基本資料來預測是否可能購買新車。有些決策樹法則可以達成類似迴歸分析的數值型態應變數預測功能，稱為迴歸樹（regression tree）。

決策樹是將一組資料依照每階段不同的條件作循環切割（recursive patitioning），跟迴歸分析最大的不同在於一個解釋變數可以在不同的切割階段被重複使用。本章將介紹 R 軟體的四個決策樹套件：tree、rpart、CHAID 與 randomForest。

19.1 CART 決策樹

CART 決策樹（Classification and Regression Trees）兼具分類樹與迴歸樹的功能，由 Brieman 於 1984 年提出，是常用的決策樹技術。CART 計算每個分割節點的 Gini 分散度指標來決定是否繼續分割。CART 的特色是一次分出兩個節點，且應變數與解釋變數都可以是連續型數值變數，不像 CHAID 規定解釋變數需為分類變數。R 軟體的 tree 與 rpart 套件都可根據資料建構 CART 決策樹。

[基本語法] tree(Y ~ x1 + x2 + ... + xk, data = 資料框架名稱)

rpart(Y ~ x1 + x2 + ... + xk, data = 資料框架名稱)

其中

- Y 為應變數，需為分類向量或 factor 變數。
- x1, x2, ..., xk 為解釋變數向量，可以為數值向量或 factor 變數。
- data 參數可以指定包含所有變數的資料框架變數名稱。

▼ 程式範例 19-1

babies 資料檔是 1236 個懷孕母親的各項資料以及新生嬰兒體重。我們將嘗試使用決策樹技術來看看哪些跟母親有關的變數會影響嬰兒的體重。

```
> babies = read.csv("c:/r/babies.csv", header = T)
> head(babies, 3)
```

```
  bwt gestation parity age height weight smoke
1 120 284       0      27  62     100    0
2 113 282       0      33  64     135    0
3 128 279       0      28  64     115    1
```

先用 sample 函數隨機抽出 10% 觀察值當作保留的測試樣本（test sample），剩下的作為建立 tree 模型所用的訓練樣本（training sample）：

```
> babies = na.exclude(babies)              # 去除遺失值
> np = ceiling(0.1*nrow(babies))
> np                                        # 測試樣本有 108 筆資料
[1] 118
> test.index = sample(1:nrow(babies), np)
> babies.test = babies[test.index, ]        # 測試樣本
> babies.train = babies[-test.index, ]      # 訓練樣本
```

使用 tree 套件的 tree 函數

我們先用 tree 套件的 tree 函數來建立決策樹模型。tree 函數的語法跟 lm 函數相同（請讀者參考 11.2 節的線性模型寫法）：

```
> library(tree)
> babies.tree = tree(bwt ~ gestation + parity + age + height
                  + weight + smoke, data = babies.train)
>          # 或寫成 babies.tree = tree( bwt ~ . , data = babies.train)
node), split, n, deviance, yval
      * denotes terminal node

 1) root 1056 356900 119.20
   2) gestation < 272.5 275  98860 107.40
     4) gestation < 239.5 23   10050  84.17 *
     5) gestation > 239.5 252  75320 109.50
      10) smoke < 0.5 134  37110 114.70 *
      11) smoke > 0.5 118  30490 103.60 *
   3) gestation > 272.5 781 206000 123.30
     6) gestation < 283.5 386  87170 119.20
      12) weight < 116.5 115  20820 114.20 *
      13) weight > 116.5 271  62140 121.40 *
```

```
  7) gestation > 283.5 395 106000 127.40
   14) smoke < 0.5 262   66710 129.70
     28) gestation < 301.5 230   56760 131.30 *
     29) gestation > 301.5  32    5358 118.50 *
   15) smoke > 0.5 133   35040 122.80 *
```

計算結果顯示共有 15 個分支節點。第 1 個節點是 root（最頂端節點），共有 1,056 筆資料，嬰兒平均體重 119.2 盎斯（1 盎斯 = 0.028375 公斤）；第 2 個節點從節點 1 分支出來，判斷值是 gestation（懷孕日數）< 272.5 天，共有 275 人，平均體重 107.40 盎斯；節點 2 底下分出節點 4 與節點 5。其餘請參考圖 19-1。

畫出樹狀圖（圖 19-1）：

```
> plot(babies.tree);   text(babies.tree)
```

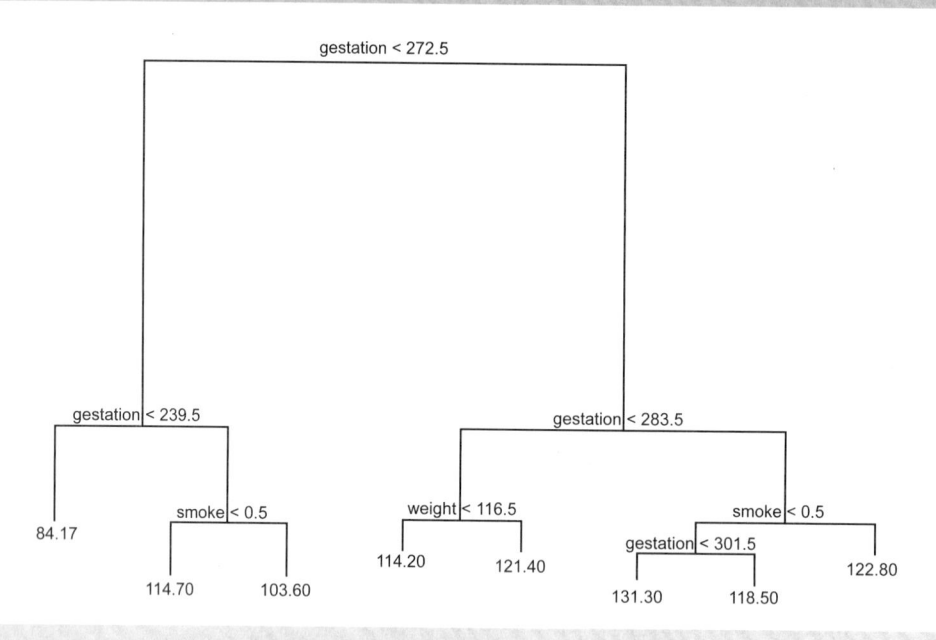

》圖 19-1　babies 資料 tree 函數樹狀圖

從圖 19-1 可知，如果懷孕日數（gestation）小於 239.5 天，則嬰兒平均體重約為 84.17 盎斯（onces），若懷孕日數介於 239.5 與 272.5 天，而且母親沒有抽煙（smoke < 0.5），則嬰兒平均體重為 114.7 盎斯。若母親有抽煙，則嬰兒平均體重約為 103.6 盎斯。

> 由於應變數 bwt（初生嬰兒體重）是數值變數，我們使用 predict 函數加上 type = "vector" 的參數傳回訓練樣本的應變數預測值，再計算評估預測效果的 MAPE 值：MAPE $= 100\% \times \frac{1}{n} \sum \left| \frac{Y_i - \hat{Y}_i}{Y_i} \right|$。訓練樣本的 MAPE 為 10.77028%，測試樣本的 MAPE 為 10.66555%：

```
> bwt.train = babies$bwt[-test.index]
> train.pred = predict(babies.tree, newdata = babies.train,
                        type = 'vector')
> train.MAPE = mean(abs(bwt.train - train.pred)/bwt.train)*100
> train.MAPE
[1] 10.77028

> test.pred = predict(babies.tree, newdata = babies.test,
                       type = 'vector')
> bwt.test = babies$bwt[test.index]
> test.MAPE = mean(abs(bwt.test - test.pred)/bwt.test)*100
> test.MAPE
[1] 10.66555
```

使用 rpart 套件的 rpart 函數

rpart 套件跟 tree 套件一樣是基於 CART 決策樹原理所發展的套件，兩者在這組資料的預測結果差不多，只是 tree 圖形（圖 19-2）的節點順序呈現略有不同而已。

```
> library(rpart)
> babies.tree2 = rpart(bwt ~ gestation + parity + age +
            height + weight + smoke, data = mydata)
>       # 或寫成 babies.tree2 = rpart( bwt ~ . , data = babies.train)
> plot(babies.tree2);  text(babies.tree2)
```

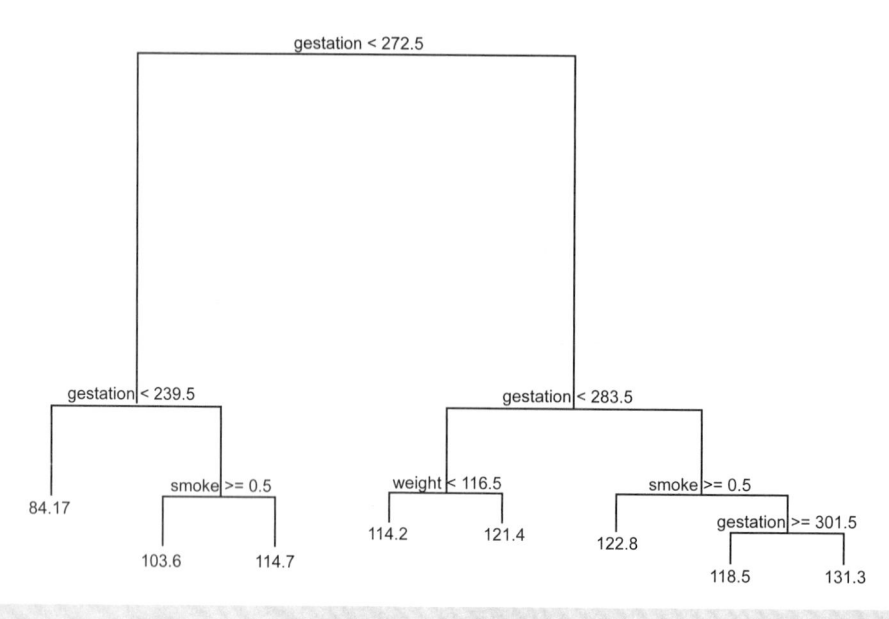

》圖 19-2　rpart 樹狀圖

▼ 程式範例 19-2

　　接下來我們使用 rpart 函數來分析 iris 資料，看看花萼長度（Sepal.Length）、花萼寬度（Sepal.Width）、花瓣長度（Petal.Length）與花瓣寬度（Petal.Width）這四個變數有哪幾個可以用來決定花的種類（Species）。我們一樣先保留所有觀察值的 10% 當作測試樣本，剩下 90% 作為訓練樣本。

```
> np = ceiling(0.1*nrow(iris))
> np                                              # 訓練樣本有 15 筆資料
[1] 15
```

```
> test.index = sample(1:nrow(iris), np)
> iris.test = iris[test.index, ]                  # 訓練樣本
> iris.train = iris[-test.index, ]                # 測試樣本
> iris.tree <- rpart(Species ~ Sepal.Length + Sepal.Width +
                   Petal.Length + Petal.Width, data = iris.train )
>        # 也可寫成 iris.tree = rpart(Species ~ . , data = iris.train)
> iris.tree
```

```
n = 135
node), split, n, loss, yval, (yprob)
       * denotes terminal node

1) root 135 88 versicolor (0.3333333 0.3481481 0.3185185)
  2) Petal.Length< 2.45 45  0 setosa (1.0000000 0.0000000 0.0000000) *
  3) Petal.Length>=2.45 90 43 versicolor (0.0000000 0.5222222 0.4777778)
    6) Petal.Length< 4.75 42  0 versicolor (0.0000000 1.0000000 0.0000000) *
    7) Petal.Length>=4.75 48  5 virginical (0.0000000 0.1041667 0.8958333) *
```

```
> summary(iris.tree)
> plot(iris.tree) ; text(iris.tree)
```

從圖 19-3 rpart 樹狀圖可知，若花萼長度（Sepal.Length）小於 2.45，則花的品種為 setosa；若花萼長度大於等於 2.45 且花萼寬度（Sepal.Width）小於 1.75，則花的品種為 versicolor，否則即為 virginical。

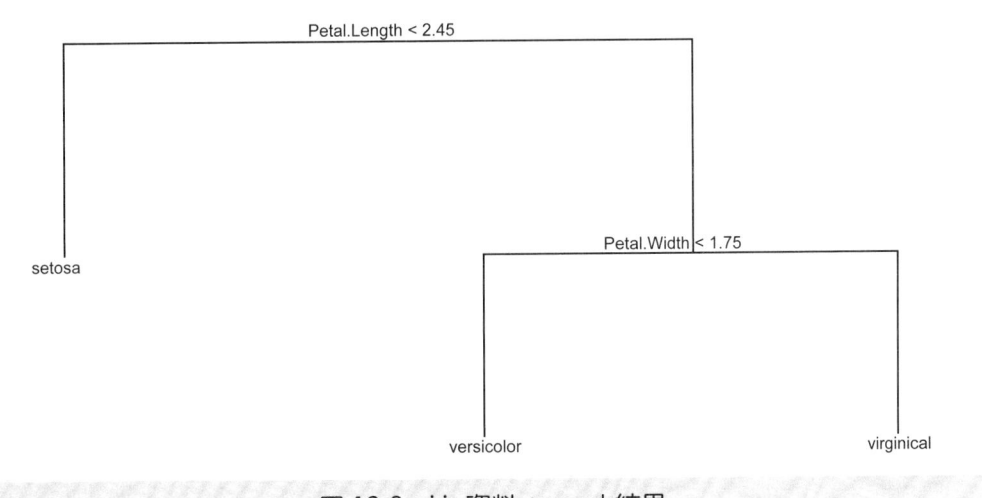

》圖 19-3　iris 資料 + rpart 結果

> 這個範例與範例 19-1 的差別在於，範例 19-1 建立的是預測樹（prediction tree），而這裡則為分類樹（classification tree），因為此處的應變數是分類變數。因此我們在使用 pred 函數時，需指定輸出為類別（type="class"），並將輸出轉成 factor 變數後，分別算出訓練樣本與測試樣本的混淆矩陣（confusion matrix）與辨識正確率。我們可以看到訓練樣本的辨識正確率是 96.2963%，測試樣本的辨識正確率是 86.67%，預測分類的效果還算不錯。

```
> species.train = iris$Species[-test.index]
> train.pred = factor(predict(iris.tree, iris.train,
+                     type = 'class'), levels = levels(species.train))
```

> 訓練樣本的混淆矩陣與辨識正確率：

```
> table.train = table(species.train, train.pred)
> table.train
             train.pred
species.train setosa versicolor virginica
   setosa         45          0         0
   versicolor      0         42         5
   virginica       0          0        43

> correct.train = sum(diag(table.train))/sum(table.train)
[1] 0.962963
```

> 測試樣本的混淆矩陣與辨識正確率：

```
> species.test = iris$Species[test.index]
> test.pred = factor(predict(iris.tree, iris.test,
+                    type = 'class'), levels = levels(species.test))
> table.test  = table(species.test, test.pred)
> table.test
            test.pred
species.test setosa versicolor virginica
   setosa         5          0         0
   versicolor     0          2         1
   virginica      0          1         6

> correct.test = sum(diag(table.test))/sum(table.test)
[1] 0.8666667
```

19.2 CHAID 決策樹

CHAID（Chi-Square Automatic Interaction Detector）是 Kass 在 1980 提出的決策樹方法，其特色是根據卡方檢定來決定解釋變數的分割點，並允許一個節點分出兩個以上的子節點，但是 CHAID 的應變數跟被解釋變數都必須是分類變數。截至目前為止，CHAID 套件尚未正式發佈，但可於 http://r-forge.r-project.org/projects/chaid/ 網頁下載安裝套件壓縮檔，或是使用以下指令來安裝：

```
install.packages("CHAID",
                 repos = "http://R-Forge.R-project.org")
```

[基本語法]　chaid(model, data)

其中

- model 與一般 R 軟體線性模型寫法一樣。

- data = 資料框架變數名稱（optional）。例如：chaid(Y ~ f1 + f2 + f3, data = mydata)，其中 Y 需為分類變數（儲存為 factor），f1、f2、f3 也需為分類變數，可以是 factor 變數或 ordered factor 變數。

▼ 程式範例 19-3

我們將以 iris 資料來示範 CHAID 套件的使用。由於這組資料有四個數值變數（Sepal.Length、Sepal.Width、Petal.Length、Petal.Width），我們可以使用 cut 函數（請參考 6.1.2 節）將這四個數值變數各平均切割成 10 個區間，再轉換為有序因子變數（ordered factor）：

```
> SepL = cut(iris$Sepal.Length, breaks = 10)
> SepW = cut(iris$Sepal.Width, breaks = 10)
> PetL = cut(iris$Petal.Length, breaks = 10)
> PetW = cut(iris$Petal.Width, breaks = 10)
> SepL = ordered(SepL)
> SepW = ordered(SepW)
> PetL = ordered(PetL)
> PetW = ordered(PetW)
> iris2 = data.frame(SepL, SepW, PetL, PetW, Species = iris$Species)
> iris2
```

	SepL	SepW	PetL	PetW	Species
1	(5.02,5.38]	(3.44,3.68]	(0.994,1.59]	(0.0976,0.338]	setosa
2	(4.66,5.02]	(2.96,3.2]	(0.994,1.59]	(0.0976,0.338]	setosa
3	(4.66,5.02]	(2.96,3.2]	(0.994,1.59]	(0.0976,0.338]	setosa
4	(4.3,4.66]	(2.96,3.2]	(0.994,1.59]	(0.0976,0.338]	setosa
5	(4.66,5.02]	(3.44,3.68]	(0.994,1.59]	(0.0976,0.338]	setosa

....[略]

> 將四個數值變數轉成 ordered factors 之後，即可直接使用 chaid 函數來建構 CHAID tree 模型。圖 19-4 中，PetW 的分類名稱已改為 A1～A10：

```
> library(CHAID)
> iris.chaid = chaid(Species ~ ., data = iris2)
> plot(iris.chaid)
> print(iris.chaid)
```
Model formula:
Species ~ SepL + SepW + PetL + PetW

Fitted party:
[1] root
| [2] PetW in (0.0976,0.338], (0.338,0.579], (0.579,0.819]: setosa
                                                 (n = 50, err = 0.0%)
| [3] PetW in (0.819,1.06], (1.06,1.3]: versicolor (n = 28, err = 0.0%)
| [4] PetW in (1.3,1.54], (1.54,1.78]: versicolor (n = 26, err = 19.2%)
| [5] PetW in (1.78,2.02], (2.02,2.26], (2.26,2.5]: virginica (n = 46, err = 2.2%)

Number of inner nodes: 1
Number of terminal nodes: 4

» 圖 19-4　iris 資料：CHAID 樹狀圖

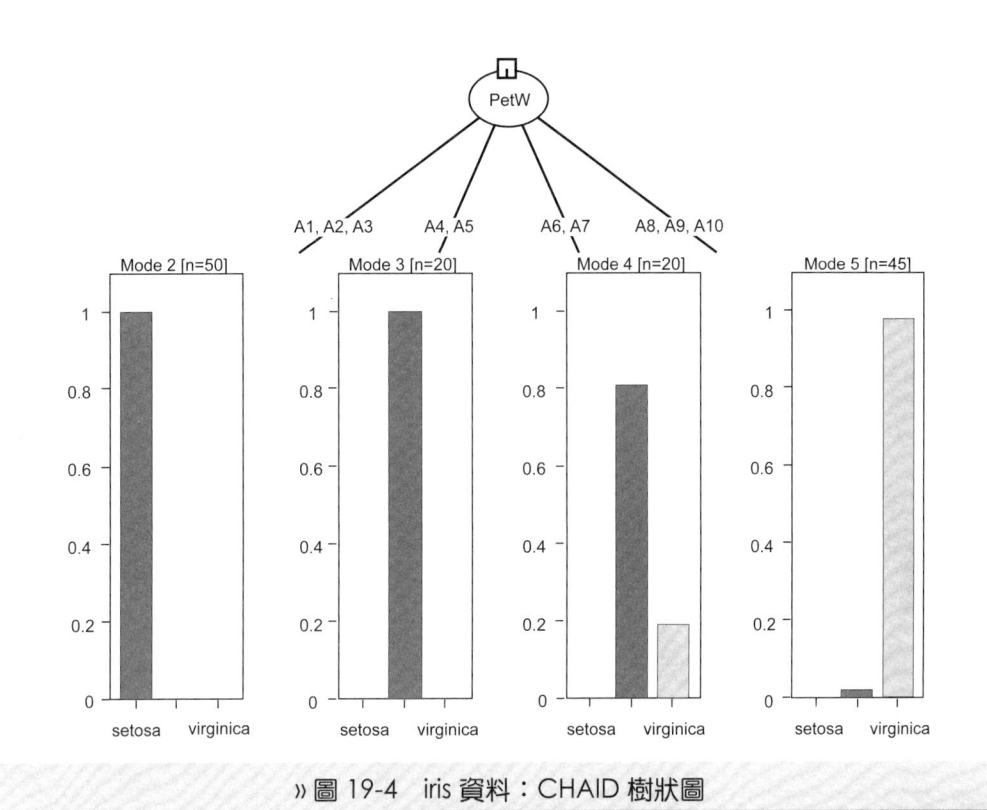

　　從 print(iris.chaid) 與圖 19-4 可知，從頂端節點 (root) 依照 PetW 變數值（花瓣寬度）分出四個子節點，例如，若花瓣寬度落在 (0.0976, 0.338]、(0.338, 0.579]、(0.579, 0.819] 三個區間（圖 19-4 的 A1、A2、A3），則分支到節點 2：預測花的種類是 setosa。我們也可以從計算結果知道 4 個子節點的預測錯誤比例各為 0%、0%、19.2%、2.2%。另外，節點編號 2、3、4、5 各含 50、28、26 與 46 個觀察值，其中節點 2 與 3 裡面所有觀察值的種類（Species）都相同，節點 4 與 5 則各包含兩種花的種類。

➤ 使用 predict 函數來計算混淆矩陣與預測正確率：

```
> pred = predict(iris.chaid, newdata = iris2)
> pred
         1        2        3        4        5        6        7
    setosa   setosa   setosa   setosa   setosa   setosa   setosa
         8        9       10       11       12       13       14
    setosa   setosa   setosa   setosa   setosa   setosa   setosa
   ...................................... [略]
```

```
            148         149         150
         virginica   virginica   virginica
       Levels: setosa versicolor virginica
```

混淆矩陣（confusion matrix）：

```
> table.chaid = table(Species = iris2$Species, Prediction = pred)
> table.chaid
            Prediction
Species     setosa versicolor virginica
  setosa        50          0         0
  versicolor     0         49         1
  virginica      0          5        45
```

預測正確率 = table.chaid 對角線元素總和／所有觀察值總和，約為 96%：

```
> sum(diag(table.chaid))/sum(table.chaid)
[1] 0.96
```

19.3 Random Forest 決策樹

　　Random Forest（隨機森林）決策樹法則由 Brieman 在 2001 年所提出，其原理類似 Jackknife 之類的重抽樣（resampling）理論，將訓練樣本所有觀察值作多次抽出放回的隨機取樣，再用這些隨機樣本建構出數百甚至數千棵決策樹。一個新物件會被預測分到哪一個數值或分類，是由這許多 trees 共同投票來決定。隨機森林法則可以應用在分類、分群、離群值檢定等多重領域。

　　R 軟體 randomForest 套件的 randomForest 函數基本語法跟 lm 函數相同，但有不少額外設定參數，應用領域非常廣泛。我們在這一節將僅示範 randomForest 的基本功能。對隨機森林有興趣的讀者，可以閱讀 Brieman 論文，並下載以下更詳盡的套件說明文件：

　　　http://oz.berkeley.edu/users/breiman/Using_random_forests_V3.1.pdf

程式範例 19-4

這個範例將使用 iris 資料檔搭配 randomForest 函數，根據花萼、花瓣的長度與寬度測量值來預測鳶尾花的種類（Species）。我們將延續使用範例 19-2 所分割出來的訓練資料集 iris.train 與測試資料集 iris.test 分別建立模型與評估辨識正確率：

```
> library(randomForest)
> set.seed(71)
> iris.rf = randomForest(Species ~ . , data = iris.train,
                  importance = TRUE, proximity = TRUE)
> print(iris.rf)
Call:
 randomForest(formula = Species ~ ., data = iris.train, importance = TRUE, proximity = TRUE)
               Type of random forest: classification
                     Number of trees: 500
No. of variables tried at each split: 2

        OOB estimate of  error rate: 2.96%
Confusion matrix:
           setosa versicolor virginica class.error
setosa         45          0         0  0.00000000
versicolor      0         44         3  0.06382979
virginica       0          1        42  0.02325581
```

從計算結果可知，randomForest 函數總共模擬了 500 棵樹來作預測。我們也看到了最後彙整的混淆矩陣，以及平均錯誤判斷率 2.96%。因此，平均辨識正確率為 100% − 2.96% = 97.04%。

➢ 使用 importance 函數來判斷解釋變數的重要性：

```
> round(importance(iris.rf), 2)
             setosa versicolor virginica MeanDecreaseAccuracy
Sepal.Length   1.51       1.83      1.73                 1.32
Sepal.Width    1.07       0.39      1.03                 0.71
Petal.Length   3.67       4.50      4.14                 2.53
Petal.Width    3.91       4.40      4.36                 2.53
```

```
             MeanDecreaseGini
Sepal.Length             9.60
Sepal.Width              2.55
Petal.Length            41.94
Petal.Width             45.14
```

從計算結果可以看出，**Petal.Width** 與 **Petal.Length** 兩個解釋變數在降低平均 Gini 離散指標值與平均誤差值的貢獻最大，其中以 **Petal.Width** 影響力最大。

> 我們也可以直接從輸出物件 **iris.rf** 擷取混淆矩陣，算出更精確的平均辨識正確率：

```
> names(iris.rf)
 [1] "call"         "type"          "predicted"       "err.rate"
 [5] "confusion"    "votes"         "oob.times"       "classes"
 [9] "importance"   "importanceSD"  "localImportance" "proximity"
[13] "ntree"        "mtry"          "forest"          "y"
[17] "test"         "inbag"         "terms"
```

```
> (table.rf = iris.rf$confusion)
           setosa versicolor virginica class.error
setosa         45          0         0  0.00000000
versicolor      0         44         3  0.06382979
virginica       0          1        42  0.02325581

> sum(diag(table.rf))/sum(table.rf)    # 約 96.97%
[1] 0.9697448
```

> 接下來，我們使用 **predict** 函數計算含有 15 筆資料的測試樣本混淆矩陣與平均預測正確率：

```
> rf.pred = predict(iris.rf, newdata = iris.test)
> rf.pred
 [1] virginica  virginica  setosa     virginica  setosa     versicolor
 [7] virginica  versicolor virginica  setosa     virginica  setosa
[13] versicolor setosa     virginica
Levels: setosa versicolor virginica
```

```
> table.test = table(Species = species.test, Predicted = rf.pred)
> table.test
            Predicted
Species      setosa   versicolor   virginica
  setosa        5          0           0
  versicolor    0          2           1
  virginica     0          1           6
```

測試樣本的平均辨識正確率約為 86.67%：

```
> sum(diag(table.test))/sum(table.test)
[1] 0.8666667
```

randomForest 用於集群分析

randomForest 也可以處理沒有應變數的狀況，單純依據測量變數作觀察值的分群。例如，底下程式將 Species 變數從 iris 資料移除後，使用其他四個花瓣與花萼長寬測量變數對所有 150 朵鳶尾花作分群（Clustering）：

```
> set.seed(17)
> iris.urf = randomForest(iris[, -5])
> iris.urf
Call:
 randomForest(x = iris.train[, -5])
               Type of random forest: unsupervised
                     Number of trees: 500
No. of variables tried at each split: 2
```

```
> MDSplot(iris.urf, iris$Species, palette = rep(1, 3),
          pch = as.numeric(iris$Species))
```

從圖 19-5 可知，就算我們沒有提供每一朵花的正確種類給 randomForest 函數，依然仍夠將所有的花大略分成三群不同的種類，這類決策樹稱為 Unsupervised Decision Tree，類似多變量分析中的集群分析功能。

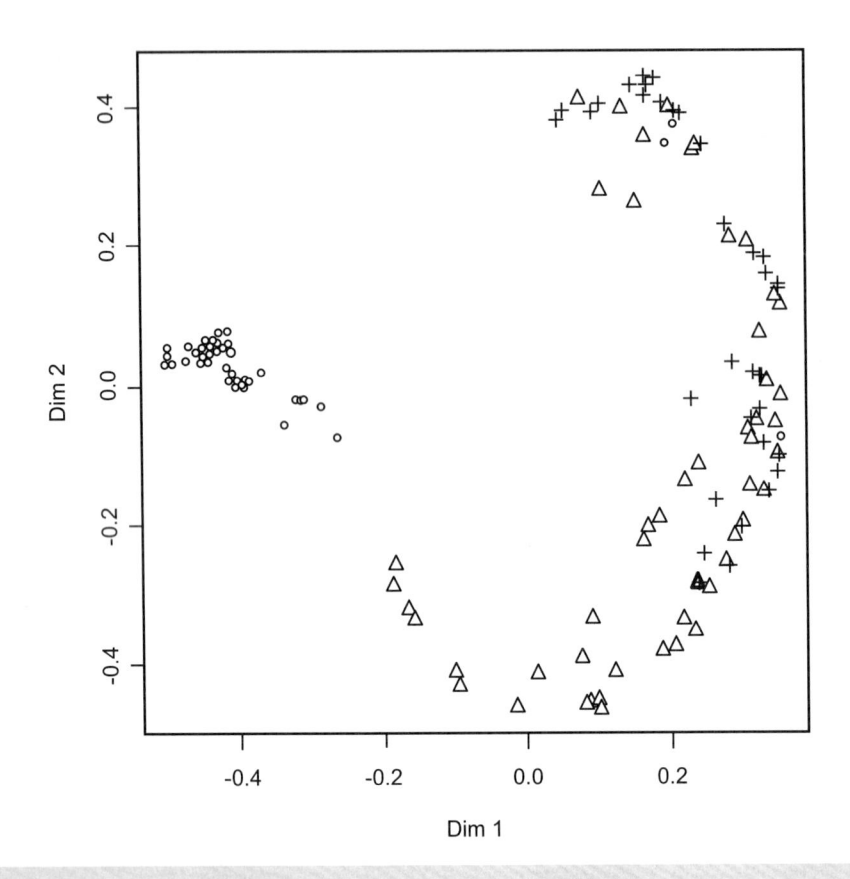

» 圖 19-5　randomForest 分群範例

APPENDIX 附 錄

附錄 A　工具函數章節彙整
附錄 B　數學常數與特殊函數
附錄 C　plotmath 數學符號

附錄 A　工具函數章節彙整

函數類別	章　節
元素指標相關	3.4、4.3、4.4.5
變數處理	第 4 章、6.3.1、10.3.9
變數或元素名稱	4.4.3
資料處理	第 6 章
rep、seq 有序數列	3.2
sort 排序	6.2
NA 遺失值	10.2.1
輸出、輸入	第 5 章
繪圖	第 9 章
文字字串處理	10.3
table 相關	4.5、10.2.4、13.1
apply 系列彙整函數	10.2.3
機率計算	11.1、第 12 章
統計彙整	4.4.4、10.1、13.2
lm 線性模型函數	11.2.2
程式流程控制	第 7 章
function 處理	10.2.2、10.3.9
軟體操作與程式	2.4、2.5、2.6、2.8
optimization 函數 （求函數最小值或最大值）	10.2.5

附錄 B　數學常數與特殊函數

數學常數

M_E = e = 2.7182818

M_LOG2E = log2(e) = 1.4426950

M_LOG10E = log10(e) = 0.4342945

M_LN2 = ln(2) = 0.6931472

M_LN10 = ln(10) = 2.3025851

M_PI = pi = 3.1415927

M_PI_2 = pi/2 = $\pi/2$ = 1.5707963

M_PI_4 = pi/4 = $\pi/4$ = 0.7853982

M_1_PI = 1/pi = $1/\pi$ = 0.3183099

M_2_PI = 2/pi = $2/\pi$ = 0.6366198

M_2_SQRTPI = 2/sqrt(pi) = $2/\sqrt{\pi}$ = 1.1283792

M_SQRT2 = sqrt(2) = $\sqrt{2}$ = 1.4142136

M_SQRT1_2 = 1/sqrt(2) = $1/\sqrt{2}$ = 0.7071068

M_SQRT_3 = sqrt(3) = $\sqrt{3}$ = 1.7320508

M_SQRT_32 = sqrt(32) = $\sqrt{32}$ = 5.6568542

M_LOG10_2 = log10(2) = $\log_{10}(2)$ = 0.3010300

M_2PI = 2 pi = 2π = 6.2831853

M_SQRT_PI = sqrt(pi) = $\sqrt{\pi}$ = 1.7724539

M_1_SQRT_2PI = 1/sqrt(2pi) = $1/\sqrt{2\pi}$ = 0.3989423

M_SQRT_2dPI = sqrt(2/pi) = $\sqrt{2/\pi}$ = 0.7978846

M_LN_SQRT_PI = ln(sqrt(pi)) = $\log(\sqrt{\pi})$ = 0.5723649

M_LN_SQRT_2PI = ln(sqrt(2*pi)) = log($\sqrt{2\pi}$) = 0.9189385

M_LN_SQRT_PId2 = ln(sqrt(pi/2)) = log($\sqrt{2/\pi}$) = 0.2257914

特殊數學函數

gammafn(double x)：double

lgammafn(double x)：double

digamma(double x)：double

trigamma(double x)：double

tetragamma(double x)：double

pentagamma(double x)：double

以上為 Gamma 函數、其 log 值以及前四個微分值。

beta(double a, double b)：double

lbeta(double a, double b)：double

以上為 (complete)Beta 函數及其 log 值。

choose(double n, double k)：double，二項式組合選取計算。

bessel i(double x, double nu, double expo)：double

bessel j(double x, double nu)：double

bessel k(double x, double nu, double expo)：double

bessel y(double x, double nu)：double

以上為 Bessel 函數 (types I、J、K and Y with index nu)。

Double Function

R_pow(double x, double y), **R_pow_di (double x, int i)**

R_pow(x, y) 與 R_pow_di(x, i) 函數分別計算 x^y 與 x^i。

pythag(double a, double b)：計算 $\sqrt{a^2+b^3}$。

log1p(x) : double，計算 **log(1 + x)**。

imax2(int x, int y): integer

imin2(int x, int y): integer

fmax2(double x, double y): real

fmin2(double x, double y): real

傳回 x 與 y 兩者中的較大值或較小值。

sign(double x): integer，傳回 x 的正負符號，分別以 is − 1（負），0, 1（正）代替。

fsign(double x, double y): 傳回 |x| sign(y)。

fround(double x, double digits) : double

fprec(double x, double digits) : double，傳回 x 四捨五入到小數點後第 digits 位數的值。

ftrunc(double x) : double，傳回 x 去除小數部分之後的整數值。

附錄 C　plotmath 數學符號

表 1　plotmath

Arithmetic Operators		Radicals	
x + y	$x + y$	sqrt(x)	$\sqrt{x}$
x - y	$x - y$	sqrt(x, y)	$\sqrt[y]{x}$
x * y	xy	**relations**	
x/y	x/y	x == y	$x = y$
x%+-%y	$x \pm y$	x != y	$x \neq y$
x%/%y	$x \div y$	x < y	$x < y$
x%*%y	$x \times y$	x <= y	$x \leq y$
x%.%y	$x \cdot y$	x > y	$x > y$
-x	$-x$	x >= y	$x \geq y$
+x	$+x$	x %~~% y	$x \approx y$
sub/Superscripts		x %=~%y	$x \cong y$
x[i]	x_i	x %==% y	$x \equiv y$
x^2	x^2	x %prop% y	$x \propto y$
juxtaposition		**typeface**	
x * y	xy	plain(x)	x
paste(x, y, z)	xyz	italic(x)	x
lists		bold(x)	**x**
list(x, y, z)	x, y, z	bolditalic(x)	***x***
		underline(x)	$\underline{x}$

表 2 plotmath

Ellipsis		Arrows	
list(x[1], ..., x[n])	$x_1, ..., x_n$	x %<->% y	$x \leftrightarrow y$
x[1] + ... + x[n]	$x_1 + ... + x_1$	x %->% y	$x \rightarrow y$
list(x[1], cdots, x[n])	$x_1, ..., x_1$	x %<-% y	$x \leftarrow y$
x[1] + ldots + x[n]	$x_1 + ... + x_1$	x %up% y	$x \uparrow y$
Set Relations		x %down% y	$x \downarrow y$
x %subset% y	$x \subset y$	x %<=>% y	$x \Leftrightarrow y$
x %subseteq% y	$x \subseteq y$	x %=>% y	$x \Rightarrow y$
x %supset% y	$x \supset y$	x %<=% y	$x \Leftarrow y$
x %supseteq% y	$x \supseteq y$	x %dblup% y	$x \Uparrow y$
x %nosubseteq% y	$x \not\subset y$	x %dbldown% y	$x \Downarrow y$
x %in% y	$x \in y$	**symbolic Names**	
x %notin% y	$x \notin y$	Alpha - Omega	$A - \Omega$
Accents		alpha - omega	$\alpha - \omega$
hat(x)	$\hat{x}$	phi1 + sigma1	$\varphi + \varsigma$
tilde(x)	$\tilde{x}$	Upsilon1	γ
ring(x)	$\mathring{x}$	infinity	∞
bar(xy)	$\overline{xy}$	32 * degree	$32°$
widehat(xy)	$\widehat{xy}$	60 * minute	$60'$
widetilde(xy)	$\widetilde{xy}$	30 * second	$30''$

表 3 plotmath

Style	
displaystyle(x)	x
textstyle(x)	X
scriptstyle(x)	x
scriptscriptstyle(x)	x
Spacing	
x~~y	$x\ y$
x + phantom(0) + y	$x+\ +y$
x + over(1, phantom(0))	$x+\dfrac{1}{\ }$
Fractions	
frac(x, y)	$\dfrac{x}{y}$
over(x, y)	$\dfrac{x}{y}$
atop(x, y)	$\genfrac{}{}{0pt}{}{x}{y}$

表 4　plotmath

Big Operators	
sum(x[i], i = 1, n)	$\sum_{1}^{n} x_i$
prod(plain(P)(X==x), x)	$\prod_x P(X = x)$
integral(f(x) * dx, a, b)	$\int_a^b f(x)dx$
union(A[i], i == 1, n)	$\bigcup_{i=1}^{n} A_i$
intersect(A[i], i == 1, n)	$\bigcap_{i=1}^{n} A_i$
lim(f(x), x %->% 0)	$\min_{x \geq 0} g(x)$
min(g(x), x >= 0)	$\min_{x \geq 0} g(x)$
inf(S)	$\inf S$
sup(S)	$\sup S$

表 5 plotmath

Grouping	
(x + y) * z	$(x+y)z$
x^y + z	x^y+z
x^(y + z)	$x^{(y+z)}$
x^{y + z}	x^{y+z}
group("(", list(a, b), "]")	$(a, b]$
bgroup("(", atop(x, y), ")")	$\binom{x}{y}$
group(lceil, x, rceil)	$\lceil x \rceil$
group(lfloor, x, rfloor)	$\lfloor x \rfloor$
group("|", x, "|")	$|x|$

林茂文 (2006),"時間數列分析與預測",台北市：華泰書局。

Box, George and Taio, G. C. (1975). "Intervention Analysis with Applications to Economic and Environmental Problems." *Journal of American Statistical Association*, 70 (70), 70-79.

Box, George, Bisgaard, S., and Fung, C. (1988). "An explanation and critque of Taguchi's contributions to quality engineering." *Quality and reliability engineering international*, 4, 123-131.

Box, George, Jenkins, Gwilym M., and Reinsel, Gregory (2008). *Time Series Analysis: Forecasting and Control*, Prentic Hall, 4 edition.

Cook, R. D. and S. Weisberg (1982). *Residuals and Influence in Regression.* London: Chapman and Hall.

Kass, G. V. (1980). "An Exploratory Technique for Investigating Large Quantities of Categorical Data." *Journal of Applied Statistics*, Vol. 29, No. 2, 119-127.

Lafaye de Micheaux, Pierre & Liquet, Benoit (2009). "Understanding Convergence Concepts: A Visual-Minded and Graphical Simulation-Based Approach." *The American Statistician, American Statistical Association*, vol. 63(2), 173-178.

Larntz, K., and P. Whitcomb (1998). "Use of Replication on Alomost Unreplicated Factorials." Presented at the *Fall Technical Conference*, Corning, NY.

Lenth, R. V. (1989). "Quick and Easy Analysis of Unreplicated Factorials." *Technometrics*, Vol. 31, 469-473.

Montgomery, Douglas C (2009). *Design and Analysis of Experiments*, John Wiley & Sons, 7 edition.

Newcombe R.G. (1998). "Two-Sided Confidence Intervals for the Single Proportion: Comparison of Seven Methods." *Statistics in Medicine* 17, 857-872.

Venables, W. N., Smith, D. M., and the R Development Core Team (2009). *An Introduction to R*, Retrieved Dec 20, 2009, from the World Wide Web: http://cran.r-project.org/doc/manuals/ R-intro.pdf.

Welch, B. L. (1951), "On the Comparison of Several Mean Values: An Alternative Approach." *Biometrika*, 38, 330-336.

INDEX 索引

-
- *42*

!
! *42, 186*
!= *42, 186*

%
%% *42*
%*% *70*
%/% *42, 43*
%in% *138, 169, 186*

&
& *42, 187*
&& *42, 186, 188*
&&& *186*

( )
( ) *10, 186*

*
* *42*
** *42*

.
.First *39*
.Last *39*
.Rprofile *39*

/
/ *42*

:
: *44*

?
? *30*
?? *30*

^
^ *42*

|
| *42, 187*
|| *42, 186, 188*
||, | *186*

+
+ *42*

<
< *42, 185*
<- *9*
<<- *9*
<= *42, 185*

=
= *9*
== *42, 186*

>

\> 42, 185
\>= 42, 185

A

abbreviate 103
abline 242
abs 42, 272
acf 89, 585, 589, 596, 603, 631
ACF 89, 585, 590, 603, 632
acos 272
add1 335, 433
Added-Variable Plot 434, 454
Additive Outlier 618
ad.test 369, 370, 435
adf.test 586, 591, 596
aggregate 95, 277, 284, 374
AIC 335, 338, 340, 433, 457, 592, 594
alias 335
AND 42
anova 295, 335, 337, 339, 433, 441, 457, 458, 508, 526, 537
Anova 433
ANOVA 332, 502
Ansari-Bradley 406
ansari.test 406
AO 620
aov 503, 509, 519, 527, 529, 537, 544
aperm 63, 67, 95
apply 95, 277, 374, 499, 573
apropos 31
ar 585
AR 585
ARCH 580, 628
ARCH/GARCH 629
ARCH-LM 629, 631

arch.test 629
ArchTest 629, 630
args 275
arima 580, 581, 584, 585, 595, 604, 606, 607, 608, 615, 617, 619, 624, 625, 627
ARIMA 580
arima0 580, 585, 593, 594, 606, 614, 617
arima.sim 585
Arimax 585
arma 585
ARMA 585
ARMAtoMA 585
arrange 174, 176
array 6, 56, 57, 62, 64, 66, 91
array( ) 96, 146
Array 62
arrows 239, 240, 241
as.array 96, 146
asbio 397
as.character 96, 146
as.data.frame 96, 146, 292
as.double 96, 146
as.factor 77, 80, 96, 97, 99, 146, 223, 223, 523
as.integer 96, 99, 146, 147, 170
as.list 96, 146
as.matrix 96, 98, 146, 147, 541, 573
as.name 321
as.numeric 96, 146, 154
as.ordered 77, 96, 146
as.real 96, 146
assign 320
as.tbl 181
as.ts 96, 146
as.vector 96, 146, 451, 467, 468, 532, 609
attach 397, 409, 587, 604
attr 95, 100, 101

attributes　*81, 83, 95, 100, 101, 108*
Augmented Dickey-Fuller　*586*
auto.arima　*593, 621*
av.plot　*434*
axes　*237*
axis　*246, 251*

B

babies　*397*
barplot　*219, 231, 385*
bartlett.test　*405, 435, 504, 514*
batch mode　*20*
Batch mode　*26, 27*
BDS I.I.D.　*586*
bds.test　*586*
Bernoulli　*357*
Beta　*325*
BFGS　*299*
bgtest　*435*
BIC　*340, 433, 453, 457, 594, 595*
Binomail　*353*
Binomial　*325, 357, 361, 362*
binom.test　*396, 400*
bmp( )　*253*
body　*276*
BonferroniCI　*520*
Bonferronni　*469, 504*
BonferronniCI　*504*
Box-and-Whisker Plot　*233*
box.cox　*435*
boxcox　*435, 462*
Box-Cox　*435, 462, 585*
BoxCox.ar　*585*
Box-Pierce　*586*
box plot　*233*
boxplot　*389, 407, 233, 409*

Box.test　*586, 598*
bptest　*435, 586*
break　*200*
Breusch-Godfrey　*435*
Breusch-Pagan　*435*
Breusch-Pagan test　*586*
BsMD　*551*

C

c( )　*6, 59*
capture.output　*29*
Cares Plot　*434*
cares.plots　*434*
CART　*638*
cast　*148, 155*
cat　*10, 15, 16, 303, 485*
categorical　*77*
Cauchy　*325*
cause.and.effect　*554*
cbind　*62, 63, 74, 95, 157, 226, 438, 449, 460, 584, 604, 607, 617, 624*
ccf　*585*
CCF　*585*
CDF　*359*
ceiling　*272, 392, 392, 639*
cex　*221*
CHAID　*638, 645*
character　*17, 57, 541*
character( )　*96*
chisq　*402*
chisq.test　*424, 426*
Chi-Square　*325*
choose　*273, 344*
class　*56, 95, 100, 101, 102, 107*
cld　*518*
Cochran-Mantel-Haenszel　*406*

coef 335, 336, 433, 442, 484, 491, 498, 509
coefficients 334
col 221
col.names 93
colnames 63, 65, 103, 158, 165, 361, 362, 480, 532, 309
color 221
colors 221
complex 57
Component+Residual Plot 434
confint 433, 460, 478, 608
Conjugate Gradient 299
constrOptim 301
contour 236
convergence almost surely 354
Convergence almost surely 355
ConvergenceConcepts 354
convergence in distribution 354
Convergence in distribution 355
convergence in probability 354
Convergence in Probability 355
cookd 434
Cook's D 466
cooks.distance 434, 466
coplot 227
cor 273, 385, 444
correlation 385
correlationTest 405
cor.test 405, 412
cov 273, 385
covariance 385
Covariance Ratio 472
covratio 434, 472
COVRATIO 472
Cp 434
Cpplot 434

Cramer-von Mises 369
CRAN 2, 20, 33
criterion 354, 356
cr.plot 454
cr.plots 434
CSV2 114
cummax 385
cummin 385
cumprod 46, 385
cumsum 46, 48, 359, 392
curve 14, 225, 328, 352, 359
cusum 577
cut 95, 139, 645
cvm.test 369, 370, 597
cycle 280

D

data-frame 54, 56, 85, 98
data.frame 147, 518, 534, 541
data.frame( ) 96
Data-Frame 85
data.restore 133
D chart 566, 570
demerit 566
demerit.chart 573, 574
demo 31
density 14, 351
detectAO 619, 620, 622
detectIO 619, 620, 622
detectLS 620, 623
detectTC 620, 623
deviance 335, 337, 433, 442
device.off 253
dfbetas 471
DFBETAS 471
dffits 434

df.residual 334, 341
dgamma 352
diag 648, 651
diff 585
diffinv 582, 583, 585, 612, 616, 625
dim 59, 60, 62, 63, 64, 95, 99
dimensions 69, 95
dimnames 63, 66, 91, 103
dnorm 14, 225, 351
dotchart 230
dotplot 230, 385
double 57
double( ) 96
double precision 9
dplyr 172
drop1 335, 433
Duncan 503
Dunnett 503
durbin.watson 435, 444, 464, 504
Durbin-Watson 504, 514, 586
dwtest 435, 504, 514, 586
dynlm 585

E

eacf 591, 598, 632
EACF 591, 598, 632
ecdf 359
edit 86, 88
Editor 22
effects 334, 335, 433, 549
eigen 72
else 190
else if 199
epiDisplay 230, 475, 483, 492
Error Sum of Squares 11
Eviews 636

ewma 578
example 31
Excel 2007 132
Excel2007 129, 131
expand.grid 88, 503, 523, 532
Exponential 325, 328
expression 250
extractAIC 340, 433, 457

F

F 325
factor 77, 91, 94, 107, 162, 644
factor( ) 96, 146
Factor 310, 502, 505, 539
factorial 274, 344
facet_grid 254, 257
facet_wrap 254, 257
fGarch 633
fig 216, 219, 220
filter 585, 619, 620, 627
fisher.test 405, 426
fitdistr 366
fitted 341
fitted.Arimax 585
fitted.values 334
fivenum 385, 386
fix 86, 88
fixed 580
floor 272
font 221
for 15, 17, 197, 202
formals 275
format 347, 348
formula 335, 433
Fortran 12
ftable 95, 107

function *14, 16, 32, 50*

G

gamma *344*
Gamma *325, 352*
garch *585, 629, 633*
GARCH *580, 628, 633*
garchFit *629, 633, 634*
garch.sim *629*
GARCH volatility *629*
gdata *129*
generate *356, 359*
geom_boxplot *254*
geom_density *254*
geom_histogram *254*
geom_point *254*
Geometric *325*
get *319*
getwd *38*
ggplot2 *254*
ggtitle *254*
github *35*
glht *503, 517*
glm *475, 476*
grep *315*
grepl *317*
group *251*
group_by *174, 178*
gsub *316*
GUI *2, 12, 20*

H

hat *434*
Hat matrix *434*
hatvalues *434, 465, 467, 470*
head *284, 630*

help *30*
Help *24*
hist *6, 14, 218, 229, 328, 358, 374, 383, 384, 385, 389, 240*
histogram *229*
Hotelling *405*
Hypergeometric *325*

I

identify *247, 248, 451, 468, 469*
if *184, 199, 200*
ifelse *138, 322*
image *236*
imaginary *58*
imputeTS *607*
influencePlot *434, 473*
Innovational Outlier *618*
install.packages *34, 645*
integer *57*
integer( ) *96*
interaction.plot *504, 525, 535, 543*
inverse difference *585*
invisible *275*
IO *620*
IQR *385*
is.array *64, 96, 108*
is.character *96*
is.data.frame *94, 96*
is.double *57, 96*
is.factor *96*
is.function *96, 97*
is.integer *96*
is.list *96*
is.matrix *64, 96, 111*
is.numeric *57, 96*
is.ordered *96*

is.primitive *96, 97*
is.real *57, 96*
is.ts *96*
is.vector *93, 96, 108*

J

Jackknife *468*
jackknife.residual *468*
Jarque-Bera *369, 586*
jarque.bera.test *369, 370, 586*
Java *7, 12*

K

kappa *335*
Kendall *405*
kendallTest *405*
Kolmogorov-Smirnov *366, 369, 371, 406*
kpss.test *586, 597*
kruskal.test *405, 430, 503, 516*
Kruskal-Wallis *515*
Kruskal-Wallis rank sum test *405*
ks2Test *406*
ks.test *367, 369, 371, 396, 406, 429*
kurtosis *385, 388, 630*
Kwiatkowski-Phillips-Schmidt-Shin *597*

L

labels *335*
lag *581, 585*
lag.plot *586*
lapply *277, 282, 374*
layout *216, 219*
L-BFGS-B *299*
LB.test *586*
LDuncan *503, 519*
leaps *433, 448*

legend *245*
length *17, 59, 62, 64, 273, 384*
Lenth *546, 550*
Lenth's method *545*
levels *77, 78, 480, 499, 644*
Levels *310*
Level-Shift Outlier *618*
Levene *405*
levene.test *405, 435*
Leverage *434*
leverage.plot *434*
library *10, 30, 32*
Lilliefors *369*
lillie.test *369, 370*
lines *14, 239, 356, 599, 601, 605*
line width *221*
list *56, 91, 94, 282*
list( ) *96, 146*
List *80*
Ljung-Box *586*
lm *37, 51, 332, 333, 335, 339, 432, 439, 446, 455, 503, 507, 526, 536, 544, 547, 603*
lm.influence *434*
load *128*
locationTest *404*
locator *240, 245, 247*
log *238*
log10 *272*
logical *57*
Logistic *325*
logistic.compare *475, 480*
logistic.display *475, 479*
logLik *340*
Log-Likelihood *340*
Log-Normal *325*
lqs *435*

lrm　*487, 497*
LS　*620*
LSD　*503*
LSD.test　*503, 520, 530*
LTukey　*503, 520*
lty　*221*
lwd　*221*

M

Machine　*297, 318*
mad　*385*
MAD　*385*
magrittr　*172*
mai　*215*
main　*239*
Mann-Whitney　*405*
MAPE　*601, 610, 641*
margin.table　*289, 375, 379*
match　*96, 104, 106*
matrix　*45, 56, 57, 59, 60, 73, 85, 90, 94, 123, 147, 164, 218, 346, 198*
matrix( )　*96, 98, 146*
Matrix　*69*
max　*272, 384*
maxadjr　*433*
Maximum Adjusted R-Square　*433*
Maximum likelihood estimation　*297*
maxsel.test　*406*
MC.test　*405*
ME　*546, 550*
mean　*49, 273, 281, 384, 387*
median　*50, 273, 384, 196*
median average deviation　*385*
melt　*153*
memory.limit　*39*
memory.size　*39*

merge　*95, 159, 161*
mfcol　*215*
mfrow　*215*
mgsub　*316*
min　*49, 272, 384*
Minitab　*133*
misc3d　*236*
missing　*190*
missing values　*274*
mle　*296*
mlogit.display　*483*
mod　*43*
mode　*384*
model.matrix　*335, 337, 433, 503, 548*
model.tables　*335, 510, 549*
modlevenes.test　*405*
module　*13*
MOLS　*504, 531*
monthplot　*586, 589*
mood.test　*406*
MSE　*508, 539*
multcompBoxplot　*504, 518*
multinom　*482*
mutate　*174, 177*

N

NA　*9*
na.exclude　*476, 639*
na.interpolation　*607*
nalysis of Covariance　*331*
names　*59, 62, 81, 83, 91, 92, 95, 103, 154, 334, 386, 441, 491, 556, 594, 650*
NaN　*9*
ncol　*63, 64, 198*
ncv.test　*443, 464, 504, 514*
Negative Binomial　*325*

Nelder-Mead *299*
next *197, 202*
nlm *435*
Non-Linear Least Square *435*
Normal *324, 361*
NOT *42*
Not a Number *9*
Not Available *9*
nrow *63, 64, 573, 198, 476*
numeric *17, 57, 96, 358, 541*

O

object *56*
oc.curves *562*
odbcClose *130*
offset *333, 433*
one.sample.z *396*
oneway_test *405*
oneway.test *503, 515*
optim *299*
optimize *297*
options *39, 191*
OR *42*
order *96, 146, 143*
ordered *77, 79, 80, 645, 499*
ordered( ) *96, 146*
ordered factor *77, 79*
ordered fator *475*
ordinal.or.display *492*
outer *236*
outlier.test *434, 470, 504, 515*

P

pacf *89, 585, 589, 596, 603, 631*
PACF *89, 585, 590, 603, 632*
package *9*

pairs *226, 434, 445*
pairwise.prop.test *405*
pairwise.wilcox.test *406*
Pairw.test *521*
par *39, 216, 220, 236*
parametric3d *236*
pareto.chart *556*
pareto.Chart *554*
paretoChart *556*
Pareto chart *556*
Pareto Chart *554*
Partial Regression Plot *434*
Partial Residual Plot *434*
paste *42, 250, 308, 320, 322, 347, 358, 359, 613*
pbinom *361*
pch *221*
pdf( ) *253*
Pearson *405*
pearson.test *435*
pearsonTest *405*
perm.t.test *405*
persp *236*
Phillips-Perron *596*
pie *234, 385*
pipe *172*
plot *51, 89, 100, 222, 335, 341, 385*
plot.Arima *586*
plot.ecdf *353, 359*
plotmath *249*
pmax *272*
pmin *272*
png( ) *253*
pnorm *345, 351, 359, 361*
point character *221*
points *239*
Poisson *325, 362*

polr　*487, 490*
polr.compare　*487, 493*
polygon　*244*
polyroot　*299*
portmanteau test　*598*
postscript( )　*253*
power.t.test　*396*
power.z.test　*396*
ppois　*362*
pp.test　*591, 597*
predict　*335, 340, 433, 461, 479, 480, 484, 485, 495, 498, 600, 604, 608, 618, 492, 641, 644, 647, 650*
predictTSA　*584, 608, 609*
print　*10, 100, 335, 477, 646, 649*
print.data.frame　*307*
process.capability　*554, 561*
proc.time　*26, 317*
prod　*46, 47, 272, 385*
programming languages　*12*
prop.test　*396, 405*
prop.trend.test　*405*
pr.plot　*434*
Python　*7, 12*

Q

q( )　*25*
Q1　*385*
Q3　*385*
qcc　*554, 558, 566, 569, 575*
qcc.groups　*554, 563*
qchisq　*402*
qf　*346*
qic　*554, 563*
qicharts2　*554*
qnorm　*11, 345*

qqline　*228, 368, 385, 389, 434*
qqnorm　*228, 368, 385, 389, 434, 504, 529, 596*
qq.plot　*434*
qqplot　*228, 367, 368*
quantile　*13, 17, 18, 383, 385, 393, 476*

R

R　*2*
rainbow　*221*
randomForest　*649*
Random Forest　*648*
range　*272, 385*
rank　*96, 143*
raw　*57*
rbind　*62, 63, 74, 95, 145, 158, 425*
rbinom　*143, 358*
rchisq　*359*
Rcmd.exe　*26*
read.csv　*55, 125, 476*
read.csv2　*125*
read.delim　*126*
read.fwf　*126*
read.mtp　*133*
read.S　*133*
read.spss　*133*
read.ssd　*133*
read.table　*16, 55, 123, 199*
read.ts　*585*
read.xport　*133*
real( )　*96*
recode　*141, 142, 499*
reg.line　*434*
Regression　*331*
regsubsets　*433, 448*
rep　*309, 333, 504, 506, 529*
repeat　*200, 309*

reshape *148*
residuals *334, 335, 341, 433, 441, 596*
Residual standard error *508*
Residual Sum of Squares *11*
Resistant Regression *435*
return *15, 16, 205, 209, 392*
rev *96, 144, 143*
r-forge *35*
rgamma *349, 352*
Rgui.exe *20, 24*
ridge *435*
rm *39*
rnorm *15, 50, 90, 230, 196*
round *15, 140, 272, 346, 349, 444, 449*
row.names *93, 103*
rownames *63, 65, 66, 75, 93, 103, 158, 165, 480, 170*
rowSums *451*
rpart *641, 642*
Rprofile.site *39*
RSS *11*
rstandard *434*
rstudent *434*
runif *241, 248, 348*
runR.bat *26*
runs *396, 427, 586*
runs.test *396*
rweibull *366*

S

sample *165, 349, 350, 246, 476, 639, 642*
sapply *95, 275, 277, 282, 374*
SAS *11, 133, 610, 618*
save *128*
save.image *128*
SBC *433*

SCA *615, 618, 624, 626*
scaleTest *406*
scan *10, 116, 123*
scatterplot *434*
scatterplot.matrix *434*
Scheffe *504*
ScheffeCI *504, 521*
sd *50, 384*
seaplot *586*
segments *239, 240, 241*
select *170, 175*
sep *10*
seq *6, 236, 241, 283, 346*
seqplot.ts *586*
set.seed *15, 348, 649, 651*
setwd *38, 39*
sf.test *369, 370, 435, 597*
Shapiro-Francia *369*
shapiro.test *369, 435, 443, 464, 504, 513, 586, 597*
Shapiro-Wilk *369, 513*
sigma.test *396*
sign *42*
signif *272*
simple.median.test *396, 427*
simulation *12*
sink *29*
skewness *385, 388*
SME *546, 550*
solve *438*
sort *96, 143, 273, 143*
source *10, 28, 608*
Spearman's ρ *405*
spearman_test *405*
spearmanTest *405*
split *95, 162*

S-Plus *2, 6, 133*
spread.level.plot *434*
sprintf *304*
SPSS *133*
sqlFetch *130*
sqlTables *130*
sqrt *42*
SSE *11, 337*
stack *148*
standard deviation *384*
standardize residuals *434*
stat_density *254, 261*
stem *385, 389*
step *335, 338, 340, 433, 446*
step AIC *339*
stepAIC *433, 490*
str *95, 102*
string *42*
strsplit *314*
structure *95, 102*
studentized residuals *434*
student.residual *467*
sub *316, 154*
subset *170*
substitute *251, 321*
substr *311, 613, 170*
substring *311*
sum *46, 272, 384*
summarise *174, 178*
summary *17, 51, 100, 335, 385, 386, 439, 446, 455, 476, 484, 507, 527, 544, 547*
switch *195, 200*
systemfit *435*
system.time *317*
Sys.time *348*

T

t *325*
t( ) *69, 95*
table *55, 79, 95, 107, 112, 278, 287, 374, 384, 387, 480, 485, 492, 644, 651*
tabulate *107, 374*
tail *36*
tapply *95, 277, 279, 281, 374, 504, 524, 542*
Task Views *2*
TC *620*
theme *254, 258*
theme_bw *254*
Temporary-Change Outlier *619*
text *239, 240, 251*
tibble *174, 180*
tiff( ) *253*
time *585*
timeDate *613*
timeSequence *613*
title *246*
toupper *532*
transfer *582, 583, 606, 607, 612, 619, 625, 627*
transpose *95*
trimmed mean *196*
trunc *272*
ts *56, 89, 585, 587, 629*
ts( ) *96, 146*
TSA *582*
Tsay.test *586*
tsdiag *586, 598*
tsdiag.Arima *586*
ts.plot *586, 588, 589, 596, 631*
t.test *396, 399, 404, 410*
Tukey *503*
TukeyCI *503, 521*
TukeyHSD *503, 516, 529*

type *238*

U

U *348*
Uniform *324, 325*
uninstall *38*
union *157*
uniroot *298*
Unitroot *586*
Unix *20*
UNIX *24, 114*
unstack *149*
update *337, 458*
update.packages *38*

V

var *49, 273, 384*
variance *384*
variance-covariance matrix *336*
varianceTest *405*
var.test *405, 408, 410*
vcov *335, 336, 433*
vector *6, 54, 56*
vector( ) *96*
Vector *58*
vif *434, 474*
VIF *474*
volatility.fGARCH *629*

W

weibull *327*
Weibull *325*
which *96, 104, 384, 387, 392, 467, 468, 470, 471*
which.max *96, 104, 464*
which.min *96, 104*

which.names *96, 104, 105*
while *199*
Wilcoxon *325, 406*
Wilcoxon rank sum test *405*
Wilcoxon signed rank *427*
Wilcoxon signed rank test *396*
wilcox.test *396, 405, 427, 428*
windows( ) *253*
Windows *25*
with *37, 535, 604*
write *120*
write.foreign *133*
write.table *17*
write.xls *132*

X

x *91*
X11( ) *253*
xaxt *239*
xlim *239*
xlsx *129, 131*
xreg *582, 612, 615, 617, 619, 627*
xtable *294, 361, 363, 504, 508, 538*
xtabs *107, 109, 112, 291, 293*
xtfrm *176*
xtransf *582, 583, 606, 612, 619, 625, 627*
xtransfer *607*

Y

yaxt *239*
ylim *239*

Z

zip *23*
zlag *585, 607, 609, 630*